中国考古学論攷

関野 雄 著

同成社

序

関野雄先生前半生の研究のおおよそは、周知のように、『中国考古学研究』（東京大学出版会）として公刊されている。けれどもこれが公刊された昭和三一年（一九五六年）以後の研究については、諸処の雑誌などに発表されたままで、一本にまとめられる機会がなく過ぎていた。そのためこれらの論文を続編として一書にまとめたいと先生は強く望まれておられたが、成就されることなく二年前に他界されてしまった。さぞや無念のおもいを遺されていたのではないかと密かに思う。そこで本書が先生の念願を果たすべく計画され、昭和三一年以降に発表された主な論文を編纂し、いわば先生の研究の後半部分がまとめられたのである。それゆえ本書の公刊には、前書と合わせみて、先生の傑出した研究の全貌が明らかにされるという意義があろう。大貫静夫氏を中心とする関係者の尽力によって本書は成るもので、先生も大いにお歓びのことだろうと思う。同時にわれわれ中国考古学の後学たちもこの刊行を長く待望んでいたのであり、まことの快事として慶びにたえない。

一九五六年に刊行された前書によって夙に関野先生は、従来の中国考古学になかった領域を切り拓きつつ独自の学風を世に知らしめたのであった。しかしながら先生が長い間最も鋭意集中した研究は先秦貨幣のそれであり、これに関する蘊蓄の論考は前書の公刊以後に著されたものなのである。本書の第一部はそれらをまとめたもので、いわば先生の先秦貨幣研究の本体部分に相当していて、またその研究全体を鳥瞰するの便を供することになろう。さて関野先生の貨幣研究は、従来の著録的解題的な古銭学とは大きく異なっている。文献史学が描く先秦史を経済史的側面から究明しようという問題意識のもとでの貨幣であり、考古学的な物資料をどのようにして歴史資料化するか、あるいは物をして歴史を語らせようとする立場からの貨幣であり、個別的な諸貨の各論からやがて貨幣の鋳造権問題を通じて戦国時代の国家と地方都市の関係に論及し、最後には秦を最後の覇者たらしめた事情、前漢盛時を支えた経済の実態に迫るというまことに壮大な歴史が貨幣を以って語られるのである。文献史学的方法と強く結びついた研究法と所見されるが、文献史学の及びつかない境地を開いて、まことに独自の体系が構築されている。

勿論関野先生の研究は、先秦貨幣に留まらず、中国考古学の諸般に及んでおり、そうした論考のいまひと組がまた本書の後半部に組まれている。この諸篇に読者はまた研究者としての非凡な着眼というものを感得するであろう。しかしいま各論に及んでそれらを解題する紙数がないため、ただ先生の貨幣研究を含む諸論考に通底している学問の特徴を三点指摘するのに留めたい。その第一は文献史料の使用である。これは考古学が考証用に文献史料を参考にするというような半端なものではなく、史料が考古資料と一体化し、まことに両者が唇歯輔車して歴史が語られるのである。年代さえもが史料から考察されるのである。また第二の特徴は、資料たる物の科学的性質や技術を重視するという立場である。これは先生の学問の最大の特徴と強調して誤りないであろう。この視角から研究領域が歴史時代の問題に限らず、先史時代も含む全時代的な諸問題に拡大している。「形式」を重んずるか、製作技術に密接な関係がある「性質」を重んずるかどうかを問われるならば、科学的性質を示す「性質」こそが重要だと述べている。そして第三の特徴は、科学理論に基づいた論理の重視であったと言えよう。科学理論は第二の特徴に通ずるものであるが、それに基づいた論理が重視されるのである。これがために先生の論文は読者に理詰めという印象を与えてきたであろう。

ともあれこうした関野先生の研究は、固有にして独自である。強い歴史学的問題意識に基づき、文献中国史との境界に近い位置に陣取り、科学理論に立脚して、先秦貨幣をはじめ中国考古学の諸問題を考究した。そしてまた科学的理論に裏付けられた論理的研究は伝統的見解に対して臆することなく大胆に提言され、余人未到の新しい地平を切り開いて進んだのだと考える。こうした学問をわれわれは関野学と称しようと提唱したい。

先学の学問に接するときに、膨大な資料を蓄えるようになった後学の知識から評論することは正しい立場ではあるまい。その時代状況の中で彼らがどんな問題をどのように考えてきたか、あるいは何を考えようとしていたか理解することが肝要だろう。そのような意味でも本書はわれわれが先学に学ぶひとつの機会を与えるものだと確信する。

二〇〇五年四月

量　博　満　記

目　次

第Ⅱ部　諸論考篇

第Ⅰ部　古代貨幣論考篇

貨幣からみた中国古代の生活

私は、だいたい東アジアとくに中国を中心としまして、先史時代から漢・六朝ごろまでの考古学をやっております。いったい、風俗史というものは、非常に範囲が広くて、文化人類学や民族学などにも密接な関係があり、とにかく人間の生活史というようなものだろうと思います。それで、考古学の中に生活史を扱う部門があるとしますと、そこには、英雄豪傑のような特定の個人は出てきません。ごく一般の庶民階級、そういう人たちがどんな生活をしていたかということを、私たちは一番知りたいわけです。ところが昔の人たちにとって、日常一般の、なんでもない、つまらないことなどは、ほとんど史料に残っていません。例えば古代の中国で、お金がいつごろから使われるようになったか、また、いったいどういう種類の貨幣を誰が発行したか、それらの貨幣が、どんな仕組みで流通したかというような肝心な点になりますと、なんにも具体的な文献がありません。そして、実物だけがものすごくたくさん残っているのです。しかし実物のお金から、文献に書いてない、そういうことをはっきりさせるのは、とてもむつかしいことなのです。

まず初めに、中国でどんな貨幣がいつごろ現れたかということからお話しましょう。それは俗に「貝貨」という天然の子安貝で、時は西周の時代（前十一―前八世紀）です。本ものの子安貝がほとんどですが、ほかに石・骨・土など、いろんな材料でその形を真似て造ったものもあります（第1図）。図の上段は本ものの子安貝、中段は二枚貝の殻で、下段は獣の骨で、それぞれ模造したものです。買うという字、売るという字、購買組合の購の字、財産の財の字、

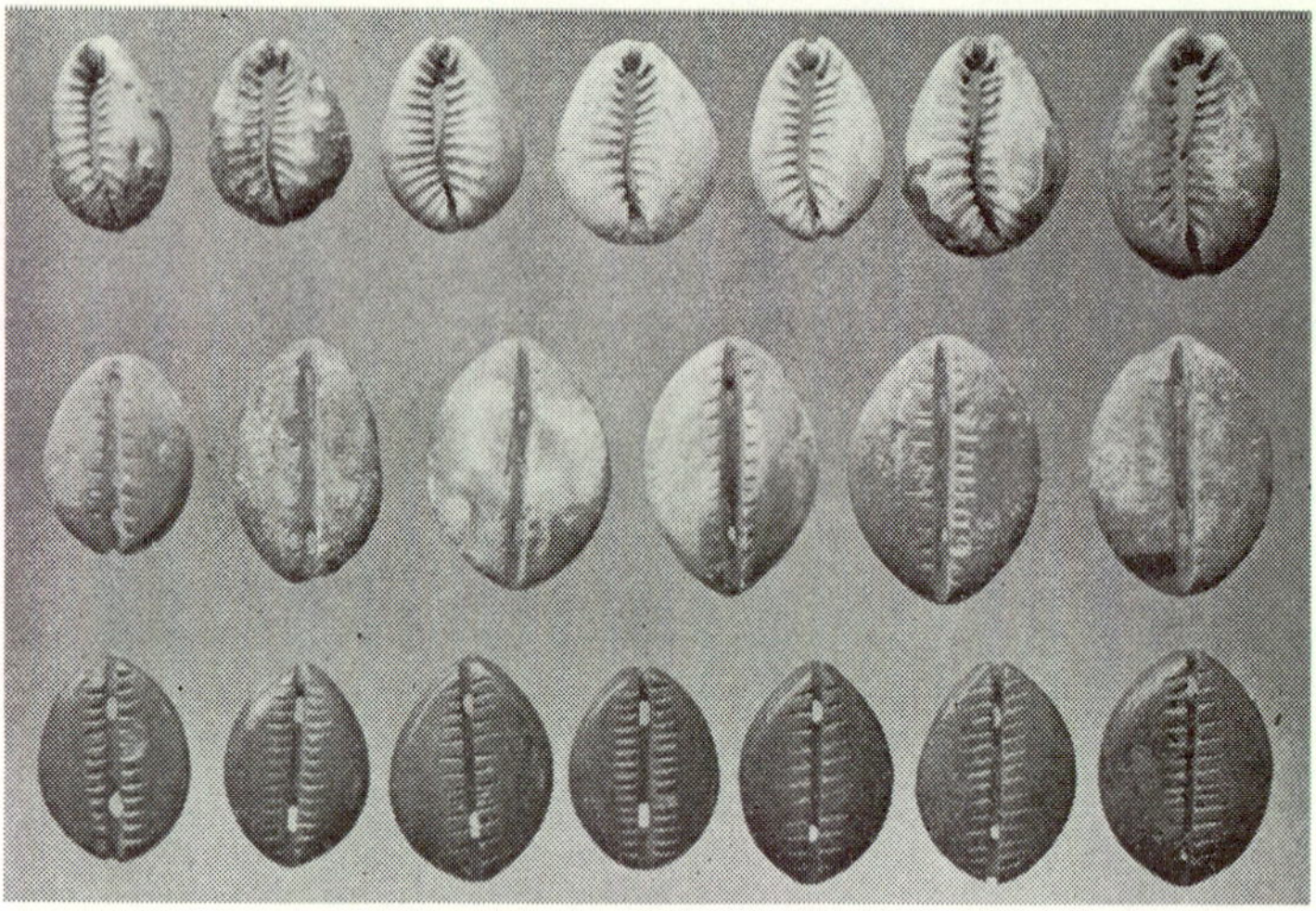

第1図　(2/3)

資本の資の字など、数えあげれば、きりがありませんが、とにかく現在私たちが使っている経済に関係のある文字には、よく貝という字がついています。これはやはり、かつて貝が貨幣として使われていたことを示しているのではないでしょうか。

　中国の古代では、青銅で大きな器《うつわ》を造りまして、祖先のお祭などに使っておりました。それを俗に銅器と申しますが、その面に鋳こまれたり刻みこまれたりした銘文をみますと、「いくつかの貝を以って銅器を造った」ということが、しばしば出てきます。つまり、子安貝がお金というか、そういう銅器を造る一種のもとでに使われていたような形跡があります。それから、現在は少ないけれど、十九世紀までは、太平洋だとか、アメリカ或いはアフリカ方面の未開民族が、やはり子安貝をお金に使った例があるのです。そういう民族学的な類例からみましても、子安貝が西周時代に貨幣として使われていた可能性があったのではないかと考えられます。

　次に同じく西周時代のころ、銅の地金の重さを量って、それをお金の代りにする、秤《しょう》量貨幣というのが出てきました。銅器の銘文に「金百寽《りつ》を賜う」などとあるのは、その証拠とみられましょう。「寽」というのは、私の説によりますと、黄金一立方寸の目方らしいのです。また、この場合の「金」は、黄金の意味での金ではなくて、銅のことをさしています。およそ中国の古い文献に、ただ「金」と出てくるのは、すべて銅という意味で、ゴールドのことは、例外なく「黄金」といっています。

御承知のように、周が今の西安から洛陽へ都を遷しましたのが、前七七〇年で、それ以後、前四〇三年までを春秋時代、さらに前二二一年までを戦国時代といいます。春秋時代の中ごろになりますと、こんどは銅に錫をまぜた青銅を溶かし、これを鋳型に流しこんで、鋳造貨幣が造られました。前の秤量貨幣とは違い、お金の規格をつくって、その個数で勘定する。それを定量貨幣というのです。

さて青銅の鋳造貨幣のうち、一番初めに現れましたのは、当時「布《ふ》」とよばれていたものです。布だけではヌノとまちがえられますので、これに銭をつけまして、普通は「布銭」といっています。この布銭の中で一番古いのは、ちょっとみると何だかわからない奇妙な形をしたものです（第2図）。およそ世界のお金の中で、中国の布銭ほど変な格好をしているものはありません。これは、いったい何の形を真似たものでしょうか。私のみるところでは、あの田畠を耕すスキの格好からきたものと思います。そうすると、もとになったスキ型の耕具は、やはりこれと同じような形で、恐らく実物は、この倍ぐらいの大きさだったのでしょう。足が二つに分れていますのは、草をひっかいたりするのに向いていなくて、むしろ土を深く掘る時にめりこませるためだろうと思います。それから肩が尖っているのは、そこに足をかけて、スキ先を土中に踏み入れるためだろうと考えられます。足をかけているうちに、だんだん減りますから、初めからこのくらい肩上りにしておく方がよかったのでしょう。

第2図　(1/2)

第3図　(1/2)

これに対して、布銭にはもう一つ別の系統があります（第3図左・中）。この方は肩が平らで、足のところが少し内側に弯曲しているだけです。こうした型式は、当然そのもとになった耕具の用途と関係があったにちがいありません。そこで私は、この種の布銭はクワを真似て造ったものと考えます。これに続く型式は、肩が「なでがた」になっています（第3図右）。肩がさがっていると、足をかけても滑ってしまいますから、スキとして使うには具合が悪い。そうすると、これに先立つ肩が平らな方も、恐らくスキではなくて、クワを真似たものではないかと思われます。そのうえ、刃が一直線に近いと、土の中にめりこませるには具合が悪いけれども、土をならしたり、雑草をひっかいたりするには具合がいいわけです。

ようするに、初めは実際のスキやクワのような耕具を、そのまま貨幣として使っていた。こういうのを、実物貨幣と申します。例えば、穀物なら枡に入れて何杯、布地なら巾何尺に長さ何尺というような貨幣価値が、普通のスキやクワについていたわけです。このような現象が最初に起った場所は、だいたい黄河の中流域の、一番農業が進んでいたところなのです。ですから、耕具の形を真似て貨幣が出来たということは、そこに一つの理由があるわけです。しかしまあ、世界中の国をみたって、こんな面白い格好のお金を使っていたところなどは、どこにもありません。だいたい、これでは不便でしょうがない。先が尖っていますから、袋に入れれば孔があいてしまいますし、まごまごしていると、手を切ってしまうでしょう。それから、布銭の「布」とはどういう意味かといいますと、初めはクワを意味する「鎛」（pu）が正字だったらしいのですが、やがて音が同じで字画が簡単な布（pu）にうつりかわったのだろうと思います。

ところで次に問題なのは、布銭のもとになった実物のスキやクワが、いったい何で出来ていたかという点です。これまで一般に、それは青銅であろうと考えられていました。しかし私は大分前に、そうではなく、それは鉄であろうということ、しかも鍛鉄ではなくて鋳鉄、つまり鋳物の鉄であろうということに気がついたのです。これは当時の民衆の生活と大いに関係がありますから、次にその理由をお話しましょう。

そもそも貨幣なるものは、実体貨幣と名目貨幣の二つに分けられます。簡単に説明しますと、まず実体貨幣とは、地金価値と通用価値が等しいものです。日本は、かつて金本位制度の国で、金貨というものは、本位貨幣であると同時に実体貨幣でした。つまり、金一匁は五円で、五円の金貨は一匁です。一匁の金貨を払うと、五円のものが買えるわけですが、その場合、金貨をつぶしてしまっても、通用価値は変わりません。当時の金貨には、二十円と十円と五円の三種類がありました。

一方、名目貨幣はそうではなくて、地金価値以上の通用価値が与えられているものです。例えば、私たちが現在使っております十円の銅貨ですが、「郡司先生、いくらぐらいですか。十円銅貨の地金は——」「一円三十銭です」「そんなに安いのですか」。いまお聞きのように、十円銅貨の地金価値はわずか一円三十銭。しかしそれを機械でもってパチンとぬいて、あの平等院と十円の文字を入れると、一円三十銭が一躍にして十円として通用するわけです。「郡司先生、百円銀貨の地金はいくらぐらいでしょうかね——」「三十二、三円。作業費を入れても三十七円ぐらいです」。古代の中国でも、確かに名目貨幣はありました。王莽が造った貨幣は、みんなこの手のものです。例えば、大泉五十は小泉直一の五十倍の価値があるのに、目方の方は十二倍しかありません。

では、先秦時代のお金は、いったい実体貨幣と名目貨幣のうちの、どちらだったのでしょうか。この点について、私が丹念に調べたところ、その大部分は実体貨幣であることがわかりました。名目貨幣も多少ありますが、それは戦国のごく終りになって出てきたものです。

そこで問題を前に戻して、布銭のもとになった耕具は、青銅などで出来ていたはずがないということを、こういう貨幣理論の上から確かめてみましょう。

まず、布銭が私の想像どおり実体貨幣であったとします。そして一本の青銅製耕具の目方を仮に一キログラム、それから一枚の布銭の目方を仮に五グラムとします。そうすると、一方の耕具をつぶせば、布銭が二百枚造れるわけです。これは、一本の耕具を売買するのに、布銭が二百枚いるということなのです。皆さんも、ちょっとおかしいとお思いになりませんか。つまり、一本のスキやクワの値段が高すぎるのです。こんなに高くては、とてもやりきれない。恐らく、車を一台買うには何千枚、まして家を一軒買うには何万枚という布銭を必要とするでしょう。その背後に、尨大な量の布銭が流通していなければ、そういう経済は成り立たないはずです。ところが、先秦時代の青銅というものは大変な貴重品で、そんなにダブついていたとは考えられません。そんな大量の青銅があれば、政治上の権力者がそれを武器の方にまわし、たくさんの武器を造って戦争した方が、はるかに得だったわけです。

さて、布銭が実体貨幣だったとすると、いまお話したような結果になります。そこで、仮に私の説がまちがっていて、これが名目貨幣だったら、そういう経済は或いは成り立つだろうかということを、一応は調べてみる必要がありましょう。何度も念を押したように、名目貨幣というのは、通用価値が地金価値よりも大きいのです。そこで、一本の青銅製耕具の目方が一キログラム、一枚の布銭の目方が五グラムという前の仮定に加えまして、もう一つ、通用価値が地金価値の十倍だったと仮定してみましょう。こんどは布銭の貨幣価値が十倍になったわけですから、一本の耕具を売買するには、二十枚の布銭があればいいわけです。そうすると、実に面白い現象が起ってきます。私がそのころ生きておりましたら、まず一本の耕具をつぶして二百枚の布銭を造り、それで十本の耕具を買い、それをつぶして二千枚の布銭を造り、それで百本の耕具を買い、それをつぶして二万枚の布銭を造るでしょう。このように際限がないわけで、一本の耕具があれば、無限に財産をふやすことができるわけです。そうなれば、誰も好きこのんで汗水流して百姓仕事なんかしません。ところがこういう現象が、漢代にはちゃんと起っているのです。漢が名目貨幣を採用し、小さいお金を民に自由に鋳造することを許しますと、大変なことになりました。民は百姓仕事などほったらかしにしたので、田畠は雑草がおい茂って使いものになりません。そして銅の出る山へ行き、一生懸命になって銅を掘りました。一軒一軒の家にみんな小形の溶鉱炉を設け、朝から晩までお金を造ったわけです。そして何かを売ってですね、例えば孔あき銭を百枚貰ってきますと、それにいくらか鉛を混ぜ、貰った銭より少し小さいのを、百五十枚から二百枚ほど造ります。一躍五割から十割儲かるわけですね。それを持っていって、品物に換えるのです。そうするとまた、それを受けとった人が、もう少し小さい銭を三百枚ぐらい造り、一挙に五割の増収をあげます。このようにして、銭はどんどん小さくなり、質は悪くなり、数はやたらにふえてしまって、まったく止めどがありません。ですから、前漢時代には、非常な通貨の膨脹と物価の騰貴、つまりインフレ現象が起りました。ひどい時には、米一石が万銭、馬一匹が百金にもなったといわれます。一金は黄金一斤で、一万銭に相当しますから、百金は孔あき銭百万枚の値打があったわけです。とにかく、とてもえらいことになりまして、政府でもたびたび銭を私鋳するなという禁令を出しましたが、それもほとんど効果がなく、罪を犯して処刑されるものが続出するという有様でした。

しかし名目貨幣というものは、自然に現れるものではなく、やはり強い国家権力の統制があってこそ、はじめて発生し得るのです。先秦時代に、布銭の鋳造権を握っている強力な機関があったとすれば、話はまた別でしょう。だが中央集権の発達した前漢時代においてさえ、名目貨幣の統制ということは、ほとんど手に負えない状態でした。ですから、地方勢力の分立していた先秦時代に、そんなことが可能だったはずはありません。ましてそのころ、インフレ現象が起ったなどという形跡は、まったく認められないのです。

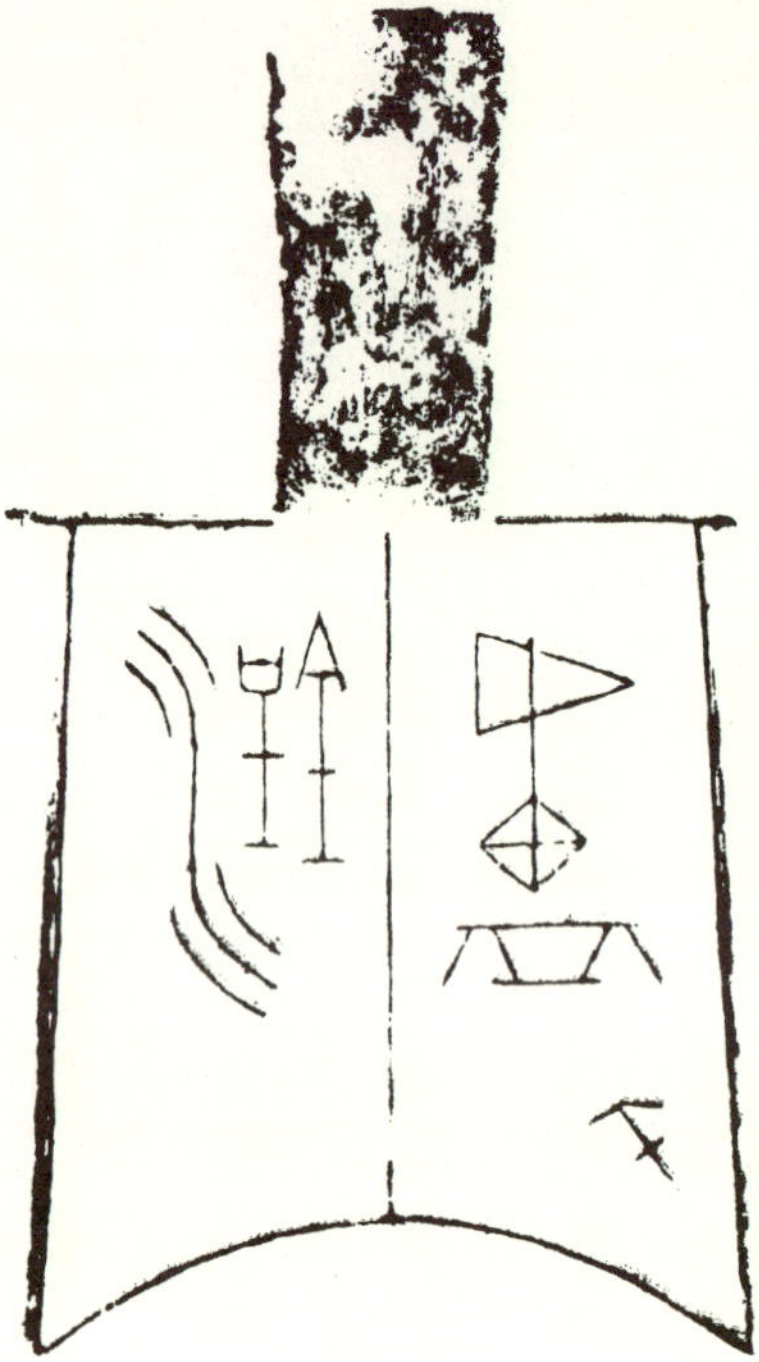

第4図　(1/2)

このように、布銭のもとになったものが、青銅で出来ていたとみると、どうしても不合理なのです。青銅ではないとすれば、金か銀か鉛か錫でないことも確かですから、結局のところ、鉄であったと考えざるを得ません。つまり布銭のもとになったスキやクワは、どうしても鉄で出来ていたとみなければならないと思います。

そのうえ私は近ごろ、先秦貨幣の銘を調べているうち、布銭が鉄製の耕具から起ったことを示す、重要な証拠を発見しました。それは長さが十八センチ、刃の巾が十センチもある特大の布銭で、「盧氏涅《でつ》金」という四字の銘をあらわしています（第4図）。「盧氏」は河南省の西の隅にあり、盧氏県といって、今日でもその名が残っています。「涅金」の「涅」については、これまで解釈がつかなかったのですが、よく調べてみますと、実は黒いという意味なのです。つまり「涅金」は「黒金」であり、さらに「黒金」といえば、中国でも日本でも、昔から鉄のことをさします。しかし「盧氏鉄」では、何のことかわかりません。そこで文献をいろいろ当っているうち、戦国時代にただ「鉄」というと、鉄で出来ていた耕具、スキやクワの類をさす場合があるということに気がつきました。

まず、その一つの例をあげましょう。『孟子』という本の中に、孟子と陣相という人との問答がのっていますが、そこに孟子曰く「許子は釜甑を以って爨ぎ、鉄を以って耕すか」という一句があります。そしてこの場合の「鉄」は、もちろん鉄製耕具をさしているに相違ありません。さらに私は、もう一つよい例をみつけました。

『呂氏春秋』という本の中に、こういう話がのっています。かいつまんで申しますと、「或る人が鉄をなくして、隣の子がそれを盗んだのではないかと疑った。そう思ってみると、彼のやることなすこと、すべてが怪しい。ところがある日、窪地になっている自分の畠を耕していたら、ひょっくりその鉄が出てきた。それからのちは、隣の子をみても、べつに怪しいところはなかった」というのです。ここに「鉄」とあるのは、畠の中から出てきたというのですから、やはり鉄のスキかクワにちがいありません。そそっかしい人だったので、自分でうっかり埋め忘れてしまったのでしょう。私たちも、発掘が終って遺跡を埋め戻すとき、数が足りなくなっていたスコップや移植ごてなどが、掘り上げた土の中から出てくるのを、よく経験するものです。

ここで話を例の布銭の銘に戻しますと、盧氏涅金＝盧氏黒金＝盧氏鉄＝盧氏鉄製耕具というところまで、たどりつきました。さらに、これをもっと合理的に解釈しますと、結局「盧氏というところで発行した鉄製耕具型の銭」という意味だろうと私は思うのです。恐らく、鉄製耕具の実物が貨幣として流通しているうち、やがてその形を青銅で真似た、問題の布銭が生まれたのでしょう。こういう変化が起ったのは、鉄製耕具が重くて持ち歩きに不便だというためばかりではありません。だいたい鉄製耕具なるものは、大きさも種類もまちまちであるうえ、その品質も一定していません。さらに、磨りへったり錆びたりした度合も、貨幣としての基準を混乱させるもとになります。そこで、これら一切の不便を取り除くため、一定の形と重さ、一定の成分をもつ青銅製の模型、つまり布銭が造られたのでしょう。

ところで、問題をもう一歩進めて、布銭のもとになった耕具が、なぜ鋳物の鉄でなければならないかという点を、簡単に説明いたしましょう。鉄には御承知のとおり、鍛鉄と鋳鉄というのがありますが、同じ鉄でありながら、その製法も性質も非常に違うのです。鍛鉄の方は、鉄の鉱石が固体のまま還元されて、鉄の塊になるのですが、鋳鉄の方は、炉の温度が高いため、鉄鉱がドロドロに溶けて還元されるわけです。これは私が随分前に気がついたのですが、少なくとも、中国では鋳鉄の方が早く発達したのです。どのくらい古いかというと、だいたい前七・八世紀ごろからですね。その鋳鉄でスキやクワのような耕具、或いは木工具でしたら、せいぜい薪割用の斧といったような鈍器をこしらえたのです。これに対して、鍛鉄の方はいくらかおくれ、だいたい前三、四世紀ごろに現れました。鍛鉄が利器の材料に最も適していることは、いまさら申すまでもありません。ところが、世界の大勢は、中国の場合と反対でした。ヨーロッパ・オリエント・インドなどにおける古代の鉄器は、すべて鍛鉄で、鋳鉄の方は、それよりはるかにおくれ、だいたい十四世紀ごろ、ドイツで造られるようになったのです。中国で、なぜ鋳鉄の方が先に発達したのかと申しますと、原料として主に磁鉄鉱を使ったからだろうと思います。これは非常に還元しにくい鉱石なので、どうしても高い温度で長く熱しなければなりません。そのため、鉱石は溶けて鋳鉄になる傾向があります。とにかく中国では、すでに二千年以上も前から、現在の溶鉱炉の原型のようなものがあって、鋳鉄を大量に生産していたのです。ほかの国々に比べると、まことに大した技術段階といえましょう。なお近ごろ、河北省の興隆県というところにある戦国時代の遺跡から、鉄の農具や工具を造るための鉄製の鋳型がたくさん出てきて、こういう見方の正しいことが証明されました。

いったい中国の文化は、殷から西周ごろまでは、ほとんど停滞しておりましたが、春秋時代になりますと、飛躍的に向上しはじめます。これはどこに原因があるかと申しますと、鋳鉄でスキやクワのような耕具を大量に生産した結果、農業の生産力が急激に増大し、青銅の鋳造貨幣の出現にともない、商工業がさかんになってきたためだろうと考えられます。西の方の世界で初めて青銅の鋳造貨幣を造りましたのは、小アジアのリディアですけれども、これが中国と東西相呼応するかのように、前七世紀ぐらいなのです。そしてそのころ、リディアはもう鉄器時代に入っていました。ですから、青銅器時代に青銅のお金が使われたということはないのでありまして、鉄器時代になって生産力が増大したからこそ、初めてこういう青銅の貨幣が出来てきたことがわかります。

今お話しましたように、布銭にはスキ系とクワ系の二つがありまして、その後、いろんな形に発展していくのですが、春秋戦国時代の貨幣としては、もう一つ非常に重要なものがあります。それは「刀銭」という小刀の格好をしたお金で、尖首刀・明刀・斉刀・円首刀・方首刀の五種類に分けられます（第5図）。図は左からその順に並べてありますが、方首刀だけは写真が手に入りませんでした。中で一番古いのは、小刀の原形を最も忠実に真似た尖首刀と思われます。しかし、そのもとになった小刀が、いったい何で出来ていたかということは、一応調べてみる必要があります。つまり、青銅であったか鉄であったかという問題です。

第5図　(1/2)

前に申しましたように、布銭のもとになりましたものは、鋳鉄製のスキやクワであったと想像されます。それでは、刀銭の場合も、鋳鉄製の小刀がそのもとになったのかというと、実はそうではないようです。というのは、鋳鉄はもともと脆くて、きめが粗いため、鋭い刃をつけることができません。鋳鉄は仮に刃をといでみても、細かい鋸のようになってしまうので、キレを切ることも、木を削ることもできないのです。ようするに、鋳鉄は刃物にはなりません。まあせいぜい使えるとすれば、土を掘る耕具の類とか、或いは薪割用の鉈ぐらいなものでしょう。すると、刀銭のもとになった小刀は、鍛鉄製ではなかったかということも、考えられないことはなさそうです。しかし、鍛鉄が民間で使われはじめたのが、戦国の中ごろをさかのぼらぬと思われるのに対し、刀銭のうちで最も早い型式とみられる尖首刀は、おそくとも春秋の末ごろには現れていたようです。こういうわけですから、尖首刀の原体が鍛鉄で造られていたはずはありません。鋳鉄製でもなく鍛鉄製でもないということになれば、残る可能性はただ一つです。つまりそれは、青銅製であったにちがいありません。

ところで、布銭の原体が鋳鉄製であり、刀銭の原体が青銅製だったというと、何か矛盾のように感じる方があるかもしれませんが、そんな疑惑は無用でしょう。第一、耕具と小刀とでは、重さがまるで違うのです。さっきも申しましたように実用のスキやクワは、どうしても一キログラムぐらいの重さが必要ですが、小刀の方は五十グラムもあれば十分でしょう。刀銭の中で一番大形なのを斉刀といいまして、山東省の斉の国で使っていたものですが、これがだいたい五十グラムぐらいの目方です。ですから、一本の耕具を造る青銅の地金があれば、小刀の方は二十本も出来るというわけです。それからもう一つ、田畠を耕すスキやクワと、絹のキレなどを切る小刀とでは、消耗率の点で比較になりません。ようするに、スキやクワのように大形で消耗率の高い青銅器があっては、不合理だというわけなのです。小刀ぐらいなら、青銅製のものが民間に多少あっても、私はかまわないと思います。

刀銭の中で最初に現れたと考えられる尖首刀は、今の河北省の北部を領有していた燕という国が造ったお金です。この燕という国は、田畠を耕さなくても、栗や棗《なつめ》の実で十分に民を養っていけるとか、そのほか、海から魚がとれる、塩がとれる、それから養蚕が非常にさかんだ、というふうなことが、記録に残っています。つまり農業が振わない国だったのですから、スキやクワのような格好をしたお金を造らなかったのも当然でしょう。だが、それならなぜ小刀の格好をしたお金が出来たかという点については、何か特別の理由がなければなりません。

燕の国の北方にいた遊牧民族の匈奴は、非常に優秀な青銅器を持っていましたが、その中でも特に小刀の類が多かったようです。今日の蒙古人は、みんな蒙古刀というのを腰にぶらさげていて、羊を水炊きしながら、それをかんで蒙古刀をはずし、その肉を切ったり食べたりします。匈奴もそれと似た遊牧民族ですから、小刀を非常に大事に持って歩いていたにちがいありません。そこで、燕と匈奴との間に何か商取引が行われた場合、恐らく匈奴の使っていた青銅器が、見返物資として燕の方へ流れ込んできたことでしょう。そしてそのさい、一番数が豊富であった小刀が、実物貨幣的な取り扱いを受けたとすれば、それが燕の人たちに尖首刀を考案させる、一つの重要なヒントになったのかもしれません。また燕の産業というと、だんたい牧畜と養蚕ですから、獣類を解体したり、絹のキレを切ったりするのに、小刀を必要とすることが、黄河方面の農耕民たちと比べものにならないほど、非常に多かったわけです。そこで燕では、農具の形をした布銭ではなく、小刀の恰好をした刀銭を造るようになったのだろうと、私は考えています。

時間がかなりたちましたが、二、三いい落したことがありますので、ちょっと付け加えておきましょう。布銭というものは、原則として、都市単位で発行しているのです。布銭には、ほとんど例外なく都市の名前がしるされていますが、その中には、国の都より地方都市の方がずっと多いのです。それに対して刀銭の方は、原則として国家が発行したものです。ですから、刀銭を発行している国、燕や斉などの方が、布銭を発行している国、韓・魏・趙などよりも、国家権力が強いというか、中央集権的な傾向が強いということがいえるわけです。

布銭と刀銭の大部分は、戦国時代に流通したものですが、その時代の末になりますと、円銭、つまり円いお金が出て参ります。最初は円いお金に円い孔があいておりますが、しばらくしますと、その孔が四角に変わります。どうして円い孔が四角になったかといいますと、これにはいろんな説がありますが、どれも当てになりません。私は、かつて製作技術の点に着目し、「多くの円銭を棒に通して、鋳余りを削り落す時、孔が円いと、銭がクルクル廻ってしまうので、うまくいかない。そこで、孔を四角にして、四角い棒を通したのであろう」と想像しました。

円銭を一番早く造ったのは、魏の国に属する一部の地方都市です。これらの都市は魏の都と同じく、それまで一種の布銭を使っていましたが、初めて名目貨幣を採用した魏の国の通貨政策に叛旗をひるがえし、あらたに、円孔のある円銭を発行して、それに対抗しました。この辺のことは、よほど詳しく説明しませんと、おわかりにくいかと存じますが、ここでは結論だけを述べておきます。なお、円銭の円い孔を四角に変えたのは、かつて斉刀を使っていた斉の国です。斉の円銭の型式は、秦の国に採用されて半両銭を生み、漢の五銖銭となり、さらに二千年の歳月をへて、つい近ごろの清の光緒通宝まで、ずっと続いているわけです。

次に、最近ちょっと気付いたことがありますので、ほんの二、三分お話いたします。私は戦国時代は貨幣経済の黄金時代だと思っていたのですけれども、このごろ少し考えを変えました。ほんとうの貨幣経済の黄金時代は、実は前漢時代になってからです。布銭などは、恐らく都市の大商人が組合のようなものをつくり、離れた地域の都市の大商人の組合との間に、特定の産物などを大量に取引する時に使ったものではないでしょうか。もしそうだとすれば、布銭が農家の経済を左右するほど普及していたとは、一概に断定できません。また刀銭にしても、主に国家が発行したものとはいえ、国家経済の大きな部分を占めていたかどうかは怪しいものです。ところが前漢時代になると、文献に明記されているとおり、実に尨大な貨幣が流通し、あらゆる物が貨幣価値に換算されるようになります。

先秦時代の貨幣に関する限り、信用できる文献はほとんどないのに、実物だけはやたらに残っているのです。しかし、これらを当時の実生活に結びつけるとなると、こんなむつかしいことはありません。とにかく、誰が貨幣を発行し、どのような機構で、それが動いたか。例えば、国家の発行した貨幣が、どういう経路で民間に流れ、どういう経路で回収されたか。官吏の俸禄、各種の租税、こういうものに貨幣がどの程度関係していたか。国家が貨幣の収支をどのように管理して、予算を立てたり発行量をきめたりしたか。また国都と地方都市との間には、貨幣の発行と運用に関して、どんな協定があったか。地方都市の発行した貨幣を、国家はどんな方法で吸い上げ、どの程度その財政の足しにしたか。布銭・刀銭・円銭の間には、全然交流がなかったか。もしあったとすれば、それぞれのルート関係はどうだったか。……このように、考えてみればみるほど、疑問は尽きません。私はこれらの点についても、すでにさまざまの臆測をめぐらしていますが、時間がないので省かせて頂きます。

なおこのほか、戦国の末に楚の国で用いられた金貨、すなわち黄金の延べ板に極印を押したものなども、きわめて興味の深い資料なのですが、それもついに触れるひまがありませんでした。

いいわけめいたことになりますけれど、先秦時代に関する限り、まだ現在の段階では、庶民の生活と貨幣との関係がはっきりしないのです。まとまらない話になってしまって恐縮でした。

御参考までに、この問題に関連がある拙稿をあげておきます。

『半瓦当の研究』（岩波書店、一九五二年）、「中国青銅器文化の一性格――青銅の素材価値を中心として」「中国初期鉄器文化の一考察――銅鉄過渡期の解明に寄せて」「中国古代の尺度について」「『重一両十四一珠』銭について」「先秦貨幣の重量単位「円体方孔銭について」「漢初の文化における戦国的要素について」（以上、『中国考古学研究』東京大学出版会、一九五六年初版、六三年再版、所収）、「布銭の出土地と出土状態について」（『東洋学報』四一の二、一九五八年）、「新耒耜考」（『東洋文化研究所紀要』一九、一九五九年）、「新耒耜考余論」（『東洋文化研究所紀要』二〇、一九六〇年）、「盧氏涅金考」（『和田博士古稀記念東洋史論叢』講談社、一九六一年）、「先秦貨幣雑考」（『東洋文化研究所紀要』二七、一九六二年）、「中国の古代貨幣」（『古代史講座』九、学生社、一九六三年）など。

布銭の出土地と出土状態について

序

私はかねてから先秦時代の貨幣経済に興味を抱き、その実体の究明に努めてきた。先秦貨幣の代表的なものが、刀銭と布銭であったことは、ここにあらためていうまでもない。ところが、これらを資料にして当時の貨幣経済を調べる場合、いつも甚だ困ることがある。というのは、刀銭についてはともかく、布銭の方は、これまでその正確な出土地や出土状態がほとんど知られていないからである[1]。刀銭のなかでも、燕の通貨として用いられた明刀は、現在の河北省から東北地区にかけて広く分布し、はっきりした出土例もかなりの数に上っている。この明刀とともに、ときには方肩方足布も出土するが、その数は比較にならぬほど少ない。そこで、従来発見されている数万枚にも及ぶであろうところの布銭が、いったい中国のどこからどのような状態で出るのかは、久しく私たちにとって大きな疑問であった。しかし幸いなことに、新中国が成立してからこの九年ばかりの間に、各地で遺跡の発掘が進むにつれて、僅かずつではあるが、布銭の出土に関する情報も得られるようになった。この種の問題に興味を持つ私たちにいわせると、まさに待望の資料である。ところで、こうした基礎的な資料を綜合するとき、布銭について在来不明であった点が、どの程度はっきりするであろうか。これは、その結果の如何に拘らず、そろそろ誰かが一度はやってみる価値のありそうなことである。

一　新資料の紹介

そこでまず、布銭の出土に関する最近の報告を、その年度順にあげてみよう。ただしここでは、事実を簡単に紹介するだけにとどめ、現象の解釈は次節に廻すこととした。

(1)　一九五〇年の七月下旬から八月上旬にかけて、傅振倫氏らをはじめとする雁北文物勘査団の一行は、大同の西南約七五粁の地点にある山西省山陰県で、一つの故城址を調査した。僅か一週間足らずの期間なので、発掘は行わなかったけれども、城内で表面採集した遺物はかなりの量に達し、そのなかに「平州」・「晋陽」の文字を有する方肩尖足布や、布銭と刀銭の残片などが含まれていた。刀銭は鐶の部分だけしか残っていないが、形が細長いところを見ると、円首刀（直刀）であったことは疑いない。なおこれよりさき、同年の五月に、当時の人民解放軍第六八軍の兵士たちが、桑乾河に通ずる溝渠を開鑿して、たまたまこの故城の東南隅をよぎったところ、地下一・八米ほどの個所から、「平州」・「茲氏」・「晋陽」・「平陽」などの銘を有する布銭が合計九枚発見されたという。はっきりしたことはわからないが、これらのうち平州・茲氏・晋陽の各布は方肩尖足、平陽布は方肩方足であろうと想像される。(2)

(2)　中国科学院考古研究所は、一九五〇年十月から翌年の一月にかけて、河南省輝県固囲村一号墓を発掘したが、そのさい、いわゆる梁正幣が一八枚出土した。これは俗に「乗馬幣」と呼ばれる一種の円肩方足布で、「梁正尚金当寽」の六字を表している（第1図左）。ここから出たわけではないが、ほかに同形式のものとしては、梁充釿五二十当寽布・梁充釿金当寽布・梁半尚二金当寽布などがある。またこの墓の上層の攪乱された土のなかから、いわゆる三角紋幣を三枚と垣字銭を一枚発見したが、墓との関係は不明だという。前者は特殊な形をした方肩方足布で、一見、三角紋ともいうべきものを有し、後者は「垣」の字を表わした円体円孔銭である（第1図中・右）。なお固囲村二号墓からも、梁正幣が一枚出土している。(3)

(3)　一九五四年一月、考古研究所は北京の西北約九〇粁にある河北省懐来県の大古城村で、版築の土壁を周らしている城址を調査した。そのおり土地の人たちが語ったところによると、かつてここから刀銭・方足布・五銖・銭范・銅鏃・銅壺などが出たという。(4)ただし記事がこれだけなので、どのような種類の刀銭であったのか、またどのような文字を有する方足布であったのかはわからない。

(4)　一九五四年の四月から七月にわたり、考古研究所が洛陽の西郊一帯を調査したとき、漢代の河南県城の北壁第四トレンチ（WNT4）にかかった周代の遺跡から、空首布が一枚発見された。肩が斜めに垂れさがった「斜肩式」ともいうべき型に属し、報告書によれば、薄い上に錆がひどく、文字も不明で、明器のようだという。(5)しかしその図版をよく見ると、これは「三川釿」の銘を表わした実用の貨幣に違いない。

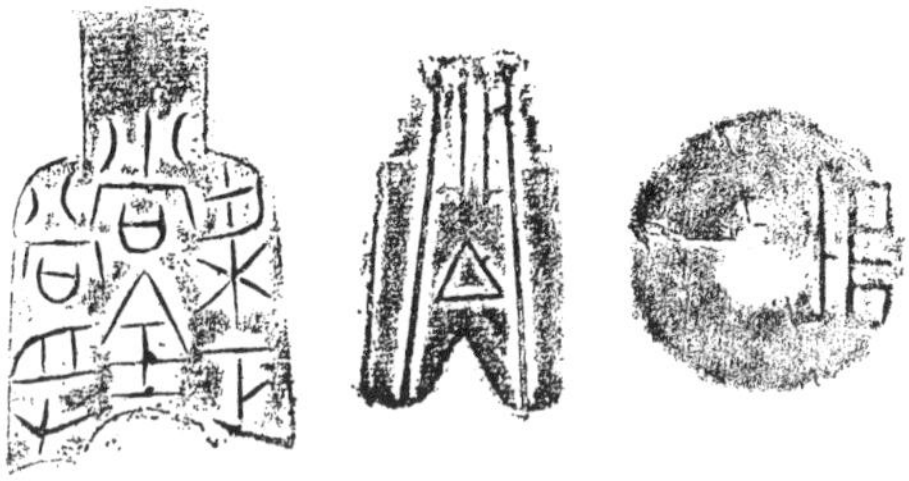

第１図　輝県出土古銭（1/2）

(5)　一九五四年の秋に黄河が増水したさい、山西省の西南隅に近い永済県薛家崖で、棉畑の河に面した個所が崩壊して、なかからひと山の青銅器が出てきた。それらは生活用具・装飾品・貨幣・兵器・車馬飾・工具・機械・鎔銅塊の八種で、重さは実に二〇〇瓩にも達したという。(6)貨幣としては、「安陽」・「平陽」・「粱」の銘を有する方肩方足布、「藺」の字を表した円肩円足布の一部、(7)ならびに明刀・半両などがある。このほか、略報の挿図には載っていないが、本文によると、晋陽布もあったことが知られる。ただし、それが方足であったか尖足であったかについては、べつに記載がない。半両はその大きさと字体から見て、秦半両か漢の八銖半両のいずれからしいが、それ

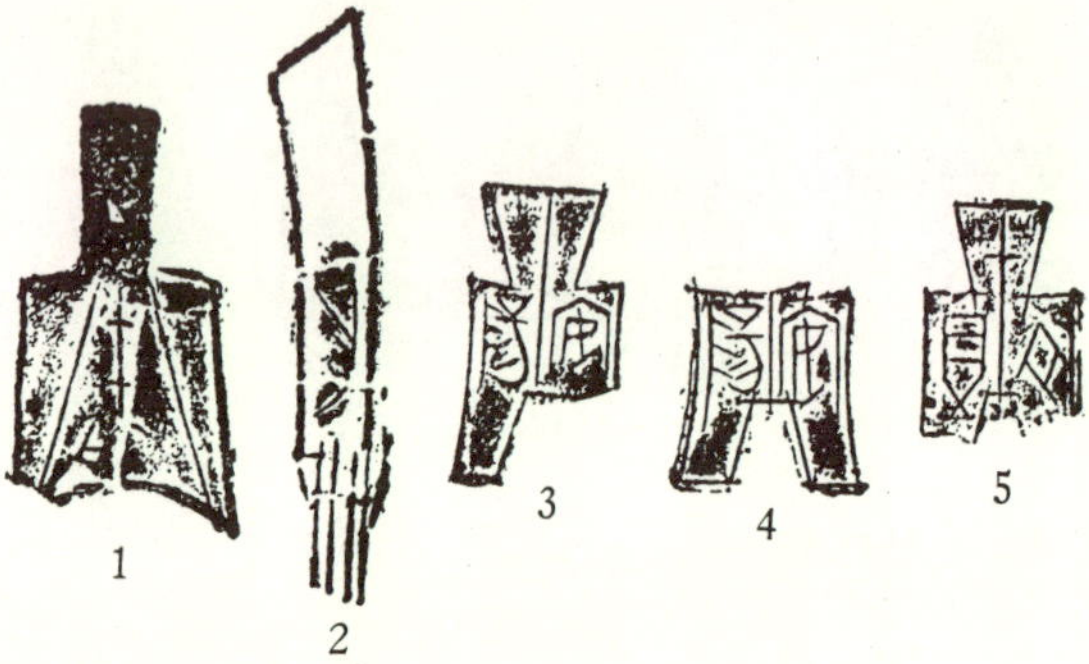

第2図　鄭州出土刀布（1/2）

以上のことはわからない。この遺跡では、同じ種類の銅製品が大量に出るようで、例えば銅鏃などは数千本に及んだという。恐らく、地金としての金物類を貯蔵しておく地下の倉庫だったのであろう。その年代は、出てきた貨幣のうちで最も新しい半両が示す通り、ほぼ秦漢の交と見ることができる。

(6)　一九五四年に成立した河南文物工作隊第一隊は、一九五五年四月までの間に、鄭州の西北郊にある崗杜の附近で、戦国時代から漢代にかけての墓を四七基発掘した。そのさい一一二号墓から、空首布が四枚、明刀が一本（第2図1・2）、方足布が三枚出土した。空首布は、前にあげた洛陽西郊出土のものと同様、斜肩式に属し、おもてに「武」の銘を有する。方足布のほうは、どのような文字が表されていたのか、記述がないのでわからない。また一三九号墓からは、方足布が六枚発見された。報告の挿図によると、そのなかに安陽布が二枚と貝丘布が一枚あることは知られるが、他は明かでない[8]（第2図3—5）。

(7)　一九五五年の七月から九月にかけて、河北省文物管理委員会が石家荘市の市荘村で、戦国時代の文化層を発掘したおり、方足布が三枚と尖足布が一枚出土した[9]。方足布には「安陽」・「平陽」・「藺」などの銘が表されているが（第3図）、尖足布の方は文字がない。また、べつに出てきた一本の刀銭も、文字は不明だという。

(8)　一九五六年の夏、吉林省輯安の農民が、古銭のはいった壺を一つ発見した。壺がこわされたので、古銭も多くは折れてしまったが、当局が人を派遣して調べさせたときには、まだ三—四疋に及ぶ欠けた古銭と、壺の破片が二つ残っていた。古銭は方足布・明刀・半両・五銖・貨泉などで、方足布は完全なのが二枚、明刀は完全なのが一本あった[10]。略報には、方足布に文字があるとだけしか書いてないが、挿図によると、その文字は「襄平」と「匋陽」らしい（第4図左・中）。明刀は腰の折れ曲った式のものである（第4図右）。なおこの遺跡の年代は、壺のなかにはいっていた貨幣のうちで最も新しい貨泉により、王莽以降と推定される。

第4図　輯安出土刀布
（左・中 1/2，右 1/4）

(9)　一九五六年から五七年にかけて、河南省漯河市の漯河一中考古研究小組は、郾城県一帯の遺跡を踏査したが、そのさい郾城の東南に当る召陵の附近で、「梁」の銘を有する方肩方足布を二枚採集した[11]。郾城は鄭州の南々東約一三〇粁の地点にある。

二　地名の検討

第3図
石家荘出土方足布（1/2）

さて、布銭の出土に関して新たに得られた資料は、ほぼ右にあげたようなものである。ところで、これらは布銭の実体を明らかにする上に、果たしていかなる意義を有するであろうか。まず布銭に表されている地名について、この点を検討しよう。

(1)　梁正幣　「梁二云々当寽」の銘を持ついわゆる乗馬幣の一群は、その「梁」が大梁（河南省開封）・少梁（陝西

第5図
輝県出土公布（1/2）

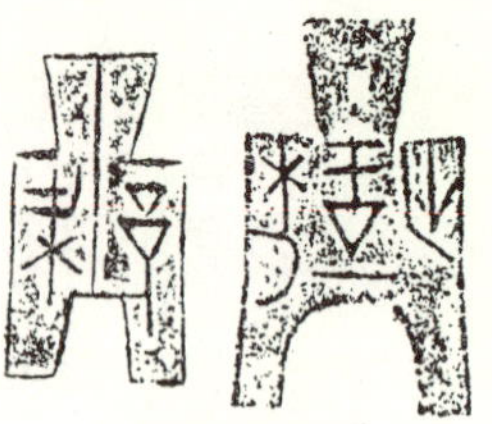

第6図
（左）梁布，（右）梁一釿布
（各1/2）

省韓城県）・南梁（河南省臨汝県）のどれに当るかという点で、これまで諸家の間に見解の一致を見なかった。(12) ところが前に述べたように、この一群に属する梁正幣が輝県から出たことによって、問題の「梁」が魏の都である大梁に比定されることが明らかとなった。何故ならば、輝県は戦国時代には魏の版図内にあり、しかも大梁の西北方僅か八〇粁ほどの地点に位しているからである。魏が安邑から大梁へ都を遷したのは、史記巻四四の魏世家によると、恵王三十一年（339 B.C.）のことであった。従ってこの手の乗馬幣は、かつて私が想像した通り、(13) 戦国の中期以後、大梁で用いられたものと見て差支えなかろう。

⑵　公布　右の梁正幣を出した輝県固囲村一号墓の上層から三枚発見されたもので、報告書に「三角紋幣」と呼んでいるものに相当する。馬昂の貨布文字考巻三はこれを「上谷」と釈して、秦の上谷郡（河北省延慶県）に比定した。しかし、少なくとも三枚のうちの一枚は、「上」の字に相当するものが表されていないし(14)（第5図）、輝県と延慶県とでは、場所が少し離れすぎている。そこでむしろ、おもての文字を常識的に「公」と読んだ、李佐賢の古泉滙元一や奥平昌洪氏の東亜銭志巻四の説の方が穏当らしい。とにかく、この異形の方足布は梁正幣よりも後れて、戦国の終りころ魏の領内で用いられたものと思われる。なお同じく墓の上層から出た垣字銭が、魏の垣（山東省垣曲県）で鋳られたことについては、ほとんど疑いない。

⑶　梁布　山西の永済と河南の郾城で発見された。「梁」に三通りの解釈があることは前に述べたが、これはそのうちのどれに当るのであろうか。字体を見てまず気がつくのは、「梁」の字の「梁」の部分が梁正幣のそれと全く同じで、梁一釿・梁半釿などの梁釿布のそれとは非常に違っていることである(15)（第1図・第6図）。つまりこの方足布は、

魏が安邑から遷ってくる前に、大梁で鋳られたものと見るのが最も自然であろう。私はかつて安邑釿布↓梁釿布↓乗馬幣という系列を考えたが、[16]これはどうも誤りらしい。梁釿布と乗馬幣とでは、「梁」の字の形がそれぞれ違いすぎるうえ、安邑釿布と乗馬幣が円肩なのに対して、梁釿布は方肩だからである。結局、はじめ山西南部の方面を中心として、「晋陽」・「陰晋」・「甫反」・「京」などの方肩の釿布が現れ、ついで円肩の安邑釿布や、その流れを汲む乗馬幣が造られたのであろう。もしそうであったとすると、方肩の梁釿布は山西南部に近い少梁で鋳られたものかも知れない。

(4)　三川釿布　洛陽の西郊から出土した空首布の一類。その銘の読み方については、東亜銭志巻二に「三川釿」、古泉滙元一に「済地金化」、方若の言銭別録に「済金化」、秦宝瓚の遺篋録に「済川全化」、劉心源の奇觚室吉金文述巻二に「斉川釿」、劉体智氏の善斎吉金録に「斉巛金匕」となすなど、いまだに定説がない[17](第7図)。しかし、史記巻五の秦本紀荘襄王元年(249 B.C.)の条に「秦の界、大梁に至る。初めて三川郡を置く」とある秦の三川郡は、前漢書巻二八上地理志の河南郡の条に施された顔師古の注に「もと秦の三川郡、高帝名を更む」と見えるように、今の洛陽を中心とする地域に置かれていた。従って、漢の河南郡に属する河南県城から出たこの空首布の銘は、「三川釿」と読むのが正しいことはいうまでもない。なお洛陽地方をいつから「三川」と呼んだかは明らかでないが、秦本紀の武王三年(308 B.C.)の条に見えるのが、文献に出てくる最初らしい。集解によると、「三川」とは河・洛・伊の三水を指していることがわかる。

第7図　三川釿布(各1/2)

(5)　武布　鄭州から出土。右の三川釿布と同形式の空首布。中央の線が「戈」を表し、その左下に「止」が見える。先秦時代の地名で「武」がつくものには、武安・武平・武城・武父などがある。問題の武布がそのうちのどれに該当するかは、現在のところわからない。

(6)　安陽布　(7)　平陽布　安陽布は永済・鄭州・石家荘、平陽布は山

陰・永済・石家荘のそれぞれ三個所から発見されている。奇觚室吉金文述巻一九に安陽布と平陽布をあげて、「此の布甚だ多く、録するに勝えず」といい、古銭大辞典の例言一三に、「凡そ古布中の安陽・平陽等、出土すること日に多く、其の価も亦減じて毎枚僅か三、四角に至る」とあるように、この両布はこれまで発見例の豊富な点で、断然他を圧していた。従って、近ごろそれらが比較的多く出土するというのも、べつに偶然ではない。先秦時代に安陽・平陽と呼ばれていたところは、文献に見えるだけでもそれぞれ五個所を数える。[18] 古泉滙元二に平陽布のことを述べて、「今見る所、品類繁多。応に一処の物に非ざるべし」といっているのは、恐らく当っているのであろう。また同様のことは、蔡雲の癖談に「字体多くして数十種に至る」と称せられる安陽布についても、いえるかも知れない。しかしこの場合は、出土地との関係から考えて、安陽は河南の有名な安陽に、[19] 平陽は山西南部の平陽（臨汾）に当てるのが最もよさそうである。

(8)　藺布　　永済から円肩円足のものが出、石家荘から方肩方足のものが発見されている。藺は史記巻三四の趙世家粛侯二十二年（328 B.C.）の条に「秦、我が藺・離石を取る」とあるのに相当し、山西省離山県（旧離石県）にあった地名である。なおここでは、小は円銭から大は尖首刀に至るまで、実に九種類の貨幣が鋳造されている。[20]

(9)　貝丘布　　鄶州から出ている。貝丘は、左伝の荘公八年の条に「斉侯……貝丘に田す」とあるのに当たるらしい。その位置は、山東省博昌県の南といわれている。[21]

(10)　襄平布　　輯安から出土。襄平は今の遼寧省遼陽市に相当し、戦国時代に燕の遼東郡が置かれたところである。

(11)　匋陽布　　同じく輯安で発見。この銘の読み方については多少疑問があるが、しばらく古泉滙元二などに従って「匋陽」としておく。ただし、その位置は明らかでない。

(12)　晋陽布　(13)　平州布　(14)　茲氏布　　いずれも山陰から出土した。方肩尖足である点が珍しい。晋陽は山西省太原市、平州は同介休県、茲氏は同汾陽県に比定される。山東省萊蕪県にも平州という地名があったらしいが、これは他とあまりかけ離れているので採らなかった。

さて右にあげた一四種の布銭は、近ごろ発見された布銭のうち、銘を有するもののすべてである。ところで、今これらの布銭が出土した地点を地図の上に当ってみると、つぎのような現象に気がつくであろう。第一に、それらの地点は、現在でいうと県以上の都市の近傍に当っているということ。第二に、山陰と永済は同蒲線に、懐来は京包線に、石家荘と郾城は京漢線に、洛陽は隴海線にそれぞれ沿い、鄭州は京漢線と隴海線の交点にあるというふうに、ほとんどみな交通の要衝に位していることである。(22) もっともこのような現象は、たまたまそういうところが発掘地点に選ばれたのだ、と見ればそれまでであって、これが直ちに布銭の集中分布を示す資料とはならない。しかし少なくとも、今日の主要都市が先秦時代の昔から、すでにある程度の経済活動を行っていたということだけは確かであろう。つぎに、布銭の鋳造地と出土地との間の直線距離を測ってみると、ほぼ左のような結果になる。

平陽布　三九五粁（臨汾―山陰間）・三三八粁（臨汾―石家荘間）など
晋陽布　三七五粁（太原―永済間）
梁　布　三五〇粁（開封―永済間）・一四〇粁（開封―郾城間）
藺　布　二九五粁（離山―永済間、離山―石家荘間）
安陽布　二一二粁（安陽―石家荘間）・一五四粁（安陽―鄭州間）など

これは、布銭が意外に大きな流通半径を持っていたことを示すものにほかならない。ここにあげた各種の布銭などは、現在の鉄道線路に沿って、かなり遠くまで流動していたことが知られるのである。また戦国時代の貨幣であったことが疑いのない方肩方足布について、その鋳造地と出土地との国別を調べてみると、つぎのようなことに気がつく。例えば、平陽布は平陽すなわち臨汾（魏）で鋳造されて、山陰と石家荘（ともに趙）から出土し、梁布は大梁すなわち開封（魏）で鋳造されて、鄗城（韓）から出土し、藺布は藺すなわち離山（趙）で鋳造されて、永済（魏）から出土している。こうした現象は、方肩方足布が当時の国境を超越した広い範囲に流通していたことを語るものとして、頗る注目に値するであろう。

三　種類と組み合わせの考察

つぎに、新たに出土した布銭の種類と、その組み合わせについて考察しよう。まずこれらの布銭を、形式の上から大別すると、左の五種になる。

空　首　布　　三川釿布・武布
方肩尖足布　　晋陽布・平州布・茲氏布
方肩方足布　　安陽布・平陽布・郟布・藺布・貝丘布・襄平布・匋陽布・公布
円肩方足布　　梁正幣
円肩円足布　　藺布

ところで、各形式の布銭がどのような組み合わせで出土するかということは、布銭の沿革や年代を考える上に極めて重要な問題である。いま布銭のほかに刀銭や円銭をも含めて、各遺跡におけるその伴出状況を調べてみると、左のような組み合わせが注目される。

山西永済　　方肩方足布・円肩円足布・明刀・半両（いずれも数は不明）
河南鄭州崗杜一一二号墓　　空首布四・方肩方足布三・明刀一
河北石家荘　　方肩方足布三・方肩尖足布一・刀銭一

吉林輯安　　方肩方足布・明刀・半両・五銖・貨泉（いずれも数は不明）

これらの遺跡のうち、永済と輯安の年代は、前にも触れたように、それぞれ秦漢の頃と王莽以降に比定される。従ってこの両遺跡から、布銭のなかでかなり時代の下るらしい方肩方足布と、戦国の末まで流通していたに相違ない明刀が出たということは、べつに不思議でも何でもない。また永済から円肩円足布が出ているのも、円肩円足布が布銭のうちで最もおそく現れたことを考えれば、充分に起り得る現象である。さらに石家荘で、方肩尖足布が方肩方足布と一緒に出土したのも、両者が形式の上で連続することがほぼ確実である以上、まず異とするに足りない。問題なのは、鄭州崗杜一一二号墓から、方肩方足布や明刀とともに空首布が発見されている点である。いったい布銭のなかで最も早く現れたのが、空首布であったことは疑いない。これは柄をすげる部分がソケットになっていて、そこに目釘孔まで穿たれている。つまり金属製の農具を、忠実に模したものと見ることができよう。この空首布に続いて、首の部分が平たい各種の平首布が造られた。平首布のうちで最も古いのは、肩も足も尖っているものであったが（尖肩尖足布）、やがてその肩が直角になり（方肩尖足布）、ついで足が四角になり（方肩方足布）、さらに肩が円くなり（円肩方足布）、最後に足も円くなった（円肩円足布）。つまりこの変化は、肩と足が交互に、尖から方へ、方から円へと、しだいに角がとれていく過程を示すものにほかならない。そして布銭の発展順序は、現在のところこれ以外には、ちょっと考えられないようである。(23) また私は従来、空首布はかなり古くて春秋時代を下らず、かつ平首布が現れるとすぐに消滅したものとばかり思っていた。ところが事実はこれに反し、鄭州崗杜一一二号墓では、空首布が明らかに方足布と伴出しているのである。しかもこの墓は、報告者も推定しているように、構造や副葬品の上から見て、戦国晩期に属することとほとんど疑いない。(24) 従って、少なくとも鄭州の方面では、実に戦国の末に至るまで、空首布が残存していたと認めざるを得ないのである。

この一例では不安だと思う人々のために、空首布がかなりのちまで用いられたことを示す、もう一つの例をあげて

第8図
方肩彎足式空首布
(1/2)

おこう。右の崗杜から出た空首布は、肩が斜めに垂れさがり、足が内側に彎曲した形式、いわば「斜肩彎足式」とも称すべきものであるが、この手は空首布のなかで、比較的時代の下るものらしい。そしてこれに先立つ形式として、全体がやや大形で、かつ肩の直角になった「方肩彎足式」ともいうべき空首布の一群が注目される（第8図）。従来知られている空首布のうち、最も多いのはこの式であるが、古銭大辞典上編八二四図に示されているのは、そのなかでもとくに大形な珍しいもので、表面に「盧氏涅金」と判読される銘を有する（第9図左）。ところが同書三二一図には、普通のよりひとまわり大形な方肩方足布が載っていて、それにも同じく「盧氏涅金」の四字が表されている（第10図左）。そこで、いま両方の銘を比較してみると、文字の配列といい、書体といい、ほとんどそっくりそのままであって[25]、この空首布と方足布が、ほぼ時を同じくして用いられたことを物語っている。同書の八一八図から八二三図までは、「盧氏」の銘を有する斜肩式の空首布であるが（第11図）、これらは右の方肩式の大空首布から転化したと考えられるので、この大空首布と同じ四字の銘を表した方肩方足布より年代が下る可能性こそあれ、それより古いということはまずあり得ない。

　つぎにこの間における形式の変化を、もう少し精しく裏づけておこう。空首布のなかで最も発見例の多い方肩彎足式空首布は、両面に三条の縦線が鋳出されているが（第8図）、問題の大空首布では、裏面に施された三線のうち、外側の二線が珍しく「八」字形に傾斜している（第9図右）。そして、この「八」字形の斜線は、斜肩式空首布の両面に現れ（第11図）、また方肩方足布の裏面にも例外なく認められる（第10図右）。この現象は、斜肩式空首布が方肩式空首布から変化したことを物語ると同時に、斜肩式空首布と方肩方足布との年代的関係を示すものであろう。要するに、盧氏（河南省盧氏県）で鋳造された布銭についても、空首布が方足布とほぼ同時に流通していたことを推測し得るのである。

なおすでに述べたごとく、斜肩式空首布には「三川釿」の銘を有するものがある。貨幣に「釿」の文字を表すことは、安邑釿布などの円肩方足布や、長垣一釿銭などの円銭に見られる現象であるが、これも斜肩式空首布の年代がかなり下ることを裏書するものといえよう。

さて、布銭がいつごろ現れたかという問題は、必然的に鉄製農具の出現時期とも関連する。——というのは、かつて私が指摘したように、布銭の原形は鉄製の農具であったことが、貨幣理論の上からも証明されるからである(26)。——従って、どちらか一方の時期がきまれば、他もおのずから見当がつくであろう。そこで私はこの点につき、かりに左のような臆説を立てておいた(27)。

私たちは今まで、刀布が現れた年代を古く考えすぎ、鉄器のそれを新しく見すぎていたのではなかろうか。確かな点はわからないけれども、刀布のほとんどすべてが戦国時代に用いられたものであろうこと、布の出現が刀のそれに先立つであろう

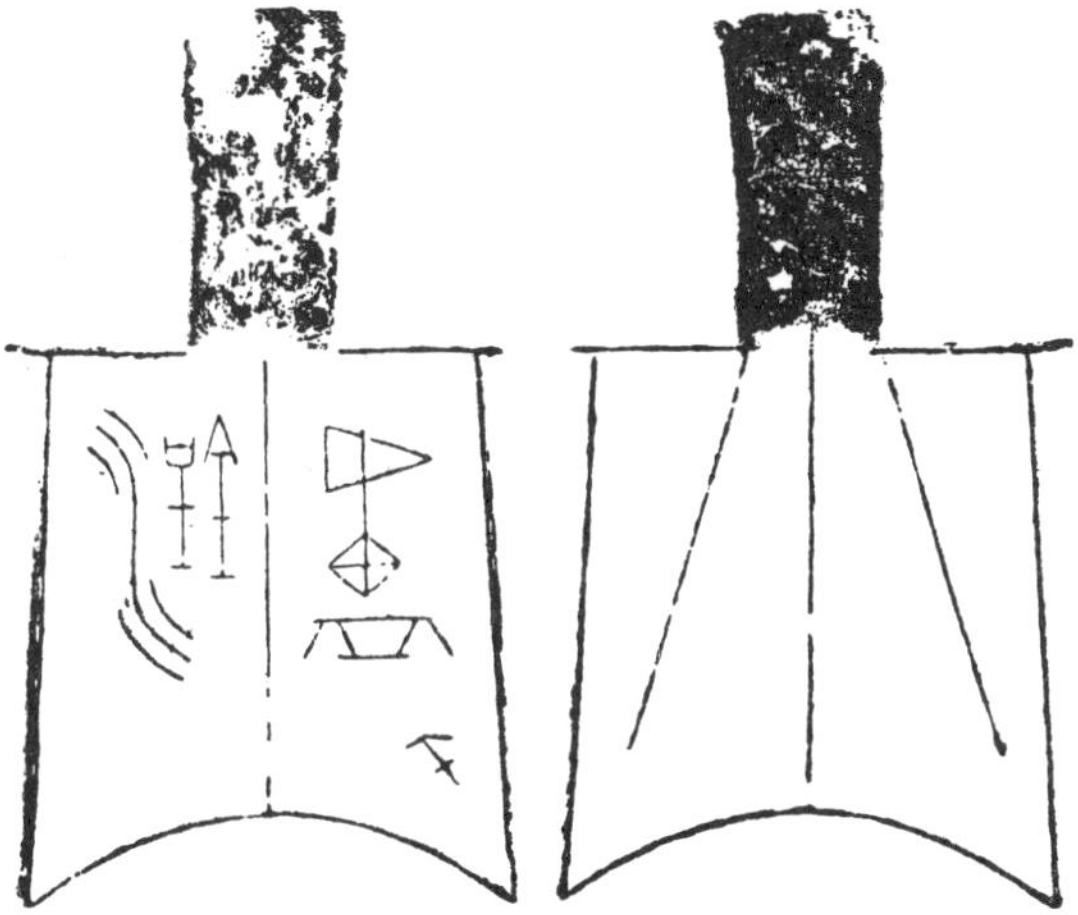

第9図　盧氏涅金大空首布（1/3）

第10図
盧氏涅金大方足布（1/2）

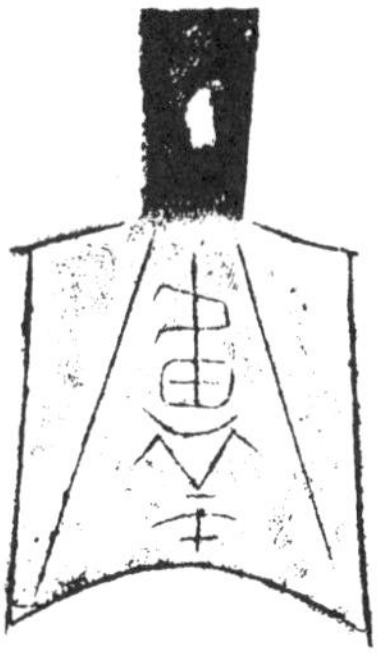

第11図
盧氏空首布（1/2）

ことは、まず動かぬところと思われる。従って布の出現は、いくら古く見ても春秋の末期を溯ることはあるまい。春秋時代の歴史を伝えた左伝や国語などに、刀布の名称が一つも出ていないことも、それを示すものであろう。もしこの想像が当っているとすれば、鉄製農具の出現は、少なくとも春秋の中期、すなわち西紀前六、七世紀ころまで溯り得ることになる。

しかしその後になって、いろいろの疑問が起ってきた。まず私の推測によって、斉刀の上限を戦国の初めに置くと、(28)その原形になったと思われる尖首刀は、当然春秋時代から存在していたことになる。今その年代を春秋末期と仮定すれば、布銭が刀銭よりいくらか早く現れたと見る限り、布銭の上限は少なくとも春秋の中期ころに持っていかなければならない。そうすると、今度はこれに押されて、鉄製農具の出現も、春秋の初期ころまで溯ることになってくる。このように全面的に年代を吊り上げたらどうかという考えの根底には、形式の変化に富む布銭が、想像以上長い期間にわたって用いられたのではないかという、先入観が横たわっていることを否定し得ない。ところがすでに述べた通り、空首布は方足布とともに戦国末まで残存した形跡があるし、他方では尖足布と方足布と円足布が一緒に出土している。これは、布銭の各形式が必ずしも順を追って一つ一つ現れたのではなく、互いに重複する可能性のあったことを示すものであろう。つまり、布銭全体の存続期間はかなり圧縮されるわけで、その上限もあまり溯らせる必要はなさそうだということになる。もしこれが正しいとすると、布銭が刀銭より早く現れたとする想像も案外あてにならず、むしろその反対の場合も考えられよう。右のような次第であるから、布銭と鉄製農具の出現時期に関する私の旧説は、現在までのところ別に変更する必要もないらしい。

なお本論とは直接関係ないが、ついでに布銭と伴出した刀銭のことに、ひとこと触れておく。前にあげた資料を整理してみると、刀銭の種類とその出土品との関係は、ほぼつぎのようになるであろう。すなわち、明刀は永済・鄭州・輯安の三個所から、円首刀は山陰から、単に「刀銭」と称するもの（種類不明）は懐来と石家荘の二個所から出ているのである。これらのうち、燕の勢力範囲に含まれる輯安から、燕の通貨である明刀が出、趙の領域に当たる山陰から、趙の通貨である円首刀が出たことは、当然の話でべつに珍しくもない。また燕の範囲に属する懐来と趙の範囲に属する石家荘から、それぞれ刀銭が出たというのも、充分ありそうなことである。ただ、魏の領内にある永済と韓の領内にある鄭州から、それぞれ明刀が発見されたことは、その地域の点で注目に値するであろう。いったい明刀は燕の通貨であって、この国の勢力が及んでいた範囲、つまり今の河北省の北半から東北地方の南部、さらに北鮮の方面にかけて広く出土する。ところが右にあげた新しい例によると、この明刀が意外にも、はるか山西西南隅の永済や黄河の南側の鄭州あたりまで、流動していたことがわかって面白い。しかもこれらの地点で、数の少ない布銭に伴って明刀が出ていることは、その発見が必ずしも偶然的なものではなく、黄河中原の地帯にもかなりの数の明刀が流入していた事実を反映するものであろう。これは恐らく戦国もごく末のころ、それまではっきり分かれていた刀銭と布銭の流通範囲に、(29)混合が起ってからのちの現象と考えられる。鄭州出土の斜肩彎足式空首布を、戦国末のものと推定したさきの説は、この空首布が明刀と伴出した点からも、いよいよ確実さを増すこととなった。

四　出土状態の解釈

つぎに布銭の出土状態を、全般にわたって少し精しく調べてみよう。その目的は、いったい布銭はどんなところからどんな状態で出るのか、またそれはこの貨幣の本質とどんな関係があるのか、こういった点を明らかにするためである。すでにあげた布銭の出土に関する資料を、遺跡の種類によって分けてみると、ほぼ左のようになる。

〔墓〕輝県・鄭州　〔城址〕山陰・懐来・洛陽　〔貯蔵庫〕永済　〔文化層〕石家荘　〔壺中〕輯安　〔表面採集〕鄲城

このうち、まず問題になりそうなのは墓であるが、布銭が果たして意識的に副葬されたかどうかは、頗る疑わしい。何故ならば、一つの地域に群在する墓のなかで、布銭を出すのは、そのごく一部に限られているからである。例えば、輝県では五十余基、鄭州では二十余基も戦国墓が発掘されているのに、布銭を出したのはそれぞれ僅か二基にすぎない。もちろん盗掘による喪失や、発掘のさいの取り残しもあり得たであろうが、それにしても、墓に布銭を入れるということは、当時における一般的な慣習であったとは認めがたい。唐山賈格荘・洛陽焼溝・西安半坡などでも、多数の戦国墓が掘られたに拘らず、貨幣の類は一つも発見されていないのである。(30) こうしたところから見ると、戦国墓のなかから布銭が出るのは、恐らく墓の造営に従事した人たちが、そのころ流通していた貨幣を、不用意に取り落した結果と解すべきであろう。墓のどの個所から出土したのか、その状態が全然報告されていないのも、それらが不規則に分散していて、纏まりがなかったためと考えられる。

ところで、現在世界各国の博物館や古銭家の手に帰している布銭は、何万枚に達するか見当もつかない。これらの布銭は、すべて戦前に盗掘されたもので、二十年ほど前に私が北京にいたころには、骨董屋へ行けば容易に手に入れることができた。一方、新中国が成立してから今日に至る九年の間に、発掘された戦国墓は数百に上るが、そのなかから出た布銭は僅か四、五十枚にすぎない。従って、将来いくら布銭が墓から発見されたとしても、その数は知れたものであろう。では、戦前に盗掘された莫大な量に及ぶ布銭は、いったいどんな種類の遺跡から出たのであろうか。この疑問を解く上に参考となりそうなのは、東北・北鮮方面における明刀の出土状況である。すなわち、数百本から数千本に及ぶ大量の明刀が、幾本かずつ束ねられたり、壺や木箱や石室に納められたり、小石でケールン状に覆われたりして出土するらしい。(31) 藤田亮策教授の高説によると、それらは「財貨収蔵の埋蔵遺物」と「古墳」の二つに分けられるという。(32) しかし、墓のなかにかくも多数の明刀を副葬するというのも、不自然な感じがするし、見方によっては、古墳の副葬品らしい組み合わせを示す一括遺物全部が、「財貨収蔵の埋蔵遺物」と考えられぬこともない。つまりどちらかというと、明刀は墓らしくないところから、束になって大量出土するのが、特色だといえるであろう。すると、ここで問題となっている布銭の場合にも、それと似たような現象が見られるのではないか。そう思って文献を調べてみると、果たしてこの推測を裏書する左のような資料を発見する。

乾隆年間、余杭の山中の人、偶〻地を掘って（空首布）数十百を得たり。（晴韻館収蔵古泉述記巻九）

道光年間、近畿、古布一窖を出せり。尖足・方足両種多し。（観古閣続泉説巻一）

安邑一釿布・安邑二釿布、晋中にて新たに出土すること数千。土人斤を計って直《あたい》を論ず。（続泉滙補遺上）

河南方城の北の山中にて、牧童、梁充当寽布約一百五十枚を掘り得たり。関百益五十枚を購い得て、方城幣譜を作る。（方城幣譜序）

これらはどういう性質の遺跡かわからないが、文面からの感じでは、いずれも墓ではなさそうに思われる。二番目の記事に「古布一窖」とあるごとく、他も恐らく窖のなかに、ごっそり貯蔵されていたのであろう。ところがつぎにあげる一条だけは、墓から多数の布銭が出たことを伝えている点で、とくに注目される（第12図）。

郭宝鈞先生言う「河南汲県[33]の一周墓の中、曾て空首布六七百枚を発現せり。大致《たいてい》五六個にて一束。縄縛の跡、很《はなはだ》明顕なり」と。（我国古代貨幣的起源和発展　三二頁）

第12図
汲県出土空首布（1/2）

布銭の場合も明刀のように、幾枚かずつ束ねてあったらしいことは、このほか

空首布は出土する時、等しく束を成す。縄を用《もっ》て柄に近き処を縛す。（俑廬日札）

我をして故無くして百来の束布を得しめよ。（韓非子巻一〇内儲説下）

とあるのなどによっても知られるであろう。ただし右の汲県における布

銭の出土地が、果たして墓であったかどうかは、いささか疑問とせざるを得ない。何故ならば、墓から大量の布銭が出たという確実な例がほかにない以上、もしこの遺跡が墓であったとすれば、それは極めて特殊な例外と見なければならないからである。さらにこのことと関連して、ここから出た空首布については、左のような説もある。

此等較《やや》小にして、顕然晩く出ず。但し均しく文字無く、薄きこと紙の如し。是れ専ら殉葬用に作れる冥幣為るに很《はなはだ》像《に》たり。（我国古代貨幣的起源和発展　一二三頁）

しかしこの手の尖肩尖足式空首布には、もともと無銘で薄手のものがかなりあるから、[34]これらを殉葬用の冥幣と見るのは、必ずしも当っていない。むしろ私は、布銭のなかに冥幣というべきものが実際あったかどうか、そのこと自体がすでに疑問だと思っている。こうした見方からすると、つぎの文章なども当然、批判の対象となるであろう。

空首布は最も薄くして損し易し。嘗て、出土の時何を以て犂鋤の傷つくる所と為らざりしかを怪しむ。近ごろ古銭を售《う》る者の言を聞くに、「此の幣、土中に在るとき、皆匋器有りて之を盛る。一器ごとに十余枚。其の匋器の上に白油有り。[35]且つ左近きところに必ず古棺槨有り」と。空首布も亦、墓中の瘞《えい》銭なるを知る。前人瘞銭の風を考えて、漢に始まると謂うも、今此の布を以て之を証するに、殆ど三代已に然り。（俑廬日札）

何も骨董屋の言だから信用しないというわけではないが、「匋器の上に白い釉薬がかかっていた」というところなどは、だいぶ話があやしい。この時代に白釉がなかったとは断言できないが、たといあったとしても、極めて稀なはずである。[36]少なくともこの一例から、銭を副葬する風習が三代からあったと考えるのは早計であろう。[37]ただ、空首布が匋器にはいって出土するということは、前にあげた明刀の例もあるし、あるいは本当かも知れない。近ごろ三宅俊成氏に伺ったところでは、かつて遼東半島東側の登沙河流域で、布銭が甕のなかから大量に発見されたことがあるということ。同氏は自らその現場を踏まれたが、まだ畑の表面には布銭の残片がかなり散布していたとのことである。形式や文字は確認されなかったそうであるが、出土地域から推測すれば、恐らく裏平布の類であろう。また東大東洋文化研究所蔵の布銭を調べてみると、方肩尖足の平州布四三枚・茲氏半布四二枚・商丘布二〇枚・大陰布一二枚・晋陽布七枚などが、各グループごとに錆ついて出土したのを、一枚ずつ剝がした形跡が認められる。つまり錆のつき具合と、隙間から泥土が浸入した状態を観察することにより、どれとどれが重なっていたかを、明らかに判別することができるのである。これらの布銭は、それぞれかなり大量に一括出土したものに相違ない。あるいは、甕や壺のなかにでもはいっていたのであろうか。

要するに、布銭の場合も刀銭と同じように、何十枚・何百枚と束になって出土するのが普通のようである。そしてそれらは、副葬品よりもむしろ退蔵物（Schatz）と見るべきものらしい。墓から布銭があまり発見されないのも、こう考えてこそはじめて解釈がつく。従って、将来布銭を大量に得ようと思ったら、墓以外のこうした特殊な遺跡を見つけなければならない。それには、先秦時代の都城址や集落址を、その周辺一帯をも含めて、広く調査する必要があるであろう。

布銭の大部分が退蔵物として出土するということは、その地金の価値がかなり高かったことを示すものである。退蔵の対象は、いつ変動するかも知れない貨幣価値（通用価値）ではなくて、より恒久的な地金価値（素材価値）の方であったらしい。つまり、貨幣は貨幣そのものとしてではなく、地金として退蔵されたのであろう。もしも布銭が素材価値の低い名目貨幣であったならば、このように多く退蔵されることはなかったに違いない。名目貨幣が退蔵されるようになるのは、国家権力が確立し貨幣価値が安定した、はるかのちの現象と考えられる。素材価値と通用価値が等しい貨幣を実体貨幣と称する。私は、かつて刀布の類を実体貨幣と推定したが(38)、これは右のような現象によっても裏づけられることが明らかになった。

最後に一つ不思議に思われるのは、この九年間に発見された布銭の全体を通じて、方足布が圧倒的に多く、尖足布が極めて少ないことである。すなわち、方足布は前にあげた九個所の遺跡のうち、洛陽を除くすべての遺跡から出ているのに、尖足布の方は僅かに山陰と石家荘の二箇所から見出されたにすぎない。両者の数の比は、正確にはわからないが、恐らく五対一にも当らぬであろう。そこでこの点について考えると、まず形式的に見て、尖足布が方足布に先行することは、ほとんど疑いをいれない。さらに絶対年代の上では、だいたい尖足布は戦国の初期から中期にかけて、方足布は戦国の中期から末期にかけて用いられたようである。もしそうであったとすると、近ごろ方足布がとくに多く発見されるのは、それを出す遺跡の大部分が、戦国中期以後に属するからではなかろうか。しばらく疑問を残して、将来の解決にまちたい。

結

以上、私は新中国になってからこの九年間における、布銭の出土地と出土状態について考察した。新たに増加した資料は僅か四、五十枚にすぎないとはいえ、大多数が学術的な発掘や踏査によって発見されたものであるだけに、布銭の性質を解明する上に手がかりとなるところが少なくない。今それらの点を纏めてみると、ほぼ左のようになるであろう。

(1)　空首布が河南方面から、尖足布や方足布が山西方面から出るという、従来の通説の正しいことがほぼ確認された。また副産物として、明刀が中原地帯に深く入り込んでいることがわかったのも、一つの新しい収穫である。

(2)　これまで疑問とされていた一部の布銭の銘が明らかになった。梁正幣（乗馬幣）の「梁」が魏の都の大梁を指すこと、洛陽から出土した斜肩彎足式空首布の銘を「三川釿」と読むべきことなどが確定したのは、その著しい例であろう。

(3)　布銭の分布地域と流動状況がはっきりしてきた。ことに方肩方足布は、当時の国境を超越して相当広い範囲に流通していたようであるが、これは国家権力と貨幣鋳造権との対立を示すものとして注目される。
(4)　空首布の下限は、意外にも戦国の末まで下るらしく、また各形式の布銭は、或る程度重複して用いられた可能性がある。つまり、布銭全体の存続期間はかなり圧縮されるわけで、その上限もあまり溯らせる必要はなさそうだということになる。
(5)　布銭はたとい墓から出る場合でも、副葬されたものとは認めがたい。戦前に発見された大量の布銭は、恐らく退蔵物として、かなりの枚数ずつ埋められたのであろう。そしてこのことは、布銭が素材価値の高い実体貨幣であったのを裏書きするように思われる。

右の五項のうち、将来大きな問題を展開させる可能性があるのは、(3)と(4)であろう。私はかねてから、先秦諸国の国家機構、とくに国都と地方都市との関係を究明しようと努めてきたが、(39)(3)はこの点について甚だ有力な手がかりを与える。つまり地方都市の持つ経済力の実体が、貨幣鋳造権の掌握という形で、ここにはっきり浮かび上ってきたといえよう。一方、各形式の布銭の実年代を捉えることは、極めて困難な仕事であり、これまでほとんど成功したためしがない。しかし今回、(4)のようにその大勢の見通しがついた以上、それを基盤としてさらに詳細な点を窺うことも、あながち不可能ではなくなった。いま私が最も知りたいのは、空首布のうちでも、従来まったく出土地点や出土状態の不明であった方肩彎足式空首布が、果たしていつごろ現れたのかという点である。

また、もし(5)に想像したようなことが当っているとすれば、将来こういう線に沿って、中国の学者に大量の布銭を発見して貰いたいと思う。それと同時に、布銭が墓なら墓のどの部分からどういう状態で出るのかを、もっと詳細に報告してほしいものである。中国の学者が、これまで以上に布銭の問題に注意してくれれば、現在疑問として残されている点も、やがてつぎつぎと解決されるに違いない。なお私は、布銭に両足式と彎足式の二系統があったことに着目し、それから発展して徐仲舒氏の名論「耒耜考」の批判に及び、さらに先秦農業技術史上の重要な問題を指摘した

いと考えているが、これについては別稿に譲ることとする。(40)

註

（1）鮑康の観古閣泉説に、

刀は山左より出で、小布は山右より出で、鏟布は中州より出で、小刀は畿服より出ず。

とある。小布は尖石布・方足布・円足布、鏟布は空首布、小刀は明刀・尖首刀・円首刀（直刀）を指し、山左・山右・中州・畿服は、それぞれ山東・山西・河南・河北の俗称である。また丁福保の古銭大辞典の附録、小銭集散記に、

各省の古泉商は、大抵皆上海より来る。山東より来る者有れば、必ず斉刀及び益化・益四化・益六化等多し。山西より来る者有れば、必ず方足布・尖足布・円足布等多し。河南より来る者有れば、必ず空首布・安邑布・銅貝（俗に蟻鼻銭と名づく——原註）等多し。陝西より来る者有れば、必ず秦漢半両・漢五銖及び各種の莽銭等多し。畿輔より来る者有れば、必ず各種の明刀及び明月泉等有り。……

といっている。右の二条は、古銭出土地の大勢を伝えている点で、注目に値するであろう。しかしこれ以上精しいことになると、信頼できそうな記録は甚だ少ない。ただ空首布が河南方面から出ることについては、古泉滙元一〇・吉金所見録巻二・観古閣泉説・遺篋録巻一上・古泉雑詠・古今銭略・俑廬日札などに簡単な記載がある。

（2）傅振倫氏「山陰県城南古城勘察記」（中央人民政府文化部文物局『雁北文物勘査団報告』一九五一、所収）二五・二八頁、挿図一—四。

（3）中国科学院考古研究所「輝県発掘報告」（一九五六）七七・九一・九三頁、図版四八7—9。

（4）尤文遠・孟浩氏「河北省懐来県大古城遺址調査情況」（『文物参考資料』一九五四・九）一五六・一五七頁、安志敏氏「河北懐来大古城村古城址調査記」（『考古通訊』一九五五・三）。

（5）郭宝鈞ほか三氏「一九五四年春洛陽西郊発掘報告」（『考古学報』一九五六・二）二一頁・図版六11。

（6）暢文斎氏「山西永済県薛家崖発現的一批銅器」（『文物参考資料』一九五五・八）四〇・四四頁。

（7）略報（前註）には「一種三角帯孔的銭」といっている。しかしこれが、「藺」の字を表した円肩円足布を人工的に改作したものであることは、すでに指摘されている通りである。朱活氏「関於山西永済県薛家崖発現『一種三角帯孔的銭』的意見」（『文

物参考資料』一九五五・一〇）九五―九六頁参照。
（8）河南文物工作隊第一隊「鄭州崗杜附近古墓葬発掘簡報」（『文物参考資料』一九五五・一〇）一三―一八、二二頁。
（9）河北省文物管理委員会「河北石家荘市荘村戦国遺址的発掘」（『考古学報』一九五七・一）九一頁。
（10）李蓮氏「輯安発現古銭」（『文物参考資料』一九五七・八）八一―八二頁。
（11）王濯氏「郾城発現多処古文化遺址」（『文物参考資料』一九五七・九）八〇頁。
（12）「東亜銭志」巻四、六四・六五丁参照。本書ではこの「梁」を少梁と見ている。
（13）拙稿「先秦貨幣の重量単位」（『中国考古学研究』一九五七、所収）四四〇頁。
（14）前掲「輝県発掘報告」には、この布銭の両面のうち、いわゆる三角紋のある一面しか見えていない（同書図版四八9・図九一＝本稿第1図中）。ところが前掲「河北懐来大古城村古城址調査記」の図五には、幸いにもこの布の両面が示されている（本稿第5図）。それを見ると、馬昂が「上」と読んだ「丄」形のしるしが、ここでは一本の縦線になっていて、どうしても「上」とは読めない。また二字の地名を一字ずつ両面に表すというのも、ほかに全く例がない。従って、この布銭の銘を「上谷」とすることは無理である。
（15）𣎆の字の読み方については、諸説紛々としていて、いまだに定説がない。例えば、馬昂と奥平昌洪氏は「梁」と見、李佐賢・初尚齢・王錫棨は「頖」と釈し、李竹朋は「頮」、劉師陸は「乗」、許賓門は「隶」、金邠は「禾」と読んでいる。これらのうち、問題になりそうなのは「梁」と「頖」であるが、𣎆の下半は「木」であって、決して「水」ではない。従って、これを「梁」と見る馬氏と奥平氏の説が最も穏当と思われる。
（16）前掲「先秦貨幣の重量単位」四三九頁。
（17）洛陽から出土した問題の布銭は、報告の図版が不鮮明なので、代りに王毓銓氏「我国古代貨幣的起源和発展」（一九五七）所収の同銘のものを掲げる。
（18）安陽については陳鉄卿氏「談『安陽布』的鋳地」（『文物参考資料』一九五六・二）を、平陽については「東亜銭志」巻四の八丁を参照のこと。
（19）陳鉄卿氏は文献に見える五個所の安陽を検討して、安陽布の鋳造地を今の山東省曹県の東にあった安陽と推定された（前註参照）。ところで、氏がつぎのようなことをいわれているのは、果たして正しいかどうか。

史記の秦本紀に「昭襄王の五十年、寧新中を抜く」とあり、正義は括地志を引いて、「秦の昭襄王、魏の寧新中を抜き、名を安陽城と更む。今の相州外城これなり」といっている。この安陽は、今の河南省安陽県の東南にある。安陽布が鋳られた時、寧新中はまだ名を改めていないから、当然ここはその鋳造地ではない。もし、ここが秦に没入し名を改めたのちに鋳られたものとすれば、この布銭の流通時期と合わない。

しかし、昭襄王の五十年（257 B.C.）から始皇帝の天下統一（221 B.C.）までは、四十年近くも間があるし、またあとで述べるように、方肩方足布は戦国末まで用いられた可能性がある。従って、この安陽は必ずしも山東曹県に限定する必要はなく、むしろ新たな出土地の永済・鄭州・石家荘により近い、今の河南の安陽と見る方が適当であろう。

(20)　拙稿「中国古代の尺度について」（『中国考古学研究』所収）三八四頁参照。

(21)　「東亜銭志」巻八、三九丁。

(22)　例外は、同蒲線から約八〇粁離れた離山と、京漢線から約一五粁離れた輝県くらいのものであろう。

(23)　奥平昌洪や彭信威氏も、布銭の発展順序をこのように推定されている（「東亜銭志」巻二—四、彭氏「中国貨幣史」（一九五四）上、二四—二六頁）。一方、王毓銓氏は「晋陽」・「安邑」などの釿布を中期布とし、方肩方足布・尖肩方足布・円肩円足布などを晩期布とされた（「我国古代貨幣的起源和発展」二三—二四、二九—三〇頁）。しかし、円肩方足の釿布が方肩方足布や尖肩尖足布より古いとは、形式の上からとうてい考えられない。またのちに述べるように、戦国もごく末のころ用いられた長垣一釿銭などの円銭に、「釿」の字が表されているのも、円肩方足の釿布が年代的にかなり下ることを示すものである。

(24)　すでに述べたごとく、鄭州の崗杜一三九号墓からは、安陽布二枚と貝丘布一枚を含む計六枚の方肩方足布が発見された。この墓の年代について、略報には

一三九号墓の空塼の文様に見られる樹木・柿蒂（四葉のこと——筆者註）・虎などの図案は、作風がすでに漢代の空塼に接近している。従って、その年代はだいたい戦国の末年から前漢の初年に当たる可能性がある。

という意味のことが記されている。これも、鄭州の地方で方足布が、またそれと伴出した空首布が、意外にのちまで用いられていたことを証するものであろう。

(25)　前掲「我国古代貨幣的起源和発展」の図版一八6に示されている大形の方肩方足布は、「盧氏涅金」の文字が、もっと右の方肩彎足式大空首布のそれに近い。しかこの方は、図版があまり鮮明でないため、ここには挿図として載せなかった。

(26) 拙稿「中国青銅器文化の一性格──青銅の素材価値を中心として──」(『中国考古学研究』所収) 一三八─一四六頁。
(27) 同右一四六頁。
(28) 拙著「半瓦当の研究」(一九五二) 一〇五頁。
(29) 同右一三四─一三五頁。
(30) 安志敏氏「河北省唐山市賈格荘発掘報告」(『考古学報』六)・王仲殊氏「洛陽焼溝附近的戦国墓葬」(『考古学報』八)・金学山氏「西安半坡的戦国墓葬」(『考古学報』一九五七・三) などを参照。
(31) 藤田亮策氏「朝鮮発見の明刀銭と其遺蹟」(『朝鮮考古学研究』一九四八、所収)・前掲「我国古代貨幣的起源和発展」六六─六七頁
(32) 前掲「朝鮮発見の明刀銭と其遺蹟」二六五─二六九頁。
(33) 汲県は、輝県の東々南約二七粁の地点にある。
(34) 日本銀行貨幣標本室での所見による。なお「東亜銭志」巻二の八九丁には、この種の空首布をあげて、右無文大尖足布　面背倶ニ字ナク、三直文アリ。形製甚ダ大ニシテ、薄キコト葉ノ如シ。といっている。
(35) この「油」が「釉」に当ることについては、羅氏の原註に精しい。
(36) 戦国後半期のものと推定される古陶で、一種の白釉を施した珍しい例がある。すなわち全面を白色の玻璃質で被い、その上に多彩な玻璃質の装飾を加えた壺が三個、梅原末治博士によって紹介されている。しかしこの手の古陶などは、もちろん例外的な存在であろう。同博士「玻璃質で被うた中国の古陶」(『大和文華』一五)・吉田光邦氏「中国古代のガラスと釉薬」(『世界陶磁全集』八──中国上代篇──) 二八五頁参照。
(37) ただ戦国時代に冥幣があったことは、長沙から土製の郢爰貨が出ていることで知られる。楚文物展覧会編「楚文物展覧図録」六二・六三図参照。
(38) 前掲「中国青銅器文化の一性格」一三九─一四〇頁、前掲「先秦貨幣の重量単位」四三〇─四三一頁。
(39) 拙稿「先秦の国都と地方都市」(『東洋文化研究所紀要』九、彙報) 参照。
(40) 「新耒耜考」と題して、『東洋文化研究所紀要』一六に発表する予定。

［附記］

本篇を編集に廻してしまってから約一箇月ののち、『文物参考資料』一九五八年第六期が到着したが、そのなかに布銭の出土に関する重要な報告が載っているので驚いた。すなわち呉連城氏「山西省芮城県出土戦国的貨幣」によると、一九五六年の秋、農民が同県城の南に当たる黄河の土手の上で畑を耕していたとき、布銭の類が一杯つまっている壺を一個発見したという。この壺は「弦紋」を有する灰陶で、すでにこわれてしまっているが、高さ三〇糎・口径一〇糎・腹径二三糎・底径一七糎ほどのものである。布銭の数は四六〇余枚で、重さにして約二〇斤（一〇瓩）もあり、欠けているものも少しはあった。その種類は、円肩方足の安邑一釿布・安邑二釿布と、種々の地名を表した方肩方足布で、方肩方足布のうちでは、平陽布が比較的多く、他のものは少ない。報告書の呉氏は、これらの方足布に見られる地名を、韓・魏・趙以下の国別に分類して、その意義を考察されている。

さて私はすでに述べたごとく、戦前に得られた莫大な量に上る布銭は、恐らく退蔵物として出土したものであろうと考え、今後この種の遺跡が発見される可能性があることを予言した。右の芮城県における例は、布銭が墓らしくないところから大量に一括出土したという、最初の確実な報告であり、私の推測がまさに適中したことを示すものである。またこの場合、それらの布銭のなかでやはり平陽布が多いということも、従来の例と同じであって興味が深い。なお、芮城県は山西の西南隅に位し、戦国時代には魏に属していたところであるが、ここから魏の地名を有する布銭と並んで、韓や趙の地名を表した布銭が数多く出ていることも注目に値する。つまり私が想像したように、方肩方足布が当時の国境に関係なく、かなり広い範囲に流通していたらしいことが、これによっていよいよ確実となった。

私は今回布銭の問題を論ずるに当たり、この最も重要な資料を詳細に検討できなかったことを、甚だ遺憾に思う。しかし、待望の資料の出現によって、かねてからの推測が裏づけられたことは、ひそかに喜びに堪えない。ここにとりあえず附記として、その概要を紹介した次第である。

盧氏涅金考

先秦貨幣の一種である布銭が、耕具の形から転化したであろうことは、すでに多くの人たちによって指摘されており、ほとんど疑う余地はない。「布」を「鎛」の仮借とみる説の当否はとにかく、布銭のなかにクワ型耕具の鎛を象ったものがあることも、まず確実であろう(1)。しかし布銭の原型となった耕具が、はたしてどのような金属で出来ていたかという点になると、案外考えた人がないらしい。いったい布銭は、一般に漠然と想像されているように、青銅製耕具の形を模したものであろうか。いいかえれば、布銭が現れる前に、青銅製の耕具が実物貨幣として、交換の媒介に用いられていたのであろうか。かつて筆者は、青銅の素材価値を検討したさい、この点に大きな疑問を抱いた。そして貨幣理論の上から、布銭の母胎は鉄製の耕具でなければならないという結論に達したのである(2)。

爾来、十年に近い歳月を経たが、その間、筆者の新説に対する評価はまちまちであった。たとえば、岡崎敬氏は「布銭の形が、かかる鋳造による鉄製品によって規定されたと解釈される」といって(3)、全面的な賛意を表されたけれども、天野元之助博士などは「直ちに賛同しえない」として(4)、その態度を保留されている。また、こうした問題に強い関心を示しそうな中国の学界でも、今日にいたるまで、鄙見についての反響は全く認められない。

ところで筆者は、近ごろ先秦貨幣の銘を調べているうち、布銭が鉄製耕具から起ったことを示す、重要な事実を発見した。標題の「盧氏涅金」とは、その証拠となる布銭の銘にほかならない。

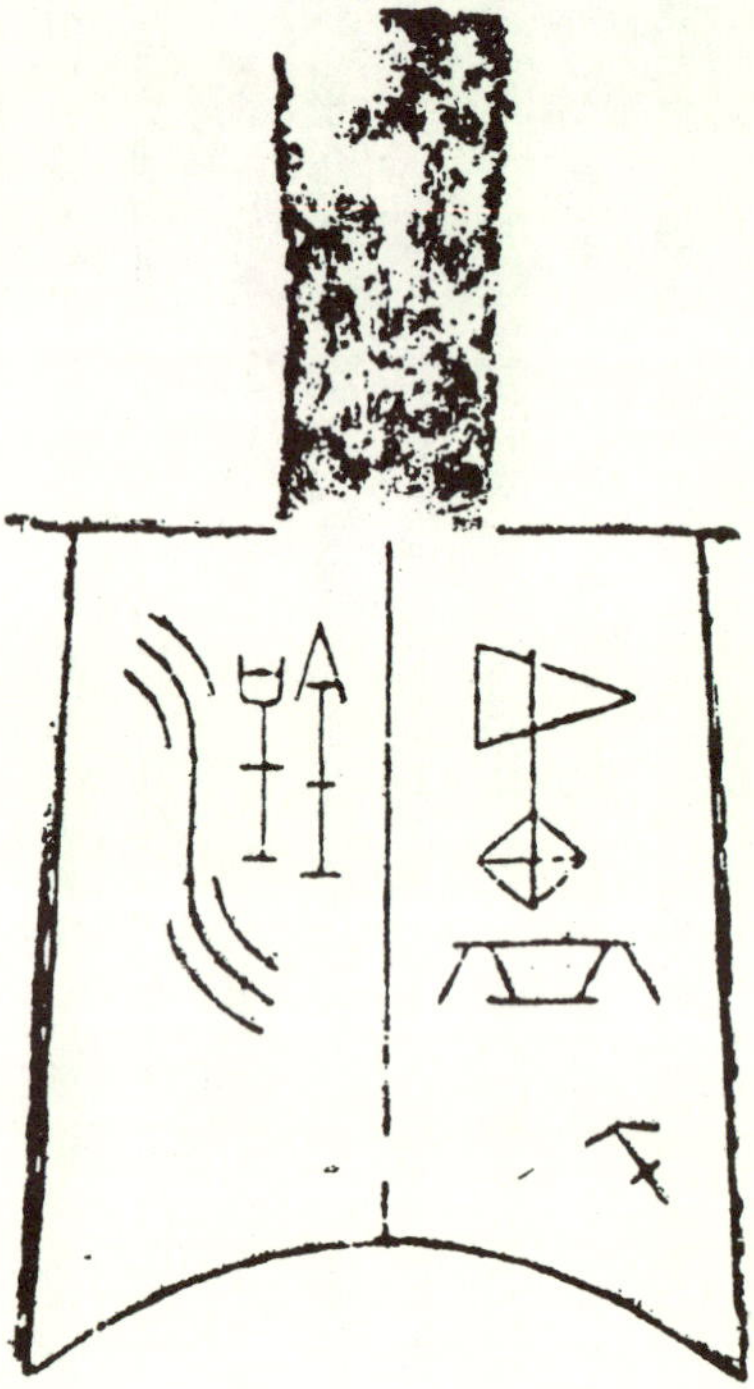

第１図　「盧氏涅金」空首布（縮尺 1/2）

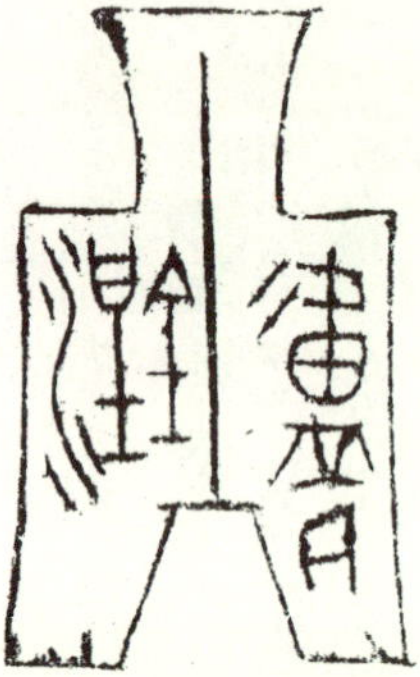

第２図　「盧氏涅金」
有耳布（縮尺（2/3）

丁福保『古銭大辞典』の八二四図に、長さ一八糎、幅一〇糎もある特大の空首布が載っている（第1図）。長さ一〇糎足らずの標準型に比べると、ほとんど倍近くもある珍しいもので、現在のところただ一例だけしか知られていない。また字体は多少異なるが、これと同じ銘を表した大形の有耳布があって(5)、このほうはかなり広く紹介されている（第２図）。左右に二字ずつ配された銘のうち、右側のものを「盧氏」と読むことについては、べつに問題ない。そしてこれが河南省の西隅、洛河の畔にある盧氏県に比定されることも、確実であろう。つぎに左側二字のうち、外側のものは「涅」であること疑いなく、内側のものは通説どおり「金」と読むのが正しい。奥平昌洪氏は「盧氏涅陰」と解して、

涅陰ハ地名ナリ、今詳ナラズ。……一布ニシテ両地名ヲ兼ネタルハ、涅陰ノ布貨ヲ盧氏ノ地ニ通用セシメントスルモノニシテ、亦猶清ノ乾隆通宝銭の背ニ安南ノ二字ヲ鋳タルガゴトキ歟。

といい(6)、周書氏は逆に「涅陰盧氏」と読んだうえ、

或いは当時盧氏の名一ならず。盧氏の上に冠するに涅陰を以てするは、其の他の盧氏と別つ所以ならんか。

といわれている。(7) しかしこれらは結局、左側の二字を地名とみるために生じた、付会の説にすぎぬのであろう。なるほど「陰」の旁も「金」と同じく、古文では「全」で表わされるから、「陰」の阜偏を省略したとみれば、この説も一応は成り立つ可能性がある。だが布銭の銘を調べると、「陽」の場合ならとにかく、「陰」の場合に阜偏を省くことはほとんどない。(8) したがって、これを非常は別として「陰」とみるよりも、普通に考えて「金」と読むほうが妥当であろう。

ところで、問題なのは「涅金」の解釈である。つぎに従来の諸説をあげて、それらを批判しよう。

(1)「涅」地名説。初尚齢『吉金所見録』・李佐賢『古泉滙』・倪模『古今銭略』などにみられるもの。「涅」に関連した地名としては、左の三群をあげることかできる。

i　『前漢書』地理志に「上党郡、県十四、……涅氏」とあるのは、山西省武郷県の西に比定される。またこの条に施された顔師古の注に「涅水出づ。故に以て県を名づく」とみえるのは、今の濁漳北源に当たるらしい。涅氏は後漢から北魏にかけて、涅県と呼ばれた。

ii　『水経注』に「湍水東南して流る。涅水之に注ぐ。水は涅陽県西北の岐棘山に出で、東南して涅陽県故城の西を逕」といい、『前漢書』地理志に「南陽郡、県三十六、……涅陽」とある。この涅水は、湍河と合して漢水の支流の白河に注ぐ現在の趙河に相当し、南陽郡に属する涅陽県の故城は、河南省鄧県の東にあったという。

iii　『水経注』に「浪水、……其の余は、又東して龍川に至り、涅水と為る」とあるのは、今の広東省の東江に比定される。

右の各地のうち、かりに先秦まで溯って「涅」と呼ばれたところがあったにしろ、いずれも盧氏から遠く隔りすぎている。(9) したがって、その名が盧氏と並んで、同じ布銭の上に現れるということは、まず考えられない。まして「涅」を地名とみた『古泉滙』でさえ、「一布にして両地名を兼ぬるは、義解く可からず。各布亦此の式無し」といっているにおいておやである。

(2)　薬涅銭説。高煥文『癖泉臆説』に「竊かに意うに、涅の字は必ずしも地名の解と作さず。或いは明代の薬涅銭の如く、低銅を以て鋳、而して薬を以て之を涅するなり。安んぞ。涅銭の制は必ず明代より始まるを知らんや」といっている。「薬を以て之を涅する」とは、何かの薬品を塗って、銅銭の面を黒くすることらしい。(10) しかし実体貨幣が流通していたと思われる先秦時代には、貨幣の品質をことさら重視したはずであるから、(11) わざわざその地色を隠すようなことをするはずはない。またこういう特殊な加工が、たとい明代に行われたにしろ、それがほとんど二千年も遡って、先秦貨幣の一部特定なものだけに認められるというのも、甚だ妙な話である。

(3)　黄金説。『癖泉臆説』はさらに語をついで、「蔣敬臣曰く『涅は鋈の省と為す。爾雅の釈器に「黄金は之を鋈と謂う」と。当に盧氏鋈金と為すべし。然して鋈は黄金なり。銅に非ざるなり』と。則ち此の説仍《な》お未だ確かならず」と述べている。この珍説は、字形の点からみても、意味の上からいっても、ほんとど一顧にも値しないであろう。

(4)　鋳金説。劉体智氏『善斎吉金録』に「方言を按ずるに『涅は化なり。燕・朝鮮・洌水の間、涅と曰う。鶏の卵に伏して未だ孚せず。始めて化するの時、之を涅と謂う』(12)と。此れに拠れば則ち、涅の字は当に訓じて化と為すべし。化金は猶お鋳金のごときなり」とある。『方言』の一節を援用したのは思いつきであるが、化金では意味が通じない。さらにこれを鋳金とするにいたっては、牽強の誹りを免れぬであろう。

さて右にあげた諸説は、いずれも「涅金」の解釈として適当とは思われない。これらの布銭に「盧氏」と並べて「涅金」を明記したのは、何かほかに相当な理由があったはずである。この点を明らかにするためには、もう一度もとへ遡って、「涅」の本義を詳しく調べてみなければならない。

(1)　まず『説文』に涅は黒土水中に在る者なり。水と土に从い、日声」といい、その段注に「水の部を按ずるに『澱は滓涬なり。滓は澱なり』と曰い、土の部に『涬は澱なり』と曰い、黒の部に『黓は之を涬と謂う。涬は滓なり』と曰う。皆、涅の義に近し」とある。また『前漢書』叙伝の「涅して緇せず」に施された顔師古の注に「涅は汙泥なり」とあり、『広雅』釈詁に「涅は泥なり」といっている。つまり「涅」とは、水底に沈殿した黒土、ないし溝泥《どぶどろ》の類を指すことがわかる。

(2)『山海経』西山経に「女牀の山は、其の陰に石涅多し」とあり、郭璞の注に「即ち礬石なり。楚人は名づけて涅石と為し、秦人は名づけて羽涅と為す」とある。また『淮南子』俶真訓に『今、涅を以て緇を染むれば、則ち涅よりも黒し」といい、高誘の注に「涅は礬石なり」と述べている。これによると、黒色に染めるのに用いる礬石、すなわち明礬の一種を、「涅」と呼ぶこともあったらしい。おそらく植物性のタンニンを染料とし、黒色の鉄明礬を媒染剤としたのであろう。(13)

(3)『論語』陽貨篇の「白と曰わずや、涅して緇せず」に施された孔安国の注に「涅は以て皁を染む可し」といい、邢昺の疏に「涅は水中の黒土、以て皁を染む可し。緇は黒色なり」とある。水中の黒土で皁を染めても、洗えばすぐに色が落ちてしまうから、この場合の染料と媒染剤は、やはり上記のようなものでなければならない。それはとにかく、ここに「涅」とあるのは、「黒く染める」という動詞に使われているのであろう。『玉篇』に「涅は染なり」といっているのも、それから出た解釈と思われる。(14)

(4)「涅」は右のような意味から転じて、広く「黒色」一般を指すこともあった。『周礼』考工記、鍾氏の鄭玄注「布帛を染むる者」に加えられた賈公彦の疏に「涅は即ち黒色なり」といい、『淮南子』説山訓の「譬えば猶お涅を以て素を拭うがごとし」に施された高誘の注に「涅は黒なり」とあり、『広雅』釈器に同じく「涅は黒なり」とみえるのなどは、いずれもそれを示すものである。

このほか「涅」の意味としては、すでにあげた「孵化する」をはじめとして、「沈む」「塗り塞ぐ」などもある。しかしこれらは、『説文通訓定声』も指摘しているように、転注か仮借であって形声ではないから、「金」と結びついても意味をなさない。したがって「涅」の本義は、どうしても「黒」に関係があったと考えざるを得ないのである。そして事実、「涅」を冠した熟語をみても、個有名詞と仏語の「涅槃」を除けば、

涅汗・涅染（黒くそめる）　涅歯（おはぐろ）　涅髪（白髪を黒く染める）　涅字・涅墨（いれずみ）　涅面（顔にいれずみをする）

など、ほとんど「黒」に関するものばかりである。

以上の推測が正しいとすれば、「涅金」は「黒金」と書き換えられるであろう。日本で「くろがね」といえば鉄を指すが、中国でも古くから同様であった。『説文』に「鉄は黒金なり」といい、江淹「銅剣讃」に「金品、上は則ち黄、中は則ち赤、下は則ち黒、黒は則ち鉄」とあるのなどは、それを示すものにほかならない。「涅金」が「黒金」で、「黒金」が「鉄」ならば、「盧氏涅金」は「盧氏鉄」ということになる。戦国時代の円体円孔銭に、「共屯赤金」、円肩方足布に「梁正尚金当寽」の文字がみられるのは、べつに不思議でも何でもない。「赤金」は銅を、「正尚金」は上質の銅または青銅を指すからである。しかし同じ銅銭——正確には青銅銭——である問題の布銭に、なぜ「鉄」を意味する「涅金」の文字が表わされているのであろうか。

そこでこの疑問を解くため、先秦時代における「鉄」の字の用例を調べてみると、まず『孟子』滕文公章句に、

（孟子）曰く「許子は釜甑を以て爨ぎ、鉄を以て耕すか」（陳相）曰く「然り」「自ら之を為るか」曰く「否、粟を以て之に易う」

とあるのが注目される。ここに「鉄」とあるのは、それを以て耕すという以上、耕具を指しているに相違ない。許子は穀類と交換して、鉄製耕具を手に入れていたわけである。また左に掲げる『呂氏春秋』有始覧の一条にも、「鉄」と

いう字が頻繁に出てくる。

人、鉄を亡う者有り。其の鄰の子を意《うたが》う。其の行歩を視るに、鉄を竊むなり。顔色も鉄を竊むなり。言語も鉄を竊むなり。動作態度、為すとして鉄を竊むにあらざるは無し。其の谷を扣《ほ》って其の鉄を得、他日復た鄰の子を見れば、動作態度、鉄を竊みたるに似る者無し。

この「鉄」は一見したところ、どういう種類の鉄器かはっきりしない。しかし「其の谷を扣って其の鉄を得」とあるのによると、山と山との間にある自分の畑を耕していたら、前に盗まれたとばかり思っていた耕具が、偶然出てきたということらしい。私たちも、発掘が終って遺跡を埋め戻すさい、よくスコップやシャベルなどが出てくるのを経験する。この人も、自分でうっかり耕具を埋めてしまい、それを気づかずにいたのであろう。少なくともこの鉄器が、戸外で使う種類の道具であったことだけは確かである。しかも斧斤の類ならば、戸外で使用することはあっても、埋まってしまう可能性は少ない。こう考えてくると、ここに「鉄」と記されているものは、やはり鉄製耕具であったと認めざるを得ないのである。

もちろん先秦時代の文献には、「鉄」を「金属としての鉄」の意味に用いた例も少なくない。しかし右の二例が示すように、鉄製耕具を「鉄」と称した場合があることも、見のがせない。「涅金」が鉄の別称として使われたとすれば、それはまた同時に、鉄製耕具を指す可能性もあったはずである。「盧氏涅金」を「盧氏鉄」とみたのでは、布銭自体が青銅製である以上、何のことかわからない。これはおそらく「盧氏鉄製耕具」、さらに敷衍すれば「盧氏で発行した鉄製耕具型の銭」を意味するのであろう。つまり「涅金」の二字は、これらの布銭が鉄製耕具から転化したことを示すものにほかならないと考えられる。

布銭が耕具の形をしているのは、すでに楊寛氏や王毓銓氏らも推測されているように(15)、布銭の出現に先立ち、耕具そのものが交換の媒介に用いられていたからであろう。しかし青銅製の耕具では、たといいくらか存在したと仮定しても、広く民間でやりとりされるほど、豊富であったとは思われない。青銅の素材価値は、それが耕具として一般に普及するほど、低かったはずはない。布銭のもとになった耕具は、先秦時代の金属事情からいっても、貨幣理論の上からしても、さらにここで取り上げた布銭の銘からみても、大量生産の容易な鋳鉄でなければならない[16]。おそらく鋳鉄製耕具が実物貨幣として流通しているうち、やがてその形を青銅で模した最初の空首布が生れたのであろう。こうした変化が起ったのは、鉄製耕具が重くて持ち歩きに不便だというためばかりではない。だいたい鉄製耕具は、大きさも種類もまちまちなうえ、その品質も一定していない[17]。さらに磨損や鏽化の程度も、交換の比率を混乱させる原因となる。そこで、これら一切の不便を取り除くため、一定の形と重さと、一定の成分を持つ青銅製の模型が作られたのであろう。

なお転化物に原体の名を記すということも、べつに珍しい現象ではない。たとえば、すでに別稿で指摘したように[18]、一つの原始的な空首布に施された「益?·𠮚」なる文字は、「益?·というところで鋳造された耜の形の銭」を意味するらしい。つまりこの空首布の原体は、「耜」と称するクワ型耕具であったことがわかる。また明刀から転化した明刀円銭は、それ自体、刀の形をしていないのにも拘らず、「明刀」の二字を表しているではないか。この円銭を明刀と同じように流通させるためには、それに原体の名を記す必要があったものと思われる。

「盧氏涅金」なる銘は、特大の空首布に記されたのち、そのまま大形の有耳布に移された。またそれと同じ形の有耳布に、「盧氏」を省いて「涅金」だけを表したものと、「涅金」の上に「洮」の字を冠したものとが知られている。これらの有耳布は、布銭のなかでもきわめて特殊な形をしているので、その流通地域も限定されていたに相違ない。「涅金」の二字を有するものも、その上に「洮」の字を加えたものも、やはり盧氏の附近で鋳造されたのであろう。盧氏すなわち今の河南省盧氏県は、布銭流通圏の中心であった河南中部や山西南部からやや隔り、どちらかといえば山間の僻地に位している。したがって、そこに住んでいた人たちの経済意識も、中央に比べるといくらか低かったのではなかろうか。この辺で用いられた布銭に限って、鉄製耕具を意味する「涅金」の文字が施されているのは、あるいはそうした事情に関係があったのかも知れない。おそらく、鉄製耕具を交換手段に用いていたかつての習慣を想起させることにより、これらの空首布や有耳布の流通を円滑にしようと図ったのであろう。

さきに貨幣理論の上から、布銭の原体を鉄製耕具と推定した筆者は、ここにはじめてその確証を見出した。鉄製耕具が出現すると、農業生産力が増大し、富の蓄積が可能になる。そして、鉄製耕具を実物貨幣に使用しているうち、その形を模した青銅製の布銭が誕生する。春秋戦国時代の正しい理解は、まずここから始まるといっても過言ではない。「盧氏涅金」の銘は、その出発点に光明を与えるという意味で、甚だ注目に値するであろう。

註

(1) 拙稿「新耒耜考」(『東洋文化研究所紀要』一九、一九五九) 一八―二六頁。
(2) 拙稿「中国青銅器文化の一性格」(『中国考古学研究』東京大学東洋文化研究所、一九五六、所収) 一三八―一四六頁。
(3) 岡崎敬氏「日本における初期鉄製品の問題」(『考古学雑誌』四二の一、一九五六) 二四頁。
(4) 天野元之助博士「春秋戦国時代の農業とその社会構造」一 (『松山商大論集』七の三、一九五六) 七頁。
(5) 有耳布というのは、方肩方足布の特殊型で、平首の上端が横に鋭く突出しているもの。大形と小形の二種がある。
(6) 奥平昌洪氏『東亜銭志』(岩波書店、一九三八) 四、五六丁。
(7) 周書氏「涅陰盧氏与涅陰」(『貨幣』二〇、一九二〇) 五頁。
(8) 旁だけの「陰」は、方肩尖足の大陰布に二、三みられるにすぎない。「陰」の阜偏を省くことが、例外的に少ないのは、「金」と混同されるのを避けたためと思われる。
(9) 最も近い涅陽でも約一八〇粁、涅氏までは約三四〇粁もある。まして東江に当たる涅水などは、遠すぎて問題にならない。

(10) 明代の文献をいくら調べても、ここにいう「薬涅銭」なるものは見当たらない。明代には盗鋳を防ぐ目的から、銅銭の背面を火で燻して、それを「火漆」といったという。高氏はこの「火漆」を「薬涅」と誤認したのではなかろうか。

(11) 註2参照。

(12) 涅は蘖と音通だから、あるいは孵化したばかりの雛を、木の新芽に譬えたのであろうか。

(13) 緇には「黒色」「黒衣」「黒く染める」などの意味がある。

(14) 皁は黒繒（くろぎぬ）のこと。

(15) 楊寛氏『戦国史』（上海人民出版社、一九五五）五一頁、王毓銓氏『我国古代貨幣的起源和発展』（科学出版社、一九五七）一二六頁。

(16) 拙稿「中国初期鉄器文化の一考察」（前掲『中国考古学研究』所収）一七九―一八六、一九〇―一九一頁。

(17) 鋳鉄の場合は、なかに含まれる炭素・珪素・硫黄などの量により、また鋳造のさい金型を用いるか砂型を用いるかによって、品質が著しく変化する。

(18) 前掲「新耒耜考」四二―四三頁。

先秦貨幣雑考

序

先秦貨幣の研究を始めてから、早くも十年以上になる。その間おもに取り扱ってきたのは、それらの中核をなす布銭と刀銭の類であった。最初は軽い気持で手を染めたのであるが、一つの問題を解決すると、すぐにつぎの難問が起ってくるという有様で、あらためて学問の奥深さと、その道の嶮しさを感じさせられた。しかし少なくとも、刀布に関する限りでは、すでに発表したいくつかの拙稿(1)を通じて、曲りなりにも一つの体系を与えることができたと思っている。

ところで、近ごろ畏友のカーター C. D. Carter 氏から、同氏所蔵の先秦貨幣について、解説を書くよう依頼された。本篇は、その総論の中から刀布の項を除いた、残りの部分の邦文原稿を底本として、それに若干の改補を加えたものである。もちろん総論としての性質上、概説的な記述が多いのはやむをえない。しかし、新しく出土した資料をほとんど網羅してあるうえ、随処に筆者の見解が盛られているので、これを表記の題目のもとに発表するのも、一概に無益ではなかろうと考えた。なお既発表の拙稿との重複は、なるべく避けるという方針から、刀布の項一切のほか、尺度や重量に関する部分もほとんど削った。従って、全体としては纏まりのないものになってしまったが、そのいくつかの個所で、同学の士に裨益するところがあれば幸である。

一　貝　貨

貝貨というのは、貝殻で作った貨幣の総称であるが、中国では子安貝すなわち「貝」と、その形を他の材料で模した種々の仿製品すなわち「仿貝」を指す。アジア・アウストロアジア・アメリカなどの原始あるいは未開の民族の間では、交換の媒介として、よく貝殻が用いられた。最も普通の貝は子安貝であるが、ほかに真珠（カロリン群島中のヤップ島）・venus mercenaria 貝（北アメリカのインディアン）・nassa callosa 貝（北ポメラニアと附近の島々）などもある。現在、子安貝の分布は、太平洋の諸島からインド洋の沿岸を経て、アフリカの東海岸に及んでおり、ビスマーク諸島・ニュー＝ヘブライド・ニュー＝カレドニア・ハワイなどの太平洋の島々、ならびにアフリカの赤道直下の地方では、つい近ごろまでそれが貨幣に用いられていた。

中国では先秦時代の一時期、すなわち布銭や刀銭などの青銅鋳貨が現れる前に、子安貝が貨幣として流通したことがあるらしい。しかし中国の周辺では、子安貝がかなりのちまで貨幣としての命脈を保っていた。例えばマルコ＝ポーロによると、十三世紀ごろ雲南地方では、子安貝が用いられていたという。またチベットでは、十二世紀になってはじめて、子安貝の代りに銀を使用し、さらにタイでは十八世紀の半ばごろまで、インドのベンガルでは実に十九世紀まで、子安貝の貨幣を使用していた(2)。中国では、貝と仿貝をすべて「貝貨」と呼び慣わしているが、あとで述べるように、実際に貨幣として用いられたのは、その一部にすぎない。貝は形式によって、一孔式と削背式の二種に大別され、仿貝は材料によって、蚌貝・骨貝・角貝・石貝・玉貝・陶貝・漆貝・銅貝の八種に分類される。つぎに、近ごろ発掘された資料を豊富にとり入れつつ、貝と仿貝の性質について考察しよう。

(1) 貝

天然の子安貝のことで、「海貝」ともいい、また偽貝（仿貝）に対して「真貝」ともいう。中国で出土するものには、Cypraea moneta と Cypraea annulus の両種が多い。前者は背頂が紫色をしており、後者は背頂の周囲に一本の黄色い輪がめぐっている。いずれも南海の産で、インド・マライ・インドシナの沿岸と附近の島々、ならびに華南の沿岸、海南島・香港・台湾などに分布する。

貝は、新石器時代に属する河南省澠池県仰韶村や青海省西寧県朱家寨などの遺跡からすでに発見されており、また半山期や馬廠期の副葬壺に、それを簡略にした文様が描かれている。(3) これは財宝として貯えられたものではなく、生命や蕃殖の象徴して呪術的な意味を持っていたのであろう。殷代以後になると、のちにあげる具体的な例が示すように、墓の中から多数出土する。殷周の金文に、王侯が臣下に貝を賞賜した「錫貝」の事実がしばしばみえるのによると、貝は「金」すなわち銅や青銅の地金と同じく、一種の財宝として珍重されていたに相違ない。貝は一般に「朋」を以って数えられたが、この字は貝を紐で連ねて⋂状にしたものの象形である。一朋が何個の貝を指すかについては、いろいろの説があるが、左右に五個ずつ計一〇個とする王国維や郭沫若氏の説(4)が当っているらしい。殷代の金文では、せいぜい一〇朋どまりであるが、周代の金文、例えば周公東征鼎には「貝百朋」とあり、また『詩経』の小雅にも「百朋」とみえている。

貝が実際に貨幣として用いられたかどうかは、簡単にきめられないけれども、つぎにあげるような証拠が存する以上、その可能性はまずあったとみて差支えなかろう。

i　殷代の中鼎の銘文に「貝三朋を以って祖癸宝鼎を作った」とあり、周代の睘卣の銘文に「宝尊彝を作るのに貝十四朋を用いた」とある。

ii　賣・買・財・貨・賈・資・購・賦など、経済に関係のある文字が、「貝」に従っている。

iii 『史記』平準書に、古の貨幣として「亀貝」をあげ、また『説文』に「古は、貝を貨とし、亀を宝とす」とあるように、漢代のころになっても、貝を貨幣に用いたという伝承が残っていた。

iv 前に述べたように、原始または未開の民族の間では、しばしば貝が貨幣に用いられた。恐らく、貝は単に財宝として取り扱われたばかりでなく、携帯・勘定・保存などに便利なところから、中国における最も初期の貨幣として流通したのであろう。

貝は、背面に――多くは尖った方に片寄って――一孔を穿ったもの、すなわち「一孔式」と、背面から平らに削り去ったもの、すなわち「削背式」の二種に大別される。

一孔式

i 一九二八―三七年に行われた殷墟発掘の際、小屯や後岡などから多数出土した。[5] 例えば一九三二年には、小屯地区のE181方窖から「大貝」が二個と「小貝」が一六三個、蚌殻や蚌器などとともに出たという。「小貝」とあるのは普通の子安貝で、「大貝」とあるのはとくに大形の子安貝であろう。

ii 一九五三年、殷墟の大司空村で発掘された一六五基の殷墓のうちの八三基から、合計二三四個出土した。[6] 第二九号墓で二〇個出たのが、一つの墓としては最も多い。大部分は人の口の中、手の内、脚の下にあり、他に散在しているものは、きわめて少なかった。

iii 一九五八―六〇年、殷墟の後岡の南斜面で一基の殉葬坑が発掘された時、上層から二五体、下層から二九体の人骨が出土した。[7] この計五四体の人骨のうち、貝を繋いで輪にした飾りとバラの貝を伴っているものが七体、貝と玉を伴っているものが二体あった。貝の飾りは、腕や腰部に着けられていた。上層の第一六号人骨の左の尺骨の上にあったものが最も精美で、四五個の貝を繋いで輪とし、その間に銅泡（銅で作ったボタン状のもの）と銅鈴を一つずつまぜてある。腰部の貝の飾りは、多く骨盤の上にあったが、下層の第二七号人骨の場合を例にとると、貝を整然と排列して輪にしたものが三つ、骨盤の右上で発見された。貝の数は、第一の輪が二〇、第二の輪が一〇、第三の輪が五である。孔はみな下に向いていて、そこに紐が通っていたらしい。バラで副葬された貝の数は不定で、人骨一体につき、最も少ない例は一個、最も多い例は三〇〇個ほどに達している。それらは、口の中に入れてあったり、胸や腹の下に置かれていたり、麻の袋の中に詰めてあったりした。

iv　一九四〇年、筆者は殷墟を訪れた折、土地の人たちから数百個の貝を購入した。日本へ送る途中、惜しくも紛失してしまったが、すべてCypraea annulusであったことを、はっきり覚えている。

v　一九五〇―五一年、河南省輝県琉璃閣の八基の殷墓から、合計九個発掘された。(8) 一基では胸の脇にあったほか、他の七基はすべて腰部の附近にあった。腰に下げる一種の服飾品であろうという。

vi　一九五四年、河南省鄭州市白家荘の第七号墓（殷代）から、四六〇個発掘された。(9)

vii　一九五八年、山西省長子県西旺村で道路工事をしていた際、殷代の銅器や土器とともに五〇個出土した。(10)

viii　一九五四―五五年、洛陽中州路（西工段）で発掘された七基の西周前期の墓から、合計一一五個出土した。(11) 或るものは人頭の附近に散在し、他のものは副葬品として共存していた。また二個は人の口中にあり、一個は腰坑（木槨の底部の中心に掘られた小坑）の中から出た。

ix　一九五四年、長安普渡村で発掘された西周中期の墓から、土圧で押し潰された多くの破片とともに、完全なのが五六個出土した。(12) 正面に朱が塗ってあり、大部分は二体の人骨の上に散布していた。木槨の蓋板の上にあったものは、蚌殻とまざって輪をなしていたらしい。

削背式

i　一九五七年、河南省陝県上村嶺虢国墓地から、四〇二個発掘された。(13) 九八個の貝を紐で連ねて輪にしたものが、第一七二一号墓から出ている。また貝と玉類をまぜて輪にしたものが六つある。その中に含まれている貝の数は、二・二・三・四・六・二二で合計三九個。ほかにバラで発見されたものも、二七五個にのぼる。この墓地では、墓が二三四基、車馬坑が三基、馬坑が一基発掘された。報告書によると、その年代は西周晩期から東周初期、つまり前九世紀の初頭から前七世紀の中葉に当たり、下限は655 B. C.であるという。

ii　一九五四―五五年、洛陽中州路（西工段）の第二四一五号墓（春秋初期）で八三個、第二七一七号墓（戦国初期）で九〇個、いずれも車馬具の附近から出土した。[14]

iii　一九五五年、安徽省寿県蔡侯墓から一二八個発掘された。[15]伴出した銅器の年代は春秋晩期、さらに限定すれば前五世紀の前半と推定され、どんなに晩くとも戦国初期を下ることはないといわれる。

iv　一九三五年、河南省汲県山彪鎮の第一号墓から、三〇〇〇個以上も発掘された。[16]紐で繋いで佩飾としたか、車馬・器物・衣服に点綴したか、冥幣として用いたか、そのいずれも可能性があるという。この墓の年代は、300～240 B. C.と推定されている。

v　一九五〇年、河南省輝県固囲村第二号墓から七二七個発掘された。[17]その大部分を占める六〇七個は、槨室内の西北壁に接近したところから出たという。この墓の年代は戦国晩年、前三世紀と推定されている。

iv　一九五一年、輝県趙固村第一号墓から二〇個発掘された。[18]この墓の年代は「楽浪より早きこと二〇〇年」というから、やはり前三世紀ごろに当たるらしい。

vii　一九四〇年、筆者は山東省臨淄県の斉国故城で、三八個手に入れた。[19]戦国時代ごろのものと思われる。

以上、現在までにわかっている資料を通観すると、一孔式は殷代から西周中期ごろまで、削背式は西周晩期ごろから戦国晩期まで、それぞれ用いられたことがわかる。従って両者が交替した時期は、西周の中期と晩期の間、つまり前九世紀の前半ごろとみることができよう。そこで、この時期を挟んで、その前後に亙る遺跡からは、一孔式も削背式も出土する。一九三二年、河南省濬県辛村の古墳群から、合計三四七二個の貝が発掘されたが、そのうち早期の墓から出たものは一孔式で、晩期の墓から出たものは削背式であった。[20] 大部分は明器の周囲から発見されたが、紐で連ねたあとが歴然としており、二四個または二六個を繋いだものが多かったという。この古墳群は、衛の康叔から成公まで、すなわち1112〜600 B.C.の間のものと推定されている。一孔式をやめて削背式にしたのは、紐で繋ぐさい面がきれいに揃うようにするためだったのであろう。

貝は貨幣としてより、むしろそれ以上に、呪術や装飾に用いられた。人の口の中に含ませたり、手の中に握らせたりしたのは、貝の持つ神秘的な生命力によって、死者の復活を願ったのかも知れない。人骨の頭・胸・腰・脚の各部から発見されたものは、輪にして佩飾としたり、衣服に綴ったりしたのであろう。副葬品と共存する貝のうちには、器物の飾りにしたものもあるらしい。戦国式銅器に、貝を連ねた文様が表されているのは、[21] その可能性を示すものである。また貝は、つぎにあげる例のように、車馬の装飾にも用いられた。一九五六―五七年、長安灃西の張家坡で発掘された第二号車馬坑の第二号車は、車衡（轅の先に、それと丁字形に付く横木）の両端に、朱色の織物に貝と蚌を通した飾りを下げ、轅の両側に当たる衡の上に、蚌泡（二枚貝の殻で作ったボタン状のもの）と貝を組み合わせて花の文様を表していた。またこの車に繋がれた二頭の馬は、貝を二列に連ねた飾りを頭部に絡っていた。[22] これなどは、貝が装飾に用いられたことを示す最もよい例であろう。なお前に引いたように、貝が冥幣として使われたという説もあるが、冥幣を副葬専用の特製貨幣と定義する限り、そのようなことは考えられない。

(2) 蚌　貝

蚌殻すなわち二枚貝の殻を削り磨いて、子安貝の正面形に加工したもので、珧貝ともいう。裏面を平らに磨いたものと、全体が蚌殻のカーヴなりに彎曲しているものとがある。一九五四―五五年、洛陽中州路（西工段）の東周墓で、計二二三七個出土した。[23] それらは孔の数によって、左の三種に分類されるという。

二孔式　二三二個　第二一三号墓・第二一六号墓（いずれも春秋中期）出土
一孔式　一個　第一九〇一号墓（春秋晩期）出土
無孔式　四個　第二〇六号墓（春秋晩期）出土

多くは土器の周囲から発見されたが、第二一六号墓の場合はやや特殊で、棺外・槨内に置かれ、両々相対して排列すること帯の如くであったという。朋貝のように、紐で繋がっていたものと思われる。また一九五〇—五一年、輝県琉璃閣第一三〇号墓から一二〇個出土した。[24] これは二孔式の精品であって、戦国早期に属する。前の洛陽の場合は、二孔式が古く、一孔式がそれにつぎ、無孔式が最も新しいが、輝県の場合は、それより年代が下るにも拘らず、すべて二孔式である。つまり地域によって、形式が一定していなかったのであろう。一九四〇年、筆者が斉国故城で手に入れた七個は、戦国ごろのものと思われるが、いずれも二孔式に属し、裏面は平滑に磨かれている。[25]

(3)　骨　貝

仿貝のうち最も普遍的で数も多く、先史時代から戦国の末まで、各地代を通じて作られた。二孔式・一孔式・無孔式の三種に大別される。前にあげた朱家寨の遺跡から二四個出土しているので、[26] 貝についで起源の古いことがわかる。戦前には、河北省の磁県、河南省の安陽県・輝県・新安県・山東省の滕県・臨淄県などから出たといわれており、筆者も一九四〇年、斉国故城で二孔式のものを二二個手に入れた。[27] つぎに、戦後発見された新資料を観察しよう。

一九五八年、河南省陝県七里鋪で殷代の遺跡から一個出土した。[28] 真物の子安貝のように厚みがあり、一端に小孔が穿たれている。殷代のものとしては、ほとんど唯一の例であろう。一九五四—五五年、洛陽中州路（西工段）の東周墓から、合計一〇〇八個も発掘された。[29] それらは、左の三種に分類されるという。

二孔式　二八八個　第四号墓（春秋中期）出土

一孔式　二三八個　第二七二九号墓（春秋晩期）出土

無孔式　四八二個　第一一五号墓（春秋晩期）・第二七一九号墓（戦国初期）出土

ここから出た骨貝は、蚌貝の場合と同じく、二孔式から一孔式を経て無孔式へと変化している。一九五〇—五一年に輝県琉璃閣第一一一号墓（戦国中—晩期）から九個、(30)一九五二年に輝県褚邱区第三号墓（戦国晩期）から三五八個発掘された。(31)いずれも同形式で、面は外側に向ってやや彎曲し、中央に溝があるだけで、孔はあいていない。また一九五〇年、輝県固囲村第二号墓（戦国晩期）から二〇一個発掘されたが、(32)これには三孔式・二孔式・一孔式の三種がある。このように、同じ輝県という場所で、同じ戦国という時代に作られたものにも、種々雑多な形式があった。骨貝の年代を判定することが、いかにむつかしいかが知られるであろう。

(4)　角　貝

一九五六年、安徽省亳県曹家崗第六号墓（春秋末期）から、三六八個発掘された。(33)鹿角で作られており、一面は平らで、一面はやや膨らんでいる。すべて二孔式らしい。長さは約三糎で、最も幅の寛い部分は一・八糎あるという。見たところ骨製と角製の区別は困難であるから、前にあげた骨貝と称するものの中にも、角貝がいくらか含まれているかも知れない。

(5)　石　貝

蠟石や滑石のような、軟くて加工し易い石を用いている。現在知られている限りでは、一孔式と無孔式があるだけで、二孔式はない。全体の作りは、骨貝とよく似ている。戦後、つぎの二つの遺跡で発掘された。

一九五四—五五年、洛陽中州路（西工段）第二四一五号墓（春秋初期）から二〇個出土した。(34)菱形で平たく、中央に溝があるだけで、孔はあいていない。一九五七年、上村嶺虢国墓地から一六〇〇個以上も出土した。[35]石貝だけを紐で連ねて輪にしたものが六つある。それぞれの個数は、一二四・七六・四〇・三四・二七・一七で、計三一八。また石貝と玉類をまぜて輪にしたものが一六ある。その中に含まれている石貝は、最も少ない二個から最も多い九二個まで、合計して四九一個以上。ほかにバラで発見されたものも七九四個あるが、そのうち六二六個は一孔式、一五六個は無孔式で、一二個は孔の有無が不明だという。無孔式のものを繫ぐには、二個ずつ背中合わせにして、両方の溝に紐をかけたことがわかる。輪になったものは棺の内外から発見され、バラのものは大部分が棺槨の間と槨蓋の上に散布し、残りの少数が棺内から出た。石貝を装飾に使用した状況が明らかになって、頗る興味が深い。年代は前の貝のところで述べたように、前九世紀の初めから前七世紀の半ばに比定されている。戦国時代の石貝は、まだ発見されていない。

(6) 玉　貝

一九五七年、上記の虢国墓地の第一六一九号墓から出た、玉類を繫いで輪にしたものの中に、一個まじっていた。[36]説明も図もないので、それ以上のことはわからない。鄭家相氏の記述によると、骨貝や石貝と同形式のものがあり、また面に数字を陰刻したものもあるという。[37]

(7) 陶　貝

土で子安貝全体の形をこしらえて焼いたもの。一九五七年、上記の虢国墓地から計二一六個発掘された。[38]詳細は不明であるが、図版を見ると、まさに真物そっくりに出来ていて、孔もないらしい。孔がなければ、繫げないので、当然のことながら、輪にしたものもない。また一九五六年、安徽省亳県曹家崗第七号墓（戦国早期）から、九八個発掘された。[39] 孔の有無は不明。長さは約三糎で、最も幅の寛い部分は一・八糎あるという。

(8) 漆　貝

一九三〇年に輝県から出たといわれるものが、一個あるにすぎない。[40] 木で子安貝の正面形を刻んで、漆を塗ったのであろう。菱形のように、やや角張っており、中央の溝の底部に、長方形の孔が穿たれている。戦国時代のものに違いない。東京国立博物館蔵。

(9) 銅　貝

子安貝の正面形を銅で象ったもの。銘のあるものと、ないものとがある。無銘の銅貝はきわめて写実的に出来ているが、骨貝や石貝などと違って裏面は平らでなく、表面のカーヴなりに凹んでいる。これは、銅の地金を節約するためであろう。やや細長くて溝が真直なものと、やや幅が寛くて溝が彎曲しているものと二種がある。前者は河南地区に多く、後者は安徽省寿県方面に多いといわれる。[41] 無銘の銅貝は従来、河北省磁県や河南省開封市などから出たと伝えられているほか、輝県の一周墓から、鍍金を施したものが一〇〇〇個以上も、山をなして発見されたという。[42] ここに周墓とあるのは、近ごろ行われた発掘の結果からみて、戦国時代のものであったこと疑いない。また一九五三年、安陽大司空村の第一四号墓から一個、第三一二号墓から二個、それぞれ無銘の銅貝が発掘された。[43] これらは殷の晩期のものであるが、その形式は溝が真直な方に属する。

西周時代の𢍉卣の銘に「貝卅守を昜（賜）う」とある。前に述べたように、貝は「朋」で数えるのが普通であったのに、ここでは重さの単位である「守」で勘定している。従って、この「貝」は銅貝に違いない。銅貝は他の仿貝と異なり、素材に価値があったので、貨幣として用いられたこともあるのであろう。しかし重さで勘定されているところをみると、銅や青銅の地金と同様、秤量貨幣の域を脱していない。個数で数える定量貨幣とは、全く性質が違うのである。もっとも、銅貝がすべて貨幣であったというわけではない。輝県の戦国墓から大量に出たものなどは、明らかに装飾品とみるべきであろう。輝県は、戦国時代には魏の領域に属し、「共」の銘がある布銭や円銭を発行していた。従って、それらと全然形式の異なる銅貝を、貨幣に用いたとは考えられない。戦国時代の貨幣はすべて銘を表しているのに、これらの銅貝には銘がなく、しかも貨幣として不必要な鍍金が施されているのである。

なお、銅貝のうちで銘を持つものは、蟻鼻銭と呼ばれる楚の貨幣であるが、これについては章を改めて詳しく述べることとする。

さて、以上説明した貝と仿貝は、普通「貝貨」と呼ばれているけれども、そのすべてが貨幣であったわけではない。貝はもともと呪術や装飾を目的とするものであったが、殷から西周を経て春秋の初めごろに至るまでの間、その一部が貨幣として用いられた可能性がある。つまり西周時代以降は、銅や青銅の秤量貨幣と一時併用されたのであろう。しかし春秋の中ごろ青銅鋳貨の布銭が現れると、急速に貨幣としての機能を失ったと考えられる。この点、王毓銓氏が「貝は装飾品に始まり装飾品に終ったのであって、貨幣に用いられたのは一時期にすぎない」といわれているのは、(44)まことに正しい見解といえよう。中国で貨幣が一般に普及したのは、青銅鋳貨が出現した春秋中期以後とみられる。従って、それ以前に貝が貨幣に用いられたといっても、それは銅や青銅の秤量貨幣の場合と同様、貴族階級の間に限られた現象であろう。

仿貝のうちで、貝と並行して貨幣に用いられた可能性があるのは、素材価値を持つ銅貝くらいのものである。蚌・骨・角・石・土などを材料とする大小さまざまの仿貝は、誰でも簡単に作れるうえ、貨幣としての基準がないから、こんなものが貨幣になるはずはない。これらの大部分は、恐らく服飾品であろう。もっとも、貝の貨幣が流通していた時期には、その代用の冥幣として使われたことがあるかも知れない。玉貝と漆貝は、より高級な装飾品とみるべきであろう。

二　円　銭

(1)　形式の起源

円銭は先秦貨幣のうち最も形式の進んだもので、布銭や刀銭より後れて現れ、戦国時代の末期に流通した。従来発見されている数は、布銭や刀銭に比べると、はるかに少ない。円くて中心に孔のあいている形が、何から起ったかについては、古来さまざまな説が唱えられてきた。例えば、耕具の銭、紡錘車・璧・刀鐶の形に由来するというなどは、その主なものである。しかし、これらは単なる思いつきにすぎず、べつにはっきりした証拠があるわけではない。いったい円いということは、銭として最も取り扱いに便利な形なので、いろいろな貨幣を使っていた古代の諸民族が、結局たどりつくのは、一様にこの形の金属貨幣なのである。中国の場合も例外ではないと思われるから、円銭の形の起源を強いて穿鑿する必要もなかろう。ただ中心に孔をあけるというのは、古代の貨幣としては珍しい。これは恐らく、そこに緡を通して銭を束ね、勘定や携帯の便を図るためであったと考えられる。

先秦時代の円銭には、孔の円いものすなわち円体円孔銭と、孔の四角いものすなわち円体方孔銭との二種がある。個々の銭について年代を検討するまでもなく、秦の統一時代以後の円銭がすべて方孔である点からみて、円孔のものが方孔のものに先立つことは疑いない。しかし緡を通すだけなら、円い孔があれば充分で、必ずしも四角い孔を必要としない。では、どうして円い孔が四角に変ったのであろうか。筆者はかつてこの点につき、「多くの銭を棒に通して、鋳余りを削り落す時、孔が円いと、銭がクルクル廻ってしまうので、うまくいかない。そこで、孔を四角にして、四角い棒を通したのであろう」と想像した[45]。

(2) 地域別による概観

円銭は円孔と方孔の両種を通じて、郭のあるものとないものとがある。有郭のものは、無郭のものより年代が下るのを原則とするが、実際の例に当ってみると、必ずそうとは限らず、反対の場合もいくらかあるらしい。また郭を周縁だけにめぐらしたものと、周縁と孔辺の両方に施したものとがみられる。裏面は大部分が平夷・無銘であり、例外として周郭を持つものが一例あるにすぎない[46]。銘は、地名だけを表したもの、地名と釿の単位を表したもの、化の単位を表したもの、両や銖の単位を表したもの、その他、の五種に大別される。概して、布銭の流通地域で鋳られたものは、釿の単位によっていて円孔が多く、刀銭の流通地域で鋳られたものは、化の単位によっていて方孔に限られ、その他の地域で鋳られたものは、両や銖の単位によって円孔も方孔もある。そして、この地域別による三群は、それぞれ魏・趙・周、斉・燕、秦に属するらしい。つぎに、これら三群の円銭について、具体的な例をあげながら、簡単に説明しよう。

第一群

「共」銭・「共屯赤金」銭・「共半釿」銭　いずれも円体円孔で無郭。「共」銭はつぎにあげる「垣」銭とともに、円銭のうちで最も早い形式と認められる。「共」は地名で、『左伝』の隠公元年（722 B. C.）の条に「大叔、共に出奔す」とあるもの。周の厲王のとき共伯和の封地であったが、春秋のとき鄭に入り、戦国になって魏に属した。今の河南省輝県治に当たる。これらの円銭は、その年代からみて、魏のものであること疑いない。「共屯赤金」の「屯」は純の省、「赤金」は銅のこと。つまり「共で鋳られた純良の銅銭」という意味。これは、大形と小形の二種がある。「共半釿」銭は、同じ銘を表した円肩円足布より後出のものに違いない。「釿」は、木工具の名称から転じた貨幣価値の単位。

「垣」銭・「長垣一釿」銭　いずれも円体円孔で無郭。前者には、大形と小形の二種がある。先秦時代の地名で「垣」の字に関係があるものとしては、左の三個所があげられる。

i　『史記』秦本紀の昭襄王十五年（292 B. C.）の条に「白起、魏を攻めて垣を取る」、同十七年の条に「秦、垣を以って蒲反・皮氏と易う」といい、秦始皇本紀九年（238 B. C.）の条に「魏の垣・蒲陽を攻む」とあるもの。もと晋の地であったが、戦国になって魏に入り、秦に取られ、また魏に返され、最後に秦に属した。今の山西省垣曲県の西北二〇里にある前漢河東郡の垣県故城に比定される。

ii　方肩方足布の銘にみられる「襄垣」。『前漢書』地理志に、上党郡の属県として襄垣をあげている。『括地志』によると、趙襄子が城を築いたので、このように名づけられたという。春秋には晋の地であったが、戦国になって趙に属した。今の山西省襄垣県治に当たる。

iii　『戦国策』の秦策に、楚の黄歇が秦の昭襄王に説いた言葉として「王、蒲衍・首垣を取り、……」とあり、『史記』趙世家の粛侯七年（343 B. C.）の条に「公子刻、魏を攻めて首垣を取る」とみえるもの。『水経注』済水の条に「濮渠、東して長垣県故城の北を逕。衛の地なり。故の首垣。秦、更めて今の名に従う」とあるように、もと衛の邑で「蒲」といったが、戦国に入って魏の「首垣」となり、さらに秦に属して「長垣」と呼ばれた。今の河南省長垣県の東北三五里にある長垣故城に比定される。

ところで問題の「垣」銭は、前の「共」銭とほとんど同大同形だから、共すなわち今の輝県から遠くない土地で、それとほぼ同時に用いられたものとみて差し支えなかろう。あとで述べるように、一枚の「垣」銭が近ごろ輝県の戦国墓から出土した事実は、右の推測を支えるものである。従ってこの銭は、上記の三地点のうち、輝県に最も近い魏の首垣で鋳られた可能性が大きい。しかも、これとほぼ同形式の「長垣一釿」銭が、少し後れて同じところから発行されているのである。秦の貨幣はすべて両や銖の単位によっているのに、この銭は魏の「安邑釿」布やいわゆる乗馬幣[47]などと同じく、釿の単位を表している。従って、ここが秦に属してからのちに鋳られたとしても、やはり魏の貨幣の系統を引くもの、いいかえれば「垣」銭の後身とみるべきであろう。

「安臧」銭　円体円孔で無郭。大形と小形の二種がある。上の字が「安」であることは疑いない。下の字は甚だ難解であるが、李佐賢[48]の『古泉滙』に「臧」と読み、『周礼』天官、外府の鄭注に「臧とは泉を曰う」とあるのを引き、泉の義と解しているのに従う。つまり「安というところで鋳た銭」の意。先秦時代の地名で、「安」の字を冠したものは、きわめて多い。しかしそれらの中で、『史記』魏世家の昭王十三年（283 B. C.）の条に「秦、我が安城を抜く」とある安城は、前の共や垣に近いうえ、同じく魏に属する点で注目される。この「安」は、恐らく安城であろう。今の河南省原武県の東南二〇里の地に当たる。

「虞釿」銭　円体円孔で無郭。虞は呉と音通。『左伝』の僖公五年（655 B. C.）の条に「晋、虞を襲いて之を滅ぼす」といい、『史記』秦本紀の昭襄王五十三年（254 B. C.）の条に「秦、摎をして魏を伐たしめ、呉城を取る」とあるもの。春秋の時、虞国の都であったが、のち晋に入り、戦国になって魏に属した。今の山西省平陸県の東北四十五里にある古虞城に比定される。なおこの地では「虞釿」銭に先立って、「虞一釿」と「虞半釿」の銘を持つ円肩方足布が発行されている。

「□陰」銭　円体円孔で無郭。大形と小形の二種がある。左側の字が「陰」であることは問題ないが、右側の字は解読困難で、いまだに定説がない。馬昂の『貨布文字攷』では「共」、『古泉滙』では「済」、曹銓の『古泉彙志』では「襄」、奥平昌洪氏の『東亜銭志』では「畢」と読んでいるが、いずれも首肯し難い。しかしこの銭は、前にあげた諸銭と形式が全く一致するので、やはり魏のものと考えられる。

「□平」銭　円体円孔・無郭であるが、やや孔の大きいのが特色。下の字は、「土」に従った「平」とみて差し支えなかろう。上の字は、「陰」「武」「封」「涬」などと読まれているが、どれも妥当とは思われない。この二字は、恐らく魏か趙の地名であろう。

「藺」銭・「離石」銭　ともに円体円孔で、周郭がある。前者の銘については、『貨布文字攷』や『古泉滙』では「閔」、初尚齢の『吉金所見録』では「黄父」、その他「魯」「魚」「郟」となすなど、諸説紛々としていた。また後者の銘は、古く「砺」「万石」などと読まれていた。しかしこれは誤りで、胡石査が『釈泉斠誤』に、前者を「閔」と釈して「閔は藺なり」といい、後者を「离石」と釈して「离は離の省なり」といっているのが正しい。この藺と離石は、『史記』趙世家の粛侯二十二年（328 B.C.）の条に「秦、我が藺・離石を取る」とみえるもの。ともに晋の邑であったが、戦国になって趙に入った。今の山西省離山県（旧、離石県）の西に当たる。この両銭は、同じ銘を表した円肩円足布より年代が下るに相違ない。

「東周」銭・「西周」銭　いずれも円体円孔で、周縁にも孔辺にも郭をめぐらしている。以上の諸銭に比べると、いくらか小さい。銘の「東周」と「西周」は、東遷前の西周と東遷後の東周を指しているのではない。話が煩雑になるのを避けるため、ここでは要点だけを簡単に述べよう。

王城と成周の位置については、古来さまざまな説があるが、文献の記載と考古学上の成果を綜合すると、王城は洛陽市西南のいわゆる「東周城址」に、成周は同市東北の洛陽故城に比定するのが正しいようである。(49)平王は東遷の際、王城に都を奠めたが、王子朝の乱の時、敬王は成周に都を遷した。その後、考王は弟の掲を王城に封じて桓公となし、周公の官職を継がせた。桓公の孫の恵公が立つに及び、長子を西周の武公とし、少子の班を鞏に封じて、東周の恵公と号させた。ここで問題とする東周と西周は、この時に成立したとみるべきであろう。『史記』周本紀の正義は、『帝王世紀』に「考哲王、弟の掲を河南に封じて、周公の官を続がしむ。是を西周の桓公と為す」とあるのを引き、「按ずるに、敬王、都を成周に遷してより、東周と号するなり、桓公、王城に都して、西周の桓公と号す」といっている。しかし『戦国策』の東周策と西周策は、もっぱら鞏の東周と王城の西周を指したものであるし、『春秋』の経伝や『国語』、ならびに『史記』の周本紀などをみても、成周を東周、王城を西周と呼んでいる例は一つもない。東西両周の成立時期を敬王まで溯らせることは、恐らく『公羊伝』の誤った記載に惑わされた結果であろう。なお周が東西に分裂した事件は、趙と韓の圧力によったらしく、『史記』趙世家の成侯八年（367 B. C.）の条には、「韓と、周を分って両と為す」とみえている。新たに東周が生れた場所である鞏は、いまの河南省鞏県西南三〇里の鞏城に比定される。一方、周の本家は、敬王以後ずっと成周に都していたが、右の事件が起ったのは、その顕王二年の時のことである。従って、『史記』周本紀に「王赧の時、東西の周、分治す」とあるのは、誤りといわなければならない。(50)

ところで、問題の「東周」銭と「西周」銭は、その形式からみて、戦国末期のものであることに疑いない。そこで銘に「東周」というのは、もちろん成周のことではなく、周の顕王二年以後の東周を指していること明らかである。つまり繰り返していえば、この「東周」は鞏県西南の鞏城に、「西周」は洛陽市西南の「東周城址」に当たることになる。両銭が全く同大同形で、まさに姉妹銭という感じがするのは、東西両周が貨幣を発行する際、互に協定して規格を合わせたからであろう。

丁福保『古銭大辞典』上編には、ほかに異形の「東周」銭として、無郭方孔でやや小形のものと、無郭円孔でずっと大形のものとを掲げている。しかし前者は、字体にどこか不自然なところがあるので、無条件で肯定する気になれないし、後者は一見すればわかるように、明らかに偽物である。また秦宝瓚の『遺篋録』に載っている円体方孔有郭の「周化」銭も、「周」の字がきわめて異様なことと、中原では使いそうもない「化」の字を表している点から、とうてい真物とは認め難い。

第二群

「□化」銭・「□四化」銭・「□六化」銭　いずれも円体方孔で、内外ともに有郭。古来、最も注目されていて、議論の多い円銭である。左側の字が「化」「四化」「六化」を表しているとみるのは、諸家の一致した見解で、べつに問題はない。「化」は「貨」の省で、貨幣価値の単位。つまり「四化」と「六化」は、それぞれ四単位と六単位の価値を表す。ところが右側の字の読み方については、種々の説が唱えられていて、まだ定論らしいものはない。例えば、『吉金所見録』や『古泉滙』をはじめとする多くの銭譜では「宝」、『貨布文字攷』では「燕」、『遺篋録』と劉心源の『奇觚室吉金文述』では「賹」、蔡雲の『癖談』では「朋貝」、徐文鏡の『古籀彙編』では「貝」と読んでおり、郭沫若氏の『金文叢攷』や『東亜銭志』では、読み方はわからないが斉の地名であろうとしている。右の諸説のうち、比較的穏当と思われるのは、〓を「益」と解し、それが「貝」に従っているから「賹」だという、三番目の説であろう。しかしこれにしたところで、絶対的なものとはいい難い。またこのような古文が、すべて現行の文字に当て嵌まるかどうかも、いささか疑問である。

　ところで、ここに一つ注目に値する事実は、筆者がかつて山東省臨淄県の斉国故城で採集した一個の半瓦当と六個の豆の脚部に、問題の文字がはっきり表されていることである。この半瓦当は右半分が欠けているが、一九五八年に山東省文物管理処が右の遺跡を試掘した際、その完全なものを二個発見した(51)。一は右側に「天」の字を、左側に問題の字を表し、他は字の配置がそれと逆になっている。また六個の豆のうちの一は、「楚城遷𨛷里」と読まれる銘の最後にこの字を置き、他の五はすべて銘の右側にこの字を、左側に「豆里」の二字を配している。従って、これが斉で用いられた或る種の文字であり、それを伴った銭が同じく斉のものであることは、まず疑いなかろう。『古泉滙』に、「□六化」銭の石笵が膠西（山東省膠県）から出土したと伝えているのも、右の推測を裏書きするものである。こう考えてくると、『金文叢攷』や『東亜銭志』がこの種の銭を斉のものとみたのは、まことに卓見といわなければならない。ただこの文字が地名であるとすると、それがとくに「天」の字を冠して首都の家屋の瓦当に付されるはずはないし、また「楚城遷鄲里」や「豆里」がすでに地名である以上、その下に別の地名を重ねるということもあり得ないであろう。むしろ斉の匋文の慣例からすると、「里」のつぎには人名が来るのが普通である。

なおこの種の銭は、円体方孔銭の祖として注目されるが、その形式をみても明らかなように、戦国末期のものであること疑いない。従って、これを周の景王二十一年（524 B.C.）に鋳られたという「大銭」に比定する『古泉滙』の説や、これを王莽の銭とする『吉見所見録』の説が、誤りであることはいうまでもなかろう。

「一化」銭　前者と同形式であるが、円銭のうちでは最も小さく、またきわめて粗製で薄い。『古泉滙』はその銘を「一刀」と読み、つぎにあげる「明刀」銭の退化形式とみた。なるほど二つの文字のうち、右側のものが「一」であることは問題ないが、左側の文字はものによって多少の変化がみられ、「明刀」銭の「刀」と同一文字であるかどうかは、そう簡単にきめられない。さらに「明刀」銭には周郭がないのに、この銭の表面には、内外の縁にはっきり郭がめぐらされている。従って、これを「明刀」銭の退化したものとみるのは当っていない。浜田耕作博士は『古泉滙』によってこれを「一刀」銭となし、「周末から秦漢の初めに至って出現した粗悪な民間の莢銭の一であろう」といわれた(52)。しかし漢初の莢銭は、その文を秦の旧によって「半両」といったらしく、現にその文字を表した微細な莢銭が多数発見されているので、この説もやはり成立し得ない。

ところで、この銭の銘を「一刀」と読むことに対しては、つぎのような異説がある。すなわち『貨布文字攷』と『東亜銭志』は、ともにこの銭を「一化」銭となし、その理由として、これが前にあげた「□化」銭と形式の上で甚だ似ていることを指摘した。なるほど両種の銭を比較してみると、いずれも片面型で造られていて裏が平夷であるうえ、その表面は内外ともに郭をめぐらしているなど、製作上の一致が確かに認められる。さらに注意して観察すると、文字の間にも密接な関連があり、この銭の左側の字は「□化」銭の「化」の「匕」を省いた略体であることに気がつく。そしてこの類似は、「□化」銭と同じく戦国時代に斉で用いられていた斉刀の「化」の字を見る時、一層はっきりするであろう。ことに三字刀の或るものは、裏面に人偏だけの「化」を表しているが、その形はこの銭の左側の字と全く同一である。要するに、この銭は「□化」銭の退化した「一化」銭であって、同じく戦国末の斉で通用していたものにほかならない。さればこそ、この銭が海を渡って、遼東地方から出土するという事情も首肯されるであろう。ただしこの方面で流通した時期は、それと伴出する漢半両との関係から、つぎにあげる「明刀」銭と同様、前漢の或る時期まで下ることが知られる。

「明彡」銭・「明刀」銭　いずれも円体円孔で無郭。後者は、明刀（明刀銭）と区別するため、明刀円銭とも呼ばれる。その右側の字が「明」であることは疑いないが、左側の字の読み方については、諸説紛々としていて、定説がない。例えば、金邠の『泉志』や『遺篋録』では「月」、『貨布文字攷』や『奇觚室吉金文述』では「夕」、『古泉滙』、鮑康の『観古閣泉説』、『古泉彙志』では「刀」、饒登秩の『古歓斎泉説』では「化」、『東亜銭志』では「邑」と読んでいる。これらの説はそれぞれ一応の根拠があり、単に字形の上からだけでは、そのいずれを正しいと断定することもできない。ところで、この銭に先立つものとして、前者の「明彡」銭がある。その銘は普通「明四」と読まれていて、「明刀」銭の四個分に相当する価値を持つものであろうとされている。しかし「彡」を「四」とみることは、左のような理由によって成立し難い。

i　前にあげた「□四化」銭では、「四」を意味する「亖」が水平になっている。この銭の「彡」が斜めになっているのは、このように表出しなければならない特別の理由があったのであろう。「彡」は恐らく「四」ではなくて、何かほかのものと考えられる。

ii　「明彡」銭が「明刀」銭の四倍の値打があるのなら、かりにこれらが名目貨幣であったとしても、その大きさや重さが多少は違っていなければならない。ところが両者は、ほとんど見分けがつかないほど、大きさがよく似ている。

iii 「明彡」が「明四」なら、ほかに「明二」や「明三」があってもよさそうなのに、そういうものは一つも発見されていない。

そこで注目されるのは、つぎにあげる『東亜銭志』の説である。

> 明彡銭　西楚の時、燕の平明に於て鋳る所なり。明刀の制を改めて圜銭と為し、面の左に明の字を置き、右に刀柄の斜直文彡を著け、旧を存して其の明刀の遺なることを誌す。彡は四の字に非ず。背は平夷なり。

ここではじめて、「彡」の斜めになっているわけが明らかになった。つまり、線を水平に表したのでは、短かすぎて刀柄の感じが出ないうえ、「四」と誤解されるおそれがあるからであろう。「彡」の幅が、明刀のうちで最後の形式とみられる、腰の折れ曲ったもの(53)の柄の幅とちょうど一致するのも、この説の正しさを裏書きする。そこで、「明彡」から刀柄の斜直文を除き、代りに何か文字を入れて、なおかつ明刀の遺制であることを示そうとすれば、その文字として「刀」が最も適当なことはいうまでもない。つまり「明刀」銭は「明彡」銭の後身にほかならず、明刀と同じ価値で流通したものと認められるのである。

ただ右に引いた『東亜銭志』の記載中に、「明彡銭　西楚の時、燕の平明に於て鋳る所なり」といっているのは、その根拠がはっきりしないので、賛成し難い。「明刀」銭は方孔で郭のないところなど、「半両」銭によく似ているので、これまで一般に秦漢の際のものとみられていた。なるほど、この銭は遼東方面の各地から、明刀や漢半両と一緒に出土する。従って、明刀とともに前漢時代まで用いられたことは確実であるが、その上限は戦国末期まで溯るらしい。もしそうであるとすれば、それに先行する「明彡」銭は、戦国末期のものとみるべきであろう。

第三群

「重一両十二珠」銭・「重一両十二一珠」銭・「重一両十四珠」銭・「重一両十四一珠」銭　いずれも円体円孔で無郭。

「珠」は「銖」と同じで、一両の二十四分の一に相当する重量単位。そこで「重一両十二珠」は、ちょうど一両半になるので問題ない。しかし、それに二銖を加えた「重一両十四珠」という半端な銭は、どうして造る必要があったのか。また「二」と「珠」、「四」と「珠」の間に加えられた「一」は、いったいどういう意味を持つのか。これらの点について検討したところ、最初に造られたのは「重一両十二珠」銭で、その一〇枚が一斤（一六両）になるよう、しだいに誤差を修正していった結果、「重一両十二珠」銭から「重一両十四珠」銭を経て、「重一両十四一珠」銭にまで発展したことがわかった。つまりこの「一」は、プラス＝アルファーの意味にほかならない。これらの銭は、両と銖を単位にしていること、字体が秦篆ないし秦隷に近いことなどから、統一前の秦の貨幣と考えられる。その年代は、恐らく戦国の末期であろう。詳しくは、すぐに発表した拙稿(54)を参照のこと。

「重十二朱」銭　円体方孔で、内外ともに有郭。銘の構成と字体からみて、前者と同系統に属すること、また方孔である点からして、それよりいくらか年代が下ること疑いない。のちの秦半両は、この銭の形を踏襲して円体方孔とし、「重十二朱（銖）」を「半両」と改めたにすぎないのであろう。つまり「重十二朱」銭は、秦半両の祖型であり、「重一両十二珠」銭以下は、さらにその前身であったらしい。

「両錙」銭　円体方孔で、周縁だけ有郭。左側の文字「畠」は甾と同じで、錙の省。江徳量の『銭譜』が指摘しているように、漢代の碑文の中には、甾を畠に作った例が少なくない。また『広韻』にも、「蕾は菑に同じ」といっている。錙は重さの単位。『説文』に「錙は六銖なり」とあるから、「両錙」は一二銖つまり半両に等しい。この銭は、従来「重十二朱」や「半両」などの秦銭の別種と考えられていた。近ごろ四川方面の古墓で、それが秦半両とともに発見されたのは、上説の妥当性を裏書きするものである。またその重さの四・八瓦が一二銖に当たるとすれば、二四銖の一両は九・六瓦となり、統一前の秦における重量単位と完全に一致する。従って、この銭は「重十二朱」銭の変形であり、秦半両より古いものとみなければならない。それと同時に、錙を六銖とする『説文』

の正しいことも立証された。錙の重さについては、このほか『広韻』では八銖、『風俗通義』では一二銖、『淮南子』詮言訓の高注では六両、『礼記』儒行篇の鄭注では八両とするなど、諸説紛々としていたのである。

「半両」銭　ここでは、秦半両すなわち大半両だけを取り上げる。円体方孔で無郭。始皇帝がその二十六年（221 B. C.）、天下を統一した際に鋳たもの。『史記』平準書に「秦に至るに及び、……銅銭は識して半両と曰う。重さ其の文の如し」といい、『前漢書』食貨志に「秦、天下を併す。……銅銭は質、周銭の如し。文は半両と曰う。重さ其の文の如し」とあるもの。漢半両すなわち小半両よりずっと大形なので、容易に見分けがつく。漢半両とは、高后二年（186 B. C.）に鋳られた八銖半両と、文帝五年（175 B. C.）に鋳られた四銖半両のこと。つまり秦半両は実態貨幣で、漢半両は名目貨幣であった。

「半睘」銭　円体円孔で無郭。「睘」は圜の省で、円に通ずる。つまり「半単位の円銭」という意味らしい。この銭は形式からみて、先秦のものに相違ない。「半」の字が秦半両のそれによく似ているので、或いは秦のものかとも思われる。

(3)　年代と系統

さて以上の三群のうち、相対的に古いとみられるのは、もちろん第一群の円孔銭であろう。そしてそのなかでも、「共」「垣」「安臧」などの地名を表した無郭のものが最も古く、「共半釿」「長垣一釿」「虞釿」などのように、地名と釿の単位を表した無郭のものがそれにつぎ、「藺」「離石」「東周」「西周」などの地名を表した有郭のものは、さらに後れると考えられる。

第二群はすべて方孔になっているので、第一群の影響下に生じたものであること疑いない。「一化」銭が「□化」銭の退化形式らしいことは、すでに述べたが、これらと「明𠃊」銭・「明刀」銭との年代的関係は、なかなか判定が困難である。ただ前者に先行する斉刀より、後者の原型をなす明刀の方が、かなりのちまで流通したことを考慮すると、恐らく「明彡」銭と「明刀」銭は、「□化」「□四化」「□六化」の各銭よりやや年代が下り、「一化」銭とほぼ並行する時期のものだったのであろう。

第三群のうちで最も古いのは、「重一両n珠」銭[55]であり、以下「重十二朱」「両錙」「半両」の各銭が、順に現れたと想像される。しかしここで問題なのは、円孔で無郭の「重一両n珠」銭が、第一群の中にみられる、それと同じ形式の銭と、どういう関係にあったかという点である。いったい、秦は経済的には中原の諸国よりずっと後れており、布銭の銘を調べてみても、秦の故地の地名らしいものは、ほんの僅かして出てこない。従って、青銅鋳貨の中で最も発達した形式である円銭を、秦が独自に創造したとは思われない。「重一両n珠」銭は、第一群に含まれている、それと同形式の銭を模倣したのであろう。『史記』をみると、六国年表の秦の恵文王（前）二年（336 B.C.）の条に、天子、銭を行うを賀す」といい、秦始皇本紀の附載に「恵文王二年、初めて銭を行う」とある。『東亜銭志』は、「重一両n珠」銭をこの時に発行された銭と考え、筆者もかつてそれに賛成したことがあった[56]。しかし336 B.C.というのは、この銭の形式からすると、どうも年代が古すぎる。戦国の後期に、秦は新たに占領した各地で、両や朱（銖）の単位が表されている三孔布を発行した[57]。もし秦がそれより前に、本国で円銭を使っていたら、それと全く形の違う三孔布を占領地で出すはずはない。さらに、「重一両n珠」銭の出現を336 B.C.に置くと、その原型となった第一群の無郭円孔銭は、それより一層古いことになってしまう。思うに第一群の無郭円孔銭は、円肩方足布や円肩円足布より後れて現れたもので、その年代は戦国の末期を溯り得ない。「重一両n珠」銭は、やはりそのころ、それらの円銭の形を取り入れたうえ、三孔布の例に倣い、両や珠（朱）の文字を加えて誕生したのであろう。さきの恵文王の故事は、秦の王室の手で或る種の銭が発行されたことを示すものである。しかし、それがどのようなものであったかは、現在のところ知る由もない。円銭でないことはもちろん、三孔布としても、年代を引き上げすぎることになる。試作程度のもので、数量も少なかったため、現物が残っていないのではあるまいか。

以上を簡単に纏めてみると、ほぼつぎのようになる。戦国の末期に、魏の領域の一部、すなわち今の河南省の北部あたりで、はじめて無郭の円孔銭が造られた。ついで、趙の一部や東西両周も、それに倣って有郭の円孔銭を鋳た。この影響は、東に及んで斉の有郭方孔銭を生み、また北に及んで燕の無郭方孔銭を生んだ。一方、西の秦も中原の制に倣って、無郭の円孔銭や、有郭または無郭の方孔銭を発行した。

(4)　出土地と出土状態

円銭は布銭や刀銭に比べると、もともと発行量が乏しかったためもあろうが、出土地のわかっているものはきわめて少ない。つぎに、その主な例をあげよう。

「垣」銭　一九五〇年、河南省輝県固囲村第一号墓で、上層の攪乱された土の中から一個出土した。[58] 大小二種あるうち、小形の方に属する。

「東周」銭　一九二八年、有名な洛陽金村古墓の一つから、盗掘で一個出た。[59]

「一化」銭　一九二六年、遼寧省の貔子窩高麗寨で、D溝の第三層と第四層から、三個ないし十数個ずつ纏って出土し、その総数は二三個に達した。[60] この両層からは、漢代のものと思われる銅製品が、とくに多く出ている。一九二八年、遼寧省旅順附近の牧羊城で、第二層と第三層から一個ずつ出土し、第一―第四の各層から、前漢の四銖半両が二個ずつ計八個出土した。[61] 一九五五年、遼寧省遼陽市三道壕にある前漢の住居址と塼窯址からも、数個発見されている。[62]

「明刀」銭　一九二八年、右の牧羊城の南第一区で、四銖半両と重なって三個出土し、さらにその上と下から明刀が発見された。また、かつて河北省易県の燕下都址からも、夥しく出たといわれる。[63] そのほか一九五三年、南京

市西善橋の東晋泰和四年墓で、この銭が一個、「半両」「五銖」「大泉五十」「大泉当千」などの各銭とともに出土した。(64)

「半両」銭（秦半両）　一九五四—五五年、四川省巴県冬笋壩第四九号墓から、二十数個が「両錙」銭一個とともに出土した。(65) 一九五六年、四川省成都市東北郊の前漢墓から、三四一個も発見された。(66) ことにその第三三号墓では、二九五個も纏って出た。同年、成都市洪家包の前漢墓から五十余個が緡に通った状態で出土した。(67) また同年、四川省簡陽県洛帯郷の前漢墓から、二十数個発見された。(68) 翌一九五七年、陝西省耀県の前漢墓から、数十個出土した。(69)

「両錙」銭　前条参照。

右の出土資料は、円銭の全体からみると、甚だ僅かなものではあるが、その性質や年代などを明らかにする上に、いろいろの示唆を含んでいる。つぎに、それらの点を個条書にしてみよう。

i　「垣」銭が輝県から出土したことは、前に述べたように、「垣」を長垣故城に比定するのに役立った。

ii　「東周」銭が洛陽金村の古墓から出たということは、もしそれが事実であったとすると、どのように解釈すべきであろうか。金村は洛陽市の東北二〇粁ほどの所にあり、梅原末治博士が「もと成周の故城の地と称せられ、いまも其の周囲の広い区域に土塁を繞らして、由緒の深いことを物語っている」といわれているように、(70) 成周すなわち洛陽故城の地に当っている。しかし前述の如く、成周を東周と呼んだ事実は認められないうえ、この銭の形式は戦国末に属することに疑いない。したがって、東周すなわち鞏で鋳られた銭が、たまたま成周の地に流れ込んだものとみるべきであろう。

iii　「一化」銭と「明刀」銭は、遼寧方面から四銖半両と伴出することにより、前漢の或る時期まで引き続いて用いられたことが明らかになった。また東晋の墓から「明刀」銭が発見された事実は、戦国の銭がかなり後世まで実用に供されていた可能性を示す点で、甚だ興味が深い。

iv　秦半両が、秦の故地である陝西方面と、それに近い四川方面だけから出土しているのは、秦の経済力がその領域全体に平均に行き亙らなかったことを反映するものであろう。またそれを出す墓が、ほとんど前漢に限られている点からみると、これらの方面では、そのころになっても、秦半両が依然として流通していたことがわかる。これは、秦の故地であるか、または秦の文化が根強く浸透した地方であるという、特別の事情によるのであろう。

v　従来、字体の上から漠然と秦のものと考えられていた「両錙」銭が、秦半両と重なって出土したことも、一つの重要な発見として注目される。

(5)　鋳造権の問題

最後に、円銭の鋳造権について考察しよう。概して、刀銭の銘には地名が少なく、布銭にはほとんどすべて地名が表されている。これは原則的にいって、刀銭の鋳造権が国家に、布銭の鋳造権が各都市にあったことを示すものにほかならない。そしてこの傾向は、円銭の場合でも、地域別にそのまま残っているようである。

まず布銭の流通圏で発行された円銭、すなわち「共」「垣」以下の魏銭と「藺」「離石」の趙銭は、いずれその名の都市で発行されたものらしい。「東周」「西周」は国名であると同時に、そのあまりにも小さい国の都の名でもあった。布銭の形式がさまざまの変遷を経て、円肩方足布や円肩円足布に到達した時、さらに別の形式の貨幣を鋳る必要に迫られて、これらの布銭を用いていた都市のいくつかが、新たに円銭を発行したのであろう。(71) また同一形式の円銭が共通に用いられて、一つの流通圏を形成していたらしいことは、「共」銭の鋳造地である今の輝県から、長垣で鋳られた「垣」銭が出土していることによっても推測される。つまり布銭の流通圏で発行された円銭は、その鋳造権や流通状態に関する限り、布銭とほぼ性質が同じであったとみられよう。

一方、刀銭の流通圏で発行された円銭、すなわち「□化」「□四化」「□六化」「一化」などの斉銭、「明〓」「明刀」などの燕銭は、斉刀の一部や尖首刀・明刀と同様、斉と燕の国家が鋳造したものと考えられる。また「重一両n珠」以下の秦銭は、その強力な中央集権機構の産物とて、最初から徹底した官鋳であった。

要するに、円銭は発行された土地の事情によって、或るものは各都市間の共通の貨幣となり、或るものは国家の通貨としてその領域に流通したのであろう。

三　蟻鼻銭と楚金版

(1)　蟻　鼻　銭

戦国七雄のうちで、華北方面の六国が用いていた貨幣は、刀布・円銭の類であるが、華中方面の楚だけは、それら流通圏外にあり、別に独自の貨幣を持っていた。蟻鼻銭ならびに楚金版と称するものがそれである。

蟻鼻銭は、『貨布文字攷』にこれを「貨貝銭」といい、鮑康の『観古閣続泉説』に「古人、銅を鋳て餅と為す。椭円にして貝の形の如し。故に名づけて貝という」と述べているように、普通、貝貨の発達したものとみられ、「銅貝」とも呼ばれている。蟻鼻銭の名の由来については、古く宋の洪遵の『泉志』に咒の銘があるものを掲げて、「世にこれを蟻鼻銭と謂う」といったのが最初らしい。この銘に小孔と輪郭を加えた全体の形(咒)が、蟻の顔を正面から見た感じに近いからであろう。葉徳輝の『古泉雑詠』に「蟻鼻銭は、今、俗に鬼臉銭と称す」とあるように、その形が鬼の顔にも似ているというので、鬼臉銭・鬼頭銭・鬼面銭などとも呼ばれている。『貨布文字攷』は、別の銘夅朱の一部朱が蟻の形に、咒の▽▽が鼻の孔の形にそれぞれ似ているので、両者を併せて蟻鼻銭といったのであり、『泉志』はその片方だけしか見ていないのだ、といっているが、これは考えすぎであろう。また(夅朱)を蟻鼻銭、(咒)を鬼臉銭などと呼んで、両者を区別することも無意味である。蟻鼻銭の名は、もともと〓から起ったのであるが、やがて銘の如何を問わず、この手の銭の総称として用いられるようになったらしい。『古泉滙』が「蟻鼻銭、大小七種」といって、あらゆる銘のものを包括しているのは妥当である。

蟻鼻銭の形は、楕円というより卵に近く、表面はわずかに膨らみ、裏面は平たい。青銅で出来ていて、子安貝の背を磨りへらした貝貨の形によく似ているから、これを銅貝とみる説は、恐らく正しいのであろう。小孔は、裏まで通っているのと、そうでないのとある。銘のうちで最も多いのは〓で、〓がそれにつぎ、他のものはずっと数が少ない。

〓の読み方については、『貨布文字攷』に「半両」、『吉金所見録』に「哭」、方若の『言銭補録』に「兊」、『癖談』に「晋」、呉大澂の『権衡度量実験考』に「貝」と釈し、『東亜銭志』では単に地名としている。これらのうち、まず妥当と思われるのは、「貝」とみた呉氏の説であろう。鄭家相氏は、異形の方肩方足布の裏面に表されている〓（貨）の字の〓（貝）が、問題の字〓に似ている点を指摘し、蟻鼻銭が貝貨の後身であることの証拠とされた。[72]

つぎに〓の読み方については、高煥文の『癖泉臆説』に「有土之本」、『言銭補録』に「洛一朱」、『貨布文字攷』に「当各六銖」となすなど、いまだに定説がない。ところで、最後の文字が「朱」（銖）に当たることは確実であるから、高氏の説は取るに足りぬようである。また真中の文字は、「一」よりむしろ「⊥」とみられるので、これを「六」とする馬氏の説の方がまさっているらしい。六・七・八を⊥・丄・亖と書くのは、方肩尖足布や方肩方足布の背文などに多くの用例があり、王莽の布銭では、これがさかさに丅・丌・Ⅲと表されている。つぎはその上の文字であるが、これを「洛」や「各」と読むことの可否については、手がかりがない。また、銭の上部に穿たれている孔を「当」の字の略とする説にいたっては、『古泉滙』なども指摘しているように、牽強の感を免れない。しかしそれらはとにかく、この銭の重さが六銖であったことだけは、まず認めて差支えなかろう。

そのほかの銘は、すべて一字で、〓(君)・〓（金）・〓（行）・〓（匋）・〓（□）などの字を表している。これらは地名か爐の記号と考えられるが、べつにはっきりした根拠があるわけではない。しかし尖首刀の背面にみえる「行」の字や、斉刀の背面にみえる「行」「金」の字が、爐か鋳型の記号であったとすれば、蟻鼻銭の場合もその可能性がなかったとはいえない。

つぎに蟻鼻銭の流通範囲を明らかにするため、これまで知られている出土地を列挙してみよう。

i　河南省固始県の期思里で、砂礫の中から多数出た[73]。

ii　乾隆四十八年（1783）、江寧（今の南京）で師古灘という河を掘った際に、数千個出た[74]。

iii　京漢鉄路の工事中、河南省で数千個から一万個ほども出た[75]。

iv　安徽省の寿県で、一二〇—一三〇個ほど、木の箱にはいっていたらしい状態で出た[76]。

v　一九四二年、山東省曲阜県の魯城遺跡の東台Ⅳ区から、一個発掘された[77]。

vi　一九五一年、湖南省の長沙第二七二号墓（戦国）から、二個発掘された[78]。

vii　一九五八年、湖南省常徳県の徳山第五号墓（戦国）から、一八九個発掘された[79]。

viii　一九五八年、江蘇省徐州高皇廟遺跡の上層から、数個発掘された[80]。

ix　一九五九年、江蘇省新海連市錦屏山の二澗水庫遺跡から、一個発掘された[81]。

右の各地のうち、vを除いたほかのものは、南は湖南省の北部から、北は河南省の南部、安徽省の中部、江蘇省の北部に及び、戦国時代にはすべて楚の領域内にあった。従って、蟻鼻銭を楚のものと認めることは、充分の理由がある。魯城遺跡から発見された一個は、この地が楚の北境に近かったため、その方面から流れ込んできたものとみるべきであろう。

蟻鼻銭については、同時代的な文献が全然残っていないので、その年代を明確にすることは容易でない。『史記』の循吏伝に孫叔敖……楚の相と為る。……荘王おもえらく、幣軽しと。更めて小を以って大と為す。百姓、便とせず。……相、之を王に言って曰く、「……臣謂う。遂に復して故の如くならしめん」と。王、之を許す。

とある。しかし、楚の荘王（613～591 B. C. 在位）のころ、この国に青銅鋳貨があったとは思われないから、右の一条は恐らく捏造であろう。先秦貨幣の大勢からみても、蟻鼻銭が戦国時代に属することは、まず疑いあるまい。楚は秦の圧力を避けて、頃襄王二十一年（278 B. C.）に郢（湖北省江陵県東北）から陳（河南省淮陽県南）へ都を遷し、ついで考烈王十年（253 B. C.）に鉅陽（安徽省太和県東北）へ徙り、さらに同王二十二年（241 B. C.）に寿春（安徽省寿県）へ徙った。楚の東北境に近い地域から、この種の銭がとくに大量出土するのによると、その年代は、楚の勢力がこの方面に後退した時期、すなわち戦国の末ごろではなかろうかと思われる。

(2) 楚 金 版

『前漢書』の食貨志に「秦、天下を并せ、幣を二等と為す。黄金は溢を以って名と為し、上幣たり」とある。溢は鎰と同じで、重量の単位を指し、二〇両とも二四両ともいわれる。(82) しかし黄金を貨幣とすることは、秦の統一に始まったのではなく、それより前からすでに行われていた。『国語』『戦国策』以下の先秦の諸書に、「黄金万鎰」「黄金千鎰」「黄金千斤」「黄金百斤」などの語がしばしば出てくるのも、それを示すものである。恐らく、大きな取引は黄金の地金でなされ、一般の小さい売買は青銅の鋳貨でなされたのであろう。黄金は秤両貨幣であったから、形や重さが不定の地金を、必要な量だけ切り取って使用したものと思われる。楚金版は、こういう原始的な金貨の中で、銘を表した珍しい例であり、もっぱら戦国時代の楚で用いられた。

楚金版は、古く宋代のころから「印字金」と呼んで注目し、前漢の淮南王劉安の薬金とみて、その銘を「劉主」と読んでいた。(83) しかるに清末にいたって、方濬益がはじめてその銘を「郢爰」と正解し、これが楚の金版であることを明らかにした。[84]「郢爰」の銘を表したものが最も多いので、普通「郢爰」貨と呼ばれているが、ほかに「陳爰」「鄟爰」「潁」の銘を持つものもあるというから、[85]「楚金版」と総称するのが適当であろう。

厚さ三粍ないし六粍ほどの黄金の延べ板に、上記の銘を一種類ずつ、いくつもスタンプしたもので、これを必要に応じ適宜切り取って用いたらしい。印文を一単位ずつ切り取ったものもあれば、その二分の一や四分の一の大きさしかないものもある。正方形や長方形のものを普通とするが、不整形の小片も少なくない。日本の三井家に蔵されている三五個のうちでは、六個の印文を横二段に連ねたものが最も大きい。しかし『夢渓筆談』によると、二十余印を有する例もあるという。したがって造られた当初は、いずれもかなりの大きさだったのであろう。

当東洋文化研究所に、「郢爰」の銘を持つものの小片が三個ある。筆者がかつてその比重を量り、金分比と品位を調べてみたところ、つぎのような結果が出た。ただしこれは、不純物を全部銀（比重一〇・五）として計算したものである。

	重さ（瓦）	同量の水の重さ（瓦）	比重	金分比（%）	品位（金）
資料一	一三・八五	〇・七六	一八・二二	八七・八	二一・一
〃　二	九・二〇	〇・五二	一七・六七	八一・五	一九・六
〃　三	八・八〇	〇・五〇	一七・六〇	八〇・七	一九・四

また張浦生氏の記述によると、近ごろ江蘇省の各地から出土した「郢爰」貨の金分比は、ほぼ左の通りであるという。[86]

一九五六年　句容県赤山区出土　九四%
　　　　　　江寧県淳化鎮〃　　九三〃

一九五七年	〃　東山区〃	九一〃
	宝応県呂良区〃	九七〃
	盱眙県高廟区〃	九二〃
	南京市公園路〃	九七〃
一九五八年	江寧県横渓郷〃	九八〃
	沛　県　〃	八二〃
	丹陽県大泊郷〃	九八〃

要するに、現在までの調査によると、「郢爰」貨は最低八〇・七%から最高九八%までの金を含有しており、すべて一九金以上の品位を持つことが知られる。

銘は鋳出したものではなく、青銅製か鉄製の印を鎚で敲いて付けたらしい。陽文が大部分を占めるが、僅かながら陰文もある。「郢爰」の「郢」は、文王熊貲以降の楚の都で、すでに述べたように湖北省江陵県東北の地に比定される。しかし楚はその後、都を昭王十二年（504 B.C.）に都（湖北省宜城県東北）へ遷した時も、考烈王二十二年に寿春へ遷した時も、その地を「郢」と呼んだ。『左伝』の定公六年（504 B.C.）の条に「郢を都に遷す」といい、『史記』楚世家の考烈王二十二年の条に「楚、東に徙って寿春に都し、命じて郢と曰う」とあるのなどは、それを示すものである。文献上の証拠はないが、考烈王十年に陳から都を遷したという鉅陽も、やはり郢と呼ばれたのであろう。『戦国策』の楚策に、楚の威王を郢の威王といっているのをみると、郢は楚の都の通称であると同時に、その国名の別称でもあったらしい。要するに、楚はどこに都しても、その地を「郢」と称したわけであるから、「郢爰」の「郢」も本来の郢とは限らず、陳・鉅陽・寿春のどれであっても差し支えないことになる。[87]

つぎに「郢爰」の「爰」は、いわゆる乗馬幣にみられる「寽」と同じで、その本来の意味は先秦時代の重量単位である。加藤繁博士の説によると、「郢爰」貨の各片のうち、二字の部分を完全に切り取ったものは重量不定であるから、「爰」は重量の単位を示すものとみることはできず、恐らく「金」の義であろうという。詳細は博士の論文[88]に譲るが、とにかくこの「爰」が重量と無関係であったことだけは確からしい。なお博士は爰の大小二種の基準について、「顧うに六両大半両の制は主として銅に対して用いられ、十二銖二十五分の十三の制は主として金に用いられたのであろう」といわれた。しかし、この軽い方の基準で金が量られたということは、文献にも出ていないし、遺物の上の証拠もない。また爰が重量単位から転じて金を意味するようになったとすれば、青銅貨である乗馬幣に、重量と関係のない「寽」（爰）の字が表されている[89]のも不合理である。むしろ「郢爰」は郢貨あるいは郢幣と解する方がよいのではなかろうか。こうすれば、乗馬幣の「寽」にも、そのまま適用されるであろう。要するに「郢爰」とは、「楚の国または楚の都で用いる貨幣」という意味らしい。

「陳爰」の「陳」は、すでに述べたように一時楚の都となったところで、今の河南省淮陽県の南に当たる。また「鄟爰」の「鄟」は、『左伝』の成公六年（585 B.C.）の条に見えており、今の山東省郯城県の東北に比定される。[90]『淮南子』の兵略訓によると、楚の東部に郯という地があったというから、この鄟も楚の領内に含まれるのであろう。「潁」は、『左伝』の隠公元年（722 B.C.）の条に「城潁」とみえるものに当たるとすれば、今の河南省臨潁県西北の地に比定される。ここは鄭の地であったが、戦国になって韓に入った。王毓銓は、戦国末のころ楚の領域に属した可能性があるといわれているが[91]、この点は明らかでない。筆者はむしろ、「潁」は潁水に沿っていた鉅陽の別称ではないかと考える。もしそれだとすれば、この「潁」貨は、楚が一時都していた鉅陽で造られたということになるであろう。

楚金版は古来、安徽省寿県（旧、寿州）で多く出土するといわれ、その詳しい地点として、寿県北々東の八公山[92]、寿県とその北々西にある鳳台県との間[93]、寿県城南の謝家囲[93]と二里橋[94]などが報告されている。また三井家所蔵のものは、河南省鄢陵県古城村から出たと伝えられる。[95]さらに近ごろでは、前にあげた江蘇省の各地のほか、安徽省の合肥市・

廬江県・広徳県・巣県・霍丘県・南淳県[96]、ならびに山東省の臨淄県・日照県・嶧県[97]などからも出たといわれる。これらの地点が、楚の領域の東部と、その北に接する地域に含まれることは、出土した楚金版の年代を考える上に、重要な手がかりを与える。すなわちそれは、前に述べた蟻鼻銭の場合と同じく、楚の勢力の中心が東へ移動した戦国末期に属するのであろう。

なお近ごろ、湖南省の長沙附近で発掘された前漢時代の墓から、「郢爰」「郢称」「鄟」「金」「両」などの銘を持つ泥版が、多数出土したのも注目される[98]。これらは、墓に副葬するため特に造った冥幣とみられるが、そのもととなったのは、戦国以来の金版に違いない。従って、楚は東へ移る前にも、すでに金版を用いていたことがわかる。長沙の附近一帯は、楚の文化が長く続いた地方なので、その伝統が漢初まで残存していたのであろう。湖北や湖南の方面から楚金版が一つも出てこないのは、もともとその数が少なかったためか、または楚が東へ移る時、その大部分を運び去ってしまったためと考えられる。

『戦国策』の楚策に「黄金・珠璣・犀象は楚に出づ」、『管子』の軽重甲篇に「楚に汝漢の黄金有り」、『史記』の貨殖列伝に「予章（江西省南昌市）は黄金を出す」とあるように、楚は黄金の産地として有名であった。楚で金版が盛んに用いられたわけも、こういう事情を背景として、はじめて理解されるであろう。

四　銭　范

(1)　資　料

先秦貨幣の鎔范で、今日まで残っているものは、きわめて少ない。諸書に収録されているものを合計しても、せいぜい二〇個を出ないであろう。それらの鎔范は、子范と母范の二種に大別される。子范というのは、青銅の鎔液を直接流し込んで貨幣を鋳る型であり、銅・鉄・石膏・石・土などで作られたものがある。母笵というのは、子笵を作るめの原型で、この方は銅で出来たものしか知られていない。羅振玉の『古器物範図録』(99)巻中に収録されている先秦時代の銭笵一一個は、この種の資料のうちとくに重要なものである。つぎに、それらについて解説しよう。ⅰからⅳまでは子笵、ⅴは母笵である。

ⅰ　銅　笵　「梁一釿」の銘がある方肩方足円股布と「梁充釿五二十当寽」の銘がある円肩方足布の鎔笵。いずれも長方形の銅塊の上に、布銭の形が一個、凹で表されている。鋳口の両側と股下にみられる円形の凹みは、表裏二枚の笵を合わせた際、それらがずれるのを防ぐために設けたものと思われる。従って、これと対をなす方の笵には、上の三個の凹みに対応する位置に、円形の突起があったに相違ない。

ⅱ　鉄　笵　方肩尖足布を一個鋳るためのもので、前者とほぼ同形式。かなり錆びているらしく、銘は潰れていて読めない。鋳鉄製であろう。

ⅲ　石膏笵　「盧氏」の銘がある空首布を二個横に並べたものと、「□六化」の銘がある円銭を鋳口の左右に五個ずつ並べたものとがある。羅氏は「前人、皆以って石と為す。其の弁じて石膏と為すは、予より始まる」といっているが、本当に石膏かどうかは、実物を見た上でなければわからない。石膏であるとすれば、その面に銭の形を陰刻したものではなく、別の材料で母笵を作り、それに石膏を流し込んだのであろう。

ⅳ　石　笵　「斉法化」の銘がある斉刀の表側を三本並べて陰刻したものが一個と、その裏側を三本並べて陰刻したものが二個ある。羅氏は沙笵といっているが、砂型では残るはずがないから、砂岩製の笵という意味らしい。鋳口は、鐶の下部に設けてある。羅氏はこれらの斉刀笵につき、「光緒十四年（1888）、山左（山東）にて出土す。其の完き者、数十品」といっているから、かなり多数出たことが知られる。米内山庸夫氏も、かつて斉の都の臨淄の附近で、斉刀の石笵片をいくつか採集された(100)。

v　銅製母笵　「斉法化」の銘がある斉刀の両面を凸で表したものが二個と、「□四化」銭と「□六化」銭を並べて凸で表したものが一個ある。後者は出来が甚だ悪いので、真物かどうか疑わしい。

『古泉滙』には、「□六化」銭を鋳口の左右に五個ずつ並べた「石笵」と称するものが載っている。「其の質、堅凝。石に似て石に非ず。石屑を以って陶冶して之を成す者に似たり。其の石に類するを以っての故に、石笵を以って之に名づく」とあるのによると、或いは羅氏のいう石膏の類なのかも知れない。膠西（山東省膠県）から出土したと伝えられる。また李佐賢と鮑康の『続泉滙』には「斉法化」刀の両面を凸で表した銅製母笵、右のvにあげた「□四化」銭・「□六化」銭の銅製母笵と全く同じもの、秦半両の土笵の計三個が収録されている。このほか劉体智の『小校経閣金文拓本』の中には、「梁一釿」布と「盧一釿」布の鎔笵が一個ずつ載っている。材質については、べつに説明はないが、前者はiにあげた「梁一釿」布の銅笵と同じく、呉大澂の蔵品であったというから、或いはそれと同じものかもしれない。

つぎに発掘資料について。一九五八年、内蒙古自治区包頭市窩吐爾壕から、「安陽」の銘がある方肩方足布を二つ並べて陰刻した石笵が一個と、その背面を陰刻した石笵の残欠が二個発見された。(101) 各笵の裏側には、笵を合わせたとき紐で縛り易いように、斜めに交叉する数条の直線が刻まれている。石質は粗鬆で軟く、灰緑色を呈し、中に石棉を含んでいるという。また同じ年、臨淄の斉国故城で、斉刀の土笵が二個出土した。(102) いずれも残欠であるが、そのうちの一個は、「斉法化」の銘を凹で表している。さらに一九五九年、山西省侯馬市の牛村古城から、一二個の尖肩尖足空首布とともに、空首に入れる楔状の内笵が多数発見された。(103) 空首布は普通、空首の中に塼紅色の焼土が一杯詰まっているが、これは内笵がそのまま焼きついたものである。従って、ここから出た内笵というのは、まだ使用していない土のままのものであること疑いない。

(2) 鋳銭法

右にあげた資料によって、先秦貨幣の鋳造法を整理してみると、つぎの六種に分類されるようである。

i　土笵（凹）→鋳造　土版の上に銭の形を陰刻して、鎔銅を流し込む。先秦貨幣の鎔笵がほとんど残っていないのは、大部分がこの方法によったからであろう。しかし土笵では、せいぜい二、三回の使用にしか堪えないから、きわめて能率が悪い。

ii　石笵（凹）→鋳造　のちの例からみて、滑石や蠟石のような軟い石が用いられたと思われる。

iii　土製（または石製）母笵（凸）→銅笵（凹）→鋳造　銅に直接銭の形を陰刻するのは困難であるから、土や石で母笵を作って、鎔銅を流し込み、あとで修正を加えたのであろう。土よりも石、石よりも銅が、鎔笵として耐久力に富むことはいうまでもない。

iv　工程は右と同じであるが、銅笵の代りに鋳鉄の笵を用いた場合　これは、きわめて異例に属する。漢代以後の例を調べてみても、王莽の大泉五十の鎔笵に、鋳鉄製のものがわずかみられるにすぎない。

v　土製第一母笵（凹）→銅製第二母笵（凸）→土笵（凹）→鋳造　まず銭の形を陰刻した土製の第一母笵に、鎔銅を流し込んで第二母笵を作る。つぎにそれを土版の上に押して子笵をこしらえ、再び鎔銅を流し込む。銅製母笵を用意するのに、多少手間はかかるが、それが一度出来てしまえば、土笵をほとんど無数に作れるので、非常に能率がよい。今日残っているのは、銅製母笵だけである。

vi　母笵（凸）→石膏笵（凹）→鋳造　母笵の材料は、土か石か銅であろう。銅の場合は、その前に土製の母笵（凹）を必要とすること、vと同じである。鎔笵として使う際、土と石膏のどちらが長持ちするかは、実験してみなければわからない。また先秦時代の人が石膏を知っていたかどうかも、いくらか疑わしい。しかし、とにかく羅氏の見解を認めるとすれば、こういう方法も考えられることになる。

以上六種の鋳銭法のうち、最も大量生産に向いているのはvであろう。この方法は、前漢の半両銭から五銖銭を経て王莽の各銭にいたる間に、漸次普及していった。すなわち『古泉滙』と『続泉滙』によると、半両銭では石笵（凹）が八〇％、銅製母笵（凸）が一六％、五銖銭では塼製母笵（凸）が五七％、銅製母笵（凸）が三五％、王莽銭では銅製母笵（凸）が七〇％以上を占めている。塼製母笵とは、土版の上に銭の形を陽刻し、それを焼いて母笵にしたものである。先秦時代の遺物は出ていないから、恐らく漢代になって考案されたのであろう。しかし塼製では、銅製のような精度と耐久性は望めない。なお鋳銭の能率は、一回の鋳造で何個できるかという点にも関係する。思うに、最初は一つの笵につき銭が一個であったが、やがてそれが二個となり、三個となり、一〇個となるというふうに、しだいに数を増していったのであろう。『続泉滙』に載っている五銖銭の塼製母笵には、残欠でありながら、実に四七個の銭を陽刻した例がみられる。

こう考えてくると、子笵だけを用いて一個ずつ鋳造する方法は比較的早く、母笵と子笵を用いて数個ずつ鋳造する方法は比較的晩いことがわかる。従って、前にあげたいくつかの銭笵のうち、技術的に最も進んでいるのは、銅製母笵で二個ずつ鋳造した斉刀の場合と、石膏笵らしいもので一〇個ずつ鋳造した「□六化」銭の場合であろう。すでに述べたように、「□六化」銭が戦国末期に属することは疑いないが、斉刀の年代については種々の説がある。しかし鋳造技術の上からみても、それが桓公以前まで溯るなどということは[104]、絶対にあり得ない。その銅製母笵の形式は、漢半両・五銖銭・王莽銭のそれと密接な関連を持っている。斉刀を戦国時代のものとする説は[105]、こういう点からも裏付けられることが明らかになった。また「盧氏」空首布が、石膏笵らしいもので二個ずつ鋳造されたのも、技術としてはかなり進んだ段階で、戦国末期に用いられた「□六化」銭のそれに近い。この種の斜肩彎足空首布が戦国末期まで流通したという筆者の推測は[106]、ここにいよいよ成立の可能性を増すこととなった。

なお先秦時代の文献に「安陽」と記されているところは、五個所を数えるが[107]、「安陽」布の石笵が出たという包頭は、そのいずれからも遠く隔っている。そこで、もしそれらの石笵が他から運ばれてきたものでないとすれば、包頭の附近に別の「安陽」があったと考えざるを得ない。先秦貨幣に表されている地名を、現在の地点に正しく比定することが、いかにむつかしいかを示す一例である。将来、銭笵の資料が増加すれば、その出土地や形式を検討することによって、先秦貨幣の性質を、より明らかにすることができるであろう。

結

本稿は、単独に発表してもよさそうな四篇の小論を、寄せ集めたようなものである。また、先秦貨幣の主流をなす刀布についても、ほとんど触れていない。従って、先秦貨幣全体について纏った見解を述べることは、ここでは一応さし控える。しかし筆者は、従来あまり取り扱ったことのない、貝貨以下の貨幣を調べる機会に恵まれて、大いに悟るところがあった。例えば刀布を研究する際にも、先秦貨幣全般に対する綜合的な知識がなければ、とうてい充分な成果は望めないという点である。ことに円銭との関係は、これまで深い謎に包まれていた刀布経済の実態を解明する、きわめて有力な手がかりとなるであろう。また銭笵の検討が、鋳貨の年代や系統を探る上に役立つことも、さきに述べた通りである。

筆者は刀布の研究に長い年月をかけ、すでに或る程度の実績をあげた。しかし、いまだにわかったようでわからないのは、刀布の類が果たしていつごろ現れ、形式的にどのような変遷を経たかということである。この疑問を完全に解決するためには、在来の漠然とした想像説を脱して、より確実な基礎の上に、個々の刀布の年代を追究しなければならない。新しい出土資料がようやく増加した今日、筆者はこの点についても、すでに一応の成算を持っている。刀布の確実な年代をつきとめ、その流通機構を明らかにすること、これらの難問をどの程度に処理できるかは、やがて出版される予定の、カーター＝コレクションの解説に期待されたい。

註

(1)『半瓦当の研究』(岩波書店、一九五二)、「中国青銅器文化の一性格——青銅の素材価値を中心として」「中国初期鉄器文化の一考察——銅鉄過渡期の解明に寄せて」「中国古代の尺度について」「先秦貨幣の重量単位」(以上、『中国考古学研究』東京大学東洋文化研究所、一九五六、所収)、「布銭の出土地と出土状態について」(『東洋学報』四一の二、一九五八)、「新耒耜考」(『東洋文化研究所紀要』一九、一九五九)、「新耒耜考余論」(『東洋文化研究所紀要』二〇、一九六〇)、「盧氏涅金考」(『和田博士古稀記念東洋史論叢』講談社、一九六一、所収)など。

(2) 浜田耕作博士「支那古代の貝貨に就いて」(『東亜考古学研究』岡書院、一九三〇)二一〇—二一三頁。

(3) J. G. Andersson ; The Site of Chu-Chia-Chai, Hsi-Ning-Hsien, Kansu. (BMFEA, No. 17, 1945) pp. 61-62, *Children of the Yellow Earth*, Studies in Prehistoric China. London 1934, p. 323.

(4) 王国維「説玨朋」(『観堂集林』一九二一、所収)、郭沫若氏「釈朋」(『甲骨文字研究』北京、一九五二、所収)。

(5) 国立中央研究院歴史語言研究所『安陽発掘報告』(北京、一九二九—三三)三五・二三六・五六五・七一九—七二〇・七二三頁。

(6) 馬得志氏等「一九五三年安陽大司空村発掘報告」(『考古学報』九、一九五五)五九頁。

(7) 中国科学院考古研究所安陽発掘隊「一九五八—一九五九年殷墟発掘簡報」(『考古』一九六一の二)七一頁。

(8) 中国科学院考古研究所『輝県発掘報告』(科学出版社、一九五六)一七—一八・三二頁。

(9) 河南省文化局文物工作隊第一隊「鄭州商代遺址的発掘」(『考古学報』一九五七の一)七二頁。図版四2。

(10) 山西省文物管理委員会「山西長子的殷周文化遺存」(『文物』一九五九の二)三六頁、図一。

(11) 中国科学院考古研究所『洛陽中州路(西工段)』(科学出版社、一九五九)六〇頁、図版四三9。

(12) 陝西省文物管理委員会「長安普渡村西周墓的発掘」(『考古学報』一九五七の一)七七・八五頁、図版一3。

(13) 中国科学院考古研究所『上村嶺虢国墓地』(科学出版社、一九五九)二三・八〇—八一頁、図版二六1—3、二七4。

(14)『洛陽中州路(西工段)』一二七—一二八・一五一・一五七頁、図版四八6。

(15) 中国科学院考古研究所『寿県蔡侯墓出土遺物』(科学出版社、一九五六) 一六頁、図版三〇4。
(16) 中国科学院考古研究所『山彪鎮与琉璃閣』(科学出版社、一九五九) 四〇頁、図版三五20。
(17) 『輝県発掘報告』九四頁、図版六七1、図一一一1。
(18) 『同右』一二〇頁。
(19) 拙稿「斉都臨淄の調査」(『中国考古学研究』所収) 二六八―二六九頁、図版八。
(20) 郭宝鈞氏「濬県辛村古残墓之清理」(『田野考古報告』一、商務印書館、一九三六) 一九三―一九四頁、図版一一2。
(21) 『山彪鎮与琉璃閣』一三頁、図版九1、四〇2・3・5、梅原末治博士『戦国式銅器の研究』(東方文化学院京都研究所、一九三六) 三五―三六頁、図版二九、など。
(22) 考古研究所灃西発掘隊「一九五五―五七年陝西長安灃西発掘簡報」(『考古』一九五九の一〇) 五二八―五二九頁、図一三・一四。
(23) 『洛陽中州路 (西工段)』一二七頁、図版五三1・5。
(24) 『輝県発掘報告』四五頁、図版二三19。
(25) 註19参照。
(26) The Site of Chu-Chia-Chai, pp. 61-62, Pl. XXVII.
(27) 註19参照。
(28) 黄河水庫考古工作隊河南分隊「河南陝県七里鋪商代遺址的発掘」(『考古学報』一九六〇の一) 四〇頁、図一四4。
(29) 『洛陽中州路 (西工段)』一二五―一二六頁、図版五一5、五七2・3。
(30) 『輝県発掘報告』四五頁、図版二三20。
(31) 『同右』一三三頁。
(32) 『同右』九四頁、図版六七3、図一一一3。
(33) 殷滌非氏「安徽亳県曹家崗東周墓発掘簡報」(『考古』一九六一の六) 三一八頁、図版六7。
(34) 『洛陽中州路 (西工段)』一一五頁、図版四八5。
(35) 『上村嶺虢国墓地』二二一―二二四・二二六・七九―八二頁、図版二七1・3。

(36)『同右』七九頁。
(37) 鄭家相氏「古代的貝化」(『文物』一九五九の三) 六六頁。
(38)『上村嶺虢国墓地』二三頁、図版三〇10。
(39) 註33参照。
(40)『戦国式銅器の研究』七〇—七一頁、図版一二四3。
(41)「古代的貝化」六五頁。
(42) 朱活氏「試論我国古代貨幣的起源」(『文物』一九五八の八) 三七頁。
(43)「一九五三年安陽大司空村発掘報告」五二頁、図版一四6・7。
(44) 王毓銓氏『我国古代貨幣的起源和発展』(科学出版社、一九五七) 一四頁。
(45) 拙稿「円体方孔銭について」(『中国考古学研究』所収)。
(46) 後述する第三群の「両錙」銭。
(47) 魏が大梁 (河南省開封市西北) で鋳た円肩方足布、「梁正」布の別称で、「梁充」布にも適用される。
(48) 銭譜の類には、すべて著者名を付した。ただし、二回目の引用からは省略する。
(49) 考古研究所洛陽発掘隊「洛陽澗浜東周城址発掘報告」(『考古学報』一九五九の二)、後藤均平氏「成周と王城」(『和田博士古稀記念東洋史論叢』所収)。
(50)『公羊伝』の宣公十六年 (593 B. C.) の条に「成周なる者は何ぞや。東周なり」といい、昭公二十二年 (520 B. C.) の条に「王城なる者は何ぞや。西周なり」とある。
(51) 拙稿「半瓦当略説」(『中国考古学研究』所収) 図版二九21、第一〇二図、「斉都臨淄の調査」第三三図3・16、山東省文物管理処「山東臨淄斉故城試掘簡報」(『考古』一九六一の六) 図八1・2。
(52) 浜田耕作博士『貔子窩』(東亜考古学会、一九二九) 六三頁、図版五七22—49。
(53) 俗にこれを「方折」または「磬折」という。
(54) 拙稿「『重一両十四一珠』銭について」(『中国考古学研究』所収)。
(55)「重一両十二珠」「重一両十二一珠」「重一両十四珠」「重一両十四一珠」の各銭を、便宜上このように総称する。

(56)『重一両十四一珠」銭について」四〇九―四一〇頁。
(57)『我国古代貨幣的起源和発展』三八―四一頁。
(58)『輝県発掘報告』七七頁、図版四八7。
(59)W. C. White; Tombs of Old Lo-yang. Shanghai 1934, p. 86, Pl. XLV-118.
(60)註52参照。
(61)原田淑人・駒井和愛両博士『牧羊城』(東亜考古学会、一九三一)一九頁、図版一九3。
(62)東北博物館「遼陽三道壕西漢村落遺址」(『考古学報』一九五七の一)一二一―一二五頁。
(63)『牧羊城』一九頁、図版一九2。
(64)葛治功氏「南京西善橋東晋泰和四年墓清理簡報」(『考古通訊』一九五八の四)五一―五二頁、図二1。
(65)前西南博物院・四川省文物管理委員会「四川巴県冬笋壩戦国和漢墓清理簡報」(『考古通訊』一九五八の一)一三頁、馮漢驥氏等「四川古代的船棺葬」(『考古学報』一九五八の二)九〇頁、図版八12。
(66)四川省文物管理委員会「成都東北郊西漢墓葬発掘簡報」(『考古通訊』一九五八の二)二四頁、図一三1。
(67)四川省文物管理委員会「成都洪家包西漢木槨墓清理簡報」(『考古通訊』一九五七の三)一八頁。
(68)任錫光氏「四川簡陽洛帯郷西漢・東漢墓清理」(『考古通訊』一九五七の四)六一頁。
(69)馬建熙氏「陝西耀県戦国・西漢墓葬清理簡報」(『考古』一九五九の三)一四八―一四九頁。図三。
(70)梅原末治博士『洛陽金村古墓聚英』(京都、一九三七)二頁。
(71)布銭が改鋳に改鋳を重ねて、その形式が底をついた時、全く新しい形式の円銭が生まれたのであろう。「先秦貨幣の重量単位」四三一頁参照。
(72)鄭家相氏『中国古代貨幣発展史』(三聯書店、一九五八)一七四頁。異形の方肩方足布というのは、きわめて長大で、表面に難解な四字の銘を表し、首部に大きい孔が穿たれているものを指す。
(73)朱楓「古金待問続録」(『朱近漪所著書』所収)。
(74)初尚齢『吉金所見録』。
(75)高煥文『癖泉臆説』。

(76) 浜田耕作博士「蟻鼻銭について」(『考古学研究』座右宝刊行会、一九三九、所収) 四三一―四三三頁。
(77) 駒井和愛博士『曲阜魯城の遺蹟』(東京大学文学部、一九五一) 二二頁、図版二一3。
(78) 中国科学院考古研究所『長沙発掘報告』(科学出版社、一九五七) 五〇頁、図版一九11。
(79) 高至喜氏「湖南古代墓葬概況」(『文物』一九六〇の三) 三四頁。
(80) 江蘇省文物管理委員会「徐州高皇廟遺址清理報告」(『考古学報』一九五八の四) 八頁、図版一6。
(81) 南京博物館「江蘇新海連市錦屏山地区考古調査和試掘簡報」(『考古』一九六〇の三) 二二頁。
(82) 二〇両とするのは『孟子』梁恵王章句の趙注と『国語』晋語の韋注で、二四両とするのは『説文』と『戦国策』斉策の高注である。
(83) 沈活の『夢渓筆談』と李石の『続博物志』。
(84) 方濬益『綴遺斎彝器款識攷釈』。
(85) 方若（薬雨）の手記に係る「郢爰考証」のうち、加藤繁博士「郢爰考」(『支那経済史考証』上巻、東洋文庫、一九五二、所収) 三〇頁所引の部分。
(86) 張浦生氏「江蘇『郢爰』」(『文物』一九五九の四) 一一―一二頁。
(87) 「郢爰考」二五頁。
(88) 「同右」二六―二七頁。
(89) 乗馬幣はすべて「当守」の文字を表しているにも拘らず、その重さはきわめて不定である。「先秦貨幣の重量単位」四四〇頁参照。
(90) 顧棟高『春秋大事表』。
(91) 『我国古代貨幣的起源和発展』八八頁。
(92) 『夢渓筆談』。
(93) 『綴遺斎彝器款識攷釈』。
(94) 「郢爰考証」(「郢爰考」所引)。
(95) 「郢爰考」二〇頁。

(96) 朱活氏「値得研究的我国古代銭幣」(『文物参考資料』一九五七の一二)二七頁。
(97) 註86参照。
(98) 『長沙発掘報告』八〇―八二・一六三頁、図版四二、李正光氏等「長沙沙湖橋一帯古墓発掘報告」(『考古学報』一九五七の四)五七頁、図版六15・16、呉銘生氏「長沙西漢墓内発現『郢守』『郢称』(『考古通訊』一九五六の六)六四―六五頁、湖南省文物管理委員会「湖南長沙紙園沖工地古墓清理小結」(『考古通訊』一九五七の五)四三頁、図版六3・5、呉銘生氏「長沙発現印『鄢』字冥幣」(『文物参考資料』一九五七の三)八五頁、孫維昌氏「上海発現一座戦国―漢初時代墓葬」(『文物』一九五九の一二)六五頁。
(99) 一九一六年刊。『楚雨楼叢書』初集ならびに『広倉学宭叢書』乙類(『芸術叢篇』)所収。
(100) 米内山庸夫氏『支那風土記』(改造社、一九三九)四八〇頁。
(101) 李逸友氏「包頭市窩吐爾壕発現安陽布范」(『文物』一九五九の四)七三頁。
(102) 「山東臨淄斉故城試掘簡報」二九四頁、図版二10・11。
(103) 山西省文管会侯馬工作站「一九五九年侯馬『牛村故城』南東周遺址発掘簡報」(『文物』一九六〇の八・九合併号)一二―一三頁、図七。
(104) 『我国古代貨幣的起源和発展』五八―六一頁。
(105) 『半瓦当の研究』一〇五・一〇七頁。
(106) 「布銭の出土地と出土状態について」一一一―一一四頁。
(107) 陳鉄卿氏「談『安陽布』的鋳地」(『文物参考資料』一九五六の二)六二頁。

Studies on Pre-Ch'in Bronze Coins

by Takeshi SEKINO

Recently I received an invitation from my friend, Mr. C. D. Carter, to compile a Catalogue of his collection of ancient Chinese coins. The preceding study (pp. 53-105) comprises an outline in Japanese of the Chapters dealing with cowry-shell money, round-coins, ant-nose money, gold-sheet money of Ch'u and coin moulds. As regards the pu-spade (or hoe)-coins and tao-knife-coins of pre-Ch'in times which occupy so important a place in the study of ancient Chinese coins, I have elsewhere published a number of investigations; in order to avoid repetition practically no mention of this research appears here. However, the subject will be fully covered in my study of the Carter Collection which is to be published in English shortly——the translation being undertaken by my colleague Dr. Noel Barnard.

釿字考

先秦貨幣の単位に「釿」「化」「両・銖」の三種があったことは、ここにあらためて説くまでもなかろう。これらのうち、化が貨の略体であり、両・銖が重量に由来することについては、べつに異論もあるまい。しかし、「釿」とは果たして何か、またそれがどうして貨幣の単位になったかという点になると、これまで諸説紛々として、帰一するところを知らぬ状態である。筆者はかねてからこの点に興味を抱き、その解明に努めてきたが、近ごろ「円銴平刃布」ともいうべき空首布の存在に気がつくに及び、はじめて問題解決の糸口を見出した。順序として、まず「釿」の字の意味について考察し、つぎにそれが貨幣の銘に採用されるにいたった事情を、右の珍しい空首布を媒介として推測し、最後に「釿」を単位とする貨幣経済の本質を検討してみたい。

方肩方足円股布のほとんど全部と、それから転化した円肩方足布の大部分に表されている「釿」という文字は、「釿」と読むことが定説になっているので、この点に関する限り、べつに問題はない。『集韻』に「斤、或いは金に从う」とあるように、「釿」は「斤」と同じ字で、事実、金文のなかには、重さを表す「斤」の字を「釿」に作った例がみられる。しかし右の両種の布銭のうち、「一釿」の銘を含むものの目方を量ってみると、戦国から秦漢にかけて行われた一両ほどの重さしかない。(1)斤・両・銖の重量単位については、年代的にも地域的にも、それほど大きい変化があったとは思われないから、一部の古銭家のように、(2)この「釿」を両の十六倍に当たる斤とみることは無理であろう。

つぎに「斤」の字は、いうまでもなく斧《おの》・鉞《まさかり》・手斧《ちょうな》の意味に用いられるのが普通である。ところが右にあげた両種の布銭は、いずれも足が二本に分かれているので、木を割ったり削ったりする木工具の形を模したものではない。すでに別稿で指摘したように、方肩方足円股布は方肩方足布から転化したものであり、さらにそのもとをたどると、尖(方)肩尖足小布・尖肩尖足大布を経て、尖肩尖足空首布に達する。(3) そしてこれら一連の布銭、筆者のいわゆる「両足布」は、スキ型の耕具を模したものであるらしい。(4) したがって、耕具の形をした布銭に、木工具を意味する文字が施されるというのは、どう考えても不自然である。そこでいろいろ調べているうち、『国語』の斉語に、

美金は以って剣戟を鋳て、諸《これ》を狗馬に試み、悪金は以って鉏夷・斤欘を鋳て、諸を壌土に試みよ。

という一条があるのを思い出した。ここに「美金」「悪金」とあるのが、それぞれ青銅と鉄を指していることは、すでに周知の通りである。そしてこの場合の「斤」は、「諸を壌土に試みよ」という以上、スキかクワのような耕具であったに相違ない。さしあたり問題になるのは「斤」だけであるが、他の「鉏」「夷」「欘」もそれと一連の関係があるので、左にまとめてその形と機能を究明しよう。

「鉏」『説文』に「鉏は立って薅斫する也」「薅は田艸を披する也」「斫は撃つ也」といい、「薅」の条の段注に「披は、地に迫って、之(田艸)を削去する也」とある。つまり、「鉏」とは立って田草を除去する農具だということになるから、それがクワ型のものであったことはいうまでもない。したがって、『集韻』に「鉏、或いは鋤に作る。亦た省なり」といい、『管子纂詁』に「鉏は鋤の属なり」とあるのは、いずれも正しい解釈とみられよう。あらためて指摘するまでもなく、「鋤」と「鍬」は、日本と中国では反対の意味に用いられ、日本ではスキと称するのは中国の鍬に当たり、日本でクワというのは中国の鋤に相当するのである。(5)

「夷」　夷の字にはいろいろの意味があるけれども、この場合は、韋注に「夷は平也。夷して草を削り地を平かにする所以」といい、『管子』小匡篇の尹注に「夷は鋤の類也」とあるのが、最も当っているように思われる。つまり、除

草・整地用のクワと解すべきであろう。いっぽう『管子纂詁』に「夷は芟也」、斉語の他の条の韋注に「芟は大鎌にして、草を芟《か》る所以也」、『周礼』秋官、薙氏の鄭注に「之を夷すとは、鉤鎌を以って地に迫り、之を芟る也」などといっているのをみると、「夷」に草刈鎌の意味があったことも確からしい。しかしここで問題とする「夷」は、他の「鉏」「斤」「欘」とともに壌土を対象とするものであるから、鎌よりクワとみる方が適当であろう。

「斤」　斤の字の最も普通の意味は、いうまでもなく斧や手斧である。『説文』に「斤は木を斫《き》る斧也。象形」といっているが、これでは斧との区別がはっきりしない。この点、王注に「斤の刃は横、斧の刃は縦にして、其の用、鋤・钁と相似たり」とあるのが注目される。「钁」というのは、『説文』に「大鉏也」といい、『説文解字句読』に『其の用は鉏と同じなれど、其の形は鉏と異なる」とあるのによると、除草用のクワの一種であったらしい。また『釈名』の釈用器に「斤は謹也。詳謹、斧跡を平滅せしむる所以也」と述べているのは、手斧としての「斤」の使い方を示すものであるが、これをそのまま土地や田草に適用すれば、クワとしての機能も果たすことになるであろう。こうした点から考えてみると、「斤」にクワという意味があったとしても、べつに不合理ではあるまい。したがって、問題の「斤」の字に対する賈注に「斤は钁也」といい、韋注に「斤は形、鉏に似て小」とあるのは、これを耕具とみる限りにおいて、まず妥当な解釈と思われる。鉏の大形のものであったか小形のものであったか、鉏と形が同じであったか違っていたか、という疑問は残るにしても、とにかくここでいう「斤」なるものが、鉏すなわち除草用のクワの一種であったことだけは、認めて差し支えなかろう。

「欘」　『説文』に「欘は斫也。斉、之を茲箕と謂う」とある。これでは何のことかわからないので、まず「斫」について調べると、『爾雅』の釈器に「斫は之を鐯と謂う」といい、その郭注に「钁也」とみえる。つまり「欘」はクワ型の耕具ということになるわけであるが、これは『類篇』に「欘は鋤也」といっているのに近い。つぎに「茲箕」という難解な語については、『広雅』の釈器に「鎡錤は鉏也」といい、魯語の韋注に「耨は茲其也」とある。『呂氏春秋』

の任地篇に「耨の柄は尺、是れ其の度也。其の耨の六寸なるは、稼を間《へだ》つる所以也」と述べているのをみると、「耨」はクワ型の小さい除草具であったらしい。なお『説文』に「欘は一に曰く、斤の柄の、性、自ら曲れる者」とあるように、「欘」には「斤の柄で自然木の曲ったもの」という意味もあったようであるが、金属製の耕具そのものではないから、この場合の解釈としては当たらない。

以上の考察に大過がないとすれば、ここにいう「鉏」「夷」「斤」「欘」は、いずれもクワ型の耕具を指していることになる。個々の形や機能についての細かい相違は不明であるが、とにかく「斤」にこのような意味があったことだけは疑いない。ただ少し問題になりそうなのは、『管子』の小匡篇では斉語の右の一条に当たる部分が、

美金は以って戈剣・矛戟を鋳て、諸を狗馬に試み、悪金は以って斤斧・鉏夷・鋸欘を鋳て、諸を木土に試みん。

となっていて、「斤」を明らかに木工具として取り扱っていることである。おそらく小匡篇の作者は、斉語にいう「斤欘」に耕具の意味があることを知らなかったため、「諸を壤土に試みよ」とあるのに疑問を抱いた結果、あらたに「斧」と「鋸」の二字を加え、「壤土」を「木土」に改めるという作為を敢えてしたのであろう。同じ『管子』の小称篇に「匠人は以って斤欘に感ずる有り」といい、「斤欘」を木工具の意味に使っているのも、この推測を裏づけるものである。

さて、話が少しくどくなったが、これで「斤」の字にクワの意味のあることがはっきりした。そこで筆者の想像によると、まず或る特定の地域で、「斤」すなわち「釿」と呼ばれるクワ型の耕具が、実物貨幣として流通しているうち、やがて「釿」という貨幣価値の単位が生まれたらしい。つまり、一本のクワ型耕具またはクワ先の持つ貨幣価値、ひいてはそれと等価交換される商品の価格を、「一釿」と呼ぶようになったのであろう。そして右の地域内で、方肩方足円股布が作られるようになったとき、在来の習慣を生かして、単位を表す「釿」という文字が、その上に加えられたのであろう。しかしすでに述べた通り、方肩方足円股布はクワ型でなくスキ型の耕具から転化したと考えられるので、

その原体が「釿」と呼ばれていたはずはない。では、貨幣価値の単位のもとになった「釿」というクワ型の耕具は、いったいどのような形をしていたのであろうか。

筆者の勤務する東大東洋文化研究所では、近ごろ中国の古銭の拓本集四冊を購入した。収録された資料は五百点以上にのぼり、古今の古銭譜のうちでも、おそらく屈指のものと思われる。その最近の所蔵者は、京都在住の篆刻家、園田湖城氏であったらしい。拓本の傍らに「徐乃昌印」を伴うものがほとんどなので、徐氏の号を取って『積余斎集拓古銭譜』と名付けたが、他の人の手拓や集拓によるものも、いくらか含まれているらしい。

この古銭譜のなかに、従来まったく見たことも聞いたこともない、珍しい空首布が四例ある（挿図）。いずれも「幼丁手拓」「叔言獲古」の印を伴っているが、幼丁という人の素性はわからないし、叔言すなわち羅振玉が現物を持っていたかどうかも明らかでない。いったい、これまで空首布と呼ばれていたものは、すべて方銎、すなわち首部の横断面が四角で、足は二本に分かれているか、内側に彎曲しているのかのどちらかである。ところが問題の空首布は、首部が円錐形をを呈するうえ、足の下端つまり刃の先が一直線をなしている。そこで筆者は、かりにこれを「円銎平刃布」と呼ぶことにした。実物がないので、細かい点はわからないが、全体の作りの古樸さといい、文字の端正さといい、とうてい偽造とは考えられない。銘の「安陽」「平陽」「山陽」「梁」の四種のうち、安陽と、平陽は方肩方足布に、山陽は円肩方足布に、梁（梁）は方肩方足布と円肩方足布に、それぞれ出てくる地名である。したがって、この種の空首布は、戦国初期に出現したと推測される方肩方足布よりいくらか古く、その年代はほぼ春秋・戦国の頃に比定すべきであろう。表面の中央に直線を、裏面に八字形の斜線を、それぞれ鋳出している点は、方肩方足布とのあいだに、一脈の関連があったことを示すものである。

ところで筆者は、右の珍しい空首布を見出したとき、これこそまさに、貨幣価値を表す「釿」の字のもとになったクワ型耕具のミニアチュアではないかと考えた。その理由は、左の二点に要約される。

円銎平刃布（実大）

(1)　およそ布銭のもとになった用具は、いかなる種類のものであろうと、貨幣理論の上からみて、絶対に鉄製以外ではあり得ず、しかも中国における初期鉄器文化の大勢からすると、どうしても鋳鉄製でなければならない(6)。そこで、この点を念頭に置いて、問題の空首布の原体が何に用いられたかを調べてみると、まず刃の部分が薄く作られているらしいので、木を割る斧には向いていない。つぎに手斧としては使えそうであるが、脆くてきめの粗い鋳鉄の性質からみて、木を削れるほどの刃は付けられなかったはずである。また肩の部分がきわめて狭く、そこに足をかけることができないので、スキとして用いるにも不便である。結局のところ、残るのはクワの可能性だけとなるが、事実、刃が直線状をなしていることは、地面をならしたり草を搔いたりするのに、都合がよかったであろう。しかしこのままの形でも、青銅で少し頑丈にこしらえて、刃を鋭くとげば、手斧としてけっこう役に立つはずである。断わっておくが、青銅の半貴金属的な地金価値からいって、またのちに述べるように、問題の空首布が中原の農耕地帯に分布している点からみて、青銅製の手斧自体が直接その原体になったとは考えられない。つまり、この空首布のもとになった鋳鉄製のクワ型耕具は、青銅製の手斧の一種とまったく同じ形をしていたので、当時、手斧の通称として使われていた「釿」という名称が、そのままそれに適用されたのであろう。この「まったく同じ形」という点が肝心なのであって、空首布のうちでも筆者のいわゆる「彎足式」なるものは、やはりクワ型の耕具から転化したらしいが(7)、刃の部分が内側に彎曲しているので、木を平らに削る「釿」の系統にはつながらないのである。なお問題の空首布は、小柄なわりに銎が著しく大きいので、原体をそれほど縮小したとも思われない。したがって原体の大きさは、せいぜいこの空首布の二倍程度だったのではなかろうか。もしそうであったとすれば、斉語の「斤」に対する注釈のなかでは、「形、鉏に似て小」とある韋注が、最も当っているのかもしれない。おそらく耨のように、柄も一尺ほどの長さにすぎなかったのであろう。

(2)　つぎに、「釿」という貨幣価値の単位が用いられた地域を調べ、問題の空首布の分布がそれと一致するかどうかを検討してみよう。はじめて「釿」の単位を採用したのは、方肩方足布から転化した方肩方足円股布であったが、やがて肩の部分が丸くなって円肩方足布に変化し、さらにその流通圏で一群の円銭が生まれた。これら一連の系統の貨幣は、地名の下に「二釿」「一釿」「半釿」「釿」のいずれかを表すのを原則としたが、地名だけで「釿」の字を伴っていないものでも、ほとんどすべて大小の二種があるので、それぞれ二釿と一釿、または一釿と半釿に相当することがわかる。そこで、それらをも含めて、表示された地名が現在のどこに当たるかを調べてみると、ほぼ左のような結果になる。

方肩方足円股布　梁（少梁）(8)＝陝西韓城　陰晋＝陝西華陰　㒸＝山西霍県　郊＝山西襄陵西　甫反＝山西永済
　晋陽＝山西虞郷　亳＝山西垣曲または河南偃師　京＝河南滎陽　垣＝河南長垣
円肩方足布　安邑＝山西夏県　安陰＝山西夏県北　虞＝山西平陸　盧氏＝河南盧氏　山陽＝河南修武　共＝河南
　輝県　梁（大梁）(8)＝河南開封　垂＝山東荷沢
円　銭　虞＝山西平陸　共＝河南輝県　安臧（安城）＝河南原武　垣・長垣＝河南長垣

つまり方肩方足円股布の流通範囲は、山西南部を中心として、一部は陝西の東部と河南の北部に及ぶが、つぎの円肩方足布になると、山西南部と河南北部にかけてほぼ平均に分布し、その流通圏から生まれた円銭の一群では、分布の密度がさらに東へかたより、河南北部を中心としていることがわかる。従来知られている限られた資料からの観察であるが、以って全体の形勢を窺う手がかりにはなるであろう。

いっぽう問題の空首布に表されている地名、「安陽」「平陽」「山陽」「梁」のうち、山陽からは二釿と一釿に相当するらしい大小二種の円肩方足布が、また梁（大梁）からは一釿と五釿に当たる円肩方足布が、それぞれ発行されている。先秦時代に安陽と呼ばれたところは、少なくとも六個所考えられるが、この「安陽」はおそらく安邑の南という意味であろう。なぜならば、安邑釿布と同型式の円肩方足布に「安陰」（安邑の北）の銘を表したものがあるうえ、方肩方足布のなかに「安陽」布と並んで「安邑陽」布というのがみられるからである。(9)平陽も先秦時代に六個所はあったと思われる地名であるが、山東の新泰・鄒県・鉅野と陝西の郿県に比定される四個所は、布銭の流通圏から外れているので、問題にならない。そして残る二個所のうち、山西の臨汾に相当するところは、方肩方足円股布の「兔」と「邪」に近く、河南の滑県に相当するところは、円肩方足布と円銭の「共」、方肩方足円股布と円銭の「垣」（長垣）に近いのである。このようにみてくると、問題の空首布を発行した地点は、のちに「釿」という貨幣価値の単位が用いられた地域のなかに、そっくり含まれることになる。これはとりもなおさず、この種の空首布が「釿」と呼ばれていたことを裏付ける、第二の有力な証拠といえよう。

以上述べたところによって、貨幣価値の単位を表す「釿」という文字が、筆者のいわゆる「円銎平刃布」の原体をなすクワ型耕具から起ったことが明らかになった。スキ型耕具の系統を引く方肩方足円股布に、クワ型耕具に由来する「釿」の字が施されるにいたったのは、少なくとも通貨の面に関する限り、この字がもはや本来の意味から転じて、もっぱら価値の単位としてのみ意識されるようになったからであろう。それはちょうど、形の上では耕具とまったく関係のない円銭の一群に、「釿」の字が表されているのと同様である。

かつて筆者は、先秦時代の耕具について検討したさい、山西中部を中心とするスキ耕圏と、河南中部を中心とするクワ耕圏の存在を想定した。(10)「釿」という貨幣価値の単位が用いられた地域、つまり山西南部から河南北部にかけての地域は、このスキ耕圏とクワ耕圏のほぼ中間に位しているのである。クワ系の耕具に由来する「釿」の字が、たまたまスキ系の布銭に加えられたのは、そのような事情にも関係があったに相違ない。

なお例外的な現象として、方肩彎足空首布に「郙釿」、斜肩彎足空首布に「三川釿」の銘を表したものがあるけれども、これはクワ耕圏に属する布銭の一部が、「釿」を単位とする経済圏と交渉を持った結果であろう。盧氏はもともとクワ耕圏に属し、方肩と斜肩の彎足空首布を用いていたが、釿布からの影響を受けるに及んで、円肩方足の「盧氏半釿」布を発行しているのである。こうした事実からみると、右にあげた二例のように、両者の折衷様式が生まれたということも、べつに異とするに足りない。

最後に一言しておきたいのは、「釿」を単位とする貨幣群と魏の国家経済との関係である。『史記』の魏世家によると、恵王の三十一年（339 B. C.）、魏は秦の圧力を避けて、都を安邑から大梁に遷したという。方肩方足円股布には、まだ安邑と梁（大梁）の名は見えないが、つぎの円肩方足布になると、安邑釿布といわゆる乗馬幣（梁正幣・梁充幣）が圧倒的な数を占める。つまり円肩方足布の流通圏では、魏の都で発行したものが、主導権を握っていたと認めざるを得ない。しかも乗馬幣に表されている「梁」の字は、都の大梁と同時に、魏の国そのものをも指していたらしい。『孟子』に魏の恵王を梁の恵王と称し、『戦国策』の魏策に魏のことをしばしば梁といっているのは、その可能性を示すものである。山西南部の地方は、塩や鉄などの生産が豊富であったため、これらの物資を交易する都市のあいだに、「釿」を単位とする一連の布銭が生まれたのであろう。円肩方足布を採用した魏の都の安邑は、それらの都市のなかで、経済的に最も有力なものであったに違いない。そしてさらに、魏が大梁に遷都するに及び、乗馬幣は安邑釿布の後身として一段の発展をとげ、あたかも魏の通貨を代表するかのような観を呈するにいたったものと思われる。

安邑釿布をはじめとする二釿布・一釿布・半釿布は、表示された額面通り、重さの比率も二対一対二分の一を基準にしているので、すべて素材価値と通用価値の等しい実体貨幣であった。ところが乗馬幣のうち、五釿に当たる「梁充釿五十二当守」布は、一釿に当たる「梁充釿金当守」布の二倍ほどの重さしかない。(11) この名目貨幣の採用ということが、乗馬幣の信用を失墜させ、「釿」を単位とする経済圏にあった都市のいくつかをして、首都の通貨政策に叛旗を翻し、まったく新しい形の円銭を発行させるにいたったのであろう。これらの点については、いずれ稿を改めて説くことにする。

註

（1）拙稿「先秦貨幣の重量単位」（『中国考古学研究』東京大学出版会、一九六三再版）四二九頁。
（2）王毓銓氏『我国古代貨幣的起源和発展』（科学出版社、一九五七）七九―八二頁。
（3）拙稿「布銭の出土地と出土状態について」（『東洋学報』四一の二、一九五八）一一二頁。拙稿「中国の古代貨幣」（『古代史講座』九、学生社、一九六三）三五三頁。
（4）拙稿「新耒耜考」（『東洋文化研究所紀要』一九、一九五九）四〇―四一頁。
（5）前掲「新耒耜考」註13。
（6）拙稿「中国青銅器文化の一性格」（前掲『中国考古学研究』）一四二―一四七頁。
（7）前掲「新耒耜考」四一―四四頁。
（8）「梁」は字体によって、少梁と大梁に区別される。前掲「布銭の出土地と出土状態について」一〇六―一〇七頁。
（9）鄭家相氏『中国古代貨幣発展史』（三聯書店、一九五八）九四―九五・一二〇頁。
（10）前掲「新耒耜考」四八・五六―五七頁。
（11）前掲「先秦貨幣の重量単位」四二九・四四〇頁。

刀銭考

序

畏友のカーター C. D. Carter 氏から、同氏の所蔵にかかる先秦貨幣の解説を依頼されたのは、すでに四年半も前のことである。布銭と刀銭については、以前から或る程度の研究を重ねていたので、それほど手数はかかるまいと思った。ところが、いざ取りかかってみると、先秦貨幣の中核をなす布銭と刀銭は、さすがにいろいろ問題が多くて、簡単に片がつかない。かえって、従来ほとんど手をつけたことがない貝貨・円銭、蟻鼻銭、楚金版・銭笵などの方が、早く纏ってしまったので、これを本紀要の第二十七冊に発表した。(1) 残った布銭と刀銭の分も、「刀布考」と題して本紀要に掲載するはずであったが、布銭にはまだ検討を要する余地がかなりあるので、ひとまず刀銭だけを切り離し、「刀銭考」と題して先に発表することとした次第である。「布銭考」の方も、できるだけ早く纏める予定であるが、刀銭に比べて種類が豊富なうえ、系統と年代の把握がはるかに面倒なので、それには、さらに多くの困難が伴うのであろう。

古来、刀銭なるものは、幾多の古銭家によって、ほとんど研究し尽されているといっても過言ではない。しかし、各型式の変遷順序やそれぞれの年代という基本的な点についてさえ、諸説紛々として帰一するところを知らぬ有様である。まして、その発行の主体が何であったか、流通の機構がどのように整備されていたか、というような点になると、先秦の経済を論じる人たちの間でも、まだ全く検討が加えられていない。考えてみると、これはまことに意外なことである。よるべき資料が皆無に近いこの種の問題を、単に遺物の上から究明するのが、いかに困難な仕事であるかを、筆者は身を以って体験した。現在わが国で中国の古代史や考古学を専攻する人々が、ほとんど先秦貨幣に触れようとしないのも、恐らくこの辺に原因があるのであろう。それは、決して生やさしいことではないのである。

本稿は総論と各論の二部から成っている。総論の方は、すでに発表した別稿(2)にいくらかの改補を加えたもので、刀銭の大要を知りたいと思われる方々の便宜に備えた。したがって、この問題についてさらに詳しい知識を必要とされる方は、各論を通読されるに越したことはないが、或いは疑問とされるところだけを参照して頂いても結構である。各論を刀銭の種類別にしたため、相互の関連と全体に共通する問題の取り扱いが、やや不手際になった。カーター＝コレクションの解説では、本稿の内容を要約しながら、構成の点にとくに留意するつもりである。

総　論

刀銭が刀子の形を模したものであることは、ここにあらためていうまでもない。しかし刀銭のもとになった刀子が、どのような金属で出来ていたかは、一応調べてみる必要がある。前に別稿(3)で指摘したように、布銭の原体は鋳鉄製のスキやクワであったらしい。安価で大量生産が可能な鋳鉄は、農民の必需品である耕具の類を造るのに、適当な金属であったと考えられる。だが、そうかといって、刀銭の原体までが同じく鋳鉄製であったとは限らない。いったい鋳鉄なるものは、硬度はかなり高いが、脆くて可鍛性がないから、刀子のような利器を造るのには向いていない。かりに刃をといでみても、その部分が細かい鋸の目のようになってしまうので、衣料を裁ったり木を削ったりすることは困難である。鋳鉄製でも使えそうなものは、せいぜい土堀用のスキ・クワの類か、薪割用の斧ぐらいなものであろう。したがって、刀銭の原体が鋳鉄製の刀子であったはずはない。一方、鍛鉄は利器の素材として最適であり、硬度の点でも強靭度の点でも、これにまさる金属はない。しかし鍛鉄が民間で用いられはじめたのが、戦国の中期を遡らぬと思われるのに対し、刀銭のうちで最も早い型式と認められる尖首刀は、晩くとも春秋の末期には現れていたようである。故に、尖首刀の原体が鍛鉄で造られていたとは考えられない。このようにみてくると、刀銭のもとになった刀子は、鋳鉄製でも鍛鉄製でもなかったことになる。ここまでわかれば、答えはきわめて簡単である。それは青銅製であったに違いない。つまり、青銅製刀子の実物を交換の媒介に使用しているうちに、やがてそれを青銅で模した非実用的な刀銭が生れたのであろう。

布銭の原体が鋳鉄製であり、刀銭の原体が青銅製であったというと、何か矛盾のように感じる人があるかもしれないが、実は決してそうではない。つぎに、その理由を説明しよう。まず、かりに青銅製の耕具、スキ先やクワ先があったと仮定すると、その重さはどんなに軽くみても、一瓩ぐらいはなければならない。一方、青銅製の刀子は、刀銭のうちで最も大型な斉刀ほどの重さ、すなわち五〇瓦もあれば充分であろう。こういう勘定でいくと、一本の耕具を造る青銅の地金があれば、刀子の方は二〇本も出来ることになる。そのうえ、土を掘り返す耕具の類は、絹のきれや獣の肉を切る刀子に比べて、はるかに消耗率が高い。だいたい先秦時代の青銅は、半貴金属ともいえるほど高価なものであったから、その地金の大部分は、兵器や銅器の製作に充てられたと想像される。しかし民間でも、大形な耕具などはとにかく、生活に最少限度必要な利器、つまり刀子の類ぐらいは、青銅で造られていたとみて差し支えなかろう。要するに刀銭の出現は、民間における或る程度の青銅地金の保有量を前提として、はじめて可能であった。ただその量が、耕具のように大形で消耗し易い製品の存在を許すほど、豊富ではなかったのである。

刀銭は、尖首刀・明刀・斉刀・円首刀・方首刀の五種に大別される。つぎにそれらについて、結論的な点だけを簡単に述べよう。

ｉ　尖首刀　文字どおり首部が尖っているところから、刀銭のうちで最も古い形式と認められる。春秋の末ごろ、燕の領域すなわち今の河北省の北部あたりに現れ、戦国の初めごろまで存続したらしい。文献によると、燕では農業があまり盛んでなく、おもに牧畜や養蚕が行われていた。この国の貨幣が刀子の形をとるに至ったのは、日常生活に刀子を必要とすることが多かったからであろう。またその際、北方系の青銅製刀子が、恐らく実物貨幣として大量に輸入されたであろうことも、燕の人たちに刀銭を考案させる一つの重要なヒントになったかも知れない。

尖首刀には、全体の大部分を占める標準型のほかに、首部の先端が著しく尖った特殊な型がある。また、刃部を残して上半を斜めに切り取ったものが、山東方面からかなり広く出土する。これは恐らく春秋の末ごろ、姜斉が標準型の尖首刀を輸入した際、燕の本国のものと区別するため、とくに手を加えた変型であろう。

ⅱ　明　刀　「明」の字らしいものが、表面に鋳出されているので、この名がある。戦国の初めごろ、尖首刀から転化したもので、その大部分は燕、一部は斉や趙で用いられた。「明」の字の形と形式の上から、つぎの三種に分けられる。

第一類　「明」の字をにつくるもの。背はゆるく彎曲し、裏面に地名以外の字を表している。出土した例は、頗る多い。

第二類　第一類の変形で、「明」の字をにつくるもの。背はやはりゆるく彎曲し、裏面の銘には斉や趙の地名を含む。発見例は、きわめて少ない。

第三類　同じく第一類の後身で、「明」の字を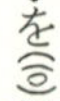につくるもの。背は「く」の字形に曲折しているが、裏面の字は第一類と大差ない。この類は、最も大量に出土している。

第一類と第三類は、燕の勢力範囲であった現在の河北省の北半、東北地区の南部、朝鮮の北部から多数発見される。

第一類は戦国の全期を通じ、第三類は戦国の末期に用いられ、東北地区では共に前漢のころまで残存した。一個所から数百・数千と纏って出るのが特色で、それらが幾本かずつ束ねられたり、壺や木箱や石室に納められたり、小石で覆われたりして出土する。つまり一種の退蔵物とみるべきであって、墓の中に副葬したものではないらしい。裏面にしばしば左・右・㠯・外のいずれかの字を表し、その下に数字などを加えているが、これらは銭を鋳造した炉か鋳型の記号と推定される。第二類は明刀中の特例であって、それらのうち山東方面から出るものは、燕が斉の大部分を占領していた五年間（284～279 B. C.）に発行した軍票のようなものであろう。

iii 斉 刀　戦国の初めごろ、尖首刀の影響下に生れた斉の刀銭で、もっぱら山東方面から出土する。各種の刀銭のうち、最も大形で重い。銘の上から斉造邦長法化・斉之法化・斉法化・即墨之法化・安陽之法化の五種に大別されるが、このほか特殊な例として、「簟邦」（下缺）の二字を表した残片が一個発見されている。「斉造邦」とは田斉の建国（386 B. C.）を指し、「法化」とは法定の貨幣という意味。「斉」は、斉の都の臨淄ではなく、斉国そのものを指す。「即墨」は即墨大夫の居城で、山東省平度県東南の地に比定される。「安陽」は『後漢書』の趙彦伝に見える「五陽」の一つで、山東省莒県付近にあった。斉刀は、戦国の初期から中期にかけて用いられた。「斉造邦」刀についで「斉之法化」刀が現れ、それに倣って「即墨」刀と「安陽」刀が造られ、「斉造化」刀は最も後れると考えられる。

iv 円首刀　首部が円みをおびているので「円首刀」と呼ばれるが、趙の刀銭なので「趙刀」ともいう。明刀第二類の影響下に生れたもので、戦国の末期に用いられた。「甘丹」「白人」などの銘を表しているが、甘丹は趙の都の邯鄲（河北省邯鄲市西南）を、白人はその地方都市の柏人（河北省堯山鎮西）を、それぞれ簡略化したものである。

v 方首刀　首部が角張っているので「方首刀」というが、反りがないので「直刀」ともいい、また魏の刀銭なので「魏刀」とも呼ばれる。円首刀の変形したもので、ごく僅かしか発見されていない。銘も「晋化」「晋陽化」などの四種に限られている。「晋」は晋陽の略。この「晋陽」は山西省虞郷鎮付近に比定され、戦国時代には魏の領域に属していた。

さて以上五種の刀銭のうち、尖首刀と明刀の大部分は、燕の国家が直接発行したものと認められる。田斉は、「斉造邦」刀・「斉之法化」刀・「斉法化」刀を発行したが、貨幣の鋳造権を完全に掌握するまでには至らず、地方の有力都市であった即墨や安陽なども、それに倣って刀銭を出している。趙や魏になると、刀銭の鋳造に対する国家の統制という線はさらに薄く、その円首刀や方首刀は、布銭と同じく都市単位で発行されたらしい。要するに、刀銭の鋳造権はもともと国家にあったが、この原則が完全に守られたのは燕だけで、他の国では大なり小なり、地方都市もそれに介入していたことが知られるであろう。

各　論

(1) 尖　首　刀

刀銭のうちで最も早い型式と認められる尖首刀は、春秋の末ごろ燕の国の領域、すなわち今の河北省の北部あたりで現れたらしい。燕は北方に偏在していた関係から、春秋時代ごろまでは、ほとんど諸侯の会盟に加わらず、黄河中原の諸国から、いわば除けもの扱いされていたようである。(4) したがって、その方面からの経済的影響は、ほとんど受けていなかったとみてよかろう。燕が中原農耕地帯の布銭と全く系統の異なる鋳貨を採用したのは、まずこのような事情と関連があったに相違ない。『戦国策』の燕策を見ると、蘇秦が燕の文侯に説いた言葉の中に「燕は……民、田作に由らずと雖も、棗栗の実、民を養うに足る」とあり、また『史記』の貨殖列伝に「燕は……魚鹽、棗栗の饒有り」「燕・代は田畜して蚕を事とす」とある。これらの記載から想像すると、燕では中原の諸国と違って、農業があまり盛んでなかったであろう。この国の鋳貨が、布銭のような耕具の形をとらなかったのも、むしろ当然のことと思われる。

ただそれが、なぜ刀子の形を模したかという点については、何か特別の理由がなければならない。

燕の北方に隣接する今の内蒙古・長城地帯には、綏遠（またはオルドス）青銅器文化の荷擔者と考えられる匈奴が住んでいた。彼らは水草を追って移動する遊牧民であったが、その使用する青銅器の中でも刀子は最も特徴的なものの一つであり、獣肉を常食とする彼らの生活に、必要欠くべからざるものであった。(5) 燕の匈奴との間に或る程度の交渉があったことは、その地理的関係からみても推察するに難くない。恐らく、匈奴の用いていた刀子をはじめとする青銅器は、或る時は鹵獲されて、また或る時は交易の見返り物資として、燕の国内に輸入されたことであろう。そしてその際、刀子の類が実物貨幣的な取り扱いを受けたとすれば、それが燕の人たちに刀銭を考案させる重要なヒントになったのかも知れない。また牧畜や養蚕を行っていたと思われる彼らは、獣類を解体したり絹の糸や布を截ったりするため、農耕を専業とする中原の人たちに比べて、刀子を必要とする度合も大きかったに違いない。とにかく燕で刀銭が造られるに至った背後には、その国の人たちの特殊な生活事情と、綏遠青銅器文化からの影響があったことを無視できないと考える。

尖首刀は型式の上から、左の三種に分けられる。

i　標準型（第一図左）　尖首刀のうち最も普通にみられる型で、従来発見されたもののほとんど大部分を占めている。刃部がきわめて薄いうえ、多くはそこに郭が周らされていないから、少し磨けば実際に使えそうである。先端は三―四〇度の鋭角をなしているが、これも原型の刀子の形をとどめたものであろう。したがって、銭として使用する場合には、危険かつ不便きわまりない。このように、実用の刀子に最も近い形をしている尖首刀は、刀銭のうちで最も古い型式と認められる。刀背の表裏に施された郭は、ほとんどが柄の上端に当たるところで切れており、柄の表裏には、他の刀銭の大部分と同じように、二条の凸線が鋳出されている。鐶は断面が扁平で、身や柄の部分よりいくらか厚い。全体の作りがいかにも薄手で繊細なのは、布銭の中で最初に現れたらしい尖肩尖足空首布と感じが似ている。

銘はほとんど一字で、数字・干支・その他に分けられるが、これらは恐らく炉か鋳型の記号であろう。はっきり地名と認められるのは、「藺」の一例ぐらいなものである。大部分は片面に、ごく少数は両面に、それぞれ銘を表しているが、全然無銘のものもないわけではない。無銘のものは、その型式からみて、最も古式に属するようである。

刀銭は布銭に比べると、はるかに多くの出土例が知られている。しかし、それは明刀や斉刀に限った話であって、尖首刀の場合は、わずか二、三の銭譜にその出土例が伝えられているにすぎず、学術的な発掘で出てきたものは一つもない。

李佐賢の『古泉滙』に「列国刀尖首類、近時、燕市（北京）にて見る所頗る多し。明刀・白貨・邯鄲の各刀と同じく直隷境内に出づ」といい、鮑康の『観古閣続銭説』に「道光年間、近畿、古刀一窖を出す。皆、列国尖首刀及び明字刀の二種にして、一の斉刀無し」といっている。ここに「直隷」ならびに「近畿」とあるのは、いずれも清朝末期における河北の別称であった。俞棪の『遼東鋭鋒刀考釈』には、「張垣（張家口）、鋭鋒刀の出土する有り」と述べている。張家口は、もと内蒙古に属していたが、新中国になって、河北省が北方へ著しく拡大された結果、その西北部に編入されることになった。鄭家相氏は標準型の尖首刀について、「此の種の尖首刀、多く河間・保定及び聊城の間に出土す」といわれている。(6) この河間と保定は拡大された現在の河北省の中部からやや南寄りのところに、聊城は山東省の西端に近いところにそれぞれ位する。なお一九三八年八月、京城帝国大学蒙疆学術探検隊の一行は、河北省蔚県（もと内蒙古に属す）の東方約一〇粁の地点にある代王城で、数個の青銅器を購入したが、その中に尖首刀が二本含まれていた。(7) 標準型のうちでも、最も実用の刀子の形に近い古式に属し、いずれも両面に文字は施されていない。

以上の記録を総合すると、尖首刀は今の河北省の中部以北に流通していたらしいことがわかる。尖首刀が用いられていた先秦のころ、この方面はだいたい燕の領域であった。したがってこの種の刀銭は、燕の通貨と認めて差し支えあるまい。前に述べたように、燕では農業があまり盛んでなかったから、地方都市の数も少なく、その経済活動も低調であったに違いない。標準型の尖首刀は、その規格が一応統一されている点と、地名がほとんど表されていない点からみて、燕の国家が直接、鋳造・発行したものと推定される。なお代王城は、晋の出公十八年（457 B.C.）、趙襄子によって攻略された代国の都であるが、燕の西境に近かったため、燕の通貨である尖首刀がそこに流れ込んで来たのであろう。また前に触れた「藺」の銘を持つものは、趙の有力な経済都市の一つとして、盛んに各種の貨幣を発行していた藺（山西省離石県）が、たまたま燕の尖首刀を模倣して造ったきわめて特殊な例にすぎない。

最後に残った問題は、標準型尖首刀の流通年代であるが、これをきめることはなかなかむずかしい。しかし、農業が盛んで商業都市が早くから起った黄河中原の地方でさえ、布銭を用いはじめたのが春秋中期を遡らないと推測されるので、経済的に開発が遅れていたと思われる河北北半の方面に刀銭が現れたのは、それよりいくらか年代が下るとみなければならない。また、のちに「半截刀」の項で述べるように、標準型の尖首刀は、少なくとも春秋の或る時期まで遡る可能性がある。一方、この種の刀銭が従来一つも発掘されていないのは、それらが出土資料の比較的少ない戦国初期以前のものだったからではなかろうか。以上三つの根拠から、筆者は問題の刀銭の年代を春秋末期ないし戦国初期と推定する。

ii　超尖首型（第一図中）　尖首刀中の異型に属するもので、首部の先は針のように細く尖っている。どういうところから出たのかはわからないが、その先端が折れずに残っているのは、むしろ奇跡に近い。厚さはわずか○・四粍ほどしかなく、中国古今の貨幣のうち、最も薄いものの一つであろう。銘は標準型と同じく、数字・干支・その他が、だいたい一字ずつ表されている。発見された例は、きわめて少ないが、鄭家相氏の記述によると、河北省東北部の灤河の流域、とくに承徳の付近から出土するという(8)。標準型の規格から外れているうえ、鉛を多量に含んでいるので、燕の国家が発行したものとは考えられない。この承徳のあたりは、尖首刀の後身である明刀が夥しく出土するのをみると、当時、経済の一中心地だったことは確かである。恐らく、燕国の出先機関が地方勢力が発行したものであろう。

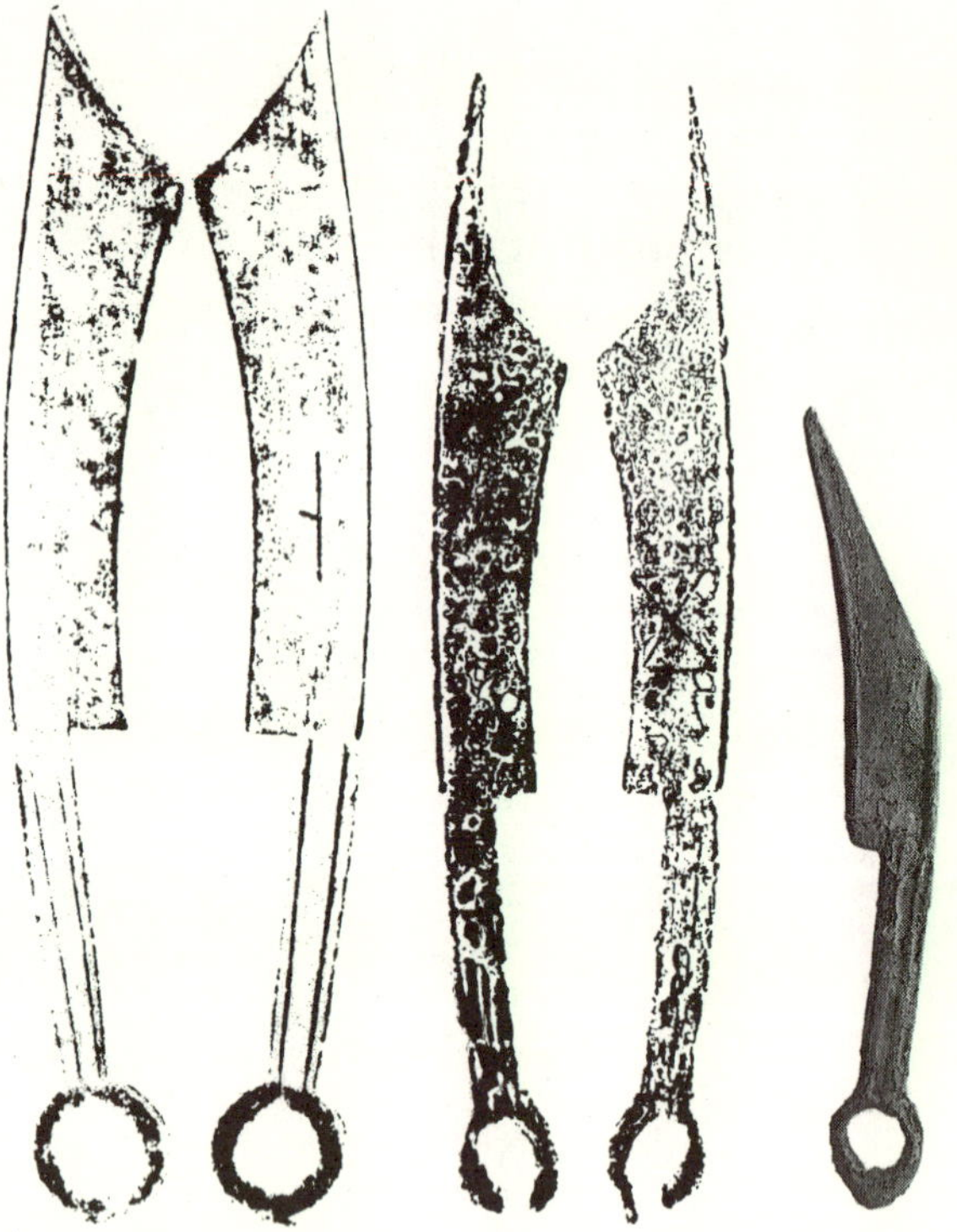

第1図　尖首刀（左）標準型（中）超尖首型（右）半截型（各3/5）

標準型から転化したもので、時代もそれよりいくらか下るらしい。

ⅲ　半截型　尖首刀が山東省聊城県から出土したという鄭家相氏の記述が正しいとすれば、尖首刀は燕ばかりでなく斉でも用いられたことになるであろう。ところが、それを裏付ける興味深い事実として、つぎにあげるような例がいくつかある。一九四〇年四月、筆者は山東省臨淄県で斉国故城を調査した際、同県知事邱旭東氏の蒐集品の中に、県城付近から出たという奇妙な刀銭を二本発見した。それらは表裏とも無銘で、しかも珍しいことには、上半が刃の部分を残して斜めに切り取られているのである。さらにその数日後、臨淄県東南約二〇粁の益都（青州）を訪れた折、同地の古玩舗で同じく臨淄出土と称する刀銭を一本手に入れたが、それは大きさといい形といい、邱氏所蔵のものと全く同一であった[9]（第1図右）。これら三本の刀銭は、いずれも首部が切り取られているので、元来どういう形をしていたのかが問題になる。しかし全部無銘で、「明」の字が表されていないところをみると、明刀でなくて尖首刀であったことは、ほとんど疑いない。近ごろ臨淄東々北約三八粁の寿光県と臨淄東南約四二粁の臨朐県で、首部を斜めに切り取った尖首刀が出土したというが、[10] 恐らく上例と同じく尖首刀に加工したものであろう。報告者はこれらを「銅剪首刀幣」と呼び、「極めて稀に見るものだ」といっている。さらに鄭家相氏が、標準型の尖首刀について論じた最後に、つぎのように述べられているのも、[11] 注目に値するであろう。

按ずるに、前年、山東即墨県付近、即墨刀二百余枚を出土す。内に此の種の尖首刀十余枚有り。但し皆、刀身の上半段を截去す。行使の時に在って、剪鑿せられし者に似たり。

これで問題の異形刀銭が、尖首刀に加工したものであることが、いよいよ確実となった。ただし、なぜ上半の部分を斜めに切り取ったかという点については、適当な解釈を下し難い。筆者はかつて「或いは完形品に比して価値が少ないことを表すための手段ではあるまいか」と憶測したが、[12] もしそうであったとすれば、斉の領域から尖首刀の完形品がいくらか出てもよさそうに思う。そこでいろいろ想像をめぐらしたすえ、つぎのような結論に到達した。まず問題の刀銭の出土地が斉の都の臨淄付近に集中していること、また奇異な截断法が符節を合わせたように一定していることは、その截断を行ったものが斉国の政府自体であったことを推測させる。ところで、田斉は建国と同時に斉刀を発行しているから、そのようなことをするはずはない。そうかといって、燕が斉の大部分を占領していた五年間（284～279 B. C.）に、燕が持ち込んだものとも思われない。なぜならば、そのとき燕が斉の占領地で発行したのは、のちに述べるように明刀第二類であったらしいからである。まして、尖首刀が戦国の後期まで用いられていたはずもないし、当時陥落しなかった即墨からも、問題の半截型が出ているにおいておやである。こう考えてくると、燕から標準型の尖首刀を輸入し、その国のものと区別するためとくに変造を加えたのは、春秋時代の姜斉でなければならぬということになる。もしそうであったとすれば、これは尖首刀の年代が春秋まで遡ることを示すものとして注目されよう。姜斉が尖首刀を輸入したのは、春秋もたぶん末のころであろう。田斉が尖首刀に模して斉刀を造ったのは、このような姜斉の故智にヒントを得たのかも知れない。

(2) 明　刀

明刀はこれまで発見されている刀銭のうち、恐らく九〇%以上を占めるほど数が多い。丁福保の『古銭大辞典』をみると、一本当り二角から三角程度のものがほとんどで、他の先秦貨幣の実に数十分の一ないし数百分の一の安価である。これは、明刀の発行量が桁外れに多かったためか、または数百本・数千本ずつ束になって発見されるという、特殊に事情によるであろう。資料が多ければ多いほど、それだけ研究は容易なはずである。ところがこの明刀に関する限り、不思議に疑問とされる点が少なくない。第一、表面に表されている問題の文字を、「明」と読むのがかりに正しいとしても、それは果たしていかなる意味を持つものであるか。第二に、裏面にしばしば施されている「」という奇妙な文字の正体は、いったい何であろうか。第三に、裏面に斉の地名を表した特殊な一群は、果たして、いつ、いかなる事情で発行されたのか。そしてこれらのうち、第一と第二の疑問については、筆者の異常な努力にも拘わらず、ついに満足すべき解答が得られなかった。さらに、これはすべての刀銭に共通する問題であるが、明刀がいかなる機構のもとに流通したかという最も重要な点に関しても、現在の段階では、全く憶測の域を出ない状態である。

いわゆる「明刀」の表面に鋳出されている文字は、初尚齢の『吉金所見録』や李佐賢の『古泉滙』をはじめとして、「明」と読むのがほとんど定説となっている。「日」の中の一画、「月」の中の上画を省略することは、甲骨文にも金文にもしばしばみられるから、べつに問題にはならない。『説文』によると、「朙は照也。月と囧に从う。……明は古文にして、日に从う」とある。鄭家相氏は「周代の金文を按ずるに、明の字の囧に从わざるものなし。……明の字の日に从うは、始めて隷書に見ゆ。恐らくは漢代の人の改めしものならん」といわれているが、(13)決してそのようなことはない。現に陳鉄卿氏も指摘されている通り、(14)「日」の偏の明の字は、甲骨文や金文にいくつかの例がある。

関百益の『義州盟刀譜』序は、この文字を「盟」の略となし、「古代会盟の用と為す」といっているが、これなどは付会の説にすぎない。朱楓の『古金待問録』や張崇懿の『銭志新編』などは、『文献通考』の銭幣考に「斉・莒、之を刀と謂う」とあるのから想像して、この文字を「莒」と読んでいる。しかし、ここにいうところの莒刀なるものは、のちに述べるように、斉刀の一種である「安陽」刀を指しているらしい。蔡雲の『癖談』が、後期の明刀の最も崩れた字体をみて、これを「回」と釈しているのなどは、まことに論外である。鄭家相氏は非常な自信を以って、この文字を「易」と断定し、燕の下都の易を指すものとされた(15)。つまり、『説文』の「易」の条に「秘書、解いて曰く、日月を易と為す。侌易に象る也」とあるのに注目し、「日」と「月」の合体した問題の文字を「易」とみられたわけである。しかし、『説文』のこの条に施された段注に、

秘書とは緯書を謂う。……上は日に从って陽に象り、下は月に从って陰に象るを謂う。緯書、字を説くに、多く形を言って其の義を非とす。此れ理に近しと雖も、要は六書の本に非《たが》う。然して下体も亦た月に非ざる也。

という異説があるのを無視してはならない。右に引いた『説文』の前文に記されているように、「易」という字はもともとトカゲやヤモリの象形であって、「日」はその首を、「勿」はその四足を象っているのである。「月」と「勿」は全く無関係な字であるから、「勿」に陰という意味があるはずもない。このほか、問題の文字を「召」と読む丁福保の説(16)、「匽」(燕)の略体とする陳夢家氏の説(17)などもあるが、いずれも文字の構成からいって無理であろう。

以上の諸説を通観すると、やはり「明」と読む従来の通説に優るものはあるまい。しかし疑問なのは、それが果たして何を意味するかという点である。『吉金所見録』は、燕の地名で「明」の字を含むものを探索した結果、『前漢書』の地理志に右北平郡の属県として平明をあげているのに着目し、

漢志、平明は北平郡に属す。列国の時、燕の地と為す。此の種、或いは其の遺制ならんか。且つ此の刀、尽く燕市に出づ。

といい、明刀の「明」の字を、平明の「明」に比定した。奥平昌洪氏の『東亜銭志』も「此説考拠精確ナリ」と賛意を表し、「明ハ平明ニテ燕ノ邑ナリ」と断定している。平明県の正確な位置は明らかでないが、とにかく燕の都の薊や

易から遠く隔った、今の河北省の東部か遼寧省の西部にあったことだけは疑いない。したがって、燕のころすでに平明という都市があったとしても、このような僻遠の地で、燕国の通貨である明刀が一括して発行されたという可能性は、果たしてあり得るであろうか。また、それほど重要な都市だったら、先秦のことを伝えた文献に、なぜその名が一度も現れないのであろうか。かりに平明というところが都市ではなくて、銅山の所在地だったと仮定すると、とくに先秦の記録に残るとは限るまい。そして、その銅を明刀の地金に充てたとすれば、漢代の鏡に丹陽の銅を用いたことを示す例が多いように、平明の銅を記念するためか、その品質を保証する意味で、刀銭に「明」の一字を加えたということも、あり得ぬことではない。しかし現在の状況からみても、かつて河北省の東部や遼寧省の西部あたりに、それほど有数な銅山があったとは、とうてい思われないのである。さらに、先秦の貨幣に地名を施す場合、二字のうちの下の字ならとにかく、上の字を省略するという例は、まずないとみて差支えない。こう考えてくると、右の平明説なるものも、単なる憶測の域を出ないようである。

一方、馬昂は『貨布文字攷』に、

史の秦紀（『史記』秦本紀）に曰く「昭襄王二十五年（282 B. C.）、趙の二城を抜き、韓王と新城に会し、魏王と新明邑に会す。二十六年、罪人を赦して之に遷す」と。蓋し新明邑と曰うは、新たに趙の明邑を抜き、己の有と為すを謂う。故に罪人を赦して此に遷せし也。事は秦恵（秦の恵文王）の銭を行いしより五十余年の後に在り。此の形制を按ずるに、秦の物に非ざるを知る。其の文に明と曰うに拠れば、是れ趙の明邑にして、平明に非ざる也。

といい、問題の「明」の字は趙の明邑を指すものとみた。この説は意外に多く採用され、『古泉滙』をはじめとして、劉心源の『奇觚室吉金文述』、曹詮の『古泉彙志』、秦宝瓚の『遺篋録』、劉体智の『善斎吉金録』などは、すべてそれに従っている。しかし、明刀はもともと燕の通貨である以上、趙の地名を標識とするはずはない。したがって、この明邑説に至ってはほとんど一顧にも値しないであろう。

明刀の「明」の字に対する解釈は、まず以上の二説に尽きるようである。なるほど刀銭の銘には、斉刀の「斉」「即墨」「安陽」、円首刀の「甘丹」「白人」、方首刀の「晋陽」など、地名を表したものがある。だが燕の尖首刀は、すべて官鋳であったためか、その銘は単なる記号にすぎない。したがって、尖首刀の後身とみられる明刀の場合も、「明」の字は地名ではなく、何か特別な意味を持っていた可能性がある。これはあくまでも憶測にすぎないが、この字には「明らか」「大きい」「盛ん」「陽——陰に対する」などの用例があったらしいので、或いはそういう吉祥語的な好ましさが買われたのではなかろうか。いろいろ考えてはみたものの、「明」の字の問題に関する限り、現在のところでは手の施しようがない。そして恐らく将来も、解けない謎として残ることであろう。

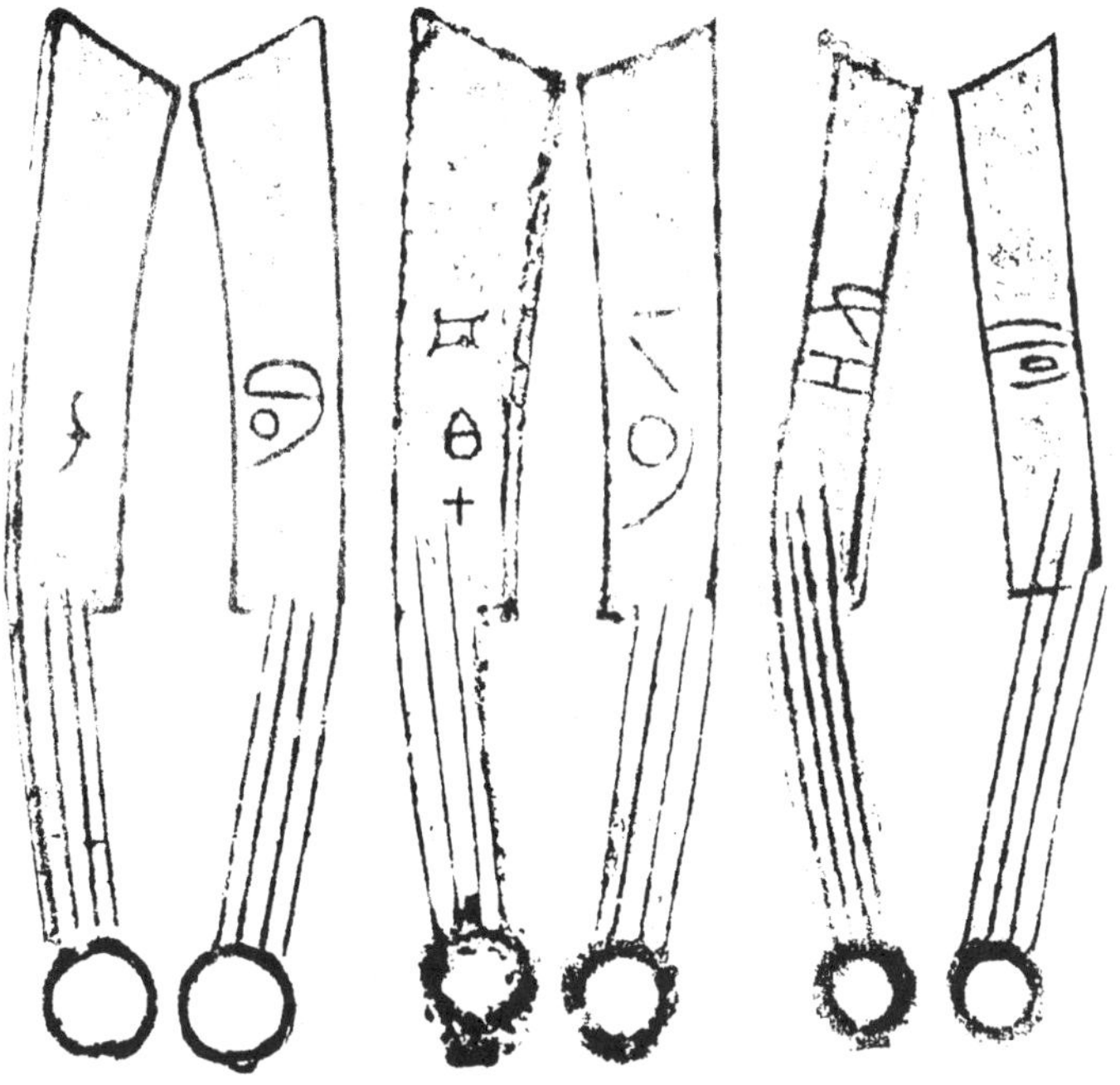

第2図　明　刀（左）第一類（中）第二類（右）第三類（各3/5）

　さて明刀は、その型式と「明」の字の形によって、左の三種に分けられる。

　第一類（第2図左）　背がゆるく彎曲しているので、属にこれを「円折」という。初期のものはやや尖首の傾向があるが、しだいにその角度は鈍くなってくる。刃の部分にも郭を周らしている点は、実用の刀子の形から遠ざかり、貨幣としての型式が確立したことを思わせる。柄や鐶の部分の構造は、ほとんど尖首刀と差がない。「明」の字は「〓」と表すのが特色で、字体もよく整っている。裏面の文字は、初期のものは尖首刀と同じく数字・干支・その他であるが、後期になると「左」「右」の文字が多くなり、さらにその下に数字・干支・その他が加わる。またきわめて稀に、「左」「右」と並んで、「〓」という奇妙な文字も現れる。これらの文字は、尖首刀の場合と同様、炉か鋳型の記号か、或いは鋳造の順位を示すものであろう。

第二類（第2図中）　前者と同じく円折で、型式はよく似ているが、大きさはやや不揃いである。また「明」の字の形を「〓」につくっているので、前者と容易に見分けがつく。裏面は、無銘のものが一例、符号と思われる一字を施したものが数例あるほか、「斉化」「斉化二十」「斉化共金」「安（?）陽佰□」「簟佰□」「簟佰□卅」など斉に関する地名、ならびに「成白」なる趙の地名を表したものがいくらかある。「斉化」は斉刀における「斉之法化」「斉法化」のように、斉の貨幣という意味であろう。四番目のものの第一字を、王毓銓氏は「安」、王献唐氏は「匋」読んでいるが、[18]あいにく字画が模糊としているため、はっきりしたことはわからない。かりに「安」とすれば、「安陽」刀を出した斉の安陽に当たる可能性がある。「簟」は譚と同じで、ここでも斉刀の一種らしい「簟邦」刀が発行されている。この「簟」の字を含むものは、表面に「明」の字を鋳出していないが、その型式と銘の性質からみて、明刀第二類に属すること疑いない。「成白」は、「白人」と共に円首刀にも現れる趙の地名であって、いずれも同一地点を指すらしく、今の河北省堯山鎮の西十二里にあった。白人（柏人）がかつての成侯国の領域にあったため、成白（成柏）の別名で呼ばれたのであろう。[19]なおこのほか、馮雲鵬の『金索』に「箸邱長」、『貨布文字攷』に「蘿辰物」と読んでいる奇妙な銘を持つものも、その型式と出土地からみて、第二類の範疇に入れることができる。

第三類（第二図右）　背の一部、すなわち刃と柄の接続点が「く」の字形に曲折しているので、属にこれを「方折」

または「磬折」という。他のすべての刀銭と異なり、刃と柄の幅がほとんど同じなのも、その特色の一つとみられる。量産を目的として粗製濫造されたらしく、明刀のうちでは最も出来が悪い。「明」の字は、全く崩れて「」と表され、いわゆる「眼睛」のような形を呈するに至る。裏面の銘は、ほぼ第一類のそれを引き継いでいるが、「」の数が「左」「右」に匹敵するほど増加し、ほかに、「外盧」というのがいくらか現れる。『奇觚室吉金文述』が、下の字を「盧」と読んでいるのは、恐らく正しいであろう。つまり、「鑪」（爐）の略体と考えられる。

以上三類の明刀のうち、最初に現れたのはどれであろうか。まず尖首刀と明刀第一類を比較してみると、つぎのような著しい類似点に気がつく。もともと尖首刀はその名の示す通り、首部の尖っているのを特色とするが、よく調べてみると、初鋳のものから後鋳のものへと移るに従い、首部の先端の角度がしだいに鈍くなってくることがわかる。そしてこれと同じ傾向は、明刀第一類の場合にも認められ、その初鋳のものを後鋳の尖首刀に比べると、首部の尖り具合がそっくりであるうえ、他の部分の形や大きさの点でも、ほとんど区別はみられない。ただ一つ違うところといえば、一方に「明」の字があり、他方にそれがないというだけのことである。陳鉄卿氏の説によると、晩期の尖首刀のうちに、すでに「明」の字を表したものがあるという。[20] しかし、これは見方の相違であって、筆者はむしろ尖首刀に「明」の字を加えた時を以って、明刀第一類の出現期と考えたい。以上の観察によって明らかなごとく、明刀が尖首刀から転化したであろうことは、ほとんど動かすべからざる事実のようである。

明刀の第一類が尖首刀の後身と認められる以上、それは尖首刀と同じく燕の通貨であり、燕の国家が直接、鋳造・発行したものとみて差し支えなかろう。その規格が一定していること、銘に地名が表されていないこと、出土地がほとんど燕の領域に限定されていることなどは、いずれもそれを裏付けるものであるが、さらにここでは、裏面にしばしば施されている「左」「右」の二字について考えてみたい。燕の武器銘を調べてみると、燕には左右の両軍があり、武器そのものも官工の手で造られていたことがわかる。[21] また燕の土器にはしばしば「左陶工某」「右陶工某」などの銘が押してあるが、[22]これは官営の製陶所の存在を示すものであろう。さらに一九五三年、河北省興隆県にある燕の遺跡から、四〇組・八七件の鉄笵が出土したが、そのうちのいくつかには「左廩」の二字が鋳出されていた。[23]廩は本来農産物を管理・貯蔵するための機構であるが、これによると農具の製造も行っていたことが知られる。このように、戦国時代の燕国では、官工の組織がかなり整備していたらしい。したがって、明刀第一類・第三類に表されている「左」「右」の文字、ならびに数字や干支などは、すべて官営の造幣廠の機構に関連したものとみるべきであろう。

つぎに問題になるのは、明刀第二類の正体である。この類を最初に取り上げたのは馮雲鵬の『金索』であって、彼が属目したという二本のうち、「前一品は文識る能わず。惟だ卅のみ識る可し」といっているのは、前にあげた「篙佰□卅」に当たり、他の一本は、彼自身が「箸邱長」と読んでいるものにほかならない。しかし、彼はこの手の明刀が表面に「明」の字を表していないので、明刀の一種だとは気がつかなかった。「斉化」なる背文を有する明刀をはじめて紹介したのは方若の『薬雨古化雑詠』であるが、その性質についてはべつに触れていない。また近年の著である『東亜銭志』でさえ、この種の明刀は一つもあげていないのである。

ところが最近になって、王毓銓氏はこの手の明刀を「甲型明字刀」と呼んで注目し、「乙型明字形」（右の第一類）や「丙型明字刀」（右の第三類）より古いものと考えられた。すなわち氏の説によると、甲型は斉刀のあとを受けて斉で鋳造され、燕はそれに倣って乙型を、ついで丙型を発行したというのである。[24]しかし、すでに述べた通り、明刀第一類が燕の尖首刀から転化したことは明らかな事実であるから、王氏のような説は絶対に成り立たない。また氏が尖首刀と明刀との関係を無視し、「尖首刀は燕国長城以南の一小地区における特殊な刀銭だ」という意味のことをいわれているのも、[25]まことに不合理である。

一方、鄭家相氏は、この問題を慎重に検討したすえ、斉の昜刀（氏は「明」の字を「昜」と釈読）は、燕が斉の大部分を占領していた五年間（284～279 B. C.）に、燕が発行したものであろうという新説を発表された。[25]なるほど氏も指摘されているように、この種の明刀は斉に関する地名を表していること、またその多くが斉の領域で発見されることから、斉で鋳造されたものであることは疑いを容れない。ただ問題なのは、いつ、誰がそれを発行したかという点なのである。この手の明刀は、刀銭全体の系列からみて、春秋時代まで遡るはずはない。しかも戦国時代になると、斉では斉刀が発行され、またそれに続いて「□化」[27]銭の一群が行われた。したがって、その間、燕の通貨である明刀を輸入する余地も必要もなかったはずである。もしそのような機会があったとすれば、それは鄭氏も指摘されているごとく、『史記』の燕召公世家に記されている左の事件を措いてほかには考えられない。

（昭王）二十八年（284 B. C.）、燕国殷富なり。士卒、軼を楽しみ、戦を軽んず。是に於いて、遂に楽毅を以って上将軍と為し、秦・楚・三晋と謀を合わせ、以って斉を伐つ。斉の兵は敗れ、湣王は外に出亡す。燕の兵は独り北《に》ぐるを追って臨淄に入り、尽く斉の宝を取り、其の宮室・宗廟を焼く。斉の城の下らざる者、独り唯だ聊[28]・莒・即墨のみ。其の余は皆、燕に属す。六歳、昭王、三十三年（279 B. C.）にして卒し、恵王立つ。太子為る時、楽毅と隙有り。位に即くに及び、毅を疑い、騎劫をして代って将たらしむ。楽毅、趙に亡げ走る。斉の田単、即墨を以って燕の軍を撃ち敗る。騎劫死し、燕の兵、引き帰る。斉、悉く其の故城を復し得たり。湣王、莒に死す。乃ち其の子を立てて襄王と為す。

わずか五年の短期間にしろ、燕が斉の大部分を占領した時、その貨幣制度に何らかの変革を加えたということは、決してあり得ぬことではない。恐らく燕は、その機会に乗じ、斉の経済を統制する目的で、自国の通貨である明刀を斉に適用したのであろう。ただ本国のものと区別するため、「明」の字体を変えたうえ、斉刀の慣例に倣って、「斉化」その他の銘を裏面に加えたものと思われる。銘刀第二類に表されている角張った「ヲ」の字は、斉侯鎛・夆叔匜・斉子中姜鎛などにみられる「月」の字と形が似ているので、斉で慣用されていた字体であったことがわかる。これは斉の民衆のために、燕側がとくに配慮した処置ではなかろうか。こう考えてくると、すべてが合理的に解釈できそうな気がする。なお以上の推測に大過がないものとすれば、そのころ燕では、明刀の第二類のもとになった第一類を用いたことになるであろう。

一方、「成白」の銘を有する明刀の発行事情については、はっきりした結論を下し難い。この「成白」刀は、型式といい、「明」の字体といい、右の「斉化」明刀にそっくりであるから、年代もほぼ同時であったとみて差支えなかろう。そこで、ちょうどそのころ、燕が趙の成白を一時的にでも占領したようなことがあれば、斉における場合と同様、燕の手で「成白」明刀が発行されたのかも知れない。しかし文献をいくら調べてみても、その裏付けとなるような事件は記されていないのである。それよりむしろ、成白の地が斉と何か商業上の取引があったため、同種の貨幣を用いることの便宜を考え、たまたま「斉化」明刀に模して、「成白」明刀を造ったのではなかろうか。筆者の憶測によると、このほうがより可能性に富むようである。

明刀第三類は、あらためていうまでもなく、明刀第一類が量産に移された時の変型である。背文のほとんどすべてが「左」「右」「〓」「外」のいずれかに属するのは、第一類に比べて、それだけ鋳造の機構が複雑になったことを示すのであろう。ところで、この「〓」という変った文字は、古来最も難解なものの一つとみられ、その読み方と意味については、いまだに定説がない。たとえば、『貨布文字攷』は「金」の倒書、江標の『古泉拓存』は「六」の倒書、陳介祺の『簠斉泉范目』は「易」の倒書、『奇觚室吉金文述』と『東亜銭志』は「缶」、鄭家相氏は「内」と読んでいるが、いずれも付会の説にすぎない。「左」「右」「外」がすべて正書であるのに、「〓」だけ倒書だという見方は不合理であろう。正書とみる説のうち、「缶」は最もオーソドックスな感じがするけれども、残念ながら意味をなさない。鄭氏が、「左」「右」「外」に対する文字であるから、「内」であろうと推定されたのは、一応注目に値する。(29) しかし、その論拠とするところは、いささか牽強にすぎるうえ、氏が主張されるにも拘わらず、甲骨文字のうちにこういう形の「内」の字があったとは思われない。また「左」「右」「内」「外」という組み合わせは、いかにも調子がよいけれども、この点についても疑義がある。前にも述べたように、明刀第一類の後期になると、「左」「右」だけでは間に合わなくなって、別に「㠯」というのをあらたに設けた。そしてつぎの第三類では、「㠯」が「左」「右」と同じくらいの比率を占めるに至り、しかもその下に加えられる文字は、数字・干支・その他など、ほとんど「左」「右」の場合と同様である。ところが、これに対して「外」の方は、下に「虗」(鑪)の一字を添えるのが普通で、さらにその下に他の文字を付け加えることは、例外といってよいほど少ない。このように「外」に関する限り、銘文の構成が全く特殊なのである。つまり「㠯」はあくまでも「左」「右」と組をなすものであって、「外」と対をなすものとは考えられない。「左」「右」に関連のある文字といえば、まず常識的にみて、「中」くらいのものであろう。この「㠯」が、燕だけに通用した「中」の俗字であったかどうかは、現在のところ知る由もない。しかし少なくとも、右の「内」をはじめとして、これまで行われている比定がすべて的外れであること、またその真の意味が永遠の謎として残るであろうことだけは確かだと思う。

さて、明刀第二類の年代は、すでに推定した通りであるが、第一類と第三類のそれは、果たしてどのように限定されるであろうか。つぎに、この点について考察しよう。およそ一つの国において、貨幣の型式を変えるか、実質を切り下げるか、発行量を増すか、こういうことが行われる場合には、その背後に何か政治的ないし経済的な契機が存在したはずである。いま燕の通貨であった明刀についてみれば、第一に尖首刀から明刀第一類への切り換え、第二に明刀第一類から明刀第三類への切り換えが注目されるであろう。そしてこの両度の改革は、いずれも結果の示す限りにおいて、発行量の増加を目的としていたように思われる。戦国時代になると、燕は七雄の一として急激に頭角を表し、中原の諸侯との交渉も、とみに頻繁の度を加えるに至った。こうした国力の伸長に伴い、国内の経済を充実させるために、より多くの貨幣を必要としたであろうことは、けだし想像するに難くない。在来その規格においていくらかの出入があるうえ、鋭利すぎて使用に不便であった尖首刀を、周郭をめぐらした画一的な明刀に改造し、発行量の増加を図ったという背後には、右のような事情がなかったとはいい切れないであろう。もしこの推測が当っているとすれば、明刀第一類はほぼ戦国の初期に現れたと見て差し支えあるまい。

つぎに明刀第一類から明刀第三類への変革は、どうして起ったのであろうか。この点を明らかにするためには、斉における斉刀から「□化」銭への変革を、同時に考えてみる必要がある。のちに述べるように、斉では戦国の初期から中期にかけて、各種の斉刀が用いられ、戦国の末期になると、それらに代って、「□化」「□四化」「□六化」の銘を有する円銭が現れた。円折の明刀第一類を方折の明刀第三類に改造したのは、鎔笵を製作する際の能率を考慮したためであって、粘土版に曲線を陰刻するより定規で直線を陰刻する方が、はるかに容易であったことはいうまでもない。そして、そのことはまた同時に、刀銭の量産と直接関係があったはずである。事実、これまで発見されている明刀のうちでは、第三類に属するものが、ほとんど大部分を占めるであろう。一方、すでに別稿で指摘したごとく、斉刀は三両（四八瓦）の重さを基準としているらしいのに、「□化」銭の重さはわずか二銖（一・三三瓦）ほどしかない[30]。斉刀一本と「□化」銭一枚の通用価値が等しかったかどうかは明らかでないが、斉において単位貨幣の実質を三十六分の一に切り下げたという措置の背後には、何か特別の事情があったはずである。この燕と斉における貨幣制度の改革は、果たして無関係に起ったのであろうか。

いったい先秦時代の諸国は、いずれも青銅兵器の威力の上に立つ王国、いわば「青銅王国」であり、その地金の保有量の大小が、国家の運命を左右する決定的な条件であったと考えられる。したがって、当時、各国の間に繰り返された激烈な戦闘は、その実、青銅地金の争奪戦であったとみることができるかも知れない。『墨子』の魯問篇に、

> 其の隣国を攻め、其の民人を殺し、其の牛馬・粟米・貨財を取れば、則ち之を竹帛に記し、之を金石に鏤り、以って銘を鐘鼎に為し、後世子孫に伝え遺す。

とある。しかし牛馬・粟米もさることながら、掠奪の主要な対象となったのは、結局のところ青銅製品を中心とする

貨財だったのではあるまいか。恐らく、燕は斉の大部分を占領していた五年間、斉に対して徹底的な掠奪を行い、銅器・兵器・斉刀などをはじめとする大量の青銅器やその地金を、鹵獲品として本国に持ち帰ったことであろう。およそ一国の経済において、必要にしてかつ充分な貨幣量を確保するということは、まことになみなみならぬ難事業であったに違いない。思うに燕は右の機会に乗じ、明刀第一類の型式をより簡便な第三類に改造し、その量産に拍車をかけたのではなかろうか。これは単なる推測にすぎないけれども、燕における青銅地金の急激な増加と明刀第三類の著しい量産との間には、何か必然的な関連があったような気がしてならないのである。

一方これに反し、田単が即墨の孤塁を拠点として斉の全土を回復したころ、斉においては青銅地金の極端な欠乏に悩まされていたに相違ない。地金が欠乏すれば、その価値が高騰するのは必然である。さらに単位貨幣の実質と発行高が、地金の保有量の大小によって左右されることも、あらためていうまでもない。斉が貨幣制度の復旧にいくら努力したところで、在来の斉刀のように大形な貨幣を再発行することは、ほとんど不可能な状態だったのではあるまいか。その結果、窮余の一策として、単位貨幣の実質を大幅に切り下げ、さらに魏に属するいくつかの都市[31]に倣って、あらたに円銭の制を採用し、「□化」以下の銭を発行するに至ったものと思われる。

明刀第三類はその伴出物からみて、また「□化」銭はその型式からみて、いずれも戦国末期のものであること疑いない。そこで明刀第一類から明刀第三類への変革、斉刀から「□化」銭への変革は、全く同時とはいえないまでも、ほぼ時を同じくして起った可能性があり、かつその間に何らかの関連があったと想定することができないであろうか。もしそうであったとすれば、それは多分、斉から燕に大量の青銅地金が流出したであろうところの、右の機会を措いてほかにあり得ない。わずか五年の短期間にしろ、燕が斉の大部分を占領したという事実は、両国の貨幣経済にかなりの影響を与えたと考えざるを得ないのである。私たちは、列国の興亡に伴う青銅地金の移動と貨幣経済の変動について、さらにつきつめた研究を必要とするであろう。

つぎに、明刀の出土地と出土状態について、簡単に述べておく。すでに周知のように、明刀の第一類と第三類は、燕の本拠であった河北省の北半から、その拡大地域である東北地区南部と北朝鮮にかけて、実に夥しく発見される。この点については、藤田亮策(32)・陳夢家(33)・佟柱臣(34)・王毓銓(35)の諸氏の研究もあるが、ここでは近ごろの新しい資料をも加えて、一個所から一〇〇〇本単位で出土した例をあげてみよう。なお中国の一斤は五〇〇瓦、明刀の重さは一六瓦前後であるから、その一〇〇〇本分はほぼ三〇斤に相当する。

i　『吉金所見録』に、「此刀（明刀）、尽く燕市に出づ。爾来、河間の易州、敗井・頽垣の中に於いて、毎《つね》に得る所有り。動（ややもすれば）輒《すなわ》ち数千」とある。(36)

ii　『古泉滙』は右の一条を引いたあとに続けて、「近くは道光年間に於いて、直隷境内にて新たに出づること無数なり。真定（河北省正定県）の李君宝台にて、数千余を得たり」といっている。

iii　一九三五年、河北省灤平の北門外で井戸を掘った際、地下約二米のところから、径三〇糎以上の壺が出土し、その中に少なくとも二〇〇〇本が、束になって充満していたという。(37)

iv　一九三七年、平安南道江界吉多洞で、四〇〇〇本近くが発見された。それらは、五、六本ずつ束ねて木箱に入れ、土中に埋めてあったという。(38)

v　一九四〇年、撫順市で道路を修理していた時、大きい甕の中から数千本発見された。(39)

vi　一九五二年、錦州市大泥窪で、いくつかの壺の中から、計一〇〇斤ほど発見されたという。(40)

vii　一九五二年、張家口で約一〇〇瓩が、二つの甕に詰って出土した。(41)

viii　一九五二―五三年、鞍山市羊草荘で、甕の中から七―八〇斤発見された。(42)

ix　一九五四年、承徳県八家子南台で、約四五〇〇本（重さにすると約二〇〇斤）を束にして詰めた大形灰色の甕が出土した。(43)

X　一九五七年、北京市朝陽門外呼家楼で、大量の刀銭と布銭を発掘したが、その中に明刀が二七六七本も含まれていた。これらの刀布は、何個かずつ束ねて麻紐で縛り、穴の中に順序よく積み重ねてあったという。(44)

このほか、数本・一〇本・一〇〇本単位で発見された地点をあげたら、それこそきりがない。右にあげた諸例から知られるように、明刀の大部分は、甕や壺に詰めた状態で出土するが、また木箱に入れたり、むき出しのままで埋めることもあった。さらに平安北道渭原龍淵洞や平安南道江界仲岩洞のように、小石でケールン状に覆ったり、平安北道寧辺都館洞のように石室の中に納めたり、遼寧省大石橋盤龍山のように石垣の間に隠したものもある。(45)要するに、これらの明刀は一種の退蔵物とみるべきであって、その退蔵の対象は、いつ変動するかも知れない貨幣価値（通用価値）ではなく、より恒久的な地金価値（素材価値）だったのであろう。そして所有者の不測な事故により、その所在がわからなくなってしまい、二〇〇〇有余年後の今日まで残ったものと思われる。これらの点については、布銭の退蔵の問題と関連させて、かなり詳しく述べておいたから、それを参照されたい。(46)また遼東方面で、明刀の第一類と第三類が、前漢の或る時期まで存続したことも、すでに考証した通りである。(47)

一方、明刀の第二類は、これまで燕の領域から出た例を聞かない。その出土地については、『金索』に「博山の香峪村にて刨出すること、一窖にして数百枚」とあり、王毓銓氏は「安陽明字刀、近年、山東臨淄に在って出土し、現に山東省文物管理委員会に蔵せらる」「『簠』（簠）明字刀と『安陽』明字刀、又た博山と臨淄に出づ」といい、鄭家相氏は「此の種の易（明）刀、近年出土すること、多く博山付近に在り」といわれている。(49)この種の明刀が俗に「博山刀」と呼ばれるのは、そのためであろう。はっきりした点はわからないが、とにかく斉の領域から出土することだけは確からしい。一九五四―五五年、河南省鄭州崗杜一一二号墓を発掘した折、空首布四枚・方肩方足布三枚と共に、この手の明刀の残片が一個出土した。(50)裏面についての記述がないので、斉のものか趙のものかの区別は明らかでないが、明刀出土地の南限を示すものとして注目される。

最後に、明刀の鎔笵について一言しよう。一九五八年、燕の下都跡を調査した際、城の中心からやや東南寄りにある高陌村の西北で、明刀第一類の陶笵が一個採集された。[51]五本の刀形を等間隔に並べ、鐶の下端から鎔銅を流し込むようになっている。母笵、つまり子笵を造るための原型であるところからみると、技術的には意外に進歩していたことがわかって興味深い。ほとんど唯一の資料として珍重に値する。

(3) 斉　刀

「斉刀」というと、厳密には銘に「斉」の字を冠したもの、すなわち「斉造邦」刀・「斉之法化」刀・「斉法化」刀の三種を指す。しかし型式がほとんどそれらと同じであるうえ、やはり斉国の領域で用いられたという意味では、「即墨」刀・「安陽」刀・「簟邦」刀なども、その中に含ませることができよう。ここでは『東亜銭志』の分類に従い、およそ銘のいかんを問わず、山東方面で流通した大形の刀銭を一括して、これを「斉刀」と呼ぶことにする。この場合の「斉」が、斉の都の臨淄ではなく、斉国そのものを指すことはいうまでもない。

さて、斉刀を刀銭全体の系列のどこに置くかについては、従来さまざまの説がある。王毓銓氏は、斉刀を刀銭の最も古い型式とみられたが、[52]このような説にはとうてい従い難い。すでに実用の刀子からほど遠い整った形をしていること、「斉造邦」が田斉の建国を指すと考えられること、[53]重さが三両であったのを意味するらしい標識があること、[54]鎔笵が技術的にかなり進歩していること、[55]これらの点からみて、斉刀が戦国時代に属することは、まず疑いのないところであろう。このように、斉刀の上限を戦国の初めに置くと、その先行型式として尖首刀が浮びあがってくる。明刀からの影響も、考えられないことはないが、明刀は斉刀とほぼ同じころ出現したと思われるので、その可能性は、はるかに薄いとみなければならない。むしろ斉刀は先の尖り具合が尖首刀に似ているうえ、前に述べたように姜斉が尖首刀を輸入したとおぼしい形跡もあるから、田斉が尖首刀に模して斉刀を造ったということは、ほとんど動かし難い事実のようである。

鄭家相氏が斉刀を尖首刀の後身とみられたのは正しいが、斉刀のうち「斉之法化」刀・「即墨」刀・「安陽」刀を、呂斉刀（姜斉刀）として春秋まで遡らせたのは当っていない。(56)すなわち鄭氏は、尖首刀の背に施された郭が柄の上端で切れていることに着目し、これと同じ型式を示す「斉之法化」刀・「即墨」刀・「安陽」刀をより古いものとみて春秋に当て、背の郭が柄の下端まで連続している「斉造邦」刀・「斉法化」刀を戦国に当てられた。これは一見もっともなようであるが、つぎに述べる理由によって成立し難い。まず、斉刀全体を精粗という点から段階づけると、最も優れているのが「即墨」刀と「安陽」刀で、「斉之法化」刀がそれにつぎ、「斉造邦」刀と「斉法化」刀はさらに劣ると考えられる。しかし、これは必ずしも、初鋳のものから後鋳のものへと、しだいに退化していった過程を示すものではない。かりに鄭氏の説が正しいとすれば、その国力において姜斉よりも充実していたと思われる田斉が、(57)刀銭の製作技術の点で、なぜ姜斉に及ばなかったのかという疑問が起ってくる。さらに、銘の「化」の字の書体について、その変遷をたどってみると、「斉造邦」刀――「斉之法化」刀・「即墨」刀・「安陽」刀――「斉法化」刀という系列が認められるうえ、「斉法化」刀の「化」の字は、斉刀についで田斉が発行したとみられる「□化」「□四化」「□六化」の各銭(58)の「化」の字に、そのまま接続するようである。

では、鄭氏がとくに問題とした背郭の断続は、どのように解釈したらよいのであろうか。思うに田斉が尖首刀に模して斉刀を造った際、刃の部分に厚い郭を加えるなどという創意がみられる以上、一から十までその形式を襲ったとは限るまい。「斉造邦」刀は尖首刀と違って、背郭を柄の下端まで連続させたが、「斉之法化」刀はそれといくらか趣きを変え、尖首刀のように背郭を柄の上端で断った。「即墨」「安陽」の両刀は、その規格に従ったものと思われる。そして「斉法化」刀が造られた時、それらと多少型式を変える必要から、再び背郭を連続させるという制を採用したのであろう。斉刀全体の変遷を大局から眺めると、背郭断続の問題は、どうしてもこのように解釈せざるを得ないのである。銘を改めて新しい貨幣を発行する場合、在来のものと区別するため、それといくらか型式を変えるというのは、布銭にもしばしばみられる現象であり、決して珍しいことではない。

また加藤繁博士が、「斉法化」刀を斉刀のうちで最も古いものと考え、「春秋の末期姜姓の君が斉国を領した時に造られたもの」と推定されたのは[59]、上に述べた「化」の字の書体や、のちに触れる鎔笵の点などから首肯し難い。奥平昌洪氏が「斉造邦」刀を「蓋シ斉刀中ノ初鋳ナリ」といって、これを田斉の建国にかけ[60]、また「斉法化」刀について「六字刀（「斉造邦」刀）の精ニ及バズ。蓋シ六字刀ハ開国ノ物ニ係リ、此レ後鋳ニテ漸ク簡易ニ趨キタルガ故ニ初年ノ製作ニ及バザルナリ」と説かれているのは[61]、まさに正鵠を得たものであろう。斉刀の型式や大きさがほぼ一定していて、銘の字体にも僅かの差異しか認められないのは、その流通期間があまり長くなかったことを示すものと思われる。つまり戦国の初期から中期にかけての、せいぜい一〇〇年ほどにすぎなかったのではなかろうか。戦国の末期に入ると、斉の国では刀銭に代って、「□化」「□四化」「□六化」などの円銭を発行するようになるからである。

つぎに斉刀の出土地に関しては、『吉金所見録』に左のような注目すべき記載がある。

乾隆丙午（1786）、昌陽城（山東省莱陽県）の南の趙旺荘の郷人、土を培《ほ》って斉刀百余品を得たり。三字の者、多きに居り、間〻四字の者有り。嘉慶辛酉（1801）、即墨の東北の皐虞古城にて即墨刀数十品を掘り得たり。内に安陽刀数品有り。道光辛巳（1821）、嵩陽城（山東省臨朐県）の西の閻家村にて斉刀数十品を掘り得たり。内に即墨・安陽刀各〻数品有り。壬午（1822）、即墨城の東の台上荘にて、即墨刀数十品を掘り得たり。癸未（1823）、昌陽城の東南の沢上荘にて、斉刀数百品を掘り得たり。以上の五処は余の目覩せし所の者にて、各〻数枚を搆致せり。百里の内、三十余年の間、已に五たび見ゆ。

文中に「斉刀」とあるのは、「斉法化」刀と「斉之法化」刀を指す。同書はさらに、「斉造邦」刀について「此の品、青郡（山東省青州すなわち益都県）に出づ」といい、「斉法化」刀について「今、此の刀、尽く吾が郷に出づ。而して登莱（登州すなわち山東省蓬莱県と、莱州すなわち山東省掖県の方面）尤も夥し」といい、「安陽」刀について「この刀……尽く吾が郷に出づ。而して歴下（山東省歴城県）尤も夥し」といっている。このように、斉刀（筆者の呼ぶ広い意味での）の出土地が、山東省のうちでもとくに半島部に集中しているのは、同書の著者初尚齢が半島中部の莱陽県の人であったため、その方面の情報が比較的多く手に入ったからであろう。琅邪（山東省諸城県東南）の人であった王錫棨も、『泉貨彙考』の中に、三字刀が登莱の諸郡から尤も多く出ると述べている。

斉刀が数十本も数百本も纏まって出土するというのは、明刀の場合のように、穴の中に大量に埋蔵されていたことを示すものである。しかし、こういうところが学術的に調査された例はない。ただ一九三〇年から翌年にかけて、山東省歴城県龍山鎮城子崖の遺跡が発掘された折、その上層すなわち譚国の都址といわれているところから、刀銭の柄の部分が一個発見された[62]。これは形からみて、斉刀系の断片であること疑いない。なお「斉法化」刀の鎔笵が、いくつか臨淄県の斉国故城から出土している[63]。

古銭の価格というのは正直なもので、ざらに出回っているものは安く、珍しいものほど高い。そこで『古銭大辞典』によって、各種の斉刀の平均価格を産出してみると、ただ一例しか発見されていない「簟邦」刀（二〇〇元）を最高とし、以下「斉造邦」刀（四〇元）、「即墨」刀（一八・一三元）、「斉之法化」刀（一五・三六元）、「安陽」刀（七・八八元）、「斉法化」刀（一・八四元）という順になる。もしこの価格が出土数に反比例し、出土数が発行数に正比例するとすれば、各種の斉刀の発行数を推す一つの手がかりになるであろう。

つぎに各種の斉刀につき、銘に重点を置いて解説しよう。

i　「斉造邦長法化」刀（第三図左）　「六字刀」ともいい、また略して「斉造邦」刀とも呼ばれる。全体として鋳上りはあまりよくなく、文字の彫りも浅い。尖首刀と違って全体に太い周郭をめぐらしており、背に施された郭も柄の下端まで連続している。表面の銘について、『貨布文字攷』は「斉通邦味合貨」、『古泉滙』は「斉建邦就去化」、『奇

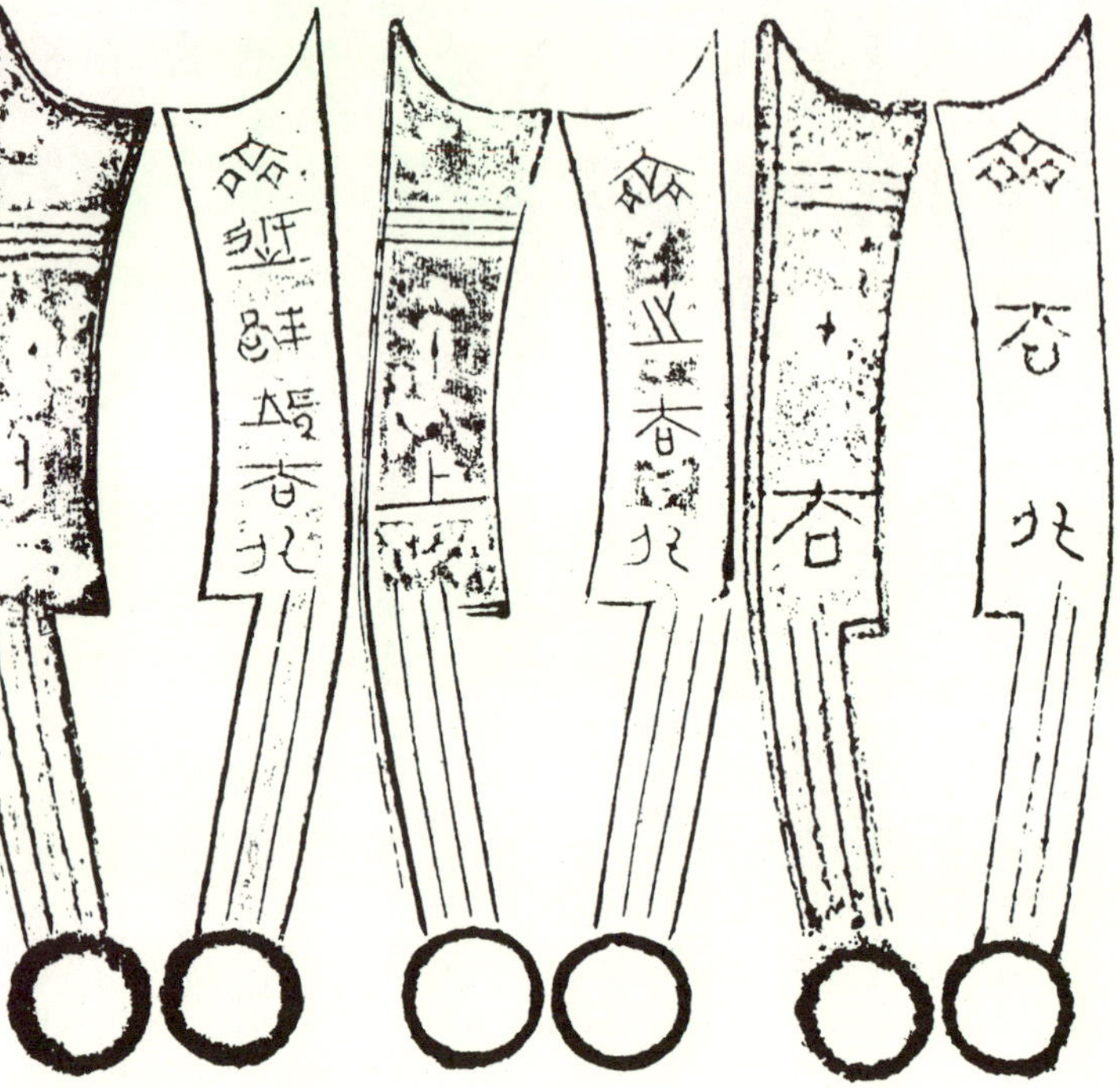

第3図　斉　刀（一）（左）「斉造邦長法化」（中）「斉之法化」
（右）「斉法化」（各1/2）

觚室吉金文述』は「斉造邦端法化」などと読んでいるが、これらはいずれも不完全で、「斉造邦長法化」と読むのが正しいようである。「斉造邦」は、姜斉ではなくて田斉の建国（386 B. C.）を指す。四字目を「[土長]」すなわち「長」とすべきことについては、郭沫若氏の『金文叢考』に詳しいが、その意味は明らかでない。一説として、鄭家相氏は「田斉建国の君、自ら称する所なり」といわれている。(64)「法化」は「法貨」で、法定の貨幣ということらしい。裏面の上部の三横画と、その下にある一つの点は、「簞邦」刀と小形の「即墨」刀を除いたすべての斉刀にみられる。筆者はかつて斉刀の重さが当時の一両（一六瓦）の三倍前後であることに注目し、この三横画は三両の意味を表す標識ではなかろうかと想像した。(65)もしそうであったとすれば、重さを表示した斉刀は、かなり進んだ経済意識のもとに造られたことになるから、その年代が春秋以前まで遡るというようなことはあり得ない。貨幣に重量ないし価値を明記する習慣は、ほかの例から知られるように、戦国になって起ったとみられるからである。三横画の下にある点は、円・楕円・鰹節・矢印・十字などさまざまな形をしていて統一がないから、おそらく文字ではなくて何かの符号であろう。「十」「甲」「丁」などと読んだ例があるが、[66]いずれも付会の説にすぎない。裏面にはこのほか、他の種の斉刀と同じように、普通、一字の銘を加えているが、これは尖首刀や明刀の場合のごとく、炉か鋳型の記号と思われる。

ⅱ　「斉之法化」刀（第3図中）　四時刀ともいう。前者の「造邦長」を「之」と入れかえただけで、型式はだいたい同じであるが、背に施された郭は、柄の上端で途切れている。出来はやや精巧で、銘もはっきりしたものが多い。「斉之法化」「即墨之法化」「安陽之法化」と並べてみると、この「斉」は斉の都、臨淄を指しているようにもみえる。なるほど『呂氏春秋』の離俗覧、挙難篇に、「寧戚……斉に至り、暮に郭門の外に宿す」とある「斉」は、確かに臨淄の意味らしい。しかし、こういう使い方は少ないのであって、『史記』の田敬仲完世家に、「田常、是に於いて、……斉を割き、安平より以東、琅邪に至るを、自ら封邑と為す」「燕将楽毅、遂に臨淄に入り、尽く斉の宝蔵器を取る」「田単、即墨を以って燕の郡を攻め破り、襄王を莒に迎えて臨淄に入る。斉の故地、尽く復して斉に属す」などとあるごとく、その多くは斉の国を指しているようである。したがって、「斉之法化」は斉国の法貨と解すべきであろう。少なくとも田斉自体は、斉国の全域に流通させせようという意気込みを以って、この刀銭を発行したに違いないと思われる。なお、この「斉之法化」刀から「法」の字を除いただけで、型式は全くそれと同じである「斉之化」刀というのが、ごく僅かながら発見されている。

ⅲ　「斉法化」刀（第3図右）　三字刀ともいう。「斉之法化」刀から「之」の字を除いたものであるが、型式は「斉造邦」刀のそれと同じで、背の部分の郭が柄の下端まで連続している。斉刀の中では最も晩く現れたもので、大量に粗製濫造されたらしく、遺品も頗る多い。なお、この「斉法化」刀に限って、石笵・土笵・銅製母笵がいくつか発見されているが、銅製母笵をもとにして一度に二本ずつ鋳造するというその方法は、先秦貨幣の鎔笵としては技術的に最も進んだもので、漢半両・五銖銭・王莽銭の鋳造法と密接な関連を持っている。これは、「斉法化」刀そのもの、ひいては斉刀全体の年代が、西周や春秋まで遡り得ないことを示す、何よりの証拠であろう。(67) 要するに、「斉法化」刀は「斉之法化」刀から転化したもので、戦国末期に「□化」「□四化」「□六化」の各銭が現れる直前まで、かなり盛んに流通したことが想像されるのである。

ⅳ　「即墨之法化」刀（第4図左）　略して「即墨」刀ともいう。「斉」の字を冠した狭義の斉刀に比べると、いくらか大形で重い。また柄の部分がやや短くて太いので、全体的に重厚な感じがする。背の部分の郭が柄の上端で途切れているのは、「斉之法化」刀や「安陽」刀と同様。作はきわめて優秀で、銘も彫りが深くて明瞭。「即墨」は「節鄿」と表されており、即は竹に従い、墨は邑に従っている。本来は「節」であったが、のちに竹冠が省略されたのであろう。また地名を表す文字に「邑」を添えるのは、先秦時代の習慣で、珍しいことではない。即墨は斉の即墨大夫の居城で、山東省平度県の東南六〇里にあるという即墨故城に比定される。この地は安陽と並び、斉における最も有力な地方都市であった。裏面に施された文字のうちでは、「闢封」ならびに「安邦」と読めるものが注目される。前者は開闢封土、後者は安定邦国という意味であろうが、これらが「即墨」刀に加えられた事情については一考を要する。王毓銓氏はこれらを証拠として、「即墨」刀は即墨がまだ独立の一邦国で斉に属していなかった時期に鋳造されたものと断じ、狭義の斉刀はその制に倣ったものであろうと推定された。(68) しかし西周や春秋の初めごろ、史書にも見えていない山東僻遠の一小国が、このように整った貨幣を創造したとは考えられない。一方、鄭家相氏の説によると、斉は春秋の末期に即墨を滅ぼして「即墨」刀を発行し、その初鋳のものに「闢封」の二字を、やや後鋳のものに「安邦」の二字を、それぞれ加えたのであろうという。(69) だが、「即墨」刀の年代を春秋まで遡らせること自体に問題があるうえ、斉の国が発行した貨幣に地方の一都市の名を冠するというのも不自然である。そこで、筆者の説のように「即墨」刀

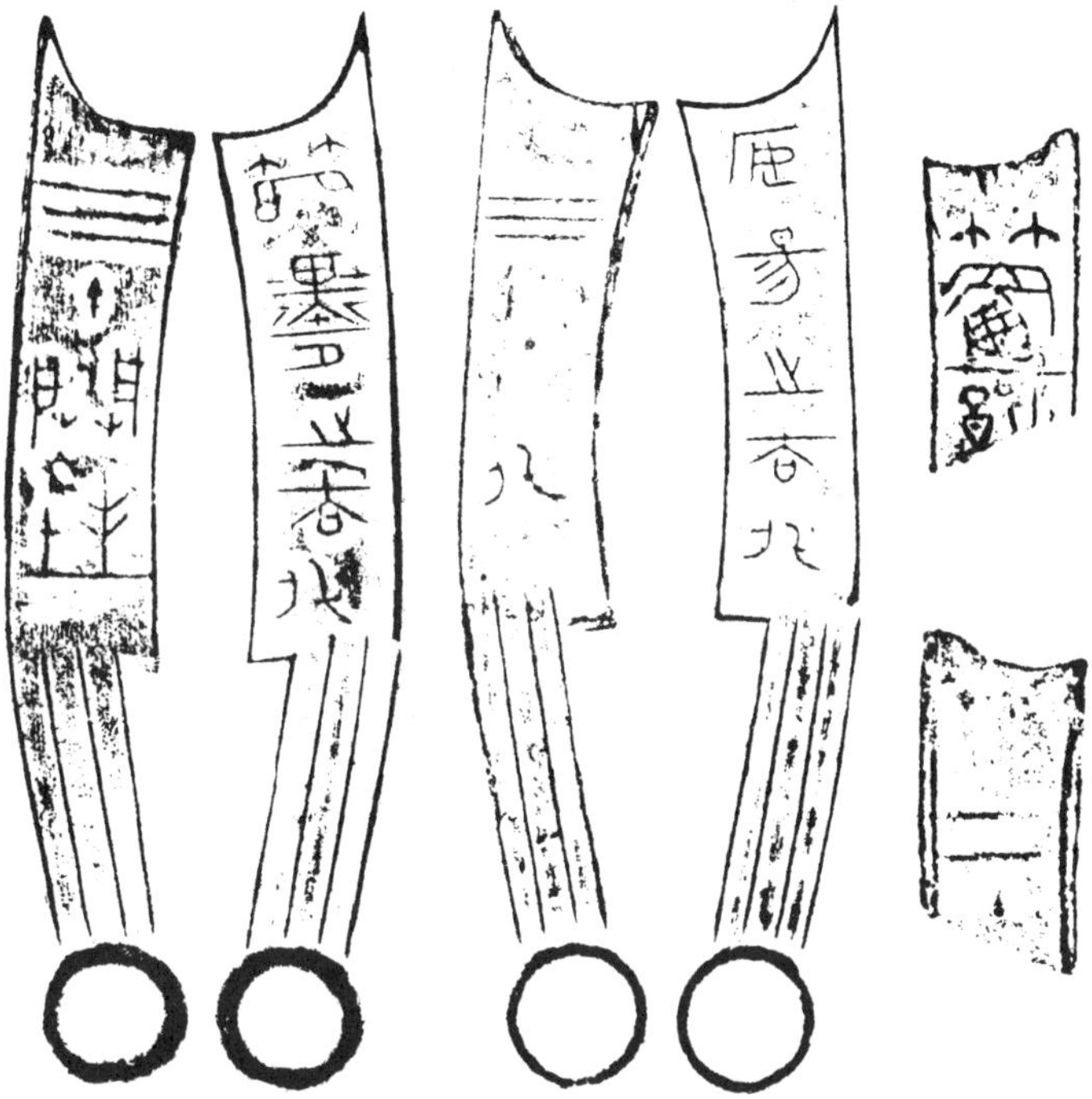

第4図　斉　刀（二）（左）「即墨之法化」（中）「安陽之法化」（右）「簟邦」（各1/2）

が戦国のものであったとすると、それに「闢封」「安邦」などという文字が施されるに至った、何か特別の契機がなければならない。『史記』の田敬仲完世家を見ると、威王九年（348 B.C.）の条に、左のような注目すべき記事がある。

威王、即墨の大夫を召し、之に語って曰く「子の即墨に居るより、毀言、日に至る。然れども吾、人をして即墨を視しむるに、田野闢け、民人給《た》り、官、留事無く、東方以って寧し。是れ子の吾が左右に事え、以って誉れを求めざるなり」と。之を万家に封ず。

これによると、即墨は戦国の初めごろには、かなり経済的に充実していたことがわかる。即墨の大夫が、刀銭の発行を許されたのは、右の事件の直後ではなかったろうか。許されたというより、その実力が物をいって、黙認された形になったのかも知れない。そこで彼は、田斉の「斉之法化」刀に倣って「即墨之法化」刀を鋳造するに際し、威王から受けた破格の恩賞に報いるため、まだ草創期にあった田斉の前途を祝して、「闢封」「安邦」の文字をその裏面に加えたのであろう。したがって、「即墨」刀はあくまでも即墨で発行されたものであるが、問題の銘はどうしても田斉のためのものでなければならない。もし以上の推測に大過がないとすれば、「即墨」刀と対をなす「安陽」刀の年代もおのずから見当がつくし、「斉造邦」刀と「斉之法化」刀がほとんど相前後して発行されたらしいことも知られる。なお右の「即墨」刀の退化型式らしい、「即墨法化」の四字銘を持つものが、いくつか発見されている。標準型よりずっと小さく、作りも粗雑で、裏面に三横画が施されていない。

v　「安陽之法化」刀（第四図中）　略して「安陽」刀ともいう。前者とほとんど同型式で、出来もすこぶる精巧。「安易」は「安陽」と同じで、『史記』六国表の斉の宣王四十四年（412 B. C.）の条に、「魯・莒・及び安陽を伐つ」とあるのに相当する。また『後漢書』の趙彦伝に「莒に五陽の地有り」といい、その李注に「城陽・南武陽・開陽・陽都・安陽を謂う。並びに莒に近し」といっている。燕の昭王二十八年（284 B. C.）、将軍の楽毅が斉を伐った時のことを伝えた『史記』燕召公世家の記事に「斉の城の下らざる者、独り唯だ聊・莒・即墨のみ。其の余は皆、燕に属す」(70)とあるように、莒は即墨と並んで、当時、斉における最も有力な地方都市であった。しかも一方の即墨からは、上述の「即墨」刀が発行されている。したがって、この刀銭の銘にみえる「安陽」を、莒の五陽の一つであった安陽に比定することは、きわめて自然であろう。その位置は、山東省の莒県付近に当たる。国都の臨淄をはじめとして、斉の七十余城が燕の手中に陥った時、莒と即墨だけがよく弧塁を守り続けたというのをみても、その実力のほどが窺われよう。田単は即墨を軍事拠点として、みごと反撃の機をつかんだ。すなわちこの地に拠った彼は、有名な火牛の計で燕の包囲軍を撃破し、一挙に斉の失地を回復したのである。一方、田敬仲完世家には、「姜斉の末年、景公は高昭子と国恵子を相としたが、彼らは田乞と事を構えて敗れ、高昭子は殺され、国恵子は莒に走った。また燕将楽毅が斉都臨淄を陥れた時、湣王は莒に走って楚将淖歯に殺され、子の法章は莒に在ること五年、立って襄王となり、臨淄に帰還した」という意味のことが記されている。このように、莒は田斉にとって、一つの重要な政治的拠点であった。なお安陽が莒を代表する地位にあったことは『文献通考』の銭幣考に「斉・莒、之を刀と謂う」とあるのが、狭義の斉刀と「安陽」刀を指しているらしいことからも推測される。ただし、この一条のもとになった記録が何であったかは明らかでない。(71)「即墨」刀と「安陽」刀が狭義の斉刀に比べて、目方がいくらか重く出来も精巧なのは、或る点ではむしろ国都の臨淄をも凌ぐ、その優れた経済力によるのではなかろうか。「斉之法化」刀に模して「安陽」刀が造られたのは、「即墨」刀と同じく田斉建国の日も浅いころと思われるので、こうした想像も一応は可能であろう。

vi　「簟邦」刀（第4図右）　『薬雨古化雑詠』にただ一例みえているもので、上部約三分の一の断片にすぎないが、斉刀の部類に入ることだけは確かである。或いは、ii・iv・vの例のように、下の欠けている部分には「之法化」の三字があったのかも知れない。上の字は「簟」と書かれているが、これは簟と同じで、かつ「譚」に通じ、前に触れた譚国故城に比定される。原字が竹に従っているのは、節鄒（即墨）の「節」の場合と同様。下の字は下半が欠けているけれども、「邦」であることはまず疑いない。裏面の横画が二本しかないのは、この刀銭だけにみられる特色である。譚は西周以来の小国であるが、斉の桓公二年（684 B.C.）、斉のために滅ぼされた。そこで王毓銓氏は、この刀銭はそれ以前、すなわち、譚がまだ邦国として独立していた時期に鋳造されたものであろうという。(72)しかし『周礼』の天官、大宰に「一に曰く、邦中の賦」とある条の鄭注に「邦中とは城郭在る者なり」といい、『儀礼』の既夕礼に「邦門に至る」とある条の同じく鄭注に「邦門とは城門なり」といっているのをみると、この「簟邦」の「邦」は邦国を意味するとは限らず、都ないし邑と解してもよさそうである。鄭家相氏が「古の邦と称するは、邑と称するに同じ」といわれたのは正しいが、「蓋し斉桓、譚を滅ぼしたる後、譚の地に於いて鋳たる者ならん」とされたのは、王氏と同じく年代を釣り上げすぎる点で従い難い。(73)恐らくこの刀銭は、「斉之法化」「即墨之法化」「安陽之法化」の各刀が流通していたころ、それらに模して造られたものであろう。ただし、譚が戦国初期のころとくに有力な地方都市であったという記録はない。なお前にあげた城子崖出土の刀柄は、その場所柄からみて、或いはこの種の刀銭の断片かも知れないと思われる。

前に述べたように、春秋の末年ごろ、姜斉は燕から標準型の尖首刀を輸入し、上半を斜めに截断した形に変造して使用したらしい。そして、恐らくこのことが契機となり、戦国の初めに田氏が斉国を奪うと、標準型の尖首刀に模して、「斉造邦」刀を発行するに至ったものと思われる。貨幣の鋳造権を掌握することが、全国の経済を統制し、中央集権の実をあげるうえに、不可欠な条件であったことはいうまでもない。田斉は「斉造邦」刀についで「斉之法化」刀を発行したが、こうした意図は必ずしも成功せず、地方の有力都市であった即墨や安陽からも、それと並行して同型式の刀銭が発行されている。

『史記』の燕召公世家[74]に、

孟軻、斉王に謂って曰く「今燕を伐つは、此れ文武の時なり。失う可からず」と。王因って章子をして五都の兵に将とし、以って北地の衆に因り、以って燕を伐たしむ。士卒戦わず、城門閉じず。燕君噲死し、斉大いに勝つ。

とあるが、ここにいう「五都」とは、どこを指しているのであろうか。索隠には「五都は即ち斉也。按ずるに臨淄は是れ五都の一也」といい、中井積徳は『史記雕題』に「五都は並びに国外の別邑を指す也。臨淄の若きは是れ国治にして、必ず其の数に在らず」といっている。そこでいろいろ調べてみると、『孟子』の公孫丑章句下に、

孟子、平陸に之《ゆ》き、其の大夫に謂って曰く、……他日、王（斉の宣王）に見えて曰く、「王の都を為《おさ》むる者、臣、五人を知れり。……」

とあるのが注目される。つまり、「王の都を為むる者」というのは首都の臨淄を除いた地方都市の長官であること、平

陸の大夫がその中に含まれていること、召公世家にいわゆる「五都」とはこれら五つの地方都市にほかならぬことが知られるであろう。恐らくこの「五都」というのは、大夫の置かれていた即墨・阿（東阿）・平阿・平陸(75)に、太史の置かれていた莒を加えたものではあるまいか。莒は安陽以下の五陽から成る大都市――というよりむしろ都市連合か――であったため、とくに太史が置かれたのかも知れない。

田斉の武器銘を調べてみると、平阿や平陸などを含むものが多数あるのに拘らず、首都と並んで刀銭を発行した即墨や安陽などの地名は、これまで一つも見出だされていない。したがって、一口に地方都市といっても、即墨や安陽の場合は、経済都市的な色彩が著しく濃厚であったといえよう。しかしこれらの両都市が、斉の国家の統制を離れて、勝手に刀銭を発行したわけではない。「斉之法化」刀・「即墨」刀・「安陽」刀の三者を比較してみると、規格がほとんど合致しているうえ、裏面の文字のうちにも、共通のものが少なくないからである(76)。要するにこれらの刀銭が、何らかの協定のもとに発行されたことだけは疑いない。建国の日もまだ浅い田斉では、貨幣の鋳造能力に限度があったため、不本意ながらも地方都市の経済力に、或る程度依存せざるを得なかったのであろう。田斉が貨幣の鋳造権を完全に掌握したのは、「斉法化」刀を大量に発行することができるようになってから以後のことと考えられる。

(4)　円首刀

首部が円みをおびているため、普通「円首刀」と称するが、もともと趙の刀銭なので、べつに「趙刀」ともいう。王毓銓氏らは「直刀」と呼んでいるけれども(77)、僅かながら内側に彎曲しているから、この名称は適当でない。周辺に細い郭を周らし、柄の部分には、表面に二条か一条、裏面に稀に一条の凸線を、それぞれ鋳出している。鐶は他の刀銭と同様、いくらか厚めに出来ているが、総じて縦長のものが多い。またきわめて稀に、鐶が柄の部分と同じ厚さに造られていて、郭がその周辺まで及んでいる例がある。

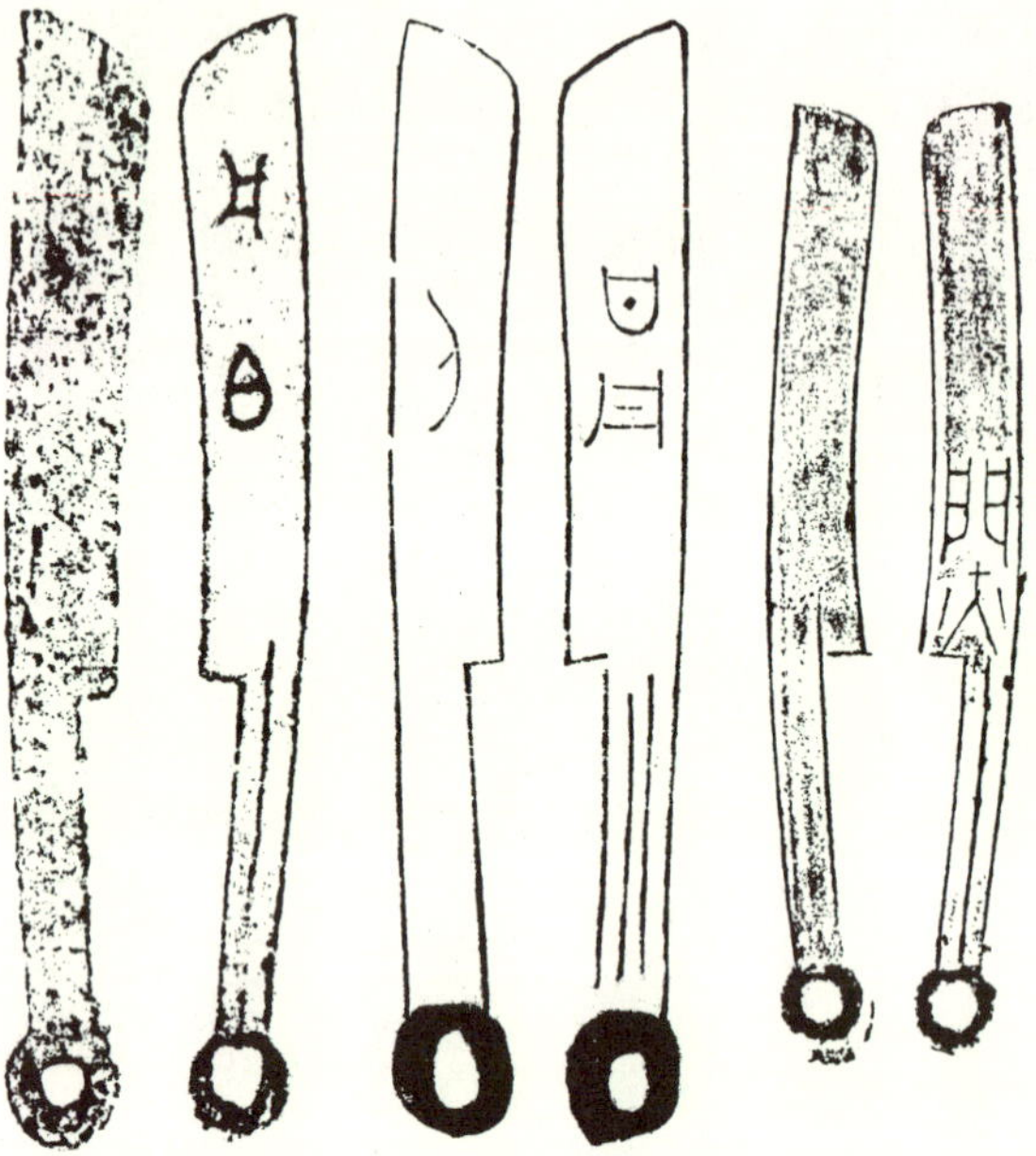

第5図　円首刀（左）「成白」（中）「甘丹」（右）「藺」（各 3/5）

全体の形は、尖首刀よりむしろ円折の明刀に近い。明刀第二類にみられる「成白」という地名が、しばしば円首刀に表されていることは、両者の関係を示すものとして注目に値する。趙はもともと布銭の流通圏に属し、尖足布や方足布を用いていたが、敬侯元年（386 B. C.）、中牟（河南省湯陰県西）から邯鄲（河北省邯鄲市西南）に都を遷すに及んで、燕の幣制の影響を受け、明刀に倣って円首刀を発行するに至ったのであろう。しかもその時期は、つぎに述べるような手がかりによって、さらに限定されてくる。「成白」の銘を有する明刀は、燕が斉の大部分を占領していた五年間（284～279 B. C.）に発行した明刀と、型式や「明」の字体が全く同じなので、やはりそのころのものであったに相違ない。成白（成柏）の地で発行された円首刀（第5図左）は、恐らく右の明刀第二類の形を模したものであろう。したがってその年代も、おのずから見当がつくことになる。甘丹（邯鄲）の銘を伴う円首刀（同図中）も、多少の前後はあったにしろ、ほぼそれと同じころ、同じような事情によって出現したらしい。趙の都の邯鄲と地方都市の成柏では、円首刀を用いるようになってから、他のいかなる種類の貨幣も発行しなかった。それは、戦国末まで流通したと考えられる方肩方足布・円肩方足布・円肩円足布・三孔布・円銭などに、「甘丹」と「成白」の銘が全然みられないことからも明らかである。つまり円首刀は、270 B. C. 前後を上限とし、趙が秦に滅ぼされた 228 B. C. ごろを下限とする約四〇年の間、趙の東部を中心として流通したのであろう。

円首刀の表面に施されている銘には、すでにあげた「甘丹」と「成白」のほかに、「白人化」「白化」「白人」「白」の四種がある。奥平昌洪・王毓銓氏らが「白化」を「白人」と読まれているのは誤りで、(79)「化」と「人」は明らかに字形が違う。「白」と「化」はそれぞれ「柏」と「貨」の略、「白化」と「白」はそれぞれ「白人化」と「白人」の略であり、柏人は明刀第二類の項で説明した通り、成柏と同一地点を指すらしい。裏面には数字、またはその他の文字を表しているが、これらは炉か鋳型の番号ないし記号と考えられる。

円首刀は尖首刀・明刀・斉刀に比べると、銭譜に収録されている数ははるかに少ないが、学術的に発掘あるいは発見された頻度は明刀につぎ、左の五例をあげることができる。

i　一九四〇年、わが東亜考古学会の調査団は、邯鄲の趙王城の龍台後方中央土台から、明刀第三類の残片と共に、刀銭の柄の下半部を一個発掘した。(79)鏽化の度が甚しく、二つに折損しているが、これを接合すると、長さ約五・一糎を計る。鐶の部分がやや細長く、その末端が切り取られたような形をしているので、円首刀の残片であることと疑いない。その出土地からみて、恐らく「甘丹」刀であろう。

ii　一九五〇年、雁北文物勘査団の一行は、大同の西南約七五粁の地点にある山西省山陰県で、一つの故城跡を踏査した際、尖（方）肩尖足小布を数枚と刀銭の残片を一個採集した。(80)後者は鐶の部分にすぎないが、縦に長いので円首刀であることがわかる。

iii　一九五四年、河北省承徳県八家子南台から、大量の明刀と共に、「白人」刀が二本と無銘の円首刀が一本出土した。(81)

iv　一九五七年、北京市朝陽門外呼家楼で、大量の刀銭と布銭を発掘したが、その中に「甘丹」刀が一一七本も含

まれていた。(82)

Ⅴ　一九六三年、河北省石家荘市東郊の常山で、多数の明刀が出土した際、「甘丹」刀と「白人」刀も幾本か発見された。(83)

なお学術的に発掘された例ではないが、一九五六年から六〇年にかけて河北省の廃銅を整理した折、約三〇〇〇件の貨幣が発見され、そのうちに「成伯」刀（数は不明）が含まれていたという。(84)ほかに明刀もあったというから、この「成伯」刀なるものが円首刀であったことは疑いない。

右の諸例から知られるように、円首刀の分布は趙の都であった邯鄲を南の限界として、そこから北の方に広がっており、趙の領域では今の石家荘を経て山陰県まで、燕の領域では今の北京を経て赤峰にまで及んでいる。円首刀が流通していたと思われる戦国末期のころ、晋陽（山西省太原）を中心とする趙の西部では、おもに方肩方足布が用いられていたらしい。そしてこの方面からは、円首刀は発見されていないのである。

全く系統を異にする刀銭と布銭との間に、果たしてどのような関係があったかは疑問であるが、同一の地域で両者が併用されたという場合は、ほとんどなかったのであろう。もしそれが多少あったとすれば、戦国もごく末のころになって、幣制が乱れたために起った特殊な現象と考えられる。したがって、布銭の流通地域に侵入した刀銭は布銭に、刀銭の流通地域に侵入した布銭は刀銭に、直ちに鋳直されるというのが実情だったのではなかろうか。(85)これに反して、種類の異なる刀銭どうし、布銭どうしの間には、或る程度の交流があったとみてよかろう。いくらか形は違っているとはいえ、もともと同系統の刀銭であるから、円首刀が明刀の流通圏である燕の領域に侵入したとしても、べつに不思議ではあるまい。円首刀が出土する石家荘と邯鄲の遺跡から、共に明刀が発見されていることは、その逆の現象を示すものとして注目される。

前にもしばしば触れたように、刀銭なるものは国家が発行するのを原則としたが、円首刀の場合はその線が最も薄く、首都の邯鄲や地方都市の柏人（成柏）が個々に発行したもののようである。趙はもともと布銭の流通圏に属する国であり、邯鄲もかつては尖肩尖足空首布や尖肩尖足大布を発行していた。しかし従来の出土資料が示すように、趙の領域で布銭が盛んに用いられたのは、太行山脈の西側に当たる地方、とくに晋陽を中心とする山西中部であった。邯鄲が布銭に見切りをつけ、柏人と連合して独自の刀銭経済を樹立したのは、こうした貨幣経済における劣勢を一挙に挽回しようと図ったからであろう。文献の上からは窺い得ないが、柏人が当時かなり有力な経済都市であったことは疑いない。恐らく布銭の場合と同様、これらの都市に商人の連合体のようなものがあって、互に協定し、かつ規格を合わせながら、円首刀の鋳造と発行に当っていたのであろう。

こう考えてくると、同じ趙の領域でありながら、太行山脈を中に挟んで、貨幣経済の中心が二つあり、東側は刀銭を、西側は布銭を、それぞれ用いていたことになる。首都の邯鄲が刀銭の流通圏に属していた以上、刀銭が趙の国家財政の一翼を担っていたであろうことは、推測するに難くない。しかし晋陽方面を中心として発行された布銭が、どのようにして趙の国家財政に組み入れられたかという点になると、少なくとも現在の段階では、不明というほかはない。趙という一国内における刀銭と布銭との対立は、むしろ政治権力の問題から切り離して、これらの貨幣を媒介としてそれぞれ特定の物資を交易していた、都市グループ間の経済的対立とみた方がよさそうである。つまり、このような事態を解決できなかったのは、趙の支配層が地方都市の経済力に押されて、通貨の統一を図るほどの余裕を持たなかったからであろう。そして、それはまた同時に、趙の国家財政の中で貨幣の占める比率があまり大きくなかったこと、ひいては、その国の経済基盤が堅固でなかったことを反映するものと思われる。(86)

なお、これはきわめて特殊な例であるが、「藺」の一字を表面に表した円首刀（第5図右）が数本知られている。右にあげた標準型のものより小形で、反りがやや著しい。鐶の部分を除く全体に郭を周らし、柄の表面に一条の凸線を鋳出している。藺は山西省離石県の西に当り、もと晋の邑であったが、戦国になって趙に入った。鄭家相氏の記述によると、この種の円首刀は、近年汾河の中流域で出土するという。(87) 邯鄲から藺までは、直線距離にして三〇〇粁以上もあるが、円首刀の発行をめぐって、両都市の間に何か特別の協定がなかったかともいいきれない。いったい、藺というのは変ったところで、問題の円首刀をはじめ、尖首刀・尖肩尖足大布・尖（方）肩尖足小布・方肩方足布・円肩円足布（大・中・小）・円銭など、実に九種類もの貨幣を発行しているのである。先秦貨幣の種類の大半が一つの都市から出ているというのは、まことに珍しい現象であり、このような例は全くほかにみられない。文献上の裏付けはないけれども、藺は山西西部における商業の中心地として、かなりの経済力を持っていたらしく、他の地方の都市との取り引きも盛んであったため、とくに多くの種類の貨幣を必要としたのであろう。尖肩尖首足大布の銘に邯鄲と藺の両者がみられるところから、かつてこれらの両都市は同じ貨幣経済圏にあったことがわかる。したがって円首刀の場合も、大きさや形がいくらか異なるとはいえ、共に同型式の刀銭に属する以上、互に交渉がなかったとは限らない。

(5) 方首刀

円首刀から転化したものらしいが、首部が角張っているので、普通「方首刀」と呼ばれる。また反りがないので、「直刀」ともいい、さらに魏の刀銭なので、「魏刀」とも称せられる。これまで出土した例はきわめて少なく、もちろん学術的に発掘されたものもない。円首刀よりずっと小形で、作りも粗雑である。鐶を除く全体に郭を周らしているが、柄に縦の凸線は施されていない。身の部分の表面に、「晋易化」（第6図左）・「晋化」（同図中）・「晋易親化」（同図右）・「晋半」という四種の銘のいずれかを表している。「易」「化」「亲」はそれぞれ「陽」「貨」「新」の略、「晋化」「晋半」はそれぞれ「晋易化」「晋易半化」の略であろう。「晋半」の銘を持つものは、他の半分の値打ちしかなかったので、形もひとまわり小さい。

ところで、ここにいう「晋陽」は、尖肩尖足大布や尖（方）肩尖足小布に表されている「晋陽」（山西省太原）、すなわち、春秋のとき晋に属し戦国になって趙に入ったところとは、別の地を指しているらしい。なぜならば、両者の「晋」の字の形が全く違うばかりでなく、この方首刀と同じ字体の「晋陽」は、魏の領域で流通した方肩方足円股布や円肩方足布に見受けられるからである。そこで、魏に晋陽という都市があったかどうかを調べてみると、『史記』六国表の哀王[88]（襄王）十六年（303 B.C.）の条に「秦、我が蒲坂・晋陽・封陵を抜く」とあるのが注目される。魏世家の同王同年の条には「秦、我が蒲阪・陽晋・封陵を抜く」となっているけれども、これについては索穏に「紀年は晋陽・封谷に作る」といい、正義に「陽晋は当に晋陽に作るべき也。史文誤れり。括地志に云う『晋陽故城、今の名は晋城にして、蒲州虞郷県の西三十五里に在り』……」といっているから、恐らく「晋陽」と呼ぶ方が正しいのであろう。蒲坂と封陵は、いずれも山西省西南隅の永済県付近に比定されるので、晋陽をその東隣にある虞郷県（現虞郷鎮）の西に当てた『括地志』の説は、何らかの根拠があったものと思われる。

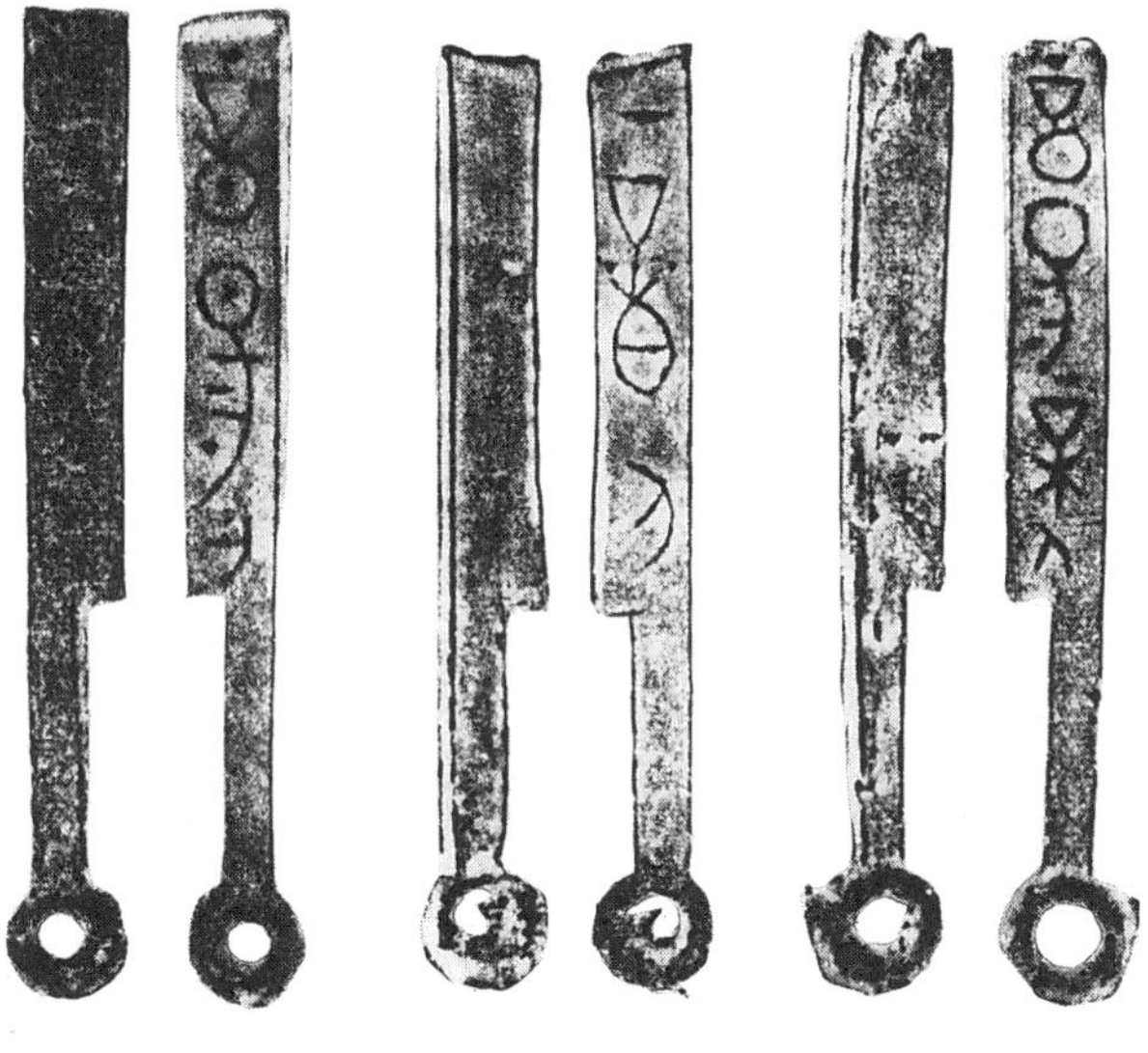

第6図　方首刀（左）「晋陽化」（中）「晋化」（右）「晋陽新化」（各 2/3）

方首刀はその型式からみて、円首刀の系統を引いていることは確実であるが、発行と流通の面において、両者の間に直接関係があったかどうかは疑わしい。第一、晋陽は邯鄲や藺からの距離が遠すぎるうえ、第二に、同じく刀銭であるとはいえ、方首刀はその大きさや形が、かなり円首刀と違っているからである。では、方肩方足円股布や円肩方足布を使用していた晋陽は、なぜこういう特殊な刀銭を発行する必要があったのか。現在のところ、この解答はきわめてむずかしいが、かりに筆者の憶測を述べれば、ほぼつぎの通りである。

近日発表の別稿(89)で指摘するように、方肩方足円股布とそれに続く円肩方足布は、魏の領域の主要部に流通した貨幣であり、中でも首都の安邑で発行した安邑釿布と、大梁遷都後の発行にかかる乗馬幣とは、その代表的なものであった。ところが戦国末になって、大梁で在来の実体貨幣を名目化した結果、乗馬幣の信用が下落し、ひいてはそれと同型式の円肩方足布を使用していた都市の間に、大梁の通貨政策に対する不満が高まってきた。そしてついに、それらの都市のいくつかが連合して、首都の経済圏から離脱し、全く新しい形の円銭を発行するに至ったのであろう。円肩方足布の流通圏にあった晋陽が、方首刀というきわめて特殊な貨幣を採用したのは、右の時機を措いてほかにはあるまい。本来ならば円銭に切り替えるはずのところ、何か不利になるような特別の事情があったため、敢えて独立の経済圏を設立することに踏み切ったのではなかろうか。

方首刀の銘に晋陽以外の地名がみられないのは、その流通範囲が限定されていたことを示すものである。つまり方首刀は、晋陽を中心とする地域にあったいくつかの商人連合が、相互の利益のみを目的として発行した封鎖的な通貨であり、先秦貨幣のうちでもきわめて特異な性格を持つものとして注目されよう。戦国も末のころとなれば、秦の圧倒的な攻勢によって、魏の国土は寸断され、国家権力は危殆に瀕し、都市の間の経済も混乱してくる。方首刀は、こういう情勢を背景として生れた、一つの奇形児的な存在といえるかも知れない。

結

以上で五種の刀銭についての各論を終えたが、記述がやや多岐にわたったので、最後に問題点を少し整理しておきたい。

『墨子』の経説篇下に「王刀変ずるなくして糴に変あり」、すなわち「王の発行した刀銭の価値に変動があるのではなくて、穀物を買い入れる値段に変動があるのだ」といっているのは、刀銭の鋳造権が原則として王つまり国家にあったことを示すものであろう。ここにいうところの「刀」が、いかなる種類のものを指しているのかは明らかでないが、はっきり「王刀」といい切れるのは、燕の尖首刀と明刀くらいのものである。(90) 田斉はその建国に当り、尖首刀に模して「斉造邦」刀を発行したが、貨幣の鋳造権を掌握するまでにはかなりの年月を要し、その間、地方の有力都市であった即墨と安陽から、「斉之法化」刀と全く同型式の「即墨」刀と「安陽」刀が発行されている。趙の円首刀や魏の方首刀になると、国家権力との関係は更に薄く、いずれも布銭の場合と同様、都市を単位として発行されたらしい。要するに、刀銭に関する限り、国家的統制の最も強かったのは燕で、斉がそれにつぎ、趙と魏はほとんど問題外であったといえよう。

いずれ姉妹篇の「布銭考(91)」で述べるように、布銭が流通していた黄河中原の地方は、古くから農業の盛んなところで、大小の都市が散在していた。そして、それらの都市のうちいくつかは、国境を超えて互に協定を結び、一定の規格に従って布銭を発行していたらしい。一方これに反し、北辺に偏在する燕の場合は、農業が不振であった当然の結果として、領内に地方都市の数が少なく、まして国都に対抗し得るほどの武力や経済力を持つものは、存在しなかったようである。恐らくこのことが、燕に中央集権的な体制を固めさせ、ひいては貨幣鋳造権の掌握を可能にさせたのであろう。いったい黄河中原の農業国家では、穀物がかなり貨幣の代用としての役割を果たし、田租や官吏の俸禄なども、ほとんどそれで賄われていたらしい。ところが文献によると、燕では穀物の生産が少ない代りに、棗・栗・魚・鹽・絹・家畜など、雑多な産物があった。これらの現物で国家財政を運営するとなると、その煩瑣加減は推して知るべきである。こうした不便を解消させるには、どうしても或る程度貨幣の力を借りなければならない。燕の国家自体が貨幣を必要とするに至ったのは、右のような事情に関係があるのではなかろうか。これを裏返していうと、布銭の流通圏にあった国々は、国家財政の大部分を穀物に依存していたため、貨幣の鋳造と発行の面で、都市の商人[92]たちに後れを取ったのかも知れない。

刀銭については、まだ重要な疑問が沢山のこっている。たとえば、国家の発行した刀銭が、どういう経路で民間に流れ、どういう経路で回収されたか。[93]官吏の俸禄や各種の租税、こういうものに刀銭がどの程度関係していたか。国家が刀銭の収支をどのように管理して、予算を立てたり発行量をきめたりしたか。[94]また国都と地方都市の間には、刀銭の発行と運用に関して、どんな協定があったか。地方都市の発行した刀銭を、国家はどんな方法で吸い上げ、どの程度その財政の足しにしたか。刀銭・布銭・円銭の間には、全然交流がなかったか。もしあったとすれば、それぞれのレート関係はどうだったか。……等々、数えあげればきりがない。むしろ、こうした疑問の解明こそ、刀銭の研究にとって最も重要であり、かつ興味深いことであろう。しかし拠るべき文献がほとんど皆無に等しい今日、残っている刀銭の実物からだけでは、何とも手の施しようがない。この点、筆者の深く遺憾とするところであるが、今後もさらに研究を続けて、手がかりの発見に努め、そのうちのいくつかは必ず解明したいと思っている。

註

（1）「先秦貨幣雑考」（『東洋文化研究所紀要』二七、一九六二）。
（2）「中国の古代貨幣」の刀銭の項（『古代史講座』九、学生社、一九六三、三五六―三六〇頁）。
（3）「中国初期鉄器文化の一考察」（『中国考古学研究』東京大学出版会、一九六三再版）一八六頁、「新耒耜考」（『東洋文化研究所紀要』一九、一九五九）三六―四四頁。
（4）拙著『半瓦当の研究』（岩波書店、一九五二）六二頁。
（5）江上波夫・水野清一『内蒙古・長城地帯』（東亜考古学会、一九三五）第二篇「綏遠青銅器」四六頁。

（6）鄭家相『中国古代貨幣発展史』（三聯書店、一九五八）六六頁。
（7）藤原正義「代王城出土品に就いて」（京城帝国大学大陸文化研究会編『蒙疆の自然と文化——京城帝国大学蒙疆学術探検隊報告書』（古今書院、一九三九））二六七頁。
（8）註（6）参照。
（9）拙稿「斉都臨淄の調査」（『中国考古学研究』所収）二六九頁。
（10）既陶「山東省普査文物展覧簡介」（『文物』一九五九の一一）二九—三〇頁。
（11）『中国古代貨幣発展史』七〇頁。
（12）註（9）参照。
（13）鄭家相「燕刀面文『明』字問題」（『文物』一九五九の一）三六頁。
（14）陳鉄卿「一種常見的古代貨幣——明刀」（『文物』一九五九の一）三八頁。
（15）『中国古代貨幣発展史』八三頁。
（16）丁福保『古泉学綱要』。
（17）陳夢家「西周銅器断代（二）」（『考古学報』一〇、一九五五）一二八頁。
（18）王毓銓『我国古代貨幣的起源和発展』（科学出版社、一九五七）五四頁。
（19）『吉金所見録』や『古泉滙』などが、「成白」をもとの魯の地にあった郕白と解したのは誤りで、『貨布文字攷』に「成を按ずるに、史記の三代表に成侯国有り。索穏、鉅鹿に属す。戦国の時、趙の地と為る」といっているのが正しい。柏人は『左伝』哀公四年（491 B.C.）の条に「荀寅を柏人に納る」といい、『史記』の趙世家に「晋の定公二十一年（491 B.C.）、簡子、邯鄲を抜き、中行文子、柏人に奔る。簡子、又た柏人を囲む。中行文子・范昭子、遂に斉に奔る。趙、竟に邯鄲・柏人を有つ」とみえるところで、『読史方輿紀要』直隷、順徳府、唐山県（現堯山鎮）の条に「柏人城、県の西十二里、……」とあるのに相当する。
（20）「一種常見的古代貨幣——明刀」三七頁。
（21）この点については、西田守夫氏の詳細な研究がある。すなわち氏は、燕の武器銘を郾王銘形式と紀年相邦銘形式とに分け、後者はいわゆる「物勒工名」形式の一種とみて、その文例の範式を「紀年・相邦名・邦・左（右）軍・工師名・工名（？）・武器銘（?）」とされた。氏の東大文学部卒論「燕の文化の一側面——武器銘を中心として」（一九五五）による。

(22) 羅振玉『俑廬日札』に「燕・趙の匋器は多く工人の姓を著す。右匋攻湯・左攻口・匋攻口の類を曰うが如し。攻は殆んど即ち工の字なり」といっているが、これは燕の方だけに当て嵌まることらしい。東大考古学研究室には、燕の下都址（河北省易県）から出土したという土器が二つあり、その一つには「廿二年正月、左匋有、左匋□造、左匋倈湯□□」の銘が押してある。また一九五八年、燕の下都址から、「十年十月、左匋尹、左匋倈□、敀□」「廿三年十月、左匋尹、敀朝陽」「左匋攻秦」などの銘を伴う土器片が発見された。中国歴史博物館考古組「燕下都城址調査報告」（『考古』一九六二の一）一七・一八頁参照。

(23) 鄭紹宗「熱河興隆発現的戦国生産工具鋳範」（『考古通訊』一九五六の一）、中国科学院考古研究所『新中国的考古収獲』（文物出版社、一九六一）六二・六四・六五頁。

(24)『我国古代貨幣的起源和発展』六二—六三頁。

(25)『同右』六三頁。

(26)『中国古代貨幣発展史』一六四—一六五頁。

(27) 原字は〓。この字の読み方については、いろいろの説がある。「賹」と読むのが比較的穏当と思われるが、これにしたところで、絶対に正しいとはいいきれない。「先秦貨幣雑考」七三頁参照。

(28)『史記』の楽毅伝と田単伝、『戦国策』の斉策には、いずれも「莒・即墨」とだけあって、「聊」の字はない。そこで調べてみると、斉策にある左の一条が注目される。

燕、斉を攻めて、七十余城を取る。唯だ莒と即墨のみ未だ下らず。斉の田単、即墨を以って燕を破り、騎劫を殺す。初め燕の将、聊城を攻め下すや、人、或いは之を讒す。燕の将、誅を懼れ、遂に聊城を保守し、敢えて帰らず。田単、之を攻むること歳余、士卒多く死して、聊城下らず。魯連（魯仲連）、乃ち書を為りて、之を矢に約《むす》び、以って城中に射、燕の将に遺《おく》りて曰く「……」。燕の将曰く「敬んで命を聞く」と。因って兵を罷め、櫝を到《さかさ》にして去れり。

問題なのは「聊城下らず」の一語であって、これが不用意に莒・即墨と結びつけられたため、燕策の「三城未だ下らず」という誤伝を生み、さらに燕策に基づいた燕召公世家が「斉の城の下らざる者、独り唯だ聊・莒・即墨のみ」という誤りを犯すに至ったものと思われる。

(29)『中国古代貨幣発展史』一六二頁。

（30）拙稿「先秦貨幣の重量単位」（『中国考古学研究』所収）四二八・四三〇頁。
（31）例えば共（河南省輝県治）・垣＝首垣＝長垣（河南省長垣県東北三五里の長垣故城）・安＝安城？（河南省原武県東南二〇里）・虞（山西省平陸県東北四五里の古虞城）など。「先秦貨幣雑考」六八―七〇頁参照。
（32）藤田亮策「朝鮮発見の明刀銭と其遺蹟」（『朝鮮考古学研究』高桐書院、一九四八）。
（33）註（17）参照。
（34）佟柱臣「考古学上漢代及漢代以前的東北疆域」（『考古学報』一九五六の一）三三頁。
（35）『我国古代貨幣的起源和発展』六六―六九頁。
（36）河北省易県の燕下都址では、一九三〇年と一九五八年の両次にわたる調査の際、大量の明刀が発掘された。傅振倫「燕下都発掘報告」（『国学季刊』三の一、一九三二）一八〇頁、同「燕下都発掘品的初歩整理与研究」（『考古通訊』一九五五の四）二二一―二二三頁、「燕下都城址調査報告」一七頁、図一一参照。
（37）「朝鮮発見の明刀と其遺蹟」二五三頁。
（38）「同右」二三四―二三五頁。
（39）註（17）参照。
（40）劉謙「錦州市大泥窪遺址調査記」（『考古通訊』一九五五の四）三三―三四頁。
（41）註（34）参照。原文では張家溝となっているが、恐らく張家口の誤りであろう。
（42）註（17）参照。
（43）鄭紹宗「解放以来熱河省考古的新発現」（『考古通訊』一九五五の五）五四頁、龔耳「承徳県八家子南台発現的戦国時期刀幣」（『文物』一九五九の二）七三頁。
（44）北京市文物工作隊「北京朝陽門外出土的戦国貨幣」（『考古』一九六二の五）二五四頁。出土した貨幣の内訳は、布銭が九九二枚、刀銭が二八八四本で、さらに刀銭の内訳は、明刀が二七六七本、「甘丹」刀が一一七本であった。
（45）「朝鮮発見の明刀銭と其遺蹟」二〇〇・二〇七・二二九・二四三頁。
（46）拙稿「布銭の出土地と出土状態について」（『東洋学報』四一の二、一九五八）一一七―一二一頁。
（47）拙稿「漢初の文化における戦国的要素について」（『中国考古学研究』所収）六一〇―六一四頁。

(48)『我国古代貨幣的起源和発展』五四・六六頁。
(49)『中国古代貨幣発展史』一六五頁。
(50)河南文物工作隊第一隊「鄭州崗杜付近古墓葬発掘簡報」(『文物参考資料』一九五五の一〇)一三一―一八、一二二頁。
(51)「燕下都城址調査報告」一三・一七頁。図一一。
(52)『我国古代貨幣的起源和発展』五八―六一頁。
(53)『半瓦当の研究』一〇五・一〇七頁。
(54)「先秦貨幣の重量単位」四二八頁。
(55)この点については、iii「斉法化」刀の項で詳しく述べる。
(56)『中国古代貨幣発展史』七四―七五頁。
(57)『半瓦当の研究』一〇五―一〇六頁。
(58)「先秦貨幣雑考」七二―七四頁。
(59)加藤繁「先秦時代の鋳造貨幣に就いて」(『東方学報』東京五の彙報に講演要旨を収む)四二七―四二八頁。
(60)『東亜銭志』(岩波書店、一九三九)六、六丁。
(61)『同右』六、一二丁。
(62)国立中央研究院歴史語言研究所『城子崖――山東歴城県竜山鎮之黒陶文化遺址』(南京、一九三四)八九頁、図版五二―9。なお、鐘鳳年氏は、『水経注』巨合水の条を詳細に検討した結果、譚城は武原河を隔てて城子崖の西南にあったと推定されている。「就酈注考譚国故址」(『考古』一九六一の九)五〇二―五〇三頁参照。
(63)米内山庸夫『支那風土記』(改造社、一九三九)四八〇頁。
(64)『中国古代貨幣発展史』一五一頁。
(65)註(54)参照。
(66)「十」は『遺篋録』、「甲」は『中国古代貨幣発展史』(七七頁)、「丁」は『金索』の説。
(67)「先秦貨幣雑考」九六―九七頁。
(68)『我国古代貨幣的起源和発展』五九―六一頁。

(69)『中国古代貨幣発展史』七五・八〇頁。
(70) 註(28)参照。
(71) 奥平昌洪氏は「管子ニ『斉莒謂之刀』トアル」といわれているが(『東亜銭志』六、二一丁)、『管子』を隈なく調べてみても、そのような記載は見当たらない。
(72)『我国古代貨幣的起源和発展』五九頁。
(73)『中国古代貨幣発展史』八二頁。
(74) 宣王を指す。召公世家には記されていないが、これは同王十九年(314 B.C.)のことである。
(75) 阿(東阿)は山東省東阿県、平阿は安徽省懐遠県、平陸は山東省汶上県に、それぞれ比定される。
(76) 例えば、ト・上・イ・化・日・工・法・法□など。
(77)『我国古代貨幣的起源和発展』五四—五五頁。
(78)『東亜銭志』五、六四—六七丁、『同右』五五頁。
(79) 駒井和愛・関野雄『邯鄲——戦国時代趙都城址の発掘』(東亜考古学会、一九五四)七九—八〇頁、図版一七5。
(80) 傅振倫「山陰県城南古城勘察記」(中央人民政府文化部文物局『雁北文物勘査団報告』一九五一、所収)二五・二八頁、挿図一—四。
(81)「承徳県八家子南台発現的戦国時期刀幣」七三頁。
(82) 註(44)参照。
(83) 王海航「石家荘東郊発現古刀幣」(『文物』一九六四の六)六〇・六二頁。
(84) 河北省文物局文物工作隊「河北省幾年来在廃銅中発現的文物」(『文物』一九六〇の二)六七頁。
(85) 目下のところ、その証拠をつかむことは困難であるが、将来、先秦貨幣の化学分析が進めば、或る種の刀銭と布銭との間に、偶然の一致とは思われないほど、成分の類似しているものが発見されるかも知れない。
(86) 拙稿「李悝の経済政策をめぐって」(近日発表)を参照のこと。
(87)『中国古代貨幣発展史』一七〇頁。
(88) ここに「哀王」とあるのは、つぎに引く魏世家に「哀王」とあるのと同じく、「襄王」の誤りである。

(89)「釿字考」(『石田博士頌寿記念東洋史論叢』(近刊)。

(90) 生年や生地のはっきりしない墨子が、貨幣のことをすべて「刀」といっているのは、その素性を推す一つの有力な手がかりになるであろう。

(91) 近く『東洋文化研究所紀要』三八に発表する予定。

(92) 個々の商人というより、むしろ商人の組合ないし連合体のようなものであったと想像される。

(93) 国家の発行した刀銭は、官吏の俸祿、必要物資の購入費、力役以外の労賃などとして民間に流れ、市租、人頭税、生産者が金納する租税などとして回収されたのかも知れない。しかし、これはあくまでも憶測にすぎず、その実体は皆目不明である。

(94) 刀銭の裏面に鋳出されている文字、とくに明刀の第一類と第三類にみられる複雑な標識は、単に炉や鋳型の記号か鋳造の順位を示すだけのものであろうか。少し穿ちすぎた想像かも知れないが、これは国家が年々発行する刀銭の流動状況と回収率を調べるための目安としても、かなり役立ったことと思われる。

Table 1

A Study on the *Tao*–knife–coins

by Takesi Sekino

	Type or Inscription	Minter	Circulation Area	Date
(1) *Chien-shou-tao*尖首刀 (Sharp-headed *taocoin*) Fig. 1 (p. 124)	i Standard type	Yen 燕	Northern half of Hopei 河北	Late Ch'un-ch'iu 春秋〜 Early Chan-kuo 戦国
	ii Ultra-sharp type	Provincial government or local chief of Yen	Northeastern Hopei	Eary Chan-kuo
	iii Half-cut type	Ch'i 斉	Shantung 山東	Late ch'un-ch'iu
(2) *Ming-tao*明刀 (*Tao*-coin with a charac-ter "*ming*" 明 Fig. 2 (p. 129)	i First group 明—	Yen	Northern half of Hopei	All Chan-kuo
			Liaotung 遼東 and northern Korea	Middle or Late Chankuo〜 Former Han
	ii Second group 明—	〃	Shantung, under the occup-ation of Yen	284〜279 B. C.
		Ch'êng-pai 成柏, a local city of Chao 趙	Southern Hopei	〃
	iii Third group 明—	Yen	Norhtern half of Hopei	Late Chan-kuo
			Liaotung and northern Korea	Late Chan-kuo〜 Former Han
(3) Ch'i–tao 斉刀 (*Tao*-coin of Ch'i) Fig. 3 (p. 144) Fig. 4 (p. 147)	i "*Ch'i-tsao-pang-chang-fa-hua*" 斉造邦長法化	Ch'i	Central Shantung	Early Chan-kuo (386 B. C.〜)
	ii "*Ch'i-chih-fa-hua*" 斉之法化	〃	Shantung	Early Chan-kuo
	iii "*Ch'i-fa-hua*" 斉法化	〃	〃	Middle Chan-kuo
	iv "*Chi-mo-chih-fa-hua*" 即墨之法化	Chi-mo 即墨, a local city of Ch'i	〃	Early Chan-kuo (370 B. C.〜)
	v "*An-yang-chih-fa-hua*" 安陽之法化	An–yang 安陽, a local city of Ch'i	〃	Early Chan-kuo
	vi "*T' an-pang*" 簟邦	T'an 譚, a local city of Ch'i	western part of central Shantung	〃
(4) *Yüan-shou-tao* 円首刀 (Round-headed *tao*-coin) Fig. 5 (p. 152)	i "*Ch'êng-pai*" 成白, "*pai-jên*" 白人 and others	Ch'êng-pai 成柏 viz. Pai-jên 柏人, a local city of Chao	Southern Hopei	c. a. 270〜228 B. C.
	ii "*Han-tan*" 甘丹	Han-tan 邯鄲, the capi-tal of Chao	〃	〃
	iii "*Lin*" 藺	Lin, a local city of Chao	Western Shansi 山西	Late Chan-kuo
(5) *Fang-shou-tao*方首刀 (Square-headed *taocoin*) Fig. 6 (p. 157)	"*Chin-yua-hua*" 晋陽化, "*Chin-hua*" 晋化, "*Chin-yang-hsin-hua*" 晋陽新化	Chin-yang 晋陽, a local city of Wei 魏	Southwestern corner of Shansi	〃

Table 2

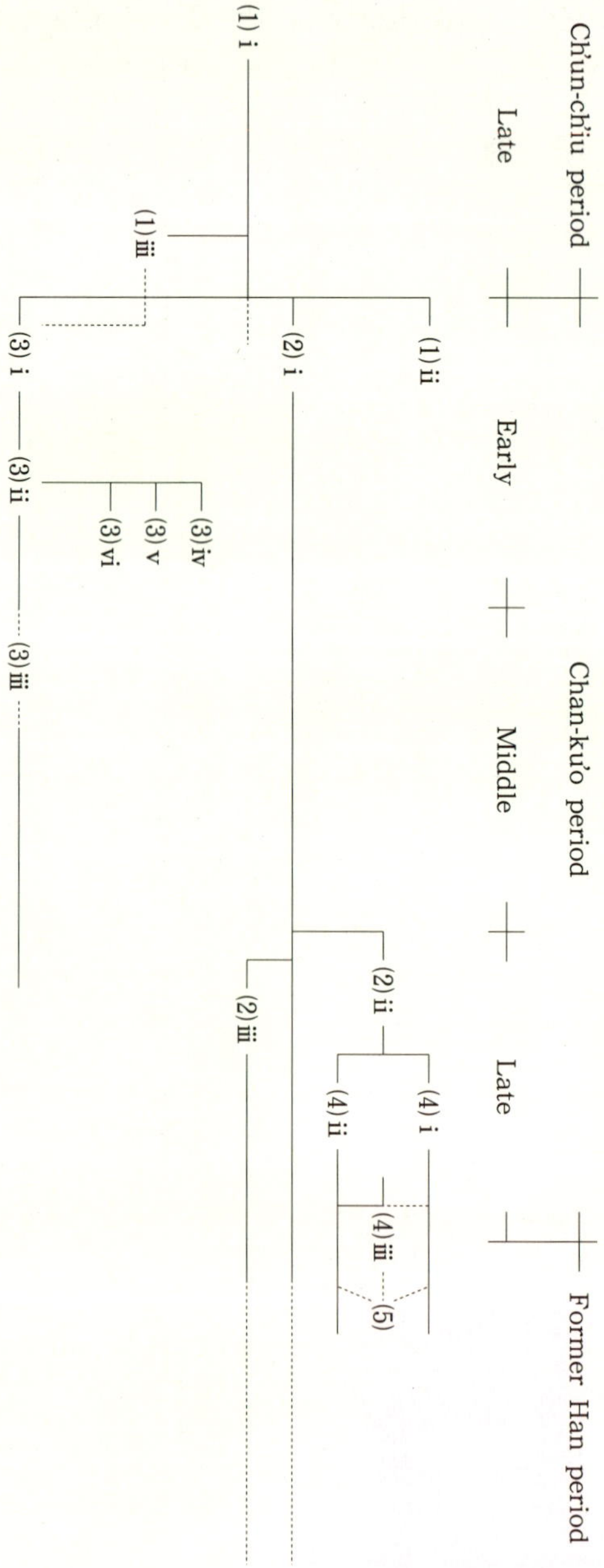
Ch'un-ch'iu period
Late
Chan-ku'o period
Early
Middle
Late
Former Han period
(1) i
(1) ii
(1) iii
(2) i
(2) ii
(2) iii
(3) i
(3) ii
(3) iii
(3) iv
(3) v
(3) vi
(4) i
(4) ii
(4) iii
(5)

刀銭考補正

本紀要の第三十五冊（昭和四十年二月）に「刀銭考」と題して、先秦時代の刀銭に関する鄙見を公にした。ところがその後、中国から到着した新資料により、いくつかの点に誤りのあることがわかったので、ここに補正の一文を草することとした次第である。

およそ先秦貨幣を研究する者にとって、それぞれの年代を具体的にきめるほどむずかしいことはない。筆者も刀銭を手がけてからすでに十数年、先般その総纏めをなすに当って、最後まで頭を悩ましたのはこの点である。何しろ、きめ手となるものが皆無に近い状態では、勢い想像に想像を重ねざるを得ない。その結果、一つの間違った推測をもとにして、不当な議論を展開するという羽目になってしまった。

しかし筆者は、きめ手となるような新資料をみて、はじめて自説の非を覚ったのではない。すでに昨年の正月ごろ、その校正を読み返しているうち、さまざまな疑惑が湧き起こってくるのを感じた。それらのなかでも、とくに気になったのは、左の二点である。

(1)　まず、鄭家相氏の説に従って、明刀第二類のうちの斉の明刀、つまり氏のいわゆる「斉の易刀」を、燕が斉の大部分を占領していた五年間（284~279 B. C.）に発行したものとみたのは、はたして正しいかどうか。氏は「斉の地、原《もと》、各種斉刀の鋳行する有り。何ぞ以って又、燕の易刀の制に倣って斉の易刀を作らんや」[1]という理由から、燕の通貨である易刀（明刀）が斉に波及したのは、『史記』の燕召公世家に記されている右の機会を措いてほかにないと考えられた。これは一見したところ、まことにもっともらしい説である。少なくとも、斉の明刀を戦国時代のものとみるかぎり、これ以上の妙案は、ちょっと出そうもない。そこで筆者も、つい氏の説に引きずられてしまったわけであるが、よく考えてみると、いろいろ腑に落ちない点がある。第一、燕がわずか五年の短いあいだに、占領地の通貨政策にまで手をつけたであろうか。安陽と即墨の二大都市はついに陥落しなかったし、その他の七十余城も、或いは一気にではなく、五年間かかって、徐々に攻略されたのかも知れない。つまりこの五年間は、むしろ戦争状態の継続であったとみることができる。こうした状況下における占領の実態は、今日私たちの想像も及ばないほど冷酷無残なもので、いわば掠奪の仕放題であったろう。したがって、燕が占領地の物資を徴発するのに、貨幣などを必要としたかどうかは、甚だ疑問といわなければなるまい。かりに燕が占領地で貨幣を発行したとしても、それが斉の明刀のように、規格が不統一なうえ、まちまちの地名を表したものであったというのは、どう考えてもおかしいのではないか。貨幣に地名を施すことは、地域的に障壁をつくって、通貨の全国的な統一を妨げることになるからである。むしろ、当時燕の本国で用いていた本格的な明刀を、そのまま持ち込んだ方がよくはなかったか。しかも、斉の明刀には「安（？）陽佰□」の銘を有するものがあるが、もしこの第一字を「安」と読むのが正しいとすれば[2]、燕は占領していない安陽すなわち莒からも貨幣を出していると いう、甚だ妙なことになってしまう。

こう考えてくると結局、斉の明刀は燕の占領軍が発行したものではなく、斉の各都市が燕の明刀第一類に模して、個々に発行したものかも知れない。もしそうであったとすると、その時期は、戦国の初めに現れた斉刀と重ならないはずであるから——鄭氏の言を借りるまでもなく、およそ斉で斉刀が流通している限り、燕から明刀の流れ込む隙があったとは思われない——どうしても春秋末でなければならぬということになる。筆者が右のような点に気づいたのは、たまたま三孔布の発行事情をめぐって、同じような疑問を抱いたからであるが、その詳細は近く発表する別稿に譲ろう。[3]

(2)　鄭氏の説に従って、斉の明刀の年代を284〜279 B. C. の五年間に限定すると、それに伴って、明刀第三類と円首刀の年代も、おのずからきまってくる。つまり「そのころ燕では、明刀の第二類のもとになった第一類を用いていたことになるであろう」[4]から、第三類が現れたのは、それより後でなければならない。また円首刀は、斉の明刀とほぼ同時と考えられるから趙の明刀(「成白」明刀)に模したものらしいので、その年代の上限は270 B. C. 前後ということになる。しかし、このように円首刀を戦国末のものと考えると、どうも都合の悪いことが起ってくるのに気がついた。いったい「甘丹」(邯鄲)の銘を表した貨幣には、尖肩尖足空首布・尖肩尖足大平首布(尖足大布)・円首刀(「甘丹」刀)の三種があるにすぎない。これらのうち、尖足大布は尖肩尖足空首布から発展したもので、その年代は春秋末ないし戦国初のころと推定される。そこで、「甘丹」刀の年代を270 B. C. ごろから以降とすると、前者とのあいだに一〇〇年以上の空白が生ずることになり、その間、趙の首都であった邯鄲は、何の貨幣も発行しなかったことになってしまう。こんなことが、いったいあり得るであろうか。「甘丹」の銘を有する尖(方)肩尖足小布(尖足小布)や方肩方足布があれば、この空白は何とか埋まるわけであるが、そういうものの存在は知られていない。かってあったものが発見されないのではなくて、もともとなかったのであろう。邯鄲は有力な経済都市であったから、ここで発行した貨幣はどのような種類のものにしろ、今日一つも残らぬほど数が少なかったとは思われないからである。

さて、以上二つの疑惑を解消させるには、明刀第二類の年代の上限を、春秋末まで引き上げさえすればよい。そうすれば、円首刀が現れた時期も、それに伴って、戦国の初めごろまで遡る可能性が生まれてくるであろう。筆者が敢えてこのような改訂に踏み切れなかったのは、およそ明刀は戦国時代を遡り得ず、円首刀は戦国末期のものであるという、独断的な考えにとらわれていたからである。ところが、そうした先入観を打ち破り、刀銭の年代についての鄙見を根本から揺がすような、新資料の出土が報告された。それは、昨年三月末に到来した『文物』一九六五年第一期所収、山西省文物管理工作委員会「山西省原平県出土的戦国貨幣」と題するものである。以下、まずその内容を簡単に紹介することから始めよう。

原平県は太原の北北東約一〇〇粁、大同の南南西約一五〇粁の地点にある。一九六三年五月、県の東北約四粁に当たる武彦村の東で、下水溝を掘っていたところ、戦国時代の貨幣が六四瓩も出てきた。この地は、太原から雁北と内蒙古へ通ずる古道に沿い、東は滹沱河に臨み、北に雁門関を控え、まさに晋北盆地の形勝の地を占めている。貨幣が発見された場所は、かつて一望千里の大湿原であったが、一九五八年に開墾されて耕地となった。貨幣は地下一米足らずのところに埋蔵され、出土した時はすでに全部水浸しとなり、長さ五〇糎・幅三〇糎・厚さ三〇糎ほどの、整然とした長方形の堆積をなし、縄で縛った跡が残っていた。その状況から推測すると、もとは木の箱に入れて穴のなかに埋めてあったものらしいが、箱の腐朽した痕跡はなかったという。

出土した貨幣のうちでは、刀銭と布銭がほぼ同数を占め、欠けていないものと残片とがまた半々に近く、完全なものだけを選び出したところ、刀銭が二一八〇、布銭が二二二三もあった。したがって、かつては総計七八千にものぼる、大変な数だったのであろう。その内訳については、型式別にした詳しい表が載っているが、それを要約すると、左のようになる（挿図）。ただし、刀銭と布銭の名称、ならびに一部の銘の読方については、これを筆者の流儀に改め、原文を括弧内に示すこととした。(5)

明　刀（同）第一類〔Ⅰ式（弧背）〕七一八、第三類〔Ⅱ式（折背）〕六九〇、計一四〇八。

円首刀（直身刀）「甘丹」四五〇、「白人」(6)四二〇、「王化」（王人）一〇、「成」（城）一、計八八一。

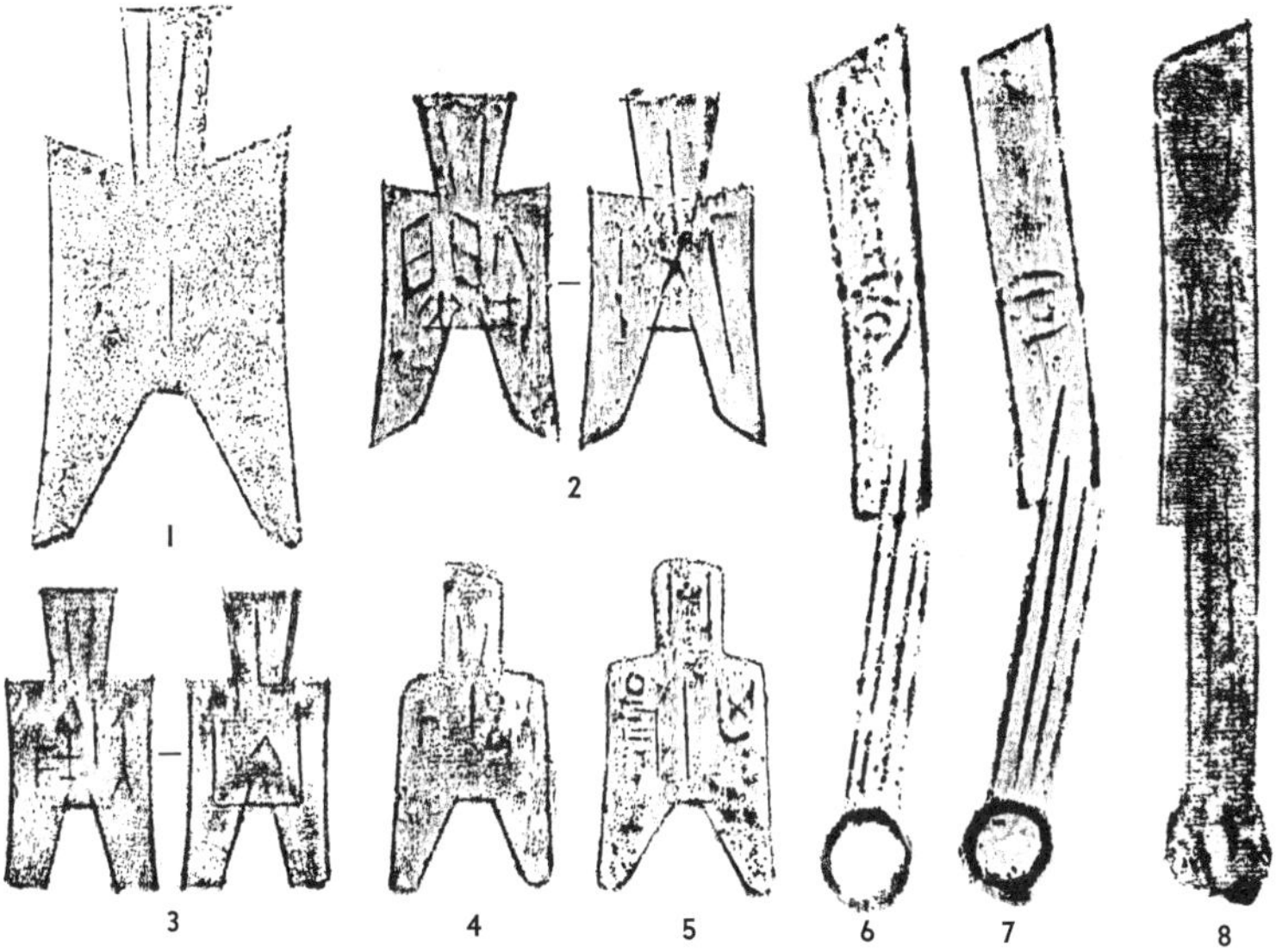

挿図　原平県出土戦国貨幣の種類（縮尺 1/2）
(1)尖足大布(2)尖足小布(3)疑似方肩方足布(4)(5)疑似円肩円足布
(6)明刀第一類(7)明刀第三類(8)円首刀

尖足大布（同）「甘丹」三、「大陰」二、計五。

尖足小布（尖足小布Ⅰ式）「茲氏」五三三、「平州」三四五、「大陰」二〇五、「晋陽」一八〇、「平周」一六〇、ほか一八種、計一八〇八。

疑似方肩方足布（尖足小布Ⅱ式）「茲氏半」一四、ほか五種、計三四。

疑似円肩円足布（円足小布）「陽化」（陽人）二、ほか二種、計四。


尖足小布は、表面の首部に二本と胴部に一本、裏面の首部に一本と胴部に二本、それぞれ縦に凸線を鋳出している。この方式をそのまま受けついで、足の先だけ四角になったのが疑似方肩方足布、さらに首・肩・足の円くなったのが疑似円肩円足布である。両面の中央に一本の凸線と、裏面に八字状の凸線を表した方肩方足布は前者から、両面とも装飾の凸線を取り去った円肩円足布は後者から、それぞれ発展したものに違いない。とにかく、ここで注目すべきは、出土した布銭のなかに、方肩方足布（方足布）がまったく含まれていないことなのである。報告者もこの点をとくに重視し、これらの貨幣の年代について、つぎのような意味のことを述べている。

趙国で方足布が発行された年代については、よるべき資料を得ることがむずかしい。最近、雁北の陽高県で、さらに多量の布銭が発見されたが、その大部分は方足布で、尖足布は一〇〇分の五にすぎず、しかも、方足布の半数近くが「安陽」布であった。(7) 一九五八年、内蒙古自治区の包頭市外で、「安陽」布の鋳型が三個出土したことを考え合せると、「安陽」布は包頭付近で鋳造されたのかも知れない。『前漢書』地理志に「五原郡に西安陽があり」(8)、また「代郡に東安陽がある」といい、顔師古の注に「五原に西安陽があるので、これは東を加えたのだ」(9)といっている。「安陽」布を趙の貨幣とみる従来の説が正しいとすれば、その鋳造年代は趙の武霊王二十六（301 B. C.）以降でなければならない。なぜならば、『史記』の趙世家や匈奴列伝によると、趙は武霊王の十九年（307 B. C.）から二十六年に至る六、七年のあいだに、陰山からオルドス右翼に達し、高闕に塞を築くこととなったからである。(10) つまり趙が「安陽」布を鋳造したのは、西安陽を領有してから後のことであった。晋北の原平県は、内蒙古自治区からそれほど遠くない。しかるに、ここから出た貨幣のなかに、方足布が一つも含まれていないことは、これらの貨幣の年代の下限が、「安陽」布鋳造の前、つまり301 B. C. ごろにあったことを思わせる。(11)

右の推論は一応注目に値するが、陽高県出土の「安陽」布は包頭付近の西安陽で鋳造されたというより、むしろ大同付近の東安陽で鋳造されたとみるべきであろう。(12)『史記』趙世家の恵文王三年（296 B. C.）の条に「長子の章を封じて代の安陽君と為す」といい、その翌年の条に「安陽君、亦、来朝す」とあるように、東安陽は趙における一つの要地であった。そして陽高からの距離も、包頭・陽高間の約三〇〇粁に比べて、約五〇粁と断然近いのである。趙世家によると、代の地方が趙の版図に入ったのは、武霊王二十六年（300 B. C.）のことであった。(13) しかしそうだからといって、東安陽で「安陽」布を鋳造したのが、それより以後でなければならぬということはない。なぜならば、およそ布銭は都市単位で発行されるのを原則とし、国家権力の統制を受けることはほとんどなかったと思われるからである。

したがって、原平県から出土した貨幣群のなかに、たまたま「安陽」布がみられないからといって、それらの年代の下限を300 B.C.前後ときめてしまうわけにはいかない。問題はむしろ、「安陽」布という特定のものにこだわらず、方肩方足布の前半について、その出現期を究明することである。

さて、筆者が長年検討した結果によると、布銭の主流をなす「両足布」の発展順序は、ほぼつぎのようになるらしい。(14)

尖肩尖足空首布―尖肩尖足大布―尖(方)肩尖足小布―疑似方肩方足布┬方肩方足布―方肩方足円股布―円肩方足布
└疑似円肩円足布―円肩円足布―三孔布

これらのうち、方肩方足円股布については、幸いに年代の下限を推し得るものが、少なくとも二種ある。

i 「陰晋」釿布　「陰晋」は陝西省華陰県岳鎮の一故城に比定される。(16)『史記』秦本紀の恵文王（前）六年（332 B.C.）の条に「魏、陰晋を納る。陰晋、更めて寧秦と名づく」とあるのによると、「陰晋」釿布が発行されたのは、それより前でなければならない。

ii 「梁」釿布　この「梁」は少梁を指し、今の陝西省韓城県に比定される。(16) 秦本紀の同王（前）十一年（327 B.C.）の条に「少梁を更め名づけて夏陽と曰う」とあるのによると、「梁」釿布が発行されたのは、それより前でなければならない。

方肩方足円股布には、ほかにも奐・郱・甫反・晋陽・亳・京・垣などの地名を表した釿布があるが、これらについては年代を推定するきめ手がない。しかし、型式を同じくするこの種の布銭が、ほぼ時を同じくして用いられたとすれば、右にあげた二つの手がかりによって、その年代は332～327 B.C.を含む、前後幾年かのあいだに限定されるであろう。そうすると、これらのもとになった方肩方足布は、さらにいくらか古く、それをまったく含まぬ原平県出土の貨幣群は、さらにいくらか年代が遡ることになる。この辺をもう少しはっきりさせるため、右の貨幣群について、その種類と数量を検討してみると、左のような点がとくに注目される。

i　尖首刀が一つもみられないのは、それが使用されなくなってから、かなり年月がたっていることを示す。

ii　明刀の第一類と第三類がほぼ同数なのは、後者が現れてから、いくらか時がたっていることを示す。

iii　円首刀の数がかなり多いのは、それが現れてから、やはりいくらか時がたっていることを示す。

iv　「甘丹」の銘を有する大尖足布と円首刀が一緒に出ていることは、両者が年代的に接近していることを示す。

そこで、かりに原平県から出土した貨幣群の年代を370～360 B. C.ごろとし、尖首刀の廃滅期を春秋末、大尖足布の廃滅期ならびに明刀第三類と円首刀の出現期をそれぞれ戦国初とすれば、右の諸現象はほぼ矛盾なく解釈されることになる。そしてこの年代は、一方では、問題の貨幣群に方肩方足布が含まれていないという現象を説明するためにも、まず適当な古さとみられよう。つまり、これより上げても下げても、どこかで都合の悪いことが起ってくるわけである。

以上によって明らかなごとく、さきに筆者が、明刀第三類と円首刀の出現期を、燕が斉の大部分を占領した五年間（284～279 B. C.）の直後と推定したのは、やはり誤りであった。明刀の第三類が戦国の初めに現れたとすれば、大体の見当からいって、そのもとになった第一類は春秋の末ごろ、さらにそのもとになった標準型の尖首刀は春秋の中ごろ、すでに存在していたとみなければなるまい。また明刀の第二類も、第一類の円折の型式を受けついでいること、前に述べたように、戦国の初めに現れた斉刀と時期が重ならないであろうこと、その一部つまり趙の明刀（「成白」明刀）が、円首刀のもとになったと思われること、以上三つの理由から、春秋末ごろに遡るとみるべきであろう。さらに尖首刀のうち、標準型の年代を引き上げて春秋の中期から末期とすると、趙尖首型の年代も、戦国初期というよりは、春秋末期とした方がよいかも知れない。一方、さきに異形の円首刀（「藺」刀）の年代を戦国末としたのは、そのもとになった標準型の円首刀（「甘丹」刀・「白人」刀など）を戦国末のものと考えたからである。しかし、標準型の円首刀が戦国初に遡ることが明らかになった以上、異形の円首刀の方も戦国末のものとは限らず、戦国の中ごろまで年代が上る可能性がある。戦国末の藺では、むしろ円銭を使っていたのであろう(17)。

とにかく、さきに「刀銭考」で推定した各種刀銭の年代のうち、半截型の尖首刀、斉刀、方首刀のそれを除いたほかのものは、いずれも程度の差こそあれ、訂正を必要とすることになった。いまその結果を表示すれば、ほぼ左のようになる。

		〔旧〕	〔新〕
尖首刀	標準型	春秋末期―戦国初期	春秋中期―末期
	超尖首型	戦国初期	春秋末期
明　刀	第一類	戦国初期―末期または前漢(18)	春秋末期―戦国末期または前漢
	第二類	284〜279 B.C.	春秋末期
	第三類	戦国末期または前漢	戦国初期―末期または前漢
円首刀	「成白」「甘丹」など	270〜228 B.C. ごろ	戦国初期―末期
	「藺」	戦国末期	戦国中期

この十年来、華北の各地で大量の刀銭や布銭が出土するようになり(19)、先秦貨幣の研究に重要な手がかりを提供しつつある。右の原平県の例は、そのうちでも数量と種類の豊富な点で注目され、先秦貨幣の年代が、これによって判明したといっても過言ではない。布銭についてはとにかく、刀銭についての筆者の年代観は、ここに大きな修正を受けることとなった。刀銭の種類の大部分は、筆者のかねてからの想像に反して、戦国のごく早い時期までに、すでに出揃っていたようである。また、円首刀が太行山脈を越え、山西の北部まで侵入していたこと、燕の通貨であった明刀が、この地方まで大量に南下していたこと、しかもこれらの刀銭が、尖足布などとともに流通していたらしいこと、

こういう点がわかったのも、まことに意外な収穫であった。将来、この種の貴重な発見が相つぎ、刀銭の年代と流通状態が、さらに明確になることを望む次第である。

註

(1) 鄭家相『中国古代貨幣発展史』(三聯書店、一九五八) 一六五頁。
(2) さきに指摘しておいたとおり、これを「安」と読むのは王毓銓氏の説である。
(3) 「布銭考」と題して、本紀要第四十一冊に発表する予定。
(4) 「刀銭考」三八頁。
(5) なお、この表によって計算すると、刀銭が二二八九、布銭が一八五一となり、刀銭が二一八〇、布銭が二二二三という前の記述と合わない。
(6) このなかには、「白化」もかなりまじっていると思われるが、その比率は不明。
(7) 総数約一三〇〇〇、重さ約一〇二粁。尖足小布は四一七、方足布は約一二六〇〇。方足布のうちでは、「安陽」布が四七二〇(約三九%)、ついで「宅陽」布が一九〇〇、平陽布が一三二〇などとなっている。山西省文物管理委員会「山西陽高天橋出土的戦国貨幣」(『考古』一九六五の四) 参照。——筆者註
(8) 李逸友「包頭市窩吐爾壕発現安陽布范」(『文物』一九五九の四)
(9) これは 300 B. C. の誤りである。
(10) 『読史方輿紀要』巻六一、陝西楡林鎮の条に「高闕塞、廃豊州の西、黄河の外に在り」云々とあるのに当たる。——筆者註
(11) 註(9)参照。
(12) 『読史方輿紀要』巻四四、山西大同府大同県の条に「東安陽城、府の東南に在り。漢の県にして代都に属す」とある。なお前掲「山西陽高天橋出土的戦国貨幣」も、曾庸「安陽布的鋳地」(『考古』一九六二の九) の説に従って、趙の安陽を包頭付近の西安陽とみている。
(13) 「復、中山を攻め、地を攘って北のかた燕・代に至り、西のかた雲中・九原に至る」とある。

(14) 拙稿「中国の古代貨幣」(『古代史講座』九、学生社、一九六三) 三五三頁。
(15) 黄河水庫考古隊陝西分隊「陝西華陰岳鎮戦国古城勘査記」(『考古』一九五九の一一) 六〇四—六〇五頁。
(16) 拙稿「布銭の出土地と出土状態について」(『東洋学報』四一の二、一九五八) 一〇六—一〇七頁。
(17) 拙稿「先秦貨幣雑考」(『東洋文化研究所紀要』二七、一九六二) 七〇—七一頁。
(18) 華北では戦国の末期まで、遼東と北鮮では前漢の或る時期までという意味。以下同じ。
(19) ここにあげた原平県と陽高県の二例ほか、山西省芮城県(『文物参考資料』一九五八の六)、北京朝陽門外呼家楼(『考古』一九六二の五)、内蒙古自治区涼城県(『文物』一九六五の四) などがある。

ming-tao third group and the ‘round-headed’ *tao*-coin—on account of these I have been able to revise my earlier conclusions deried from only a comparatively few sources in the following manner:

‘Sharp-headed’ *tao*-coin	Standard type	Middle Ch‘un-ch‘iu ～ Late Ch‘un-ch‘iu
	Ultra-sharp type	Late Ch‘un-ch‘iu
Ming-tao	First group	Late Ch‘un-ch‘iu～ Late Chan-kuo or Former Han
	Second group	Late Ch‘un-ch‘iu
	Third group	Early Chan-kuo～ Late Chan-kuo or Former Han
‘Round headed’ *tao*-coin	‘Ch‘êng-pai’, ‘Han-tan’ and others	Early Chan-kuo～ Late Chan-kuo
	‘Lin’	Middle Chan-kuo

（My earlier assessed dates of the half-cuttype ‘sharp-headed’ *tao*-coin, the *Ch‘i-tao* and the ‘square-headed’ *tao*-coin are still acceptable.）

Revised Notes on the *Tao*-Knife-coins

by Takeshi SEKINO

I previously published 'A Study on the *tao*-Knife-coins' in the Memoirs of the Institure for Oriental Culture No. 35, Mar. 1965. The purpose of this present paper is to introduce briefly the substance of a remarkable report on the excavation of *tao*- and *pu*-coin* and to correct a number of points concerning the chronology of several of the *tao*-coin types discussed in the preceding article.

In May 1963 a large numder of *tao*- and *pu*-coins were excavated at Wu-yen 武彦, seven *li* northeast of Yüan-p'ing-hsien in Shansi 山西省原平県. They may be divided into the following groups with reference only to complete and unambiguous materials:

Ming-tao	First group		718
	Third group		690
'Round-headed' *tao*-coin			881
'Sharp-pronged' *pu*-coin	Large-size		5
	Small-size		1808
'Square-shoulder square-pronged' *pu*-coin		Aberrant type	34
'Round-shoulder round-pronged' *pu*-coin		Aberrant type	4
Total			4140

Judging from nature of the coins unearthed here, especially the lack of the standard type 'square-shoulder square-pronged'*pu*-coin, this site may be dated approximately 370-360 B. C..

Most noteworthy amongst this cache of coins is the appearance of the

* Shan-hsi-shêng wên-wu kuan-li kung-tso wei-yüan-hui 山西省文物管理工作委員会; 'Shan-hsi-shêng Yüan-p'ing-hsien ch'u-t'u ti Chan-kuo huo-pi' 山西省原平県出土的戦国貨幣 (Coins of the Chan-kuo period excavated at Yüan-p'ing-hsien in Shansi), *Wên-wu*, 1965-1, pp. 46～55.

三孔布釈疑

一　三孔布の研究史

三孔布は一に三竅布ともいい、円肩円足布の首部と両足部にそれぞれ一孔を穿ったものをさす。布銭のうちでは最もおくれた型式に属すること、したがって戦国時代もごく末期のころ流通下であろうことについては、おそらく異論はあるまい。表面に地名を表しているのは、すべて布銭に共通の現象であるが、それぞれの地名について大小の二種があり、大のほうは裏面に「両」の一字を、小のほうは裏面に「十二朱」の三字を表している（挿図参照）。このように両と朱（銖）の重さを明記するのは、他の布銭に見られぬ特殊な点として、甚だ注目に値するであろう。

三孔布が古銭家の注意をひくようになったのは、比較的新しいことであり、また近ごろ王毓銓氏が「総数二十五品左右に過ぎず」(1)といわれているのからも知られるように、これまで発見された例はきわめて少ない。この種の布銭をはじめて取り上げたのは李佐賢であって、『古泉滙』（一八五七）元集巻九に「魚陽」と「梟」の銘のあるものを掲げている(2)。その後、中国では多くの古銭家が輩出したにもかかわらず、大部分の資料が日本に将来されているためか、つい最近にいたるまで、これに触れる者はほとんどなかった。中国の古銭を網羅している点で定評がある丁福保氏の『古銭大辞典』（一九三八）でさえ、わずかに「魚陽」の銘があるもの数例をあげているにすぎない。三孔布には少なくとも一

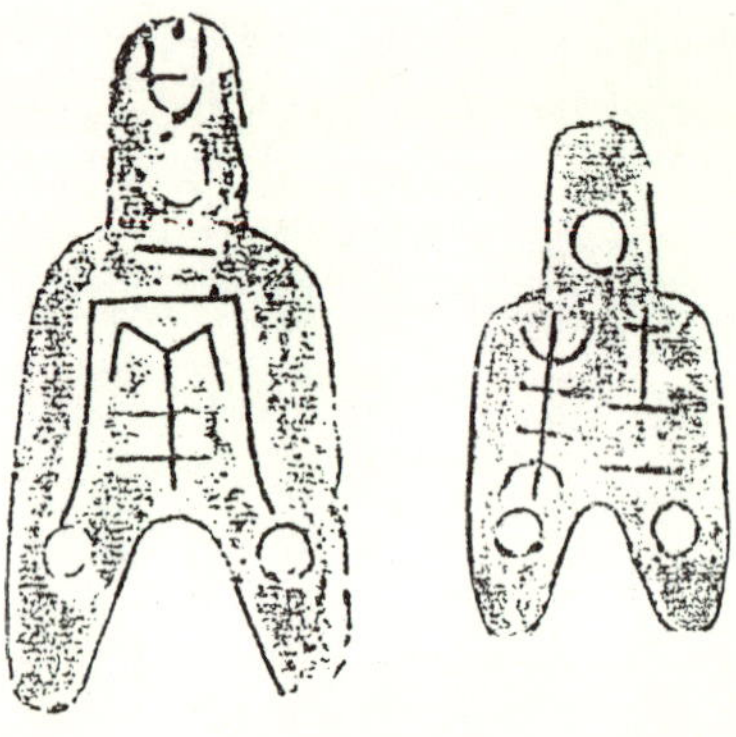

2/3

五の地名が認められるから、その不備たるや推して知るべきであろう。したがって、わが奥平昌洪氏が『東亜銭志』（一九三八）巻四に、あらたに田中銭幣館・中村書道博物館などの蔵品を加えて、現在までのところほぼ完全に近い集成をつくり上げられたのは、まことに大きな功績といわなければならぬ。しかし、銘がきわめて難解であるところから、さすがの奥平氏もお手あげの形で、とうていその正体を解明するまでにはいたってはいない。

筆者はかねてから三孔布に興味をいだき、これについて二、三の見解を述べてきた。たとえば、無孔の円肩円足布に記された地名の「藺」と「離石」が、ともに山西西部の離石県に比定されることから、「そのあとを受けた三孔布が、恐らくは趙、少なくとも三晋系統の貨幣であったことは疑いなかろう」と想像したことがある。[3] ところが、近ごろ呉栄曾[4]・王毓銓[5]・鄭家相[6]の三氏は、あいついで「三孔布は戦国の末期に秦が占領地で発行したものであろう」という意味の注目すべき新説を発表し、問題を一挙に解決されたかのようにみえた。その論拠とするところは、一見もっともらしく思われる点があったので、筆者はあまり深く考えもせず、うっかりこの説に賛成してしまったのである。[7] しかしその後、いろいろな角度から検討を加えた結果、こういう見方はとうてい成立しえないことがわかった。そして、さらにそれから発展して、斉の明刀を、燕が斉の大部分を占領していた五年間（284～279 B. C.）に発行したものとみられた、鄭家相氏の説を否定するにいたったのである。[8] およそ、一国が占領地で貨幣を発行するというような進んだ段階を、戦国時代の貨幣経済を全般的に見きわめもせずに、簡単に想定することは許されない。三孔布の問題は、単にそれ自体の範囲にとどまるものではなく、その解明は戦国末期の貨幣経済の全体を把握するうえに、きわめて大きい意味をもつことになるであろう。

二　三孔布を秦の貨幣とする説の論拠

それでは、まず「三孔布は戦国の末期に秦が占領地で発行したものであろう」とする三氏の論拠を紹介することからはじめよう。全文を掲げる煩を省き、要点を意訳するにとどめておく。

(1)　呉栄曾氏の論拠(9)

伝世の円足布のうちには、背面に往々「十二朱」の三字を有するものがある。戦国時代に東方各国の貨幣は多く「守」あるいは「釿」を以って単位としたが、ただ秦の貨幣だけが「半両」の制によっていた。

(2)　王毓銓氏の論拠(10)

i　戦国の末期に、周・魯・宋・衞・三晋・燕の諸国は、いずれも方肩方足布でなく尖肩尖足布を鋳造しており、これらの地域で、いまだかつて三孔布の発見されたことはない。

ii　三孔布に記されている地名のうち、現在の地点に比定できるものは、戦国の晩期には、ほとんどすべて秦の邑であった。たとえば、「安陽」は『史記』秦本紀の昭襄王五十年(275 B. C.)(11)の条に「寧新中を抜く。寧新中を更めて安陽と名づく」とあるのにより、河南北部の安陽に比定される。「邯陽」と「魯陽」はともに河南中部にあり、戦国末期にはすでに秦の有に帰していたと思われる。

iii　三孔布には、大小の二種があり、大のほうの背面には「両」、小のほうの背面には「十二朱」の文字が表されている。古は二十四朱が一両であったから、この十二朱は半両に当たる。「両」を貨幣の単位とすることは、それ以前には例がなく、その他の布銭の流通地域にもみられない。ところが、この種の貨幣単位は、秦の国だけにあった。戦国の末年に秦で発行した「重一両十四珠」「重一両十二珠」以下の円銭、ならびに始皇帝が全国の貨幣制度を統一するさいに鋳造した「半両」銭も、すべて「両」を単位としている。

ⅳ　三孔布は、その大小、形、銭文の字体などが完全に一致している。このように規格が一定しているのは、秦が統一的に鋳造したからであろう。

(3)　鄭家相氏の論拠(12)

三孔布は、それに記されている地名に、相去ること千里といえるほど離れたものがあるので、一小地域の貨幣ではない。しかも、規格が一定していて差異が少ないのは、各地で勝手に鋳造したものでないことを示している。広大な地域を席巻した秦の勢力を借りなければ、どうしてこのように整斉画一な貨幣を発行することができようか。また銘文の字体が厳密整斉で、すでに秦篆に近いのは、秦が鋳造したという一つの証拠である。両と朱の文字を表すことは、秦の貨幣には多く見られるけれども、当時の各国では、まだこういう制度はなかった。これも、秦が鋳造したという一つの証拠になる。

周代の刀布は、みな流通地域に制限があり、一、二のものが互いに模倣し合ったにすぎない。そこで、長い年月を経るうちに、どうしても型式が変化してくる。ところが三孔布だけは、流通の期間が甚だ短く、その地域が甚だ広大で、しかも規格が一定している。戦国末期の貨幣が、秦の勢力の強大化によって、ようやく統一に向っていくさまをうかがうことができよう。けだし青銅貨幣の型式は、各地の習俗から生まれたもので、封建時代には多くの自然の変化に任されていたが、まさに専制時代に入ろうとするころ、ようやく政治的な力によって、統一されるようになるのである。

呉氏は一九五六年四月に、王氏は五七年七月に、鄭氏は五八年四月に、右の説を発表しておられる。三氏がそれぞれ独自に着想されたのか、あるいは相互のあいだに何か関連があったのか、その辺のところはわからない。ただ「秦の円銭と同じく両と朱の単位によっている」という論拠は、三氏に共通する最も主要な点であり、王・鄭両氏はそれに加えて、「分布が非常に広い」「その地域は戦国末期のころ秦の占領下にあった」「規格が一定している」という三点をあげておられるのである。なお王氏の論拠iは、論旨が支離滅裂で、まったく取り上げる価値がない。

三　右の説に対する批判

三孔布は、はたして三氏のいわれるように、秦が発行したものかどうか。この点を明らかにするためには、三孔布そのものをさらに詳しく観察する必要のあることはもちろん、戦国末期の経済をはじめとする諸般の情勢について、さらに広い視野から洞察を加えなければならない。結論から先にいうと、筆者は三氏の説に反対である。つぎにその理由を、一〇項にわたって述べよう。

(1)　三孔布には、すべて地名が表されている。

布銭にはほとんど例外なく、地名すなわち都市名が記されている。これは、あらゆる布銭が都市単位で発行されたことを示すものにほかならない。想像の域を出ないけれども、戦国時代の都市には、商人の組合ないし連合体のようなものがあって、他の都市のそれらと互いに協定しながら、布銭の鋳造と発行に当っていたのであろう。そしてそのさい、責任の所在をはっきりさせるため、布銭の面に都市の名を明記したものと思われる。(13)いっぽう刀銭は、多少の例外はあったとはいえ、国家によって発行されるのを原則とした。その証拠に、燕の国家が直接発行したと認められる尖首刀や明刀の類には、地名などは一つも記されていない。(14)これはもちろん、「重一両十二珠」をはじめとする秦の円銭のすべてについても同様である。したがって、もし秦がその国家権力によって三孔布を発行したのなら、どうしてそれに地名などを施す必要があったろうか。しかも三孔布に見られる地名たるや、秦に狙われそうな、有数な経済都市ならともかく、文献にもほとんど出てこないような、奇妙な都市が大部分を占めているのである。秦がこんな都市を拠点にして、占領地の経済政策に乗り出したとは、とても考えられない。かりに、これらの都市から、わずかばかりの貨幣を発行したところで、当時大量に流通していた他の貨幣に、あっさり駆逐されてしまったであろう。

(2)　その流通地域が、戦国末期に秦の占領下にあったかどうかは疑問。

あとで詳しく述べるように、三孔布の流通範囲は、現在の河北省の南部から少し北寄りの地域に限定されるらしい。秦の進攻状況を調べてみると、この方面に侵略の手が及んだのは、『史記』巻六の秦始皇本紀十四年（233 B. C.）の条に、「宜安（河北省藁城県西南二十五里）[15]を取りて之を破り、其の将軍を殺す」と見えるのが最初のようである。秦が六国の地をどのような方式で占領していったかについては、文献のうえからは知る由もない。しかし、いかに秦の軍が強かったとはいえ、六国の政権を倒してしまわないかぎり、実際に占領できたのは、点と線の範囲を出なかったのではないか。もしそうであったとすると、始皇帝の統一の直前にいたるまで、占領もれの土地がかなりあちこちに残っていたことになる。三孔布の流通圏と推定される右の地域も、そのなかに含まれるはずであるから、ここで秦が貨幣を発行したというのは理屈に合わない。統一（221 B. C.）までの十二年という歳月が問題になるかもしれないが、天下の形勢すでに定まり、六国の崩壊を目前にして、秦が経済の面でそのような小細工を弄するとは考えられない。

(3)　秦の円銭と形がまったく違う。

秦は統一前に「重一両十二珠」「重一両十二一珠」「重一両十四珠」「重一両十四一珠」の円体円孔銭と、「重十二朱」「両錙」の円体方孔銭を発行した。[16] 円銭に共通の現象として、円孔が方孔に先立つことはいうまでもない。[17] 秦が円体円孔銭を用いるようになったのは、戦国もごく末期のころ、魏をはじめとする中原の諸国で流通していた、同形の銭に倣った結果と思われる。[18] いっぽう、三孔布も布銭の最後の型式とみられる以上、右の円銭とほぼ同じころのものであったに相違ない。ただ、流通期間が比較的に短かっただけの話である。したがって、本国で円銭を使っていた秦が、それとまったく形の異なる三孔布を占領地で出すというのは、どう考えてもおかしいのではないか。占領地の通貨対策に乗り出すくらいなら、むしろ自国で用いていた円銭の普及を図るのが当然であろう。しかも中原の一部では、それと同形の円銭が流通していたではないか。三孔布は布銭の一種であるとはいえ、形があまりにも特殊なので、そのころ広く使用されていた方肩方足布などの流通圏に、そう簡単に喰い込めるはずはなかったのである。

(4)　「両」の字体がきわめて特殊で、秦のそれとは著しく異なる。

大形三孔布の裏面に表されている「両」の字は、なかが「羊」になっているという変ったもので、いかなる金文にもその例を見ない。もちろん秦の円銭のそれとは、似てもにつかぬものである。秦が三孔布を発行したとすれば、こういう特殊な「両」の字を使用するはずは絶対にない。おそらくこの種の「両」の字は、ある限定された地域だけに用いられた、きわめて地方色の強い文字とみるべきであろう。なお前に触れたように、鄭氏は「銘文の字体が厳密整斉で、すでに秦篆に近い」といわれている。しかし、これはいささかこじつけで、少なくとも筆者の見るかぎり、円みを帯びていて秦篆に近いのは、何も三孔布の文字にかぎったことではない。こういう点ではむしろ、安邑釿布や乗馬幣（梁充幣と梁正幣）などを含む、円肩方足布の文字をあげるほうが適当であろう。

(5)　重さの基準が、統一前の小斤ではなく、三晋などの大斤によっている。

筆者の推測によると、戦国時代には大小二種の斤・両・銖があった。二五六瓦を一両、〇・六七瓦を一銖とする大斤の制は、三晋をはじめとする中原の諸国に広く普及し、その五分の三の重さに当たる小斤の制、すなわち一五三・六瓦を一斤、九・六瓦を一両、〇・四瓦を一銖とする別の基準は、統一前の秦と南方の楚だけに使用されていたらしい。[19]つまり統一前における秦の円銭は、その大小を問わず、すべて小斤によっていたわけである。[20]したがって、秦が三孔布を発行したとすれば、当然、小斤を基準としていなければならない。ところが注目すべきことに、三孔布の目方を量ってみると、それらは明らかに大斤によっているのである。[21]自国で使用していた貨幣と、形も違い重さの基準も異なる貨幣を、占領地で発行するということが、はたしてありえたであろうか。

(6)　両・朱を明記する制は、秦が創始したものとは思われない。

筆者が実物について計量した結果によると、[22] 先秦時代の青銅鋳貨は、すべて両・銖の単位によっていたらしい。しかし、のちの半両銭や五銖銭の例を見てもわかるように、両・銖の文字を貨幣の面に明記するということは、かなり進んだ経済思想の所産である。したがって、こういう斬新な制度を創始しえたのは、貨幣経済のうえに長い伝統と経験を有し、その方面で最も先進的であった地域に相違ない。布銭が数百年の変転を重ねて、ついに三孔布まで辿りついたとき、それを発行した中原の人たちが、貨幣の信用を維持する最後の手段として、両・銖の単位を明記するにいたったのであろう。

秦は戦国のごく末期に、中原の制に倣って円銭を発行したが、それ以前はあまり貨幣を使用していなかったようである。その証拠に、布銭のうちで秦の地名らしいものを表しているのは、わずかばかりの方肩方足布にすぎない。[23] 王氏は、羅振玉の『俑廬日札』に「空首布が関中（陝西）から出る」といっているのを、秦が早くから貨幣を用いていた証拠とされた。しかし、この記事が信用できそうもないことは、すでに筆者が指摘したとおりである。[24] 要するに、少なくとも貨幣経済の面に関するかぎり、秦は中原の諸国よりかなり出足がおくれていたと認めざるをえない。その秦が、貨幣のうちで最も先進的な円銭に、両・珠の単位を明記したとなると、それは当然、中原方面からの影響とみて然るべきであろう。

(7)　六国の攻略に急であった秦が、占領地の通貨政策にまで手をつける余裕があったとは思われない。

いかに秦の徴兵法がすぐれていたとしても、動員できる兵士の数は、六国のそれらを合わせたものに、とうてい及ばなかったはずである。そこで秦としては、広大な地域に分散した占領基地を確保し、それらを前進させるのに、せいいっぱいであったろう。占領軍が貨幣を発行するなどというのは、あまりにも近代的な考えで、秦が占領地の経営を行うにさいし、とくに自前の貨幣などを必要としたかどうかは、甚だ疑わしい。まして中原の地方では、多くの都市が長年にわたる貨幣経済を確保していた。少しばかり別の貨幣を割り込ませてみたところで、効果が期待できぬことぐらい、秦は百も承知だったはずである。

(8)　秦が商人と利を争う愚を犯すはずはない。

戦国時代に度量衡がかなり一定していたのは[25]、秦の政治的な統一に先立って、経済的にはすでに中国が一つになりつつあったことを示している。秦の統一が成功したのは、長年にわたる戦乱をいとい、天下の統一を望む、商工業者たちの希望に支えられていたからではなかろうか。『史記』巻一二九の貨殖列伝などを見ても、秦が彼らをいためつけたというようなことは、一つも出てこない。商人たちは、まるで戦乱などなかったかのように、都市で巨万の富を積み、王侯と対等の付き合いをする者さえあった。工人とても同様である。貨殖列伝に見える五人の鉄成金のうち、蜀の卓氏と程鄭、南陽の孔氏の三人は、故国を追われて秦の鉄山に移されはしたものの、そこでけっこう増産と商売に励み、豪奢な生活を楽しんでいる。また秦の荘襄王が、陽翟（河南省禹県）の大商人であった呂不韋を起用して丞相に任じたこと[26]や、始皇帝が、家業の丹穴を女の細腕で支えていた巴蜀の寡婦清を表彰したり[27]、天下の富豪十二万戸を国都の咸陽に移してその繁栄を図ったりしたこと[28]なども、秦の民間商工業者に対する方策の一端を示すものとして、注目に値するであろう。

秦が敵視したのは、六国側の為政者たちであって、一般庶民ではなかった。したがって、秦は商工業者たちを自国の政策のために利用しようという意図こそあれ、彼らと利を争う結果になり、その離反を招くであろうところの、貨幣の発行などを敢えてするはずはない。

(9)　秦の半両銭でさえ、中原方面で流通したかどうかは疑問。

始皇帝は六国を平定すると、あらたに半両銭を発行して、幣制の統一を図った[29]。しかし新中国になってから、各地で大量の古銭が発掘されるようになったにもかかわらず、秦半両が中原方面から出土したという例は一つもない。それが発見されるのは、秦の故地であった陝西方面と、その南に隣する四川方面だけであり、しかもそれを出す墓は、ほとんど前漢のものに限られている。(30) つまり秦半両が発行されたといっても、中原方面で流通したかどうかは、甚だ疑問といわなければならない。おそらく、刀布をはじめとする六国の貨幣は、一五年の短い秦の治世を通じて、ほとんどそのまま存続したのであろう。(31) 統一後の秦の強大な国家権力を以ってしてさえ、この有様であった。まして、それ以前に占領地で貨幣を発行するなどということは、効果の点から考えても、徒労以外の何物でもない。

(10)　規格が一定しているのは、むしろ流通の期間が短く、その地域が狭かったからか。

三孔布の形や重さなどの規格が一定しているからといって、必ずしもその背後に一元的な発行機関の存在を想定する必要はない。同じ型式に属する布銭の群は、多少の例外はあるとはいえ、だいたい規格の揃っているのが普通である。これは、国家権力によらなくても、都市間相互の協定で、ある程度可能だったのであろう。ただ三孔布の場合は、その揃い方がいかにもみごとなので、それをどう解釈すべきかが問題となる。すでに鄭氏の指摘されたように、流通機関が短かったということも、さることながら、筆者はむしろ、流通地域が狭かったからだと考えたい。いいかえれば、それらを発行した都市群の分布が、ある狭い地域内に限定されていたとみたいのである。前に(4)で触れたが、「両」の字がきわめて特殊で他に類例がないという点も、こうした見方を支える有力な材料になるであろう。

右にあげた一〇の理由は、そのどれ一つをとってみても、三氏の説を否定するのに充分であろう。もはや、「三孔布は秦が占領地で発行した」などという説を、まともに信じる人がいるとは思われない。三孔布は、やはり他のすべての布銭と同様に、都市単位で発行されたものなのである。そして、直接その発行に当ったのは、布銭全般について筆者が想像したように、各都市にあった商人の連合体なのであろう。三孔布についての疑問は、これで少なくとも半分は解消したことになる。

四　三孔布の流通地域

つぎに問題になるのは、三孔布がどの辺の地域で流通していたかという点である。これを明らかにするためには、銘に表されている地名を、詳細に検討してみなければならない。現在までのところ、その地名は少なくとも一五種類知られている。それらのうち、王氏は四個所、鄭氏は一〇個所、それぞれ今の地名に比定されたが、当っているとみられるのは、わずかに鄭氏の一個所だけにすぎない。奥平氏にいたっては、地名の考証を全然されていないのである。こうした状況からみても、三孔布の地名の位置をつきとめることが、いかにむずかしいかを、うかがうことができよう。従来、三孔布の正体がはっきりしなかったのも、まさにこの点に基因するものと思われる。そこで筆者は、一五の地名を苦心して現在のそれと比定してみたところ、以下述べるように、確度甲のもの二（⑴・⑵）、乙のもの四（⑶―⑹）、丙のもの二（⑺・⑻）、比定不可能のもの七（⑼―⒂）という結果をえた。地名の番号は、その地名を表した三孔布の番号と一致する（挿図参照）。なお参考のため、挿図に掲げた個々の拓本について、その出典を明らかにし、かつ原物の所在を示すことにした。

⑴　北　九　門　　『東亜銭志』巻四、七四丁　　日銀蔵(32)

奥平氏と王氏は、ともに「面文識るべからず」とされたが、鄭氏はこれを「北九門」と読んだうえ、左のようにいわれている。

史記の趙世家に「恵文王二十八年（271 B. C.）、九門の大城を城くを罷む」（といい）、正義に「恒州九門県城なり」（といい）、漢志に「常山郡に九門県有り。今（正定府）藁城県の西北二十五里に在り」（という）。此の布の文に北九門と曰うは、九門が北に在るに因るなり。其の鋳時、まさに秦に入りたる後に在り。

9

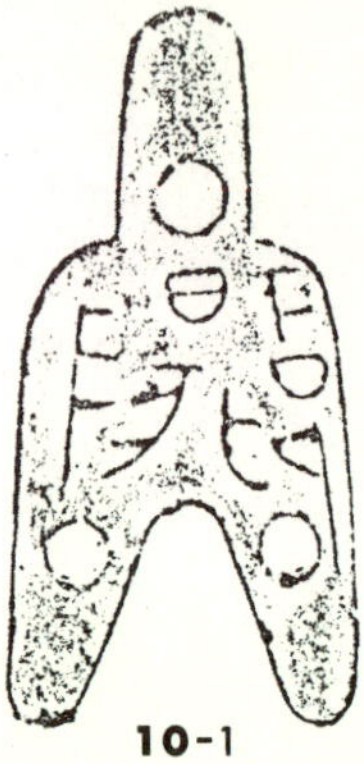
10-1

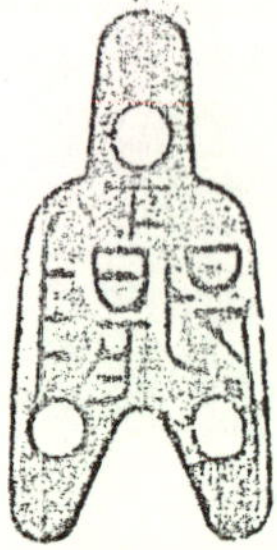
10-2

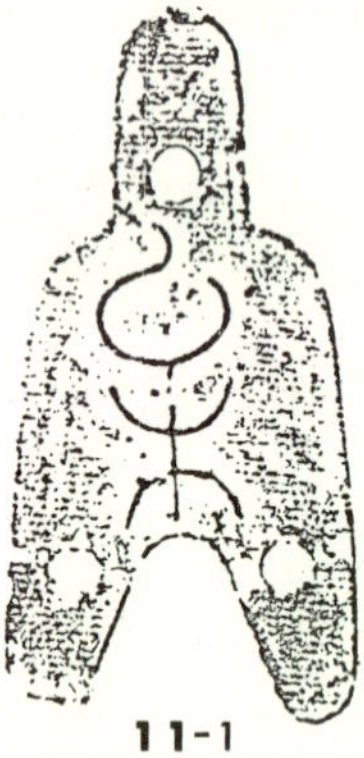
11-1

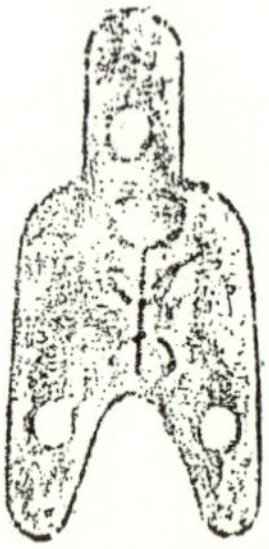
11-2

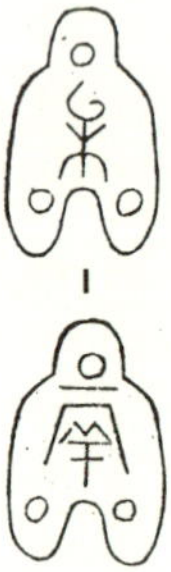
11-3

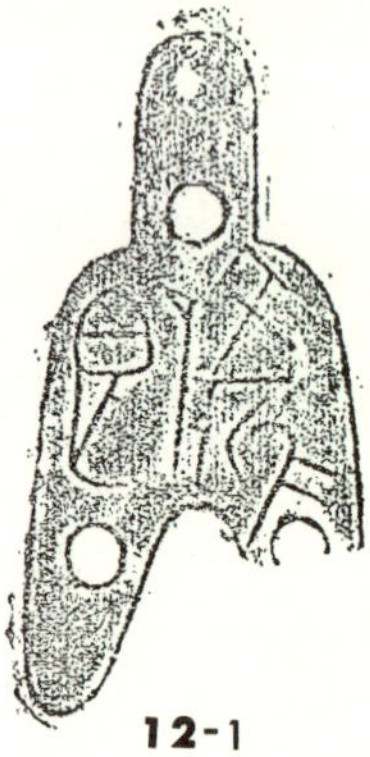
12-1

12-2

13

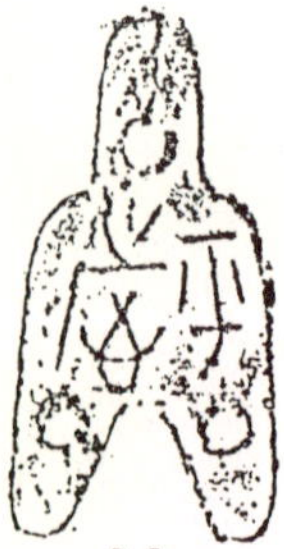
14

15

2/3

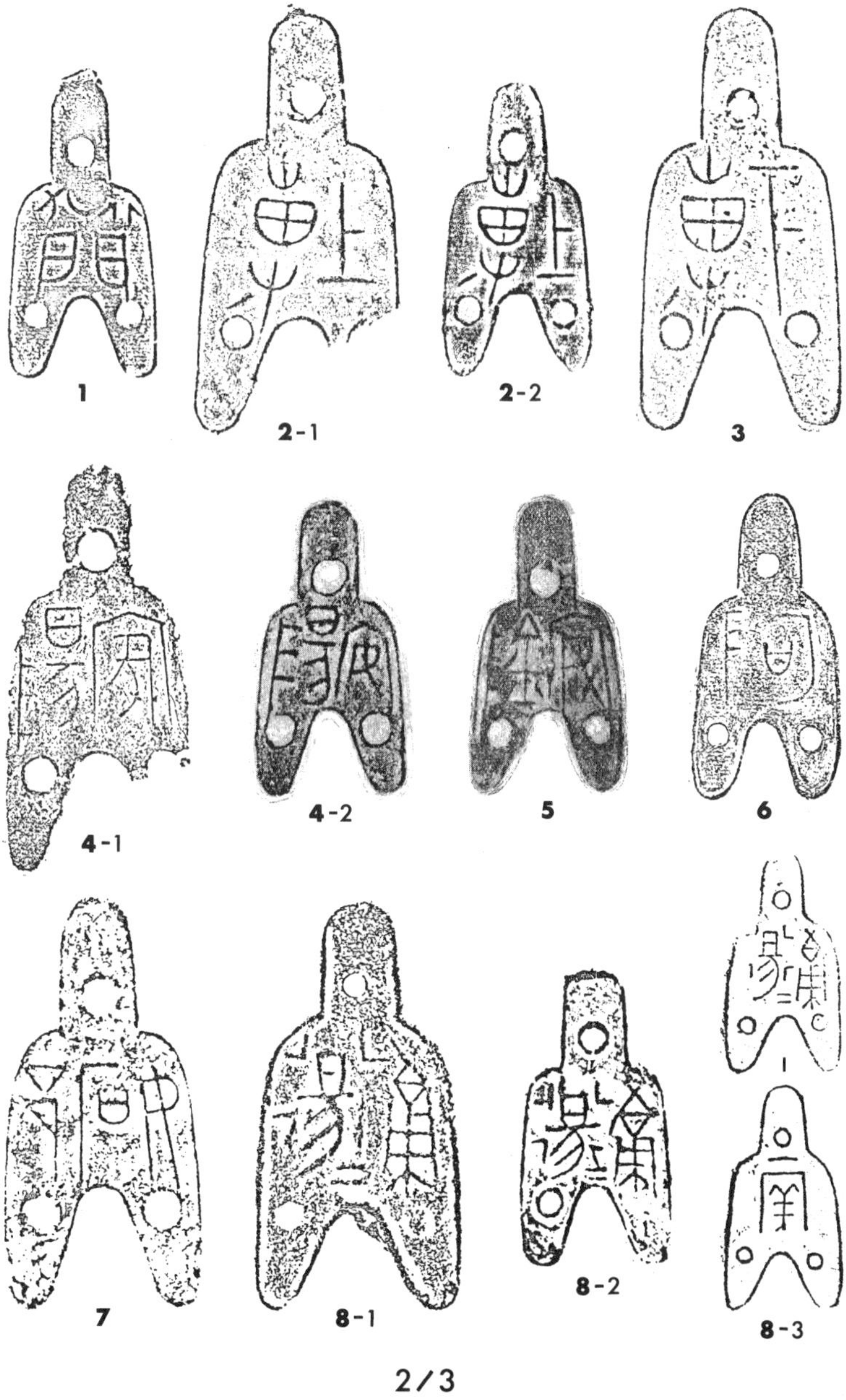

2/3

この読み方と位置の比定は妥当と思われるが、文中にいくつか問題の点がある。まず趙世家の原文に当ってみると、「九門」ではなくて「北九門」とあるから、氏の引用は正しくない。また『前漢書』巻二八上の地理志には、常山郡の属県の一つとして九門をあげているが、「今、正定府云々」の記載はない。この部分は、おそらく『読史方輿紀要』巻一四の直隷、真定府、藁城県の条によったものであろう。さらに「其の鋳時、云々」は、少なくとも筆者の見方（第三章(2)）によるかぎり、誤りといわなければならない。なお趙世家の武霊王十七年（309 B. C.）の条に、「王、九門を出でて野台を為り、以って斉・中山の境を望む」とあるのによると、当時すでに九門という地名もあったことが知られる。鄭氏は「北九門と曰うは、九門が北に在るに因る」といわれたが、必ずしもそうは断定できない。北九門が九門の北にあったからかもしれないからである。とにかく、九門と北九門は同一地点をさすか、かりにそうでないにしても、互いに接近していたと見てさしつかえなかろう。なお、藁城県は、現在の河北省石家荘の東方約三〇粁のところにある。

(2)　上　専　　1　『東亜銭志』巻四、七二丁　張氏蔵[33]　　2　筆者蔵拓本　日銀蔵

(3)　下　専　　同　右　日銀蔵

奥平氏は「面文一は上□といい、二は下□という。皆地名なり。今考うべきなし」といい、王氏は「上専」「下専」と正しく読んでおられるが、場所は不明とされる。鄭氏はこれを同様に読み、その位置を左のように推定された。

面文は上専。……按ずるに、専は薄の省文と為す。即ち薄洛津にして、趙策に見ゆ。郡国志に「安平国涇県の西に漳水津有り。薄洛津と名づく。今の直隷の肥郷・鉅鹿の間に在り」（という）。戦国には趙の地にして、後、秦に入る。此の布、まさに其の地、秦に入りたる後に在って、津の上地にて鋳たる物なるべし。故に上専と曰う。

面文は下専。……其の薄洛津の下地にて鋳たるに因っての故に、下専と曰う。

しかし「専」を「薄」の省文と断定して、これを薄洛津に比定するのが正しいかどうか。筆者はむしろ、『読史方輿紀要』巻一四の直隷、真定府、深州の条に見える左の記載に注目したい。

静安廃県は故の州治にして、今の州の南二十五里に在り、漢の下博県にして、信都国に属す。応劭曰く「泰山に博県有り。故に此は下と言う」と。太子賢曰く「博水の下に在るなり」と。後漢には、安平国に属す。……

　下博城は故の州城の南二十里に在り。漢の県は此に治す。……

三孔布に記されている「下専」は、まさにこの「下博」に相違あるまい。右の文の「応劭曰く云々」は、『水経注』巻一〇濁漳水の条に「下博県故城……応劭曰く『太山に博有り。故に此は下を加う』[34]とあるのから、また「太子賢曰く云々」は、『後漢書』巻一上光武帝紀の更始二年（24 A. D.）の条に施された章懐太子李賢の注に「下博県は信都国に属す。博水の下に在り。故に下博と曰う」とあるのから、それぞれ引いたものであろう。「下博」の語源に関するこれら二説のうち、後説のほうが正しいことはいうまでもない。なぜならば、前説によると「上博」という地名は存在しなかったことになってしまうが、三孔布には明らかにそれに比定される「上専」の二字が記されているからである。したがって上専は専（博）水の上流に、下専はその下流にあったものとみてさしつかえなかろう。『読史方輿紀要』にいうところの深州は現在の深県に当たり、石家荘の東方約五粁の地点にあるから、これで深州の南方四五里（二五里プラス二〇里）にあったといわれる下博（専）の位置を知ることができる。上博（専）のほうも、そこからあまり遠くないところにあったのであろう。『前漢書』巻二八下地理志の信都国、下専県の条に施された応劭の注に「博水は中山の望都に出でて河に入る」といい、『読史方輿紀要』巻一二の直隷、保定府、博野県の条に「博水は県の西北に在り。完県より東南に流れて県の西を経」とあるのによると、上専が下専の北方にあったことだけは確からしい。

　右に考証した三個所のうち、北九門が藁城県の付近に、下専と上専が深県の付近に、それぞれ比定されることは、まず確実とみてよかろう。そこで、前に推定したように、三孔布の流通地域が比較的狭い範囲に限定されるとすれば、残りの十二個所も藁城県や深県からそれほど遠くないところ、つまり今の河北省の南部から少し北寄りの地域にあっ

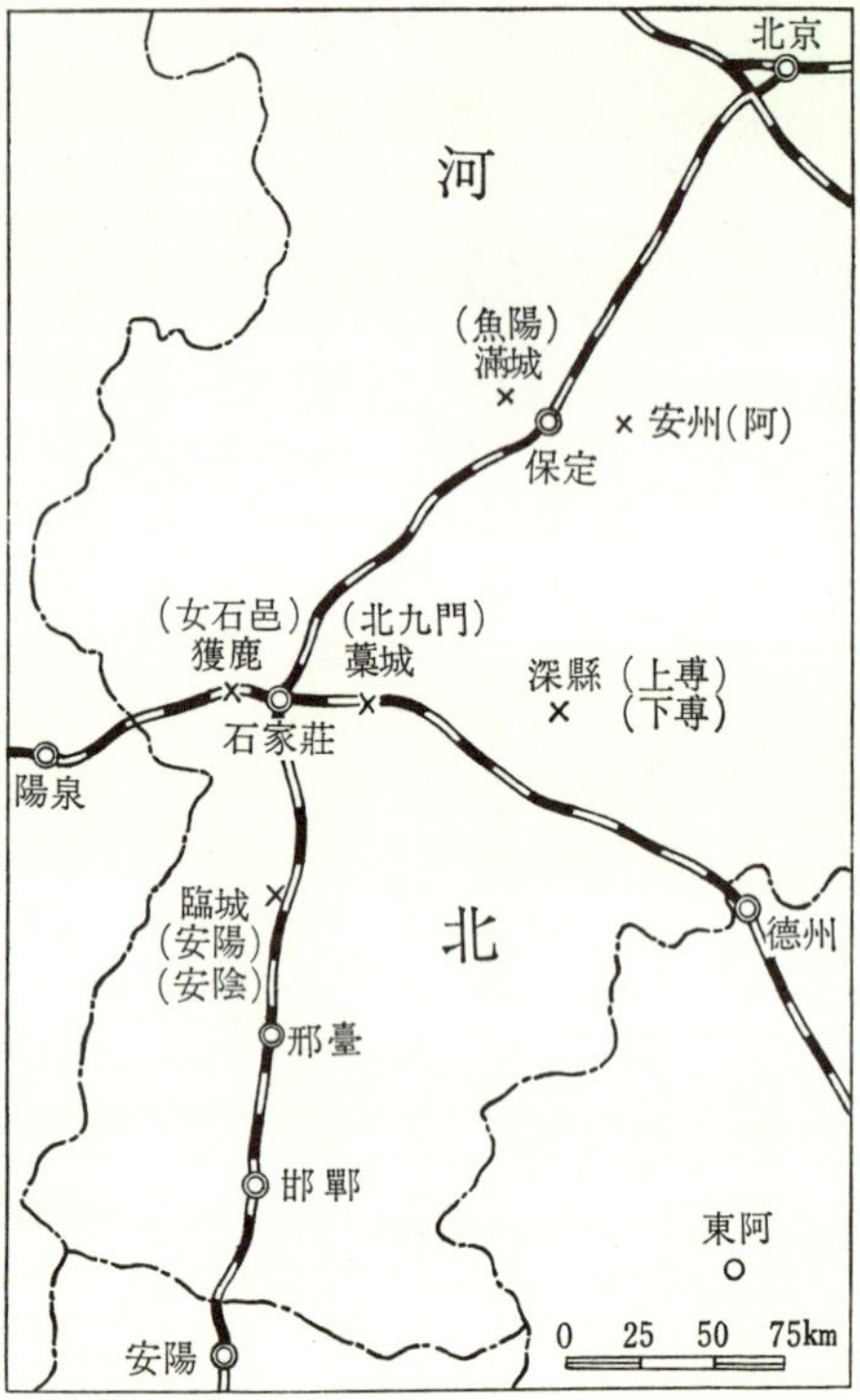

たことになる（地図参照）。そして、こういう見当で捜してみた結果、残りのうちの五個所は、だいたいその位置を推定することができた。

⑷　安　陽　1『中国古代貨幣発展史』一三九頁　所在不明　2『貨幣』二七四号、三二頁　日銀蔵

⑸　安　陰　『貨幣』二七四号、三二頁日銀蔵

銘の難解な三孔布にしては珍しく、誰にでも容易に読める地名である。まず安陽のほうについて、奥平氏は単に「地名なり」としかいっておられないが、王氏は

先秦の文献中に三個の安陽有りしは、已に指摘せしところ。斉・莒の間の安陽は、刀貨を行なうも布銭を用いざりしにより、丙型晩期布（三孔布―筆者註）を鋳たるはこの安陽ならず。代の安陽は甲型晩期布（方肩方足布―筆者註）を鋳行せしゆえ、これも然らず。丙型晩期布を鋳たるは、ただ秦の安陽有るのみ。史記の秦本紀に載せて曰く「秦の昭襄王五十年（275 B.C.）[35]、秦軍汾城を攻む。即ち唐に従って寧新中を抜く。寧新中を更めて安陽と名づく」と。この安陽は、すなわち現在の河南北部の安陽なり。

といい、鄭氏も

史記の秦本紀に「昭襄王五十年、寧新中を抜き、更めて安陽と名づく」、括地志に「寧新中は七国の時、魏の地な

り」と云う。此の布はまさに、昭襄王五十年に寧新中を抜き、更めて安陽と名づけし後に創鋳せし所なるべし。安陽方足小布と同時・同地の物に非ず。

と述べ、いずれもこの安陽を、現在の河南北部の安陽に比定された。王氏は「先秦の文献中に三個の安陽有り」といわれているが、筆者が調べた結果によると、少なくとも七個所はある。(36) 両氏がとくに河南北部の安陽を選ばれたのは、三孔布が「秦の占領地で発行された」という先入観に左右されたためであろう。しかし、この先入観が誤りであるとすれば、当然、問題の安陽の選び方も異なってくる。つまり河南北部の安陽より、藁城県や深県に近いところに、別の安陽がなかったかどうか。こういう見当で調べてみると、はたして左のような注目すべき記載が、『読史方輿紀要』巻一四の直隷、趙州、臨城県の条に見いだされる。

安陽城は県の南に在り。戦国の時、趙の邑なりき。史記に「趙の恵文王十四年、廉頗、魏の房子を抜き、又た安陽を攻めて之を取る」とは、即ち此の城なり。

ここ恵文王十四年とあるのは、二十四年（275 B. C.）の誤りである。この安陽については、正義以下、べつに何の注釈も加えていない。滝川亀太郎氏は『史記会注考証』のなかで、「今の河南彰徳府安陽県の西南」といわれているが、この説の取るに足りぬことはいうまでもない。なぜならば、秦本紀の記載で明らかなように、趙の廉頗が魏の安陽を攻め取ったころ、現在の安陽はまだ寧新中と呼ばれていたはずだからである。いっぽう房子については、『元和郡県図志』巻一七の河北道二趙州の条に「臨城県は本と戦国の時の趙の房子邑なり」といっている。したがって、この安陽をそのすぐ近くに、つまり同じ臨城県の南に比定した『読史方輿紀要』の説は、何かよるべき根拠があったのであろう。ここは石家荘の南方約六二粁の地点にあり、三孔布の流通圏に含めてもよさそうなところである。

三孔布の「安陽」が今の臨城県の南にあったとすれば、「安陰」のほうもだいたいその付近にあったとみられるであろう。

(6)　阿　　『中国古代貨幣発展史』一四七頁　　所在不明

鄭氏だけがこれを紹介して「阿」と読み、その位置について

按ずるに、阿は即ち春秋の桐邑ならん。魯の荘公、斉の桓公と会し、曹沫、盟を刦《おびや》かすとは、即ち其の地なり。戦国には阿と曰う。今の山東陽穀県の阿城鎮なり。

といわれた。氏のいわゆる「阿」とは、『史記』巻四三趙世家の成侯九年（366 B. C.）の条に「斉と阿下に戦う」といい、その正義の「阿は東阿なり。今の済州東阿県なり」とあるのに相当するが、ここでは北九門や下専などからいかにも遠すぎる。三孔布の「阿」は、おそらく西阿のほうであろう。『括地志』巻四の瀛州の条に曰く。

故の葛城は一に依城と名づけ、又た西阿城と名づく。瀛州高陽県の西北五十里に在り。徐・兗の二水、其の西を並び過ぎ、又た其の北曲を徂経するを以って、阿と曰う。斉に東阿有るを以っての故に、西阿城と曰う。

趙世家の成侯十九年（356 B. C.）の条に「燕と阿に会す」とあり、その正義に右の『括地志』の文章を引いて、「按ずるに、燕の趙と会せしは、即ち此の地ならん」といっている。『読史方輿紀要』巻一二の直隷、保定府、安州の条に「葛城廃県は今の州治なり」とあるから、西阿すなわち三孔布の「阿」は、現在の河北省安州にほかならない。安州は石家荘の東北約一四〇粁、保定の東方約二〇粁の地点にある。

(7)　女石邑　　『東亜銭志』巻四、七三丁　　書道博物館蔵

奥平氏と王氏は、ともに「面文識るべからず」といい、鄭氏はまったく取り上げておられない。しかし三孔布の文字は、すべて右から左へ並んでいるようであるから、この地名は「女石邑」と読むべきであろう。「女」と「石」を付けて「妬」にしてみたり、「石」と「邑」を付けて「石阝」にしてみたりしたが、「妬邑」とか「女石阝」とかいう地名は、文献に見当たらない。「女石邑」とても同様であるが、それから「女」を除いた「石邑」という地名は、確かに戦国時代に存在した。『史記』巻四三趙世家の武霊王二十年（306 B. C.）の条に「中山を攻めて、……石邑を取る」とあり、同

巻八九陳余伝に「趙王（武臣）、復た（李）良をして、太原を略せしめて石邑に至る」と見えるのがそれである。『前漢書』巻二八上の地理志によると、常山郡の属県の一つに石邑があり、また『括地志』巻四の恒州、鹿泉県の条に、「石邑故城は、恒州鹿泉県の南三十五里に在り。六国の時の旧邑なり」とある。ここに鹿泉県というのは、現在の石家荘の西西北約一五粁にある獲鹿県にほかならない。この石邑は、ちょうど三孔布の流通地域に含まれそうな位置にあるので、問題の女石邑と何か関係があったのではなかろうかと思われる。

⑻　魚　陽　1　『中国古代貨幣発展史』一四二頁　所在不明　2・3　『古銭大辞典』上編、四八丁　所在不明

李佐賢と王・鄭両氏は、いずれも「魯陽」と読み、さらに王氏はその位置を河南中部とし、鄭氏はより詳しく同地方の魯山県に比定されている。しかし、これは誤りであって、奥平氏が「魚陽」と読まれているのが正しい。「魯」ならば当然「日」を伴っているはずなのに、この字にはそれがないからである。李氏が「陽の字は、阝の旁を減じて四隅に四曲文有るを異と為す」といっているように、この陽の字は「行」のなかに「昜」を入れるという、きわめて変った構成で、他にまったく類例をみない。魚陽というと、すぐに思い出されるのは、燕の漁陽（河北省薊県）であろう。「魚陽」の銘を有する方肩方足布は、ここで発行されたものらしいが、その字体は三孔布に施されている「魚陽」のそれと、まったく違うのである。[37]さらに、薊県は石家荘から三〇〇粁以上も東北に距っているので、ここまで三孔布が流通したとは考えられない。したがって、問題の三孔布が燕の漁陽で発行されたはずはない。

他の多くの例から類推すると、「魚陽」とは魚水の陽という意味であろう。そこで、三孔布の流通圏に含まれそうな地域を探ってみると、『水経注』巻一一の滱水の条に「魚水は北平県西南の魚山に出で、……東に流れて蒲水に注ぐ」といい、『大清一統志』巻一〇の保定府、山川の条に「魚水は満城県の西南に在り」と述べているのが注目される。前漢時代に置かれて中山国に属した北平県は、その後幾多の変転を重ね、唐の天宝元年に満城県と改名されて、今日にいたった。[38]石家荘の東北約一二五粁の地点にある。したがって三孔布の「魚陽」も、その付近にあったとみてよかろう。

ついでに述べるが、この「魚陽」布と⑾の「梟」布にかぎって、小型のものよりさらに小型のものが発見されている。しかもその裏面には、いずれも「一両」の文字を表しているのだから、まことに理解に苦しまざるをえない。こういう超小型のものは、各都市のあいだで流通した正式の貨幣ではなく、発行した都市のなかだけで用いられた特殊な貨幣にすぎないのであろう。その証拠に、右の二枚の布銭を比較してみると、大きさも形もかなり違っているのである。また、それらが現れたのは、ただでさえ短い三孔布の流通期間のうちでも、その最後の一時期であったと想像される。

三孔布に記されている一五個所の地名のうち、以上の八個所は、確度に差こそあれ、ほぼその位置をつきとめることができた。しかし残りの七個所については、残念ながら手がかりがない。それどころか、そのうちの二個所は、読み方さえはっきりしないという有様である。位置が不明のものは、ここではあげても仕方がない。だが、従来の読み方を訂正したところもあり、あらたに読めた文字もあるので、わからない点はわからないなりに、いちおう説明しておくことにした。それは、将来のためにも必要な作業であろう。

⑼　上𨛍陽　『東亜銭志』巻四、七二丁　張氏蔵

⑽　下𨛍陽　同　右　日銀蔵

奥平氏は「上□陽」「下□陽」と読んで、中間の字を不明とされ、王氏と鄭氏は、ともに「上𨚮陽」「下𨚮陽」と読まれている。またその位置について、王氏は単に「河南中部に在り」といわれているだけであるが、鄭氏はさらに詳しく左のように述べておられる。

𨚮陽は地名なり。其の上𨚮陽と曰うは、まさにこれ比水上游の陽なるべし。其の地、戦国には楚に属す。未だ何れの年に秦に入りしかを知らず。此の布は、まさに秦に入りて後に鋳たる所なるべし。𨚮陰釿布を参見せよ。

按ずるに、下⿰比阝陽は即ち比水下游の陽地ならん。上⿰比阝陽に対して言う。

なお指示に従って、⿰比阝陰釿布の項(39)を参照すると、そこには左のように記してある。

漢書の地理志に、南陽郡に比陽県有りと。応劭曰く「比水の出づる所。東して蔡に入る」と。然れば則ち、比陽なる者は比水の南、比陰なる者は比水の北なり。

つまり鄭氏の説によると、この種の三孔布は、現在の河南南部の南陽のあたりで発行されたということになる。しかし、河北の藁城県や深県から河南の南陽までは、優に六〇〇粁もある。三孔布が黄河を越えて、このように遠くまで流通したとは、とうてい考えられない。したがって、これには何か間違いがあるのではないか。そう思っていろいろ調べてみたところ、はたしてつぎのようなことがわかった。

結論から先にいうと、上から二番目の字の扁は、いずれもヒと表されているが、これは匕であってヒではない。したがって、それに「邑」を添えたものも、⿰化阝であって⿰比阝ではない。『説文』巻八上に「匕は相与に比叙するなり。反人に从う」とあるように、匕は「人」という字人を裏返しにした形である。⿰比阝陰釿布の「⿰比阝」の字をはじめとして、金文に見られる妣・祉・秕などの字では、「匕」の部分がすべて匕のように表されており、ヒという形をとることは絶対にない。いっぽう『説文』の同じ巻に「𠤎は変なり。到人に从う」とあるように、七は「人」という字人を倒さにした形である。七をヒのように表した例は、伯七鼎の「七」の字、中子化盤の「化」の字をはじめとして、斉刀や□化銭(40)に見られる「化」の字など、枚挙にいとまもない。段注に「今、七の字を変じて尽く化に作る。化行われて七廃す」といっているように、七は化の古字である。したがって、三孔布の「⿰七阝」の字は、⿰化阝にほかならない。「上⿰化阝陽」は化水上流の陽、「下⿰化阝陽」は化水下流の陽という意味であろう。しかし、かなり文献を調べてみたが、三孔布の流通範囲と思われる地域に、化水という川は見いだせなかった。

(11)　梟　1　『東亜銭志』巻四、七三丁　日銀蔵　2　『中国古代貨幣発展史』一四三頁　所在不明　3

『古泉滙』元集巻九、五丁　所在不明

李佐賢は「私」と読み、奥平氏は不明とし、王氏は「枲」と読み、鄭氏は「杞」と読んで河南省の杞県治に比定されている。これらのうちでは、字の形から明らかなように、王氏の読み方が正しい。枲は台・枱・吕・相・耜・梩などと同じ字で、(41)農具のクワを指すけれども、地名とした場合は、どこに比定すべきか手がかりがない。周の始祖の后稷が国を建てたといわれる邰（陝西省武功県の西南）では、古すぎるうえ遠すぎるので、まったく問題にならない。

(12) 文　雁　郷　　『中国古代貨幣発展史』一四五頁　所在不明

鄭氏だけがこれを掲げて、「文雁郷」と読まれている。この読み方はおそらく正しいと思われるが、氏自身も「按ずるに、文雁郷は地名なるも、考う無し」といわれているように、どこにあったのか見当もつかない。

(13) 上　苑　　『東亜銭志』巻四、七三丁　　日銀蔵

奥平・王・鄭の三氏は、いずれも「上苑」と読まれたが、これにはまず異論はなかろう。また鄭氏は、その位置を左のように推定された。

括地志に云う「故の王城は一に河南城と名づく。本の郟鄏にして、周公の新たに築くところ。洛州河南県の北、九里苑内の東北隅に在り。則ち九里は苑名なり」と。程恩沢曰く「九里苑は即ち故の王城にして、今の河南洛陽県の西北九里に在り」と。此の布の文に上苑と曰うは、猶お洛陽の上地と称するがごときなり。

しかし、これだけの理由で、「上苑」を九里苑に比定するのは、いささかこじつけであろう。おそらく、上苑は上専などの場合と同様、苑水の上流を指すものと思われるが、そのような川は、文献のなかに見当たらない。

(14) 平　□　　『東亜銭志』巻四、七四丁　　日銀蔵

奥平氏と王氏は「面文識るべからず」といい、鄭氏は全然取り上げておられない。向って右側の字は「平」に相違ないが、左側の字はどうしても読めない。構成から強いて憶測すれば「旗」の「其」の代りに「羊」の省と「口」を

入れたものになるが、このような字は、いかなる辞典にもない。

⒂　郘　□　　『東亜銭志』巻四、七四丁　　日銀蔵

奥平氏と王氏は「面文識るべからず」といい、鄭氏はまったく取り上げられていない。向って右側の字は、「足」と「邑」に従っているから、「郘」とすべきであろう。しかし左側の字は、何であるか見当もつかない。上半は「曲」に似ているようでもあり、「舟」をひねったようにも見える。下半は「廾」か「廾」らしいが、両者は同じ形に表されることがあるので、いずれとも判別できない。(42)

以上で、三孔布の流通地域がほぼ明らかになった。王氏と鄭氏が三孔布を秦の貨幣とみられたのは、間違った地名の比定にもとづいて、その流通範囲を拡げすぎたことに、よるところが多かったようである。筆者はまず一五の地名のうちから、ほぼ確実に位置がわかる北九門（藁城県）と下専（深県）の二つを見いだし、三孔布の流通地域が比較的に狭いという前提から、他の安陽以下の五つの地点をその付近に求めた。しかし、今になって考えると、このような前提は、必ずしも設ける必要はなかったのである。というのは、先秦時代に数多くあった安陽のうちで、三孔布を発行した可能性がありそうなのは、まず臨城付近の安陽ぐらいなものである。したがって、安陰もその近くにあったに相違ない。阿には東阿と西阿の二つがあるが、常識的には北九門や下専にずっと近い西阿のほうを採るべきであろう。さらに、女石邑と魚陽を比定するもとになった石邑と魚水は、文献から知られるかぎり、中国全土に一つずつしかなかった。こういうわけで、かりに右の前提を外しても、結論には変りがないはずである。要するに、三孔布の流通圏は、現在の藁城県と深県を含むあまり広くない地域、つまり河北省の南部から少し北寄りのところに限定されるということになろう。したがって、上郡陽以下の七地点も、当然その範囲に含まれるとみなければなるまい。

五　三孔布出現の背景

最後に残った問題は、三孔布がどのような事情で出現したかという、その背景を明らかにすることである。それには、まず戦国末期における通貨の状況を国別に大観し、そのなかから解決の糸口を見いださなければならない。少し回り道になるかもしれないが、右の点に関して筆者がこれまで調べてきた結果を、ごく簡単に述べることとする。

戦国七雄のうちで、最も貨幣経済が安定していたのは、国家が鋳造権を一手に掌握し、他国の貨幣の介入を許さなかった秦と楚であろう。秦では、その強力な中央集権機構の産物として、「重一両十二珠」「重一両十四珠」「重十二朱」「両錙」などの円銭が発行され(43)、中央から隔絶した楚では、いわゆる楚金版という蟻鼻銭が用いられた(44)。しかし、その楚においてさえ、戦国もごく末のころになると、今の江蘇方面にあった東部の地方都市から、他の類のない異形の方肩方足布が発行されている(45)。秦の進攻を避けて楚の首都が転々と移動し、国家の命脈が危機に瀕したとき、東部の或る都市が経済的に独立を図った結果であろう。

燕は当初から刀銭の鋳造を確保し、尖首刀についで明刀を発行してきたが、戦国の最末期には、方肩方足布や明刀円銭(46)などの出現に悩まされるようになる。これらの異質の貨幣を発行したのは、おもに今の東北方面にあった燕の出先機関か地方勢力であろう。方肩方足布の銘に「魚陽」（漁陽）や「纕坪」（襄平）の文字が見られるのは、燕の漁陽郡や遼東郡の中心においてさえ、こういう動きのあったことを示している。これらの革新勢力は、燕の国家権力の衰頽に乗じて、それぞれ独自の経済圏を樹立しようとしたのであろう。

そのころ斉では、斉刀の類はすでに廃止され、国家当局の発行にかかる「□化」「□四化」「□六化」の各銭が流通していた(47)。しかしそれらにまじって、「□化」銭の退化型式とみられる「一化」銭が使用された形跡があるのは(48)、すこぶる注目に値する。この銭は、先秦時代の円銭のうちでは最も小さく、また最も粗製で薄い。こういう粗悪な銭が横行したというところに、斉における貨幣経済の末期的症状をうかがうことができる。

いっぽう布銭の流通圏にあった国のうち、通貨が比較的に安定していたのは韓である。この国は、それ自体として通貨を発行することはしなかったが、領内では全般にわたって方肩方足布が、また黄河南岸の一部では斜肩彎足式空首布が[49]、それぞれ最後まで流通していたらしい。

方肩方足円股布と、それに続く円肩円足布は、魏の領域の主要部に流通した貨幣である[50]。なかでも、安邑（山西省夏県）で発行された安邑釿布と、大梁（河南省開封）で発行された乗馬幣は、その代表的なものであった。ところが戦国末期になって、大梁で実体貨幣の乗馬幣を名目化した結果[51]、その信用が下落し、ひいてはそれと同型式の円肩円足布を使用していた都市のあいだに、大梁の通貨政策に対する不満が高まってきた。そしてついに、それらの都市のいくつかが連合して、首都の経済圏から離脱し、まったく新しい形の円銭[52]を発行するにいたったようである。同じく円肩円足布の流通圏にあった晋陽（山西省虞郷鎮）が、方肩刀[53]というきわめて特殊な貨幣を採用したのも、右の時機を措いてほかにはあるまい。本来ならば円銭に切り替えるはずのところ、何か不利になるような特別な事情があったため、あえて独立の経済圏を設立することになったのであろう。なお魏の他の領域では、かなり広い範囲にわたって、方肩方足布が流通していた。

趙はもともと布銭の流通圏に属し、各種の尖足布を用いていたが、敬侯元年（386 B. C.）、中牟（河南省湯陰県）から邯鄲（河北省邯鄲市）へ都を遷すに及んで、燕の幣制の影響を受け、明刀に倣って円首刀を採用するにいたった。しかしそれを発行したのは、趙の国家そのものではなく、首都の邯鄲と地方都市の柏人（河北省堯山鎮）である[54]。円首刀は戦国の終末まで流通したが、それが趙の全般にわたったかどうかは疑問で、方肩方足布も山西方面を中心として、かなりの勢力をもっていた。また山西のごく一部（離石県）では、円銭も使用された[55]。

以上が、戦国末期に重点を置いた、七国の通貨状況の大要である。ではつぎに、問題の三孔布の流通地域では、三孔布が現れる直前に、はたしてどのような種類の貨幣が存在していたのであろうか。近ごろ行われた発掘の成果によると、この方面からは左のような貨幣が出土している。

(1)　一九五八年三月、河北省文物工作隊が徐水県解村の付近を調査したさい、多数の貨幣を発見した。それらは錆ついて堆積していたが、出土状態から判断すると、当時の人が埋葬したものらしいという。そのなかには、明刀、甘丹刀（円首刀）、「甘丹」と「藺」の銘がある尖足布、「安陽」の銘がある方足布が含まれていた。[56]なお徐水県は、石家荘の東北約一四五粁の地点にある。

(2)　一九五五年の七月から九月にかけて、河北省文物管理委員会が石家荘市の市荘村で、戦国時代の文化層を発掘したおり、方足布が三枚と尖足布が一枚出土した。方足布には「安陽」「平陽」「藺」などの銘が見られるが、尖足布のほうは文字がなく、また、べつに出てきた一本の刀銭も、文字は不明だという。[57]

(3)　一九六三年の秋、石家荘市東郊区東古城村の生産隊が、村にある後漢時代の常山城の遺跡で、大量の刀銭を発見した。数にして約一〇〇〇本、重さにして一五瓩ほどもある。明刀が最も多くて、約四分の一を占め、残りは「甘丹」と「白人」の銘を有する円首刀であった。[58]

(4)　一九五六年五月―一一月、五七年四月―八月の二回にわたり、河北省文物管理委員会が邢台市曹演荘の付近を調査したとき、戦国時代の文化層から刀銭と布銭が出土したという。[59]ただし、これ以上の詳しい説明はない。邢台は、石家荘の南方約一三〇粁のところにある。

出土例が少ないうえ、遺跡の的確な年代が不明なので、はっきりしたことはわからない。しかし、これらの資料を総合すると、燕南・趙北に当たるこの地方は、戦国末期のころ、燕の明刀、趙の円首刀、各地の方肩方足布などが、入り乱れて流通していたとみてよかろう。つまり貨幣経済の面では、最も複雑な地域の一つであったといえそうである。各種の貨幣のレート関係がどうなっていたかは、知る由もないが、それを統制する機関がなかったと考えられる以上、支払う側と受け取る側とのあいだに、いろいろなトラブルが起っていたに違いない。さらに戦国も末ともなれば、秦の進攻によって列国の領土は分断され、都市間の交通や物資の輸送も困難になってきたであろう。これが、貨幣経済の面に響かぬはずはない。貨幣の需給も円滑を欠くようになり、その極端な不足に悩む都市も現れてきたと思われる。こうした情勢のもとにあっては、長年にわたって先秦の経済を維持してきた実体貨幣が、[60]その質を落とし、量目を減じ、ついには名目貨幣化するという傾向の出てくるのも、まずやむをえない。そうなれば、貨幣の信用が下落することは必至である。煩瑣な通貨事情に加えて、それらの貨幣の信用低下、このような事態に対処するためには、自らの貨幣をつくるよりほかに仕方がない。燕南・趙北の地域にあり、利害を同じくしていたいくつかの新興都市は、ついに互いに協定して、問題の三孔布を発行することになったのであろう。そのころには、長年にわたる変転を経て、布銭の型式もそろそろ底をついてきた。そこで、今の山西西部の離石県付近に当たる藺と離石で鋳造していた、当時としては最も新型に属する円肩円足布の形を借り、その首部と両足部にそれぞれ一孔を穿つという、変った型式を案出したものらしい。[61]三孔布に大型と小型の二種があり、また裏面にしばしば、炉か鋳型の番号、あるいは鋳造の順位を示すとおぼしい数字が記されているのも、同じく円肩円足布の制に倣ったものであろう。さらに、貨幣の悪質化・軽量化・名目化を防ぐためには、もはや型式の更新だけでは間に合わず、何か別の手段で、規格の実質を保証する必要があった。[62]そこで裏面に、両や朱の重量を明記するという、革新的な方法を採るにいたったものと思われる。三孔布はもちろん実体貨幣であったから、その「一両」と「十二朱」の文字は、重量と同時に通用価値をも表していたに相違ない。

以上が、三孔布出現の背景に関する筆者の見解である。

第一章の末尾にのべたことを、もう一度ここに繰り返して、結びの言葉としたい。「三孔布の問題は、単にそれ自体の範囲にとどまるものではなく、その解明は戦国末期の貨幣経済の全体を把握するうえに、きわめて大きい意味をもつことになるであろう」。

註

(1) 王毓銓『我国古代貨幣的起源和発展』(科学出版社、一九五七) 三八頁。
(2) 「魚陽」「臬」は筆者の読み方で、李氏は「魯易」「私」と読んでいる。
(3) 拙稿「先秦貨幣の重量単位」(『中国考古学研究』東京大学出版会、一九六三再版) 四二六頁。
(4) 呉栄曾『中国古代的銭幣』(『考古通訊』一九五六の四) 五三頁。
(5) 『我国古代貨幣的起源和発展』三八―四一頁、図版二三―二四。
(6) 鄭家相『中国古代貨幣発展史』(三聯書店、一九五八) 一三八―一四七頁。
(7) 拙稿「先秦貨幣雑考」(『東洋文化研究所紀要』二七、一九六二) 八〇頁。
(8) 拙稿「刀銭考補正」(『東洋文化研究所紀要』四〇、一九六六) 八九―一〇〇頁。
(9) 註(4)参照。
(10) 『我国古代貨幣的起源和発展』三八―三九頁。
(11) これは257の誤りである。
(12) 『中国古代貨幣発展史』一三八―一三九頁。
(13) 拙稿「中国の古代貨幣」(『古代史講座』九、学生社、一九六三) 三五六頁。
(14) 拙稿「刀銭考」(『東洋文化研究所紀要』三五、一九六五) 二三―四五頁。
(15) 『括地志』巻四、恒州、藁城の条による。
(16) 拙稿『重一両十四一珠』銭について」(『中国考古学研究』所収) 四〇九―四一七頁、「先秦貨幣雑考」七七―七九頁。
(17) 拙稿「円体方孔銭について」(『中国考古学研究』所収) 四六一―四六四頁。
(18) 「先秦貨幣雑考」七九―八〇頁。

(19)「先秦貨幣の重量単位」四三二—四三六頁。
(20)「同右」四三二—四三三頁。
(21)「同右」四二七頁。
(22)「同右」四二八—四三〇頁。
(23)『中国古代貨幣発展史』一〇三頁。
(24) 拙稿「新耒耜考」(『東洋文化研究所紀要』一九、一九五九) 五〇—五一頁。
(25)「先秦貨幣の重量単位」四五一頁。
(26)『史記』巻八五、呂不韋伝。
(27) 貨殖列伝。
(28)『史記』巻六、秦始皇本紀、二十六年の条。
(29)『前漢書』巻二四下、食貨志。
(30)「先秦貨幣雑考」八一—八三頁。
(31) 拙稿「漢初の文化における戦国的要素について」(『中国考古学研究』所収) 六二一—六二二頁。
(32)『東亜銭志』では、拓本の余白の左下に「田」の字が記してあるが、これは田中銭幣館の略号である。ここの所蔵品は、すべて日本銀行貨幣標本室に移管された。
(33)『東亜銭志』では、拓本の余白の左下に「張」の字が記してある。古銭家　小川浩氏の談によると、張某は上海在住の人で、著者の奥平氏は古銭の研究のために、しばしば中国へ行かれたとのこと。しかし、現物が今もそのままかどうかは不明。
(34) 応劭の『地理風俗記』(『漢唐地理書鈔』所収) に、「下博」とも何とも断らずに、「大山に博有り。故に此は下を加う」という単独の文章がある。しかし、これはもともと同書にあったかどうか疑問で、むしろ『水経注』に見える逸文を、同書の記事として採録したのではないかと思われる。
(35) 註 (11) 参照。
(36) 論証の過程を省いて、現在位置と出典だけを記すと、下のとおり。山西省大同市の東南、河北省臨城県の南 (以上、趙世家)、河南省安陽県の西南 (秦本紀)、山東省曹県の東 (項羽本紀)、内蒙古包頭市の付近 (『前漢書』地理志)、山東省莒県治

『後漢書』趙彦伝の李注)、江蘇省無錫市(『路史』国名紀)。
(37) たとえば『東亜銭志』巻四、一五―一六丁を参照。
(38) 『大清一統志』巻一〇の保定府、満城県の条による。
(39) 『中国古代貨幣発展史』一三五頁。
(40) 註(47)参照。
(41) 徐中舒「耒耜考」(国立中央研究院歴史語言研究所『集刊』二の一、一九三〇)四五頁。
(42) かりに上半が曲、下半が艸であった場合、上下を逆にすれば、「苖」という字ができる。『玉篇』に「苖は苖植なる。養蚕の器なり」、『説文』に「薄は一に蚕薄と曰う。艸に从い、曲の声なり」、『方言』に「薄は宋魏・陳楚・江淮の間、之を苖と謂い、或いは之を麴と謂う。関より西は、之を薄と謂う」といっているのによると、「苖」は蚕の巣であったことが知られる。
(43) 註(16)参照。
(44) 「先秦貨幣雑考」八四―九二頁。
(45) この方肩方足布は、きわめて長大で厚く、首部に大孔を穿っている。表面の四字銘は、古来最も難解なものとして有名で、いまだに定説らしいものはない。裏面の二字銘は、一般に「十貨」と読まれている。おそらく、布銭としては最も晩い型式の一つであり、戦国末期のものとみるべきであろう。秦宝瓚の『遺篋録』には、かってこの手の布銭が江蘇省の徐州から出たことを伝えているし、一九五七年には、同省の丹陽付近からも、それが発見されたという(『文物』一九五九の四、一六頁)。これらの地域は、戦国末には楚の勢力範囲であった。さらに問題の布銭の表面の左下の字と、裏面の左側の字の「貝」に当たる部分が、楚の蟻鼻銭に見られるのも、甚だ注目に値する。したがって、この異形の方肩方足布は、たぶん楚のものであろう。
(46) 「先秦貨幣雑考」七五―七六頁。
(47) 「同右」七三―七四頁。
(48) 「同右」七四―七五頁、「漢初の文化における戦国的要素について」六一五―六一九頁。
(49) 「新耒耜考」五五―五六、六六―六七頁。
(50) 拙稿「釿字考」(『石田博士頌寿記念東洋史論叢』講談社、一九六五)三〇五―三〇六頁。
(51) 「先秦貨幣の重量単位」四三一・四四〇頁。

(52)「先秦貨幣雑考」六八—七〇頁。

(53)「刀銭考」六四—六六頁。

(54)「同右」六二頁。

(55)「先秦貨幣雑考」七〇—七一頁。

(56)敖承隆「河北徐水解村発現古遺址和古城垣」(『考古』一九六五の一〇)五三八—五四〇頁。

(57)河北省文物管理委員会「河北石家荘市市荘村戦国遺址的発掘」(『考古学報』一九五七の一)九一頁。

(58)王海航「石家荘東郊発現古刀幣」(『文物』一九六四の六)六一—六二頁。

(59)河北省文物管理委員会「邢台曹演荘遺址発掘報告」(『考古学報』一九五八の四)四四—四五頁。

(60)「先秦貨幣の重量単位」四三〇頁。

(61)『我国古代貨幣的起源和発展』三九頁によると、王氏は筆者とは逆に、円肩円足布は三孔布の影響下に生じたといわれるが、そのようなことは決してありえない。円足系の発展順序をみれば明らかなように、円肩円足布は、疑似方肩方足布の首部と両足部を円くした、疑似円肩円足布から転化したものである。「中国の古代貨幣」三五三頁参照。

(62)「先秦貨幣の重量単位」四三一頁。

have caused disputes with merchants and manufacturers on matters of profit.

（h） The fixing of standards would seem rather to be due to a period of circulation of short duration and the area concerned of small extent.

Amongst the 14 place-names appearing in the inscriptions on triple-perforated *pu*-coins, Wang has identified 4 and Chêng 10 with modern localities——of these only one of Chêng's identifications can be regarded as acceptable. According to the results of my own detailed investigations, coins bearing the names Pei-chiu-men 北九門（equivalent to modern kao-ch'eng 藁城, Hopei）and Hsia-po 下専（equivalent to modern Shen--hsien 深県, Hopei）for a start-off are distributed——with modern Shih--chia-chuang 石家荘 as a focal point——only in the area between middle and southern Hopei. This area coincides closely with the northern extremities of Chao 趙 and touches upon the border of Yen 燕; as we are aware from the fruits of recent excavations it was also an area with an intermingling of spuare-pronged *pu*-coins, *ming-tao*-coins, and round-headed *tao*--coins. As the economic situation towards the end of the Chan-kuo period had become confused, and confidence in the coinage had been lost, a number of newly established cities had agreed upon the circulation of a new style of triple-perforated *pu*-coins and in order to maintain a standard weight recorded the measures '*liang*' and 'twelve chu' on the coins.

Wang Yü-ch'üan: 'Wo-kuo ku-tai huo-pi ti ch'i-yüan ho fa-chan' 我国古代貨幣的起源和発展. Peking, 1957, pp. 38-41.

Chêng Chia-hsiang: 'Chung-kuo ku-tai huo-pi fa-chan-shih' 中国古代貨幣発展史. Peking, 1958, pp. 138-147.

The True Nature of the Triple-perforated *Pu*-coins

by Takeshi SEKINO

Recently a remarkable theory to the effect that triple-perforated *pu*-coins circulated in the territories occupied by Ch'in towards the end of the Chan-kuo period has been proposed by Wang Yü-ch'üan 王毓銓 and Chêng Chia-hsiang 鄭家相. The reasons advanced are as follows:

(a) The area of distribution was extremely wide.

(b) This same area was under Ch'in jurisdiction.

(c) The coins were of a standardized character.

(d) They exhibit the same units (*liang* 両 and *chu* 銖) as the round coins of Ch'in.

However, I cannot agree with this idea:

(a) Triple-perforated coins each have geographical names recorded.

(b) Their shape is entirely different from the round coins of Ch'in.

(c) The calligraphic style of the graph *liang* is of a distinct character and is conspicuously different from that of Ch'in.

(d) The standard of weight is not that of the lighter *chin* 斤 of Ch'in prior to its unification of the States (153. 6 gms) but it tends towards the havier *chin* of the Three Chin 三晋 (256 gms).

(e) From the point-of-view of the economics of coinage it is inconceivable that backward Ch'in could have created a clearly defined regulation of coinage weight.

(f) One would not expect Ch'in in her urgency to subjugate the Six States to have had a superfluity of means to devote herself to a monetary policy in the subjugated areas.

(g) Ch'in was regarded with hostility by the ruling factions of the Six States and not by the ordinary people as a whole. Accordingly there was no need to venture upon an issue of currendy which ought to

金餅考

――戦国・秦漢の金貨に関する一考察――

序

筆者はかつて「楽浪王氏の富」(1)と題する一文を草したさい、中国古代における黄金の問題に興味をひかれた。すでに半世紀近くも前に、加藤繁先生は『唐宋時代に於ける金銀の研究』なる雄篇を刊行されたさい、先秦時代まで遡って金の概観を試みられ(2)、さらにその後、楚の金貨である楚金版について、「郢爰考」なる一篇を発表されている(3)。加藤先生は文献上の証拠から、漢代に円餅形の金貨があったと想像されたが、はたしてそのとおり、戦後、各地で当時の金餅の実物が出土するようになった。先生が地下でこれを知られたら、さぞ喜ばれることであろう。楚金版のことを金餅と呼んだ例もあるが(4)、これはむしろあとの話で、金餅とはもともと、扁円形の金貨を指す語であったらしい(5)。日本流にたとえれば、前者は「のしもち」、後者は「おそなえ」に相当するわけであるが、おそらく中国でも同様であったろう。

一九五〇年代になると、それまで噂に聞いたこともない金餅が、墓に納めた副葬品として、あるいは壺の中に入れた退蔵物として、あちこちから現れるようになった。径五―七糎ほどの円餅状で、重さが二百四、五十瓦もあるというから、金色燦然たる耀きといい、手にこたえるずっしりとした感触といい、さぞ見事なものであろう。黄金自体が非常な貴重品である以上、本来なら伝世に伝世を重ねるのが普通で、どのような目的にしろ、土中に埋蔵される可能性は少ない。それにもかかわらず、一九五一年から六三年までのわずか一二年間に、二一個の金餅が各地で発見された。また金餅そのものではないが、銅や鉛でこしらえた模造品もあり、さらに土で模したものに至っては、出土例の豊富なこと、枚挙にいとまもない。こうした現象は、当然その背後に、かなりの数の金餅が流通していたことを示すものであろう。

いったい金餅なるものは、黄金貨幣のうちで、どれくらいの比率を占めていたのであろうか。また貨幣経済の機構の中で、どのような役割を演じていたのであろうか。これらの点を明らかにするためには、まず出土資料を漏れなく集成して、総合的な検討を加えることにより、金餅の重さとその基準、起源と伝播の状況、流通期間と流通地域、同じく黄金貨幣であった金版との関係などを探ってみなければならない。

中国古代の青銅貨幣については、すでに多くの研究がなされているのに、黄金貨幣のほうは、資料不足のためもあろうが、それほど関心が払われていない。いまこれらの新資料を前にして、金餅をも含めた金貨全体の本質を、究明すべき時機が到来したと考える。結果の如何はとにかく、この辺で誰かが一度は手をつけてみる価値のある課題であろう。

一　金餅の出土資料

まず、金餅の出土資料を列挙することから始めよう。仿製のもの（鎏金銅餅・鉛餅・泥金餅）の分をも含めて、一連の通し番号を付し、参照のさいの便宜に供えることにした。ただし一個所から出た同一種類の資料は、その個数とは関係なく、同じ番号のもとに一括してある。また種類の異なるもの——たとえば金餅と鉛餅——は、同一個所から出た資料でも、番号を別にして取り上げた。排列の順序は、だいたい報告に推定されている年代の順によったが、その年代観のすべてが、筆者のそれと一致するとはかぎらない。

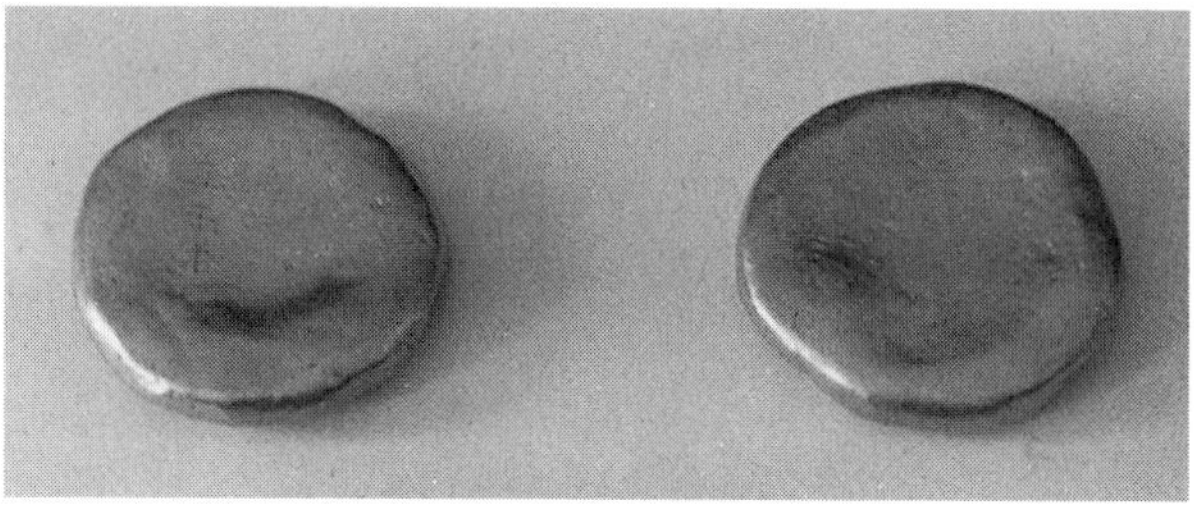

第1図　金　餅　陝西省臨潼県武家屯出土
中国歴史博物館で筆者撮影

1　一九六三年一月、陝西省臨洞潼県武家屯管荘東村の農民二人が、村の東南一〇〇米ほどの地点で土を掘っていたとき、深さ一米ほどのところから、一個の銅釜を発見した。銅釜は瓦当の破片で蓋がしてあり、中に八個の金餅がはいっていた[6]（第1図・第2図1―5）。この銅釜と瓦当の破片は[7]、研究の結果、戦国晩期の秦国の遺物であることが判明したという。なお報告者は、管荘東村の附近一帯に秦の「雲紋瓦当」[8]などが大量に散布しているところから、ここに秦の時代の遺跡があったと推測し、さらに『史記』や『括地志』などの記載にもとづいて、この地が櫟陽古城の範囲内に含まれることを指摘している。

八個の金餅は、円形で薄く（厚さ不明）、径は約六糎、重さは二五〇瓦あり、純度は九九%にのぼるという。また、そのうちの五個には、報告書が「己」「六三」「六四」「八八」「四両半」と判読した篆書風の文字が、それぞれ細めに刻まれている。「実地調査の情況により、また金餅の字体、銅釜・瓦当などを総合すると、これらの金餅は秦あるいは前漢の遺物と認められる」という。

2　一九二九年、陝西省興平県念流寨里村の一農民が、村の西門外で壕を掘っていたとき、泥の塊の中から七個の金餅を発見した。そのうちの六個は、当時すでに銀行で金《かね》に替えてしまったので、残りの一個を、一九六三年七月に陝西省博物館が押収した[9]（第2図6）。念流寨は、『史記』『水経注』『重修興平県志』などによると、秦の廃丘古城の所在地に当たるという。また金餅の出土した地層は、戦国晩期から秦

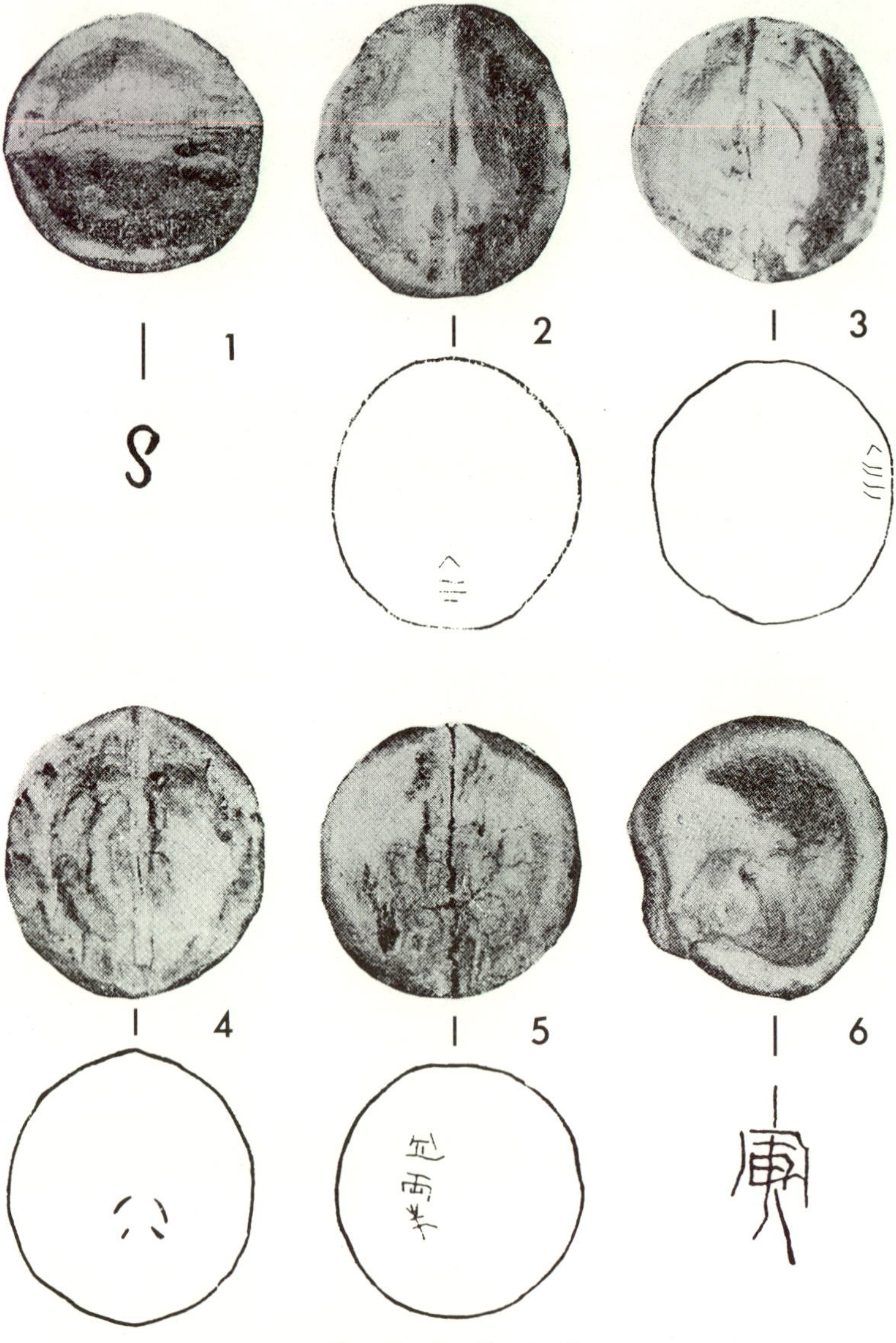

第2図　金　餅　(1/2)
(1〜5) 陝西省臨潼県武家屯出土，(6) 陝西省興平県念流寨出土
『文物』1964 の 7，38 頁による

代にかけてのものと認められるうえ、念流寨の南辺の家堡村には、秦代の城壁や家屋の版築のあとが残っていて、その附近には、陶製井戸側・空塼・瓦当など、当時の遺物が少なくないとのことである。

ここの金餅は径が五・一糎で、やや小柄・厚手であるが、色沢・重量・純度などは、武家屯出土のものと変わらない。面に刻まれている「寅」と「口両半」の文字も、その書体は武家屯のものと同じである。したがって、両者は同時期のものであろうとみられている。

3　太原市東南郊の東太堡で、一九六一年の五月と八月の二回にわたり、銅器をはじめとする多数の遺物が発見された。現場を視察した報告によると、この遺跡は土構の多洞室墓で、一部に木槨の痕跡が認められたという。出土遺物のうちでとくに注目されるのは、五個の金餅と大量の半両銭である。半両銭は一号銅鍾の中に二六斤、三号銅鍾の中に一六斤入れてあって、合計四二斤に達した。一市斤は五〇〇瓦であるから、四二市斤は二一瓩に相当する。さらに一号銅鍾の中に、銅製の筒形器が入れてあり、その中から五個の「馬蹄金」が発見された[10]（第3図）。馬蹄金は麟趾金ともいい、あとで述べるように金餅の別称である。

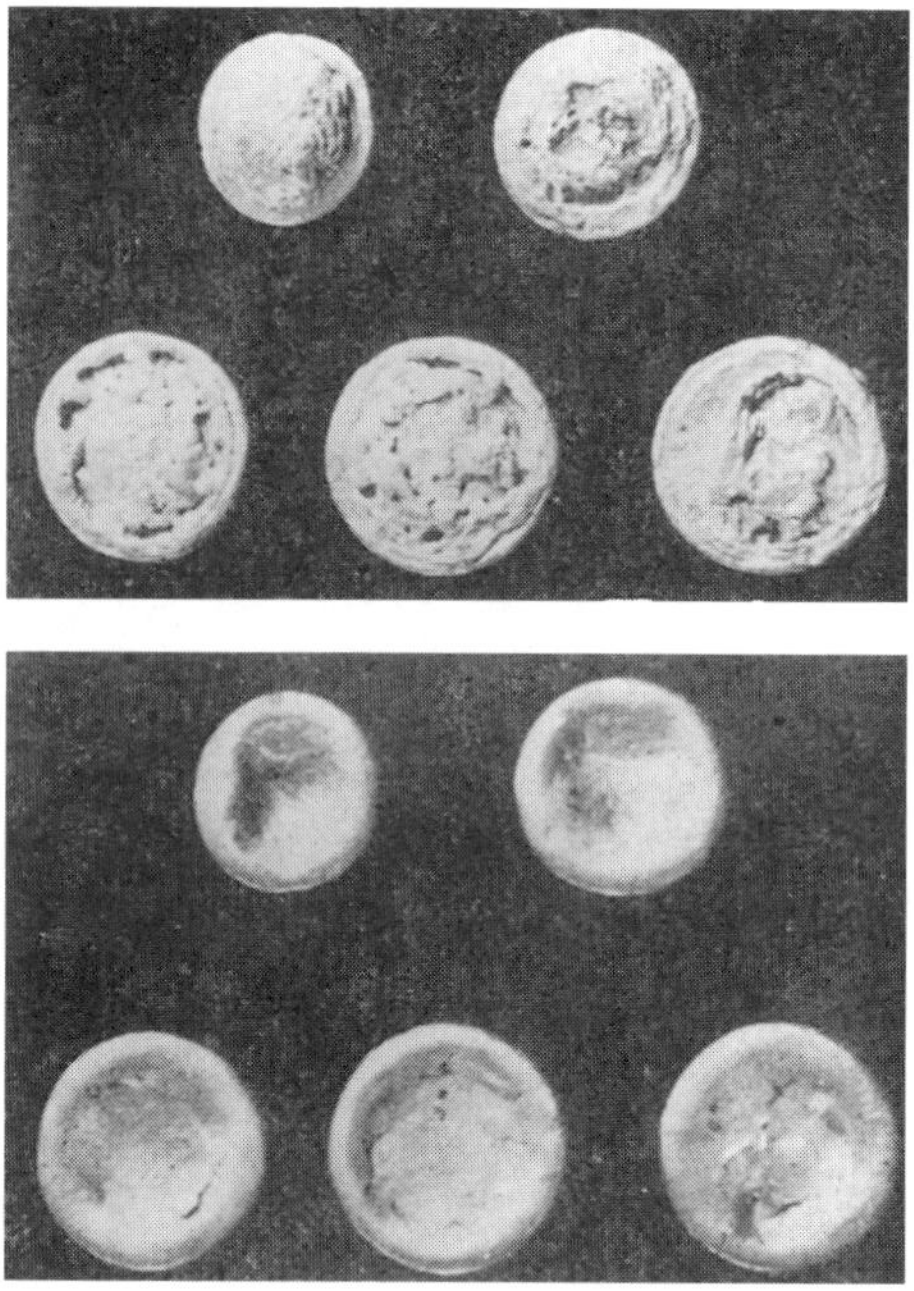

第3図
金　餅（約1/4）（上）表面，（下）裏面
太原東太堡出土　『文物』1962の4・5，11頁による

これらの金餅は円形の馬蹄状をなし、いくらか大きさに差がある。表面は縁の部分が凸起し、裏面は中心に向って凹んでいる。五個のうちの四個には、それぞれ不規則な文字が

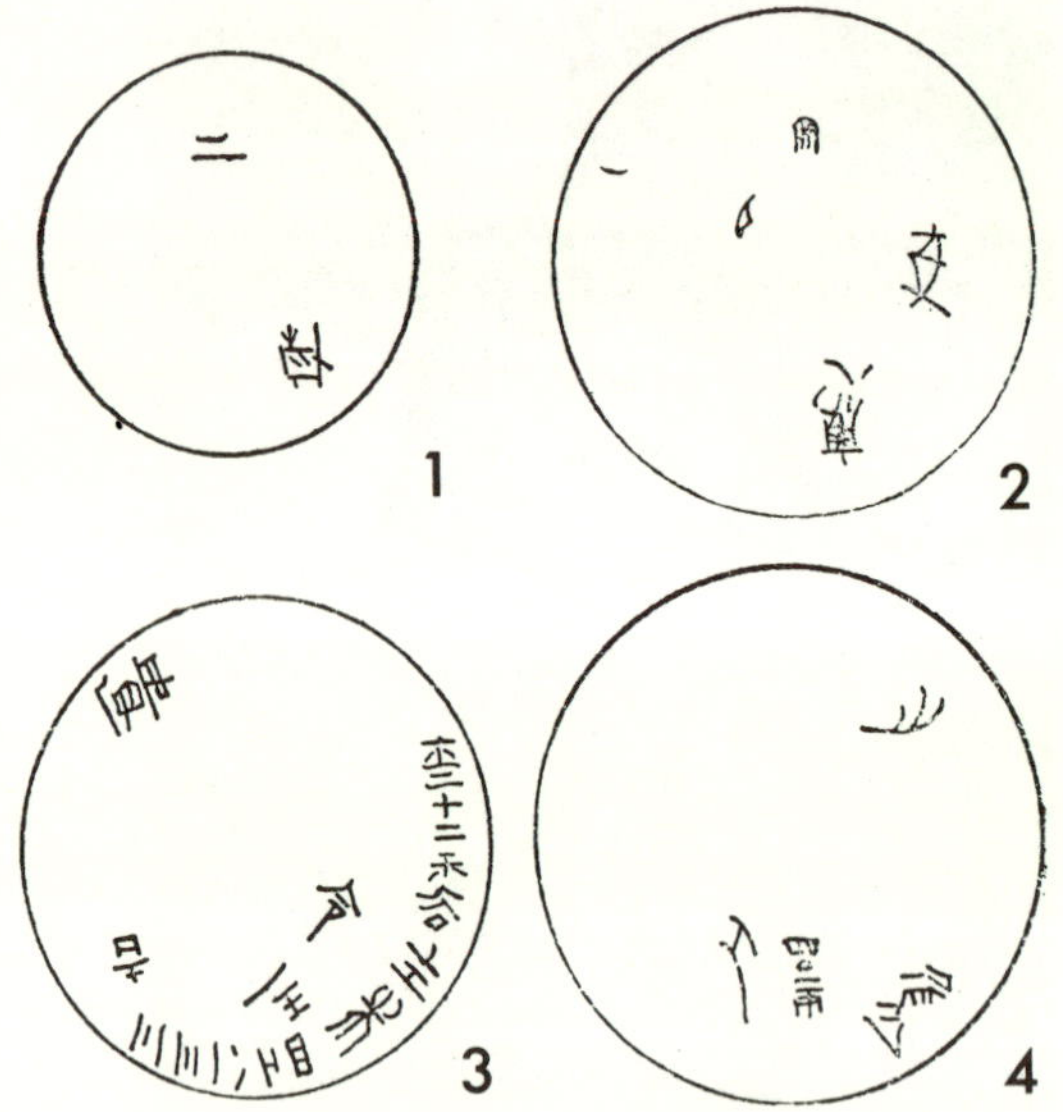

第4図　太原東太堡出土金餅の刻銘（1/2）
（1）31号，（2）33号，（3）34号，（4）35号
『文物』1962の4・5，72頁による

刻まれているが、不思議に難解なものが多い。登記番号三一―三五の順にみると、径は五、五・五、六・三、六・三、六・四糎、重さは五、五、四・三、四・九、四・九両あるという。一市両は五〇瓦[11]に当たるから、これらを瓦に換算すると、二五〇、二五〇、二一五、二四五、二四五になる。また三一・三三・三四・三五号の刻銘は、それぞれ「二一・□」「□八・□・□・□」「平二十二年□□□四工八一三三・令・王一・吉・貴」[12]「四口一両・□□・□・□」と判読しうるにすぎない（第4図）。

重さ二一瓩に及ぶ半両銭の大部分は、文帝の時に発行された無郭の四銖半両であるが、高后の時に鋳られた八銖半両が一、二枚と、武帝の時に鋳られた有郭の四銖半両も二、三枚まじっている。報告者がこれらの事実から、この墓を武帝より遡りえないとしたのは、確かに正しい。しかし、『前漢書』の武帝紀にみえる祥瑞の記事と、ここから出た金餅と結びつけて、墓の年代の上限を武帝の太始二年（95 B.C.）に置いたのは、あとで詳しく述べるような理由によって、にわかに承服しえない。むしろ、ここで出土した三号銅鍾の銘に「清河太后」云々とあるのにより、代の剛王が晋陽から清河に徙された元鼎三年（114 B.C.）を、それに当てるのが妥当であろう。また墓の年代の下限を昭帝年間（86～74 B.C.）としたのも、武帝の元狩四年[13]（119 B.C.）以降、大量に発行された五銖銭が一枚も出ていないところから、甚だ疑わしいと思われる。

4　一九五四年十二月、杭州市葛嶺の西側の山麓で一六基の漢墓が発掘されたさい、そのうちの一基（土坑墓）から各種の明器などとともに、「麟趾金」が出土したという(14)。ただし個数その他については、何も説明がない。報告者は漢代早期の墓だろうといっているが、五銖銭が出ているから、前漢中期以降のものとみるべきであろう。

5　一九五一年十月—五二年二月の間に発掘された長沙二一一号前漢後期木槨墓の中から、金餅が一個出土した(15)（第5図上）。円形で平たく、表面は凹凸不平で、「辰」の一字が刻まれており、裏面は凹んでいて、随処に亀裂がある(16)。径は六・一糎、最も厚いところは一・一五糎。重さは二四四・一二五瓦で、純度は九九・三%に達するという。

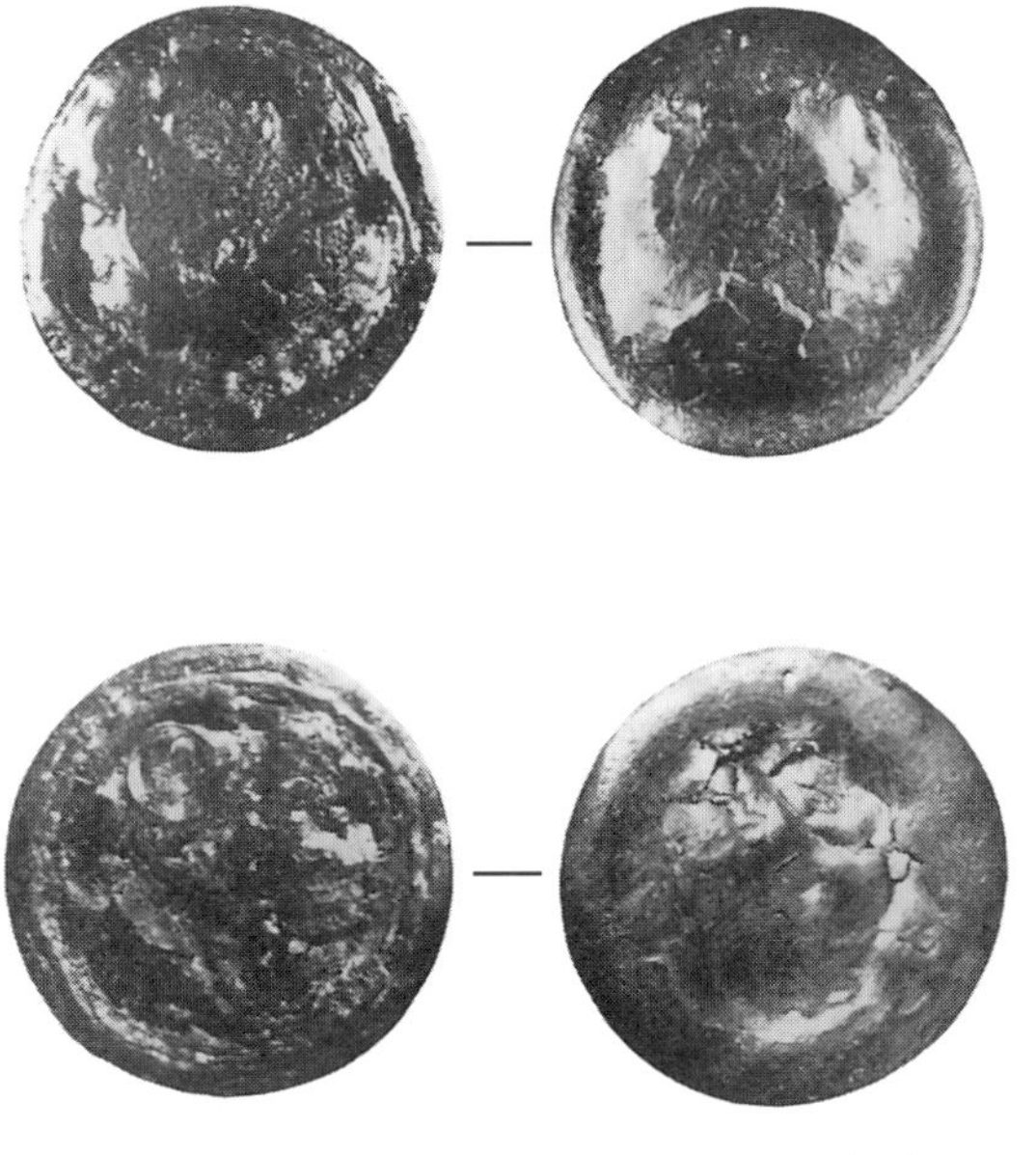

第5図　金　餅（1/2）（左）表面，（右）裏面
（上）長沙211号墓出土，（下）長沙401号墓出土
『長沙発掘報告』図版72による

6　右と同じ期間に、長沙四〇一号前漢後期木槨墓からも、前者とほとんど同大・同形の金餅が発見された(17)（第5図下）。裏面に、小さい印章を用いて、陽文の「黄」の字が打ち出してあるほか、三個の文字が刻まれているが、わずかにその中の一字を「君」と識別しうるにすぎない。径は六・三糎、最も厚いところは〇・八二糎。重さは二五四・一二五瓦で、純度は前者と同じである。

7　一九六三年九月、長沙市の湯家嶺で発掘された一基の前漢木槨墓から、金餅が一個出土した(18)（第6図）。円餅形をなし、表面は凸出して凹凸が甚だしく、裏面は平滑で凹入している。縁に

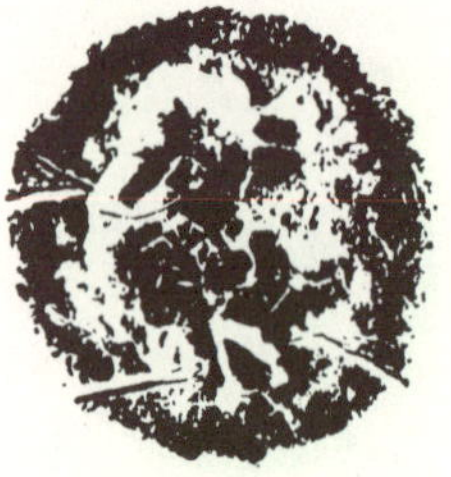

第6図　金　餅（1/2）
長沙湯家嶺前漢墓出土
『考古』1966の4，185頁による

第7図　金　餅（6/7）
長沙桐蔭里1号墓出土
『文参』1957の5，87頁による

三角形の記号が二個印記され、中心よりやや左下に、隷書で「斉」の字が陰刻してある。径は六糎で、重さは二四五・六瓦。漆の耳杯に記された銘から、張端君という人の墓であることがわかった。銅器や漆器などの副葬品も豊富で、それらの型式により、宣帝・元帝間ごろの墓と推定されている。

8　一九五六年、長沙東郊の桐蔭里で紡織工場を移転させたとき、その下から五基の墓が発見された。そのうちの一号墓は、前漢墓のレベルより三五糎ほど高いところに築かれており、中から円形の「金錠」、つまり金餅が一個出土した[19]（第7図）。上面は凸起し、底面は凹陥している。径四・二糎、厚さ一・一糎で、重さは一三八・三瓦にすぎない。数十枚の大泉五十が伴出しているので、王莽期の墓であろうといわれている。

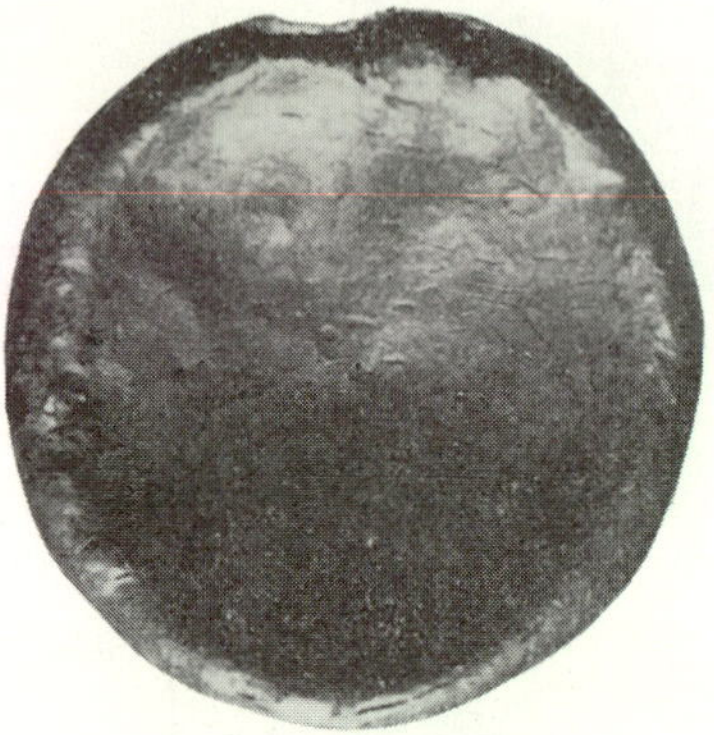

第8図　金　餅（2/3）
長沙五里牌9号墓出土
『文物』1960の3，25頁による

9　一九五九年八—一一月の間に発掘された長沙五里牌九号後漢塼槨墓の中から、金餅が一個出土した[20]（第8図）。表面は半凸半凹、裏面は全凹。裏面は表面に比べると平らで、「張」の一字が微細に陰刻してある。径は七・一糎、重さは二三四・五瓦。なおこの墓からは、右の金餅をはじめとして、蕎麦形飾三・細腰形佩管飾一対・小珠飾一九三・亜形飾一・茉莉花苞形飾二七・指環一〇・腕輪四・球形飾一一、計二五二点の黄金製品が出ている。

10　一九五三年九月、湖南衡陽の蒋家山で後漢の塼槨墓を発掘したさい、円形の金錠、すなわち金餅が一個出土した。[21]表面は「汗士王」の三字が刻まれているという。重さは約一〇両とあるから、発掘当時の一市両三一・二五瓦[21]の一〇倍、つまり三一二・五瓦にも達することがわかる。なおこの墓からも、美しい細金細工の楕円形珠などが出ている。

二　仿製金餅の出土資料

仿製金餅とは、黄金以外の材料で副葬用に特製した金餅の模造品で、いわゆる冥幣の部類に属し、鎏金銅餅・鉛餅・泥金餅の三種から成る。鎏金銅餅とは銅製に鍍金したものを指す。鉛餅は鉛製で、希に金箔や銀箔で包んだ例があり、泥金餅は文字通り土製である。つぎにそれらの出土資料を、簡単に紹介しよう。

(1)　鍍金銅餅

11　一九五四年九月、広州南石頭二号前漢末期木槨墓から、「銅質鎏金の馬蹄金」が一個出土した。[23]円餅形で、中がわずかに凹んでおり、径は六・七糎、厚さは一・二糎を測る。

12　一九五六年—十二月の間に発掘された長沙黒石渡二号後漢塼槨墓から、「鎏金銅錠」が一個出土した。[24]円形で上面は隆起していて蕨手文があり、下面は内に向って凹んでいる。径は四・五糎。

13　一九五四年九月—五五年五月の間に広西貴県で発掘された後漢墓の一つから、「鎏金馬蹄金」が一個出土した。[25]凹面に「金」の一字が刻んである。

第9図　鎏金銅餅（2/3）
洛陽西郊採集
『考古学報』1963の2, 30頁・図版12による

14　一九五七―五八年、洛陽の西郊で多数の漢墓を発掘したさい、一個の「鎏金銅餅」を採集した[26]（第9図）。一面は凸、多面は凹で、凸面上に盤龍文を鋳出してある。径は六糎、中心部の厚さは一糎、縁辺の厚さは〇・八糎で、重さは一八六・二瓦あるという。

(2)　鉛　餅

15　一九六五年十月―六六年一月、湖北の江陵で戦国時代の楚墓を三基発掘したとき、そのうちの一つ、望山一号墓から多数の銅器や漆器とともに、鉛餅が数個出土した[27]（第10図）。「外側を金銀箔で包んだ冥幣」という解説があるだけで、大きさその他は不明である。また図版には六個載せてあるが、これで全部なのかどうかもはっきりしない。しかし写真を見た感じでは、明らかに金餅を模したものである。なお銀箔で包んだものもあったらしいから、もともと金餅のほかに、銀餅もあったのかもしれない。

16　一九五一年十月―五二年二月の間に発掘された長沙一〇一号戦国木槨墓から、鉛餅が二個出土した[28]（第11図上）。

一は円形をなし、表面は錆びて凹凸があり、灰褐色を呈する。径は五・五糎、厚さは二・八糎で、重さは一八六・七瓦。他は楕円形をなし、錆びの具合は前者と同様。長径六・八糎、短径四・九糎、厚さ二・七糎。重さは一八二・七瓦。

17　長沙四〇一号前漢後期木槨墓から、すでにあげた金餅（資料6）とともに、二三〇個にのぼる「鉛金餅」が発見された[29]（第11図下）。形も大きさも、ほとんど区別がつかない。円形で凹凸が甚しく、ところどころに空隙がある。径は五・二糎で、厚さは〇・四糎。

第10図　鉛　餅
湖北江陵望山1号墓出土
『文物』1966の5，44頁による

第11図　鉛　餅（1/2）
（上）長沙101号墓出土，（下）長沙401号墓出土
『長沙発掘報告』図版35・71による

第12図　泥　金　餅
（左）長沙左家公山15号墓出土（2/3）『考古学報』1959の1，60〜61頁間図版4による
（中）長沙401号墓出土，（右）長沙405号墓出土（各1/2）
『長沙発掘報告』図版56による

(3) 泥　金　餅

泥金餅は泥錠・泥質馬蹄金などともいい、土を型で抜いて金餅にかたどったものである。大部分は生土のままであるが、希に焼成したものがあり、これを陶餅・陶錠・陶麟趾金などと称する。泥金餅の出土資料は莫大な量にのぼり、いちいちあげるいとまもない。そこで、ここでは、一つの墓からとくに多数出土した例、ならびに金餅の年代や性質を解明する上に重要と認められる例を、いくつかあげてみることにする。

18　一九五四年六月、長沙左家公山一五号戦国木槨墓を発掘したさい、竹筐（竹で編んだ四角い籠）の中から、衡（天秤）や砝碼（分銅）などとともに、十数個の泥金餅が発見された(30)（第12図左）。報告には、これらをべつに陶餅ともいっているので、どちらが正しいのか判断に苦しむ。いずれも円盤状で、円柱を輪切りにしたような形をしている。径は四・五糎。

19　一九五六年六―十二月の間に発掘された長沙沙湖橋一三号前漢期土坑墓の中から、陶餅若干が陶字塊一個ならびに泥銭若干とともに出土した(31)。陶字塊とは、泥版つまり土製の金版を焼成したものである。泥銭については説明はないが、泥半両であったことは疑いない。

20　一九五六年十月、長沙紙園沖六〇〇九工地で五五号前漢前期土坑墓を発掘したさい、大量の泥錠が、「郢」の字を印した泥版および泥半両とともに出土した(32)。

21 一九六四年五月、長沙砂子塘二号前漢前期木槨墓から、泥金餅が泥半両ならびに泥郢称とともに出土した。(33) 泥郢称とは、「郢称」の二字を印した泥版である。

22 一九五一年十月―五二年二月の間に発掘された長沙一二二号前漢前期木槨墓の中から、泥金餅が泥半両とともに出土した。(34)

23 右と同じ期間に発掘された長沙二一三号前漢前期木槨墓においても同様。(35) これらの泥金餅は、型抜きで作られ、一面は凸起し、他面は平たい。凸面には文様があり、またときおり黄色や白色に塗ってあるが、これは金餅や銀餅に模したものらしい。この時期の墓から出る泥金餅は、前漢中・後期の墓から出るものと、形・大きさ・色・製法などがまったく同じだという。(36)

24 一九五八年十―十二月に発掘された長沙楊家山鉄一号前漢中期木槨墓から、三五個の泥錠が一山の泥半両とともに出土した。(37)

25 右の期間に発掘された長沙楊家山鉄三号前漢中期木槨墓からも、三六個の泥錠が一山の泥半両とともに出土した。(38)

26 同じ期間に発掘された長沙五里牌公一号前漢中期後半木槨墓から、一六八個の泥錠が約一〇〇〇枚の泥五朱(銖)とともに出土した。(39)

27 長沙二一一号前漢後期木槨墓から、すでにあげた金餅(資料5)のほかに、泥金餅が泥五銖と約二〇〇〇枚にのぼる銅五銖ともに出土した。(40)

28 長沙四〇一号前漢後期木槨墓から、すでにあげた金餅(資料6)と鉛餅(資料17)のほかに、泥金餅が泥五銖と約一〇枚の銅五銖とともに出土した(41)(第12図中)。泥金餅は円形で、底は平たい。上面は隆起して半球状をなし、七個の蕨手文で飾られている。型抜きで、製作は比較的精巧。径は五・八糎。

第13図　泥　金　餅（1/2）
湖南湘郷可心亭前漢墓出土
『考古』1966の5，244頁による

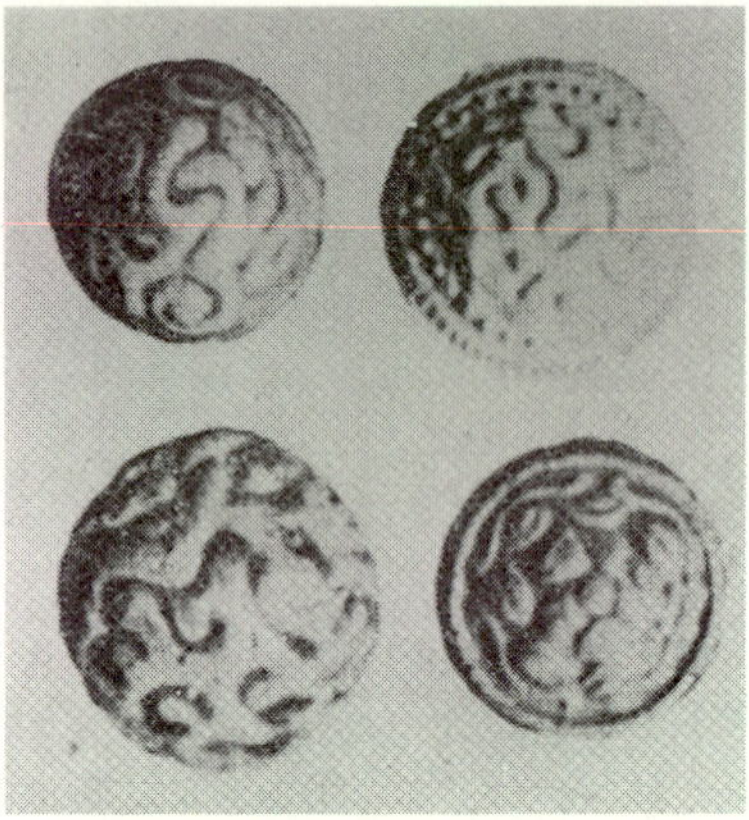

第14図　陶　金　餅
杭州古蕩2号墓出土
『考古』1959の3, 142～143頁間図版5による

29　長沙湯家嶺前漢後期木槨墓から、すでにあげた金餅（資料7）のほかに、百余個の泥錠が無銘の泥銭とともに出土した。(42) 形や装飾は、前者とほぼ同様。径は五糎。

30　一九五六年九―十二月、長沙紙園冲工地で発掘された二十数基の前漢後期木槨墓の中から、多数の陶錠が泥五朱に伴って出土した。(43) 下面に花弁の文様を印したもののある点が変っている。

31　一九五八年十月、湖南の湘郷の可心亭で二四基の前漢後期土坑墓を発掘したところ、合計二七個の泥錠が、三四枚の銅五銖、二四枚の無銘の泥銭とともに出土した(44)（第13図）。

32　一九五八年十月、杭州古蕩二号前漢後期木槨墓を発掘したさい、八〇個の「陶麟趾金」つまり陶金餅が大量の陶五銖とともに出土した(45)（第14図）。陶麟趾金は大小四種あり、それぞれ異った文様を印しているが、これは四種の不同の価値を表しているのではないかといわれる。

33　一九五七年、杭州の老和山で出土した「陶麟趾」の中には、文字を刻んであるものが少なくない(46)（第15図）。「令」「一斤」「令之金一斤」などの例がみられるが、それらの意味についてはあとで触れることにする。

34　以上のほか、一九五一年十月―五二年二月の間に長沙で発掘された前漢後期墓のうち、一〇二・二七一・四〇四

第15図　陶　金　餅（約1/2）杭州老和山出土
『文物』1960の7，52頁による

号墓から泥金餅が、一〇九・一一六・二〇三・二一一・二一四・二三五・二四〇・二四一・二四四・二五九・二六七・三二七・三三四・四〇五（第12図右）の各号墓から、それぞれ泥金餅と泥五銖が出土した。[47]「泥金餅と泥五銖は、或いは腐砕するに因り、或いは数量過多なるに因り、均しく計数せず」という説明がある。実用の貨幣としては、一一六号墓から銅半両二枚と銅五銖四枚が、二四一号墓から銅五銖五枚が、それぞれ出土したにすぎない。

35　また一九五六年六―十二月の間に発掘された長沙地区の前漢墓三四基のうち、沙湖橋四〇号墓から陶錠が、焦公廟三号墓から陶錠と銅銭が、上大壠五号墓から陶錠と銅銭と陶銭が、沙湖橋一四・一六・一八号墓、上大壠二号墓、焦公廟二号墓、王家壠四号墓から陶錠と陶銭が、それぞれ出土した。[48]銅銭については説明がないが、たぶん五銖であるらしい。陶銭はここにあげたものに関するかぎり、すべて五銖の文字を表している。

三　金餅の重さとその基準

以上は、いわば資料編ともいうべきもので、金餅と仿製金餅の出土資料を列挙したにすぎない。つぎにこれらをもとにして、金餅に関するいろいろな問題を考察しよう。

発見された金餅は二七個に達するが、そのうち重さのわかっているのは、左の二〇個である。

三一二・五瓦（資料10）二五四・一二五号（資料6）二五〇瓦――八個（資料1）、一個（資料2）、二個（資料3）――計一一個　二四五・六瓦（資料7）二四五瓦――二個（資料3）二四四・一二五瓦（資料5）二三四・五瓦（資料9）二一五瓦（資料3）一三八・三瓦（資料8）

これらのうちから、重さが他とかけ離れている両極のものを除き、ついで軽いほうからの二つを外すと、残りの一六例は二四〇瓦台から二五〇瓦台に集中することがわかる。さらに、ちょうど二五〇瓦のものが、全体の過半数の一一を占めている点が注目されよう。二五〇瓦といえば、戦国・秦漢のほぼ一斤に相当する。この点、長沙から出た二例（資料5・6）について、報告書が「われわれが得た金餅は、前漢の一斤に当たる。黄金は銅や鉄のように錆びたり破損したりしないから、これは前漢の重量単位を推す重要な資料だ」といっているのは[49]、たしかに正しい。

筆者は、かつて秦権から統一時代の秦の一斤を二五六瓦と推定し、これが秦半両ばかりでなく、刀布をはじめとする先秦貨幣の大部分、さらに長沙から出た楚の分銅にまでも、ほとんどそのまま適用されることを指摘した[50]。しかしその後、重量関係の資料が急増したので、この機会に戦国から秦漢にかけての重量単位を再検討してみることも、あながち無駄ではあるまい。また、そうすることによって、金餅のもつ意義も、いっそう明らかになるであろう。

(1)　戦国の大斤

筆者がかつて想像したところによると、戦国時代には二三一・五糎の大尺と一八糎の小尺[51]、二五六瓦の大斤と一五三・六瓦の小斤[52]があった。このうち、大斤は小尺五立方寸の銅の重さを、小斤は小尺三立方寸の銅の重さをそれぞれ基準としたもので、後者は秦と楚に限って用いられたらしい[53]。秦漢以降の重量単位は、すべて右の大斤に由来するものである。つぎに、戦国の大斤の重さを具体的に示す資料をあげてみよう。

i　長沙を中心とする楚の墓から、天秤と分銅がかなり出土している。[54] 分銅はドーナツ状で、一銖から一斤までの一〇個を一組とするが、一個も欠けずに残っているのは、わずか一例にすぎない。また、何瓦に当たるかが報告されているものも、全体としてそれほど多くない。量博満氏が指摘されたように、「重量が大きくなる環ほど誤差が小さいという大勢にある」[55] から、斤の分銅が欠けている場合にその重さを復原するには、残っている分銅のうちで最も重いものを基準にすべきであろう。

(i)　湖南常徳徳山二五号墓から、四個の分銅が出土した。[56] 最も重いものは三二瓦で、二両に相当するから、一斤は二五六瓦と計算される。

(ii)　長沙近郊の楚墓（位置不明）から、一〇個一組の分銅が完全に出土した。[57] 一斤の環の重さは二五一・五三瓦。

(iii)　長沙左家公山一五号墓から、九個の分銅が出土した。[58] 最大の一個が欠けているので、それにつぐ半両相当のものの重さ一二五瓦を二倍すると、一斤は二五〇瓦となる。

(iv)　常徳徳山五〇号墓から、六個の分銅が出土した。[59] 最も重いものは三一・二瓦で、二両に当たるから、一斤は二四九・六瓦。

(v)　長沙紙園冲工地八六号墓から、一銖と一両に当たる二個の分銅が出土した。[60] 一両の重さは一五・三一瓦あるから、一斤は二四四・九六瓦。

ii　西安高窯村出土の三年高奴禾石銅権は、[61] 三〇・七五瓩あるので、一斤は二五六・二五瓦。この権は、秦が統一前から大斤を用いていたことを示すものとして、甚だ注目に値する。

iii　故宮博物館所蔵の五年司馬成公禾石銅権[62]によると、当時の一斤は二五三瓦強。詳しいことはわからないが、銘に「禾石」を含むなど、前者と似た点があるから、やはり統一前の秦のものであろう。

iv　戦国の末期に燕南・趙北の地方で発行された三孔布には、「両」の一字を鋳出した大型のものと、「十二朱（銖）」

の三字を鋳出した小型のものがある。(63)日本銀行貨幣標本室の所蔵品について、それぞれの目方を量ってみたところ、大型四枚の平均値として一六・〇七五瓦、小型一〇枚の平均値として七・七三瓦を得た。当時の一斤は、前者によると二五七・二瓦、後者によると二四七・三六瓦になる。

(2) 戦国の小斤

次章の記述と関連があるので、ついでに触れておくことにする。かつて筆者は蟻鼻銭の銘と重さから、楚に大斤の五分の三に当たる小斤の制があったと推測し、その一斤を一五三・六瓦、一両を九・六瓦、一銖を〇・四瓦と算定した。(64)ところがその後、長沙の楚墓から出土した二組の分銅（前項の(ii)・(iii)）が、意外にも大斤の制によっていることがわかった。しかし筆者はいろいろ考えたすえ、自説を撤回する必要を認めず、「楚では少なくとも或る期間、大小の斤が併用され、蟻鼻銭などの貨幣は、たまたま小斤の方によっていた」と想像し、「他日、長沙から小斤の分銅が発見されないとも限らない」と予言しておいた。(65)この予言は幸いに的中し、量氏はさらにその後、長沙伍家嶺区二七二号墓から出土した二個分の分銅について、詳細な研究を重ね、楚には大斤の制とは別に、〇・四五瓦を一銖とする小斤の制もあったことを立証されたのである。(66)報告によると、二個の分銅のうち、大きいほうは約一〇分の九、小さいほうは約二分の一残っているという。(67)しかし量氏も指摘されているように、どの程度正確に測ったか疑問であるから、筆者が算定した小斤の一銖の重さ〇・四瓦との差は、それほど気にする必要もなかろうという。(68)

(3) 秦の斤

i　中国歴史博物館所蔵の秦八斤権(69)（その一）から計算すると、当時の一斤は二七五瓦。

ii　山西左雲県出土の秦石鉄権(70)は重さが三二・五瓩あるので、その一二〇分の一に当たる一斤は二七〇・八瓦。

iii 中国歴史博物館所蔵の秦八斤権[71]（その二）から、二六二・五瓦。

iv 呉大澂は、秦の石権・鈞権・斤権などから、当時の一斤を湘平七両二銭と算定した。[72] 湘平一両は三五・八七瓦に当たるといわれるから、[73] その七両二銭は二五七・二四瓦に相当する。

v 書道博物館所蔵の秦四斤鉄権[74]は、一〇二八・六瓦あるから、一斤は二五七・一五瓦。

vi 秦半両のうちには、重さ八瓦前後のものが甚だ多い。これから計算すると、一両は一六瓦、一斤は二五六瓦。[75]

vii 書道博物館所蔵の秦斤銅権[76]は二五五・九瓦。

viii 江蘇盱眙県出土の秦石銅県[77]は、三〇・四三瓩あるから、一斤は二五三・五八瓦。

ix 日本銀行貨幣標本室所蔵の秦斤銅権[78]は二五三・一瓦。

x 中国歴史博物館所蔵の秦三十斤銅権[79]から計算すると、一斤は二五二・六六瓦。

(4) 前漢の斤

i 故宮博物院所蔵の甘露元年（53 B.C.）羽陽宮銅料[80]から、一斤は二六八・一瓦と計算される。

ii 山西省右玉県から出土した「中陵胡傅銅温酒樽重廿四斤河平三年（26 B.C.）造」の刻銘をもつ銅器[81]は、重さが一二・七市斤あるという。一市斤は五〇〇瓦に当たるから、一斤は二六四・五八瓦となる。

iii 西安にある漢城遺跡の附近から、前漢時代の銅塊が一〇個発見された。[82] そのうちの一個には、「百三十斤」の四字が刻まれており、六八・五市斤の重さがあるという。したがって、一斤は二六三・四六瓦。

iv 西安の高窯村から出土した前漢時代の銅器二二個のうち、一八個には容量と重量が刻まれている。[83] それらから一斤の重さを計算すると、最小の二〇〇瓦から最大の三一一瓦にわたっており、その平均は二五〇・五瓦となる。

v iiと同じ場所から出土した「勮陽陰城胡傅銅酒樽重百廿斤河平三年造」の刻銘をもつ銅器[84]は、重さが五七市斤あるという。つまり、当時の一斤は二三七・五瓦。

(5) 新の斤

新の斤の復原については、劉復氏の研究がある。[85] その所説の大要は左の通り。

i　王莽の始建国元年（9 A.D.）につくられた有名な新嘉量によると、当時の一斤は二二六・六六七瓦に当たる。

ii　（旧）北平古物保管委員会所蔵の新権四個について、それぞれの重さを量ると、甲権は七三〇・〇五〇瓦、乙権は一四四六・一五〇瓦、丙権は二二二一・八七〇瓦、丁権は一四七七五・〇〇〇瓦があることがわかる。丙権の上に「律九斤」の文字が刻まれているので、これから推測すると、甲権は三斤、乙権は六斤、丁権は六〇斤に当たるらしい。丁権の上に「律二□」の刻銘があるが、この□は鈞の字であること疑いない。そこで、右の四権の重さを合計すると一九一七四・〇七〇瓦になり、これを3+6+9+60=78で割ると、一斤の値として二四五・八二一瓦（A）を得る。つぎに甲権を三で割ると二四三・三五〇瓦、乙権を六で割ると二四一・〇二五瓦、丙権を九で割ると二四六・九八六瓦、丁権を六〇で割ると二四六・二五〇瓦になり、その総和九七七・六一一瓦を個数の四で割ると、一斤の値として二四四・〇二八瓦（B）を得る。AとBの平均は二四四・九二八瓦で、iの二二六・六六七瓦との間に九・三％ほどの差がある。しかし権による復原のほうが正確と思われるので、iとの平均は出さないでおく。なお陳夢家氏も、中国歴史博物館所蔵の

iii　新九斤圜権から二四六・九七瓦、

iv　新二鈞圜権から二四六・二五瓦、

と新の一斤を計算されている。[86]

(6) 後漢の斤

i　中国歴史博物館所蔵の光和二年（179）権から計算すると、当時の一斤は二五〇瓦になる。[87]

ii　東大東洋文化研究所蔵の銀鋌は、「考工所造」の銘の部分を残して、両端が鋭い刃物で切断されている。遺存状態はきわめてよく、三一・三瓦という重さは、当時の二両に相当すること疑いない。つまり、一斤は二五〇・四瓦になる。『小校経閣金文拓本』巻一三に、「中元二年（57）考工所造」の銘がある延べ棒状の銀鋌を一個、「中元二年」の銘がある同形の銀鋌を三個載せている。問題の銀鋌は、「考工所造」の字体が中元二年のものとまったく同じなので、やはりそのころ造られたものに違いない。[88]

iii　同研究所蔵の建和二年（148）上郡銀鋌は一七三・九瓦あるが、分銅状の整った形をしているので、分割用の延べ棒とは性質を異にする。もし、これが区切りのよい一〇両に当たるとすれば、一斤は二七八・二四瓦となるから、重すぎて話にならない。かりに一一両とすれば、その一六倍の二五二・八瓦は、まず一斤として適当な重さである。銀という高価な材質で出来ている以上、一単位の重さは当然、正確な基準によっていたに相違ない。一一という半端な数が気になるが、二七八・二四瓦を一斤と認めるよりはましであろう。何かの必要があって、とくにこういう重さにしたのか、または段階的な重さの異なるものをつくったのか、その辺のところはよくわからない。

さて、以上で戦国から後漢にいたる斤の重さを復原するための、具体的な資料が揃った。重量単位を復原するさいの資料として重要なのは、第一に重さの基準を示すためにつくられた分銅の類、第二に重さを明記した銅器などの器物である。戦国時代には、一銖から一斤までを示す楚の分銅や、一石に当たる秦の分銅があり、秦の統一時代には、一斤から一石に及ぶ各種の分銅があった。したがって、これらの時代の重量単位は、ある程度正確に復原することができる。前漢時代に入ると、ほとんど分銅の類は見当らず、[89]それに代って重さを明記した銅器が大量に出現するが、瓦《グラム》で量られた例はあまり多くない。新の時代には、万能計量器ともいうべき嘉量のほかには、分銅がいくつか残っているにすぎず、後漢時代に至っては、一斤の分銅や二両の銀鋌などが知られているだけである。

ではつぎに、これらの具体的な資料を整理して、各時代の一斤がどれくらいの重さであったかを考え、また金餅の重さが、それにどの程度の寄与をなしうるかを調べてみよう。

(1)　戦国の大斤

戦国の大斤は、秦漢の重量単位の源流をなすものとして重要なばかりでなく、後述するように、楚で金餅が出現した事情を探るうえにも、関連するところが少なくない。以下、括弧内に示す「ⅰ」型の数字は、さきに時代別にあげた計量資料の番号に対応する。

長沙と常徳で出土した分銅から推定される一斤は、最小二四四・九六瓦から最大二五六瓦までの五通りで（ⅰ）、その平均は二五〇・四一八瓦になる。筆者は残っている分銅のうち最大のものを基準にしたが、量氏はこれら五組三一個の総重量を銖の単位数の総計で除し、平均的な銖を〇・六五瓦と計算された。(90) つまり両は一五・六瓦、斤は二四九・六瓦に当たることになる。この計算は一見より正確なようであるが、重量単位の復原は大きいほうからなすべきで、銖（斤の三八四分の一）のような小さい単位を先に設定することは、必ずしも適当とは思われない。それはとにかく、二つの斤の差が〇・八一八瓦にすぎないことは、これらの分銅がいかに正確につくられていたかを示すものとみられよう。

三孔布は重さが明記されているとはいうものの、計量数が少ないのと、バラツキが目立つのとで、あまりよい資料とはいえない（ⅳ）。しかし大型と小型から得られた斤の平均二五二・二八瓦は、秦の石銅権による二五六・二五瓦（ⅱ）、二五三瓦強（ⅲ）とともに、やはり無視できぬ存在であろう。

要するに戦国の大斤は、二五〇瓦ちょうどか（楚）、それをいくらか超える程度とみることができる。この「いくらか」というのが、秦の場合に四瓦前後であることは、統一時代の大斤との対比から明らかになるはずである。

(2) 戦国の小斤

「鎰」と呼ばれる重量単位に関連があるらしく思われるので、それが問題になる次章で詳しく検討する。

(3) 秦の斤

秦の統一時代の重量単位を示す資料は、権つまり分銅が大部分を占めているので、始末がよい。これらから算出された斤の瓦数を通観すると、総じて鉄権によるものは重く、銅権によるものは軽いことに気がつく。鉄は銅に比べて錆びやすいから、その分だけ増量しているということも考えられよう。石鉄権による二七〇・八瓦（ii）が重すぎるのは、おそらくそのためであり、呉大澂の算定した斤の平均二五八・二四瓦（iv）がやや重いのも、資料の中に鉄権が含まれていたからであろう。四斤鉄権による二五七・一五瓦（v）も、わずかの差であるとはいえ、銅権による最大の斤より重い。こうみてくると、材質が不明な二個の八斤権は、二七五瓦（i）と二六二・五瓦（iii）という、かなり重い斤をもとにしているので、あるいは鉄製ではなかろうかと思われる。とにかく重量単位を復原するさい、銅権のほうが鉄権より精度の高そうなことは、想像するに難くない。古来、重量単位の基準として、文字通り「分銅」が愛用されるゆえんである。

四個の銅権による斤の重さは、最小二五二・六六瓦から最大二五五・九瓦までで（vii—x）、平均二五三・八一瓦になる。したがって、秦の統一時代における斤の値は、だいたい二五四瓦前後とみるのが妥当であろう。そしてこの重さは、さきにあげた統一前の石銅権二個の平均重量、二五四・六二五瓦にも近い。なお武家屯と念流寨から出土した金餅（資料1・2）の重さ二五〇瓦が、それとどのような関係にあったかについては、問題がかなり複雑なので、次章に譲ることとする。

(4) 前漢の斤

前漢の斤を復原するための資料としては、重さを明記した銅器や銅塊がいくつかあるにすぎない。これらは分銅などと違って、正確に重量を表示する使命を持つものではないから、その一斤が二〇〇瓦から三一一瓦まで（ⅳ）というように、バラツキのひどいのも当然である。同じ場所から出土し同じ紀年銘を有する二個の銅酒樽が、それぞれ二三七・五瓦（ⅴ）と二六四・五八瓦（ⅱ）を一斤としているのも、その間の事情を示すものであろう。したがって、こういう個々の資料は、あまり当てにならない。むしろ、いい加減に目方を量った一八個の銅器から算出される斤の平均値、二五〇・五瓦（ⅳ）のほうが、より真実に近いのではあるまいか。この推測は、つぎに述べるように、金餅の重さによって裏づけられることになる。

明らかに前漢に属する金餅のうち、重さのわかっているのは左の八個である。

二五四・二二五瓦（資料6）　二五〇瓦―二個（資料3）　二四五・六瓦（資料7）　二四五瓦―二個（資料3）

二四四・二二五瓦（資料5）　二二五瓦（資料3）

これらのうちから、軽すぎて基準になりそうもない最後の一例を除くと、他はだいたい二四四―二五四瓦の間にあり、その平均は二四七・六九三瓦となる。したがって、この辺が当時の一斤として適当な値なのであろう。つまり、二五〇瓦をいくらか割る程度であったらしい。二二五瓦という極端に軽い金餅は、あるいは特殊な例として、一四両に相当するのではなかろうか。なぜならば、それから算出される一斤の重さ二四五・七一二瓦は、前漢の斤の低めのものと一致するからである。

(5) 新の斤

劉復氏が新嘉量から算出された二二六・六六七瓦と、新権四個から復原された二四四・九二五瓦との間には、九・三%ほどの差があるという。同氏は権のほうをより正確とみておられるらしいが、それならば、嘉量のほうは信用が置けないというのであろうか。この疑問に解決を与えるのが、当時のものとみられる一個の金餅（資料8）である。この金餅の目方一三八・三瓦は、他とかけ離れて軽いので、とうてい一斤に当たるとは思われない。では、はたして何両に相当するのであろうか。かりに区切りのよい八両（半斤）と仮定すれば、その一斤は二七六・六瓦となり、権のよる一斤二四四・九二五瓦をはるかに超過する。つぎに一〇両と仮定すれば、その一斤は二二一・二八瓦となり、嘉量による一斤二二六・六六七瓦にほぼ近い。差は五・三八七瓦、二・三六%ほどあるが、両者は同じ基準によっていたとみて差し支えなかろう。つまり新には、二四五瓦程度と二二〇瓦台の大小二種の重量単位が存在し、嘉量の示す軽いほうの基準も、実際に用いられていたことがわかる。かつて筆者は新の尺度について調べたさい、二五糎の大尺と二二・五糎の小尺があったことを発見した。(91) したがって重量単位のほうも、一種類に限定されるとはかぎるまい。この間の関連については、いろいろ述べたこともあるが、あまり本題から離れるので省略する。

(6) 後漢の斤

後漢の斤を復原するのに役立つ資料は、きわめて少ないけれども、結果としては正確につくられたものばかりである。当時の一斤は、光和二年権から二五〇瓦（i）、考工所造銀鋌から二五〇・四瓦（ii）と計算される。また建和二年上郡銀鋌が、かりに一一両に当たるとすれば、その一斤は二五二・八瓦（iii）になる。いっぽう当時の金餅の重さとしては、三一二・五瓦（資料10）と二三四・五瓦（資料9）の二例が知られているが、一見したところ、前者は一斤よりはるかに重く、後者は一斤よりかなり軽い。そこで、前者がかりに二〇両に当たるとすれば、その一斤はちょうど二五〇瓦になり、後者が一五両に当たるとすれば、その一斤は二五〇・一二八瓦になって、他の資料から得られた結果とほとんど一致する。これは、とうてい偶然の一致とは考えられない。要するに、後漢の斤は二五〇瓦ちょうどか、それをわずかに越す程度とみることができる。

以上の結果を簡単に整理してみると、戦国から後漢に至る斤の値は、ほぼ左のようになるであろう。

戦国の大斤　二五〇瓦ちょうどか（楚）、それをいくらか超える程度で、秦の場合は二五四瓦前後。
秦　の　斤　二五四瓦前後。
前漢の斤　二五〇瓦をいくらか割る程度。
新　の　斤　二四五瓦程度と二二〇瓦台の二種。
後漢の斤　二五〇瓦ちょうどか、それをわずかに越す程度。

手間をかけたわりに、常識的な結論になってしまったが、現在のところ、これ以上の精度は望めそうもない。とにかく、戦国時代から後漢にわたる斤の重さは、だいたい二五〇瓦が標準で、秦の場合が最も重く、前漢のそれはやや軽く、新のそれは最も軽いうえに大小の別があった、という程度のことはいえると思う。陳夢家氏はこの問題について、

戦国から後漢に至る重量単位は、ほぼつぎの三期に分けられる。①戦国の秦や楚などの国は、二五〇―二五六瓦を一斤となし、②秦と前漢は二五〇―二七五瓦を一斤となし、③新と後漢は二四五―二五〇瓦を一斤となす。

といわれた。(92) この説はおおむね正しいが、秦漢における斤の上限を二七五瓦とされたのは、おそらく上げすぎであり、新の軽いほうの斤に触れておられないのも、片手落であろう。

一方、重さのわかっている二〇個の金餅のうち、一一個は二五〇瓦で、四個は二四四・一二五瓦から二五四・一二

五瓦の間にある。残りの四個はその範囲から外れるので、一見奇異の感じを与えるが、三一二・五瓦のものは二〇両に、二三四・五瓦のものは一五両に、二一五瓦のものは一四両に、一三八・三瓦のものは一〇両に、それぞれ当たるらしいことがわかった。しかも、これらの特例のうち、新の小斤に属する第四のものを除いた三例からは、それぞれ二五〇瓦、二五〇・一二八瓦、二四五・七一二瓦という、漢の斤にふさわしい値が算出されるのである。これは、あらゆる金餅の重さが、ほぼ正しく基準によっていたことを示すものにほかならない。さらに、金餅の発見により。前漢の斤の実態が明らかになったこと、また新の大小の斤があった事実を確認しえたことなども、注目に値するであろう。このようにみてくると、重量単位の復原に金餅がはたした役割は、きわめて大きいといわなければならない。

四　金餅の起源

これまで発見されている金餅うちで、最も古い可能性があるのは、陝西の臨潼県武家屯から出たもの八個（資料1）と、興平県念流寨から出たものの一個（資料2）である。ところが、報告に述べられているかぎりでは、どうもそれらの年代がはっきりしない(93)。前者がはいっていた銅釜と、それに蓋をしてあった瓦当の破片については、「戦国晩期の秦国の遺物であることが判明した」といいながら、金餅そのものは「秦あるいは前漢の遺物」とみている。後者についても、金餅の出土した地層は「戦国晩期から秦代にかけてのもの」と認めながら、金餅そのものは前者と「同時期」、つまり秦あるいは漢の遺物としている。さらに結論のところでは、どうやら秦の統一時代のものとみているらしい記述もあるので、報告者の真意がどの辺にあるのか、判断に迷わざるをえない。報告の表題に漠然と「古代金餅」としているのも、結局その年代をきめかねたためと思われる。これらの金餅を引用された量博満氏が「戦国時代末に退蔵されていた金餅」といい(94)、林巳奈夫氏が「漢代の金餅」とされているのも(95)、それを反映するものであろう。

さて、武家屯と念流寨で出土した金餅の年代は、いったいいつごろであろうか。これは、金餅そのものの起源を解明する上にも、関連するところが少なくないので、できるだけ詳細に検討してみる必要がある。では、まずそれらの型式・重量・刻銘を調べることから始めよう。

i　型式　年代がはっきりしている漢の金餅に比べると、全般的に作りが粗雑で、形も不整なものが多い。表面が凸起し裏面が凹入している点は同様であるが、表面に縦に亀裂がはいっていたり、隆起線が通っていたりする点が、少し変っている。漢代のものより、いくらか原始的なようにみえるけれども、あまり決定的なことはいえない。

ii　重量　そろって二五〇瓦という重さは、戦国から漢にかけての斤の平均値に当たるので、ほとんど年代のきめ手にはならない。ただ細かいことをいえば、楚の大斤に最も近く、統一前後の秦のそれより少し軽いという点は、いちおう認められるであろう。

iii　刻銘　これはなかなかの難物であるが、取り扱い方によっては、年代判定の有力な手がかりになりそうである。すでに述べたように、武家屯出土の金餅には「己」「六三」「六四」「八八」「四両半」、念流寨出土の金餅には「寅」「□両半」と、報告者の読んだ文字が刻まれている。これらのうち、「亣両半」の「亣」を「四」に当てたほかは、まずおおむね妥当であろう。また「己」と「寅」は編号を、「六三」「六四」「八八」は号数を、「亣両半」は金餅字体の重さを、それぞれ表示したものと推測しているのも、おそらく正しい。

　ところで、これらの文字は書体の上から、「己」「六三」「六四」「八八」の一群と、「寅」「亣両半」「□両半」の一群の二つに大別される。前者は、明らかに先秦に遡る篆体の文字で、8（己）は尖首刀などに[96]、〈（六）は尖首刀・尖足大小布・方肩方足布などに[97]、亖（四）は尖足大小布・方肩方足布・円体方孔銭などに[98]、それぞれ用例が少なくない。後者は、報告者が「秦小篆」とみる説の当否はともかく、秦漢の文字であることはまず疑いなかろう。「両」の字は現在使われている両の略字とまったく同じなので、はじめは少し不思議に思ったが、よく調べてみると、元狩元年

（122 B.C.）漢建昭宮鼎[99]・元鼎二年（115 B.C.）漢隃麋家鍪[100]・漢菑川大子家壺[101]・永初元年（107 A.D.）漢定侯家鋗[102]などに、用例のあることがわかった。つまり、漢代を通じて用いられた書体なのである。しかし前漢の四銖半両などにみられる、両を最も簡略化した「用」の字が、すでに秦の器物に刻まれている以上[103]、「両」の書体も秦まで遡らぬとは断言できない。なお「仝」の読み方については、いろいろ問題があるので、のちに再び触れることとする。

さて右に述べたように、武家屯と念流寨で出土した金餅は、型式の上では漢より古いのではないかと思われる節々があり、重さの点では楚の大斤に最も近い。そして、こういう見方を裏づけるのが、先秦に遡ると認められる「己」「六三」「六四」「八八」の刻銘である。しかしこれらの金餅が、かりに戦国時代のものだとしても、その出土地から直ちに秦のものときめてしまうわけにはいかない。他の国からもたらされた可能性が、必ずしもないとはいえないからである。武家屯出土の金餅に刻まれている「仝両半」の三字は、こうした問題に、きわめて明快に解答を与えてくれるであろう。つぎに、その理由を説明する。

『史記』平準書の集解に、臣瓚の説を引いて「秦は一鎰を以って一金と為し、漢は一斤を以って一金と為す」といい、『前漢書』の食貨志に「秦、天下を幷せ、幣を二等と為す。黄金は溢を以って名と為し、上幣たり」といっている。秦が統一前から黄金を鎰で数えていたことは、『戦国策』の燕策に荊軻の故事を述べて、「秦王……夏無且に黄金二百溢を賜う」とあるのなどによって窺われよう。鎰（溢）とは重量の単位で、二〇両に当たるとも二四両に当たるともいわれる[104]。しかし斤両をもとにしているかぎり、半端の一・二五斤（二〇両）より一・五斤（二四両）とするほうが自然であろう。ところで、秦が一金すなわち一単位の資金を一鎰と呼んだというからには、問題の金餅がかりに秦のものであったと仮定すると、その重さが一鎰に当たるのではなかろうかということが、まず考えられるかもしれない。前に述べたように、かつて筆者は統一前の秦と南方の楚で用いられていた小斤の一銖を〇・四瓦と推定したが、量博満氏は楚の分銅をもとにして、それを〇・四五瓦と算出された。銖を〇・四瓦とすれば、両は九・六瓦、その二四倍の鎰は二三〇・四瓦しかならないから、金餅の重さ二五〇瓦との間には、かなりの開きが出てくる。しかし銖を〇・四五瓦に増量すると、鎰が二五九・二瓦まで上がるので、九瓦余の差はあるにしろ、まず金餅の重さに近い。したがって、これらの金餅は、一鎰に当たるのではないかということになる。

右は飯島武次氏の語られた着想であるが、これには筆者もそうとう考えさせられた。鎰を金餅の重さ二五〇瓦に近づけるためには、銖を〇・四三五瓦ほどにすればよい。[105] こういう処置がかりに認められるとすれば、飯島氏の説も十分に成り立つ可能性がある。しかし〇・四瓦をわずか〇・〇三五瓦ほど増量するだけだから、べつに大したことはなかろうと、軽くみてはいけない。この差を銖から両へ、両から斤へと積み上げていくうちに、少なくとも左にあげるような二つの不都合が生ずるからである。

i　かつて筆者が秦の小斤の一銖を〇・四瓦と計算したのは、統一前の秦の貨幣と認められる「重一両n珠」銭[106]の重さを、つぎのようなデータから一四・四瓦程度とみたからである。すなわち「重一両十二一珠」銭三枚——一四・四五瓦（東洋文化研蔵）、一五・一瓦（日銀蔵）、一四・九瓦（同）——の平均が一四・八一六瓦、「重一両十四一珠」銭三枚——一四・三五瓦（東洋文化研蔵）、一四・四瓦（日銀蔵）、一三・六瓦（同）——の平均が一四・一一六瓦、そして両者の平均が一四・四六六瓦になった。[107] なお、旧北京歴史博物館蔵の「重一両十四珠」銭は、重さが一四・七瓦であるというから、[108] ほぼ右の平均に近い。ところで、秦の小斤の一銖が〇・四三五瓦あったとすると、その一両半は一五・六六瓦になって、右のあらゆる例を超過してしまう。したがって、銖の重さをここまで上げるのは、どう考えても無理といわなければならない。

秦の小斤一両半の重さを、さらにはっきり示す資料がある。一九六三年一月、陝西省興平県豆馬村で農民が掘り出した銅犀尊に伴って、一個の銅砝碼（分銅）をはじめとする各種の遺物が発見された。[109] 銅犀尊そのもの、ならびに銅蓋弓帽は戦国末期の秦の遺物と推定されているが、鉄鉗子・鉄環・銅環・銅洗・銅鏡・大陶瓮などは、少し降って漢代のものとみられている。尊の中にはいっていた問題の分銅は、高さ一・一糎、孔径〇・九糎ほどの環状で、重さが一四・五瓦あるという。写真を見た感じでは、ほぼ完全に近い状態で、あまり錆びている様子もない（第16図）。ところで秦漢時代の分銅は、こういう環状のものは知られていないし、また一四・五瓦という重さも、大斤の一両とするには軽すぎる。[110] したがって、この分銅は当然、小斤の系列に属するものとみるべきであろう。小斤によっていたとすれば、いうまでもなく一両半の重さに相当する。前にあげた「重一両n珠」銭六枚の重さの平均、一四・四六六瓦にほとんど等しいことも、偶然の一致とは思われない。この銅環を分銅と認めた報告者は、確かに炯眼であった。はたして統一前の秦のものか、または楚から伝えられたものかという疑問に残るにしても、[111] とにかく小斤の一両半が一四・五瓦前後であったことだけは、ここにはっきり証明されたわけである。

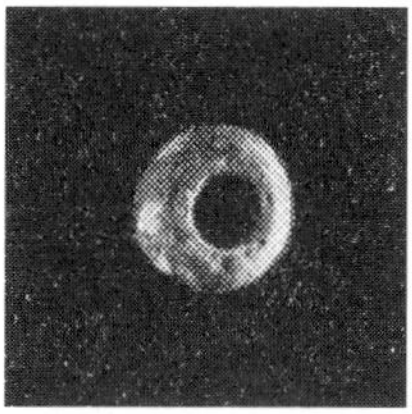

第16図　銅砝碼（約1/2）
陝西省興平県豆馬村出土
『文物』1965の7，16頁による

ii　筆者はかって戦国の大斤と小斤の比が五対三になることに注目し、前者は小尺五立方寸の銅を、後者は小尺三立方寸の銅をそれぞれ基準にしているらしいと推測した。[112] ここで問題となる後者についていえば、小尺の一寸つまり一・八（糎）の三乗に銅の比重八・八を掛け、さらにそれを三倍したもの、一五三・六（瓦）が小斤の一斤に当たるというのである。しかしその後、銅の比重を八・九に訂正すべきことがわかったので、それによって計算し直すと、小斤の一斤は一五六・二四瓦、一両は九・七六五五瓦、一銖は〇・四〇七瓦になる。つまり銖の増量を認めるとすれば、せいぜい〇・〇〇七瓦ぐらいが適当とみなければなるまい。ところが、さきのように銖を〇・四三五瓦まで上げると、その一斤は一六七・〇四瓦になってしまって、理論上の一斤を一〇瓦以上超過する。したがって両者がほぼ一致するとは、義理にもいえない。それでは、大小の比率と基準に関するさきの説を、むしろ放棄すべきであろうか。少なくとも現在のところ、筆者はそうは思わない。高自強氏が、戦国方龠の内法一・八立方糎は、関野の算定した小尺のちょうど一立方寸に当たり、また戦国・秦漢に用いられた大小二種の容積単位の比、五対三は、関野が発見した大小二種の重量単位の比、五対三と符合する。という意味のことを指摘されたのも(113)、この場合、とくに注目に値するであろう。

なお前に述べたように、理論上、小斤の銖は〇・四〇七瓦と計算されるから、楚における小斤の銖も、だいたいこれくらいの重さだったのではあるまいか。量氏による〇・四五瓦が少し重すぎるのは、分銅そのものが錆びていたためかもしれない。二つともかけていたというから、かなり鏽化が進んでいたのであろう。銅は錆びると、塩基性炭酸銅になって、二一・二%も重くなる(114)。したがって、量氏の計量値から一〇%ほどの増量分を差し引いても、べつに不当とは思われない。

さて、右のような次第であるから、金餅の重さに合わせるため、勝手に銖の重さを引き上げることは許されない。これらの金餅の重さ二五〇瓦は、やはり大斤に当たるもので、鎰とは直接関係ないとみるべきであろう。そして、こうした推測をはっきりと裏づけるのが、前から検討を保留してきた「厺両半」という刻銘の内容である。いったい「厺」の字は、何と読むべきであろうか。報告者は簡単に「四」とみているが、字形の上から絶対にそうは読めない。松丸道雄氏は「皿」のようだといわれたが、これでは全体の意味が通じない。結局、林巳奈夫氏が「或いは益（鎰）かも知れない」と臆測されたのが(115)、正解と考えられる。この字は益を簡略にしたものらしく、ほかには読みようもない。林氏は「『益両半』と読んでも意味は取れない」といって、決定を保留されたが、それどころか、その意味がまさに重要なのである。「益（鎰）両半」は「一鎰一両又半両」つまり「一鎰一両半」と同じで、その金餅の重さが一鎰より小斤で一両半多いことを示すものに違いない。そして事実、計算の上から、そうなることが証明されるのである。すなわち、九・七六五瓦（理論上の小斤の一両）を二四倍した二三四・三六瓦（一鎰）に、九・七六五瓦を一・五倍した一四・六四七瓦（一両半）を加えると、二四九・〇〇七五瓦になり、この金餅の重さ二五〇瓦にほとんど等しい。

九個の金餅がそろって正確に二五〇瓦あるとは考えられないから、報告者は概数を示したものと解すべきであろう。したがって右の場合も、一瓦足らずの誤差は問題になるまい。要するに、この「益両半」なる刻銘は、大斤一斤の金餅を小斤に換算して、その重さをメモしたものにほかならないのである。

金餅に右の刻銘が施されたのは、秦で小斤が用いられていた時期、つまり統一前とみることができよう。秦が小斤をやめて大斤だけを正式に採用したのは、すでに別稿で指摘したように、統一後のことである(116)。要するに、問題の金餅自体は戦国のものと認められるが、大斤の一斤を基準にしている以上、黄金で鎰を数えていた秦のものではない。しかも、そろって二五〇瓦というその重さは、秦の大斤の一斤（二五四瓦程度）とみるには軽すぎる。秦のものでなければ、当然、他の国からもたらされたということになるであろう。秦は統一前から鎰を黄金の単位にしていたが、それは小斤の二四両（一斤半）を基準としたもので、理論上から二三四・三六瓦程度と推定される。そこで、他国からもたらされた大斤二五〇瓦の金餅を見て、その差が一目でわかるように、「益両半」というメモを刻みつけたのであろう。念流寨出土の金餅にも、それと同じ書体の「□両半」という刻銘があり、□の字は解読できないとしているが、これも同じく「益」である可能性が多い。一鎰＝一斤＝一金という関係が成り立つのは、統一後のことであろう。小斤制の廃止に伴い、一単位の黄金も二〇瓦ほど増量して大斤の一斤の重さにしたが、旧来の慣習に従って、それをやはり「鎰」と呼んだものと思われる。

なお本筋とは直接関係ないが、これらの金餅が埋蔵された時期について一言しておく。すでに述べたように、武家屯出土の金餅八個（資料1）は、銅釜の中に入れてあって、瓦当の破片で蓋がしてあったという（第17図）。報告者は銅釜と瓦片を「戦国晩期の秦国の遺物」とみているが、これは果たして正しいかどうか。まず、この点を調べてみよう。

i　銅釜の年代　一見して明らかなように、伝統的な銅器の範疇に入るものではない。最も著しい特色は、大きさを

第17図　銅釜と瓦当片（各約 2/7）
陝西省臨潼県武家屯出土
『文物』1964 の 7，36 頁による

異にする一対の環耳である。そこで、これとよく似た銅釜を捜してみると、四川巴県冬笋壩の方坑墓から出たものが注目される。(117) 報告書によると、これらの方坑墓は一般に前漢後期に属し、ほぼ前一世紀に相当するという。(118) したがって銅釜の年代も、それと似たようなものであろう。なお報告書では、この種の双耳銅釜は四川などの方面で前漢前期に用いられた普通の炊爨器であり、冬笋壩の銅釜が単耳の上に一小耳を加えたのは、明らかに他の地域からの影響であろうという意味のことを述べている。(119) これと同じく大小の耳を備えた銅釜は、成都洪家包の前漢前期墓(120)からも出ており、さらに、耳の大きさが揃っているものにいたっては、長沙の二〇一号(121)・柳家大山(122)・沙湖橋一六号(123)・王家壠四号(124)の前漢墓、貴州清鎮一二号の前漢末―後漢初墓(125)、雲南大関の後漢墓(126)などからも発見されている。つまり双耳銅釜なるものは、漢代に四川・雲南・貴州・湖南などの地方で用いられた、西南系の銅器であったことが知られよう。したがって、問題の銅釜の年代も、漢代、それもおそらく前漢とみて大過あるまい。

ii　瓦片の年代　報告者は「雲紋瓦当」といっているが、むしろ異形の蕨手文とすべきであろう。三分の一ほど残存した瓦当の破片である。この文様の瓦当は、金餅の出土した武家屯を含む、秦の旧都櫟陽故城(127)をはじめとして同じく秦の都、雍城(128)（陝西鳳翔県南）や咸陽故城(129)（同咸陽市東北）などからも発見されている。これらの地域は、秦漢を通じて栄えたところであるから、そこで出たという理由だけで、秦の遺物ときめてしまうことはできない。しかし瓦当に施されている風変りな蕨手文は、典型的な漢代のそれと趣きを異にし、むしろその祖型とみられる節がある。したがって問題の瓦片も、戦国または統一時代の秦のものと認めて大過なかろう。

銅釜と瓦片の年代を調べてみたところ、前者は前漢、後者は秦という、一見矛盾するような結果になった。しかし、蓋に使ったのが秦の瓦だから、釜の中身までも秦のものだとはかぎらない。廃墟に瓦片がころがっているのは、その建物がこわれてしまったから後の時代である。つまり前漢になって、秦の遺跡に落ちていた瓦片を拾ってきて、釜の蓋に利用したと考えるほうが、むしろ自然であろう。要するに、問題の金餅は戦国のものであるが、しばらくのあいだ伝世し、前漢の或る時期になって退蔵されたということになる。

さて、話しが少し脇道にそれたので、この辺で本筋に戻し、金餅の起源について検討しよう。武家屯・念流寨出土の金餅が他の国からもたらされたという想定が正しいとすれば、それはいったいどこからであろうか。さきにあげた多くの資料が示すように、金餅ならびに仿製金餅の出土するところが、楚の文化の波及した江南一帯にほとんど限定される事実は、すこぶる注目に値するであろう。これは、金餅自体の発祥地が、この方面にあったことを示唆するものにほかならないと考えられる。

楚の金餅と認められるものは、現在までのところまだ発見されていないが、それを模造した鉛餅（資料15・16）と泥金餅（資料18）が出土している以上、金餅そのものもすでに存在していたに違いない。ことに望山一号戦国墓から出た鉛餅（資料15）は、金銀箔で包んでいるうえ、写真を見た感じでは、まったく金餅にそっくりである。ただ大きさも重さも不明なので、はたして大斤の一斤に当たる金餅の大きさや厚さを、そのまま写したものかどうかはわからない。長沙一〇一号戦国墓から出た二個の鉛餅（資料16）のうち、一は一八六・七瓦、他は一八二・七瓦あるという。いまかりに、これらが黄金で作られていたとすると、重さはそれぞれ三一七・三九瓦と三一〇・五九瓦、その平均は三一三・九四瓦になる。二五〇瓦を一斤としたときの二〇両は三一二・五瓦に当たるから、あるいはこれらの鉛餅は二〇両の金餅の大きさと形を忠実に摸したものかもしれない。また長沙四〇六号戦国墓から出た二個の「鉛皮冥銭」

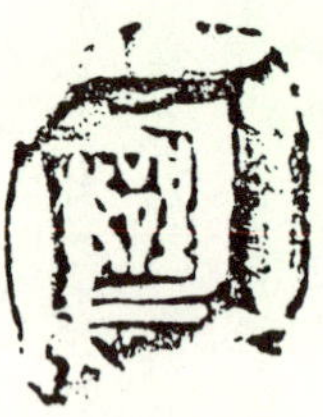

第18図
「郢爰」(実大)
西安六村堡出土
『文物』1965の1, 61頁による

なるものは、長方形の陶片を薄い鉛の皮で包んだもので、長さが五糎、幅が三・五糎、厚さが〇・八糎あるという。[130] 報告者は一種の冥銭だろうといっているが、金塊の模造品であること疑いない。もしこれが黄金製だとすれば、二七〇・二瓦になるから、大斤の一斤をかなり超過する。しかし大きさが原物と完全に同じだともいえないし、またそれほど正確に測ってあるとも思えないから、かりに厚さを〇・七五糎に落とすと、今度は二五三・三一二五瓦になり、ほぼ一斤の重さに等しくなる。これらの「鉛皮冥銭」は、おそらく一斤の金塊を模したものであろう。さらに長沙楊家湾六号戦国墓では、こわれた竹籠の中に、数百個にのぼる「泥方塊」なるものがはいっていた。[131] 五糎四方ほどの大きさで、厚さが二—三糎あるというが、かなり厚いところをみると、金版ではなく金塊の模造品らしい。かりに黄金で作られていたとすると、厚さ二糎のものは九六五瓦、厚さ三糎のものは一四四七・五瓦になる。大斤の四斤は約一瓩、六斤は約一・五瓩に当たるから、これらの「泥方塊」は四斤ないし六斤の金塊を模したものかもしれない。このように、楚では金餅と並んで、種々の重さの金塊が用いられていた形跡がある。

漢以降の金餅がほとんどすべて一斤の重さを基準にしていること、また楚でもすでに一斤の金塊が用いられていたらしいことなどを考え合わせると、望山一号墓から出て鉛餅も、一斤の金餅をもとにして作られた可能性がある。[132] 楚以外の国については、出土資料が皆無なので、黄金を円餅形に作ったかどうかは明らかでない。しかし少なくとも、楚に一斤の金餅のあったことが、まず確実と考えられる以上、それが商業ルートを通じて、または貢納品や戦利品として、隣国の秦にもたらされたということは、必ずしもありえぬことではない。一九六四年五月、西安市の北郊に当たる六村堡の西南約五粁の地点で、楚金版の一種である「郢爰」貨の一片(第18図。長さ二・二糎、幅一・九糎、重さ一九・六瓦、純度九八%)が発見されたことは、[133] まさに右の推測を支えるものであろう。この件について報告者が

『郢爰』が陝西で出土したのは、一つの新しい発見で、この地方が戦国の秦の時に楚国と商業・貿易の関係があったことを研究する上に、一つの実物資料を提供した」といっているのも、甚だ注目に値する。楚の金版がはいってきたくらいだから、金餅のほうも、その可能性が十分にあるとみなければなるまい。

最後に残された問題は、武家屯・念流寨出土の金餅自体は楚から流入したものであるにしても、その上の文字は果たして秦で刻まれたかどうかという点である。楚では大斤と並んで小斤も使われていたが、鎰が行われていたという証拠はない。さらに「益両半」の字体も、楚のものとかなり趣きを異にする。したがってこの刻銘は、秦で施されたものであること疑いない。また「六三」「六四」などの文字は、刀布などに見られるいわば北方系の書体を示しているので、楚で刻まれたと考えられない。刻銘の全部とはいい切れないが、その大部分は秦で加えられたものとみて差し支えなかろう。

五　金餅と金版との関係

戦国から秦漢にかけて用いられた金貨のうち、金餅と並んで重要なのが金版である。金版については、すでに多くの研究があり、筆者もかつてその概観をまとめたことがあるので、[134] ここでは金餅との関係を論ずるに先立ち、最小限に必要な解説を加えるにとどめる。

「郢爰」の銘を有するものが最も多いというので、従来「郢爰」貨と呼ばれてきたが、この銘は近ごろ林巳奈夫氏の研究により、「郢称」と読むべきことが明らかにされた[135]（第19図）。ほかに「陳称」「鄟称」「潁」の銘を持つものもあるから、むしろ「楚金版」と総称するほうが適当であろう。

厚さ〇・三―〇・六糎ほどの黄金の延べ板に、上記の銘を一種類ずつ、いくつもスタンプしたもので、これを必要

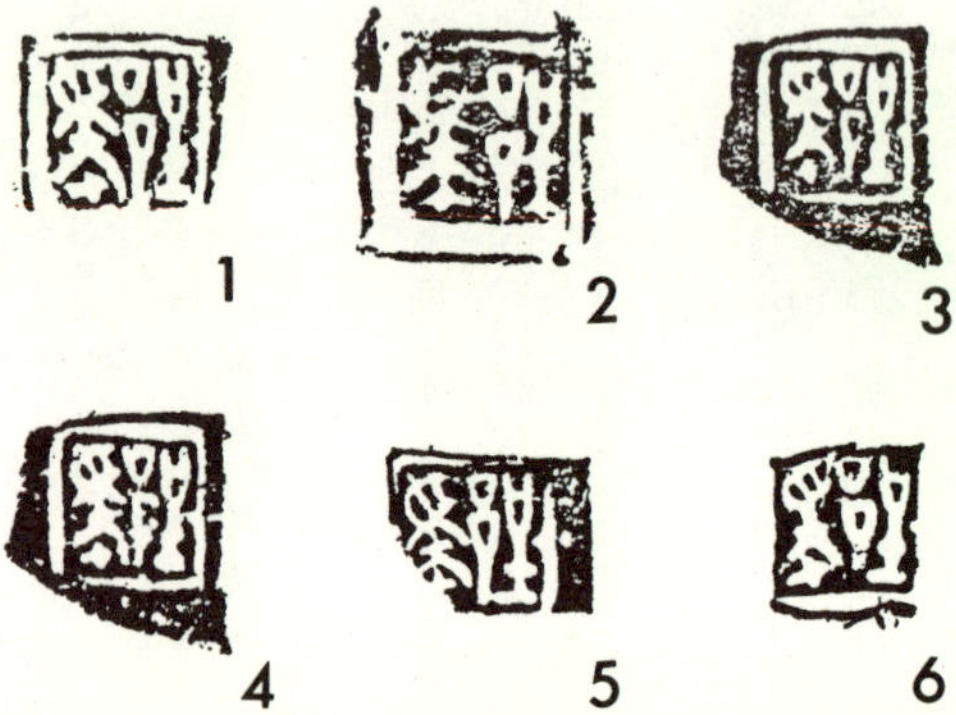

第19図　郢　称　貨（実大）
（1）安徽合肥，（2）廬江，（3）広徳出土
『考古通訊』1957の1，113頁による
（4）江蘇高淳，（5）沛県，（6）江寧出土
『文物』1959の4，11頁による

な量だけ適宜に切り取って用いたらしい。極印を一単位ずつ切り取ったのもあれば、その二分の一や四分の一しかないものもある。正方形や長方形のものを普通とするが、不整形の小片も少なくない。日本の三井家所蔵の三五個のうちでは、極印を六個ずつ横二段に並べたものが最も大きい。さらに沈括の『夢渓筆談』によると、二十余印を有する例もあるという。したがって造られた当初は、いずれもかなりの大きさだったのであろう。極印は、青銅製か鉄製の印を鎚で敲いて付けたらしく、現にそれに使った「銅質・鑿形」の印も発見されている。[136]

「郢称」の「郢」は、本来の郢（湖北省江陵県東北）とはかぎらず、楚の都の通称であると同時に、その国名の別称でもあったらしい。「称」とは、物の目方を量ることをいう。つまり「郢称」とは、「楚の国または都で、秤にかけて用いる金貨」というほどの意味であろう。「郢称」貨を主とする楚金版は、古来、安徽省寿県で多く出土するといわれ、[137]また三井家所蔵のものは、河南省鄢陵県から出たと伝えられる。[138]さらに近ごろでは、江蘇省の句容県・江寧県・宝応県・盱眙県・南京市・沛県・丹陽県、[139]安徽省の合肥市・廬江県・広徳県・巣県・霍丘県・南淳県、[140]山東省の臨淄県・日照県・嶧県[141]などからも出たと報告されている。同じく楚の貨幣と認められる蟻鼻銭の出土地点も、[142]ほぼ右の地域に重なるとみてよかろう。

なお金版そのものではないが、金版の形を泥で模した泥版や、それを焼いた陶版が、長沙などから多数発見されている。金餅との関係を調べる必要があるので、左にその資料をあげておこう。

i　一九五九年、上海嘉定県外岡で発掘された、戦国晩期―前漢早期と推定される墓から、「郢称」陶版が一枚出土した。(143)

ii　一九五六年八月、長沙五六三九工地で二基の前漢早期墓を発掘したが、そのうち二二号墓から「郢称」(小篆)泥版と「郢□」泥版が、二六号墓から「郢称」(隷書)泥版(第20図)が、泥半両とともに出土した。(144)

iii　一九五一年十月―五二年二月の間に長沙近郊で発掘された前漢前期墓のうち、四〇七号墓から「郢称」版が、二二四号墓から「郢□」版が、二二七・二二八号墓から「両」版が、二三一・二五一号墓から無字版が、それぞれ泥半両とともに出土した。(145)「すべて火度がきわめて低い」とのことであるから、陶版に違いない。

iv　一九五六年十月、長沙紙園冲六〇〇九工地で八七号前漢前期墓を発掘したさい、「郢称」泥版が数枚発見された。(146)

v　一九五六―十二月の間に長沙沙湖橋で発掘された前漢前期墓のうち、一二号墓から「金」陶版が、一二号墓から「両」陶版が、泥銭とともに出土した(147)(第21図)。泥銭については説明はないが、泥半両であったことは疑いない。

第20図　「郢称」泥版(約1/2)
長沙5639工地26号墓出土
『考古通訊』1956の6，65頁による

vi　一九五七年七月、湖南益陽陸賈山で前漢前期墓を発掘したさい、無字の泥版が泥半両とともに出土した。(148)

vii―ix　右のほか、泥金餅と伴出した泥版三例については、すでにあげた資料19―21を参照のこと。

以上で、金版と泥版(陶版)に関する一応の知識が得られた。そこでつぎに、金餅と金版との年代的関係を調べてみよう。まず、この両者が一緒に出たという例は、これまでのところ聞いたことがない。しかし、泥金餅に泥版が伴出したという事実は、少なくとも三例知られている(資料19―21)。さらに、年代が比較的明らかな半両・五銖、な

第 21 図　（左）「金」陶版　長沙沙湖橋 2 号墓出土
（右）「両」陶版　同　　　　12 号墓出土
『考古学報』1957 の 4，68～69 頁間図版 6 による

らびにそれらを模した泥半両・泥五銖との共存関係を調べれば、泥金餅と泥版の年代も、いっそうはっきりするであろう。こうした点については、左のようにいわれていることが参考になる。

i　（長沙方面では）前漢の最も早い時期の墓から、「郢称」などの泥版が出る。泥半両は、多く前漢前期の墓から発見される。前漢中・晩期の墓では、泥金餅が流行する。そして前漢晩期の墓からは、つねに五銖が出土する。(149)

ii　（一九五一年十月―五二年二月の間に長沙近郊で発掘された前漢墓のうち）半両銭が出たのは、一一〇・一一五・一二二・二一三・二二四・二二五・二二八・二三一・二五二・三四一・四〇三・二二七・二五一・四〇二・四〇七号の一五墓であるが、そのうち二二四・二二八・二三一・二二七・二五一・四〇七号の六墓では、すべて泥郢版・泥版・泥半両が一緒に出、一二二・二一三号の両墓では、泥金餅と泥半両が一緒に出た。これは注意すべきだ。(150)

iii　解放後、長沙で「郢称」泥版を出した数百墓の前漢墓についてみると、郢称泥版はすべて前漢の「半両」と同出するが、「五銖」と同出することなく、麟趾金と同出することも、きわめて少ない。五銖と麟趾金はつねに同出する。(151)

右の観察は、大体において正しい。漢半両には、高后の二年（186 B.C.）に発行された八銖半両と、文帝の前五年（175 B.C.）から景帝の中六年（144 B.C.）まで民の鋳造に委ねられ、それ以後、武帝の元狩三年（120 B.C.）まで政府の発行した四銖半両がある。そして後者のうち、周郭のないのは文帝・景帝時代のもの、周郭のあるのはおもに武帝時代のものとみられている。[152] 従来、泥金餅や泥版が漢半両の実物とともに出た例はなく、それらに伴う泥半両のほとんど全部は、無郭の四銖半両を模したものらしい。一方、五銖がはじめて発行されたのは、武帝の元狩四年[153]（119 B.C.）のことである。したがって、泥半両と伴出する泥版の年代は、武帝の初年、つまり前漢中期の前半を降ることはあるまい（資料19―21、ならびに四二頁のⅱ・ⅲ、四三頁のⅴ・ⅵ）。おそらく、泥版ひいてはそのもとになった金版の使用も、この辺で終りを告げ、以後、前漢の末に至るまでは、もっぱら泥金餅の全盛期とみることができよう。泥金餅の大部分が泥（陶）五銖や銅五銖を伴うのは、その間の事情を反映するものにほかならない（資料26―32・34・35）。

そこで問題になるのが、『前漢書』武帝紀の太始二年（95 B.C.）の条にみえる左の文章の解釈である。

三月、詔して曰く「有司、議して曰く『往者《さきに》、朕、上帝を郊見し、西のかた隴首に登って白麟を得、[154] 以って宗廟に饋《おく》れり。渥洼水、天馬を出し、[154] 泰山、黄金を見《あら》わす。宜しく故名を改むべし』と。今、黄金を改めて麟趾・褭蹏と為し、以って瑞に協《かな》わしめん」と。因って以って諸侯王に班賜す。

麟趾とは麒麟の足首のこと、[155] 褭蹏とは馬蹄のことである。右の条に施された顔師古の注に「応劭曰く『白麟を得、馬瑞有りしが故に、黄金を改鋳すること麟趾・褭蹏の如し。以って嘉祉に協わしむ」とあり、師古自身も「武帝、祥瑞を表さんと欲するが故に、普ねく改鋳して麟足・馬号の形と為す」云々といっている。現代中国の学者も皆この説に従い、「方形の郢版を麟趾形に改鋳したのだ[156]」「金餅は郢版に代わる黄金貨幣で、前漢の中期にはじめて採用された[157]」などと主張しているが、これは明らかに誤りであろう。武帝は決して黄金を「改鋳」したのではない。文面をよく見ればわかるように、その呼び方を変えただけなのである。太始二年（95 B.C.）といえば、はじめて五銖銭が発行された元狩四年（119 B.C.）から、すでに二四年もたっている。したがって、金餅が太始二年に現れたものなら、金餅や泥金餅が半両銭や泥半両のみを伴って出土するというケースは、まず起こりえないであろう。裏返していうと、金版がそのころまで用いられていたら、泥版に五銖銭や泥五銖を伴うケースが、少しぐらいあってもよさそうに思われる。

ところが事実はそれと反対で、金餅が大量の半両銭を伴う例（資料3）、泥金餅が泥版と泥半両を伴う例（資料19—21）、泥金餅が泥半両を伴う例（資料22—25）はあっても、泥版に五銖銭や泥五銖が伴う例は一つもない。銭は発行と同時に普及するとはかぎらないが、とにかく右の二四年というのは長すぎる。半両銭や泥半両を伴う金餅や泥金餅は、五銖銭の発行に先立つものとみるべきであろう。戦国時代に現れた金餅は、あいだで途切れることなく、金版とともに存続していたのである。要するに、武帝は金版を麟趾・馬蹄形に改鋳したわけではなく、在来の金餅がたまたま麟趾・馬蹄の形をしていたので、黄金の呼び方をそのように改めたにすぎない。

ところで前に紹介したように、杭州老和山出土の「陶麟趾」には、「令之金一斤」などの文字が刻まれている（資料33）。報告書はこの刻銘について、「二種の意味があると推測される。一つは『賜金一斤』を指す可能性があり、もう一つは、当時の陶工が、麟趾の二字が比較的煩雑なので、同音の字を取って簡単に書いた可能性がある」といっているが、[158]おそらく後者のほうが正しいだろう。したがって、黄金の名称を改めたというさきの故事は、必ずしも架空の捏造でなかったこと、いわゆる「麟趾褭蹏」なるものは、この種の金餅を指していたらしいことがわかる。また太原東太堡の前漢墓から出た金餅の一つに、「令」という文字が鮮かに刻まれている（資料3）。報告者によると、「令の下にもう一字ある。面が裂けているので字形がはっきりしないが、『之』の字の可能性がある。『令之』ならば麟趾の略字かもしれない」という。[159]しかし、この墓では大量の半両銭が出ているだけで、五銖銭は一枚も見当たらないから、その年代を右の詔が出た太始二年まで引き下げることはできない。こうした矛盾は、どのように解決したらよいのか。あるいは、この詔に先立って、すでに民間の一部に金餅を麟趾金と呼ぶ風習があり、武帝はそれを白麟・天馬・黄金などの祥瑞故事に仮託したのではなかろうか。こうでも考えなければ、東太堡の金餅に関するかぎり、太始二年より前に「令之（?）」の文字が刻まれた理由の説明がつかない。それはとにかく、この詔が金餅の出現を意味するものでないことだけは、まず確かである。

つぎに、金餅と金版との関係をさらにはっきりさせるため、両者の流通期間と流通地域について考察しよう。

(1)　金餅の流通期間と流通地域

従来知られている金餅のうちで、最も古そうなのは、楚から秦に流入したと推定される九個である（資料1・2）。しかし年代に関しては、戦国のものだろうという見当がつくだけで、それ以上の細かい点はわからない。刻銘の字体や内容からする想像には、おのずから限度があるからである。そこで金餅そのものではないが、金餅を模したと考えられる鉛餅や泥金餅を手がかりにして、この点を調べてみよう。

i　数個の鉛餅が出た湖北江陵望山一号墓（資料15）については、報告者はただ「楚墓」と記しているだけで、べつに具体的な年代を示していない。しかし、この墓から出て漆器をはじめとする豪華な副葬品は、戦国後期のものと推定されている河南信陽長台関一・二号墓[160]の出土遺品と共通した点が多いので、年代もほぼそのころとみて大過なかろう。

ii　二個の鉛餅が出た長沙一〇一号墓（資料16）の年代は、報告が簡単なのでよくわからない。ただ副葬陶器として鬲がなく、代って鼎・敦・壺の組合せがみられるので[161]、戦国中―晩期に属することだけは確かであろう[162]。

iii　十数個の泥金餅が出た長沙左家公山一五号墓（資料18）は、長沙では戦国晩期の墓にかぎって発見される天秤と分銅を伴うので[163]、年代もそのころに限定される。

さらに、金塊の模造品「鉛皮冥銭」が出た長沙四〇六号墓の年代が戦国晩期に[164]、同じく金塊様の「泥方塊」数百個が出た長沙楊家湾六号墓の年代が戦国末期―前漢初期に[165]、それぞれ比定されることを考慮に入れると、右の鉛餅や泥金餅も、やはり戦国晩期のものとみるべきであろう。つまり陝西から出土した問題の金餅も、そのころ楚から秦にもたらされたことがわかる。

戦国晩期に出現した金餅は、いつごろまで用いられたのであろうか。前漢時代は、豊富な出土資料とあいまって、その全盛期を思わせるものがある。しかし後漢時代になると、資料がめっきり少なくなり、わずかに金餅二個（資料9・10）と鎏金銅餅二個（資料12・13）の出土が知られているにすぎない。前漢後期にあれほどさかんに副葬された泥金餅も、後漢にはまったく影をひそめてしまうのである。これは、泥金餅を副葬する習慣がなくなったためとも考えられるが、むしろ金餅そのものの使用が衰えた結果であろう。右にあげた二個の金餅が、それぞれ一五両・二〇両と推定される半端な重さを示しているのは、前漢の金餅にほとんどみられない現象として注目される。あるいは、後漢に入ると金餅の衰頽とともに、一金＝一斤、つまり一個の金餅の重さが一斤という制度も、乱れがちになってきたのではなかろうか。しかし、これはのちに述べるように、後漢時代に黄金そのものの使用が衰えたことを意味するものではない。

鎏金銅餅が出た広西貴県の後漢墓（資料13）は、伴出物がまったく不明なので、年代も正確なところはわからない。しかし、金餅の出た長沙五里牌九号墓（資料9）は後漢前期のものと推定されているし[166]、同じく金餅の出た衡陽蒋家山の後漢墓（資料10）と、鎏金銅餅の出た長沙黒石渡二号墓（資料12）は、瓦製明器より銅器や漆器の類が多く、厚葬の名残を濃厚にとどめているので、おそらく後漢も早い時期のものと推定される。このように金餅の痕跡が後漢前期までしか辿れないとすると、それらがはたしてその時期に造られたものか、あるいは前漢末期からの伝世品かということが、当然、問題になる。また、後漢の中期以後には金餅はなかったのかという疑問も、同時に起こってくる。しかし『後漢書』列女伝、楽羊子妻の条に「羊小嘗て路を行き、遺金一餅を得たり」とあるのは、たぶんこの種の金餅を指しているのであろう。また晋に降って、『芸文類聚』に引かれた邴原別伝に「金三餅」、廬江七賢伝に「金十餅」といい、さらに南朝に降って、『説郛』所収の世説に「金五餅」とあるのなども、同様のものかもしれない。ことに、『南史』の梁武陵王紀伝に「黄金一斤を餅と為す」とあるのは、金餅の目方がもともと一斤であったことを証するものとして注目される。唐宋時代にも金を餅で数えたことは、加藤繁博士の指摘されている通りであるが(167)、重さについての記録はなく、遺物も発見されていない。要するに重さ一斤の戦国・前漢式の金餅は、少なくとも文献で知られるかぎり、南朝ごろまでは存続したとみることができる。

つぎに、金餅の流通地域について検討しよう。戦国晩期の楚で重さ一斤の金餅が使われていたらしいことは、すでに述べた通りであるが、当時のほかの国々では、はたしてどうであったろうか。先秦時代に黄金を斤や鎰で量り、またその単位を金と呼んだことは、『戦国策』の斉策に「黄金千斤」「金五百斤」、秦策と燕策に「金千斤」、『管子』の揆度篇に「金百斤」、山権数篇に「黄金一斤」、『戦国策』の燕策に「黄金千鎰」「金三百鎰」「黄金二百鎰」、『史記』の孟嘗君列伝に「黄金百鎰」、『韓非子』の八説篇に「万金」、『戦国策』の韓策に「三千金」、西周策と趙策に「千金」、燕策に「五百金」、衛策に「百金」とあることなどによって知られる。黄金一斤＝一金の制は、楚においても同様で、『戦国策』の楚策に「金千斤」「金五百斤」「五百金」などとある。黄金を斤で量っていた楚が、重さ一斤の金餅を用いていたとすれば、他の国々でも、同じような金餅を使っていた可能性がないこともない。国際通貨としての黄金の性質からみて、各国というよりむしろ各国の商人たちが互いに協定して、ある程度規格を合わせたということも、当然あって然るべきであろう。しかし、こうした点については、それを証明する出土資料が皆無なので、目下のところ何ともいえない。

戦国の晩期、楚の地に出現したと思われる金餅は、秦の統一時代を経て漢代に入ると、全国的といえるかどうかは別として、かなり流通圏を拡大したらしい。仿製品をも含むその出土地域は、湖南では長沙を中心として衡陽や湘郷に及び、さらに東は浙江の杭州、南は広東の広州や広西の貴県、北は河南の洛陽や山西の太原に達している。前漢は建国の当初、秦の遺制によって黄金を鎰で数えたが(168)、それもわずかの期間にすぎず、やがて黄金一斤＝一金の制度を確立した。『史記』の平準書に「一黄金は一斤なり」とある「一黄金」は、こういう一斤の金餅を指しているのではなかろうか。以後、黄金四十余万斤・二十余万斤・万斤・七千斤・五千斤・二千斤・千斤・五百斤・二百斤・百斤など（十斤台は省略）、黄金を斤で数えた例は枚挙にいとまもない。これらのうちには、前にあげた西安漢城出土の銅塊のように、煉瓦状をなす金塊もあったかもしれないが、勘定と携帯に便利な一斤の金餅も、かなり含まれていた可能性がある。『史記』の平準書に、

明年（元朔六年 123 B.C.）、大将軍（衛青）六将軍を将い、仍ち再び出でて胡を撃ち、首虜万九千級を得たり。首虜を捕斬するの士、賜を受くること黄金二十余万斤。……

という記載がある。黄金一斤は万銭に当たるといわれるほど価値が高かったから、一人の兵士がそう何斤もの黄金をもらえたはずはない。したがって、こういう場合には、一斤ずつの単位にしておくことが、最も便利だったであろう。そうだとすれば、金餅こそ、まさにそれに適したものといわなければなるまい。とにかく、金餅がかなり普及していたという前提がなければ、祥瑞に関する武帝の詔も、意味がなくなってしまうことになる。祥瑞が現れるのは、天子の聖徳のあかしと考えられていたから、万人が喜ぶ金餅にかこつけてそれを説くことは、さだめし効果的であったに相違ない。[169]

(2) 金版の流通期間と流通地域

長沙左家公山一五号墓で泥金餅に天秤と分銅が伴出したのを見てもわかるように[170]（資料18）、天秤と分銅は黄金の目方を量るためのものであったらしい。金餅では一斤の重さを確認するため、金版では必要な量だけ切り取った分を計量するためと考えられる。つまり、金餅は分割しないでそのまま斤単位の取引に、金版は分割して一斤未満の取引に、それぞれ用いられたのであろう。金版は大きさや厚さに基準はなく、極印の大きさについても同様であった。切り取ったとき、保証のしるしである極印の一部が、かけらのどこかにひっかかっていさえすればよかったのである。そ

の場に臨んで必要な量だけ切り取るのは、至難の業であったに違いないから、あらかじめ大小さまざまのかけらを用意しておき、計算しながら目ざす重さのものを捜し出したのかもしれない。

楚は秦の圧力を避けて、頃襄王二十一年（278 B.C.）に郢（湖北省江陵県東北）から陳（河南省淮陽県南）へ都を遷し、ついで考烈王十年（253 B.C.）に鉅陽（安徽省太和県東北）へ徙り、さらに同王二十二年（241 B.C.）に寿春（安徽省寿県）へ徙った。前にあげた楚金版の出土地点が、楚の領域の東部と、その北に接する地域に含まれることは、楚金版の年代を考える上に、重要な手がかりを与える。すなわちそれは、楚の青銅貨である蟻鼻銭の場合と同じく、楚の勢力の中心が東へ移動した戦国末期に属するのであろう。長沙附近の前漢墓から出る泥版や陶版は、墓に副葬するために特製した冥幣の類とみられるが、そのもととなったのは、戦国以来の金版に相違ない。したがって、楚は東へ徙る前にも、すでに金版を用いていたことがわかる。長沙をはじめとして、同じく湖南の常徳や衡陽で発掘された戦国墓から、金版を量るのに用いたらしい天秤と分銅が出ているのも、[171]右の推測を裏づけるものであろう。天秤や分銅を出す墓は、長沙では戦国晩期のものにかぎられているのに、[172]常徳では戦国の前期や中期まで遡るものがあるという。[173]これだけの資料では、はっきりしたことはいえないけれども、あるいは金版の出現は、金餅のそれに先立つのかもしれない。もしそうであったとすると、天秤や分銅は、まず金版を計量するために作られたということになるであろう。

楚の本拠であった湖北や湖南の方面から、楚金版が一つも発見されないのは、もともと数が少なかったわけではなく、楚が東へ移るとき、その大部分を運び去ってしまったためと考えられる。安徽や江蘇の方面から出土する楚金版は、墓中に副葬されたものではなく、退蔵物として単独に発見されるらしい。[174]あるいは、楚が滅亡したときか、秦末漢初の争乱のさいにでも、退蔵されたのではなかろうか。一方、長沙から出る泥版や陶版は、前漢前期のものばかりである。[175]長沙の附近一帯は、楚の文化が長く続いた地方なので、その伝統が漢初まで残存していたのであろう。漢代に入ると、この方面では冥幣を副葬する風習がさかんになったため、在来の郢版に模した泥版や陶版が、数多く作られたものと思われる。だがそれにしても、金版の現物が一つも発見されていないのは不思議であるし、金版に当然伴うはずの天秤や分銅も、これまでほとんど出たためしがない。したがって、残っている泥版や陶版の数から、直ちに金版の盛行を想像するのは、いささか危険ではあるまいか。こう考えてくると、「郢称」泥版の類はとにかくとして、「両」や「金」の字を表した泥版などは、はたしてそれに対応する金版があったかどうか、甚だ疑わしい気がする。あるいは、冥幣用として創作した架空の金版かもしれない。

前漢時代に半両銭や五銖銭が普及した度合いは、楚における蟻鼻銭のそれとは比較にならない。金版はあまり高額でない黄金一斤未満の支払に充てるものであったから、低額の青銅貨幣が十分に普及すれば、当然それに肩代りをさせて消滅すべき運命にあった。湖南方面で楚から引き継がれた金版は、前漢になって半両銭の普及が進むと、しだいにその存在価値を失い、おそらく五銖銭の普及に先立って廃止されたものと思われる。泥版や陶版に伴って五銖銭が発見されていないのは、それを証するものであり、その時期はすでに述べたように、だいたい武帝の初年、つまり前漢中期の前半とみることができよう。従来の調査によると、金餅の純度は九九％（資料1・2）、九九・三％（資料5・6）にも達するが、金版のそれは九〇％を割る例も少なくない。(176) 金版は黄金貨幣とはいえ、もともと補助的なものであるから、金餅よりいくらか純度が落ちる場合もあったのであろう。金餅が後漢以後まで信用を保ちえたのに対し、金版が前漢の中期ごろ廃滅に帰したのは、案外こういう点にも原因があるのかもしれない。

戦国時代の金版が楚のものに限られていることは、その出土地からみても疑いない。漢代の金版は、実物は発見されていないが、それを模した泥版や陶版が、長沙の附近をはじめとして、同じく湖南の益陽、江蘇の上海から出土している。それらの地点がやはり楚の故地に限定されることは、漢代の金版の流通範囲もその域を出なかったことを示すものであろう。この点、同じく戦国の楚に端を発したとはいえ、漢代に著しく流通圏を拡大した金餅と異なり、金版のほうは最後まで地域的な特殊性を失わなかったといえる。武帝の祥瑞に関する詔を契機として、金版が金餅に改鋳されたというような説は、こうした面からみても成り立つはずがない。しかもそのころ、江南でもすでに金版は使用されていなかったのである。

以上で、金餅と金版の流通期間と流通地域がほぼ明らかになった。これら両種の黄金貨幣は、互いに密接な関係があり、それぞれ切り離して論じられぬ性質のものなのである。

六　秦漢経済における黄金の意義

本篇では、最初から金餅を貨幣として取り扱い、「流通」という語をしばしば用いてきた。しかし、金餅がはたして純然たる貨幣であったかどうかは、一度はっきり確かめておく必要がある。戦国・秦漢の黄金には、器飾の類は別として、金餅のほかに金版もあり、また方塊状のものもなかったとはいえない。そこで、ここではそれらを含めた黄金全体が、貨幣経済の中でどのような役割を果たしていたかを、種々の面から検討してみることにする。

かつて加藤繁博士は、戦国時代の黄金について、広く文献を渉猟し、

戦国時代に於ては王公将相等の間では、金を賄賂・請託・謝礼・褒賞・懸賞等に用ひ、間〻大価格の支払にも用ひられた。民間でも、多少貯蔵され、使用されたであらうが、富貴の階級に比すれば、微々たるものであったらう。……戦国時代に於ける金は、略金貨の資格を具へ、而して主として上流階級に依って使用せられたのである。

といわれた。(177) この結論はおおむね妥当で、とくに意義を挟む余地もない。ただ戦後、戦国時代の金餅の性格をはっきり示す資料が出土したので、それを紹介するかたわら、二、三の考察を加えてみたい。

一九五四年六月、長沙左家公山一五号戦国木槨墓を発掘したさい、竹筐（竹で編んだ四角い籠）の中から、十数個

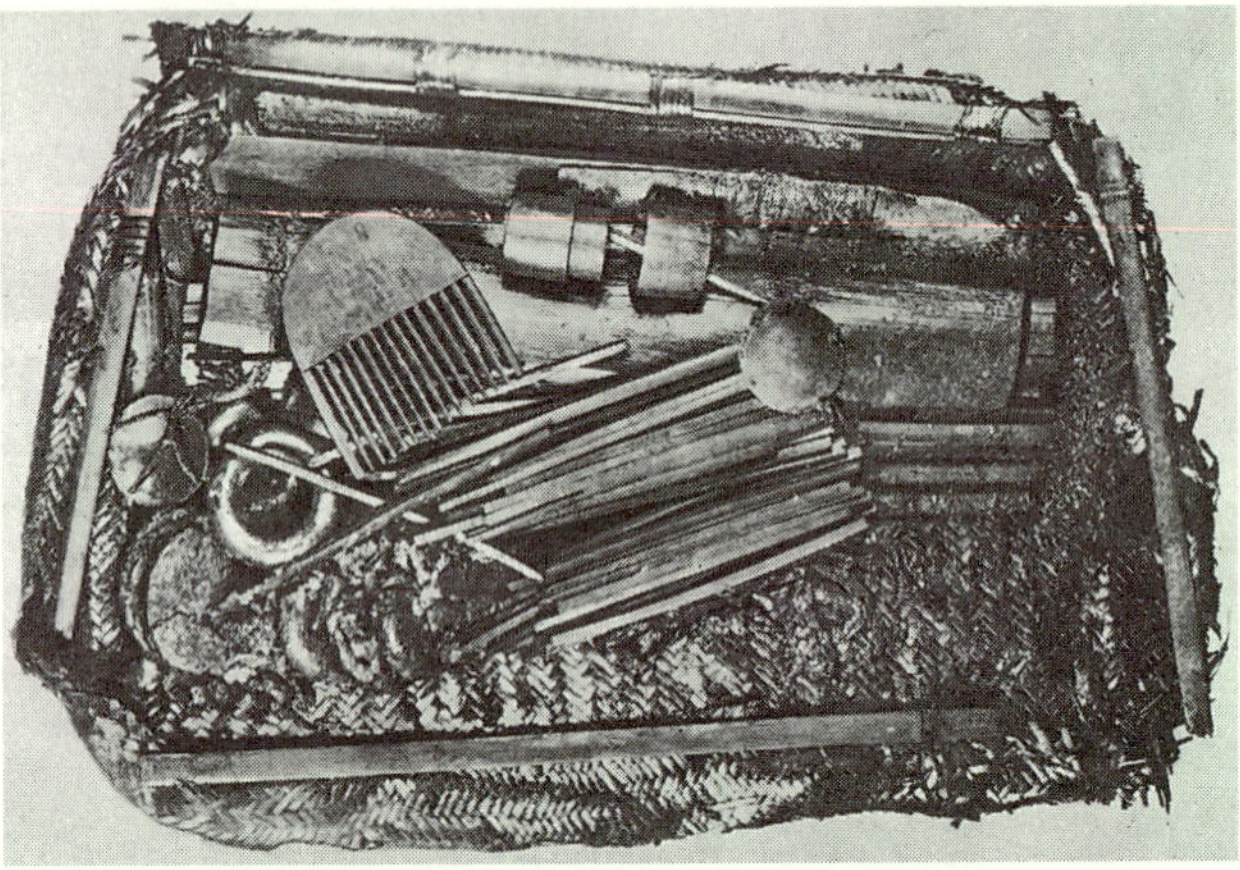

第22図　長沙左家公山15号墓出土竹篋内部

『新中国的考古収穫』図版61—2による

の泥金餅（資料18）とともに、衡（天秤）一・砝碼（分銅）大小九・木梳（櫛）一・木篦一・竹籤四〇・竹片二五・木柄銅削一・毛筆一・小竹筒三などが発見された[178]（第22図）。繰り返して述べるまでもなく、泥金餅は土でこしらえた金餅の模造品、衡と砝碼は黄金の目方を量るものである。長さが揃って一二糎の竹籤は、おそらく計算用の算木であろう。年代は少し降るが、『前漢書』の律歴志によると、それは径が一分で長さが六寸あったという[179]。竹片は長さ二二糎、幅〇・八糎あり、表面は光滑で、両端に紐を通して束ね、二枚の竹の板に挟んであった。文字を書くための簡冊とみられている。銅削は、書き損じた文字を削る削刀の類。毛筆は軸の長さ一八・五糎、毛の長さ二・五糎、径〇・四糎ほどで、小さい竹筒の一つにはいっていた。別の竹筒には、墨が何かが詰めてあったらしいという。これらの内容物からみて明らかなように、この竹筐は当時の商人が携行していたものに相違ない。今日にたとえれば、高利貸の鞄のようなものであろう。彼らの経済活動が目に見えるようであり、身たしなみ用の櫛まではいっているのも興味が深い。このほか、衡具が蟻鼻銭などとともに竹筐の中から出た例もある[180]。量博満氏の集計によると、「長沙・常徳地方の楚墓といわれるものの約五・六%程度の墓に衡具が副葬されて」[181]いるという。しかし、衡具や泥金餅が副葬されていなくても、後世に残るほどの墓を築いた人たちなら、程度の差こそあれ、黄金経済の担い手であったとみてよいのではなかろうか。とにかく楚の国では、金餅や金版は青銅鋳貨の蟻鼻銭とともに、確かに貨幣として流通していたのである。『戦国策』の楚策に「黄金・珠璣・犀象は楚に出づ」、『管子』の軽重甲篇に「楚に汝漢（汝水と漢水の流域）の黄金有り」、『史記』の貨殖列伝に「予章（江西南昌）は黄金を出す」、邵本『前漢書』地理志上、桂陽郡（湖南桂陽）の条に施された顔師古の注に「金官あり」などとあるように、江南は黄金の産地として知られていた。(182) 金餅と金版が楚の国に生まれ、かつ異例の発達を遂げたわけも、これによって理解できよう。他の国々でも、黄金はある程度貨幣に用いられたと思われるが、その普及率はとうてい楚のそれに及ばなかったらしい。なお産金量の豊富なこの国においてさえ、墓も造れないような階級の人たちにとって、もちろん黄金は無縁のものであった。

一方、漢代の黄金はどうであったろうか。加藤博士は、この点について博引旁証のうえ、

漢代に於ては、宮廷の賞賜に盛に用ひられ、又、上流に於て、賄賂・贈遺・懸賞等様々の意味を以て授受された。大価格の支払にも初期には、希に用ひられたであらうが、記録には見えない。其の民間に於ける流布は、戦国と大差無かったやうである。後漢に至っては、宮廷の賞賜に用ひられることは余程衰へたけれども、民間の使用は、増すとも衰へなかったやうである。……両漢に於ける金も貨幣に近いものと見るべきであらう。

といい、(183) さらに、

前漢以後の金は貨幣に近いものであったけれども、真に貨幣であったのではないやうであるから、……

といわれている。(184) 博士は、前に引いたように戦国時代の黄金については、「略金貨の資格を具へ」ていたと認めながら、漢代のそれは「真に貨幣であったのではないやうである」と述べ、貨幣としての機能の低下を指摘された。しかし筆者の見方によると、これはむしろ逆であって、漢代の黄金のほうが、貨幣としてより整備されていたと考えざるをえない。そのおもな理由は、およそ左の四点にある。

i　『史記』の平準書に、

秦の銭は重くして用い難しと為し、更めて民をして銭を鋳しむ。一黄金は一斤なり。(185)
秦中に至るに及び、一国の幣は三等と為す。黄金は鎰を以って名づけ、上幣と為す。銅銭は識して半両と曰い、
重さ其の如くにして、下幣と為す。

とあるように、秦漢時代には黄金が銅銭と並んで、はっきり貨幣として取り扱われていた。

ii　『前漢書』食貨志下の王莽の条に「黄金の重さ一斤は万に直《あたい》す」といい、同王莽伝上に「有司、奏すらく『故事、皇后を聘するに、黄金二万斤、銭二万万（億）と為す』」とあるのなどによると、黄金一斤＝一万銭という比率は、晩くとも前漢時代には確立していたことがわかる。前に述べたように、黄金一斤は「一金」と呼ばれたから、一金＝一万銭という関係も同時に成立する。

iii　加藤博士も指摘されている通り、(186)梁の孝王の持っていた銅器の尊が千金に値したとあるなど、戦国時代と同様、物価を「金」で表示することも行われた。

iv　『前漢書』景帝紀の中六年（144 B.C.）の条に「銭を（私）鋳し黄金を偽（造）する（者）は棄市するの律を定む」とあるように、黄金の偽造は銭の私鋳と同罪にみられていた。

つまり、政府が正式に黄金を貨幣と認め、銅銭との交換率を規定し、黄金の単位で物価を表示し、その偽造を禁じているからである。博士が漢代の黄金を真の貨幣と認めるのに躊躇されたわけは、

金が物価の支払にも用ひられたかどうかは詳でない。戦国策には金を大価格の取引に用ひた事例が数々見えるが、漢書にはさる例証はない。(187)

という一点にあるらしい。しかし、漢代にはすでに銅銭が普及し、物価を銭で数えるのが原則になっていたから、黄金による取り引きは高額のものでも、その蔭に隠れて史筆に上らなかったのであろう。銅銭の絶対量が乏しかった戦国のころは、大きな取り引きは黄金によらざるをえなかった。「戦国策には金を大価格の取引に用ひた事例が数々見え

る」といっても、それは一般の商取引ではなく、王侯貴族が良剣・美人・名馬・利匕首を黄金で仕入れた特殊なケースである。漢代の記録にそうした事例が見当たらぬという理由だけで、当時の黄金の貨幣性を低く評価するのは妥当でない。要するに漢代の黄金は、立派に貨幣として機能していたと考えられる。[188]

さて、右のような黄金貨幣論を前提として、つぎに筆者が問題にしたいのは、秦漢帝国における黄金の存在意義である。前漢王朝が莫大な黄金を持っていたらしいことは、すでに触れた通り、武帝が匈奴遠征の将士に黄金二十余万斤（五〇屯以上）を賜うた例や、前漢の諸帝が王侯や臣僚に大量の黄金を下賜している事実によって窺われる。たとえば、『史記』の本紀や『前漢書』の帝紀などから、一人当たり百斤（約二五瓩）以上の例を拾ってみると、

高祖が太公の家令と田肯に五百斤ずつ。高后が遺詔により諸侯王に千斤ずつ。文帝が大尉周勃に五千斤、丞相陳平・将軍灌嬰に二千斤ずつ、朱虚侯劉章・襄平侯紀通・東牟侯劉興居・陽信侯劉掲に千斤ずつ。景帝と太后がそれぞれ中郎将郅都に百斤。武帝が治粟都尉桑弘羊に二百斤、侍郎東方朔に百斤。宣帝が大将軍霍光に七千斤、広陵王に千斤、諸侯王十五人に百斤ずつ、丞相韋賢・右扶風尹翁帰子・大司農朱邑子・潁川太守黄霸に百斤ずつ。元帝が副校尉陳湯に百斤。成帝が広漢太守趙護・汝南太守厳訢・大司農中丞閎前に百斤ずつ。哀帝が王莽に五百斤。

などが目につく。このほか、十斤台のものに至っては、枚挙にいとまもない。列伝などを調べたら、さらに多くの例が見いだされるであろう。古来、金の産出量が少ないといわれる中国のことである。前漢王朝は、いったいどこから、またどのようにして、大量の黄金を手に入れたのであろうか。かつて筆者は、この点について想像をめぐらし、「楽浪王氏の富」と関連させて、これらの黄金が朝鮮から輸入されたのではなかろうかと臆測したことがある。[189] しかしその後、いろいろ考えたすえ、別の方面からの検討も必要なことに気がついた。それは黄金の集中化、つまり前漢王朝が全国に分散していた黄金の大半を掌握する、何らかの機会に恵まれたのではないかという点である。

『墨子』魯問篇に「其の隣国を攻め、其の民人を殺し、其の牛馬・粟米・貨財を取り、……」とあるのをまつまでもなく、戦国の戦乱のさいにおこった掠奪は、徹底を極めたことであろう。『史記』の燕召公世家に、昭王二十八年（284 B.C.）、燕将楽毅が秦・楚・三晋と連合して斉を伐ったときのことを記した中に、「燕の兵は独り北《に》ぐるを追って臨淄に入り、尽く斉の宝を取り、其の宮室・宗廟を焼く」とあるのなども、その一例にすぎない。こうした掠奪に関するかぎり、秦対六国戦の場合も例外ではなかったはずである。当時、列国の諸侯がかなりの量の黄金を持っていたらしいことは、『戦国策』などに散見する記載によって、まず疑う余地はない。始皇帝が韓・趙・魏・楚・燕・斉の順に六国を滅ぼしていく過程において、諸侯の所蔵していた黄金などの財宝が、秦軍の掌中に帰し、国都咸陽の府庫に移されたであろうことも、容易に想像されるところである。(190)『史記』高祖本紀の元年（206 B.C.）の条に「或ひと沛公に説いて曰く『秦の富は天下に十倍す。……』」とあるのも、右のような事情を背景にして、はじめて首肯されよう。ではそれらの莫大な財宝は、その後どのような運命を辿ったのであろうか。『史記』の秦始皇・項羽・高祖の各本紀、ならびに『前漢書』の高帝紀などの記載から推測すると、その経過と結末はほぼ左のようになるらしい。

漢の元年（206 B.C.）、劉邦はまず咸陽（陝西咸陽）に入り、「秦の重宝・財物の府庫」（高祖本紀）に封印を施したというから、秦末の争乱にもかかわらず、秦室の財宝は無事であったことがわかる。有名な鴻門の会ののち、項羽は兵を率いて咸陽に乗り込み、秦王の子嬰を殺し、秦の宮殿に火を放ち、その「珍宝・貨財」（秦始皇本紀）、「貨宝・婦女」（項羽本紀）を掠奪して東に帰った。翌二年（205 B.C.）、項羽は自立して西楚の覇王と号し、彭城（江蘇銅山）に都した。一方、項羽から巴蜀・漢中に封ぜられた劉邦は、項羽が斉に反した田栄を伐ちに出かけたすきに、彭城を急襲してその「貨宝・美人」（項羽本紀）を奪い、日夜宴飲に耽った。ところがこれを聞いた項羽が、直ちに引き返して彭城に殺到したので、不意を突かれた漢軍は、二十余万の戦死者を出して潰走し、劉邦もわずか数十騎とともに、身を以って脱出した。こういう次第であるから、せっかく手に入れた「貨宝・美人」も、手放さざるをえなかったであろう。それから戦局は二転・三転したが、漢の四年（203 B. C.）、項羽が曹咎に成皋（河南汜水）の守備を厳命し、彭越を梁（河南商邱）に討伐しているすきに、劉邦は曹咎をおびき出して成皋を陥れ、「尽く楚国の金玉・貨賂を得た」（高祖本紀）という。

右の所伝がどの程度まで真実であるかは、もとより知る由もない。かりに説話的な要素をかなり含んでいるにしろ、黄金をはじめとする秦の財宝が、項羽の手を経て劉邦に伝えられたという大筋だけは、まず否定できぬのではなかろうか。戦いのたびに財宝がついてまわり、ついに「尽く楚国の金玉・貨賂を得た」というところに落ち着くからである。細かい点を穿鑿すればきりがない。ここで、そうした見方もありうるという、筆者の構想を述べるにとどめておく。

ところで、秦末の争乱と黄金との関係をめぐって、もう一つ見のがせない現象がある。高祖本紀の三年（204 B. C.）の条に、劉邦が滎陽（河南滎陽）で苦戦に陥ったときのことを述べて、

乃ち陳平の計を用い、陳平に金四万斤を予《あた》え、以って楚の君臣を間疏す。是に於いて項羽乃ち亜父（范増）を疑う。……

とある。もしこれが事実であったとすると、劉邦は、成皋で項羽の黄金を手に入れる前に、すでにかなり多量の黄金を持っていたことになろう。そこで思い出されるのは、劉邦自身が沛（江蘇沛県）の出身だったという点である。単に彼ばかりでなく、項羽と叔父の項梁は下相（江蘇宿遷）の出であり、陳渉と呉広は鄲（安徽宿県）で旗を揚げ、さらに陳嬰・范増・宋義らも楚の人であった。劉邦の生地、沛から近ごろ楚金版が出たことは、前に触れた通りである。

『史記』の貨殖列伝に、

呉楚七国の兵起こるの時、長安中の列侯・封君、行きて軍旅に従い、子銭を齎貸す。子銭の家、以為《おもえらく》「侯の邑国は関東に在り。関東の成敗は未だ決せず」と。肯《あ》えて与うる無し。唯《ひとり》、無塩氏のみ千金を出捐して貸す。其の息

は之を什にす。三月にして呉楚平らぐ。一歳の中、則ち無塩氏の息は什倍す。此を用《も》って、富は関中に埒《ひと》し。とある。これは少し降って景帝前三年（154 B.C.）のことであるが、秦末・漢初でも同様であったろう。兵を挙げるには、多大の軍資金を必要としたに相違ない。秦室転覆の烽火が楚の地におこったのは、この方面が金版の流通圏であり、金餅の発祥地であったことと、必ずしも無関係とは思われない。劉邦や項羽たちは、あるいは黄金の力を背景にして、華々しい歴史の絵巻を広げたのではなかろうか。しかし、こうした臆測がかりに当っているとしても、彼らがどのようにして黄金を操作したかという点になると、手がかりが全然ないので、不明というよりほかはない。

つぎに、秦漢時代における黄金と銅銭との関係について考察しよう。これは筆者が最も興味をいだいている問題の一つであるが、本格的に検討する時間の余裕もないので、ここでは大体の見通しを述べるにとどめ、詳細は別の機会に譲ることとする。

秦は天下を統一すると、黄金一鎰が一金に当たるという在来の慣習を制度化するとともに、実質が名目に伴う実体貨幣の半両銭（秦半両）を発行した。この黄金青銅両本位制ともいうべきものの確立は、漢代の貨幣経済にきわめて大きい影響を与えたと考えられる。秦の制度のうちには、官制の大部分をはじめとして、漢のそれに引き継がれたものが多い。一鎰が一万銭に相当したかどうかは明らかでないが、黄金と銅銭の換算率も、すでに何らかの基準で定められていた可能性がある。一国の経済を賄うに足りるだけの銅銭は、そう一朝一夕に鋳造できるものではない。大帝国の運営に必要な諸経費は、銅銭より黄金で支弁される場合が多かったのではなかろうか。

秦の貨幣経済における問題点は、むしろ実質上かなり重い半両銭を政府の手で発行したことにある。鋳造が重要に追いつけないことは、当然、銭の深刻な不足を招き、戦国諸国の貨幣をそのまま横行させる結果となった(191)。すでに別稿で指摘したように(192)、秦半両が秦の故地である陝西方面と、それに近い四川方面にだけしか出土していないのは、秦の経済力がその領土全体に行き亘らなかったことを反映している。ましてそれを出す墓が、ほとんど前漢のものに限られている点も見のがせない。とにかく、秦は統一帝国の権威を以って半両銭を発行したが、戦国以来の貨幣経済を変えることはできなかったのである。黄金ばかり大量に抱えていても、銅銭の政策に失敗すれば何にもならない。『前漢書』の王莽伝下に、

（莽のまさに敗れんとする）時に、省中の黄金は、万斤なる者を一匱と為すに、尚、六十匱有りき。

とある。六十万斤の黄金を擁する王莽にとってさえ、貨幣政策の破綻が直接の命取りになった。秦が急速に亡び去った原因の一つは、案外こうした点にあるのではないかと考えられる。

前漢の轍を踏まず、もっぱら銅銭の普及に努力した。一国の経済の基礎を固めるには、まず全国的に貨幣の統一を図る必要かあったからである。しかし高祖は、政府の鋳造能力がとうてい国内の需要を満たすに足りないことを知っていたので、『史記』の平準書に「秦の銭は重くして用い難しと為し、更めて民をして銭を鋳しむ」とあるような政策をとった。「秦の銭は重くして用い難し」というのは、うわべの口実にすぎず、銭を小型にして数をふやすことをねらったものに違いない。「半両」の銘をそのままにしておいて、形だけ小さくすれば、実質が名目に伴わなくなるのは当然である。さらに、こういう名目貨幣を民間の鋳造に委ねれば、通貨の膨張と物価の騰貴を招くことは必至であるから、どう考えても危険な政策といわざるをえない。高祖がこのような危険をあえて冒したのは、なぜであろうか。一つには、そうしなければ戦国以来の貨幣を駆逐できないこと、二つには、銅銭の全国的な普及を望めないこと、三つには、かりにインフレになっても莫大な黄金を抱えているからという安心感があったこと、こうした理由によるものと思われる。

高祖が右の政策を実行に移すと、はたして激しいインフレがおこり、一時は平準書に「物、踊騰し、糶米は石万銭に至り、馬一匹は則ち百金」というような状態になった。しかし高祖のとった非常措置は、結局のところ成功し、そ

れから七十余年を経た武帝の初めごろまでは、同じく平準書に、

国家、事無く、水旱の災に遇うに非ざれば、民則ち人々給し家々足り、都鄙の廩庾は皆満ち、府庫は貨財を余す。京師の銭は巨万を累ね、貫朽ちて校《かぞ》う可からず。太倉の粟は陳陳相因り、充溢、外に露積し、腐敗して食う可からざるに至る。……

とある通り、目ざましい経済成長を示した。前漢の当局が、しばしば襲ったであろうところのインフレの波を乗り越えて、よくこの盛況を迎えたのは、ひとえに黄金青銅両本位制の運営よろしきを得たためと推測される。銅銭に伴って黄金の価値が下落すれば、前漢当局の財政は、それによって直接脅威を受けることになる。そうした形跡が少しもないところをみると、あるいは黄金一斤＝一金＝一万銭という常時の基準のほかに、黄金の価値を保持するための特別措置が用意されていたのかもしれない。たとえば穀物に対する交換率の設定などもその一つとして考えられるが、もちろんこれは臆測にとどまる。それはとにかく、前漢当局が財政の基礎として黄金を持っていなかったら、インフレを乗り切ることは困難であったろうし、経済的にはこれほど成功は収めえなかったであろう。

武帝時代の前半は、国家経済の混乱期である。度重なる匈奴への遠征をはじめとして、多額の経費を要する事件があいつぎ、財政が甚だ苦しくなってきた。そのうえ、国初から諸侯や臣僚などに景気よくばら撒きすぎたせいもあり、黄金のストックもかなり乏しくなっていたらしい。銅銭ではもはや間に合わず、匈奴遠征の将士に黄金二十余万斤を与えなければならぬ羽目になったのは、ことのほか痛手であったろう。平準書にみられるように、一級買うのに十七万銭も必要な武功爵十一級を設けたり、一枚が四十万銭に相当する皮幣や、一個が三千銭・五百銭・三百銭に当たる白金を発行したり、さらに塩鉄の専売を始めたり、煩雑な算緡の制を定めたりしたことなども、黄金のストックが底をついてきたであろうことと、無関係であったとは思われない。

一方、銅銭に対する武帝の政策をみると、そこにも黄金との関連が認められるようである。前に述べた通り、文帝

以来、民の自鋳に委ねられていた名目貨幣の四銖半両は、景帝のとき官鋳に改められたが、武帝のとき偽造する者が多くてインフレがおこったため、それを廃して名実伴う三銖銭に代えた。ところが、この銭も軽くて偽造しやすいというので、郡国に命じて五銖銭を鋳造させ、ついで鍾官が鋳るところの赤側銭（五銖銭の一種）にかぎって賦と官用に充てうることとし、さらにこれを廃止するとともに郡国の鋳銭をも禁じて、もっぱら上林三官の発行にかかる新しい五銖銭（三官銭）のみを流通させることにした。(193) つまり、名目貨幣を実体貨幣に切り替えることによって、長年にわたる貨幣経済の混乱を終息させたわけである。国家財政が窮乏しているとき、名目貨幣の鋳造を野放しにしておけば、政府の側でインフレを収拾する能力がないから、貨幣経済全体の破綻を招く恐れがある。右のような通貨政策の大転換も、そのもとをただせば、建国以来財政の基礎をなしていた黄金の涸渇に由来するのではなかろうか。いいかえると、政府側でも銅銭に依存する度合が大きくなったため、その規格を厳密に統一する必要に迫られた結果であろうと考えられる。

ここで話の重点を黄金のほうに戻そう。加藤博士は漢代における帝室財政と国家財政とを区別して論じられたさい、

（通常の賞賜は）帝室財政の負担に属し、小府若しくは水衡から支出された。……

といい、(194) また、

匈奴征伐の如き大戦争の際に於ける行賞の費は大司農から支出されるのが原則で、少府から支弁されるのは寧ろ例外であったらうと考へる。

といわれた。(195) 元朔六年（123 B. C.）、匈奴遠征の将士に黄金二十余万斤を賞賜したことは、すでにしばしば触れた通りであるが、平準書の後文に、

是に於いて大農陳蔵の銭経《つね》に耗《へ》り、賦税既に竭《つ》き、猶、以って戦士に奉ずるに足らず。

とあるのによると、その費用はすべて国家財政の総元締である大司農から出たことがわかる。匈奴征伐のための出費は、これにとどまらない。同じく平準書によると、なか一年置いて元狩二年（121 B.C.）には百余巨万（百余億銭）を支出し、さらにその翌々元狩四年（119 B.C.）には五十万金を賞賜している。元狩二年の条の後文に、

天子、乃ち膳を損し、乗輿の駟を解き、御府の禁蔵を出し、以て之に贍《た》す。

とあるのをみると、大司農の窮乏ぶりは相当なものであったらしい。五十万金は、全部が黄金であったときはかぎらず、また銭であったともかぎらないが、とにかく大変な金額である。しかも加藤博士によると、

此れだけが悉く内帑から出たかどうか詳かでないが、恐らく其の大部分は少府・水衡から補給されたのであらう。

という。(196) 宮廷財政も、ここに至ってかなりの危機を迎えたに違いない。さきに「黄金のストックが底をついてきた」といったのが、必ずしも不当でないことが知られよう。

漢は建国以来、しばしば匈奴の侵寇に悩まされ、大規模な遠征軍を派遣してこれを討伐した。その攻防戦は元朔・元狩のころ、とくに熾烈をきわめ、まさに国運を賭した戦いであったといっても過言ではない。そしてそれには、国庫を空にするほどの経費が投じられたのである。筆者は二〇年近くも前に、

漢が匈奴を制圧し得たのは、国初から蓄積してきた経済力もさることながら、結局、その優秀な鉄製兵器によるところが多かったに相違ない。

といったことがあるが、(197) この「国初から蓄積してきた経済力」の主体が黄金であるらしいことに、近ごろようやく気がついた。もし漢があれほど大量の黄金を持っていなかったら、匈奴を制圧することは不可能とはいえないまでも、きわめて困難であったろう。げに漢を匈奴から救ったのは、鉄と黄金の力であった。

ところで、前漢の黄金を論ずるには、酎金の制に触れなければならない。平準書に武帝の元鼎五年（112 B. C.）のこととして、

天下布告すれども、天下応ずる莫し。列侯は百を以って数うるも、皆、軍に従い羌・越を撃つを求むる莫し。酎に至って小府、金を省《み》る。而して列侯の酎金に坐して侯を失う者、百余人。

とある。「酎」以下の意味は、「酎は三重醸の醇酒。八月にこの良い酒を供えて宗廟を祭るが、そのさい列侯が黄金を献上して費用に充てる。宮廷財政を管理する少府がその黄金を調べたところ、量が足りなかったり色が悪かったりしたため、列侯の地位を失う者が百余人にものぼった」ということである。加藤博士は丁孚の『漢儀』を引いて、この制度が文帝のときに定められたことを指摘し、それに記された口数による割当基準から、その総計を二万四七八〇両（一五四八斤と一二両）と計算された。(198) 量としてはさほど多くないが、一回きりでなく毎夏のことだから、列侯もかなり黄金を持っていたのであろう。『史記』の梁孝王世家に、

孝王（文帝の子）未だ死せざるの時、財は巨万を以って計り、勝《あ》げて数う可からず。死するに及び、府蔵は黄金を余すこと、尚、四十余万斤。他の財物も是に称《かな》う。

と述べているのは、その一端を窺わせるものである。漢の当局が、これに目を付けぬはずはない。気前よく黄金をばら撒いていた文帝も、一つには列侯の蓄財を抑えるため、二つは自らの府庫を富ますため、宗廟の祭りという名分にかこつけて、黄金の搔き集めにかかったのであろう。武帝が百余人の列侯を処分したのは、表向きは国策に非協力な者に対する懲罰とみられるが、裏ではこのさい余計な列侯は除いてしまおうという下心があったのかもしれない。少し降って宣帝のときのことになるが、『前漢書』の王子侯表上、襄隄侯聖の条に、

地節四年（66 B. C.）、酎金を奉ずるに坐し、斤八両のうち四両少なくして免ぜらる。

といい、同じく朝節侯固城の条に、

五鳳四年（54 B.C.）、酎金に坐し、四両少なくして免ぜらる。

とある。四両といえば、一斤の金餅の四分の一にすぎないから、その処分のいかに厳しかったかが窺われよう。(199)

しかし宣帝のころ、宮廷の黄金がとくに少なかったわけではなく、前に述べたように霍光以下に多量の黄金を下賜しているのによると、むしろかなり豊富であったといえそうである。武帝のころほとんど底をつきかけたとみられる宮廷の資金は、どうしてこの程度まで回復したのであろうか。その理由としては、五銖銭の発行という通貨政策によって、国家経済が著しく安定したこと、武帝の元封三年（108 B.C.）に朝鮮四郡が設置されてから、楽浪郡の黄金が何らかの形で流れ込んできたであろうこと、などがあげられるかもしれない。かつて筆者は「楽浪王氏の富」について論じたさい、

楽浪郡の設置によって、中国における金の増加がとくに著しくなったという形跡もみられない。つまり朝鮮の金が中国に輸入されたであろうことと、楽浪郡が設置されたこととは、どうも直接結びつかないようにみえる。

と述べたことがある。(200)しかし、そのころ財政的に窮乏していたはずの前漢当局が、はっきりした目的もなく、はるか朝鮮まで大軍を派遣するわけはない。そのおもな目的は、やはり黄金の獲得にあったのではなかろうか。想像を重ねた上での臆測であるが、このほうが大局からみて、筋が通っているように思われる。

最後に、国庫や府庫から流出した黄金の行方を追ってみよう。黄金が貨幣であるかぎり、王侯や諸侯に賜わったものも、軍功のある将士に与えられたものも、結局はめぐりめぐって民間を潤すことになる公算が大きい。ことに商人たちの懐にはいる分は、相当の量にのぼったであろう。平準書に、武帝が内帑を出して大司農を助けた翌年に当たる元狩三年（120 B.C.）のこととして、

富商・大賈、或いは財を蹛《たくわ》え貧を役し、轂を転ずること百数、廃居して邑に居《お》く。封君、皆低首して給を仰ぐ。冶鋳・煮塩し、財或いは万金を重ぬれども、国家の急を佐《たす》けず。黎民、重ねて苦しむ。

結果、それらが秦のものではなく、楚からもたらされたのではないかとの推論に達した。またそのさいの副産物として、秦と楚の小斤ならびに秦の鎰の重さを、かなり正確なところまで復原することができた。(以上第四章)

viii 戦国時代に楚の領内でさかんに用いられた金版は、その方面では漢代になっても存続した。ただし泥版に半両銭だけしか伴わぬところをみると、そのもとになった金版も、五銖銭の普及に先立って廃止されたのであろう。

ix 楚の墓から、泥金餅とともに天秤と分銅が出ているのによると、金餅は分割しないでそのまま斤単位の取り引きに、金版は裁断して一斤未満の取り引きに、それぞれ用いられたらしい。

x 楚の地に出現した金餅は、前漢に入ると流通圏を拡大したばかりでなく、豊富な出土資料とあいまって、その全盛期を思わせるものがある。前漢では一斤の黄金を単位にしたというが、これは一斤の金餅を指している可能性が多い。

xi 後漢になると金餅関係の資料が激減するのは、黄金そのものではなく金餅の使用が衰えたことを示すものとみられる。ただし重さ一斤の金餅は、少なくとも文献で知られるかぎり、南朝ごろまでは存続した。(以上第五章)

xii 楚の墓に泥金餅が副葬されている状態を見ると、黄金が青銅鋳貨の蟻鼻銭とともに、確かに貨幣として流通していたことが窺われる。

xiii 始皇帝が天下統一後に、黄金青銅両本位制ともいうべきものを確立したことは、漢代の貨幣経済にきわめて大きい影響を与えた。

xiv 漢代になると、黄金の貨幣としての機能は、戦国のころに比べて低下したという説もあるが、事実はむしろその反対であったと考えられる。

xv 前漢王朝は建国の当初から、大量の黄金を保有していたらしい。文献を素直に読み取ると、戦国諸侯の黄金がめぐりめぐって、漢王劉邦の手に帰したという可能性がある。また秦室の打倒に活躍した劉邦・項羽らの立役者が、すべて黄金の豊富な江南の出身であった点も見のがせない。

xvi　前漢王朝が財政の基礎に黄金を持っていなかったら、匈奴を制圧することも困難であったろうし、インフレを覚悟の上で名目貨幣の普及を図ることも、ひいては経済的にあれほどの成功を収めることも、おそらく不可能に近かったであろう。（以上第六章）

要約としては少し長くなりすぎたが、これで全体の趣旨はほぼ理解されたことと思う。

古く宋代に楚金版が発見されて以来、中国古代の金貨といえば、それを指すものときまっていた。しかし楚金版は、出土地が楚の領域に限られているうえ、関係史料が一つも残っていない。「一黄金は一斤なり」という平準書の記載も、金版では解釈がつかなかったのである。ところが近ごろ、重さ一斤の金餅が各地で出土するに及び、はじめて文献との連絡がつくようになり、何千斤・何万斤の黄金が動いたという漢代の所伝も、あらたに実感を以って受け留められるに至った。こうした点で、金餅の発見は、きわめて意義が大きいといわなければならない。

漢代の経済を理解するためには、黄金を正しく評価する必要がある。筆者は漢代の黄金を調べてみて、はじめてその重要さについての認識を改めた。漢の銅銭に対する政策の変転も、またそれによって生じた経済上の反応も、黄金との関連を抜きにしては考えられない。文献の裏を探ると、つねに黄金と銅銭が表裏一体となって、漢の経済を支えてきた情況が窺われるであろう。しかし筆者の寡聞を以ってすれば、従来こういう点をはっきり指摘した人は、まだほとんどいないようである。問題が大きいだけに、速断は避けなければならないが、大体の見通しは間違っていないと思う。将来折があれば、これらの点をさらに追究し、実証的なデータをそろえていくつもりである。

なお戦国・秦漢の黄金問題は、中国のなかだけで解決すべきものではなく、世界的な視野から展望を加える必要がある。オリエント・ギリシア・ローマ・インドなどにおける古代の金貨は、大きさ・文様・文字などの違いはあっても、原則的には同時使用の銀貨や銅貨と似たようなものであった。ところが中国古代の金貨は、銅銭の形とまったく無縁で、板状・方塊状・円餅状などに造られ、半ばは地金・延棒的な性格を脱していない。この相違は、いったい何に由来するのであろうか。こうした点についても、すでにある程度の見通しは持っているが、あまり本論から離れるので、銅銭をも含めた中国古代貨幣の本質を究明するつぎの機会に語ろう。

（昭和四五・一〇・一一）

註

（1）拙稿「楽浪王氏の富」（『法政史学』二〇、一九六八）一五―二〇頁。
（2）加藤繁『唐宋時代に於ける金銀の研究』（『東洋文庫論叢』六の二、一九二六）六二七―六三三頁。
（3）加藤繁「郢爰考」（『支那経済史考証』上巻（『東洋文庫論叢』三四の上）一九五二、所収）。
（4）宋の沈括の『夢渓筆談』に、楚金版が発見された由来について、「寿州（安徽寿県）八公山の側、土中及び渓澗の間、往々にして小金餅を得」云々と述べている。
（5）『後漢書』列女伝、楽羊子妻の条に「羊子嘗て路を行き、遺金一餅得たり」とあるのは、扁円形の金貨を「餅」と呼んだ最初の文献とみられる。
（6）朱捷元・黒光「陝西省興平県念流寨和臨潼県武家屯出土古代金餅」（『文物』一九六四の七）。
（7）この手の容器は鍑・鍪などとも呼ばれるが、本篇では便宜上、最も簡単な釜に統一する。
（8）中国で「雲紋」と称するのは、いわゆる蕨手文のことである。以下、蕨手文と呼ぶことにする。
（9）註6参照。
（10）山西省文物管理工作委員会・山西省考古学研究所「太原東太堡出土的漢代銅器」（『文物』一九六二の四・五）。
（11）「国務院関于統一我国計量制度的命令」（一九五九年六月二十五日発布）に、「市制、もと定めて十六両を一斤と為せり。換算煩雑なるに因り、まさに一律に定めて十両を一斤と為すべし」とある。五〇〇瓦を一市斤とすることには変りがないから、この命令が発布された日を境にして、それ以前の一市両は三一・二五瓦、以後の一市両は五〇瓦ということになる。国務院法制局・国務院法規編纂委員会編『中華人民共和国法規彙編』一九五九年一月―六月（法律出版社、一九五九初版、六〇再版）

二五〇頁参照。

(12) 三五号の銘の冒頭は「平二十二年」と読めるようにも思うが、二字の年号で下に「平」の字がつき、しかも二二年続いたものは、漢代を通じて見出されない。またこの銘の最後にあげた字を、報告者は「貴」と読んでいるが、はたしてこれでよいのか、あるいは「遺」なのか「匱」なのか、その辺のところもはっきりしない。なお報告者が読んでいるのは、令・吉・王・貴の四字だけである。

(13) 現在、中国で一般に五銖銭の初鋳を元狩五年にかけているのは、『前漢書』の武帝本紀によったからである。しかし加藤繁博士が指摘されたように、この記載は誤りで、元狩四年とする『史記』の平準書のほうが正しい。「三銖銭鋳造年分考」(『支那経済史考証』上巻所収) 一九六一二〇一頁参照。

(14) 「浙江省文管会清理了杭州的十幾座漢墓」(『文物参考資料』一九五五の二)。

(15) 中国科学院考古研究所『長沙発掘報告』(『考古学専刊』丁種二号、科学出版社、一九五七) 九一・九二・一一九・一七二頁、図版七二1。

(16) 右の報告書では、凹んでいる面を表とし、凹凸不平の面を裏としているが、他の金餅の例に倣って、表裏の見方を反対に改めた。つぎの資料6についても同様。

(17) 『長沙発掘報告』九六・九七・一一九・一七三頁、図版七二2。

(18) 湖南省博物館「長沙湯家嶺西漢墓清理報告」(『考古』一九六六の四) 一八五・一頁。

(19) 彭青野「湖南省文管会長沙清理了一批古墓」(『文物参考資料』一九五七の五) 八七頁。高至喜「湖南古代墓葬概況」(『文物』一九六〇の三) 三五頁。

(20) 湖南省博物館「長沙五里牌古墓葬清理簡報」(『文物』一九六〇の三) 二五・四七・五〇頁。「湖南古代墓葬概況」三六頁。

(21) 李正光「湖南衡陽苗圃蒋家山発現戦国及東漢時代墓葬」(『文物参考資料』一九五四の四) 一一〇頁。「衡陽苗圃蒋家山古墓清理簡報」(『文物参考資料』一九五四の六) 五四頁。

(22) 註11参照。

(23) 広州市文物管理委員会「広州南郊南石頭西漢木槨墓清理簡報」(『文物参考資料』一九五五の八) 八六・九三頁。

(24) 李正光・彭青野「長沙湖橋一帯古墓発掘報告」(『考古学報』一九五七の四) 六二・六七頁。

(25)「広西省田野考古工作組在貴県清理了大批古墓」(『文物参考資料』一九五五の五) 一二四頁。広西省文物管理委員会「広西貴県漢墓的清理」(『考古学報』一九五七の一) 一六〇頁。

(26) 中国科学院考古研究所洛陽発掘隊「洛陽西郊漢墓発掘報告」(『考古学報』一九六三の二) 三〇・三二・四五頁、図版一二10・11。なおこの銅餅は、長沙から出た金餅や中国歴史博物館所蔵の外国字(安息文字)の銘文がある銅餅と、形が完全に同じだという。作銘「外国字銘文的漢代(?)銅餅」(『考古』一九六一の五)によると、伝長沙・洛陽出土。甘粛河州・河南開封・北京購入などの銅餅があり、また伝安徽寿州出土の鎏金鉛餅もあるというが、いずれも出土地が確認されないので、ここではとくに資料としてあげない。

(27) 湖北省文化局文物工作隊「湖北江陵三座楚墓出土大批重要文物」(『文物』一九六六の五) 三六・四四頁。

(28)『長沙発掘報告』六七・一七〇頁、図版三五8・9。

(29)『同右』九六・一一九・一七三頁、図版五六10。

(30) 湖南省文物管理委員会「長沙左家公山的戦国木槨墓」(『文物参考資料』一九五四の一二) 六・一四頁。同「長沙出土的三座大型木槨墓」(『考古学報』一九五七の一) 九五頁、図版一6。湖南省博物館「長沙楚墓」(『考古学報』一九五九の一) 四八頁、図版四2。

(31)「長沙沙湖橋一帯古墓発掘報告」五六—五七・六五頁。

(32) 呉銘生「長沙発現印『郢』字冥幣」(『文物参考資料』一九五七の三) 八五頁。湖南省文物管理委員会「湖南長沙紙園冲工地古墓清理小結」(『考古通訊』一九五七の五) 四三頁。

(33) 湖南省博物館「長沙南郊砂子塘漢墓」(『考古』一九六五の三) 一一六頁。

(34)『長沙発掘報告』一七二頁。

(35) 右に同じ。

(36)『同右』八二頁。

(37) 湖南省博物館「長沙市東北郊古墓葬発掘簡報」(『考古』一九五九の一二) 六五〇頁。

(38) 右に同じ。

(39)「同右」六五二頁。

(40)『長沙発掘報告』九一・九二・一〇二・一七二頁。
(41)『同右』九六・一〇二・一七三頁。
(42)「長沙湯家嶺西漢墓清理報告」一八二頁。
(43)「湖南長沙紙園沖工地古墓清理小結」四三頁。
(44)湘郷県博物館「湖南湘郷可心亭漢墓」(『考古』一九六六の五)二四四・二四五頁。
(45)浙江省文物管理委員会「杭州古蕩漢代朱楽昌墓清理簡報」(『考古』一九五九の三)一五一・一五二頁、図版五8。
(46)趙人俊「漢代随葬冥幣陶麟趾金的文字」(『文物』一九六〇の七)。
(47)『長沙発掘報告』一七二・一七三頁。
(48)「長沙沙湖橋一帯古墓発掘報告」六五・六六頁。
(49)『長沙発掘報告』一六五頁。
(50)拙稿「先秦貨幣の重量単位」(『中国考古学研究』東京大学出版会、一九六三再版、所収)四二四―四三〇・四五八頁。
(51)拙稿「中国古代の尺度について」(『中国考古学研究』所収)三七七―三九〇頁。
(52)「先秦貨幣の重量単位」四三一―四三六頁。
(53)「同右」四四七―四四八頁。戦国の秦では小片だけが使われたと考えていたが、あとで述べるように、近ごろ西安郊外で統一前の秦権が発見され、しかもそれが大斤制によっているところから、秦も同じく大小の斤を併用していたことがわかった。註61参照。
(54)量博満「戦国楚墓出土の衡具について」(上智大学文学部紀要分冊『上智史学』一三、一九六八)。
(55)「右同」一八一頁。
(56)湖南省博物館「湖南常徳徳山楚墓発掘報告」(『考古』一九六三の九)四六八頁。
(57)楚文物展覧会『楚文物展覧図録』(北京歴史博物館、一九五四)六〇・六一図。
(58)「長沙左家公山的戦国木槨墓」七・一二頁。「長沙出土的三座大型木槨墓」九五頁、図版一3。中国科学院考古研究所『新中国的考古収穫』(『考古学専刊』甲種六号、一九六一初版)図版六一1。
(59)「湖南常徳徳山楚墓発掘報告」四七三頁。

(60)「湖南長沙紙園冲工地古墓清理小結」四一頁。

(61) 陝西省博物館「西安市西郊高窯村出土秦高奴銅石権」(『文物』一九六四の九)。統一前の秦権として重要。一九六四年三月、西安市西郊三橋鎮の南、高窯村の北約一〇〇米の地点で出土。「三年……禾石、高奴」という陽文の銘が鋳出され、別の面に始皇二十六年と二世元年の詔文が陰刻してある。「三年」はこの権が鋳造された年代とみられるが、これについて報告者は、昭王・荘襄王・始皇帝のいずれかであろうという。「禾」は穀物のことで、「石」はいうまでもなく一二〇斤。「高奴」は県名で、今の陝西省延川県に比定される。

(62) 陳夢家「戦国度量衡略説」(『考古』一九六四の六)三二三頁。

(63) 拙稿「三孔布釈疑」(『東洋文化研究所紀要』四五、一九六八)。

(64) 註52参照。

(65)「先秦貨幣の重量単位」四五八—四五九頁。

(66)「戦国楚墓出土の衡具について」一八三—一八四頁。

(67)『長沙発掘報告』五〇頁。

(68)「戦国楚墓出土の衡具について」一八八頁。

(69) 註62参照。

(70) 呉連城「山西左雲県出土秦権介紹」(『文物参考資料』一九五七の八)。

(71) 註62参照。

(72) 呉大澂『権衡度量実験考』。

(73) 呉承洛著・程理濬修訂『中国度量衡史』(商務印書館、一九五七)三四頁。

(74)「先秦貨幣の重要単位」四二四頁。

(75) 筆者はかつて「当時の一両が約一六瓦であった証拠に、秦半両の初鋳と認められるものは、ほぼ正確に八瓦を標準としているらしい」と述べたが、(「先秦貨幣の重量単位」四二五頁)、近ごろ汪慶正氏も「比較的多く見られる秦半両には、八瓦前後のものが非常に多い」といわれている(「十五年以来古代貨幣資料的発現和研究中的若干問題」(『文物』一九六五の一)三三頁)。

(76)　註74参照。
(77)　南京博物院「江蘇盱眙東陽公社出土秦権」(『文物』一九六五の一一)。
(78)　註74参照。
(79)　註62参照。
(80)　右に同じ。
(81)　郭勇「山西省右玉県出土的西漢銅器」(『文物』一九六三ノ一一)七・一〇頁。
(82)　賀梓城「西安漢城遺址附近発現漢代銅錠十塊」(『文物参考資料』一九五六の三)。
(83)　西安市文物管理委員会「西安三橋鎮高窯村出土的西漢銅器群」(『考古』一九六三の二)六九頁。
(84)　註81参照。
(85)　劉復「莽権価値之重新考定」(国立中央研究院歴史語言研究所『集刊』三の四、一九三三)。
(86)　「戦国度量衡略説」三二四頁。
(87)　右に同じ。
(88)　加藤繁博士は当時内藤虎次郎博士所蔵の「漢中元二年銀幣」ならびに帝室博物館所蔵の伝山東省青州府東門外出土「中元二年考工所造」銀鋌につき、「両漢の文献には金銀鋌といふものは一つも見当らない」などの理由から、「中元二年の刻印ある古銀は、後漢時代の銀地金でもなく、銀貨幣でもない」と論断されたうえ、後者について「中元二年云々の刻印は、下方の文字は曖昧であるが、上部の其れは比較的鮮明で白く輝いて居る。顧ふに此の刻印は、出土の後好事家が擅に加へたものであらう」といい、さらに百七匁五分というその重さが十両七銭五分に当たるところから、『水滸伝』に「一錠十両銀子」とあるのと対照し、この銀鋌を「宋元以後のもの」と推定された。東洋文化研究所蔵の銀鋌がこれらと同類のものであることはいうまでもないが、仔細に点検すること、「考工所造」の銘は同時鋳造か圧印と認められるうえ、字体が古撲・重厚なので、とうてい後世の偽刻とは思われない。しかも三一・三瓦という重さは、疑いもなく当時の二両に相当する。もし偽物であったら、このような一致はまず起こりえないであろう。帝室博物館所蔵の銀鋌の重さ百七匁五分は四〇三・一二瓦に当たるので、二五〇瓦の一斤に換算すると二六両弱、つまり一斤一〇両弱という半端なものになる。しかし、この重さはあまり意味がないのではあるまいか。というのは、内藤博士所蔵・東洋文化研究所蔵の例が示すように、截断して用いるのが初期の銀鋌の特性であったとすれば、のちに述べる楚金版の場合と同様、銀鋌そのものの重さを一定にしておく必要は、必ずしもなかったと考えられるからである。なお帝室博物館所蔵のものは、「刻印」の上部の文字が「比較的鮮明で白く輝いて居る」というが、これも偽刻のためではなく、掘り出してからのち、文字の部分を刃物の先か何かでこすった結果であろう。偽刻なら、その部分に古色をつけないでおくはずはない。

(89) これまで報告されているかぎりでは、河南鶴壁市の製鉄遺跡から新権型が一個、江西江清県の木郭墓から「陶質法碼」が一個出土しているにすぎない。河南省文化局文物工作隊「華南鶴壁市漢代冶鉄遺址」(『考古』一九六三の一〇)五五一頁、巻頭図版六9、饒恵元「江西清江県的遺址、古墓葬」(『文物参考資料』一九五五の六)九二頁。

(90) 「戦国楚墓出土の衡具について」一八〇頁。

(91) 「中国古代の尺度について」三九九―四〇二頁。

(92) 註86参照。

(93) 註6参照。

(94) 「戦国楚墓出土の衡具について」一八五頁。

(95) 林巳奈夫「戦国時代の重量単位」(『史林』五一の二、一九六八)一一五頁。

(96) 奥平昌洪『東亜銭志』(岩波書店、一九三八)巻五、一七丁。

(97) 尖首刀については『同右』巻五、一一丁。尖足大布については巻三、三六丁。尖足小布については巻三、一九・二三・二三・二六・二八・四〇丁。方肩方足布については巻四、七・四一丁。

(98) 尖足大布については『同右』巻三、一七・二六丁。尖足小布については巻三、二一・一四・二〇・二一・二六・二九・三一・三二・三四・四四丁。円体方孔銭については巻六、二九丁。

(99) 劉体智『小校経閣金文拓本』(一九三五)巻一、六四丁。

(100) 『同右』巻一三、五六丁。

(101) 『同右』巻一一、七七丁。

(102) 『同右』巻一三、五三丁。

(103) たとえば、洛陽金村古墓から出土した銀製器台の刻銘「卅七年工右舎□□重八両七朱□□」にみられる「両」の字。「卅七年」は始皇帝の三十七年（210 B. C.）に比定されている。梅原末治『戦国式銅器の研究』（『東方文化学院京都研究所研究報告』七、一九三六）六八―六九頁参照。

(104) 二〇両とするのは『孟子』梁恵王章句の趙注と『国語』晋語の韋注で、二四両とするのは『説文』と『戦国策』斉策の高注である。

(105) 〇・四三五瓦を二四倍し、さらにそれを二四倍すると、二五〇・五六瓦になる。〇・四三四瓦にすると、二四九・九八四瓦になって、このほうが二五〇瓦に近い。しかし、前に述べたように「戦国の大斤は二五〇瓦ちょうどか、それをわずかに越す程度」と推定されるので、〇・四三五瓦のほうを採用した。

(106) 「重一両十二珠」「重一両十二一珠」「重一両十四珠」「重一両十四一珠」の各銭を、便宜上このように総称する。

(107) 小数点二位以下を四捨五入しないで切り捨てたのは、こういう細かい数はあまり意味がないし、また錆によっていくらか重くなっているかもしれないと考えたからである。

(108) 王毓銓『我国古代貨幣的起源和発展』（科学出版社、一九五七）八二頁。ほかに九・四一瓦の「重一両十四珠」銭と八・七六瓦の「重一両十三（十二一）珠」銭もあげているが、これらは軽すぎて問題にならない。この種の銭が希少・高価なところから生まれた偽物であろう。

(109) 陝西省考古研究所「陝西興平県出土的古代嵌金銅犀尊」（『文物』一九六五の七）。

(110) 一四・五瓦を大斤の一両とすれば、一斤は二三二瓦にしかならない。楚の一両分銅は、最も軽いものでも一五・二瓦はある。「戦国楚墓出土の衡具について」表一参照。

(111) 楚の大斤の分銅は、一両の上は二両で、一両半という単位はない（「戦国楚墓出土の衡具について」一八〇頁）。また小斤の分銅は、二銖と六銖に当たるものが知られているだけである（「同上」一八三―一八四頁）。一方、秦の小斤の分銅は、これまで発見された例がないけれども、統一前の秦では「重一両n珠」銭が用いられていた以上、一両半という重さには相当の関心があったに違いない。したがって問題の分銅も、秦のものである可能性が強いと考えられる。

(112) 註53参照。

(113) 高自強「漢代大小斛（石）問題」（『考古』一九六二の二）九四頁。

(114) 「先秦貨幣の重量単位」四二二頁。

(115)「戦国時代の重量単位」一一五頁。
(116)「先秦貨幣の重量単位」四五一―四五二頁。
(117)四川省博物館『四川船棺葬発掘報告』（文物出版社、一九六〇）五五頁、図版三四4。
(118)『同右』八三頁。
(119)『同右』八九―九〇頁。
(120)四川省文物管理委員会「成都北郊洪家包西漢墓清理簡報」（『考古通訊』一九五七の二）五頁、図版二6。
(121)『長沙発掘報告』一一〇―一一一頁、図版六二4。
(122)湖南省博物館「長沙柳家大山古墓葬清理簡報」（『文物』一九六〇の三）五二頁。
(123)「長沙沙湖橋一帯古墓発掘報告」五三頁。
(124)「同右」五三頁、図版七1。
(125)貴州省博物館「貴州清鎮平壩漢墓発掘報告」（『考古学報』一九五九の一）九六頁、図版四5。
(126)雲南省文物工作隊「雲南大関・昭通東漢崖墓清理報告」（『考古』一九六五の三）一二〇―一二一頁、図版五2。
(127)陝西省文物管理委員会「秦都櫟陽遺址初歩勘探記」（『文物』一九六六の一）図一五2―6。
(128)陝西省社会科学院考古研究所鳳翔隊「秦都雍城遺址勘査」（『考古』一九六三の八）図六7。
(129)陝西省社会科学院考古研究所渭水隊「秦都咸陽故城遺址的調査和試掘」（『考古』一九六二の六）図版四6。
(130)『長沙発掘報告』六七頁、図版三五11・12。
(131)湖南省文物管理委員会「長沙楊家湾M006号墓清理簡報」（『文物参考資料』一九五四の一二）二九・四五頁。同「長沙出土的三座大型木槨墓」（『考古学報』一九五七の一）九九頁。
(132)『前漢書』の季布伝に「楚人の諺に曰く『黄金百を得るは、季布の諾に如かず』」とある。季布は前漢もごく初めの人であるから、楚の地方では晩くとも戦国の末ごろには、黄金を個数で勘定していたことがわかる。したがって、ここに「黄金百」というのも、あるいは一斤の金餅百個を指しているのかもしれない。
(133)劉向群「西安漢城発現一枚金『郢爰』」（『文物』一九六五の一）。
(134)拙稿「先秦貨幣雑考」（『東洋文化研究所紀要』二七、一九六二）八七―九二頁。

(135)「戦国時代の重量単位」一二五—一二八頁。

(136)方館「我国最早的金質貨幣制作方法」(『文物』一九五九の一〇)。

(137)『夢渓筆談』。方濬益『綴遺斎彝器款識攷釈』。方若「郢爰考」所印)。

(138)「郢爰考」二〇頁。

(139)張浦生「江蘇『郢爰』(『文物』一九五九の四)一一—一二頁。

(140)朱活「値得研究的我国古代銭幣」(『文物参考資料』一九五七の一二)二七頁。

(141)註139参照。

(142)「先秦貨幣雑考」八六—八七頁。

(143)孫維昌「上海発現一座戦国—漢初時代墓葬」(『文物』一九五九の一二)。黄宣佩「上海市嘉定県外岡古墓清理」(『考古』一九五九の一二)。

(144)呉銘生「長沙西漢墓内発現『郢寽』『郢称』(『考古通訊』一九五六の六)。

(145)註34参照。

(146)註32参照。

(147)「長沙湖橋一帯古墓発掘報告」五七頁、図版六15・16。

(148)周世栄「湖南益陽市郊発現漢墓」(『考古』一九五九の二)。

(149)「長沙市東北郊古墓葬発掘簡報」六五二頁。

(150)『長沙発掘報告』八二頁。

(151)湖南省博物館「長沙砂子塘西漢墓発掘簡報」(『文物』一九六三の二)二三頁。

(152)丁福保『古銭大辞典』(上海、医学書局、一九三八)下編、二一三丁。加藤繁「西漢前期の貨幣特に四銖銭に就いて」(『支那経済史考証』上巻所収)一九二頁。

(153)註13参照。

(154)加藤博士は『唐宋時代に於ける金銀の研究』三四一頁に、

武帝紀に依れば、渥洼水(甘粛省沙州境に在り—原註)から所謂天馬を出したのは元鼎四年である。白麟を得たことは紀には見えないが、帝は元鼎五年西幸して隴山を踰えたから、所謂白麟を獲たもの此の時であらう。といわれている。

(155) 顔師古の注に引かれた応劭の説によると、「褭」とは古の駿馬の名であるというが、ここでは馬の意味に用いたにすぎない。

(156) 註151参照。

(157) 『長沙発掘報告』一六三頁。

(158) 註46参照。

(159) 註10参照。

(160) 河南省文化局文物工作隊第一隊「我国考古史上的空前発現信陽長台関発掘一座戦国大墓」(『文物参考資料』一九五七の九)一二一頁。

(161) 『長沙発掘報告』一七〇頁。

(162) 「長沙楚墓」五五―五六頁。

(163) 長沙で戦国晩期の墓からのみ天秤と分銅が出土することについては、「長沙左家公山的戦国木槨墓」八頁、「長沙出土的三座大型木槨墓」一〇〇頁、「長沙楚墓」五六頁を参照のこと。

(164) 『長沙発掘報告』一六一―一六二頁。

(165) 「長沙楊家湾 M006 号墓清理簡報」四六頁。「長沙出土的三座大型木槨墓」一〇〇―一〇一頁。

(166) 「長沙五里牌古墓葬清理簡報」四九頁。

(167) 『唐宋時代に於ける金銀の研究』三二九―三三五頁。

(168) たとえば、『史記』の張良伝に「漢の元年（206 B. C.)、沛公は漢王と偽りて巴蜀に王たり。張良に金百鎰を賜う」とある。

(169) 五七頁参照。

(170) 「長沙出土的三座大型木槨墓」九五頁。図版一3・6。

(171) 「戦国楚墓出土の衡具について」一七七―一七八頁。

(172) 註163参照。

(173)「湖南常徳徳山楚墓発掘報告」四六八・四七九頁。高至喜「記長沙・常徳出土弩機的戦国墓——兼談有関弩機・弓矢的幾個問題」(『文物』一九六四の六) 四〇頁。
(174)「江蘇『郢爰』」。
(175) 註34参照。
(176)「先秦貨幣雑考」八九頁。
(177)『唐宋時代に於ける金銀の研究』六七四頁。
(178)「長沙左家公山的戦国木槨墓」。「長沙出土的三座大型木槨墓」九三—九六頁、図版一2・3・6。
(179) 前漢尺は二三・五糎と推定されるから(「中国古代の尺度について」三九六—三九七頁)、その六寸は一三・五糎に当たる。しかし、ここにあげた天秤は明らかに一八糎の戦国小尺によっているので、(「先秦貨幣の重量単位」四五八頁)、竹籤の長さも同様かもしれない。そこで一二糎を戦国小尺に換算すると、六寸六分六厘強になり、律歴志の規定に近いことになる。つまり、戦国から漢にかけてのころの算木は、一二—一三糎ほどの長さだったのであろう。これは、この竹籤が算木であることを示すものにほかならない。
(180)「湖南常徳徳山楚墓発掘報告」四六九頁。
(181)「戦国楚墓出土の衡具について」一八九頁。
(182) 湖北宜城のいわゆる「楚皇城」で、毎年とくに夏の豪雨のあとなどに、金のかけらがたくさん拾えるというのも、また耳よりの話である。湖北省文物管理委員会「湖北宜城『楚皇城』遺趾調査」(『考古』一九六五の八) 三八〇頁。
(183) 註177参照。
(184)『唐宋時代に於ける金銀の研究』六七六頁。
(185)『前漢書』の食貨志には「……更めて民をして莢銭を鋳しむ。黄金は一斤なり」とあり、「銭」の上に「莢」の字を加える一方、「黄金」の上の「一」の字を脱している。
(186)『唐宋時代に於ける金銀の研究』六四〇頁。
(187)『同右』六三九頁。
(188)『同右』六三〇—六三一頁に、『戦国策』からの引用文がある。

(189)「楽浪王氏の富」一八―一九頁。
(190)『戦国策』の秦策、始皇帝の条に、
李斯、上書して曰く『……今、陛下、崑山の玉を致し、随和の宝を有ち、明月の珠を垂れ、太阿の剣を服し、繊離の馬に乗り、翠鳳の旗を建て、霊鼉の鼓を樹つ。此の数〻の宝は、秦、一をも生ぜず。而も陛下の之を悦ぶは、何ぞや。
といい、『史記』秦始皇本紀の二十六年の条に、
秦は諸侯を破る毎に、其の宮室を写放し、之を咸陽の北阪の上に作る。
とある。こういう話が事実であったとすれば、始皇帝の外国趣味や蒐集癖が、それにいっそう輪をかけたことであろう。
(191)拙稿「漢初の文化における戦国的要素について」(『中国考古学研究』所収)六二一―六二二頁。
(192)「先秦貨幣雑考」八二―八三頁。
(193)「三銖銭鋳造年分考」。「西漢前期の貨幣特に四銖銭に就いて」一九二頁。
(194)加藤繁「漢代に於ける国家財政と帝室財政との区別並に帝室財政一斑」(『支那経済史考証』上巻所収)一一四頁。
(195)「同右」一一八頁。
(196)右に同じ。
(197)拙稿「中国初期鉄器文化の一考察――銅鉄過渡期の解明に寄せて――」(『中国考古学研究』所収)一七二―一七三頁。
(198)「漢代に於ける国家財政と帝室財政との区別並に帝室財政一斑」七六―七七頁。
(199)同じ列侯に対して、一方では何千斤という黄金を賜い、他方では献金がわずか四両足りないからといって、その地位を奪う。まことにえらい違いである。この差は、はたして何に由来しているのであろうか。よく調べてみれば、そこに漢の対列侯政策の秘密、ひいては国家体制の核心に触れる問題が浮かび上ってくるかもしれない。
(200)「楽浪王氏の富」一九頁。

(6) Compared with the Warring States period, the use of gold as currency increased considerably during the Han period. The Former Han dynasty seems to have had a great deal of gold since its beginning. With this resource the state was able not only to subdue the Hsiung-nu 匈奴, but also to circulate nominal money is defiance of the risk of inflation, and achieve economic success.

Concerning *Chin-ping*

——A Study of Gold Money in the Warring States and Ch'in-Han Periods——

by Takeshi SEKINO

The contents of each chapter of this article are summarized as follows:

(1) During 12 years from 1951 to 1963, 21 *chin-ping* 金餅, round gold money 5～7 centimeters in diameter and about 1 centimeter in thickness, were excavated in Human, Chekiang, Shensi and Shansi provinces. The majority belong to the Han period.

(2) Also, *chin-ping* models made of such materials as bronze, lead and clay were unearthed. The clay models from the region surrounding Ch'ang-sha 長沙 have been found in especially large numbers.

(3) One *chin* 斤 used in the Warring States and Ch'in-Han periods has been presumed to equal about 250 grams. The small differences of this weight unit in each period have now become clear by comparing the previous date with the weights of *chin-ping*, which in many cases equal one *chin*.

(4) According to various evidence, *chin-ping* as well as *chin-pan* 金版, the gold plate money, originated in the Ch'u 楚 state of the Warring States period. The earliest *chin-ping* are considered to be the 9 pieces unearthed in the Shensi region. Detailed investigation of their weights and inscriptions suggest that they may not have been made in the Ch'in state prior to the unification, but imported from the Ch'u state.

(5) *Chin-pan*, which circulated only in the northeastern part of the Ch'u state, were abolished probably towards the beginning of middle stage of the Former Han period. *Chin-ping*, on the other hand, were widely distributed in the Former Han period and were at the height of currency in its late stage, diminishing in use during the Latter Han period.

第Ⅱ部　諸論考篇

龍山文化の解明

序

一九五〇年六月、中国科学院の考古研究所が設立されると、考古学方面の活動はにわかに盛んとなり、重要な遺跡がつぎつぎと調査されるようになった。また大規模な土木工事に伴い、地下から偶然に発見される遺跡や遺物も、莫大な数にのぼっている。この十年間に日の目をみた遺跡のうち、先史時代のものだけでも、実に二〇〇〇を超えるという。このように調査が進展するにつれて、中国の先史文化の様相も、しだいに明らかになってきた。ここではその新しい成果にもとづき、それにいささか私見を加えつつ、「龍山文化」について問題になりそうな点を究明してみたい。本論に入るに先立ち、まず読者の参考に資するため、現在の段階において妥当と思われる龍山文化の概観を、左に述べておくこととする。

(1)　一九三〇年から翌年にかけて、山東省歴城県龍山鎮の城子崖遺跡が発掘されたとき、その下層から、それまで注意されていなかった黒光りのする一群の土器とともに、多数の石器や骨角器などが出土した。そこでこの種の土器は、あらたに黒陶と名づけられ、それらを含む城子崖の下層文化は、龍山鎮の名をとって、龍山文化と呼ばれるようになったのである。(1)その後、龍山文化に属する遺跡は、山東と河南を中心とする地域からぞくぞく発見され、分布の範囲も仰韶文化のそれに匹敵するほど広大なことがわかった。

(2)　一九三一年、河南省安陽県の後岡遺跡が調査されたさい、仰韶文化・龍山文化・殷文化の三層が下から順に重なっている状態が確認された。(2)また仰韶文化と龍山文化の前後関係は、河南省の洛陽市や陝県、山西省の平陸県、陝西省の西安市や華県などでみられ、龍山文化と殷文化の前後関係は、河南省の鄭州市、河北省の唐山市、山東省の歴城県や滕県などでみられる。これらの事実によって、龍山文化は、仰韶文化に後れ殷文化に先立つところの、新石器時代晩期の文化であることが明らかになった。

(3)　龍山文化を黒陶文化と呼ぶ人もあるが、これは仰韶文化を彩陶文化と呼ぶのと同じように、適切な表現ではない。(3)確かに黒陶は龍山文化の重要なメルクマールの一つであるが、そのほかにもいろいろな文化要素が複合して、文化の一類型をかたちづくっているのである。龍山文化の特徴を、仰韶文化との相違という点にしぼると、ほぼつぎのようなものになるらしい。すなわち、轆轤でつくられた黒色磨研の土器を用いたこと、磨製石器の比率が増加する一面、細石器に似たような小形の打製石器がみられること、半月形の双孔の石庖丁と石鎌が出現したこと、骨占いが盛んに行われたこと、庖丁や鎌などの貝製品が大量につくられたことなどである。龍山文化期の人たちは、仰韶文化期の人たちと同様、農耕と牧畜のかたわら狩猟や漁労も行った。多少違うところとはいえば、農耕技術が著しく進歩したこと、家畜の飼養がいっそう盛んになったことなどであろう。

(4)　龍山文化は山東と河南を中心として、西は陝西から甘粛、北は渤海を隔てて遼東半島、南は江蘇・浙江・湖北の各地に及んでいる。このうち最も典型的な黒陶を出すのは山東方面で、遼東や浙江方面の黒陶はその亜流とみられよう。河南と陝西の龍山文化は、山東方面のものと性質がいくらか違うので、安志敏氏らはそれらを河南龍山文化・陝西龍山文化と呼んで区別している。(4)

さて、右に述べたところで明らかなように、龍山文化は仰韶文化と殷文化を連絡する位置を占めており、中国の先史時代から歴史時代への推移の謎を解く、重要な鍵の役割を果たしているのである。そこで、問題になりそうなのは、まず龍山文化はいつ、どこで、どのようにして起こったか、それは仰韶文化と関係があったかなかったかという点、つぎに龍山文化がそのまま発達して殷文化になったかどうか、殷の青銅器文化の源流は龍山文化のなかに見出されるかどうかという点である。ではこの二点について、順に考察を進めよう。

一　龍山文化の起源

まず龍山文化の起源については、おもに戦前の資料にもとづいて、まったく相異る三説が唱えられていた。簡単に紹介すれば、ほぼつぎの通りである。

(1)　仰韶文化が黄河中原で栄えていたとき、山東方面で起った龍山文化が西へ向って発展し、それにとって代ったという説。従来ほとんど定説と認められていたもので、多くの人たちによって支持されてきた。(5) その基本となる点は、仰韶文化と龍山文化を全体別系統のものとみると、龍山文化を編年するさい、山東方面のものを最も古いと考えることである。龍山文化と仰韶文化が地域的に対立するものとなし、これを傅斯年のいわゆる「夷華東西説」に結びつける議論(6)などは、その著しいものであろう。また山東方面の龍山文化のなかでも、日照県両城鎮のそれを最古とする説(7)が、かなり有力だったようである。しかし、龍山文化層が仰韶文化層の上に重なっているという、後岡などにおける層序関係、ならびに最も純粋な黒陶が山東方面から出るという事実、こうした二つの根拠から直ちに右のような結論を出すことが、はたして妥当であるかどうか。この点を疑問として提出されたのが、つぎの第二説である。

(2)　筆者が十数年前、おもに土器の製作技術の上から立論したもの。(8) すなわちその要旨は、彩陶と黒陶は、胎土の良質である点、一般に薄手である点、表面の磨研されている点などで、甚だ類似した性質を持っている。そしてこれらの性質は、黒陶が彩陶からそのまま受けついだものであること疑いない。一方、黒陶のうちで最も原始的な段階にあるものは、山西の南部で見出される。つまり黒陶は、この方面で彩陶の系列から生まれ、東へ向って発展し、山東方面で最盛期を迎えたのであろう。後岡などでみられる層序関係は、山西南部に発生したと思われる黒陶が、彩陶よりやや後れて河南北部に達したことを物語っている。要するに彩陶と黒陶は、互に対立すべき何らの理由もなく、華北の東西にわたる両陶の分布は、彩陶がその分身である黒陶と置き換えられて行く過程を示すものにほかならない。

筆者がこの説を発表すると、各方面からいろいろな批判が集中した。そして結局、「黒陶は彩陶から派生した」という肝心な点に賛成されたのは、水野清一氏一人だったようである。氏ものちに筆者と同様な観点から、彩陶と黒陶との間には技術的に密接な関係があり、そのうつりゆきも至極なめらかであったとみられる面もある。といわれている。(9)

(3)　黒陶の西方起源説ともいうべきもので、もっぱら欧米の学者によって唱えられている。

i　カプラン Sidney M. Kaplan 氏説。(10)　西北イランのテペ・ヒッサール Tepe Hissar やシャー・テペ Shah Tepe などから出た土器が、色も形も浙江省杭県良渚鎮出土の黒陶と甚だ似ている点を指摘し、中国の黒陶は遙か西方から波及してきたものであるとする。すなわち技術としての黒陶は、前三〇〇〇年ごろイランとイラクの北部に現れ、前三〇〇〇年から前二八〇〇年までの間に、高坏などの形を採り入れた。そして東北イランから、中央アジアかカザックスタンを経て北上し、さらに南転して中国に入ったのであろうという。

ii　ハイネ・ゲルデルン Robert Heine-Geldern 氏説。(11)　龍山陶は、東カスピ文化の土器を通じて、小アジアのアナトリアの土器に由来するとなし、文字は、アナトリアでは晩くとも前第四千年紀の中ごろには、発達していたに違いない。なぜならば、それはバビロニアでは、同じ千年紀の終らないうちに現れたからである。文字は灰陶と黒陶を伴って、アナトリアから東カスピ地方へ広がり、さらにそこから、一方は前二五〇〇年ごろインドへ、他方は前二〇〇〇年ごろ中国へ伝わったのであろう。

iii　フォン・デル・オステン Hans Henning Von der Osten 氏説。(12)中国の龍山陶と辛店陶の登場を、オリエントとの間接的な関連において解こうとし、その結論として、

私がこの論文で意図する所は、新石器時代の終末期や、更にまた金属器時代の初期に、オリエントにおいても東亜においても、二つの相似た種類の土器――その起源は第三の場所、おそらくは東カスピ地域に求められるであろうが――が異なった系統の文化遺産として登場しているという事実を示すことだけである。

といっている。(13)

さて龍山文化の起源に関する右の三説のうち、いったいどれが正しいのであろうか。筆者も所見を発表した関係から、中国先史学のその後における発展に、深い興味と関心を抱いていた一人である。ところで、この謎を解く鍵は、ついに発見された。それは、一九五六年から五七年にかけて、河南省陝県で行われた発掘の成果である。ここは河南省の西端に近く、黄河の南岸に位しており、有名な三門峡ダムの建設工事に伴って、多くの遺跡を出した。なかでも、陝県の東南約一粁にある廟底溝と三里橋の両遺跡は、中国先史学上における戦後最大の発見といえるほど、重要な意義を持つものである。つぎにその報告書のなかから、問題の部分を選んで、簡単に解説しよう。(14)

遺跡の総面積は、廟底溝が二四万平方米、三里橋が一八万平方米あるというから、いずれもかなりの大集落であったらしい。黄河に注ぐ青龍澗を挟んで、互に一・四粁ほど距っているが、性質はほぼ似たようなもので、それぞれ仰韶文化層の上に龍山文化層が重なっている。このうち三里橋仰韶文化は、彩陶の数が少なく文様も簡単なので、廟底

溝仰韶文化の退化したものであろうといわれ[15]、また三里橋龍山文化は、あとで述べるような理由から、廟底溝龍山文化より進んだものとみられている。近ごろ中国では、仰韶文化・龍山文化の名にこだわらず、それらを第一文化・第二文化と呼ぼうとする傾向があるが、その流儀でいくと、右の四文化はつぎのような発展順序になるという。

廟底溝第一期文化――三里橋第一期文化――廟底溝第二期文化――三里橋第二期文化

このうち、ここで最も重要なのは、廟底溝第二期文化である。結論を先にいってしまえば、三里橋第二期文化は典型的な河南龍山文化に属するが、廟底溝第二期文化は仰韶文化から龍山文化へ移る過渡期の段階を示すものらしい。しかし後者は、どちらかというと龍山文化の方に接近しているので、ひとまずそのなかに編入することとし、別に「廟底溝第二期文化」と呼ぶことによって、それと区別したのだ、と報告書ではいっている。

さて、仰韶文化から龍山文化への推移が、廟底溝第二期文化のなかに認められるというのは、どのような根拠にもとづくのであろうか。報告書に述べるところを、左に摘記しよう。

(1)　廟底溝仰韶文化の側から

ⅰ　泥質灰陶と泥質黒陶の占める比率は小さいが、すでに龍山文化の土器の源流をなしている。細泥白陶のごときは、まさにのちの龍山期や殷代の白陶の先駆である。

ⅱ　籃文[16]は、しばしば綫文[17]と交互に施されており、単独につけられることは非常に少ない。しかしその割合が小さいといっても、すでに龍山の籃文陶の源流をなしている。

ⅲ　器形を観察した結果によると、これまで龍山文化の特性とみられていた杯・圏足器・器蓋などは、すでに仰韶文化のなかにその萌芽を持っている。

(2)　廟底溝第二期文化の側から

ⅰ　細泥紅陶に彩色したものが、二種類出ている。その一は、小杯の表面に紫紅色のスリップをかけたもので、かって龍山期の灰坑から多量に出土したことはあるが、仰韶期の灰坑からは絶えて出たことがない。他は、口のつぼんだ深い壺の上に、黒で菱形の文様帯を描いたもの。正式な発掘品ではないが、確かに龍山期の遺物と共存していた。一九五八年に山西省平陸県盤南村で、龍山期の灰坑のなかから、これと同じような彩陶壺が三個得られた。しかし廟底溝の仰韶層やその灰坑からは、このような器形あるいは文様の彩陶は、まだ出たことがない。以上二種類の彩陶は、かつて仰韶村から発見されたが、いずれも仰韶文化の彩陶と誤認されてしまった。このほか、灰陶杯の上にも、朱彩の痕跡がみられる。土器をよく焼いたのち、表面に紅色の文様を描いたもので、右の両種とは異なるが、惜しいことに文様が脱落していて、はっきりしない。

ii　土器にはいろいろの器形があるが、そのなかには仰韶文化の器形をうけついで、それから発展したものが少くない。杯・壺・尖底壺・鼎などは、その著しいものである。尖底壺は仰韶文化の典型的な産物であるが、ここの尖底壺と類似したものは仰韶村にみられるし、陝西省華陰県横陣村からはその破片が出ている。みな仰韶文化の尖底壺とは著しい区別があるが、また比較的密接な関連もある。紅色のスリップをかけた小杯は、ここの特殊な産物であるが、仰韶期の粗陶の小杯と確かに関係がある。要するに、廟底溝第二期文化の土器をこのようにみてくると、仰韶から龍山への過渡的形態が非常に濃厚である。

(3)　廟底溝第二期文化と河南龍山文化の関係から

i　廟底溝第二期文化の土器は全部手製[18]で、轆轤の痕跡をみず、また典型的な黒陶もない。一方、河南龍山文化に属する三里橋第二期文化の土器では、轆轤製のものが全体の五分の一に達し、典型的な黒陶すなわち細泥黒陶も、全体の約八％を占めている。また三里橋第二期文化では、土器の色が比較的一致しており、その灰陶も廟底溝第二文化におけるような不純の現象をみない。これは焼成技術がさらに一段と進歩したことを示している。

ii　廟底溝第二期文化の斝・鼎・壺・豆などの器形は、河南龍山文化の土器の先駆をなしている。廟底溝第二期文化では、卵殻陶に類似した土器の破片が大量に出現しているが、これも河南龍山文化にみられる典型的な卵殻陶と関係がある。

なお、報告書は、以上のような証拠を列挙したのち、その結論としてほぼつぎのように述べている。龍山文化は、黄河流域で仰韶文化についで起った、一種の新石器時代文化である。廟底溝第二期文化は、仰韶から龍山にいたる過渡的な性質をとどめており、まさに龍山文化の早期に属する。河南龍山文化は、廟底溝第二期文化をうけついで、それから発展したものである。いわゆる龍山文化の特性を備えている土器のうちには、仰韶文化のなかにすでにその萌芽を持ち、龍山文化にいたって成熟した定型をとるようになったものがあると説明できよう。もし、龍山文化が仰韶文化をうけついで、さらに一歩発展したものであることを承認すれば、仰韶文化のなかにいわゆる龍山文化の要素があっても、また奇とするに足りない。

さて私たちは、右の結論を謙虚に受けいれなければならぬであろう。またそれと同時に、誕生以来十年の歳月を経た新中国の考古学界が、このようなすぐれた成果をあげたことに対して、心からの喜びを抱くものである。これだけの証拠が揃っている以上、龍山文化が仰韶文化から発生したということに対して、もはや疑いを抱く人はあるまい。まして、両者を別系統のものとみるにおいておやである。こうした新しい知識は、いまや中国考古学界の常識となりつつあるに違いない。

一方、山東方面の龍山文化を古くみる通説に対しても、近ごろ異論が唱えられだしてきた。たとえば安志敏氏は、城子崖や両城鎮によって代表される山東の典型的な龍山文化は、龍山文化全体のなかでは比較的晩いものだと想像されている(19)。許順湛氏もそれと同意見で、

卜骨を以て対比すれば、山東龍山文化は、だいたい殷代の中期か早期に相当する。……山東龍山文化は、河南龍山文化のように早いものではなく、反対に比較的晩い特性、すなわち比較的進歩した特性を反映している。歴史

が前向きに発展するという法則に照らしても、龍山文化が東から来たという説は、何らの根拠もない。といわれている。[20]

以上によって明らかなように、龍山文化の起源に関する第一説、すなわち黒陶が山東から起って西へ発展したという説は、もはや通用しなくなったとみるべきで、むしろ筆者の唱えた第二説、つまり中原の彩陶系から黒陶が生まれたとする説の方が当っている。またそのさい、土器の製作技術を基礎としたのも、正しいことが確かめられた。

ただ、黒陶の発生地を山西南部に比定した点については、一応の検討が必要であろう。報告書によると、問題の廟底溝第二期文化の分布範囲はかなり広く、河南省の仰韶村・洛陽市孫旗屯・鄭州市林山砦、山西省の万栄県荊村・平陸県盤南村、陝西省の華県柳子鎮などからも、それと同類の遺物が出るという。したがって龍山文化の発生地が、廟底溝そのものにあたったというわけでは、決してない。問題はむしろ、いつ、どこで、どのような事情で、仰韶文化のなかに龍山的な要素が生まれたかを、はっきりさせることである。いいかえれば、仰韶文化から龍山文化への過渡的な様相を示し、どちらかといえば後者に近づいている廟底溝第二期文化よりも、さらに龍山的な色彩が微弱な文化、つまりほとんど仰韶文化そのものでありながら、しかも龍山文化の萌芽をわずかに蔵している文化、そういうものの存在を追究することである。これまで仰韶と龍山の「混合文化」といわれていたもの[21]のなかには、こうした段階に当たるものが含まれているのかも知れない。とにかく、龍山文化の起源が一元的であろうと多元的であろうと、その発生地は大きくみて中原方面、つまり山西南部・河南西部・河南中部にわたる黄河流域と、陝西東部の渭河下流域を含む地帯のどこかにあった、というくらいのことはいえると思う。したがって、これを山西南部に比定した筆者の説は、必ずしも誤りだとはいえまい。

三門峡ダム地区における龍山文化は、性質がかなり複雑で、廟底溝第二期文化・河南龍山文化・陝西龍山文化の三類型を包括しているといわれる。このうち陝西龍山文化は、安志敏氏の記述[22]によると、河南龍山文化ならびに甘粛地区の斉家文化と関連があり、年代もほぼそれらに近いという。しかし氏が、山東地区の龍山文化は、中原方面の龍山文化と来源が別かも知れないといわれているのは[23]、どうも首肯しがたい。山東龍山文化は、河南龍山文化が東漸し、さらに発展したものに相違ないと考えられるからである。

以上の推測が正しいとすれば、龍山文化全体の編年は、左のようになるであろう。

廟底溝第二期文化——河南・山西・陝西龍山文化——山東龍山文化——浙江・遼東龍山文化

そしてこの順序は、また同時に、龍山文化の起源と伝播経路を示すものにほかならない。ただその場合、欧米学者のように西方からの影響を認めるかどうかが、別の問題として残る。しかし少なくとも現在の段階では、それを認めるには積極的な証拠がとぼしいように思われる。カプラン氏らが西方のものによく似ていると指摘する黒陶が、ずっと年代の降る浙江方面のものであることも、不合理な点として見のがせない。良渚鎮の黒陶などは、銅器の形との比較ならびに伴出した玉器などからみて、その年代はとうてい西周時代を遡り得ない。したがって、それを前三〇〇〇年ごろの、しかも七〇〇〇粁ほども離れた東カスピ地方の土器と直結させるのは、いかに形や作りが似ているからといっても、無理であろう。また、かりにその影響が西方から及んできたとすれば、浙江より西方に近い中原方面の黒陶に、まず反応が現れるはずではないか。しかし事実は逆で、その方面の黒陶には、とくに西方からの影響とみなければならぬほどの要素は、存在しないのである[24]。

二　龍山陶と銅器の関係

ではつぎに問題をかえて、龍山陶と銅器すなわち青銅製容器の関係について考察しよう[25]。中国の先史文化と歴史文化の間隙を埋める龍山文化は、青銅器の問題と関連させてこそ、はじめてその意義を理解し得るのである。しかしこの最も重要な点について、これまで研究らしいものはほとんどなかったといっても過言ではない。ここに述べるのは一つの臆説にすぎないが、龍山文化の核心に一歩近づいたということだけは認められるであろう。

中国の先史ないし歴史時代初期の文化が、仰韶文化から龍山文化を経て、殷文化に到達したらしいことは、河南省安陽県の後岡遺跡にみられる層序関係によって、ほとんど疑う余地はない。また龍山文化層の上に殷文化層が堆積している例は、同じ河南省の鄭州遺跡をはじめとして、いくつかの地点で確認されている。しかし龍山文化が発展して、そのまま殷文化になったかどうかは、かなり疑問といわなければならない。なるほどこの二つの文化は、土器の間に関連がみられること、(26)白灰面をつくったこと、骨占いを行ったこと、収穫に石鎌を用いたこと、牛や馬を飼養したことなどで、共通の面を持っている。だが、もっとも大きい、そして重要な違いは、青銅器の有無という点であろう。殷代が、青銅器文化の全盛期であったのに対し、龍山文化の遺跡からは、これまで一片の青銅器も発見されていない。銅器の起源を龍山陶に求めようとする説もあるが、ただ形が似ているというだけでは不充分で、逆に龍山陶が銅器を模した場合も考えられる。そのうえ銅器の形は、龍山陶をそのまま青銅に置き換えたというような、簡単なものではない。こうみてくると、龍山文化から殷文化が生まれるためには、龍山文化の諸要素の上に、何か大きなプラス・アルファーがなければならないことになる。そしてこれこそ、殷文化に固有な、しかも、最も重要な要素であったに相違ない。

おそらく中原方面で龍山文化が栄えていたころ、立派な青銅器を持つ殷文化は、すでにどこかで芽ばえていたのであろう。またそれと反対に、殷代になっても、さらに殷が亡びたのちも、龍山文化はどこかで存続していたのであろう。もしこのように、両文化がある期間並行関係にあったとすれば、その間に共通の要素がみられるのも当然のことと思われる。後岡や鄭州のような層位状態は、それらの地点で龍山文化が栄えていたときに、または亡びてしまったのちに、殷文化を担う人たちがほかから移ってきたことを示すものではあるまいか。問題はむしろ、いちおう龍山文化から離れて、殷の青銅器文化の源流を、別の方面に探ることであろう。

しかしそうかといって、龍山陶が青銅器とまったく無関係であったというわけではない。龍山陶のうちには、形の上で銅器と密接な関連を持つものも、確かに含まれている。ではその銅器は、いったいどのような種類の銅器だったのであろうか。それは、殷文化の象徴ともみられる、あの重厚で繁縟な銅器であったのか。

中国古代の銅器が、そのすぐれた鋳造技術を以て、世界に冠たる名声を博していることは、いまさら述べるまでもない。しかしヨーロッパでは、青銅器時代ないし鉄器時代の初期にシトゥラ situla 型と呼ばれる青銅容器が、しばしば鍛造でつくられた。[27]それらは、青銅板を叩いて壺形やバケツ形などに加工し、両側に把手を鋲で留めてあり、見るからに実用的で軽快な容器である。では、これと似たような現象は、中国古代には全然認められないのであろうか。いいかえれば、銅器なるものはすべて鋳造に限られていたのであろうか。桃氏剣の表面には、まれに鎚で叩いたあとらしい凹みの残っていることがある。これはおそらく、剣を鋳上げてから再び加熱し、鎚で鍛錬した痕跡であろう。もちろん鉄ほどには行かないが、青銅も鍛錬を加えれば、いくらか硬くなることが知られている。しかし中国の古代に、青銅の鍛錬が多少行われていたとしても、青銅器そのものを鍛造したかどうかということになると、また話が別である。そこで、その点について調べてみると、少なくとも現在までのところ、鍛造の銅器らしいものはない。だが鋳造の銅器でありながら、その前身が鍛造であったことを想わせるもの、また土器でありながら、鍛造の銅器の特色を備えているものを、それぞれいくつか挙げることができる。まず前者の例としては、つぎに述べる三個の饕餮文異形盉が注目されるであろう。

(1)　Osvald Sirén; A History of Early Chinese Art. London 1929, Vol.2, Pl. 19（第1図）。[28]高さ約三九糎あり、三個のうちでは最も大きい。ドーム状になった蓋の一方にかたよって、長い円筒の流（注口）がつき、他方に先の円いハート形の口が開いている。蓋と身の境は鐔状に広がっていて、口の下に当たるところに、鋬（把手）の上部が鋲

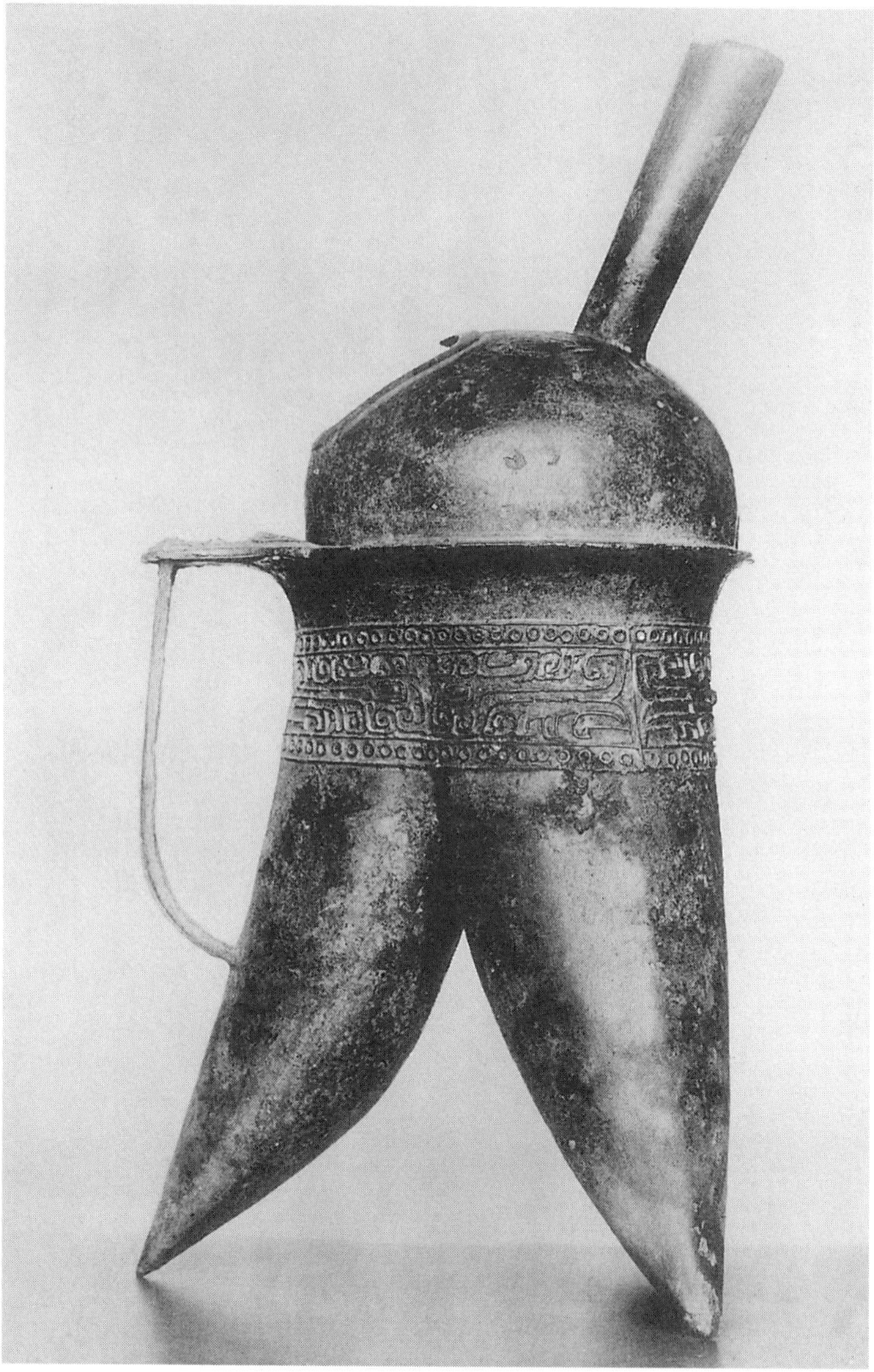

第1図　饕餮文異形盉（1）ベルリン国立博物館東洋美術部蔵

第2図　饕餮文異形盉（2）

で留めてある。鋬の構造を写真から推測すると、蓋と身の境になって鐔状の部分の一端を横に延ばして、その上に一枚の板を二本の鋲で留め、さらにその板のはずれに、鋬の手で握る部分の上端を鋲留めにしてあるらしい。腹部には細い凸線で、二条の円圏文の間に三単位の饕餮文を表しており、その下に三本の太い袋足が続く。

これは明らかに「盉」に該当するものであるが、形の奇妙なことは「異形」と呼ぶにふさわしい。重厚を通性とするオーソドックスな銅器、例えば殷墟出土の犠首夔龍饕餮文盉などに比べると、いかにも全体が薄手で軽快に出来ており、ブリキ細工のような感じさえ抱かせる。饕餮文が鋳出されているのをみると、器そのものが鋳造によってつくられたことは疑いない。しかし板金を加工した平面的な感じがするうえ、鋬の上部を鋲で留めてあるのは、異色な点として注目されよう。つまりこの盉は、鍛造でつくられたものではないにしろ、その前身が鍛造であったことを示しているのではあるまいか。文様の彫りがきわめて浅いのも、平面的な器体と調和を保つように、とくに配慮された結果であろう。この盉の前身となったであろうところの銅器は、流・蓋・身・鋬の部分を別個に鍛造し、それらを接ぎ合わせて一つの器体に組み立てたものと想像される。

(2)

容庚氏『商周彝器通考』附図四八七（第2図）[29]。高さは約一七・二糎で、前者の半分にも及ばない。ほぼ同じような形であるが、幅のわりに丈が短く、ずんぐりしている。出来は粗雑で、腹部の饕餮文も崩れていて、ほとんど体

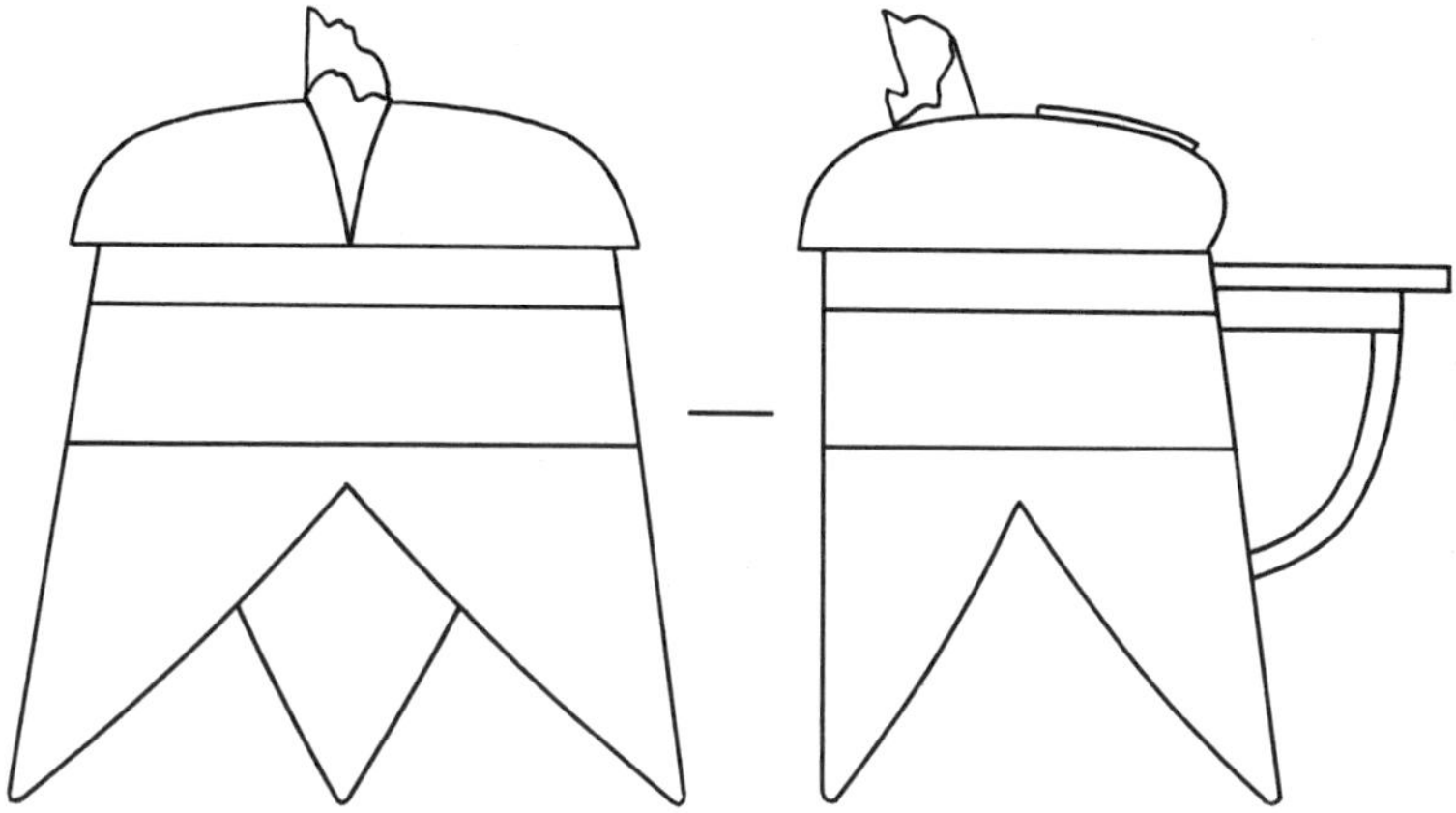

第3図　饕餮文異形盉（3）

をなしていない。口はハート形でなく、円形のようである。鋬は器部と同時に鋳造されたらしく、鋲留めのあともみられない。安陽で洹水の畔から出たといわれるが、これはどの程度に正確か疑問であろう。一般に戦前の中国では、銅器を安陽物とする傾向が強かったからである。

(3)　一九五七年五月、筆者が鄭州市にある河南文物工作隊第一隊を訪れたさい、同市東北郊の白家荘から出たという銅器群のなかに見出したもの（第3図）。同工作隊は一九五五年の五月から六月にかけて、白家荘の附近で殷代中期の属するという墓を四基発掘し、その第二号墓と第三号墓から計一五個の銅器を発見した。(30) しかし問題の異形盉は、なぜかそのなかには含まれていない。したがって、中国側ではまだ未発表の資料であるが、ここではとくに寛恕を請うて、筆者の見取図を掲げさせて頂くことにした。現存の高さは二〇糎ばかりで、流の先が欠けているほかは、ほぼ完全に残っている。きわめて薄手で軽く、全体の形は(2)の方に近い。もっとも、出来はそれよりいくらかましである。口が先の円いハート形をしているのは、(1)の場合と同様であるが、鋬の作りはやや変っており、鋲留めのあとはない。腹部をめぐっているのは、やはり三単位の饕餮文である。出土の状況は明らかでないが、と

第4図　斉家式陶盉　ストックホルム遼東古物博物館蔵

にかく、問題の異形盉の一つが鄭州方面から出ることがわかったのは、大きな収穫といわなければなるまい。

さて右にあげた三個の異形盉のうち、最もはっきり鍛造の痕跡をとどめているのは、板金を加工したような感じが強く残っているうえ、鋬の上部を鋲で留めている(1)である。他の二個は、その痕跡が薄れているばかりでなく、出来もだいぶ劣る点から、むしろ退化形式とみるべきであろう。筆者の気付いた異形盉は、目下のところこの三例にすぎないが、まだ捜せばほかに類例があるのかも知れない。しかし、こうしたいわゆる「異形」の盉は、おそらく同一の系列に属するものであり、すべて鍛造の祖型にまで遡るとみて差支えなかろう。

つぎに、中国古代に鍛造銅器が存在したことを示す別の方面の証拠として、それを模したと考えられる土器について述べよう。アンダーソン J.G. Andersson 氏がかつて甘粛省の蘭州で購入した斉家式の陶盉（第4図）は、その形がきわめて特異なところから、ひろく関心を集めている有名なものである。氏は甘粛・青海方面の先史文化を六期に編年し、斉家期をその第一期に置いたが、[31] のちビリン・アルティン Margit Bylin-Althin 女史や夏鼐氏・安志敏氏らの研究によって、斉家期は第二の半山期や第三の馬廠期に後れるものであり、陝西龍山文化と関連を持つことが確認された。[32] ビリン・アルティン女史は、この陶盉について、左のように記している。[33]

蘭州にもたらされたもの。頸が長くて、胴のずんぐりした水差である。口は、注口と腎臓形の孔を備えた、ドーム状の蓋で覆われている。頸から胴への移行するところに、一本の線が刻まれている。上部に二本の鋲で留めた接ぎ目のある、幅の広い把手は、二組の刻線で飾られている。破損した注口にも、二つの鋲留めがある。口縁までの高さは一九・八糎。最も幅の広いところは一五糎。把手の幅は四・六糎。底径は一九・二糎[34]。暗灰色の土器で、割れ口は灰色がかっている。表面は平滑で、かすかに赤色の痕跡を示す。底面と把手の内側に、不明瞭な縄蓆文がある。

右の解説によって明らかなように、この陶盉は暗灰色の磨研土器であるが、はじめて写真を見る人なら誰でも、それを金属製と考えるに違いない。しかも上半の部分は、ドーム状の蓋といい、流や口の具合といい、口の下に蓋がついている様子といい、青銅の異形盉とそっくりである。さらに、蓋の一端が延びた部分と鋬の上端を、二個の鋲で留めた写実的な意匠があるのは、その原型が板金加工のものであったことを示す、何よりの証拠であろう。したがって、少なくとも甘粛の方面では、こういう陶盉に先立って、鍛造の青銅盉が存在したと認めざるを得ないのである。なおこの陶盉から蓋と鋬を取り除き、口縁に竪型の両耳を添えると、浙江省杭県良渚鎮などから出る龍山陶の両耳壺（第5図[35]）とほとんど同じ形になる。これは決して偶然の一致ではなく、両者の間に何らかの関連があったことを反映するものであろう。

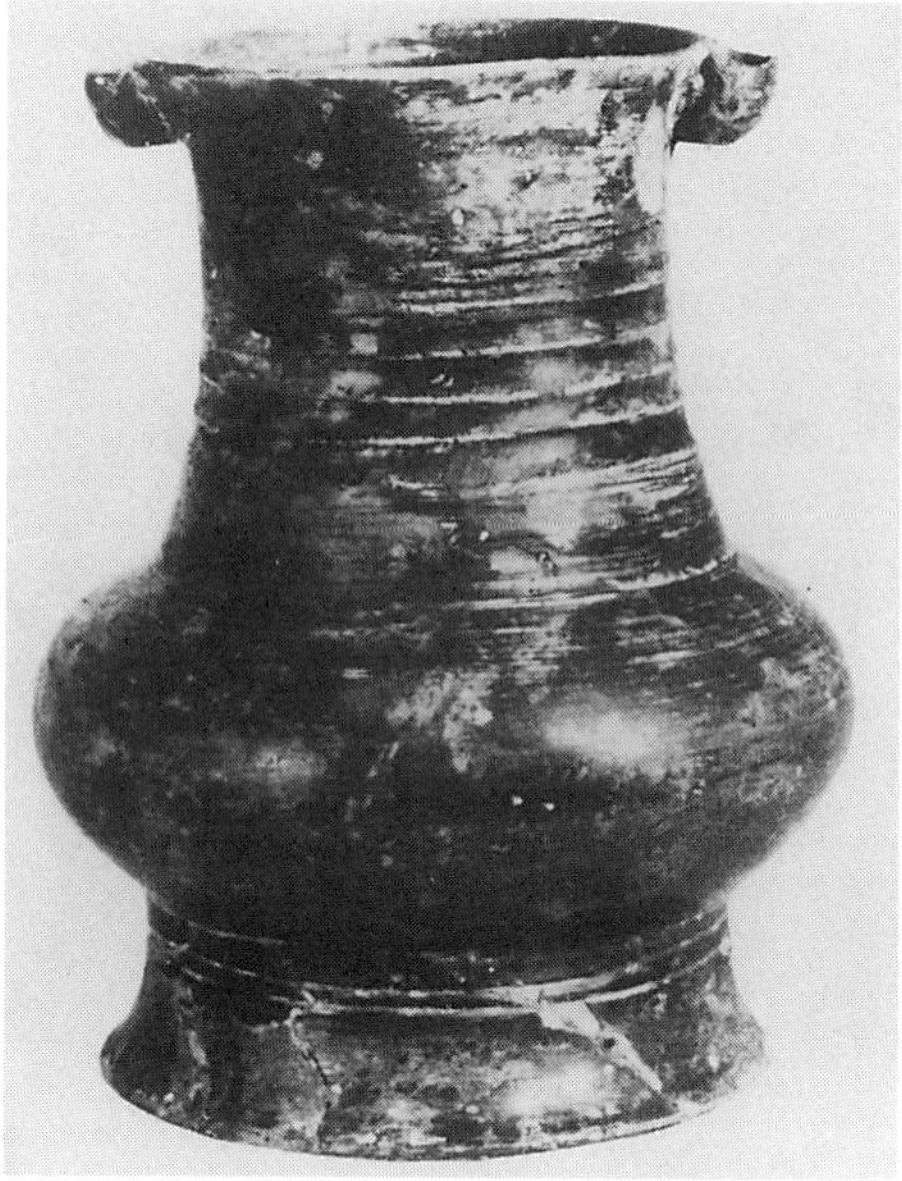

第5図　龍山陶両耳壺　浙江博物館蔵

このほか、同じく龍山陶の系統を引く土器のなかに

第6図　龍山系陶鬹　南京博物院蔵

は、三足の盉がいくつか見受けられる。[36] これらの陶盉が、形の上で前記の異形盉と密接な関連を持つことは、ここにあらためて説くまでもない。ただし両者の親子関係については、詳細な検討が必要なので、ここでは速断を避ける。また龍山系の土器のうちには、「鬹」と呼ばれる三足の注口土器が多い。[37] 盉と鬹の違いは、流が管状になっているかいないかの点だけであって、用途は原則的に同じであった。ところで、山東省日照県両城鎮から出た陶鬹などは、鋬の上端と流の付け根のそれぞれ両側に、しばしば鋲留めの痕跡をとどめている（第6図）。もしこれらの鬹がはじめから土製であったら、このような鋲留めを表すはずはない。さらに器の全体から受ける感じも、金属製の軽快さを想わせるものがある。おそらく龍山系の陶鬹のなかには、板金加工の青銅鬹から転化したものがあったのであろう。安志敏氏の記述によると、『西清古鑑』のなかにみえる一個の青銅鬹は、形式が龍山系の陶鬹と完全に一致するという。[38]

以上で、中国にかつて鍛造の銅器が存在したらしいこと、そしてそれらは、斉家式陶盉をはじめとする、龍山系の土器の一部と関連するらしいことがわかった。薄手の器体が持つ軽快さと、板金を折りまげたような屈曲の線の鋭さ、さらに鋬などにみられる鋲留めの痕跡は、龍山陶が鋳造よりむしろ鍛造の銅器と密接な関係にあったことを示すものであろう。銅器の主流をなすものは、いうまでもなく鋳造であった。しかし一方では右のように、鍛造によるものもいくらか存在した可能性がある。おそらく両者は系統を異にし、それぞれ別個に発達したが、ある時期になって、劣勢な鍛造は優勢な鋳造に圧倒されてしまったのであろう。⑴にあげた大形の異形盉などは、それまで鍛造でつくられていたものを鋳造に移すとき、あらたに鋳造系の饕餮文を採り入れたのではあるまいか。

仰韶文化から発達した龍山文化は、今日その実体が不明である鍛造系の青銅器文化の影響を受けながら、歴史時代に足を踏み入れたらしい。そして殷文化は、龍山文化と直接・間接に交渉を持ちつつ、独自に鋳造系の青銅器文化を発達させたのであろう。さきに、「龍山文化から殷文化が生まれるためには、龍山文化の諸要素の上に、何か大きなプラス・アルファーがなければならない」といったが、このプラス・アルファーの実体こそ、重厚・繁縟な銅器の製作を可能にした、特殊な鋳銅技術にほかならなかったと考えられる。

結

河南省陝県における廟底溝と三里橋の発掘によって、龍山文化は仰韶文化のなかから生まれたことが証明された。これは中国新石器時代の研究に、新しい基礎をもたらす大きな発見である。しかしまたそれと同時に、中国の新石器時代文化を仰韶文化と龍山文化の二つに分けることが、はたして適当かどうかという点も、あらためて検討の対象になるであろう。もちろん、彩陶文化の黒陶文化の二つに分けるよりは、はるかにましだろうけれども、「仰韶」「龍山」という名称には、いささかこだわらざるを得ない。「仰韶文化」のもとになった仰韶村の遺跡は、しばしば指摘されるように、いわゆる仰韶文化と龍山文化の複雑な混合遺跡で、仰韶文化の単純な遺跡ではない。また「龍山文化」のもとになった龍山鎮の遺跡は、いわゆる龍山文化が発展の極に達した様相を示すもので、いかにも地方色が濃厚すぎる。アンダーソン氏が三十五年も前につけた「仰韶文化」という名称を、いまだに中国の学者が捨てきれないでいるのは、かれら自身が誇りを以て命名した「龍山文化」なるものに、依然として愛着を感じているからであろう。しかしそうかといって、この両遺跡よりもっと適確に、両文化を代表するような遺跡はどこかという点になると、現在の段階では容易にきめられないし、また強いてそうする必要もあるまい。

要は中国新石器時代の二大文化相に対して、どのような名称を与えるのが最もよいかということである。近ごろ中国の学者の間に、「第一文化」「第二文化」なるものを以てそれらに代えようとする動きがみえるのは、右のような不合理を排除して新しい体系をつくろうとする、努力の反映にほかならぬのであろう。また、すでに豊富な資料が揃った以上、生産用具の発達に重点を置いて、中国の新石器時代文化を早・中・晩の三期に分けるべきだ、という説(39)も現れている。これなどは、今後追求しなければならぬ目的を明示したもので、最も筆者の理想とするところに近い。いわゆる仰韶文化から龍山文化への移行は、どうして起ったか、その転機をもたらしたものは何か、という重要な疑問も、このような観点から解決されるのではなかろうか。

龍山文化に関するもう一つの大問題は、殷文化とのつながりである。これまで龍山陶と銅器の関係がはっきりしなかったのは、比較の対象がずれていて、軽快・単純な龍山陶を、重厚・繁縟な鋳造銅器と直接対比したからであろう。そこで筆者は、このずれを修正するため、龍山陶が鍛造銅器に結びつくのではないかとの臆説を提出した。鋳造銅器が殷文化の象徴であることはいうまでもないが、鍛造銅器の方は、いったいどういう性質のものであろうか。この辺に、中国の先史時代から歴史時代にかけての、大きな謎が秘められているような気がする。殷の鋳造銅器は宗廟の祭器として、王者の超人的な権力と財力を顕現するものであった(40)。したがって、その形が一般の土器に移されるようなことは、とうていあり得なかったはずである。ところが、斉家式の陶盉や龍山系の陶鬹の原型になったと思われる鍛造銅器は、薄手の作りや形の単純さからみて、いかにも実用的な感じが強い。つまり同じ青銅容器でありながら、その性格が根本的に違うのである。いいかえれば、一方が封鎖的・局地的であったのに対して、他方は開放的・普遍的であったとみられよう。中国の青銅器文化におけるこうした二元的な現象は、いったいどのように解釈すべきであろうか。これはきわめて難解であると同時に、将来の発展が期待される問題である。紙数も残り少なくなったから、ここでは論証の過程を抜きにして、結論だけを述べよう。

筆者の憶測によると、鍛造系の銅器は、おそらく周の系統に属するものらしい。武王克殷後の周は、殷の鋳銅文化にほとんど圧倒されてしまったが、それでもいくらか鍛銅文化の痕跡をとどめていた。問題の異形盉を含む一群の銅器、すなわち異形・薄手・粗造・無銘を通性とし、凸線文・円圏文・曲折文などで特徴づけられる銅器群は、戦後河南省の輝県や鄭州をはじめとして、相当広い範囲から発見されている。それらは一般に、小屯期の銅器より古く、殷の中期ごろに属するといわれているが、筆者のみるところでは、絶対に西周時代を遡るものではない。周の青銅器文化の開放的な一面は、各地にその影響を及ぼし、龍山文化との間にかなりの交渉を持った。龍山陶と鍛造銅器との類似は、かくしてその理由を説明し得るであろう。もし右の推測が当たっているとすれば、銅器におけるそうした二系統の存在は、殷周両王朝の性格を考える上に、一つの有力な手がかりとなるかも知れない。なおこれらの点については、いずれ稿を改めて詳しく述べる予定である。

註

（1）李済・梁思永氏ら「城子崖——山東省歴城県龍山鎮之黒陶文化遺址」中国考古報告集之一（国立中央研究院歴史語言研究所、一九三四）。
（2）梁思永氏「後岡発掘小記」（『安陽発掘報告』四（一九三三）に発表、のち『梁思永考古論文集』（一九五九）に収録）。
（3）彩陶は、新石器時代ばかりでなく、青銅器時代を経て、銅器時代になってもつくられた。また龍山文化の土器のうちには、黒以外の色を示すものが案外多い。
（4）安志敏氏「試論黄河流域新石器時代文化」（『考古』一九五九・一〇）五六三—五六四頁。

(5) クリール H.G. Creel, 梁思永・裴文中らの諸氏をはじめとして、わが国の学者もほとんどこれに従っていた。

(6) 貝塚茂樹博士『中国古代史学の発展』（弘文堂書房、一九四六）二六一―二六二頁、澄田正一氏『中国先史文化――殷朝成立の前史』古文化叢刊三六（大八州出版株式会社、一九四八）五〇頁。

(7) たとえば、尹達氏は龍山文化を両城期・龍山期・辛村期の三期に区分された。『中国新石器時代』（三聯書店）一九五五）七五頁。

(8) 拙稿「華北先史土器の一考察――特に灰陶と黒陶について」（『史学雑誌』五八の五（一九四九）に発表、のち『中国考古学研究』（一九五六）に収録）、T. Sekino; On the Black Pottery of Ancient China. (Memoirs of the Research Department of the Toyo Bunko, No. 14, 1995.)

(9) 水野清一氏「中国黒陶文化」（『世界美術全集』一、原始、平凡社、一九五三）六五頁。

(10) S. M. Kaplan; Early Pottery from the Liang Chu Site, Chekiang Province. (Archives of the Chinese Art Society of America, Vol. 3, 1948–1949.)

(11) R. Heine-Geldern; Lungshan Culture and East Caspian Culture, A Link between Prehistoric China and the Ancient Near East――The Origin and Spread of Writing. (International Symposium on History of Eastern and Western Cultural Contacts, Collection of Papers Presented, compiled by the Japanese National Commission for Unesco, Tokyo 1959.)

(12) ハンス・ヘニング・フォン・デル・オステン「中国とオリエントの黝黒色土器の関係について」（『古代学』五ノ一（一九五六）金関恕氏訳）。原文は、Mögliche Beziehungen der „schwarzen und grauen" Ware der Lung-Shan Kultur und der Hsin-Tien Keramilk zur vorderasiatischen Waren.

(13) 同右、金関氏訳、一〇頁。

(14) 安志敏氏ら『廟底溝与三里橋（黄河水庫考古報之二）』中国田野考古報告集、考古学専刊、丁種九号（中国科学院考古研究所編著、科学出版社出版、一九五九）。おもに利用したのは「四、文化性質及年代」「五、結束語」（一〇三―一一九頁）の二章であるが、他の章からも必要に応じて引用した。以下「報告書」というのは本書を指す。

(15) 仰韶文化は「廟底溝型」と「三里橋型」の二種類に大別され、河南省澠池県の仰韶遺跡などは前者に、陝西省西安市の半坡遺跡などは後者に属するようだ、といっているのも非常に興味が深い。

(16) 土器が生乾きのとき、板切れに平行線を刻んだもので、その表面を叩くと、籠目のような文様がつく。これを「籃文」または「条籃文」という。
(17) 土器が生乾きのとき、細い木か骨の棒——先は尖っていても丸くてもよい——で、その表面をこすると、いろいろ文様ができる。仰韶文化の土器では平行線文が多い。
(18) 中国で土器の「手製」というのは、「手捏ね」ばかりでなく、「巻上げ」「輪積み」「型塗り」など、「轆轤製」以外のものをすべて含む。しかし、この場合は「巻上げ」の方法を指す。
(19) 前掲「試論黄河流域新石器時代文化」五六一頁。
(20) 許順湛氏「関于中原新石器時代文化幾個問題」(『文物』一九六〇・五)三七頁。
(21) 河南省の澠池県仰韶村・成皋県点軍台・伊陽県上店、陝西省の西安市米家崖など。
(22) 前傾「試論黄河流域新石器時代文化」五六三—五六四頁。
(23) 同右、五六五頁。安志敏氏「中国新石器時代考古学上的主要成就」(『文物』一九五九・一〇)二一頁。
(24) 拙稿「華北先史土器の一考察補遺」(『中国考古学研究』一九五六、所収)
(25) この章は、拙稿「饕餮文異形盉」(『国華』六九の九、通巻八二二号、一九六〇)を改訂増補したものである。
(26) 唐雲明氏「龍山文化与殷文化陶器間的関係」(『文物参考資料』一九五八・六)六七—六八頁。
(27) ハルシュタット Hallstatt 期のものなどは、その好例であろう。
(28) 梅原末治博士『欧米蒐儲　支那古精華』二(山中商会、一九三三)一四二図、容庚氏『商周彝器通考』(哈仏燕京学社、一九四一)附図四八六などにもみえている。
(29) 孫海波『河南吉金図志賸稿』(一九四〇)一三図にも載っている。
(30) 河南文物工作隊第一隊「鄭州市白家荘商代墓葬発掘簡報」(『文物参考資料』一九五五・一〇)
(31) J.G. Andersson; Researches into the Prehistory of the Chinese. (BMFEA No. 15, 1943.) pp. 294-295.
(32) M. Bylin-Althin; The Sites of Ch'i Chia P'ing and Lo Han T'ang in Kansu. (BMFEA No. 18, 1946.) pp. 465-466, 夏鼐氏「斉家期墓葬的新発現及其年代的改訂」(『中国考古学報』三、一九四八)一一三頁、安志敏氏「甘粛遠古文化及其有関的幾個問題」(『考古通訊』一九五六・六)一四頁。

(33) Bylin-Althin, ibid., p. 479.

(34) これは九・二糎の誤りであろう。

(35) 浙江省文物管理委員会・浙江博物館『浙江省新石器時代文物図録』（浙江省人民出版社、一九五八）図版三四。

(36) 龍山系の陶盉は、陝西省西安市開瑞荘（客省荘）・四川省新凡県水観音・湖北省天門県石家河などから発見されており、河南省鄭州市牛砦と河北省唐山市大城山では、その流だけが出ている。

(37) 龍山系の陶鬹は、山東省の歴城県城子崖・日照県両城鎮・安邱県景芝鎮・寧陽県大汶口堡頭村、河南省の鄭州市牛砦・旭旮王、陝県三里橋、河北省の唐山市大城山、江蘇省の徐州市高皇廟、新沂県花庁村、湖北省の天門県石家河などで発見されている。

(38) 安志敏氏「中国新石器時代的物質文化」（『文物参考資料』一九五六・八）四六頁。

(39) 前掲「関于中原新石器時代文化幾個問題」三六頁。

(40) 拙稿「殷王朝の生産的基盤」（『中国考古学研究』所収）九一―九三頁。

A Study of the *Lungshan* 龍山 Culture

by Takeshi SEKINO

(1) Origin of the *Lungshan* Culture: It generally had been belived that the *Lungshan* culture, which originated in the Shantung 山東 district, had nothing to do with *Yangshao* 仰韶 culture. In 1949, however, the writer dissented from this opinion and asserted that the *Lungshan* culture developed from the *Yangshao* culture in the area drained by the middle reaches of the Yellow River, and which attained its highest stage of prosperity in the Shantung district. On the other hand, scholars in Europe and America maintained that the *Lungshan* culture, as well as the *Yangshao* culture, originated in the Middle or Near East and spread eastwards to China. Of these three assumptions, which is correct? The key to solve this question was finally discovered in 1956 and 1957 during the archaeological excavations carried out in Shen Hsien 陝県, Honan 河南 Province. What is called "*Miao Ti Kou* 廟底溝 II culture" at this site shows features that constitute the transitional phase from the *Yangshao* culture to the *Lungshan* culture but belongs to the early period of the latter. This fact has solved the protracted question and verified the writer's opinion.

(2) Relation between *Lungshan* Wares and Bronze Vessels:Although the bronze vessels of ancient China are world-famous for their skillful casting technique, there are some bronze vessels which, on careful examination, are considered to have been modelled after hammered bronze vessels. Some of the *Lungshan* pottery shows the definite characteristics of hammered bronze vessels. Therefore, it appears the *Lungshan* culture, which had developed from the *Yangshao* culture, seems to have stepped into the historical age under the influence of bronze-hammering culture. Then, the Yin 殷 culture, being in direct or indirect contact with the *Lungshan* culture, perhaps created its own bronze-casting culture. However, hammered bronze vessels originated probably in the Chou 周 culture. The bronze culture of Chou was pervasive and extensive, whereas that of Yin tended to keep itself within a limited region. This accounts for the resemblance between *Lungshan* wares and hammered bronze vessels.

楽浪王氏の富

かつて楽浪の古墳を発掘したわが先学たちは、その豪華な出土品に驚異の眼を見張ったことであろう。そして「僻遠の一郡にすぎぬ楽浪でさえ、この有様だから、中国本土の漢墓を掘ったら、どんなにすばらしいものが出るだろうか」と期待したにちがいない。ところが意外にも、新中国になってから、数千基にのぼる漢墓が発掘されたにもかかわらず(1)、その内容において、トップ・レベルの楽浪漢墓に匹敵するようなものは、まだ一つも知られていない。これは、いったいどうしたわけであろうか。この辺に、まず問題の出発点がある。

一

楽浪の古墳は、木槨墓と塼槨墓の二つに大別される。前者は前漢の末期から後漢の中期ごろまでのもので、おもに銅器や漆器などの実用品を出し、後者はそれ以後、三国・両晋ごろまでのもので、おもに瓦製明器の類を出す。副葬品の豪華さという点で群を抜く石巌里九号墳(2)・彩篋塚(3)・王旴墓(4)・王光墓(5)・王根墓(6)などの木槨墓が、いずれも後漢の前半期に属するところをみると、楽浪古墳の最盛期は、まずそのころにあったとすべきであろう。

中国では古く殷代から、槨を木でつくるのが普通であった。前漢のころは、在来の伝統によって、木槨墓が墓の主流を占めていた。その分布はほとんど全土にわたっているが、とくに問題の楽浪をはじめとして、現在の江蘇省の江都県、湖南省の長沙、広東省の広州、四川省の成都などの地方に多い。後漢に入ると、本土では木槨墓が急速にすたれ、これに代って塼槨墓や石槨墓が流行するようになる。[7] しかし楽浪だけは例外で、後漢の中期ごろにいたるまで、いっそうさかんに木槨墓をこしらえた。ここに楽浪古墳の第一の特色がある。

そもそも木材を尊ぶ中国では、槨を木でつくるのが理想であり、木槨は厚葬の風習を代表するものであった。『韓非子』巻九の内儲説に「斉国、厚葬を好み、……木材棺椁に尽く」とあるのなどは、そのよい証拠とみられよう。楽浪古墳の木槨は、規模の大きさといい、構造の複雑さといい、とうてい本土のそれの比ではない。[8]『呂氏春秋』巻一〇孟冬紀の節喪篇に、当時の厚葬を戒めて、「……題湊の室、棺椁数襲。石を積み、炭を積み、以って其の外に環らす」といっているが、この最高の贅沢を楽浪の木槨に見ることができる。「題湊」とは、黄色い芯のある柏の材を小口積みにして壁面を構成したもので、[9] その堅牢さと美しさから、最も尊ばれた。槨の壁は木材を長手積みにするのが普通であったが、彩篋塚の場合は長手積みと小口積みを交互にくりかえしている。その材は柏ではなくてモンゴリナラであり、長手積みをまぜているという違いはあるが、やはり題湊の一種とみられるであろう。また石巌里九号墳では、「木槨の四面、地山との間は、玉石を以て填充し、玉石と木槨との間隙には、木炭を填め[10]」であったというが、これも節喪篇の記載どおりである。

中国では、もともと木槨が本格的なものであり、塼槨や石槨は、それぞれの地方で材料入手の関係や経済事情から起った、いわばその代用にすぎない。これら三通りの場合のうち、木槨の場合は、壁面に絵画や彫刻などの装飾を施すことはほとんどない。ところが塼槨の場合は、塼に印文を加えたり壁面に絵を描いたり、石槨の場合は、壁面に画像を彫刻したり壁画を描いたりすることが多い。思うに木槨では、構築材料である木材そのものが、すでに貴重なものとみられていた以上、べつに装飾を施さなくても、木材を用いて槨を構築すること自体が、絶大な価値をもって評価されたからであろう。つまり木材のもつ素材価値は、土や石の素材価値に、装飾を施すのに要する労働価値を加えたものに匹敵すると考えられる。[11] しかも彩篋塚では、前室西半部の三壁面に騎馬人物などの絵が描かれていた。[12] 木槨に壁画を施すなどということは、広い中国本土でもその例をみない。この一事をもってしても、楽浪古墳がいかに豪奢であったかを窺うことができよう。

王光墓の棺槨については、「玄室を構成する楢材を見積るに総量は約七八十石を算すべく、棺槨の桧材も亦時価数百円に達する」[13]といわれている。この墓の「墳丘に接する耕作地一坪の損害賠償価格を七銭前後に定めた」[14]とあるのをみても、右の金額は相当なものであったにちがいない。まして伐採や運搬の技術が幼稚であった当時としては、想像に余るものがある。なお、石巌里三号墳の木棺二個は樟（くすのき）の材でつくられていたというが、[15]『後漢書』巻一六の礼儀志下に「諸侯・王・公主・貴人、皆樟棺」とあるのによると、樟は棺材として甚だ贅沢なものであったことがわかる。右の二木棺の樟材は、樟の産地である江南地方から、はるばる運ばれてきたのであろう。王符の『潜夫論』巻三の浮侈篇に、

　京師の貴戚、必ず（棺材に）江南の檽・梓・予章・楩・枏を欲し、辺遠の下土も亦た競って相い倣傚す。……東は楽浪に至り、西は敦煌に至る。……

とあるのは、それを裏書きするものである。予章・楩・枏は、いずれも樟の類をさす。[16] また石巌里六号墳の木棺一個、王盱墓の木棺四個は柏材であるが、柏も朝鮮に産しないから、中国から取り寄せたのであろうといわれている。[17]

二

さて、右に述べたように、楽浪漢墓の棺槨は、当時としてはきわめて贅沢なものであった。しかし楽浪漢墓の真価は、むしろ内部の副葬品の豪華絢爛さにあるといえる。まず、石巌里九号墳から出土した遺物の一覧表を掲げてみよ

う。

(1) 銅器

銅鍾一　銅洗一　金銅尊一　銅鼎一　携奩一　銅奩一　銅鍑一　博山炉一　内行花文長宜子孫鏡二　銅車軸頭一対　金銅獣鎮四

(2) 武器

剣二　刀一　刀子二　有格矛二　矛二　戟二　弩機一　銅箭頭[19]二六　鉄鏃若干　鉄斧二　用途不明鉄器二　鉄錐一　鉄鉤二　金銅輪（箙金物）二

(3) 馬具

金銅馬面二　金銅轡二　金銅飾金具一〇　銅馬鐸三　金銅乳金物一〇　金銅熊頭金物四　金銅革帯飾鋲一五一
金銅鉸具七　鉄製鉸具四　金銅金具五　金銅鐶五

(4) 漆器

熊脚長方案一　居摂金銅釦果盤一　金銅釦大漆盤一　金銅釦漆盤三　漆盌蓋？一　小銅釦二　金銅杯耳一五対
漆耳杯一　漆器残欠一

(5) 玉石器

璧一　琀一　鼻塞一対　充耳一対　眼玉一対　塞杆一　玉豚一　玉印一　佩玉五　瑪瑙棗玉一　瑠璃切子玉一
瑠璃羊一　琥珀狗児二　熊脚石盤一

(6) 副食品其他雑品

黄金帯鉤一　銀製指環一　金銅輪一　金銅背櫛一　金銅帯鉤一　金銅鐶一　銅鐶一対　篦様品一

(7) 陶器

甕五　厚手壺三　薄手壺三

中国本土の後漢墓は、これほど副葬品が完備しているものは、まだ発見されていない。この時代になると、明器の類が増加してくるので、それだけ実用の器物が減少するのは当然である。まれに銅器がかなり賑かだと漆器が貧弱だったり、葬玉が揃っていると馬具が全然なかったり、とかく全体のバランスがとれていない。内容のやや豊富なのは、江蘇・湖南・広東方面の木槨墓であるが、それでも右の九号墳などとは比較にならない。なお、九号墳から出た黄金帯鉤[20]の無類のすばらしさについては、ここにあらためて説くまでもなかろう。こういう最高級の工芸品は、もちろん本土でつくられたものにちがいない。出来は劣るが、彩篋塚からも純金の帯鉤が出ている。

楽浪漢墓の豪華さをさらにはっきりさせるため、漆器の問題を取り上げてみよう。楽浪の木槨墓からは、驚くべきほど多数の漆器が発見された。たとえば、彩篋塚から出土した漆器の種類と数量を掲げてみると、およそ左のとおりである。

彩画漆篋一　彩画漆器小断片多数（二個体？）　彩文漆匣一　彩硯台一　彩文漆巻筒二　金銅釦彩文漆奩一　素文漆奩一　金銅釦漆小盒一　金銅釦彩文漆壺一　漆耳杯一五　漆盤及漆匙二組　大形漆盤断片四（一固体）　漆椀一　把手付漆椀一　漆勺一　彩文漆案一　素文漆案一　大形漆塗木案一　鉄刀子漆鞘一　漆塗紗帽一　漆塗木製櫛形髪飾一　漆塗木製円形髪飾一　漆塗革沓二足　漆彩木馬断片七（二頭分）　漆塗車輪断片九　漆塗車輻及断片計二六本分　青銅金具付漆塗傘枝一　鉛金具付漆棒断片三　蒲鉾形漆塗木片一　漆塗木器断片二種　朱塗棺一　黒漆大棺一　黒漆小棺一　計五五点。[21]

これらのうち、第一にあげた彩画漆篋[22]は、この古墳の名のもとになったもので、その精緻な漆絵と華麗な装飾は、まさに漢芸術の粋といっても過言ではない。また王光墓では、全副葬品一八四点のうち漆器が八四点にのぼり、王旴墓では一六四点中、漆器が七六点を占めている。このほか王根墓・石巌里二〇一号墳[23]・梧野里一九号墳[24]などをはじめとして、漆器を豊富に埋蔵した墓が少なくない。

漆器は、西周ごろからあったらしいが、目覚しい発達をとげたのは戦国時代で、河南・湖南・湖北方面の墓から、すぐれた遺品が数多く発見されている。漢代に入ると、漆器の製作はいっそうさかんになり、政府は四川方面に工官を置いて、その増産に務めた。『前漢書』巻七二の貢禹伝に「蜀・広漢・金銀器を主《つかさど》る。歳に各々五百万を用う」とあるのを見ても、その盛況が窺われよう。楽浪から出る漆器の銘に、しばしば「蜀郡西工」「広漢郡工官」の刻銘が施されているが、これは『前漢書』巻二八上の地理志上に「蜀郡……県十五……工官有り」「広漢郡……県十三……雒……工官有り」といっているのを裏付けるものである。貢禹伝に「金銀器」とあるのは、縁に金や銀の覆輪を施した漆器のことで(25)、「歳に各々五百万を用う」とあるのは、蜀郡の工官も広漢郡の工官も、毎年五百万銭の経費をかけたという意味である。右に引いた貢禹伝の後文に、彼が

臣禹、嘗て従って東宮に之《ゆ》くに、賜わる杯・案・尽く文画にして金銀飾。当《ま》さに食を臣下に賜う所以に非ず。

と慨嘆しているのによると、金銀覆輪の漆器は、当時よほどの贅沢品であったらしい。ところで、諫大夫の要職にあった貢禹も驚いたほどの、この手の高級漆器が、楽浪からはたくさん出ているのである。しかも、それらの中には、「乗輿」の刻銘を含むものが少なくない。乗輿とは、あらためて説明するまでもなく、宮廷の御用器をさす。四川方面の工官でつくられた御用器が、宮中で使用されたのち、高官などに下賜され、めぐりめぐって辺境の楽浪まで流れついたのであろう。

漢代に、漆器がいかに高価であったかは、『塩鉄論』の散不足九二に「一の文杯（文様のある漆杯）にして銅杯十を得」とあり、王盱墓から出た漆盤の銘の中に「治千二百」（製作費が千二百銭）(26)とあるのからも想像される。また漆器の製作がいかに人手を要したかは、右に引いた『塩鉄論』の後文に「一の杯棬は百人の力を用う」(27)といい、楽浪出土の官製の漆器に、複雑な分業の工程が示されている(28)のによっても窺われる。筆者が、副葬品の豪華さを代表するものとし

て漆器を選んだのは、このような理由からにほかならない。一つ手に入れるのさえ容易でないと思われる漆器を、王旴や王光たちは、どうしても幾十も所有することができたのであろうか。そのわけは、後章で明らかになるはずである。

さて楽浪の漢墓からは、右のように大量の漆器が出土するが、本土の方はどのような状況であろうか。新中国になって発掘された漢墓のうちで、一〇点以上の漆器が出たものを列挙してみよう。

前　漢

江西南昌老福山木槨墓(29)　耳杯三二　盤三七　扁壺一　案？一　等　計七十余点
広州三元里馬鵬岡木槨墓(30)　耳杯三十余　盤四　奩三　扁壺一　柲一　矛一　計四十余点
長沙湯家嶺土壙墓(31)　耳杯六　盤四　奩三　盒一〇　計二三点
広州黄花岡〇〇三号木槨墓(32)　盤一七　匣一　盒三　計二一点
長沙五八長、五、公一号土壙墓(33)　案二　奩一　盒五　杯一　盤六　計一五点
山東文登県木槨墓(34)　碗一　盒一　奩一　案二　盤二　耳杯若干　虎形器一　杖一　計十余点
揚州鳳凰河木槨墓(35)　奩一　盒七　耳杯一　碗一　盤一　計一一点
成都洪家包木槨墓(36)　盤九　奩一　計一〇点

前漢末—後漢初

江蘇塩城三羊墩一号木槨(37)　耳杯若干　盤一　碗一　盒三　奩一　案一　等　計二六点
揚州七里甸木槨墓(38)　耳杯一一　勺二　盒六　奩蓋一　面罩一　盤一　計二二点
広州竜生岡四三号木槨墓(39)　耳杯若干　弓二　盤一　盒三　盾？二　匣一　篋一　案一　車輪二　等　約二〇点
安徽寿県茶庵馬家古堆塼槨墓(40)　案二　盤四　耳杯三　勺二　盒若干　計十余点
山東萊西県木槨墓(41)　奩一　耳杯二　杯一　匣八　計一二点

前漢のころはまだしも、後漢になると、他の実用器物と同様、漆器も副葬されることが少なくなった。右の一三例のうち、漆器の数の上で王光墓や王盱墓に匹敵するのは、わずかに前漢の二例だけで、他は多いといっても、せいぜい二〇点台にすぎない。ましてこの場合、本土の方は、ほとんど全域にわたって発掘された数千基の中からであり、楽浪の方は、辺境の小地域で調査された七十余基[42]についてなのである。したがって、その差たるや、一見して明瞭であろう。しかも本土から出る漆器には、一級品は少なかったようで、二、三の特例[43]を除くと、金銅の釦や杯耳が残っていることはほとんどない。さらに、官製の器たることを示す刻銘をもつものにいたっては、貴州の清鎮で発掘された前漢末—後漢初の土壙墓二基から、計四例出ているにすぎない[44]。このように官製の上物が少ないという点も、楽浪とくらべて大きな違いであろう。『史記』巻一二九の貨殖列伝に「陳夏、千畝の漆」「通邑・大都……木器の髹（うるしぬる）者、千枚……此れ亦た千乗の家に比す」とあるのなどによると、当時、民間の漆工もかなりさかんであったらしい。本土から出る漆器の多くは、おそらくこの手のものと思われる。

なお本土で漢代の漆器が比較的多く残っているのは、おもに江南の方面であり、またそれを出す墓が楽浪と同様、ほとんど木槨に限られているという点も注目される。これらの地方は、地下の条件がよかったということもあろうが、胎が腐朽しても漆片や釦の類は残るはずだから、その点を強調しすぎるのは当たらない。

要するに楽浪の漢墓は、豪奢な木槨が多いこと、その中に漆器をはじめとする実用の器物を豊富に副葬していることにおいて、他に類のない特色を備えているのである[45]。

三

前に述べたように、楽浪古墳の最盛期は後漢の前半期ごろにあった。では、当時の都の洛陽では、どのような墓にどのような副葬品が納められたのであろうか。これは、ぜひとも調べておく必要がある。新中国になってから、洛陽の近郊では、農機具工場などの建設に伴い、数百にのぼる漢墓が発掘され、『洛陽焼溝漢墓』(46)以下の報告が出版された。後漢の帝陵などは、もちろん手をつけていないが、すでにこれだけの資料が揃った以上、この地の漢墓の性質は、ほぼ明らかになったとみてよかろう。

まず洛陽の西北郊の焼溝では、一九五二年一一月から五三年八月にかけて、二二五基の漢墓が発掘された。これらは

第一・二期　西漢中期及其稍後
第三期（前期）　西漢晩期
第三期（後期）　王莽及其稍後
第四期　東漢早期
第五期　東漢中期
第六期　東漢晩期

に分けられるというが、(47)このうち、楽浪古墳の最盛期と並行する第四・五期のものは、合計六一基を数える。いま、それらの構造を調べてみると、いずれも比較的小規模な塼槨墓か土壙墓であって、木槨墓は一つも含まれていない。後漢に下るからというわけではなく、第一期からすでに木槨墓はないのである。このように、墓の構造の貧弱さもさることながら、中から出るものを瓦製明器の類が主であって、あまり見ばえがしない。瓦製明器も後漢になって現れたのではなく、ここでは前漢のころからかなり幅をきかせていた。焼溝漢墓におけるその変遷は、ほぼ左のようであったという。(48)

前漢中期以前は、基本的には周・秦の遺制を受けついで、戦国以来よく見かけるところの罐（丸壺）・鼎・敦・壺

が使用されたが、前漢中期以後になると、墓の中に倉・灶（竈）・炉・井戸など日常生活の器具が加えられた。王莽およびそれ以後には、墓内で祭りをするときなどに並べる一組の杯・案・盤・勺・臼などが、そしてさらに鶏・狗（犬）・俳優・楽伎など人間生活に必要なものが添えられた。

第四・五期に属する六一基の墓からは、これらの瓦製明器のほか、青銅器・漆器・玉器などの実用品もいくらかは出るが、数の上でも質の点でも、楽浪のものとは比較にならない。青銅器のうち最も多いのは鏡で、計一七面出ている。しかし一墓に一面がほとんどで、二面出たのは一例だけ。ほかに青銅の環一一・頂針（指ぬき）五・帯鉤四・洗・印・刀・鈴各二などが見られるぐらいのものである。漆器にいたっては、後漢中期の墓から案が一個出たにすぎない。

一九五五年、洛陽の澗西区（澗河以西地区）で発掘された一〇〇〇基近くの古墓のうちでは、漢墓と宋墓が最も多く、周墓と北朝墓がこれにつぎ、隋唐墓は最も少なかった。中型以上の漢墓は、焼溝のものと内容が似ているが、まだ整理の段階だという。小型の漢墓は七〇基あり、陶棺葬・甕棺葬・瓦棺葬・小塼墓・土壙墓の五種に分けられる。しかし、これらは内容がさらに貧弱で、瓦製明器の類さえろくに揃っていない。[49] 一九五四年から五五年にかけて、洛陽の中州路で発掘された二四基の小型漢墓も、内容の淋しさという点で、右の澗西区のものと大差がなかった。[50] さらに一九五七年から五八年にかけて、洛陽の西郊で発掘された二一七基の漢墓の性質も、焼溝漢墓のそれとほぼ同様であった。[51] 後漢に属するものは六二基を数えるが、副葬品はやはり瓦製明器がおもである。金目のものとしては、鏡・洗・印・帯鉤などの青銅器がいくらかある程度で、漆器はわずか二個しかなかった。

焼溝一一四号墓は、出土した「郭躬印信」の銅印から、『後漢書』巻七六に伝がある廷尉郭躬の墓と推定されている。[52] また西郊九〇一三号墓は、出土した「校尉之印章」の銅印、校尉某の墓であることがわかる。[53]『後漢書』巻三五・三六の百官志によると、廷尉は中二千石、校尉は比二千石の官であったから、いずれも郡の太守に相当する高官である。ところが、郭躬の墓は土壙の床に塼を敷いただけの簡素なもので、副葬品も瓦製明器と問題の銅印のほかには、銅鏡一面と五銖銭若干・貨泉一枚があったにすぎない。校尉某の墓も小型の塼槨墓で、内容もそれとほぼ似たりよったりである。

洛陽では全国にさきがけて、木槨墓が廃止され、副葬品が実用の器物から明器に変わった。その結果、ここの漢墓は造りといい、内容といい、いかにもお粗末なのである。楽浪の漢墓を発掘した先学たちが、この事実を知ったら、さぞ地下で驚くことであろう。こういう私たちの期待に反する不思議な現象は、いったいどうして起ったのか。

四

いうまでもなく後漢の都、洛陽は、四通八達の大都市であった。『史記』巻一二九の貨殖列伝に、

周人は既に纖にして、師史、尤も甚し。轂を転ずること百を以って数え、郡国に賈して至らざる所無し。洛陽の街は、斉・秦・楚・趙の中に居在す。貧人は富家に事うるを学び、相矜るに久賈を以ってす。数々邑を過ぐれども、門に入らず。此等に設任す。故に師史、能く七千万を致す。

とある。貧乏人をたくさん傭い、いろいろな商品を積んだ荷車を引かせて、全国の津々浦々まで売り歩かせたというのだから、いわば富山の薬売の元祖みたいなものであろう。「纖」は、よくいえば倹約家、悪くいえば吝嗇家（けち）のこと。同じ貨殖列伝に、鄒と魯の気質を述べて、「其の衰うるに及ぶや、賈を好みて利に趨ること、周人よりも甚し」といい、また『史記』巻六九の蘇秦伝に、「周人の俗は、産業を治め、工商に力め、什に二（二割の利益）を逐うを以って務と為す」とあるのによると、周つまり洛陽の人たちは、そうとうガメッかったらしい。投機で大金持になったという有名な白圭も、やはり周の人であった。これらの話は、周末から漢初にかけてのことのようであるが(54)、後漢のころも同様であったろう。『潜夫論』巻三の俘侈篇に、

今、世を挙げて農桑を舎（捨）て、商賈に趨る。牛馬・車輿、道路を填塞す。遊手（無為・徒食）を功と為すも

の、都邑に充盈す。……今、洛陽を察するに、浮末の者（商人）は農夫に什（十倍）し、虚偽・遊手の者は浮末に什す。……

とあるのは、射利と虚栄に満ちた洛陽の一端を示すものである。当時の洛陽は、商工業の中心地であったから、天下の奇貨はここを目ざして、ぞくぞく集ってきたに相違ない。僻遠の楽浪にさえもたらされた、四川方面の工官の手に成るところの漆器なども、もとよりその例外ではなかった。問題なのは、これらの貴重な工芸品が、ほとんど墓に副葬されなかったという点である。それは、なぜであろうか。

いったい人智が進むにつれて、厚葬・久喪の弊をさとり、しだいに薄葬におもむくのは、自然のなりゆきであろう。墨子や呂不韋が節葬を説き、漢の諸帝が薄葬令を出しているのも、けだし当然のことである。『墨子』の節葬篇は、上と中が欠けて、下だけ残っているが、そのなかに厚葬・久喪の実情について、

王公大人の喪有る者に存すれば、曰く。棺槨必ず重なり、葬埋必ず厚く、衣衾必ず多く、文繍必ず繁く、邱隴必ず巨なり。匹夫賤人の死する者に存すれば、殆んど家室を竭す。諸侯の死する者に存すれば、庫府を虚にす。

……

哭泣、声を秩《つね》にせず、縗絰（喪服）を擁《いだ》きて涕を垂れ、倚廬（仮小屋）に処り、苫に寝ね、塊《つちくれ》を枕にし、又た相率い、強いて食わずして飢を為し、衣を薄うして寒を為し、面目陥陬（痩せ衰え）、顔色黧黒に、耳目聡明ならず、手足勁強ならずして用う可からざらしむ。

と述べたうえ、

今惟《ただ》、厚葬・久喪なる者を以って政を為さば、国家必ず貧しく、人民必ず寡く、刑政必ず乱れん。

と断じ、自分で考えた薄葬の方法を具体的に説明している。

『呂氏春秋』巻一〇孟冬紀、節喪篇の趣旨は少し変っていて、

今、世俗の大乱の主、愈々其の葬を侈にするは、心、死者の為に慮るに非ざるなり。生者、以って相い矜尚（互いに誇示）するなり。……此を以って世に観《しめ》さば、則ち美なり、侈なり。此を以って死の為になさば不可なり。

というところに重点があるらしい。また同紀の安死篇に、

今、此に人有り。石銘を為り、之を壟（墳丘）上に置きて、「此の其の中の物具・珠玉・玩好・財物・宝器甚だ多し。抇《ほ》らざる可からず。之を抇らば、必ず大いに富み、世々車に乗り肉を食わん」と曰わば、人必ず相与に之を笑い、以って大いに惑えりと為さん。世の厚葬するや、此に似たる有り。古より今に及ぶまで、未だ亡びざるの国有らず。亡びざるの国無きは、是れ抇れざるの墓無きなり。……是の故に、大墓は抇られざる無きなり。而も世々皆争いて之を為す。豈に悲しからずや。……是の故に、先王、倹節を以って死を葬るは、其の費を愛《お》しむに非ざるなり。其の労を悪むに非ざるなり。以って死者為に慮るなり。先王の悪む所は、惟だ死者の辱なり。発かるれば則ち必ず辱しめらる。倹ならば則ち発かれず。故に先王の葬は必ず倹なり。……

とあるのは、厚葬が盗掘を招くおそれのあることを、巧みに説いている点で興味をひく。

さらに、『史記』巻一〇孝文帝本紀の後六年（158 B.C.）の条に、

覇陵を治むるに、皆な瓦器を以ってし、金銀・銅錫を以って飾りと為すを得ざらしめ、墳を治めず、省を為して、民を煩わすこと毋からんと欲せり。

とあるのをはじめとして、前漢の成帝が永始四年（13 B.C.）に、後漢の光武帝が建武七年（31 A.D.）に、明帝が永平十二年（69）に、章帝が建初二年（77）に、和帝が永元十一年（99）に、安帝が永初元年（107）に、それぞれ薄葬令を出しているのも注目されよう。(55)

さて右のような新しい思想は、そのころ最も開けていた洛陽の人たちに、何らかの影響を与えたにちがいない。この地方で、高価な木材を使う木槨墓が早くすたれて塼槨墓に変り、副葬品か実用品から明器に変ったのは、まさにそ

ういう傾向の現れと思われる。高利貸が横行し、万事が金の世の中だった洛陽では、せっかく金になるものを、みすみす捨ててしまうはずはない。死者が生前に使用していた贅沢な什器類は、いたずらに墓中に埋められることなく、遺族たちの手で商業資本に還元され、利息に利息を生んでいく。分業の発達した市中には、塼や明器の専門店が軒を並べていて、金さえ出せば、すぐに墓の造作を引きうけてくれる。りっぱな墓をこしらえるのも、チャチな墓ですませるのも、すべて金の出しよう次第であったろう。空塼に押された画一的な印文や、規格化された瓦製明器のセットなどは、その背後に大量生産的な機構が発達していたことを物語っている。

貴重品を墓に入れても、泥棒にやられたら、何にもならない。むしろ、それらを生者のために活用したらというのは、人情の自然であり、一種の合理主義でもあろう。要するに、洛陽漢墓の内容が貧弱なのは、人びとがだんだん利口になった結果、墓に無駄な金をかけなくなったからであり。また一方では、それを促進するような経済事情が存在したためと考えられる。

五

では、これに対して楽浪の方は、はたしてどうであったか。いったい植民地の生活というものは、とかく華美になりがちである。ことに本国の高い文化を伴い、支配者として乗り込んできた楽浪の漢人の場合は、そういう傾向がいっそう強かったであろう。楽浪土城址（郡治址）からは百数十個の官印封泥が発見されているが、それらはすべて楽浪郡および管下の諸県のものに限られていて、中央ならびに他の郡県のものは一つも含まれていない。(56) 藤田亮策氏は、

封泥考略巻四に「玄兎太守章」封泥二個あり、玄菟の菟を兎に作って居る。続封泥考略巻二に「遼東守印」封泥

一個、再続封泥考略巻一及び封泥彙編に「遼東太守章」封泥各一個あり、又封泥彙編に「遼東均長」の封泥二個まで収めて居る。遠くシナ内地に玄菟・遼東の封簡の送致されたことを物語るもので、楽浪郡印封泥の発見もあり得ないことではない。

といわれた(57)。しかし右に述べたように、楽浪土城址から楽浪関係以外の封泥が一つも出ていないところをみると、楽浪の封泥が中国内地から発見されるという望みも、まずなさそうに思われる。いうまでもなく、官印封泥は公式文書の封緘に用いられたものであるから、封泥の交流がなければ、文書そのものの往復もありえない。少なくとも封泥の事実が示すかぎり、楽浪郡は他とほとんど交渉をもっていなかったようである。これは、楽浪郡の半独立的な性格を反映するとともに、中央からの統制が微弱であったことを窺わせるものとして、甚だ注目に値するであろう。そしてこのような環境が、楽浪郡の官僚たちに強い特権意識をいだかせ、分不相応の派手な生活を送らせる温床になったのかもしれない。

千数百基にのぼる楽浪の古墳は、三上次男氏も指摘されたように(58)、衛氏朝鮮以来この地に住んでいた土着漢人たちの墓であろう。彼らは、楽浪を第二の故郷として、そこに遺愛の品とともに葬られたのである。漢代の慣習として、郡の太守・丞、県の令・長・丞などは現地人を採用せず、中央から派遣するのが原則であったし、またこれらの人たちは、特例を除いて故郷に帰葬されたはずであるから、任地に墓を残す公算は少ない。そして事実、楽浪では現在までのところ、中央から赴任した官僚の墓は、まだ発見されていないのである。郡の首脳たちの墓がりっぱだというのなら、まだ話はわかる。ところが、すばらしい遺物のかずかずを出した王盱墓と王光墓の主でさえ、それぞれ郡の属官の五官掾と太守掾にすぎなかったというのだから(59)、まことに驚かざるをえない。地方の事情にうとい太守の輔佐役として、郡政にかなりの実権をもっていたかもしれないが、それにしてもたかが属官である。本土にいたら、とてもこのように豪勢な墓を築けるはずはない。こうしたことは、下級官僚以外の土着漢人にしたところで、もちろん同様であろう。

中国本土で「楽浪物」に匹敵する遺品を出したのは、河南の洛陽金村(60)・輝県固囲村(61)・信陽長台関(62)、湖南の長沙(63)、湖北の江陵(64)で掘られた古墓ぐらいなものである。しかし、それらがすべて戦国時代に属することは、つぎのような推測を可能にさせる。つまり僻遠の地、この楽浪では、「死を以って生を害せず」という中央の思潮に左右されることなく、戦国以来の伝統を守って、厚葬の風習が存続していたのであろう。植民地生活の常として、本土の文化に郷愁をいだき、多少なりとも保守的になるのは、古今東西を問わず、べつに珍しいことではない。楽浪の漢人たちは、豪華な墓をつくることによって、万里の山河を隔てた故国に、死者の霊を送り返そうとしたのではなかろうか。

ところで、右のような想像がかりに当たっていたとしても、まだ一つ大きい疑問が残っている。漢の辺境に置かれたのは、何も東海の楽浪郡に限ったわけではない。すると、都から遠いというだけでの理由で、楽浪郡の人たちが豪勢な墓を築きえたのなら、漢北・南海・流沙の諸郡でも、同じようなことが起りそうなものである。ところが事実はこれに反し、そういう地方の漢墓をいくら調べてみても、楽浪のそれに比肩するものはない。やや注目されるのは、北では河北懐安(65)と山西陽高(66)、南では広州付近(67)、西では甘粛の武威(68)・酒泉(69)方面の例であるが、それらも盛期の楽浪漢墓にくらべれば、規模の上でも副葬品の点でも、かなり見劣りがする。では、僻遠の地に置かれた諸郡のうちで、なぜ楽浪だけがとびぬけて内容の豊富な墓をつくることができたのか。これには、何か特別の理由がなければならない。

六

さて、これからがいよいよ本番である。

王旴墓・王光墓・王根墓などの主は、いずれも楽浪王氏の一族であった。すでに三上次男氏の詳しい研究によって明らかなように、王氏は楽浪の土着漢人のうちでは、名門中の名門であった。三上氏は、先ず『後漢書』巻七六王景伝などの文献資料を検討して、

王氏は楽浪郡の名族としてその名が高かったのである。(70)

といい、ついで印章以下七種の考古学資料を総合して、

楽浪郡時代（前期・後期）および郡滅亡後の後楽浪期を通じ、考古学上の資料にあらわれる姓は王氏と韓氏の両姓である。そうして、この両姓の資料にあらわれる頻度は、後にあげるこれ以外の姓に比して、圧倒的に多い。(71)

とされ、さらに王・韓の両氏について、

前期に限っていえば、王姓の出現頻度は韓氏をはるかにひきはなし、その点よりいえば王氏の名声ははるかに韓氏を上まわっていたことが推測できる。(72)

といわれている。前にくりかえして述べたように、楽浪古墳の最盛期は後漢の前半期、つまり三上氏のいわれる「楽浪前期」にあった。したがって、この時期における楽浪名族の代表として王氏をあげることは、きわめて当然であろう。

贅沢な木槨墓をつくるには、おそろしく費用がかかったに相違ない。また蜀や広漢の漆器をはじめとする高価な工芸品は、それに見合うような代償があってこそ、はじめて手に入れることができたはずである。単に名門だったからというのでは、説明にならない。問題は、なぜ楽浪王氏が巨万の富を築きえたかという点、さらに掘りさげると、その金づるのもとになったのは何物かという点である。天下の名器を集めるために必要な見返りの品は、五銖銭のような低額貨幣とは考えられない。そうかといって、量の割に値の張らぬ木の実や海産物などであるはずもない。それは少量で莫大な値打のあるもの、つまり、中国で古くから高額の取り引きに用いられていたという黄金ではなかろうか。

中国は昔から金の少ないところで、その産出量は現在でも、世界のそれの一％にも達しない。アジアでは、朝鮮・

日本・フィリッピン・インドについで第五位である。(73) しかも、中国の産金の大半を出す東北地区、とくに黒竜江流域は、一九世紀末になってから開発されたという。(74) したがって、それ以前の状況は推して知るべきであろう。そのためか、先秦時代の金の遺品はきわめて少なく、例の楚金版(75)のほかには、金葉（薄片）などの装飾品がわずか発見される程度にすぎない。(76) あれだけ豪勢な墓をつくりながら、中に金製品をほとんど入れなかったとは、世界のほかの国々と比べて、むしろ意外な感じさえいだかせる。これは、金があまりにも少なく、あまりにも貴重だったからではあるまいか。当時の文献を調べてみても、臣下に対する賞賜としていくらか用いられたことがわかるだけで、貨幣として大きい機能を果たしていたという形跡は見いだせない――もちろん楚の国という例外はあるけれども。ところが漢代になると、不思議なことに、あちこちで金がだぶついてくるようである。つぎに、そう考えられる根拠を示そう。

(1)　『史記』巻三〇の平準書に、左のような記載がある。

明年（元朔六年、123 B. C.）、大将軍（衛青）六将軍を将い、仍ち再び出でて胡を撃ち、首虜万九千級を得たり。首虜を捕斬するの士、賜を受くること黄金二十余万斤。……其の明年（元狩二年、121 B. C.）、驃騎（霍去病）仍ち再び出でて胡を撃ち、首四万を獲たり。……是の歳の費、凡そ百余巨万。……其の明年（元狩四年、119 B. C.）、大将軍・驃騎、大いに出でて胡を撃ち、首虜八九万級を得たり。賞賜五十万金。……

「百余巨万」は百余万万すなわち百余億のことで、銅銭の数をさす。「五十万金」は、必ずしも黄金五十万斤の意味ではないらしい。加藤繁氏は、この点を詳しく考証して、「銭ばかりの場合でも、銭と黄金とまじって居る場合も、其の価値が黄金若干に当たれば、これを若干金と謂ったのであろう」(77)といわれている。しかし「黄金二十余万斤」の場合は、問題がない。二十余万という数に誇張があるかどうかはとくにかく、当時の一斤を筆者の計算によって二五六瓦とすると、二〇万斤はじつに五一・二屯に当たる。わが国の年間産金量が一四屯（昭和四二年度）であることを思うとき、これはなみなみならぬ数量といわなければならない。この莫大な賞賜は、原則として大司農から支出され、少府がこれを助けることもあった。

(2)　前漢の諸帝が王侯や臣僚に大量の黄金を下賜しているという事実が、『史記』の本紀や『前漢書』の帝紀などにしばしばみられる。いま一人あたり百斤（二五・六瓩）以上の例を拾ってみると、

文帝が大尉周勃に五千斤、丞相陳平・将軍灌嬰に二千斤ずつ。朱虚侯劉章・襄平侯紀通・東牟侯劉興居に千斤ずつ。景帝と太后がそれぞれ中郎将郅都に百斤。武帝が治粟都尉桑弘羊に二百斤、侍郎東方朔に百斤。宣帝が大将軍霍光に七千斤、広陵王に千斤、諸侯王十五人に百斤ずつ、丞相韋賢・右扶風尹翁帰子・大司農朱邑子・潁川太守黄覇に百斤ずつ。元帝が副校尉陳湯に百斤。成帝が広漢太守趙護・汝南太守厳訢・大司農中丞閎前に百斤ずつ。哀帝が王莽に五百斤。

このほか、十斤台のものにいたっては、枚挙にいとまもない。列伝などを調べたら、さらに多くの例が見いだせるはずである。[78]この大量の賞賜は、帝室財政の負担に属し、少府または水衡から支出された。

(3)　『史記』巻三〇の平準書に、

酎に至って、少府、金を省《み》る。而して列侯の酎金に坐して侯を失う者、百余人。

とある。その意味は「酎は三重醸の醇酒。八月にこの良い酒を供えて、宗廟を祭る。そのさい諸侯が黄金を献上して費用にあてる。少府がその黄金を調べたところ、量が足りなかったり色が悪かったりしたため、諸侯の地位を失うものが百余人」ということである。加藤氏が指摘されたように、『後漢書』巻一四礼儀志上、上陵の条の注に引かれた丁孚の『漢儀』によると、諸侯が献上する黄金の量は、その国の人口千人について四両、千人未満五百人以上の端数がついた場合も、やはり四両とすることになっていた。そこで氏は『前漢書』巻二八下地理志下に掲げられた平帝の元始二年（2 A.D.）の調査による二十国につき、それぞれの口数に照らして献金の高を計算されたところ、淮陽国の口九十八万千四百二十二―金三千九百六十四両を筆頭として、その総計は二万四千七百八十両、すなわち十二石三鈞一八斤十二両に

なったという。[79]これを筆者の算定による一両＝一六瓦の割合で換算すると、三九六・四八瓩になる。量としてはさほど多くないが、一回きりでなくて毎夏のことだから、諸侯もかなり金をもっていたのであろう。『史記』巻五八の梁孝王世家に、

孝王未だ死せざるの時、財は巨万を以って計り、勝げて数う可からず。死するに及び、府蔵は黄金を余すこと、尚お四十余万斤。他の財物も是に称《かな》う。

といっているのは、その一端を窺わせるものであるし、また『前漢書』巻九九下の王莽伝下に、

（莽のまさに敗れんとする）時に、省中の黄金、万斤なる者を一匱と為すに、尚お六十匱有りき。

とあるのなども、有力な資料といえよう。

(4)　墓の中から出る金製品の数も、たしかにそれ以前より多くなってきた。目に触れたものをいくつか、左に拾い出してみよう。

長沙五里牌一二号前漢土壙墓[80]　漆奩上に貼りつけた金花飾九
長沙二一一号前漢木槨墓[81]　金餅一（重さ二四四・一二五瓦、純度九九・三％）　金環一　漆盒上の金箔貼花数十
長沙四〇一号前漢木槨墓[82]　金餅一（重さ二五四・一二五瓦、純度同前）
貴州清鎮一〇七号前漢末―後漢初土壙墓[83]　金墜（垂飾）一
長沙五里牌九号後漢塼槨墓[84]　金餅一（重さ二三四・五瓦）　蕎麦形飾三　細腰形佩管飾一対　小珠飾一九三
亜形飾一　茉莉花苞形飾二七　指環一〇　腕輪四　球形飾一一　計二五二点
湖南衡陽蒋家公山後漢塼槨墓[85]　金餅一（重さ三一二・五瓦）
広州竜生岡四三号後漢木槨墓[86]　金珠六　金指環三　金葉二
広西貴県後漢土壙墓[87]　金葉一　馬蹄金一　小金珠九

洛陽焼溝一〇四〇号後漢土壙墓(88)　金飾四

種類もかなり豊富になっており、ことに当時の一斤またはそれ以上もある金餅が各地で出ていることは、甚だ注目に値する。副葬品が簡素化していく傾向の中で、これだけの金製品を墓に入れたというのは、その背後に多量の金があったことを示すものであろう。

さて右に述べたごとく、漢代に入ると、にわかに金が豊富になり、政府も諸侯も相当の量を保有するにいたったようである。そのほか、都市の商人が動かしていたはずの分も考慮に入れると、当時の金は莫大な量に達したにちがいない。この不思議な現象は、どう解釈すべきであろうか。中国はもともと金が少なかったはずであるから、これらの金は外から輸入されたとしか考えられない。おそらく、中国の周辺に有数な産金地帯があって、それがたまたま前漢の初めごろ開発されたからではあるまいか。そして、その有数の産金地帯こそ、周囲の状況からみて、朝鮮を除いてほかにありえない。時代は下るが、現在アジア第一の産金地といわれる朝鮮こそ、まさにそれにふさわしいところなのである。この点について、左にいくつか文献をあげておこう。

朝鮮は、むかしから産金国としてその名が四海にしられている。(89)

北は平安道及咸鏡北道の国境より、南は慶尚南道及全羅南道の地を通じて、到る処に金を産ぜざるは無しとさえ云われる程に、国産資源の宝庫をなしているのである。(90)

金鉱及び砂金床は朝鮮全土到る処に存在し、現在三千三百有余の鉱区中、二千五百有余は実に金鉱採掘を目的としたものである。我国（朝鮮を含む―関野註）は亜細亜全体の五割の産金額を示し、又欧州にてはロシアを除いて、我国に比肩すべき国がない。而して朝鮮と同様の面積を有する国家で、朝鮮と同等又はそれ以上の産金額を示すものは、僅に南阿のトランスバールと日本内地のみである。朝鮮の産金国と称せられる理由は、これに依っても容易に知ることが出来得るのである。(91)

歴史的にみると、朝鮮の産金状況については、漢代はおろか新羅の統一時代にいたるまで、これといった文献は残っていない。しかし、五―六世紀ごろの新羅や任那の古墳から、冠や耳飾をはじめとする大量の黄金製品が出ることは、あまりにもよく知られた事実である[92]。なお高麗のころには、金を有力な地方財源にしていたが、中国から貢納を強制されるのに苦しみ、李朝になると、その採掘を禁じてしまったことさえあるという[93]。

もちろん金鉱や砂金床の分布は、漢代の昔も今と変りがなかった。問題なのは、それらが開発されていたか、いなかったかという点だけである。戦国末から漢初にかけて、燕や斉の遺民が東北地区南部を経て北朝鮮に流れ込むことは、魚豢の「魏略」や『史記』『前漢書』の朝鮮伝の記載に窺われるばかりでなく、これらの地方から明刀銭・布銭・鉄器などが出土することによって疑いない[94]。しかも彼らの通り道に当たる平安北道の方面は、朝鮮中で最も産金額の多いところなのである[95]。したがって、それまで地下や河床に眠っていた朝鮮の金鉱や砂金が、黄金に目のない先進国の彼らによって開発されたというのは、必ずしもありえぬことではない。

楽浪郡をはじめとする四郡が朝鮮半島に置かれたのは、武帝の元封三年（108 B.C.）である。しかし、さきにあげた諸例が示すように、中国で金が溢れだすきざしは、すでにその前からはじまっていた。また楽浪郡の設置によって、中国における金の増加がとくに著しくなったという形跡もみられない。つまり朝鮮の金が中国に輸入されたであろうことと、楽浪郡が設置されたこととは、どうも直接結びつかないようにみえる。これは、実際に金を動かしていた人たちが、楽浪政権とは関係の少ない民間人だったからではあるまいか。右のような推測が当っているとすれば、新天地を求めて朝鮮に移住し、金の利権を独占して一獲千金の夢を実現された土着漢人のうちで、最も成功を収めたのが楽浪王氏の一族であったらしいということになる。こう考えれば、彼らがその地位にふさわしからぬ豪華な墓を築いたとしても、べつに不思議ではなかろう。まさに、楽浪古墳の謎を解く黄金の鍵というところである。

楽浪の王氏が黄金屋の成上りだろうという新説は、決定的な裏付けがない以上、立証することはむずかしい。しかし、ここに一つの傍証になりそうなものがある。前に述べたように、中国本土で漢代の木槨墓がかなり残っていて、しかもその中から漆器が出るのは、おもに江南の方面とみられる。『戦国策』の楚策に「黄金・珠璣・犀象は楚に出づ」、『管子』の軽重甲篇に「楚に汝漢（汝水・漢水の流域）の黄金有り」、『史記』の貨殖列伝に「予章（江南南昌）は黄金を出だす」などとあるように、江南は金の産地として知られていた。この地方でさかんに楚金版が用いられたのも、また贅沢な墓を築きえたのも、黄金の富を背景としていたからにちがいない。すると、やはり木槨墓から多くの漆器を出す楽浪の場合も、同じようなことがいえるのではなかろうか。断定はできないにしろ、その可能性はかなり大きいと考えられる。

すばらしい工芸品があっても、墓に副葬されなければ、後世に残らない。また墓から出たといっても、その地でつくられたものとは限らない。これは、漢芸術の地方色を研究するさい、忘れてはならないことである。美を誇る洛陽の名器は、ほとんど伝世のうちに消えうせた。いっぽう、王氏一族をはじめとする楽浪の漢人たちは、金にあかして贅沢な什器類を買い集め、それをもって彼らの墓を飾った。

楽浪古墳を発掘したわが先学たちは、その初陣の功名として、いきなり漢芸術の粋に接するという幸運に恵まれたのである。

註

（1）「大ざっぱに集計すると、発見されたものは二、三万基に達し、正式な発掘を経たものだけでも数千にのぼる」という。中国科学院考古学研究所『新中国的考古収穫』（文物出版社、一九六一）七四頁。
（2）関野貞ら『楽浪郡時代の遺蹟』（朝鮮総督府、一九二七）。
（3）小場恒吉・榧本亀次郎『楽浪彩篋塚』（朝鮮古蹟研究会、一九三四）。

（4）原田淑人・田沢金吾『楽浪』（東京帝国大学文学部編、刀江書院刊、一九三〇）。
（5）小泉顕夫『楽浪王光墓』（朝鮮古蹟研究会、一九三五）。
（6）S. Umehara: Two Remarkable Tombs of Wooden Construction, Excavated in Pyongyang, Korea. (Archives of the Chinese Art Society of America, X, 1956) 梅原末治・藤田亮策『朝鮮古文化綜鑑』三、「楽浪坤」（養徳社、一九五九）六七―六八頁。
（7）拙稿「墳墓の構造」（『世界考古学大系』七、「東アジア」三、平凡社、一九五九）三一―三六頁。
（8）「木槨墓……最も大規模なのは楽浪遺跡の例で、室内を敷居でいくつかにくぎったり、また前室と後室を通路でつなぎ、前室に副葬品を、後室に二個か三個の棺をおさめたりしている。揚州江都県の木槨墓は、長方形の室内を縦にしきって、棺と副葬品を入れわけるか、二棺を並べた片すみに副葬品をおさめるかしており、その規模はきわめて小さい。広州市のものも、それと似た構造をしめすが、副葬品を入れる部分が、いちだん低くなっている点に特色がある」（『同右』三三頁）。
（9）駒井和愛「六朝以前の墳墓」（『中国古鏡の研究』岩波書店、一九五三、付録一）二〇一―二〇六頁。
（10）『楽浪郡時代の遺蹟』本文六二―六三頁。
（11）拙稿「中国芸術の一側面」（『中国考古学研究』東京大学出版会、一九六八再版、所収）五五五―五五六頁。
（12）『楽浪彩篋塚』二三―二四頁、図版三一・三二。
（13）『楽浪王光墓』五〇頁。
（14）『同右』五頁。
（15）『楽浪郡時代の遺蹟』一四二―一四三頁。
（16）『広韻』に「樟は予樟。大木なり。通じて章に作る」、『玉篇』に「樟は樟にして、予章に似たり」、『説文通訓定声』に「枏、字は亦た楠に作る」とある。
（17）『楽浪郡時代の遺蹟』本文一五九―一六〇頁。原田淑人「漢代の木棺に就て」（『東亜古文化研究』座右宝刊行会、一九四〇、所収）四六〇―四六一頁。
（18）『楽浪郡時代の遺蹟』本文七一―一二一頁。
（19）これは後になって、傘枝の先につく金具であることがわかった。

(20)『楽浪郡時代の遺蹟』本文一一七―一一八頁、図版四七七・四七八。
(21)これはもちろん概算である。原則として、一個体分の断片は、いくつあっても一と数えた。
(22)『楽浪彩篋塚』四一―四二頁、付録、巻首図版A、図版四一―五〇。
(23)「石巌里第二〇一号墳」(『楽浪彩篋塚』所収)。
(24)『昭和五年度古蹟調査報告』(朝鮮総督府、一九三五)。
(25)『楽浪郡時代の遺蹟』本文一〇一頁。
(26)『楽浪』四三頁に「治千二百は明かでないが、或は入念に整治したという訳かも知れない」とあるのは誤りで、佐藤武敏氏がこのように解釈されているのが正しい。同氏「中国古代の漆器工業」(『中国古代工業史の研究』吉川弘文館、一九六二、所収)二九三頁。
(27)木を曲げてつくった杯。曲物の杯。
(28)「中国古代の漆器工業」二七二―二九〇頁。
(29)江西省文物管理委員会「江西南昌老福山西漢木槨墓」(『考古』一九六五の六)。
(30)広州市文物管理委員会「広州三元里馬鵬岡西漢墓清理簡報」(『考古』一九六二の一〇)。
(31)湖南省博物館「長沙湯家嶺西漢墓清理報告」(『考古』一九六六の四)。
(32)広州市文物管理委員会「広州黄花岡〇〇三号漢木槨墓発掘簡報」(『考古通訊』一九五八の四)。
(33)湖南省博物館「長沙市東北郊古墓葬発掘簡報」(『考古』一九五九の一二)。
(34)山東省文物管理処「山東文登県的漢木槨墓和漆器」(『考古学報』一九五七の一)。
(35)蘇北治淮文物工作組「揚州鳳凰河漢代木槨墓出土的漆器」(『文物参考資料』一九五七の七)。
(36)四川省文物管理委員会「成都洪家包西漢木槨墓清理簡報」(『考古通訊』一九五七の三)。
(37)江蘇省文物管理委員会・南京博物館「江蘇塩城三羊墩漢墓清理報告」(『考古』一九六四の八)。
(38)南京博物館・揚州市博物館「江蘇揚州七里甸漢代木槨墓」(『考古』一九六二の八)。
(39)広州市文物管理委員会「広州市竜生岡四三号東漢木槨墓」(『考古学報』一九五七の一)。
(40)安徽省文化局文物工作隊・寿県博物館「安徽寿県茶庵馬家古堆東漢墓」(『考古』一九六六の三)。

(41)　揚子范・王思礼「山東萊西県漢木槨墓中出土的漆器」(『文物』一九五九の四)。
(42)　「当初からの調査の総数は七十余基」であるという。『朝鮮古文化綜鑑』三、六〇頁。
(43)　たとえば、河北定県北荘の後漢墓から、漆器や木器に用いられたらしい金銅の金具が三六個出ている。河北省文化局文物工作隊「河北定県北荘漢墓発掘報告」(『考古学報』一九六四の二)。
(44)　すなわち、一五号墓・一七号墓出土の耳杯は、元始三年(3 A. D.)に広漢郡工官が、一三号墓出土の耳杯は、同じ年に蜀郡西工が、それぞれ製作したことがわかり、また一五号墓出土の盤は、刻銘の上半が失われているけれども、広漢郡工官の手に成ったことが推測される。貴州省博物館「貴州清鎮平壩漢墓発掘報告」(『考古学報』一九五九の一)。
(45)　この場合、三上次男氏が楽浪の木槨墳について、左のようにいわれているのも参考になる〔同氏「楽浪郡社会の支配構造と土着民社会の状態」(『古代東北アジア史研究』吉川弘文館、一九六六、所収)六三頁〕。
ことに前期の墳墓であって木槨墳の場合、それに納められた漆器の木棺をはじめ、精巧な種々の漆器類ははるばる巴蜀の地(四川方面)から運ばれたものであり、遺骸をおおう布に帛の類には、山東・四川方面からもたらされた貴重な絹布がつかわれている。また遠い異域の地から伝えられた玉製品、あるいは藍青色のガラスを材料として作られた装身具も少なくない。木槨墳におさめられた副葬品にいかに多くの貴重品が含まれていたかは、これらの木槨墳の発掘調査報告書を見れば、よくわかるであろう。
(46)　中国科学院考古研究所『洛陽焼溝漢墓』(科学出版社、一九五九)。
(47)　『同右』一三九頁。
(48)　『同右』一四一頁。
(49)　河南省文化局文物工作隊「一九五五年洛陽澗西区小型漢墓発掘報告」(『考古学報』一九五九の二)。
(50)　中国科学院考古研究所『洛陽中州路(西工段)』(科学出版社、一九五九)一三〇—一三六、一六七—一六八頁。
(51)　中国科学院考古研究所洛陽発掘隊「洛陽西郊漢墓発掘報告」(『考古学報』一九六三の二)。
(52)　『洛陽焼溝漢墓』四七—五一頁。
(53)　「洛陽西郊漢墓発掘報告」三一頁、ならびに表六「洛陽西郊漢墓墓葬登記」。
(54)　師史はよく七千万(銭)の財を積んだというが、これは貨幣が完全に普及した漢代になってからのことに相違ない。

(55) このほか『前漢書』巻三六の劉向伝に、成帝に対して昌陵を起こすのを諫めた長文の疏が載っている。
(56) 藤田亮策「楽浪封泥攷」(『朝鮮考古学研究』高桐書院、一九四八、所収) 三四一頁。
(57) 『同右』三四九頁。
(58) 「楽浪郡社会の支配構造と土著民社会の状態」三二一頁。
(59) 『楽浪』六九頁、『楽浪王光墓』四五—四六頁。
(60) 梅原末治『洛陽金村古墓聚英』(一九三七)。
(61) 中国科学院考古研究所『輝県発掘報告』(科学出版社、一九五六)。
(62) 河南省文化局文物工作隊「信陽長台関第二号楚墓的発掘」(『考古通訊』一九五八の一一)、同『河南信陽楚墓出土文物図録』(河南人民出版社、一九五九) など。
(63) 中国科学院考古研究所『長沙発掘報告』(科学出版社、一九五七)、湖南省博物館「長沙楚墓」(『考古学報』一九五九の一) など。
(64) 湖北省文化局文物工作隊「湖北江陵三座楚墓出土大批重要文物」(『文物』一九六六の五)。
(65) 水野清一「万安県懐安漢墓調査記」(『万安北沙城』(東亜考古学会、一九四六) 第二部)。
(66) 水野清一ら『蒙疆陽高県漢墓調査略報』(大同石仏保存協賛会、一九四三)。ことにここの一二号墳(耿嬰墓)は、比較的小規模な木槨墓ながら、副葬品の豊富な点で注目される。
(67) 註30・32・39などを参照。
(68) 甘粛省博物館「甘粛武威磨咀子六号漢墓」(『考古』一九六〇の五)、同「甘粛武威滕家荘漢墓発掘簡報」(『考古』一九六〇の六) など。
(69) 甘粛省文物管理委員会「酒泉下河清第一号墓和第一八号墓発掘簡報」(『文物』一九五九の一〇)、同「甘粛酒泉県下清漢墓清理簡報」(『文物』一九六〇の二) など。
(70) 「楽浪郡社会の支配構造と土著民社会の状態」三二一頁。
(71) 「同右」五六頁。
(72) 「同右」六一頁。

(73) 朱夏『中国的金』(商務印書館、一九五三）一二頁。
(74)『同右』五七頁。ハインリッヒ・バウェル著、高山洋吉訳『支那鉱業論』(日本評論社、一九三九）一一六—一一七頁。
(75) 拙稿「先秦貨幣雑考」(『東洋文化研究所紀要』二七、一九六二）八七—九二頁。
(76) 河南の濬県辛村・汲県山彪鎮・輝県固囲村、安徽の寿県などの古墓から、零細な金製品が少しばかり出ている。
(77) 加藤繁「漢代に於ける国家財政と帝室財政との区別並に帝室財政一斑」(『支那経済史考証』上、東洋文庫、一九五二、所収）一五五—一五六頁。
(78) 朱夏氏は『中国的金』二三頁に、左のように述べられている。

唐の太宗、于志寧・孔穎達の能く太子を諫むるを以って、各々金一斤を賜う。漢代の帝王に比して、已に「寒酸」万倍なり。宋の太宗、曽て人に向って問題を提出す「両漢、賜予するに多く黄金を用う。而るに後代遂に得難きの貨と為すは何ぞや」と。蘇東坡また説く「近世、金は両を以って計る。人主と雖も未だ嘗て百金を以って人に与えず。何すれぞ古は多くして今は少なきや」と。見る可し、唐宋を以って両漢に比すれば、已に今昔の感に勝えざるもの有るを。

これによっても、漢代における賜金の量が、いかに莫大であったかを知ることができよう。
(79)「漢代に於ける国家財政と帝室財政との区別並に帝室財政一斑」七六—七七頁。
(80) 湖南省博物館「長沙五里牌古墓葬清理簡報」(『文物』一九六〇の三)。
(81) 中国科学院考古研究所『長沙発掘報告』(科学出版社、一九五七)。
(82)『同右』。
(83) 貴州省博物館「貴州清鎮平壩漢至宋墓発掘簡報」(『考古』一九六一の四)。
(84) 註80参照。
(85)「衡陽苗圃蒋家公山古墓清理簡報」(『文物参考資料』一九五四の六)、高至喜「湖南古代墓葬概況」(『文物』一九六〇の三)。
(86) 註39参照。
(87) 広西省文物管理委員会「広西貴県漢墓的清理」(『考古学報』一九五七の一)。
(88) 註46参照。
(89) 外国文出版社『朝鮮民主主義人民共和国』(同社、一九五八）一八三頁。

(90)　渡辺弁三『朝鮮の金鉱と重要鉱物』（松山房、一九三四）五―六頁。
(91)　東洋協会調査部『朝鮮の地下資源』（同部、一九三七）八―九頁。
(92)　新羅では、金冠塚・金鈴塚・瑞鳳塚・飾履塚・梁山夫婦塚などが有名。
(93)　『朝鮮の金鉱と重要鉱物』四〇頁。
(94)　藤田亮策「朝鮮発見の明刀銭と其遺蹟」（『朝鮮考古学研究』所収）、佟柱臣「考古学上漢代及漢代以前的東北疆域」（『考古学報』一九五六の一）など。
(95)　朝鮮総督府『朝鮮事情』（昭和一八年版）九二―九三頁。朝鮮総督府殖産局『朝鮮の金銀鉱業』（一九二九）一〇頁。

新耒耜考

序

先秦時代の代表的な耕具が、耒と耜であったことは、ここにあらためて説くまでもない。したがって、その形態や機能を明らかにすることは、当時の農耕技術を研究するさい、まずやっておかなければならぬ基礎的な仕事と考えられる。しかるに、この二種の耕具については、早い時代に名称の混乱が起り、その原形が不明となってしまった。そして、こうした疑問は長い歳月を経て、つい近ごろまで持ち越されるという状態であったが、一九三〇年に徐中舒氏が有名な「耒耜考」(1)を発表されるに及んで、新しい局面が展開した。この一篇は、文献と遺物を縦横に駆使して博引傍証、まさに名論文の評に恥じぬものであり、耒耜の問題に決定的な解決を与えたかに見えた。事実、それ以後この問題に触れる人たちは、徐氏の説に対して疑いを挟むことなく、わが天野元之助博士(2)や西山武一氏(3)なども、これを祖述敷衍されているにすぎない。まことに内藤戊申氏もいわれたように、(4)「古代の農業を研究するものにとっては、今日でもなお、この『耒耜考』が議論の出発点になるのである」。したがって、その出発点が間違っていたら、大変なことになるであろう。

ところで、近ごろ筆者は先秦時代の貨幣についていろいろ調べているうち、布銭全体が二つの系統に大別されること、またこの両者が耒耜の原形と深い関係を持っていることに気がついた。[5] 徐氏は、すべての布銭は耒に由来するといわれるが、筆者の考えによると、布銭には耒から起ったものと、耜から出たものとの二種があったらしいのである。このことは、はたして何を意味するか。二種の分布状態を調べてみれば、耒と耜の使用地域がわかるであろう。さらに、そういう差異が生じた原因をつきつめていけば、先秦農耕技術史上の重要な問題に逢着するかも知れない。方法は徐氏のと似ているが、結論はかなり違ってきそうである。また普通、戦国文化の発展は牛耕に負うところが多いといわれるが、牛の牽く犂は、いつ、どこで、どのようにして現れたのであろうか。それは、耒と耜のいずれから発達したのであろうか。こうした点も、先秦の農耕における基礎的な課題となるに相違ない。さきのことはしばらくおき、まず耒と耜に関する諸説を紹介し、その実体を明らかにすることから始めよう。徐氏の論文にちなみ、題して「新耒耜考」という。

一　耒耜に関する諸説

耒と耜の原形を窺う上に、直接の手がかりとなるものが、甲骨文や金文の文字であることはいうまでもない。しかしこの点については、のちに詳しく検討することとし、ここではまず、文献に現れた耒と耜の用例を、問題として取り上げたい。

天野元之助博士も指摘されているように、[6]『孟子』の滕文公上・下、『呂氏春秋』の季冬紀、『礼記』の月令、『周礼』の山虞、『管子』の小匡・揆土・国蓄、『国語』の斉語、『六韜』の農器などでは、みな一様に「耒耜」という語を用いている。その意味については、⑴耒と耜、⑵耒耜という特定の耕具、⑶耒と耜が一般的な耕具であったところから生じた、耕具の総称ないし抽象名、以上三つの可能性が考えられよう。しかしそれぞれの用例が、右のいずれに当たるかを明らかにすることは、現在のところほとんど不可能に近い。徐中舒氏は、耒と耜が混合して「耒耜」という熟語をつくってしまったと考え、すべての「耒耜」を(2)の意味に限定されたが、一概にそうとばかり断定することはできないであろう。もっとも「耜」という字がすでに、耜の原字である「㠯」と「耒」の結びついた形をとっているところから見ると、耒と耜が混合したことだけは確かである。だが、その混合の仕方はつぎに述べるようなものであったらしく、「耒耜」と呼ばれる特定の耕具が存在したかどうかは、かなり疑問だといわなければなるまい。この点については、徐氏も積極的な論拠をあげておられないのである。

さて、耒と耜はもともと別種の耕具だったわけであるが、やがて耕具の木柄の部分を「耒」、その下につく木製または金属製の刃の部分を「耜」とする解釈が生ずるにいたった。徐氏も引用しておられるごとく[7]、

耜は耒下の耓なり。耒は耜上の句木なり。(『易』繋辞下の京房注)
耒は耜の上曲なり。耜は耒の金なり。(『礼記』月令の鄭玄注)
耒は耕する曲木なり。枱は耒の耑なり。(『説文解字』)
耜は耒端の木にして、金を施す所以なり。(『前漢書』食貨志の顔師古注)
土に入るを耜と曰う。(『国語』周語の韋昭注)
耜は耒頭の鉄なり。(『荘子釈文』所引の三蒼)

とあるのなどは、いずれもそれを示すものである。しかし、こうした見解が必ずしも漢儒に始まるものでないことは、『周礼』考工記の車人の条に見える耒と、匠人の条に見える耜が、すでにこれは同じ見方によっているらしいことからも窺われる。

漢代以降、耒を上木、耜を下金とする右の説は、ほとんど決定的なものとなり、両者の原形は忘れ去られてしまったかに思われた。ところが序に述べたように、一九三〇年徐氏は「耒耜考」を発表して、この二〇〇〇有余年の誤解

をとくべく、精細な考証を重ね、注目すべき新説を発表されたのである。これはかなり長文なもので、全体の要領を得るのは容易でないが、ここではとりあえず、耒と耜に関する部分だけを、左の五項にまとめて、簡単に紹介しよう。

(1) 甲骨文・金文に現れる耒の字、耒偏の字、耒から発展した字を見ると、耒は上端が湾曲し、下端が分岐する点で一致している。したがって、これから古代の耒の形態を推測すれば、まず大過ない。つまり耒は樹枝の形をまねた耕具である。耒の系統を引く布銭によって、その変遷を辿ってみると、耒は木製から金属製に、岐頭から平刃に、平首から空首になったと断定できる。武氏祠の画像石に、神農氏・夏禹・有翼神仙などが岐頭の耕具を手にしている光景が刻まれているが、これは耒の形をとどめたものであろう。

(2) 弋は最初の農具で、地を刺すには向いていたが、土を掘り起すには不便であった。そこでのちになって、弋の下に円頭平葉の木板を加えた。これがすなわち耜である。日本正倉院所蔵の子日手辛鋤、日本の古墳出土の鋤先、現在日本各地で用いられている鋤は、いずれもその遺制であろう。これらは、木板の下に金属製の刃を嵌め込んだものである。一方、中国では、このような耕具は不思議に残っていない。しかし、磬幣または橋幣といわれる先秦時代の貨幣は、逆さにして見ると、日本の鋤先の形によく似ている。したがって、この種の貨幣はおそらく犂錧(8)を模したもので、耜の系統を引いているのであろう。耜ははじめ木製の耕具であったが、のちに平葉の先端に半円形をした金属製の刃を加えたらしい。

(3) 甲骨文を見ると、耒に関係ある字は甚だ多いが、㠯の字は僅か二つしかなく、㠯に従う字は全然ない。それ故、耒は殷人が常用した耕具らしく、殷の滅びたのちも、殷人が分布した東方の諸国で襲用された。つまり布銭の流通地域、三晋を中心とする方面は、とりもなおさず耒が用いられていた地域であり、また刀銭の流通圏に属する斉でも、戦国および後漢の時代にひとしく耒を使用していた。

(4) 周の始祖の后稷は、邰に国したという。邰は邑と台に従い、台と㠯は同じ字であるから、后稷は㠯を以て国名としていたわけだ。また『詩経』のなかに、耜の字は四つも見えるが、耒の字はない。したがって、耜は周人が常用した耕具であろう。甲骨文・金文の秦の字は、人が杵を抱いて禾を舂いているさまを表しているから、その地における農業の状況が窺われる。耜は周の東遷後も、秦の地、すなわち汧水・渭水の間に行われたのであろう。

(5) 耒と耜は同じく耕田刺土の具であったが、その形式は異なり、通行の地域も違っていた。しかし一般の人たちは、互に比較する機会がなかったので、東方の人は耒を西方の耜だと思い、西方の人は耜を東方の耒だと考えた。そこで、この耒と耜の二つの名称がしだいに一物を形成し、「耒耜」という一つの熟語をつくってしまった。『詩経』に出てくる耜は、すべて鋭利を意味する形容詞を伴っているところから見ると、金属製であったらしい。つまり、西方の耜は製作が容易なので、東方の耒よりも早く、下端に金属がつけられた。のち耒にも金属が採用されるようになると、耒と耜は混合して一つの名称となり、ついに耒は耜の上の句った木、耜は耒の下の金または釘と解されるにいたった。

右の徐氏の説のうち、少なくとも耒耜の形態に関する部分は、今日ではほとんど定説になった観があり、これに対して疑いを抱く者もない。たとえば、天野元之助博士は徐氏の説を祖述したうえ、朝鮮京城の西南約八〇粁の海中にある徳積島に残存するタビも、耜の遺制であろうとされた[9]。なお博士がつぎのようにいわれているのは[10]、耒耜についての見解を要約したものとして注目される。

……殷・周以来の耕具は、柔軟・豊沃といわれる華北の黄土土壌《レス》に対し、手でもって推し、また足もて土を刺して起土するスキであり、打ちおろして引くところのクワは、文献で知られる限り、周代に除草具として出現した。

もっともクワは、今日耕起用として零細耕地に用いられ、種々の形に分化した「鎬頭」・「鉄搭」（四つ鍬）が見られるが、耕起用として出現した時期は、確定しえないが、スキに比して晩いものと考えている。

ところで、殷の耒は岐頭のスキとせられているから、一度に二条づつ播種溝がつくられ、そこに当時の作物たるアワ・キビ・ムギの類が播種された。卜辞に「貞、叀二小臣一令二衆黍一」（『殷虚書契』前編巻四、三〇葉二）とみえることからして、王田における「衆」の共同耕種のことが考えられ、そこに耒を執って二条づつ播種溝をほりゆくものと、そのあと種子を蒔くとともに覆土・鎮圧するもの――この共同作業が、所謂「耦耕」である。――との協同作業体が、集団をなして、王田経営にみられたのである。

これに対し、周の農業は、耜を主体としたものとみられ、そのスキサキは同時に一条しか起土できぬが、耒よりは刺土が大きく、より進歩した形式と、私はみている。さきの耒が二条すけるだけに、一人あたりの播種面積も、耜のばあいより大きいが、周代にはうちおろして引く「鎛《ハク》」や、押す式の「銭」といった除草中耕具が登場する（『詩経』臣工・良耜）から、一人あたりの播種面積こそ小さいにしても、雨量のより少ない西土で、なけなしの水分や土壌栄養分を必要以上の禾苗や雑草に吸収されることを防ぐ除草（あわせて中耕ともなる）作業によって、単位面積あたり遙かに多量の収穫をあげえたものであろう。……

また西山武一氏も、耒耜の基本形態に関する限り、徐氏や天野博士と同意見で、鉄犂登場以前の耕具を踏犂と考えられた。氏はつぎのように述べておられる。(11)

春秋に至る周代の農業は著しく「灌漑園圃農業」の性格を有している。殷の牧畜経済に周が勝利した基礎は、農を専業とするヨリ高いその生産構造にあったのであるが、その農業の特質は黄河流域冲積地における踏犂（スペード）による麦の灌漑乃至排水栽培にあった。二人が並んで踏犂を使って高畦と水溝を造るという整地様式が周礼に記述されているのは、それが記述された年代は漢代であるかも知れないが、記述の事実は陝西地方の犂耕以前の農業様式に立脚しているであろう。

踏犂は元来は木製フォーク状のもの、次いで木製オール状のもので、後には先端周辺に風呂鍬のように金属を嵌めて堅牢にしたけれども、その耕起能率は限定されており、主として澎（膨？）軟な沖積土壌に使用されて農業の期間用具たり得たにすぎない。

ここに木製フォーク状のもの・木製オール状のものとあるのは、天野博士も右の記事を引いたさいに注記されたごとく(12)、それぞれ耒と耜を指すことというまでもない。その当否はとにかくとして、いかにも簡明な表現といえよう。

さて右の三説に共通する最も重要な点は、耒と耜は、いずれも手で推したり足で踏みこんだりして土を掘り起す耕具、つまりスキ型(13)の耕具だということである。そして、両者の使用された年代、分布した地域、布銭との関係などは、むしろ副次的な問題にすぎない。肝心な耕具の実体がわからなければ、それ以上議論を進めても無意味であろう。

ところで、耒と耜がスキ型の耕具だという説は、はたして正しいかどうか。つぎにこの点を中心として、耒耜に関する様々な問題を検討しよう。

二　耒の実体

徐氏の説によると、耜は弋すなわち木棒から発展したもので、子日手辛鋤（第1図）はその遺制であろうという。これは一応もっともなように見えるが、よく考えてみると、納得のいかない点がある。徐氏は金文のなかから、代、必など「弋」に従う文字を見出し、

弋は千に作る。即ち木棒の形に象る。中の横画は方の字と同意なり。

といわれた(14)。そして「方」の字については、

方の耒を象る、上の短横は柄首の横木に象り、下の長横は即ち足もて蹈覆する所、旁の両短画は或いは即ち飾文ならん。

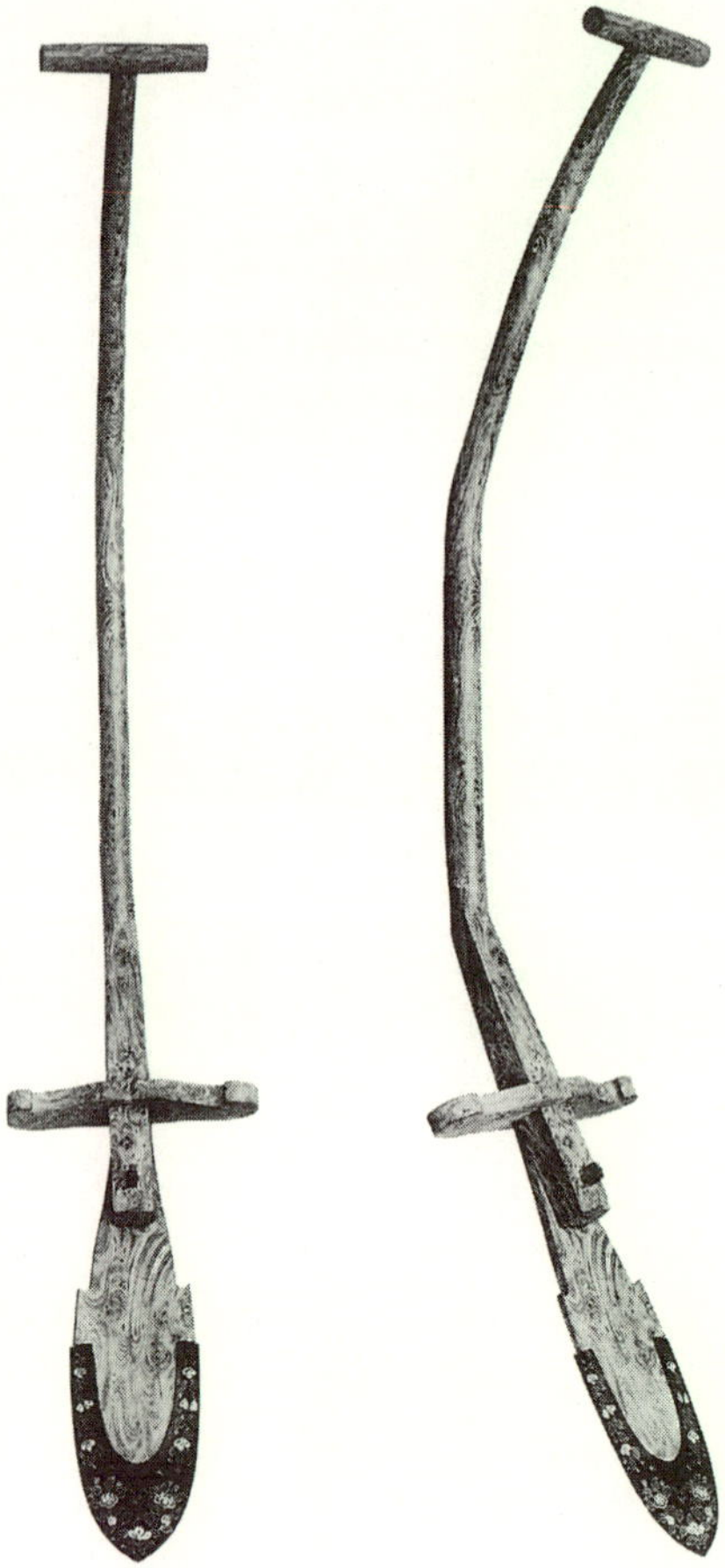

第１図　子日手辛鋤（弦長 130 糎）
『正倉院御物図録』による

と説かれている[15]（第2図）。つまり弋の中横画は、方の下長横と同じく、木棒を地面に突き刺すとき、足で踏み込む横棒、すなわち「鐔」に当たるというのである。しかし、弋の中横画を鐔と見るのがかりに正しいとすれば、弋は耜よりもむしろ耒のほうに関係があるのではないだろうか。なぜならば、甲骨文や金文に見える耒の字が多く鐔を伴っているのに反し、耜の字のほうは、そういう例が絶えてないからである。また一方、徐氏は問題にしておられないが、弋の上端右側に岐出している小さい突起についても、何か然るべき説明がなければならない。これらの点についていろいろ調べてみたところ、つぎのようなことがわかった。

弋が木棒を象っていることは、まず疑いないが、その中横画は、鐔を表したものでも何でもない。たとえば戉（戉）の字によって、木棒が弋の字に発展する過程を辿ってみれば、このことは一目瞭然である。戉の字の最も古い象形、第3図[16]1は、木柄と直角に刃の部分をとりつけたさまを表しているが、その木柄の上下には、べつに粉飾と思われる短い横棒が一本ずつ添えてある。そして、この横棒を伴った木柄の部分は、同図の2を経て3・4に至ると、もう誰が見ても明らかな弋の字になっている。その証拠に、第2図の必の字から「八」[17]を除き、代りに丁字形の刃部を加えれば、立派な戊の字になるであろう。また第3図の5・6から刃部を除くと、第2図の㚸における弋とほぼ近い形になる。要するに、弋の中横画と上突起は、二横画の飾文が変形したものにすぎない。これで上突起の正体もはじめて明らかになった。

さて、弋の中横画が鐔でないことがわかった以上、鐔を媒介として弋と子日手辛鋤を結びつける説は、根拠を失ったことになる。では、手辛鋤の源流となった耕具、つまり鐔を伴う木棒がもしあったとすれば、その実体ははたして何と呼ぶべきか。筆者の考えによると、それはまさに「耒」以外の何物でもない。つぎにその理由を述べよう。甲骨文や金文に出てくる耒の字は、柄が真直なこともあるが、多くはS字状にやや曲っている。土を刺す部分は、柄の延長上につく場合と、柄といくらかの角度をなしている場合がある。まれには柄とほとんど直角をなすこともあり、ことにその先が二つに分かれているものなどは、馬グワのようにして用いたと見られるかも知れない。しかし、耒敦や耒作父己彝に刻まれたこの手の耒の字は、足で踏み込む鐔がついているうえ、スキとして使ったことを示す手の形が添えてあるので、それが打ち下ろして手前に引くクワの類でないことは明らかである。甲骨文や金文の耒

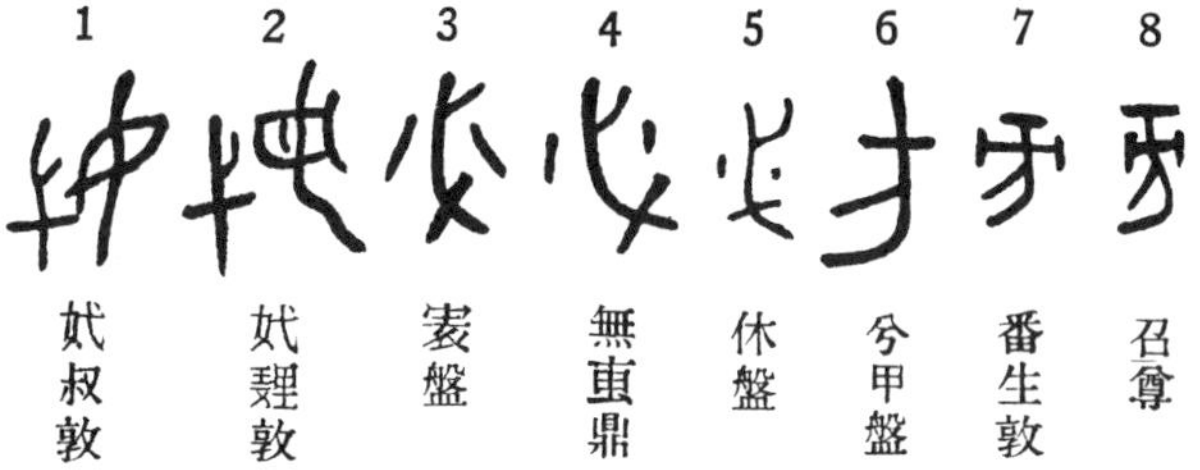

第2図　金文の㚸（1・2），必（3—5），方（6—8）の字
「耒耜考」による

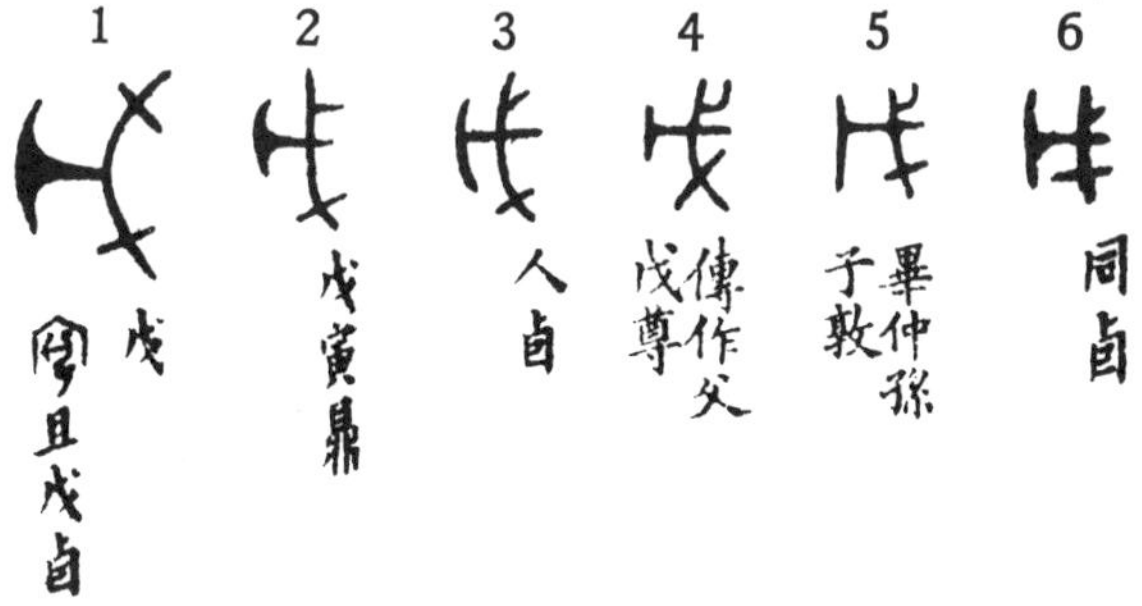

第3図　金文の戊の字　『古籀彙編』による

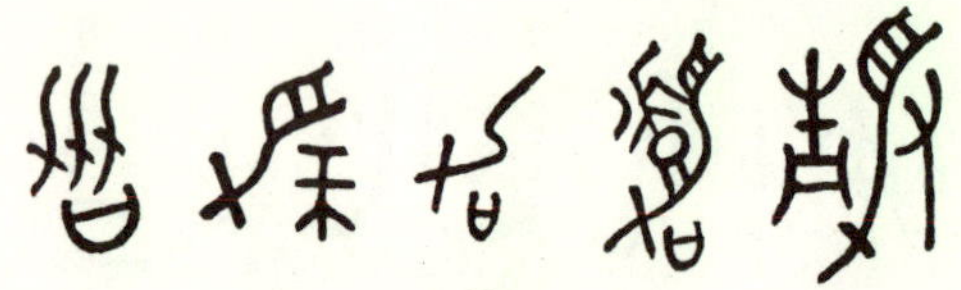

第４図　金文の劦・勒・加・嘉・静の字（左から）
「耒耜考」による

の字を通観すると、先はふつう二本か三本に分かれているが、一本のままのものも少なくない。たとえば、耒の形を模した力の字や、静の字に含まれた耒などは、先がしばしば一本になっていて、その下端から少し上がったところに、鐔に相当する横画が表されている。（第４図）。そしてこれこそ、徐氏が手辛鋤の原形と考えられた「最初の農具」、すなわち鐔を伴う木棒を象ったものであることに疑いない。

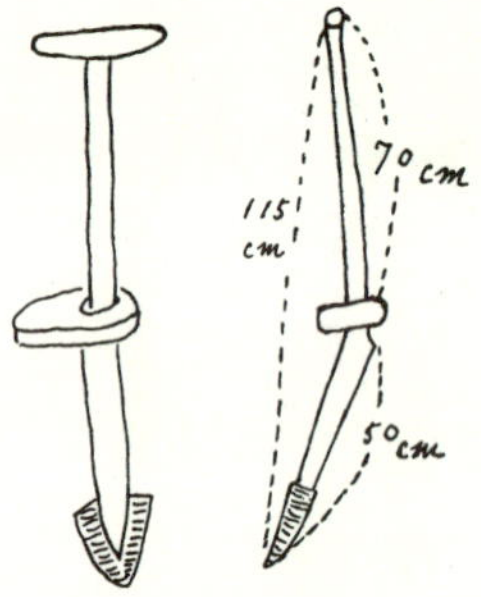

第５図　朝鮮徳積島のタビ
「中国におけるスキの発達」による

徐氏は

> 耒と耜は両種不同の農具と為す。耒の下は岐頭にして、耜の下は一刃。耒は樹枝を仿倣する式の農具にして、耜は木棒を仿倣する式の農具たり。

といわれた。(18) しかし右に述べたように、耒のなかにも木棒に模したものがある以上、土を刺す部分の形だけで耒と耜を区別するのは当っていない。要するに、耒は徐氏らが説かれる通り、スキ型の耕具であった。そして、この原則だけが絶対的なものなのである。先が分かれていようといまいと、平たく広がっていようと、さらにその端に石や金属の刃がついていようと、そんなことは耒の本質と何の関係もない。問題の子日手辛鋤も、天野博士があげられたタビ（第５図）も、実は耒の遺制にほかならぬことが明らかとなった。

天野博士は、前に引用しておいたように、

> 殷の耒は岐頭のスキとせられているから、一度に二条づつ播種溝がつくられ、そこに当時の作物たるアワ・キビ・ムギの類が播種された。

といい[19]、また別のところで、

殷代農作物の大宗は、禾（粟）と黍であったから、分岐した加工樹皮で浅くほられた溝に、細粒種子が厚播きせられたと考えてよかろう。

といわれている[20]。しかし、殷の耒は先が二つに分かれているからといって、一度に二条ずつ播種溝をつくるためのものであったかどうかは、疑問だと思う。それならば、先が一本のときは一条、三本のときは三条ずつ溝が掘られたというのであろうか。先の多く分かれているほうが、播種のさいにより能率的だとすれば、金文の示すように、西周時代になっても、先が一本のままの耒が残っているというのはおかしい。これには、何か別の解釈がありそうである。

天野博士のいわれるように耒で浅い溝を掘るだけなら、とくに鐔を設ける必要はなかろう。鐔は繰り返すまでもなく、これに片足をかけて力を加え、耒の先端を深く地中にめり込ませるためのものである。いま、二股に分かれた耒の先端を鐔の部分まで地中に推し込み、柄を手前に倒して土を掘り起せば、もちろん二条の溝が出来るわけはなく、一塊の土が上がってくるにすぎない。三叉の場合も同様である。しかし先が一本より二本、二本より三本と、その幅が広くなるにつれて、掘り起される土の量も、必然的に増加することはいうまでもない。耒の最初の形態は、おそらく単純な木棒であり、やがて起土の量を増すため、先を分岐させることになったのであろう。ただし、上から加えられる力が一定ならば、二股のときは二分の一、三叉のときは三分の一しか力がかからない。したがって、土がとくに硬いような場合には、先を分岐させないでおくほうが、かえって効果的だったと思われる。西周時代に木棒式の原始的な耒が残っているのは、あるいはそうした理由によるのかも知れない。

ところで、先秦時代の耒すなわちスキ型耕具は、具体的にはどのくらいの大きさで、またどういう形をしていたのであろうか。この点について最も重要な文献と認められるのは、左に掲げる考工記車人の条の一節である。

車人、耒を為る。庛の長さ尺有一寸。中直なる者三尺有三寸。上句なる者二尺有二寸。其の庛より其の外に縁っ

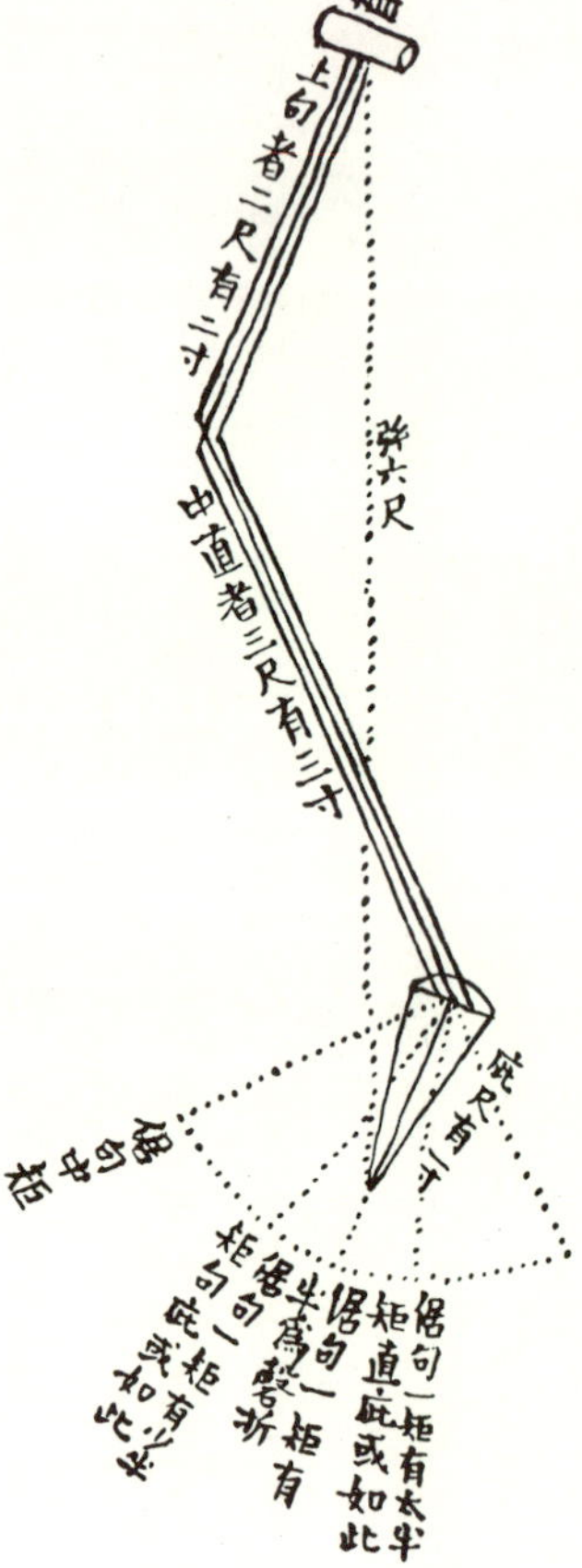

第６図　『考工創物小記』の「耒」の図

て、以て首に至り、以て其の内の六尺有寸を弦すれば、歩と相中《あた》るなり。堅地は直庇を欲し、柔地は句庇を欲す。直庇ならば即ち推すに利《よろ》しく、句庇ならば即ち発するに利し。倨句・磬折は、之を中地と謂う。

まずここに「庇」とあるのは、孫詒譲が『周礼正義』に
蓋し庇は木刺と為し、耜は金刃と為す。枘鑿、相函するなり。
といっているように、柄の下端にあって、金属製の刃先を嵌め込む木製の部分に当たる。車人は木工が専門だから、金工とは関係がない。つまりここで「耒」と称するものは、耕具の木で出来ている部分、すなわち柄と庇を指しているようである。したがって、同じ考工記の匠人の条に「耜の広さ五寸」と見えるところの「耜」は、庇に嵌入する金属製の刃先に相違あるまい。このように、考工記が作成されたころには、すでに耒と耜の原義は失われてしまっていたのである。

右に掲げた車人の一条については、従来さまざまな解釈が行われているが、そのなかで最も注目に値するのは、程瑶田が『考工創物小記』に述べている説であろう。だが問題の耕具における柄の曲り方や、柄と庇のなす角度などは、はたして程氏の考えたようなものであったかどうか。つぎにこれらを、その復元図（第６図）について検討しよう。

程氏は、柄の真直な部分（中直）に対して、その上部（上句）が庛と反対の方向に曲っていると解釈した。しかしこれでは、「其の庛より外に縁って、以て首に至り、以て其の内の六尺有六寸を弦すれば、歩と相中るなり」とある記述に合わない。この点については、戴震の『考工記図』も同様で、いずれも弓をひねったような、妙な形になってしまっている。したがって、林希逸が『鬳斎考工記解』巻下に

> 耒下の耜より其の外に縁って上し、耒の首に至れば、其の勢、弓の弦の如し。蓋し上下は微かに曲り、中間は則ち直し。縄を以て之を張れば、其の内は則ち弓勢の如きなり。

と詳しく説明しているように、また加藤繁博士が

> 耒の長さを其の弓形に沿うて計れば六尺六寸であるが、其の弦だけを計れば六尺で、歩の長さと一致するということである。

と理解されたように[21]、柄の上部は庛と同じ側に曲っていなければならない。そしてこの曲り方は、前にあげた子曰手辛鋤や徳積島のタビのそれとも一致する。

つぎは柄と庛のなす角度であるが、これを明らかにするための準備として、まず車人の条の後半をわかり易い文章に書き直してみよう。

> 土地が堅いと、庛が柄の先に真直についているほうがよいし、土地が柔いと、庛が柄と鉤形をなすようについているほうがよい。真直についていれば、耕具の先を土のなかに押し込むのに便利だし、鉤形をなすようについていれば、土を掘り起すのに便利だ。柄と庛のなす角度が、直と句のあいだ、つまり少し折れて磬の頭のようになっているときは、これを「中地」という。

ただし、ここに「真直」・「鉤形」とあるのは、文字通り180°・90°を意味するのではなく、磬折に対して「より真直」・「より鉤形」という程度の差にすぎない。「中地」については、林氏が

今、浙人、用う可からざる者を謂って不中と為す。即ち此れ中の字の義なり。

といい、戴氏が

中地とは、宜しからざる無きを謂う。

といっているから、土地の堅柔に拘らず、推と発[22]が可能だという意味であろう。いいかえれば、直庇と句庇の長所を兼ね備えた、万能の耕具ということになるらしい。

さて、右のような予備知識を持った上で、もう一度程氏の復原図を眺めよう。この図によると、柄と庇のなす角度は、つぎのように規定されている。

直庇　一矩有太半矩　$90°+90°\times2/3=150°$

句庇　一矩有少半矩　$90°+90°\times1/3=120°$

磬折　一矩有半　$90°+90°\times1/2=135°$

これは一応もっともなように見えるけれども、よく調べてみると腑に落ちぬ点が少なくない。程氏が磬折を一矩有半（135°）ときめたのは、考工記の磬人の条に

磬人、磬を為る。倨句、一矩有半。……

とあるのによったからであろう。ところが、前に引いた車人の条の前文には、べつに左のような注目すべき記事がある。

車人の事、半矩、之を宣と謂い、一宣有半、之を欘と謂い、一欘有半、之を柯と謂い、一柯有半、之を磬折と謂う。

つまりこの計算でいくと、宣は45°，欘は67.5°，柯は101.25°，そして磬折は151.875°になってしまって、前の135°と合わない。程氏もこれにはよほど困ったと見え、『磬折古義』のなかで、「一柯有半」の「柯」は「矩」の訛字だろうという苦しい解釈を下している。しかし陳衍も『考工記辨証』巻三に指摘したように、文章の構成からいっても、

この「柯」を、勝手に「矩」と置き換えることは許されない。結局、車人の用いていた磬折は、磬人の場合のそれより、いくらか角度が大きかったと認めざるを得ないのである。このことは、はたしていかなる意味を持つのであろうか。

車人の手になる「耒」が、もっぱらスキとして用いられたことについては、まず異論はあるまい。したがってそれは、スキとして最も能率のよいように設計されていたはずである。直庇・句庇というのは、よほど特別の場合であって、普通は磬折のもので用が足りたのであろう。そこで当時の人たちは、いろいろ実験してみた結果、一矩有半の磬折では少し角度が小さすぎるように思ったので、スキに限って一柯有半という別の角度をこしらえ、それにも磬折という名をつけたのではあるまいか。いわば磬折類似の角度というほどの意味である。東西古今を問わず、総じて踏スキ系統のものは、柄がスキ先とある程度の鈍角をなしていることが多い[23]。これらもすべて経験によって、条件に最も適する角度が選ばれたのであろう。その理念からすれば、いずれも「中地」のスキにほかならない。

右のような推測のもとに、磬折の「耒」を復原してみると、ほぼ第7図のようになる。上句と中直のなす角度は、約139.1°と計算されるから、中直と庇のなす角度151.875°より、12.775°ほど小さい。先が分かれていて踏棒のある当初の耒とは、かなり形が違っているけれども、これによって考工記にいわゆる「耒」の姿を窺うことができよう。なお程氏が、直庇を一矩有太半矩、句庇を一矩有少半矩としたのは、べつにはっきりした根拠があったわけではない。まず磬折を一矩有半と見て、それを真中に挟むような、いかにももっともらしい角度を設けただけの話である。むしろ考えようによっては、直庇と句庇は磬折の意義を説明するための、抽象的な譬えと見られぬこともない。

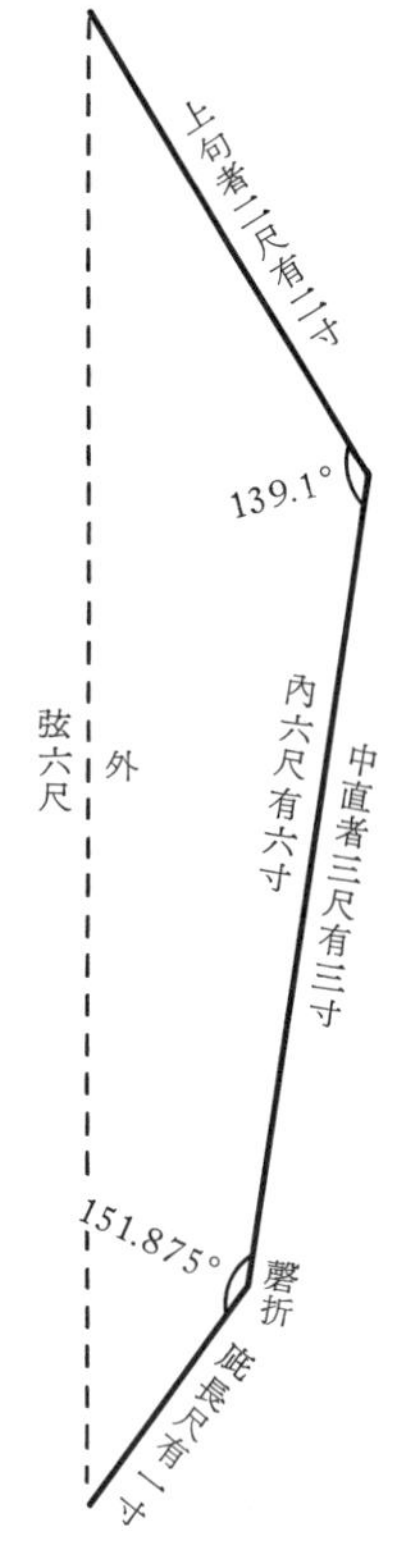

第7図　考工記の「耒」の復元図

三　耜の実体

以上で、耒の実体はスキ型の耕具であることが明らかになった。では、耜のほうはどうであろうか。私たちは中国の耕具について論ずる場合、世界における耕具の発達の大勢を忘れてはならない。つまり、耕具の基本形式とは何かという問題を、はっきりさせておく必要がある。

一八九一年に Edward Hahn が提唱[24]して以来、世界の農耕はまず Hackbau（クワ）による耕作で始まり、ついで Pflugbau（犂耕）に移ったと一般に考えられてきた。しかしこの場合の Hackbau というのは、Hacke（クワ）による耕作ばかりでなく、Grabstock（掘棒）およびそれから発達した Spaten（スキ）による耕作をも含んでいるのである。この表現がいかにも曖昧なことは、Alfred Götze 氏が

Hacke も Pflug も、原形は同じく ein spizer Stock（先の尖った木の棒）であったが、使い方の違いによって区別が生じた。つまりその棒を前方へ推して行けば Pflug となり、打ち下ろして引き寄せれば Hacke となる。

という意味のことをいっているのによっても、窺われるであろう[25]。すなわち、ここに ein spitzer Stock とあるのは、Grabstock のことにほかならず、Winkelschaft（鉤柄）になった Hacke とはもともと別物なのである。そこで近ごろでは、Hackbau と Grabstockbau とを区別して考えるのが普通になってきた。たとえば、Emil Werth 氏はその著を "Grabstock, Hacke und Pflug" と名づけ、

Grabstockbaukultur（掘棒耕作文化）と Hackbaukultur（クワ耕文化）は、最古の農耕文化であったばかりでなく、最古の畜産文化でもあった。

といっている[26]。また氏は Grabstock から Spaten への発展過程について、つぎのように述べている[27]。

Grabstockとは、先の尖った普通の棒であるが、やがて耕作をより容易にするために、棒の先をより平たくする努力が普及した。最も簡単な場合は、棒の先を片面だけ削って尖らすだけであったが、ついでその部分を平らにして横に広げるようになった。こうなればすでに原始的なSpatenの形式で、それから完全なSpatenへのあらゆる移行が起こる。

つまりGrabstockとSpatenは同一系列に属するもので、それらによる耕作はGrbstockbauの一語で代表され、Spatenbauという用語は全然見えていない。中国の耒によく似たGabelspaten（叉状スキ）も、王禎の『農書』に出てくる長鑱を思わせるHolzspaten mit Stelztritt（踏段つきの木製スキ）も、日本の手辛鋤にそっくりなTrittspaten（踏スキ）も、（第8図）、みなGrabstockの変形として簡単に片付けられているのである。[28]氏が各種の耕具を解説するに当り、とくにSpatenなる項目を立てなかった理由も、これでおのずから首肯されるであろう。なおE. Cencil Curwen氏が原始耕具の二系統について、左のように述べている[29]のも注目に値する。

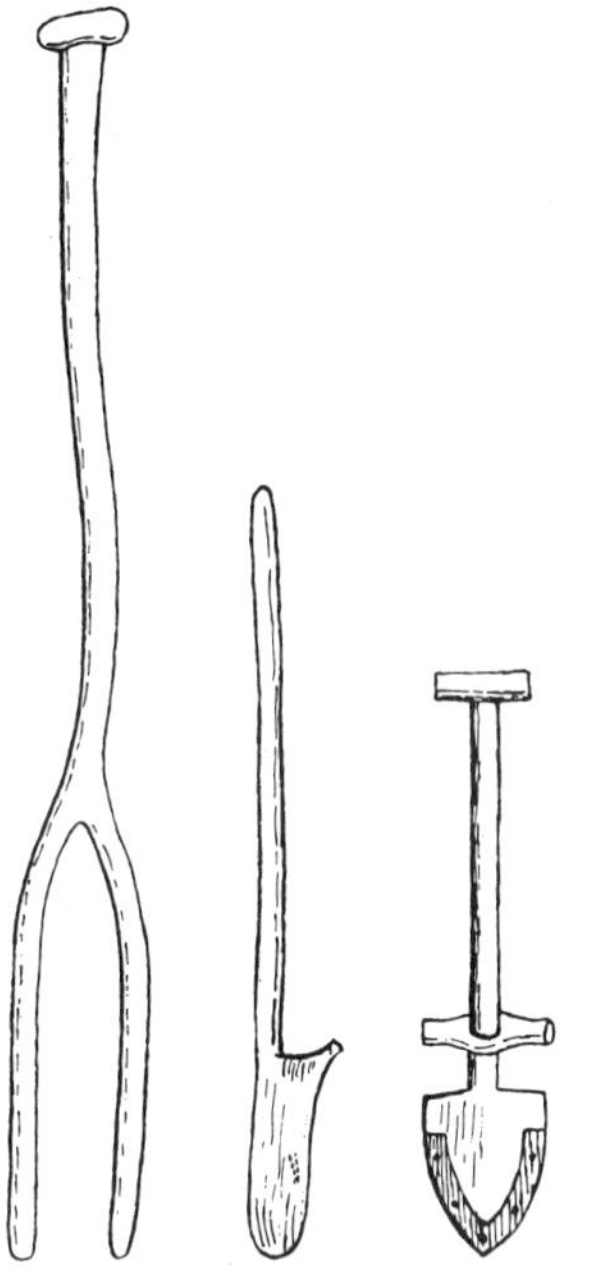

第8図　Gabelspaten(左), Holzspaten mit Stelztritt(中), Trittspaten(右)
"Grabstock, Hacke und Pflug"による

digging stick（掘棒）は、丈夫で真直な、先の尖った棒で、現在いくつかの例がそうであるように、たぶん石で重みをつけてあったらしい。そしてそれからspade（スキ）、garden fork（栽培用の叉状耕具）、ならびにHebridean（Scotlandにある群島の名）の"caschrom"がその例として最もよく知られているangular digging stick（土を刺す部分が柄と鈍角をなす掘棒）の系列が発達した。hoe（クワ）は、堅い木・石ある

いは金属で作られた刃が柄と鋭角についている道具で、mattock（両頭グワ）や pick（鶴嘴）の祖型であった。これらの道具、すなわち digging stick と hoe は両方とも、plough（犂）が常用されていない原始的な種族の間で、今日まで残存している。

この場合も、耕具の代表的な二形式としては digging stick と hoe があげられており、spade は digging stick と同じ系列のなかに置かれている。また Gudmund Hatt 氏も、「先を鋭くかつ平たくした digging stick」、「spade の形をした木製の digging stick」、「踏棒を備えた幅の狭い spade の一種である、大きな digging stick」などといっているように[30]、digging stick と spade をほとんど区別していない。

要するに耕具の基本形式は、掘棒すなわちスキの系統のものと、クワの系統のものとに大別されるのである。犂はそれらから発達した二次的な耕具であるから、これについてはあとで触れることにしたい[31]。ところで従来の説によると、先秦時代の基本的耕具であった耒と耜は、いずれもスキ型の耕具だといわれている。そして両者の違いといえば、耒のほうが先が二つに分かれているのに対し、耜のほうはその部分が円頭平葉状になっているだけだという。しかしこうした点は、耕具の本質と何の関係もない。耒と耜が相異なる二種の耕具を代表する名称だとすれば、両者の区別は当然その機能の差にあったと見るべきであろう。つまり一方がスキ型の耕具なら、他方はクワ型の耕具である可能性が強い。しかも耒がスキ型に属することは、すでに詳しく論証した通りである。

天野博士は中国におけるスキとクワの始源について、

殷・周以外の耕具は、柔軟・豊沃といわれる華北の黄土《レス》土壌に対し、手でもって推し、また足もて土を刺して起土するスキであり、打ちおろして引くところのクワは、文献で知られる限り、周代に除草具として出現した。

といわれている[32]。しかし殷・周以来の耕具をスキと限定することができるかどうかは、いささか疑問であろう。W. M. Flinders Petrie が

spade は hoe にくらべると、ずっとおそく現れた道具で、ローマ時代より古いものは一つも残っていない。

といっているのを見ると、[33]中国でも早くからクワ型の耕具が存在していた可能性がある。その証拠に、中国独特の有孔石斧のなかには、その孔に木柄を通して、明らかにクワとして用いたものが知られているではないか。

右に述べたところによって、耜はクワ型の耕具らしいという見当がついた。では、つぎに甲骨文と金文の上からこれを確かめてみよう。いったい「耜」という文字は「耒」と「㠯」の結合したものであり、この「㠯」の原形をなす「㠯」こそ、問題の耕具の形を写した象形文字にほかならない。ところで、甲骨文や金文に出てくる「㠯」の字は、耕具そのものを指すことは絶対になく、ほとんどすべての場合「以」の意味に使われている。徐氏はその理由について、

㠯は用具為り。故に古字借して以の字と為す。以は用なり。

といわれた。[34]これは何だかこじつけのように思われるが、そうかといって、筆者自身も適当な解釈がつかない。だがそれはともかく、ここでは「㠯」の字のもととなった耕具の形を明らかにすれば、ことが足りるのである。

さて、徐氏は甲骨文を点検した上で、

㠯の字は僅か両見するのみにして、㠯に従う字は絶えて見えず。数字の上より看るも、耜が殷人常用の物に非ざりしを暁得すべし。

といわれている。[35]しかしその後三〇年もたっている今日では、決してそんなことはない。なるほど「耒」に関係のある字にくらべれば、数は少ないが、「㠯」の字も甲骨文のなかにかなり見出される。したがって、耜が殷人常用の物でなかったとは、必ずしもいえぬであろう。いま甲骨文に出てくる「㠯」の字を、任意にいくつか拾い出してみると、第9図のようになる。[36]このうち1―3は、クワ型の耕具を示していること疑いない。1は柄の曲り方が少し極端だが、クワの特色をよく表している。2は春秋・戦国時代の金文に見える「㠯」の字の形に近い。[37]3は柄の先が下に曲っているが、全体の形からクワと見て間違いなかろう。つぎに同じくクワを示しているのではないかとも思われるものに、

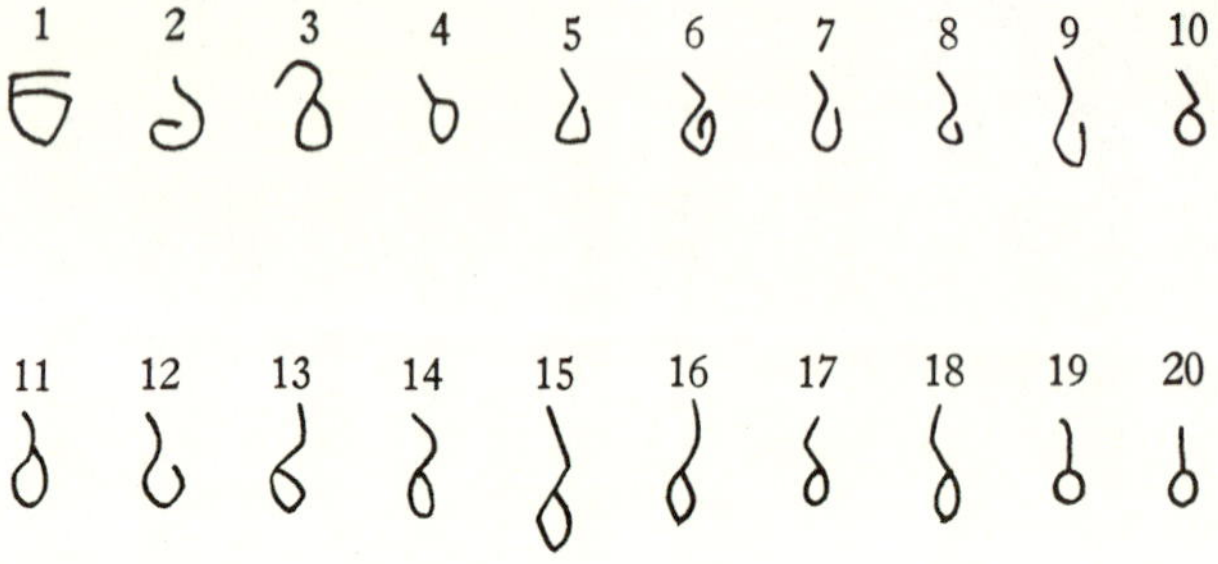

第9図　甲骨文の㠯の字

4―12のグループがある。これらはスキと見られぬこともないが、スキにしてはいかにも柄が短かすぎる。むしろ柄を斜め左前方又は後方に伸ばした、クワを表したものと見るほうがよくはなかろうか。もしそうだとすれば、透視 perspective の画法がすでに用いられていることになって、甚だ興味が深い。13―18のグループは、柄の先がいくらか外側に曲っている点を特色とする。一見、スキのような感じもするけれど、反対側から柄を握れば、クワとして使えないこともなさそうだ。19・20にいたっては、これこそスキを表したものに違いないという人もあろう。しかしクワを真正面から見れば、こういう形にならぬとも限らない。

いかに象形文字であるとはいえ、物の描写がきわめて幼稚な時代のことである。甲骨文の形だけを手がかりとして、「㠯」の字のもとになった耕具を、スキかクワの一方にきめてしまうことは無理であろう。しかしそのなかには、明らかにクワと認められるものが三例ある以上、他の例もクワでなかったとは断言できまい。少なくとも、クワの可能性があるということだけは、いえると思う。

つぎは金文である。周代の金文に出てくる「㠯」の字の数は、甲骨文の場合よりもはるかに多く、優に数百に達する。筆者はまず劉体智氏『小校経閣金文拓本』に収められている三七〇〇余の古銅器の銘文のなかから、約一五〇の「㠯」の字を集め、ついで各種の金石書のうちから、それと重複しないものをいくつか選んだ。金文の場合は甲骨文にくらべると、描写がずっと正確なので、「㠯」の実体を明らかにする上に有力な手がかりとなる。集めた「㠯」の字を並べてみると、それぞれ形が少しずつ違っていて、全く同一というものはない。しかしそれらは原則的に、左の二つの型に大別することができる。

A　縦　型（第10図）柄の端を持ってぶらさげ、そっと地面に置いた状態。つまり頭部がぴったりと地面につき、柄が上のほうに立った形である。[38] 刃先を右に向けているものが大部分で（1―16）、左向きのものはきわめて少ない（17―20）。柄の先はたいてい頭部と反対の側に曲っているが（1―13・17―19）、まれには真直なものもあり（14―16）、頭部と同じ方向に曲っているのも一例見られる（20）。柄と頭部のなす角度は、直角から鋭角のものが普通で、鈍角のものはほとんどない。したがって、これら縦型の一群は、スキよりむしろクワを表したと見るほうがよさそうだ。ことに柄が著しく鋭角についているもの（5―9・11―13）などは、クワとしてならともかく、スキにはとうてい使いようもない。だいたいの年代を示すと、1―5・14―16・20は西周時代に、7―13・17―19は春秋ないし戦国時代に属するようである。[39] つまりこの型の「㠯」の字は、周初から戦国末まで、いくらか変形しながらも、ひき続いて用いられたことが知られるであろう。

B　横　型（第11図）前者と全く違った表現で、刃部を下に向け、柄を斜め前方あるいは後方に伸ばした形である。右向きのものが大部分を占め（1―13）、左向きのものは少ない（14―16）。これら横型の一群は、一見してわかるように、クワ型の耕具を示していること疑いない。ことに2・3・15・16などは、クワの特色を最もよく表した傑作である。「㠯」がもしスキであったとすれば、このように表現されることは絶対にない。柄の短いのが多いのは、斜めに見たからであって、ここにも透視の技法がうまく使われている。その証拠に、同じ鼎に施された文字（3・4）でも、向きによって柄の長さが違っているではないか。古代の中国人としては、なかなか大した表現能力で、意外なところに絵画史研究の資料が見出されて面白い。[40] なおこの横型に属する「㠯」の字は、すべて西周時代に限られていて、春秋以後には見当らぬようである。

これで、㠯すなわち耜がクワ型の耕具であることが明らかになった。形が崩れていて、一見スキではないかと疑われる文字も、よく調べてみると、クワの縦型か横型のどちらかが変形したものであることがわかる。さらに金文から溯って、もう一度甲骨文の「㠯」の字を見直せば、それらがすべてクワを示していることがはっきりするであろう。甲骨文のほうにも、原則的には縦型と横型の「㠯」があったらしい。しかし表現法が未熟であったため、その区別がつきにくいだけなのである。「㠯」の字がクワを表したものだという、こんな簡単なことが、どうしていままでわから

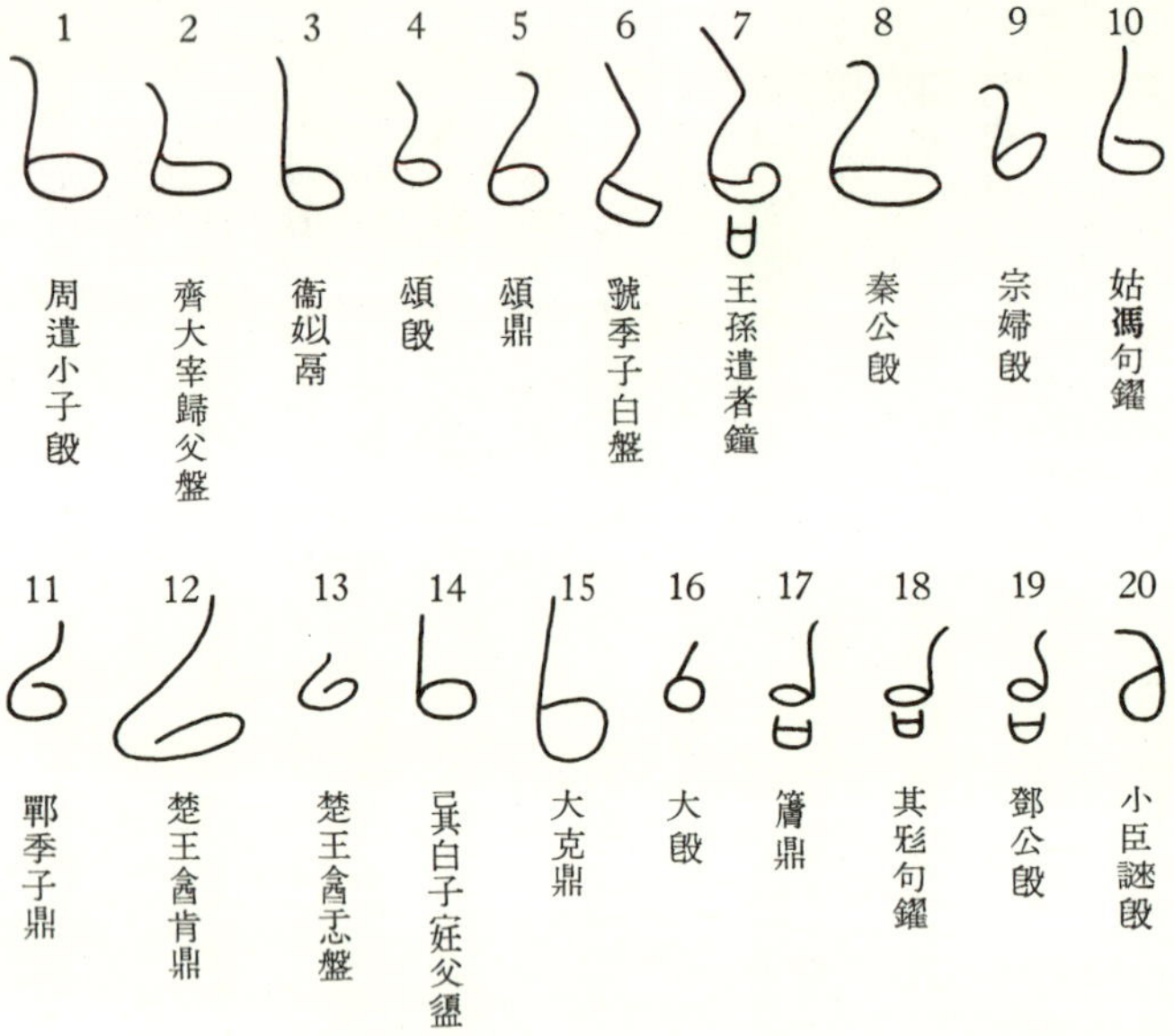

第10図　金文の㠯の字（縦型）

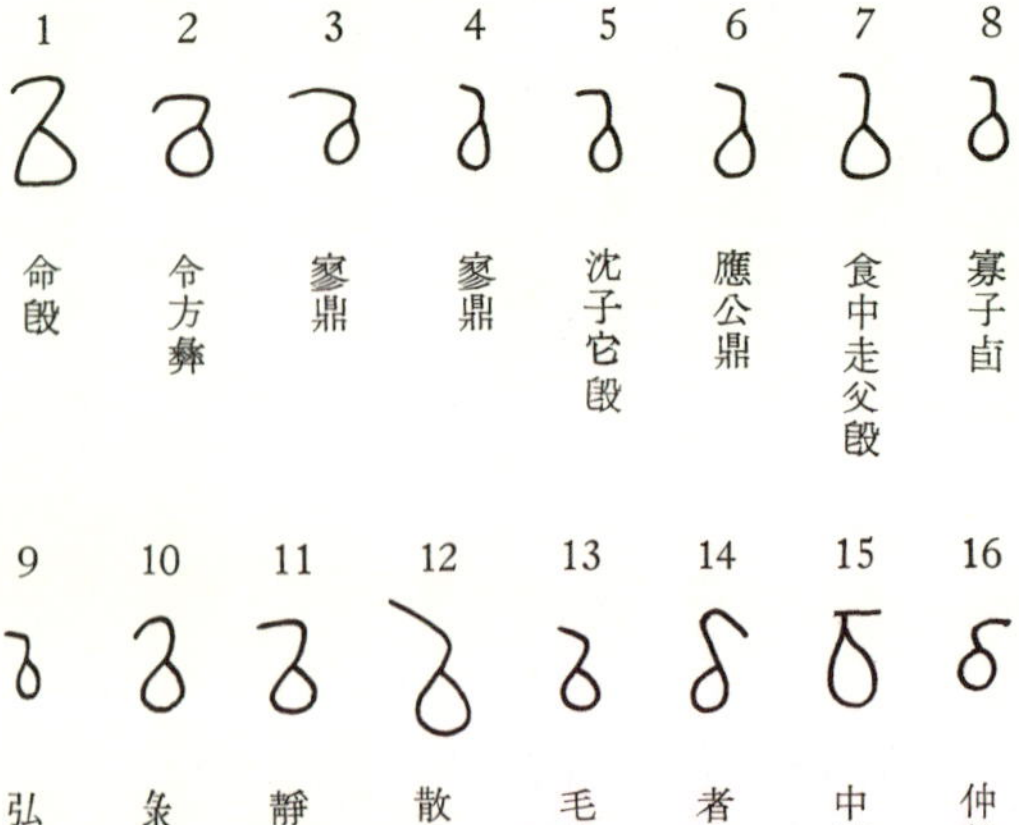

第11図　金文の㠯の字（横型）

なかったのであろうか。耒の場合と違って、踏み棒（鐔）を備えた例が一つもないということも、「㠯」がもともとクワの象形であった事実を示すものにほかならない。二〇〇〇余年来の誤解は、ここにはじめて訂正された。もはや、「㠯」がスキの形だと主張する人はあるまい。世界における耕具の発達の大勢が物語るように、中国でも古くからスキ型とクワ型の両方が存在したのである。

四　犂の成立

以上で耒と耜の形態に関するひと通りの考察を終えた。つぎに考えてみなければならないのは、耒と耜が犂とどういう関係を持っていたかという点である。徐氏は「犂は耜を大形にしたものだ。磬幣または橋幣といわれる先秦時代の貨幣は、おそらく犂鋪を模したものであろう」という意味のことをいわれた。[41] しかし犂が耜から発達したという説は、はたして正しいかどうか。また磬幣・橋幣などと呼ばれているものは、実際に貨幣であったかどうか。この辺にいろいろ問題がありそうに思われる。これらの疑問を解くためには、まず中国の犂がどのような事情で発生したかを調べてみなければならない。

あらためて説くまでもなく、犂は牛耕に用いる道具で、日本では「カラスキ」・「ウシスキ」などと称する。『斉民要術』の序によると、前漢の武帝のころ趙過が牛耕を始めたということになっているが、この説の信じるに足りぬことはもちろんである。しかし、中国でいつごろ牛耕が始まったかをつきとめるのは、なかなか容易なことではない。最も古く見る人たちは、[42] 甲骨文の「物」の字を、牛が犂を牽くさまを象るものと解して、殷代からすでに牛耕が行われていたと主張する。この説は現在、中国の歴史学界をほとんど風靡している観があるけれども、一方では甲骨文の「物牛」を雑色牛の名であろうとする従来の見解[43]もあることだから、まだ定論とは認めがたい。そのうえ、甲骨文のこの一字だけを証拠として、殷代に牛耕が行われていたときめてしまうのも、早計のような気がする。いったい木製の犂や、その先に石刃を嵌め込んだ犂などでは、牛の強い牽引力に堪え得るとは思われない(44)。また事実、犂の石刃に相当するような石器は、殷墟から発見されていないのである。だがそうかといって、殷代に青銅製の農具などが用いられていなかったことも、今日では疑う余地がない(45)。したがって、殷代に牛耕が行われたと考えることは、まず無理であり、牛耕の前提には、どうしても鉄器の存在が必要だということになりそうである。こうした見方からすれば、中国における牛耕開始の時期を春秋以後とする説のほうが、はるかに妥当であろう。

文献の上から、春秋時代に牛耕が行われていたと見る説については、すでに論じ尽された感があるので(46)、ここでは触れない。ただ徐氏は、宋の周必大があげた春秋説の論拠（『山海経』・『論語』雍也篇・『史記』孔子弟子列伝・『礼記』月令季冬篇・『新書』・『新序』の記事）を否定し、『金文存』などに載せられている「黄人（または黄元）鉞」を犂錧と見て、その字体から戦国説を唱えられた(47)。一方、天野博士は、耕具として確実な犂を、戦国末の作とされる『管子』巻一の乗馬篇に「丈夫は二犂、童五尺は一犂」とあるのに求め、

> そこで文献上から、耕具としての犂を求めると、大分おくれて戦国時代となるが、牛にひかせたスキが「犂」の名で呼ばれたのは、そのころだとしても、名称より先にその実体が存在したと見てもさしつかえなかろう。

といわれている(48)。それでは、その上限をいつまで溯らせるのかというと、博士は、

> 人力の代りに、畜力を以てする牛犂の成立こそ、特筆に値するものである。しかもそれは、中国ではまさに鉄器の利用と相前後して出現した。……（傍点原文）

といい(49)、さらに「鉄製農具の出現は、少なくとも春秋の中期、すなわち西紀前六、七世紀ごろまで溯り得ることになる」という筆者の説(50)を引き、「私も鉄製農具の出現を、この時期に想定している」（傍点原文）と述べられた(51)。また西山氏はこれより少し新しく見て、「役畜牽引鉄犂の発明」は「紀元前五世紀」にあったといわれている(52)。日中以外の人

では、E. C. Curwen 氏が、中国における犂耕の発生期を前三世紀とし、[53] Branimir Bratanić 氏が、それを、華北では 600 B. C., 西南中国では 200 B. C. と見ている。[54]

これらのうち、まず実際に近いと思われるのは、天野・西山・Bratanić 三氏の説であろう。しかし、かりに鄙見のように、鉄器の出現が春秋の中期ごろまで溯るとしても、それと全く同時に牛耕が始まったとは限るまい。そこで筆者は、牛耕開始の時期をいくらか遅らせて、春秋の後半期ごろと見ておくほうがよいのではないかと考える。この辺のことは、きわめて漠然とした見当しかつかないが、きめ手となる資料がないから仕方がない。実際の遺物にしても、漢代の牛耕に関するものはかなり知られているのに、[55] 先秦時代の例としては、わずかに河南省輝縣固囲村にある戦国末期の墓（第一・二号墓）から、鉄製の犂鏵が計七個発見されているにすぎない[56]（第12図）。それらは、いずれもV字形の風呂スキである。

第12図　輝県出土の鉄製犂鏵（1/4）
『輝県発掘報告』による

さて、中国で犂が発生した時代については右にとどめ、つぎにその間の事情を探ることとしよう。いったい中国の犂は、他からの影響によって出来たのであろうか。またはその国土内に自生したのであろうか。この問題は当然、世界における犂の発生が一元的であったか、多元的であったかという点に関連する。まず一元論の代表的なものとしては、E. C. Curwen 氏の説[57]をあげなければならない。曰く

犂は、地面を貫いて継続的に引っ張られるように、掘棒かクワを適合させる結果として発達した。この独創的な発明が、それぞれ独立に、異った時に異った場所でなされたとは、とても思われない。ひとたび牽引の原理が確立され、近隣の人たちの間に広がると、彼らが常用していた道具しだい

で、ある人々によっては掘棒に、他の人々によってはクワに適用されたというほうが、充分の可能性がある。そしてこれは、現在まで残存している原始的な犂の二つの主要形式を説明するのに、最も都合がよい。

しかし一方では、多元論を唱える者もあり、たとえば賀茂儀一氏などはつぎのようにいわれる(58)。

一般にヨーロッパの学者が考えているように犂は必ずしも一ヶ所、例えば古代エジプトにおいて発生し、それから各国へ伝播したものではなく、ある場合には独自に発生し、異った発展過程を示しているように思われる。

右の両論のいずれが正しいかを判定することは、現在の段階ではほとんど不可能であろう。ただここで問題になるのは、犂が掘棒――すなわちスキ――とクワのどちらに関係があったかということである。つまり一元論をとれば、犂の原理が中国に及んできたとき、耒と耜のいずれに適用されたか、多元論をとれば、中国の犂は耒と耜のいずれから発生したか、という点にほかならない。そこで再び視界を広げて、世界における大勢を調べてみると、つぎのようにやや異なる二説があることに気がつく。すなわちE. Werth氏は

この点については、今日ほとんどすべての研究者が見解を一にしているが、あらゆる犂は、クワからではなく掘棒から転化したものであること疑いない。

という、きわめて断定的な結論を下している(59)。ところがこれに対してCarl W. Bishop氏は

犂は最初、掘棒からつぎのような場合に発達した。まず掘棒の下部を、土を掘り起すのに都合がよいように、鈍角に曲げて、曲り目に綱をつける。一人はその先を土中に押し込んだままの状態に保ち、他の一人は先が土を貫くように綱を引く。つぎに、綱を牛の角に縛りつけて牽かせる。綱はやがて轅に置きかえられる。掘棒から出たこの型の犂をspade plow（スキ犂）という。犂のもう一つの型は、先が分かれた樹枝のような原始的クワに由来すること明らかなので、crook plow（鉤状犂）と呼ばれる。これは、柄を引いて土地を掘り貫く大グワとも見なされよう。その発展過程においては、綱で引くという中間段階は、明らかにあり得なかった。なぜならば、この

鉤状犂は、スキ犂を用いていた人々から牽引の便宜を学び、それを彼ら自身の道具に適用したところの、クワを使用する人たちが生んだものらしいからである。

といい[60]、犂のなかにはクワの系統に属するものもあったことを指摘している。世界の犂がすべて掘棒すなわちスキから起ったとすれば、話は簡単であるが、このようにクワ系統の犂があったとすると、事はいささか面倒になる。つまり、牽引の原理が中国にはいってきたさい、それがクワに適用されることもあり得たからである。

こうした点を究明するには、C. W. Bishop 氏があげた人力による犂まで溯って、その起源を考察しなければならない。氏の着眼は、まことに当を得たものであり、犂を牛が牽く前に人が輓いたであろうことは、当然予想されるところである。G. Hatt 氏も

犂と牡牛の結合は非常に古いが、犂は最初人に輓かれたと信ずべき理由がある。綱によって人力で輓かれる traction spade（輓スキ）は、アジアの多くの地方——たとえば朝鮮で知られている。これが traction plow（輓犂）の先駆か祖型かも知れない。

といっているし[61]、また事実、中国でも漢代にこの種の犂が用いられていたことは、『前漢書』巻二四の食貨志に

民或いは牛の少なきに苦しみ、亡げて沢に趨く。故の平都令の光、過に教うるに人の輓く犂を以てす。

とあるのによって知られる。平都は、いまの陝西省安定県。光は県令の名で、姓は不詳。過は捜粟都尉の趙過である。この場合は、すでに牛耕が行われていた時代に、人が犂を輓いたことを伝えているわけであるが、またそれと同時に、中国における犂の原始形態を示唆するものとも見られよう。ところで、E. Werth 氏は中国犂の起源について

中国の犂は、おそらく、轅を備えた簡単な Grabstockpflug（掘棒犂）に溯源する。

といい[62]、Wilhelm Wagner 氏が掲げた水田犂の諸形式を引用して[63]、その発展過程を説明している。これは、世界のあらゆる犂が掘棒から転化したという Werth 説の有力な論拠になっているが、取り扱った材料が水田犂という特殊な

ものであり、かつそれらがすべて牛耕用のものである点が物足りない。そうかといって、Wagner と Rudolf P. Hommel の両氏があげている中国現用の人輓犂も(64)、牛犂と全く同じ構造の有床犂であるから、こういう問題の解決には役に立たない。ところが、つぎに引用する西山氏の一文(65)は、中国における最も原始的な人輓犁について、その起源を具体的に究明している点で注目に値する。

　踏犂は土に挿しこんで前方に撥土し、後退しながら耕す。之れは（に？）補助棒を接着してV字形のものを作り、両人対峙して甲が足で挿し入れ、乙が手で之を引き上げ、甲は後退しつつ、乙は前進しつつ耕すという形の踏犂は、今でも山西省で鏺犂と称して日用されているが、普通の踏犂に比し約三倍の能率があがると言われる。「長沮、桀溺、耦して耕す」（孔子家語(66)）という耦耕も、或いは通説の如く、二人並んで踏犂で耕すという単純協業ではなくて、この鏺犂を用いての分業的協業であったのではなかろうか。

　此の鏺犂を引き上げる役の乙が、もし之を引きあげないで、そのまま後退しながら曳いてゆく（甲は鏺犂を押しながら前進してゆく）ならば、それは即ち本物の犂と同じである。ただその場合には乙は甲に向い合わないで甲に背を向けることとなり、且つ一層牽引力の強い牛に代ることが望ましい。そして犂刃は堅硬な鉄製でなければならぬ。かくて役畜犂耕が完成するのである。それは踏犂耕に比し今や七倍の耕起能率をもつ。

　直接手がかりになる文献も遺物もない以上、こうした民族学的観察は、現在残されている唯一の、しかも甚だ有効な方法である。西山氏は単に「山西省」といわれているだけであるが、天野博士によると、この鏺犂は「搶犂」とも呼ばれ、「今日山西の潞安地区で用いられている」という(67)（第13図）。博士は、『管子』乗馬篇の「一犂」と「二犂」について二つの仮説を立て、「犂をひく牛の頭数」を意味するのか、または「一犂は『耜』に轅のついた様式、二犂は『耒』に轅がつけられたもの」を指すのかであろうとされた(68)。そこで右の鏺犂もその形の上から「耜に轅がついた無床犂」（傍点筆者）と見られている(69)。しかしすでに述べたように、スキ型の耕具は先の形がどうであろうと、すべて耒の系列に属すること疑いない。つまり問題の鏵犂は、まさしく耒に轅をつけたもので、この点、中国犂の発生事情を説明するのに打ってつけの資料である。外部から及んできた牽引の原理が耒に適用されたのか、当時の中国人が耒に轅をつけることを自ら考案したのか、それはこの場合どちらでもよかろう。要は、中国犂が耒と関連して起ったらしいという点なのである。犂と耜（クワ）を結びつける手がかりが全くない以上、このように考えるほうが自然なことはいうまでもない。

　人力で輓く犂ならば、必ずしも鉄刃を必要としないであろう。したがって人輓犂の発生は、鉄器の出現に先立つ可能性がある。前に述べたように、牛耕の開始は春秋の後半期ごろと見ておいた。もしこれが当っているとすれば、人輓犂が現れたのは、春秋の中期以前ということになる。おそらく西周の末年か春秋の初頭ごろと思われるが、とくにはっきりした証拠があるわけではない。ただ「普通の踏犂」に比し約三倍の能率があがると言われる」人輓犂の誕生が、ある地域に農業生産力の増強をもたらしたとすれば、それを春秋の初期ごろから起った政局の活発な動きに結びつけることも、あながち無意味とはいわれぬであろう。

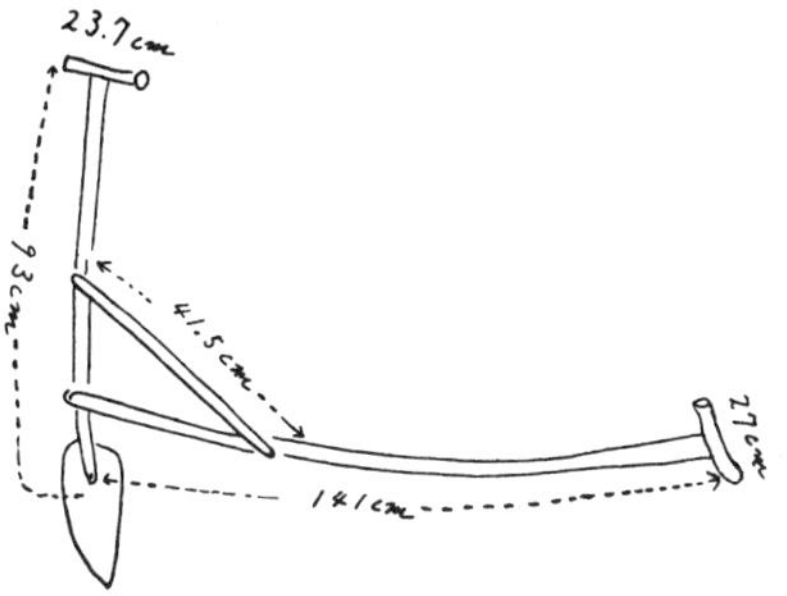

第13図　山西省晋城県崗頭村の鏵犂
「中国におけるスキの発達」による

　西山氏の文章のなかに、「耦耕」のことが出てきたから、これに簡単に触れておこう。考工記の匠人の条に

　匠人、溝洫を為る。耜の広さ五寸。二耜、耦を為す。一耦の伐は、広さ尺、深さ尺。之を甽と謂う。

とあるのに、鄭玄が注して「古は、耜は一金。両人並んで之を発す。……」といって以来、耦耕とは二人並んで耕すことだというのが通説になっていた。徐氏も

　……此の種の反復の推発、戦国以前に在っては、大都《たいてい》、両人共に作す。之を

耦耕と謂う。

といい、[70]その意義を詳しく説明されている。ところがこれに対して、西山氏は「鎡錤を用いての分業的協業であったのではなかろうか」といわれ、また天野博士は『論語』微子篇の「長沮・桀溺・耦して耕す。……」という記載を論拠にして、「耕種同時一貫作業」であろうとされた。[71]しかし筆者の結論を先にいってしまえば、どうも従来の説のほうがよさそうに思われる。徐氏が「此れ全く古代の習慣の然らしむるところ」といわれたように、[72]中国の古代には、二人が対になって事を行うのが珍しくなかったらしい。農耕の方面でも、

千耦、其れ耘《くさぎ》り、……（『詩経』周頌、載芟）

次を庸《もっ》て比耦し、以て此の地を艾殺し、……（『左伝』昭公十六年）

譬えば、農夫の耦をなし、以て四方の蓬蒿を刈殺するが如くにして、……（『国語』呉語）

とあるのなどは、二人が揃って伐採や除草に従事したことを示している。これらも広い意味では、耦耕といえるのではなかろうか。筆者は、西山・天野両氏の説を否定するつもりはない。ただ、耦耕をそのようなことだけに限定してしまうのが、おかしいというだけなのである。考工記の匠人の条でさえ、耦耕の一つの場合を示しているにすぎないと思われるから、必ずしも「溝洫を為る」方式に拘泥する必要はない。なお『論語』微子篇の記事も、考えようによっては、どうにでもとれる。たとえば、長沮と桀溺が並んだ耕していた。そこへ孔子がやってきて、子路に津《わたし》のありかを問わせた。長沮が手を休めて応対しているあいだ、桀溺は手持ぶさたなので、種をとり出して播き、それに土をかけていた。というようなことも、あり得ないとはいえない。[73]

さて、話がだいぶ脇道にそれたが、最後に、徐氏が耜から転化したとされる、磬幣または橋幣（橋形幣・橋梁幣）（第14図）なるものについて一言しよう。これはその名のごとく、古くから貨幣として取り扱われてきたものである。ところが、戦後各地で実物が多数出土するに及び、その性質について再検討が行われた。そして今日では、これを紙

幣ではなく、銅璜または璜形飾とすることに落ち着いているようである。たとえば史樹青氏は、その理由として左のような点をあげられた(74)。

(1)他の貨幣と違って、文字がない。(2)大きさも重さも、一定していない。(3)他の貨幣に見られないような、雲文・龍文などがある。(4)上部に孔がないものは、紐が通らないし、吊環の場合は、すぐにすり切れてしまう。(5)頭部の東側に半両銭、西側に橋形幣があったというが、秦の統一以後にこんな貨幣はない。(6)貨幣とすれば、流通地域が広すぎる。(7)冥幣は、実用の貨幣と同形異質なのが普通だから、冥幣と見る説も成立しない。(8)鄭州二里崗の例は、形も文様も雑多なうえ、墓から出る数量も不定で、体の各部から玉環などと一緒に発見される。

右のうち、なくてもよさそうなのは(4)くらいのもので、他は従来の貨幣説を否定して余りがある。史氏はさらに「虹飲」の伝説を引いて、玉璜の実体を明らかにし、いわゆる橋形幣は銅製の璜であろうと推定された。戦国の末年から前漢の初年にかけて、玉の材料が騰貴したため、銅を以て代用品にした結果だろうという。その後、呉銘生氏や唐石父氏らも、それぞれ新しい証拠を追加して、史氏の説を支持されている(75)。

こうした次第であるから、徐氏のように磬幣・橋幣を貨幣と見ることはできない。しかもそれは、大形の耜だという犂錧を模したものではなくて、玉璜――さらに溯れば虹飲――に象ったものらしいのである。徐氏の着想は、当時としては頗る斬新であったに違いないが、三〇年後の今日ではもはや通用しない。

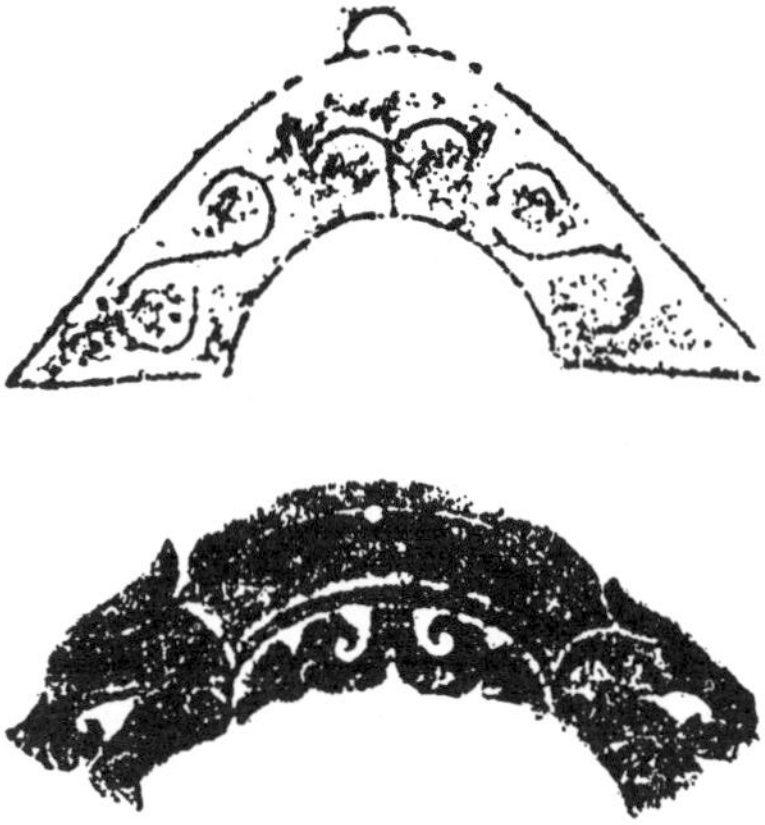

第14図　銅璜と玉璜（各1/2）
「関于『橋形幣』」による

五　布銭と耒耜の関係

つぎに布銭と耒耜の関係について考察しよう。布銭が耕具の形を模したものであろうことは、すでに多くの人々が指摘している通りで、ここにあらためて説くまでもない。(76) しかし布銭の母胎となったものは、はたして徐氏の主張されたように、耒と限定できるかどうか。この点は少し問題である。いったい耕具に模して貨幣をつくる場合には、そのころ最も普通に用いられていた耕具が貨幣の原型になるであろうことは、ほぼ推測するに難くない。当時最も普遍的な耕具といえば、もちろん耒と耜であった。さればこそ徐氏は、布銭は耒から、いわゆる磬幣・橋幣は耜から、それぞれ転化したと考えられたのであろう。だがすでに述べたように、磬幣・橋幣はむしろ銅璜・璜形飾とも呼ぶべきものであって、貨幣ではなく、またその形も耜とは関係がないらしい。そこで徐氏のように、布銭の母胎を耒に限定してしまうと、耜のほうはどうして貨幣にならなかったのかという疑問が起ってくる。布銭が現れたと思われる春秋時代のころ、耒だけがとくに盛んに用いられていたという証拠はない。耒が貨幣に転化したとすれば、耜のほうでも同じようなことがいえそうである。筆者はこの点についていろいろ考えたすえ、つぎのようなことを想像するにいたった。つまり布銭のなかには、耒から出たものと耜から起ったものとの二種があったのではないかというのである。この説が当っているらしいことは、以下述べるところによって明らかとなるであろう。

まず布銭の形の変遷について、すでに発表した鄙見を左に引用する。(77)

いったい布銭の中で最も早く現れたのが、空首布であったことは疑いない。これは柄をすげる部分がソケットになっていて、そこに目釘孔まで穿たれている。つまり金属製の農具を、忠実に模したものと見ることができよう。この空首布に続いて、首の部分が平たい各種の平首布がつくられた。平首布のうちで最も古いのは、肩も足も

第15図　尖肩尖足空首布(1/2)
日本銀行蔵

尖ったものであったが（尖肩尖足布）、やがてその肩が直角になり（方肩尖足布）、ついで足が四角になり（方肩方足布）、さらに肩が円くなり（円肩方足布）、最後に足も円くなった（円方円足布）。つまりこの変化は、肩と足が交互に、尖から方へ、方から円へと、しだいに角がとれていく過程を示すものにほかならない。そして布銭の発展順序は、現在のところこれ以外には、ちょっと考えられないようである。

一方、徐氏は「農具のなかにまず空首があり、のちに平首があったとすれば、柄のすげ方が簡易から煩雑に、堅牢から不堅牢になったことになる。このような不自然な変化は、事実と合わない」という理由で、氏が布銭のもとになったと考えられる耒も、また布銭それ自体も、「平首から変じて空首になった」と断定された[78]。しかしこれは、布銭の変化が必ずしも耕具の発展に並行しないということを忘れた議論である。すなわち最初に現れた空首布こそ、最も耕具に近い形をしていたが、やがて取り扱いの便宜上、その形が簡略化されて、首の部分が平たくなり、尖った肩や足の部分が円みを帯びてくるにすぎない。もっとも、徐氏の説は三〇年も前のものであるから、おそらく氏自身もその誤りに気づいておられることと思う。

これで、布銭の発展順序がひと通り明らかになった。ところでここに注目されるのは、布銭はどうやら二つの系統に大別できそうだということである。すなわちその一つは、足がはっきり二つに分かれている「両足布」ともいうべきもの、他は足の下底がやや内側に彎曲している「彎足布」ともいうべきものである。つぎにこの両者について、少し詳しく説明しよう。まず空首布のうちには、肩も足も鋭く尖った典型的な両足布がある（第15図）。そしてこの形は、そのまま尖肩尖足の平首布にうけ継が

第16図　標準型方型彎足布（左），小形方肩彎足布（中），斜肩弯足布（右）（各1/2）　日本銀行蔵

れ、さらに方肩尖足布・方肩方足布・円肩方足布を経て、円肩円足布まで続く。つまり、尖肩尖足空首布は両足布の元祖をなすと同時に、すべての平首布の母胎であった。しかもこの両足布は、これまで発見された例がきわめて多く、布銭の大半を占めているのである。いいかえれば、布銭の主流は両足布にあったと認めざるを得ない。ところが一方、空首布のなかには、右の尖肩尖足と全く違った形式、すなわち肩が直角で足が内彎した「方肩彎足式」と、肩が垂れ下がって足が内彎した「斜肩彎足式」とがある（第16図）。両者の前後関係については、すでに考証した通り、最初に現れたのが方肩で、斜肩はそれから発展したものらしい[79]。前の両足布が甚だ変化に富むのに対して、この彎足布は僅かに方肩と斜肩の二種があるにすぎない。彎足式は空首布で断絶してしまって、平首布には続かないのである。しかし空首布だからといって、必ず平首布より古いとは限らない。これもかつて指摘したところであるが、斜肩彎足式空首布のうちには、方肩方足布とともに戦国晩期の墓から出た例が知られている[80]。したがって、彎足布は両足布と並んで、はるか戦国末まで用いられた可能性があるといえよう。

徐氏は、両足布の股がしだいに浅くなって、彎足を通り越し、ついには平刃になると考えられた[81]。しかし両足布と彎足布は、もともと系統を異にするもので、その間に何の交渉もなかったのである。布銭のなかにこのような二系統があったということは、先秦文化の地方色や当時の経済機構を窺う上に、頗る興味ある現象といわなければなるまい。

さて、ここで問題は布銭と耒耜の関係に移る。前節で述べたように、木製の耒の基本形は、棒の先が二つに分かれていて、その分かれ目あたりに、足で踏む横木（鐔）がついていた。この横目に足をかけて、二股になった鋭い尖端を深く土中にめり込ませ、柄を手前に倒して土塊をひっくりかえすのである。この形と機能をそのまま金属に移すと、どういうものが出来るであろうか。それはとりもなおさず、尖肩尖足空首布の形である。すなわち肩が尖っているのは、かけた足が滑らないようにするためであり、二本に分かれている尖足は、二股の棒端を模したものに違いない。使用中に磨滅することを考慮に入れれば、このくらい肩上りになっているほうがよかったのであろう。尖肩尖足空首布のもとになった金属製の耕具は、その形から想像すると、必ず空首と同じ方向に木柄が挿し込まれていたはずである。徐氏も指摘されたごとく、方肩方足布の形にそっくりで、土を刺す部分の延長上に柄がついている耕具を、神農氏（第17図）・夏禹・有翼神仙などが手にしている光景が武氏祠の画像石に刻まれているのも、右の推測を裏書きするものであろう。このように見てくると、尖肩尖足空首布のもとになった金属製の耕具は、木製の耒から発展したものに相違なく、したがってそれは深耕用のスキであったと認めざるを得ない。いいかえれば、すべての両足布は耒の系統を引いていると見ることができる。では、彎足布のほうはどうであろうか。

第17図　神農氏の画像　「耒耜考」による

すでに述べたごとく、彎足式には方肩と斜肩の二種がある。このうち斜肩のほうは、かりに足をかけても滑ってしまうから、深耕用のスキには向いていない。そうすると、斜肩に先立つ方肩のほうも、足で踏む「鐔」の役割を持っていたかどうか疑問である。肩の形が多少異なるとはいえ、両者は同じ彎足式の系統に属するものであるから、その用途も同様であったと見るのが当然であろう。また、彎足式は両足式よりも刃幅が広いから、刃先を深く土中にめり込ませるためには、はるかに大きな力を加えなければならない。したがって、この点でも彎足式は深耕には不適当だということになる。こう考えてくると結局、この手の耕具は両足式のものとは用途がかなり違っていたと見ざるを得ない。おそらくそれは、柄が鉤の形に手についている耕具、打ち下ろして手前に引くクワの類だったのではなかろうか。打ち下ろすときには瞬間的な力しかかからないから、土がよほど軟くない限り、肩の部分まで土中に没することはない。また刃部が直線に近いことは、除草に向いていたことを示している。つまりこの種の耕具は、中耕ないし除草用のものだったのであろう。刃部がやや内側に彎曲しているのは、使用中に端のほうから磨滅することを考慮した上での処置と思われる。朝鮮平安北道渭原から出た鉄のクワ先も、(82) R. P. Hommel 氏が紹介している中国現用のクワも、(83) 刃先がいくらか内側に曲っているではないか。金文に出てくる「㠯」の字、ことに横型に属するものは、クワ先に直接柄を通した形ではなく、その上端に鉤の手の柄がついた形を表している。彎足布に鉤形の柄をつければ、ちょうどこういう形になるであろう。要するに彎足布は、クワ型の耕具、すなわち耜の系統を引くものであったに相違ない。直接柄を通す式のクワ先を鉄でこしらえれば、よほど身が厚くない限り、孔の周囲に高い造出しを設けなければならない。(84) したがって、この手のクワ先は、布銭が現れたころ、かりに用いられていたとしても、造出しが邪魔になるので、布銭の原型には向かなかったであろう。

さて、右の推測のうち、両足布を耒の遺制と見ることに対しては、べつに異論もなかろう。しかし彎足布の原型を耜とする点については、論拠が薄弱だという批判が出るかも知れない。しかしこれには、つぎに述べるような、動かすべからざる証拠が存するのである。丁福保の『古銭大辞典』上編八三〇図にのっている一種の空首布（第18図）は、彎足布のうちで最も原始的な形式に属するものらしい。空首の部分が深く胴部に食い込んでいるのは、「鏟」と比較してみればわかるように、実用の耕具の形により近いことを示している。前にあげた標準型の方肩彎足式空首布（第16図左）は、明らかにこれから便化したもので、方肩の部分が空首のつけ根まで下がっているにすぎない。実際にこういう形の耕具があったとしたら、空首のつけ根のところがすぐ折れてしまうであろう。ところでこの原始的な空首布は、胴部の表面の向って左側に「益」？と判読される文字を表し、それと対称の位置に当たる右側にも一個の文字を表している。そしてこの字は、一見してわかるように、「㠯」（耜）と読むべきものであること疑いない。これは、彎足布の母胎となった彎足式の耕具が、「耜」と呼ばれていたことを示す絶好の証拠である。のちの布銭に、地名が多く表されているところから見ると、「益」？はおそらく地名であろう。標準型の方肩彎足式空首布にも、この字を表したものがいくつかある（第19図）。しかし、それが今日のどこに当たるかは知る由もない。こうした疑問はあるにしろ、とにかく「益？㠯」が「益？というところで鋳造された耜の形の銭」を意味することは、まず異論のないところと思われ

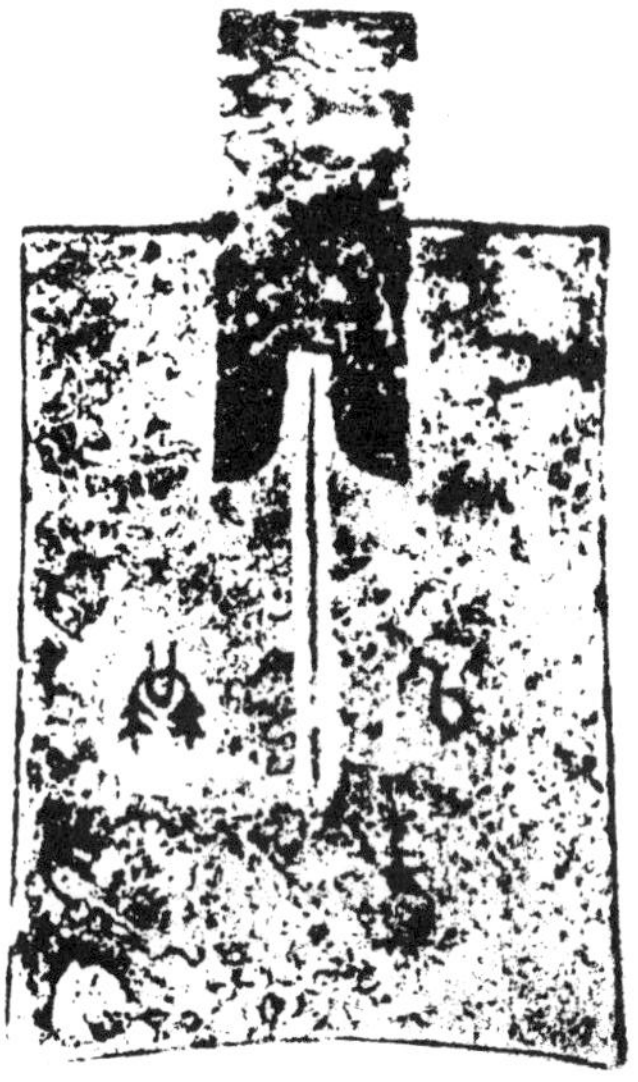

第18図　「益？㠯」原始空首布(2/3)
『古銭大辞典』による

第19図　「益」？方肩彎足布（2/3）
『古銭大辞典』による

る。青銅器に鋳造地の名と器物の名称を施すことは、「晋陽戈」・「高都剣」・「宅陽矛」などの例があるから、銭の場合でもあり得ぬことではない。

前章で行った「㠯」の字の分類によると、問題の文字はその横型に属し、クワ型耕具の刃部を下に向け、柄を斜め左側前方または後方に伸ばした形を表している。柄の先端が下方へ屈曲しているように見えるのは、おそらく鋳のためであろう。この形に最も近い「㠯」の字は、西周後期の厲王の時代のものといわれる散氏盤、同じく宣王の時のものといわれる毛公鼎に見られる。すでに述べたように、金文の「㠯」の字のうち、縦型は戦国末まで存続したが、横型は西周末で断絶してしまったらしい。したがって単に文字の形式からすると、この原始的な空首布は、西周時代とくにその後期のものである可能性が多い。しかし金文の書体の変化が、そのまま貨幣の文字に当て嵌まるとは限らないし、中国で青銅鋳貨が現れたのを西周後期と見るのも、少し古すぎるような気がする。そこで筆者はこの空首布の年代を、西周末か春秋初、むしろどちらかといえば後者に置きたいと考えるが、はたしてどんなものであろうか。それはとにかく、ここでは轡足布の母胎が㠯（耜）つまりクワ型の耕具であったことを確かめただけで、一応満足することとしたい。

かくて、先秦時代の代表的な耕具である耒と耜は、それぞれ両足布・轡足布として、その名残を布銭のなかにとどめていることが明らかになった。いわゆる磬幣・橋幣が貨幣とは認められず、したがって耜と無関係なことが確実である以上、耒だけを布銭の原型と見る徐氏の説よりも、このほうが合理的であることはいうまでもない。

六　尖足布の分布

布銭と耒耜の関係が明らかになったから、つぎに布銭の分布状態を手がかりとして、耒と耜が用いられた地域を探ってみよう。いったい耕具の形に模して布銭がつくられる場合、ある地方でその当時最も普通に使用されていた耕具が、布銭の原型になるであろうことは想像するに難くない。この点、徐氏がすべての布銭は耒に由来すると考え、布銭の分布から耒の通行地域を推定されたのは、確かに注目に値する。しかし布銭のなかには、耒から出たものと耜から起ったものとの二系統があるらしいから、この説は必ずしも当っていない。また布銭が、その原型となった耕具の使用圏を超えて、それより広い地域に分布した可能性があるとすれば、この点も問題である。たとえば遼東地方から、方肩方足の襄平布などが出土するからといっても、その方面における主要な耕具が耒であったかどうかは、にわかに断定できぬであろう。したがって、耒と耜の通行地域を探るためには、布銭のうちで最も原始的な形をとどめたもの、つまり耒と耜の形に最も近い空首布について、その分布状態を調べてみる必要がある。いいかえれば、中国のいかなる地方で、耒から両足布が、耜から彎足布が発生したかを、つきとめなければならない。

空首布は平首布にくらべると、はっきりした出土地点がほとんどわかっていないうえ、銘に地名と確認されるものが少ないので、その流通地域を知ることはなかなか容易でない。しかしそれはともかく、まず尖足と彎足の区別なしに、空首布（鏟幣、鏟布）の出土地を伝えた記録を捜してみると、つぎのようなものがある。

鏟幣は……多く中州より出土す。（『古泉滙』元一〇）

鏟布は中州に出づ。（『観古閣泉説』）

空首布は……近世多く中州より出土す。（『遺篋録』巻一上）

幣有り。首は方にして空。多く予省に出づ。（『古今銭略』）

古泉商の……河南より来る者有れば、必ず空首布・安邑布・銅貝等多し。（『古銭大辞典』付録、古銭集散記）

中州と予省はいずれも河南の俗称であるから、空首布がおもにこの方面から出土することが知られるであろう。また

鏟幣は……近来中州にて出土する者甚だ多く、他所これ無し。山右また間々これあるを聞く。(『吉金所見録』巻二)

とあるのは、空首布が山右すなわち山西方面からも出ることを伝えている点で注目される。

つぎはもっと具体的に、両足布の元祖をなす尖肩尖足首布について、その流通地域を調べてみよう。この手の空首布には、無銘のものと数字を記したものがいくつかあるが、肝心の地名を表したものはきわめて少なく、わずかに甘丹(邯鄲)と呂の二例が知られているにすぎない。邯鄲はいうまでもなく、春秋時代には晋の邑、戦国時代には趙の都として有名なところで、河北省の南隅に位置している。呂の位置については問題があるので、あとで述べることにしたい。一方、

空首布の大なる者は、長さ五寸ばかりにして、字は僅かに一、二。見る所、多からず。聞く、山右の沢州にて出土すること頗る多しと。(『観古閣続泉説』)

と見えるものは、その「長さ五寸」(85)という大きさからして、尖肩尖足空首布であることはほぼ疑いない。また「見る所、多からず」といっているのも、空首布のなかで最も発見例が多い方肩彎足空首布を指しているとは思われない。山右の沢州というのは、山西省東南隅の晋城に比定される。前に引いた『吉見所見録』の記事に「山右また間々これ有るを聞く」と述べているのも、あながち誤伝ではあるまい。なお

郭宝鈞先生言う「河南汲県の一周墓の中、曽て空首布六七百枚を発現せり。大致《たいてい》五六個にて一束。縄縛の跡、很《はなはだ》明顕なり」と。……此等較《やや》小にして、顕然晩く出づ。但し等しく文字無く、薄きこと紙の如し。……(王毓銓氏『我国古代貨幣的起源和発展』一三一・一三二頁)

とあるのは、この種の空首布が学術的に発掘されたことを示す、ほとんど唯一の記録であろう。汲県は、河南省の北部に位し、新郷の東北約二五粁の地点にある。

以上で、尖肩尖足空首布が邯鄲・晋城・汲県などの地方で流通していたらしいことがわかった。しかしこの三例だ

けでは、資料がいかにも不足であり、これで問題が片付いたとするには、何だか物足りない。そこで一つの便法として、尖肩尖足空首布のすぐつぎに起ってくる形式、すなわち尖肩尖足平首布（第20図）の分布を調べることによって、前者の流通地域を逆推してみたらどうであろうか。この両者は、空首と平首の違いがあるだけで、他の部分の形は原則的に変っていないから、ほぼ似たような地域で用いられたものと見て差支えなかろう。尖肩尖足平首布は、しだいに肩に下がって、方肩へと変化する。しかし、同一の銘を持つ尖足平首布のなかには、尖肩のものも方肩のものもあるのが普通だから、両者をはっきり分けてしまうことは適当でない。したがって、ここでは肩の形に関係なく、尖足平首布全般について、その流通地域を探ってみよう。

尖足平首布にはすべて地名が表されているが、それらを調べてみると、山西省の中部から南部にかけての地点に比定されるものが多い。

晋陽（太原）大箕（太谷）中都（平遙）平周（介休）平州（同上）西都（孝義）茲氏（汾陽）藺（離山）離石（同上）中陽（中陽）霍（霍県）大陰（同上）蒲子（隰県）皮氏（河津）

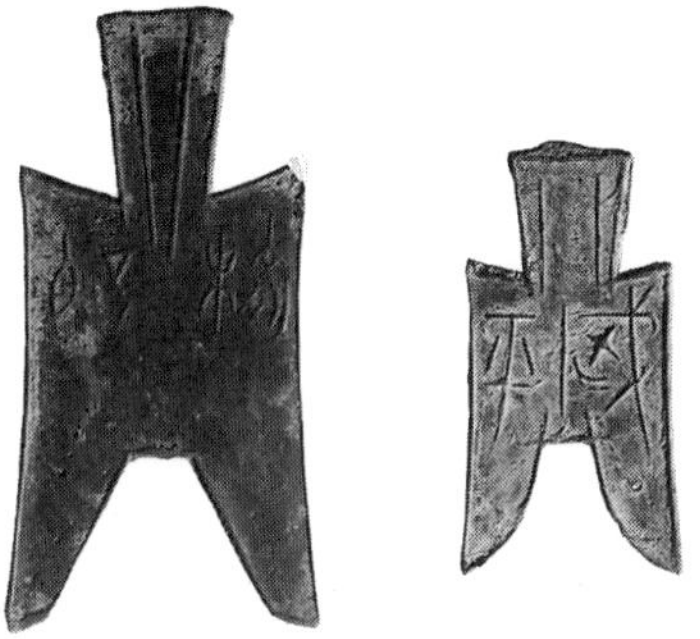

第20図

尖肩尖足平首布（1/2）　日本銀行蔵

ことに太原を北の限界として、その西南部に濃密な分布を示す一群（晋陽から中陽までの一〇個所）が注目されるであろう。山西以外では、つぎの四個所も見のがせない。

甘丹（河北省邯鄲）武安（同武安）于（河南省沁陽）豕韋（同滑県）

すなわち、甘丹は尖肩尖足空首布にも現れる地名であり武安はその西北付近に位する。また于と豕韋は、この手の空首布が出たといわれる山西省晋城と河南省汲県の、それぞれ南方と北北東に近い。

分（陝西省邠県）陽人（河南省臨汝）文陽（山東省寧陽）武平（河北省

文安または河南省襄城）

なども、一応見当のつけられている地名であるが、このままではあまりに分散してしまうので、従来の比定に誤りがあるのではないかと思われる。なお虢と新城の位置については、それぞれ五説と八説があるし、楡郷・邪・寿陰と判読されるものなどは、どこに比定すべきか手がかりがない。

さて右の資料を整理してみると、尖肩ならびに方肩の尖足平首布は、つぎのような範囲に流通していたことが知られるであろう。つまりそれは、山西省の中部・南部から河北省の南部と河南省の北部にかけての地域、地理的にいえば、山西台地から太行山脈の東・南麓にわたる地帯である。そしてその中心は、太原を北限とする山西中部の地方にあったと見ることができよう。したがって、尖足平首布の母胎をなす尖肩尖足空首布の流通圏、さらにその源流をなすスキ型の「耒」が主要な耕具として用いられていた地域も、これとほぼ同様なものであったに相違ない。山西中部は晋の勢力下にあったので、経済的にも早くから開けていた可能性がある。尖肩尖足空首布は、おそらくこの方面で発生し、そこから耒の使用圏を縫って、東方と南方の地域に波及したのであろう。邯鄲の名が史上に現れるのは、『左伝』の定公十年（500 B.C.）を最初とするようである。それによると、邯鄲は遅くとも春秋時代の末ごろには、すでにその地方の一中心であり、そこに趙氏の一族が拠っていた城郭もあったらしい(86)。甘丹の銘を有する尖肩尖足空首布が、趙氏の鋳造にかかわるものであったとすれば、その年代もだいたい春秋末ごろと考えて大過なかろう。しかしそれは、邯鄲趙氏の創作に帰するよりも、その主家の本拠であった晋陽（太原）方面からの影響と見るほうが当っているかも知れない。

ただ、こうした推測を成り立たせるためには、右の甘丹布より古い尖肩尖足空首布が、山西中部の地方で用いられていたという、具体的な証拠が必要である。この手の空首布に施されている銘のうち、確かに地名と認められるものは、甘丹と呂の二つにすぎない。そこで前に保留しておいた呂の位置について調べてみると、まず左の三個所が考慮の対象となる。

(1)『国語』巻一六の鄭語に「史伯対えて曰く『……成周に当れる者は、南に……申・呂……有り、……』」とあるもの。周代の呂侯圏で、河南省南陽県西三十里の呂城に比定されている。(『読史方輿紀要』巻五一河南、南陽府、南陽県)

(2)『左伝』の襄公元年(572 B.C.)の条に「晋、諸侯の師を以て鄭を伐つ。楚子辛、鄭を救い、宋の呂・留を浸す」とあるもの。春秋時代の宋の邑で、江蘇省銅山県東五十里の呂城に比定されている。(同巻二九江南、徐州)

(3)『左伝』の僖公十五年(645 B.C.)の条に「晋の陰飴甥、秦伯と合し、王城に盟す」といい、その杜注に「陰飴甥は即ち呂甥なり。采を陰に食む」とある。つまり春秋時代に晋の呂甥の采邑だったところで、山西省霍県西三里の呂城に比定されている。(同巻四一山西、平陽府、霍州)

右のうち(1)と(2)は、いずれも黄河の南側はるか彼方に位し、すでに述べた尖足布一般の分布圏からかけ離れすぎているので、ほとんど取るに足りない。ところが(3)は尖足平首布が最も盛んに流通していたと思われる山西中部の南寄りにあり、しかもその付近で、霍と大陰の銘を有するものが鋳造されている。したがって問題の呂は、今日の霍県に比定される可能性が大きい。さらにこの呂布は、形式の上から甘丹布に先行するものと認められる。すなわち、尖足平首布の角張った股部と比較してみれば明らかなように、股の切れ込みがきれいな抛物線を描いている呂布の一群は最も古く、股上の部分が少し角張っている甘丹布の類はそれにつぎ、この傾向がさらに著しい汲県出土の例などは最も後出のものらしい。尖肩尖足空首布の発祥地が、山西中部の方面にあったというさきの推測は、ここにいたっていよいよ確実さを加えることとなった。

七　彎足布の分布

つぎに、空首布のうちでもう一つの著しい系統をなす、彎足布の分布を調べてみよう。このほうは、右に述べた尖肩尖足空布にくらべると、はるかに出土例が豊富なうえ、それに関する所伝も少なくない。まず、彎足空首布を三種に分類してその出土を伝えた、羅振玉の文章が注目される。

空首布は関・洛に出づ。関中出づる所は多く博大にして整斉なるも、洛中出づる所は即ち大小一律ならず。意うに、関中出づる所は乃ち西周の制、洛中は則ち東周の制ならん。器の良窳に於いて、国の盛衰を窺う可し。空首布を合計するに、大小凡そ三種あり。一は方尖方足にして大小一律なる者。大率《おおむね》関中出づる所。乃ち空首布中最大の者にして、文字も亦精好。其の一種も亦方尖方足なるも、較《やや》小薄。乃ち洛中出づる所。多く数目を紀す。空首中最小の者なり。又一種は、肩、斜削にして両足も亦略々鋭し。武字・安蔵等の布の如き是なり。其の大小、中等に居り、形製顕かに判ぜらる。意うに、周の国を享くること最も久しき有り。此の三種の者は、一時の為る所に非ざりしならん。(『俑廬日札』)

ここに「方尖方足」とあるのは、おそらく「方肩尖方足」の略であり、「尖方足」とは、両端がやや尖っている方足、すなわち筆者のいわゆる「彎足」に当たるらしい。『俑廬日札』の他の部分によると、羅氏は彎足式のものだけを「空首布」と称し、尖足式のほうは「大鏟布」と呼んで、はっきりこれと区別している。したがって、「空首布中最大の者」とあるのは、標準型の方肩彎足布を指すこと疑いない。「文字も亦精好」といっているのも、それを裏書きするものであろう。また「最小の者」とあるのが小形の方肩彎足布に、「大小中等」とあるのが斜肩彎足布に、それぞれ相当することはいうまでもない。ただ、「多く数目を紀」しているのは、小形でなくて標準型の方肩彎足布だし、「安蔵」の銘を表したものは、斜肩でなくて小形方肩の彎足布であるから、この点、羅氏の観察はかなり正確を欠いている。

ところで、標準型の方肩彎足布が関中すなわち陝西方面から出るというのは、はたして事実であろうか。いったい空首布の関中出土を伝えているのは、この『俑廬日札』の記事だけであって、他に全く類例がない。もし関中から出るとすれば、「西周の制」と考えるのも当然であろうが、空首布の最盛期をそこまで溯らせることができるかどうかは、甚だ疑問である。空首布が現れた時期は、中国における鉄製耕具の出現期との関連から見ても、まず春秋時代を溯ることはあるまい。西周時代にすでに鉄製の耕具が普及し、増大した生産力を背景として青銅鋳貨が盛んに流通したというようなことは、常識からしてもとうてい考えられないからである。また筆者がかつて別稿で指摘しておいた通り、彎足布のうちでも斜肩式のものは、方肩方足布などとともに、はるか戦国末まで残存した形跡がある。[87]したがって、もし羅氏の説のように、標準型の方肩彎足布が西周時代に関中で用いられたとすれば、それに続く斜肩式の彎足布は、何ら形式上の変化を来たすことなく、実に春秋・戦国時代の約五〇〇年間を通じて存続したことになる。こういうことが、はたしてあり得たであろうか。尖足の空首布から円足の三孔布にいたる両足式の目まぐるしい変遷と対比するとき、それはあまりにも大きい相違といわなければなるまい。とにかく、私は羅氏の記述だけを根拠にして、彎足式の空首布が関中方面から出るということを、肯定する気にはなれないのである。

なお羅氏は、彎足布の一部が洛中すなわち洛陽を中心とする地方から出るといっているが、これは他の文献にもよく記されていることであるから、おそらく事実なのであろう。この点につき、羅氏はさらに詳しくつぎのように述べている。

洛中出づる所の空首布は、皆大河以北及び大行の麓に在り。惟だ近ごろ出でし空首布の一種は、文を凢字に作る。至高、柄に近き処に在り。其の文、円折・方折の二種有り。以前、古泉家の未だ見ざる所と為す。此の布独り大河以南、洛陽を距ること数十里の地に出づ。亦近ごろ出でし空首布中の異品なり。(『俑廬日札』)

儿字を表した空首布というのは、標準型方肩彎足布の一種であって、その小形のものでなければ、斜肩のものでもない。したがって右の記事は、標準型方肩彎足布の関中出土を伝えた、前の記事と矛盾することになる。また彎足布の一部が洛中から出るというのが事実だとしても、その地点に関する具体的な記述は、のちにあげるような諸例と比較するとき、必ずしも当っているとはいい難い。

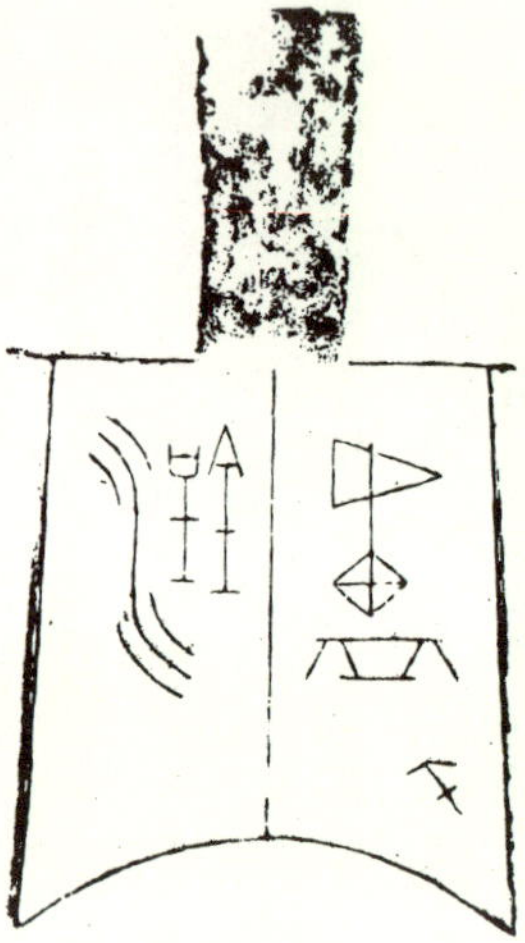

第21図
大形方肩彎足布（1/3）
『古銭大辞典』による

要するに、空首布の出土地を伝えた羅氏の文章は、かなり不確実なところが多く、とうていこれをそのまま容認することはできない。もしそのなかに何か採るべきものがあるとすれば、彎足布の一部が洛中から出るという点だけであろう。

さて、彎足式の空首布は方肩と斜肩の二種に大別され、さらに方肩のものは大形・標準型・小型の三種に細分される。つぎにこれらのおのおのについて、具体的にその流通地域を探ってみよう。

(1)　大形方肩彎足布（第21図）

長さ一八糎、幅一〇糎もある特大のもので、『古銭大辞典』上篇八二四図に示されているのが、ただ一個知られているにすぎない。表面に「盧氏涅金」と判読される銘を有するが、この「盧氏」は現在の河南省盧氏に当たる。

(2)　標準型方肩彎足布（第16図左）

彎足布の大部分を占めるほど数が多いのに拘らず、これまで発掘で出土した例は一つもない。この手の彎足布に表されている銘は、四字と二字の例が僅かずつ見られるほかは、すべて一字である。四字のものは「棘甫小匕」などと読まれているが、上の二字は確かでない。二字のものは「郙釿」[88]と「丹甘」らしく、後者はもしこれが甘丹の倒書だとすれば、尖足布の場合と同じく邯鄲に当たる。この推測は、おそらく妥当であろう。邯鄲は貨幣史の上から見ると、きわめて興味の深いところで、こうした布銭のほかに、俗に「甘丹刀」と呼ばれるもの、すなわち「甘丹」の銘を有する円首刀（直刀）も発行していた。つまりこの地は、刀銭と布銭の両分布圏に跨っていたばかりでなく、その布銭には、系統を異にする尖足式と彎足式の両方があったことになる。これは現在のところ、邯鄲だけにしか見られない特殊な現象であり、経済市場における国際都市の性格を示すものとして、注目に値するであろう。

つぎに一字の銘は、そのなかから数字と干支の類を除くと、あとに種々雑多な文字が残る。しかしそれらの一つ一つについて、地名であるかどうかを判別することは、なかなか容易でない。たとえば、古銭に関する諸書を見ると、文は汶陽、木は木門、羽は羽山、阜は堂阜、侯は侯氏、西は西都だなどといっているが、はたしてそう簡単にきめられるかどうかは疑問である。また周・武・高・陽・平などに従う地名は多いから、単にその一字が記されているだけでは、どこに当たるか知る由もない。だが銘の文字のなかで、先秦の古文献にそのまま地名として出てくるものなどは、一応地名と見て差し支えないように思われる。こういう見当で捜してみると、ほぼつぎのようなものがあげられるであろう。

京（河南省滎陽）于（同沁陽）来（同開封）鄔（同偃師）宋（同商丘）亳（偃師または商丘）垂（同永城）宗（安徽省舒城）成（山東省寧陽）鬲（同徳平）留（江蘇省徐州）智（山西省虞郷）祁（同祁県または河南省夏邑）

これらが実際に地名であり、括弧内の比定が正しいとすれば、この手の彎足布は黄河の中・下流域一帯、とくにその南側に流通していたことになる。尖足布の場合と違って、山西方面の確実な地名が甚だ少ないことは、両者の分布地域の差を示している点で見のがせない(89)。

なお、この種の彎足布の出土に関する所伝としては、左のようなものがある。

「成」空首布は洛中に出づ。（『泉幣』九）

「棘甫小七」空首布　……　聞く、昔年、劉燕庭、汴中に於いて得る所の此の種の布、今亦悉く幼雲に帰すと。（『続泉滙』元二）

近年、洛中、四字空首布を出土すること数十枚。予、先後して十余を得たり。其の文、皆、[illegible]少七に作る。文字、変化多く、一同の者無し。(90)　……（『俑廬日札』）

四字の銘のうち、少なくとも上の二字は読み方が不明であるが、ここでは出土地がわかっただけで、満足しなければなるまい。汴中とは、開封を中心とする地方を指す。

(3)　小形方肩彎足布（第16図中）

標準型の方肩彎足布を小形にしたもので、甘・白・武・戈・東周・安蔵・官考・周安などの銘を有するものが知られている。甘については『読史方輿紀要』巻一の歴代州域形勢の条に「甘は畿内の国なり。今、河南府の西南二十五里に甘城有り。襄王の弟子帯の封邑なり）といい、東周については『前漢書』巻二八上地理志の河南郡の条に「鞏は東周の居りし所」といっている。鞏は洛陽と鄭州の中間あたりに位する河南省鞏県にほかならない。なおこの手の彎足布の出土地に関しては、つぎのような所伝がある。

「武」空首布　……　孟津の人、土を掊《か》いて得る所。黄土の中に満つ。（『吉金所見録』巻二）

「東周」空首布　……　予、独り野を汴梁の叟に得たり。（程文龍『古泉審』）

この「武」空首布というのは、中央に「戈」の字を表しただけのものであるが、初尚齢はこれを「武」の字の略体と見ている。孟津は洛陽の東北約二〇粁の地点にあり、汴梁は開封に相当する。なお前に引いた、「安蔵」空首布が洛中から出るという羅氏の記述も、この場合忘れてはなるまい。

(4)　斜肩彎足布（第16図右）

盧氏・三川釿・武・武□などの銘を有するものがある。盧氏は河南省盧氏に、三川は洛陽に比定されるが、(91)武の位

置は明らかでない。出土の所伝としては、

「函易」（空首布）は、河南の霊宝境内にて出土す。（『薬雨古化雑詠』）

という一条のほか、すでに述べたように「武」空首布が洛中から出ることを伝えた羅氏の文章がある。

なお一九五四年の四月から七月にかけて、中国科学院の考古研究所が洛陽の西郊一帯を調査したとき、漢代の河南県城の北壁第四トレンチ（WNT4）にかかった「周代」の遺跡から、「三川釿」の銘を有するこの種の彎足布が一枚出土した(92)。また、一九五四年に成立した河南文物工作隊第一隊は、一九五五年四月までの間に、鄭州の西北郊にある崗杜の付近で、戦国時代から漢代にかけての墓を四七基発掘したが、そのさい一一二号墓から、「武」の字を表したこの手の彎足布が四枚発見された(93)。

さて、以上あげた資料を総合してみると、彎足布の分布範囲はつぎのようなものであったと推定されるであろう。すなわちそれは、河南省の中部から山東省の西部ならびに安徽・江蘇両省の北部にわたる地方、地理的にいえば、黄河の中流域からその下流域一帯の沖積平野、とくに河道の南側に当たる地域である。そしてその中心は、西は洛陽付近から東は商邱付近にいたる、河南省中部の平原地帯にあったと見ることができよう。したがって、彎足布の原型をなすクワ型の「耜」が主要な耕具として用いられていた地域も、ほぼ右と同様なものであったに違いない。ただ、彎足布のうちには甘丹（邯鄲）・于（沁陽）の銘を表したものがあるし、羅氏も洛中出土の彎足布のほとんど全部が黄河以北、太行山脈の麓から出るといっているので、その分布は、あるいはこうした方面にまで及んでいたのかも知れない。もしそうであったとすれば、尖足布のなかに甘丹・武安（武安）・于・冢章（滑県）の銘を有するものがあり、また汲県で無銘の尖足空首布が多数出土しているから、この方面は尖足・彎足両布の混合地帯、つまり耒と耜が同じような比率で用いられていた地域と見られるであろう。

八　スキ耕・クワ耕・犂耕の意義

前章で述べた通り、尖足布は山西省の中部に、彎足布は河南省の中部に、それぞれ分布の中心があった。そしてこの両地方は、また同時に、それぞれ耒と耜を主要な耕具とする、いわばスキ耕圏とクワ耕圏の中心であったことが推測される（第22図）。とくに「主要な」と断っておいたように、「専用の」という意味ではない。だいたいスキは深耕用、クワは中耕・除草用の道具である。しかしそうだらといって、一つの地域に必ず両方が揃っていなければならぬとも限るまい(94)。もちろん揃っているのに越したことはないが、何かの事情で、片方に重点が置かれるということもあり得る。したがって、スキ耕圏・クワ耕圏といっても、厳密にスキだけかクワだけが用いられたというのではなく、むしろどちらが主要な耕具であったかを基準とする、概括的な区別にすぎない。ところで、このような区別は、どうして起ったのであろうか。まず考えられることは、山西台地と河南平原における土壌の相違である。諸外国の例を見ても、F. Petrie が

Pompeii の軽い火山灰質の土壌では、より重い土壌で用いられたスキに代って、クワが普通の道具であったといい(95)、Carl Sauer 氏は Peru の Indian について(96)、G. Hatt 氏は Abyssinia の Galla 族について(97)、それぞれ重い土壌とスキの関係を述べている。したがって、先秦中国における耒（スキ）と耜（クワ）の分布差を、土壌地理学的に解釈することも可能ではなかろうか。この点について、多田文男博士に伺ったところ、およそ左のような御教示を得た。

山西台地は初生黄土の堆積地帯である。G. B. Barbour 氏の作成した黄土の粒度分析表を見ると(98)、山西省の太谷と臨県では(99)、黄土の粒子が細かくきれいに揃っている。これは、土壌が重くて粘着力のあること、つまり重粘であることを示す。また山西方面は、黄土の層が割合に薄く、下は岩盤になっていて、その風化土もやはり粘っ

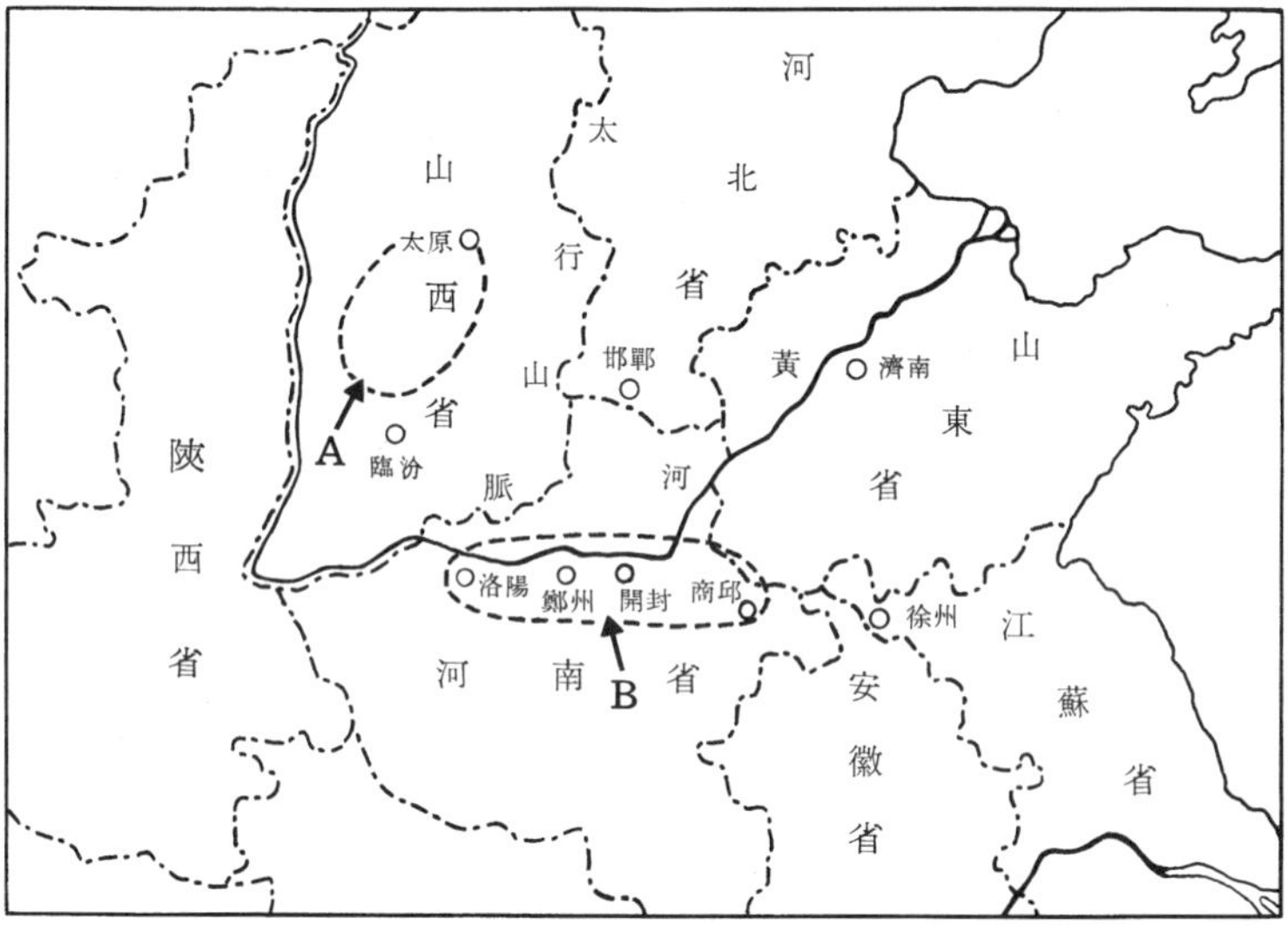

第22図　スキ耕圏の中心（A）とクワ耕圏の中心（B）

こい。こういう土地を耕すには、クワよりスキのほうが向いている。

河南平原は次生黄土の堆積地帯である。河流による二次的堆積なので、なかに砂粒や砂礫を含む。Barbour 氏の粒度分析表にも示されている通り、この種の沖積黄土は、多孔質で軽く、粒子が揃っていない。つまり軽鬆・膨軟・砕易である。こういう土壌はサクサクよく切れるので、スキよりもクワで耕すほうが能率的だ。

似たような現象は、日本でも見られる。たとえば関東ロームの地帯では、スキ（いわゆる関東スキ）が主要な耕具になっている。それは、土壌が重粘なためだ。

James Thorp 氏の調査によると、山西台地の土壌は「発達不充分な淡栗色及び極淡栗色土」、黄河平原のそれは「石灰質沖積層と、そのなかに埋没している砂薑土」であるというが、[100] 両者の性質はまさに多田博士の指摘された通りである。耒と耜の分布差についての鄙見が正しいとすれば、その理由の説明として、さし当りこれ以上のことは考えられぬであろう。

春秋初期の形勢を見ると、山西の南半部には晋が興りつつあり、河南の東半部には鄭や宋が勢力を振っていた。周が東に遷ってきたのは、あたかもそのころである。『左伝』の隠公七年（716 B. C.）の条に、周公黒肩が周の桓王に「我が周の東遷するや、晋・鄭に焉《こ》れ依りき。……」といったとあるように、当時、晋と鄭は中原を代表する二大圏であった。春秋の前半期ごろ鉄器が現れると、耒や耜などの耕具も、しだいに鉄で造られるようになる。そして間もなく、それらの鉄製耕具の形を模した、青銅製の布銭が出現する。農業生産力の増大と商工業の発展は、都市の勃興と国家の富強をもたらし、それまで停滞していた歴史の流れに、大きな変化を与えることとなった。この間の事情は、ここで問題とするスキ耕やクワ耕と、はたしてどのような関係があったのか。それを簡単に要約すれば、ほぼつぎのようになるであろう。

山西方面では、おもにスキ耕による生産力を基盤として、大小の都市が生まれ、スキ型の尖足布を通貨とした。晋は、そういう都市の代表として勢力を得たものである。一方、河南方面では、おもにクワ耕による生産力を基盤として、大小の都市が生まれ、クワ型の鑾足布を通貨とした。鄭や宋は、そういう都市の代表として勢力を得たものである。なおその中間に位する衛は、スキ耕圏とクワ耕圏に跨っていたらしく、尖足布と鑾足布の両方を併用していた。

ここでは結論だけ述べたが、当時における国家と都市の関係などについては、他日、稿を改めて述べるつもりである。(101)

つぎに犂耕の問題が残っている。犂が耒と関連して起ったという見方が正しいとすれば、犂の発生地はスキ耕圏の山西方面にありそうだ。春秋時代になってから、晋がにわかに頭角を現し、五霸の一に数えられる文公（635～628 B. C. 在位）を出すにいたったのは、何か特別の事情によるのかも知れない。あるいは、「普通の踏犂に比し約三倍の能率があがると言われる」人輓犂を採用したためではなかろうか。もっとも、これはあまり当てになるまい。むしろ、人輓犂から発展した牛犂のほうが、三晋の興隆と関係がありそうに思われる。春秋の末から戦国の初めにかけて、韓・

魏・趙の三氏は、いずれも大幅に勢力を伸ばした。とくに注目されるのは、韓・魏が南進して、黄河中原を席巻したことである。まず韓は、春秋末の景侯のとき（408〜400 B.C. のころ）、都を平陽（山西省臨汾から陽翟（河南省禹県）に遷した。文侯二年（385 B.C.）、鄭を伐って陽城（河南省登封）を取り、宋を伐って彭城（江蘇省徐州）に至り、宋君休公を執えた。そしてついに哀侯二年（375 B.C.）、鄭を滅ぼして新鄭（河南省新鄭）に都したのである。一方、魏も文侯三十二年（393 B.C.）、鄭を伐って酸棗（河南省延津）に城き、恵王六年（365 B.C.）、宋を伐って儀台（河南省寧陵）を取った。恵王三十一年（340 B.C.）には、秦の鋭鋒をさけて、都を安邑（山西省夏県）から大梁（河南省開封）に遷した。さらに昭王十年（286 B.C.）斉・楚と連合して宋を滅ぼし、その地を三分したのである。(102) 他の小国、衛や東周にいたっては、もちろん有名無実の存在であった。こうして黄河中原の地は、新たに興った韓・魏の勢力圏内に没入したのである。また韓・魏に南進を阻まれた趙が、匈奴の戦法をとり入れ、北方に領土を拡大したことも見のがせない。三晋の興隆と鄭・宋の没落、この著しい現象の背後には、三晋における牛耕の普及と、それに伴う農業生産力の増大が考えられないであろうか。

その論拠としては、左のような点をあげることができる。

(1) 三晋の故地である山西方面は、犂の発生地と推定されるスキ耕圏であった。

(2) 現に山西の潞安地区では、鏹犂という最も原始的な人輓犂が用いられている。(103)

(3) 『国語』巻一五の晋語九に、晋の大夫の竇犨が趙簡子に語った言葉として、

……夫れ范・中行氏は、庶難を恤《うれ》えずして、晋国を擅にせんと欲せしかば、今其の子孫は将に斉に耕さんとす。宗廟の犧、畎畝の勤を為すなり。……

とあるのによると、春秋末の晋では、すでに牛を農耕に使用していたことがわかる。これは、牛耕の存在を示す、最も古くてしかも確実な文献であろう。(104)

(4)　魏の共邑に比定される河南省輝県から、戦国末に属する鉄製の犂鎗が出ている。[105]したがって、少なくとも魏の領内では、牛耕が行われていたに相違ない。

(5)　先秦時代の農業政策論として他に比類を見ぬ、魏の李悝の「地力を尽くすの教え」[106]も、おそらく牛耕を基礎にして立論されたものであろう。国土の三分の二を耕地化するというようなことは、牛耕がなければできそうもない。

さて、三晋で実際に牛耕が行われたとしても、他の国々のすべてが同様であったとすれば、三晋だけがとくに牛耕で興ったとするには当たらない。この点は、はたしてどうであろうか。「鉄器が現れると、牛耕が始まり、生産力が増大して、文化の華が開く」という公式的な論法を、私たちはこれまでしばしば戦国時代に適用してきた。しかし、当時の牛耕に関する文献や遺物は、こういう一般的な推測を立てるには、あまりにも僅かだといわなければならない。したがって、その普及の程度については、かなり疑問がありそうだ。前漢の趙過が牛耕を始めたという所伝も、それまでの状態をいくらか反映していると見れば、一概に無視することはできぬであろう。むしろ、戦国時代における牛耕の普及度は、今日想像されているような高いものではなく、しかも各方面でかなり不均衡だったのではあるまいか。そしてこの不均衡さこそ、一つの地域においては階級の分化を促進し、国と国の間にあっては相互の対立に拍車をかける、大きな要因となったのではあるまいか。『史記』巻四三趙世家の孝成王四年（262 B. C.）の条を見ると、趙豹が王に対えた言葉のなかに「夫れ秦は牛を以て之に田し、水にて糧を通じ、……」とある。この一条から、秦の制覇の一因を牛耕に求めようとする人があれば、筆者は必ずしもそれに反対するものではない。秦についてはまたべつに、そのような可能性が考えられるかも知れないからである。要は、歴史の舞台のどこに牛耕を登場させるかであって、従来の漠然とした一般論よりも、こういう個別的な見方のほうが、より真実に近いのではなかろうか。

なお、話は少し脇道にそれるが、これまで出土した戦国時代の鉄製耕具について、問題になりそうな点を探ってみ

よう。鄭玄は、前に引いた考工記の匠人の条に注して、

古は、耜は一金。両人併んで之を発す。……今の耜は、岐頭両金。古の耦に象るなり。

といっているが、ここに「耜」とあるのは、耕具の先に嵌める金属製の刃を指していること疑いない。つまり後漢のころには、実際にこういう岐頭の耕具が用いられていたのであろう。武氏祠の画像石に、神農氏などが方肩方足布の形に似た耕具を手にしている光景が刻まれていたり、長沙の前漢後期といわれる墓から出た木偶の持物のなかに、木でこしらえた岐頭耕具の模型が見られたりするのも[107]、右の推測を支えるものである。尖肩尖足空首布のもとになった鉄製のスキ先は、足が鋭く二股に分かれていたに違いない。したがって、これと漢代の岐頭耕具を結ぶ中間のものとして、戦国時代ごろにもこうした形の耕具があってよさそうに思われる。ところが不思議なことに、当時の鉄製耕具の遺物をいくら調べてみても、そのようなものは見当らない。かつて筆者が行った分類[108]によると、戦国時代の鉄製耕具には、明らかにクワ先とわかるもの、柄のつけ方しだいでスキ先にもクワ先にも使えそうなもの、牛耕用の犂鎗と認められるもの、以上の三種があったことになるが、それらはすべて一刃である（第23図）。では岐頭の耕具は、全く用いられなかったのであろうか。

尖肩尖足空首布のもとになった鉄製のスキ先は、まだ発見されていないのでわからないが、画像石に表されている岐頭の耕具は、人物に比較してみると、かなりの大きさのものであったらしい。そこでこのような耕具が実在したとすれば、もちろん土を刺す部分が全部鉄で出来ていたはずはなく、おそらく二股になった木製の部分に、袋穂状の鉄刃を嵌入したものだったのであろう。ところで、出土した戦国時代の鉄器のなかには、俗に鉄斧と呼ばれているものがかなり多く見受けられる（第23図　クワまたはスキⅳ斧ⅰ）。これらは鍛造の場合は、木工具として立派に使えるが、鋳造の場合は、せいぜい土掘用ぐらいしか役に立たなかったであろう。もしそうであったとすると、ここに一つの憶測が生まれる。すなわち、平首の部分を長くした方肩方足布の形を木でこしらえ、二股になった先端にそれぞれ、

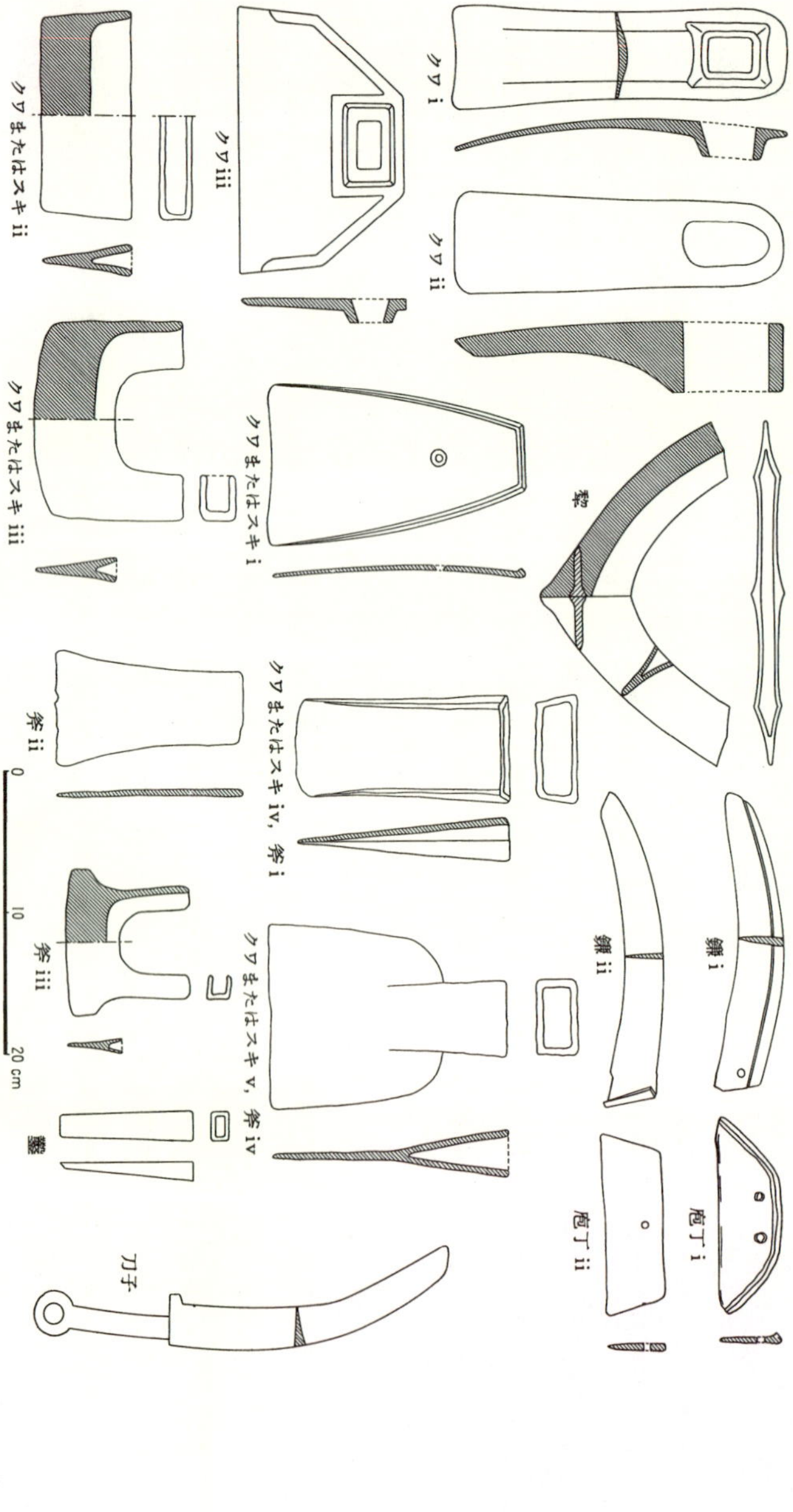

第23図 戦国時代の鉄製農工具

このいわゆる鉄斧を嵌め込んだのではなかろうかというのである。これならば、確かにスキとして使えるし、全体の形も、画像石に示されているものとほぼ一致する。

しかしそれはとにかく、戦国時代の耕具全般についていえば、一刃のものが普通であったと認めざるを得ない。上木を耒といい、下金を耜と呼ぶ習慣が生まれたのは、下端の分岐した耒がすたれ、スキ型耕具もクワ型耕具の耜と同じように、一刃の下金をつけるのが普通になってきたからではあるまいか。つまり、最初は一刃のクワ型耕具を耜と呼んでいたが、やがて一刃の下金そのものを耜と称するようになったのであろう。だが、岐頭の耒も全然消滅してしまったわけではなく、右に想像したような形のものになって、後漢のころまで残存したらしい。

結

以上八章にわたった本篇の内容を、章別に要約してみると、ほぼ左の通りである。

(1)　耒と耜は、もともと両種不同の耕具であったが、早い時代に名称が混乱して、原形がわからなくなってしまった。徐中舒氏らの説によると、耒と耜はいずれもスキ型の耕具で、耒は先が二股に分かれており、耜は先が円頭平葉状になっていたという。

(2)　甲骨文や金文に示されているごとく、耒は確かにスキの耕具であった。しかし、先が一本のままであろうと、二本や三本に分かれていようと、また円頭平葉状になっていようと、そんなことは耒の本質と何の関係もない。

(3)　世界における耕具の発達の大勢からも知られるように、犂が出現するまでは、スキ（掘棒）とクワが耕具の基本的なものであった。中国においても同様で、甲骨文や金文を調べてみると、耜は明らかにクワ型の耕具であったことがわかる。

(4)　犂の最も原始的な形式と見られる人輓犂は、耒と関連して起ったらしい。牛耕開始の時期、つまり人輓犂のスキ先に鉄刃を嵌めて、牛に牽かせるようになった時期は、春秋の後半ごろと推定される。

(5)　布銭は、足がはっきり二本に分かれている「両足布」と、足の下底がいくらか内側に彎曲している「彎足布」の二系統に大別される。いずれも耕具の形を模したものであるが、両足布は耒から、彎足布は耜から、それぞれ転化したらしい。

(6)　両足布の祖型をなす尖足布の流通圏、つまり耒が主要な耕具として用いられていた範囲は、山西台地から太行山脈の東・南麓にわたる地方で、その中心は太原を北限とする山西中部にあった。

(7)　一方、彎足布の流通圏、つまり耜が主要な耕具として用いられていた範囲は、黄河の中流域から下流域一帯の冲積平野、とくに河道の南側に当たる地域で、その中心は河南中部にあった。

(8)　山西台地は初生黄土の堆積地帯であるため、土壌が重粘でスキ耕に適し、河南平原は次生黄土の堆積地帯であるため、土壌が軽鬆でクワ耕に適する。晋はスキ耕圏を、鄭や宋はクワ耕圏を、それぞれ代表する国であった。さらに、犂が耒から発達したとすれば、牛耕の発生地は山西方面にありそうだ。したがって、三晋の興隆は牛耕と関係があったのかも知れない。

本篇の構成は、いわば積上げ方式で、各章の結論を受けて、以下の諸章が成り立っている。すなわち、(2)と(3)を前提にして(5)が生まれ、(5)を前提にして(6)・(7)が生まれ、さらに(4)・(6)・(7)を前提にして(8)が生まれるという順序である。そこで、前の結論に一つでも誤りがあれば、あとが続かなくなるわけで、まかり間違えば、全体が崩壊するということにもなりかねない。しかし途中の論証には、できるだけ慎重を期したつもりであるから、そのようなことはまずないと考える。終局の狙いはもちろん(8)であるが、これは現在のところ試案の域を出ない。ことに牛耕の始源と普及の真相は、今後における出土資料の増加と、それらに対する綿密な検討をまって、はじめて解明される問題であろう。

「序」にも一言しておいた通り、筆者は先秦貨幣の性質を調べているうち、布銭と耒耜の関係に着目するようになった。先秦の耕具を広く取り扱った本篇は、いわばその副産物にほかならない。しかし副産物であるとはいえ、また逆に、当時の通貨制度の核心に触れる重要な一面を持っている。それは、両足布流通圏・彎足布流通圏ともいうべきものの実態であった。最後にこの点について、筆者の見解を纏めておこう。

韓・魏の勢力の南進というよりはむしろ、スキ耕圏の経済力の南下に伴い、尖足布の後身である方足布も、その分布圏を南方に拡大した。(109) ところが、鄭や宋の領域に当たる黄河中流域の方面では、彎足布は不思議に消滅せず、戦国の末まで方足布とともに流通していた形跡がある。(110) つまり方足布は、彎足布の流通圏を縫って、その南側まで広がったと認めざるを得ない。この注目すべき現象は、つぎのように解釈されるであろう。当時、布銭の鋳造権は、国都を含む都市群にあったと思われるので、国家の興亡に直接関係なく、その地域の通貨は残存し得たらしい。おそらく、標準型の彎足布は、戦国時代に入ると漸次消滅したが、黄河中流域の南岸地帯は、彎足布の本拠であったため、標準型から転化した小形と斜肩の彎足布が、戦国のほぼ全期を通じて存続したのであろう。彎足布のこうした根強さは、布銭の本質を解明する上に、大きな手がかりとなるに相違ない。なお、先秦時代における国家権力と貨幣鋳造権との関連については、いずれ別稿(111)で詳しく述べるつもりである。

筆をおくに当たり、論文を通じて種々御教示にあずかった天野先生、有力な助言を与えられた多田文男・石田英一郎の両先生、ならびに松本善海・西嶋定生の両氏に対して、深甚の謝意を表する次第である。（昭和三四・九・二〇）

註

（1）徐中舒氏「耒耜考」（国立中央研究院歴史語言研究所『集刊』二の一、一九三〇）。

(2) 天野元之助博士「中国におけるスキの発達」(『東方学報』二六、一九五六)。
(3) 西山武一氏「技術史」(『現代中国辞典』一九五〇)。
(4) 貝塚茂樹博士編(『古代殷帝国』(みすず書房、一九五七)一八二頁。
(5) 拙稿「布銭の出土地と出土状態について」(『東洋学報』四一の二、一九五八)一二三頁。
(6) 前掲「中国におけるスキの発達」一〇八頁。
(7) 前掲「耒耜考」四七頁。
(8) 犂錧は犂冠ともいい、また犂鑱ともいう。犂のスキサキに当たる金属製の部分のこと。
(9) 前掲「中国におけるスキの発達」一〇九頁、天野博士「西周の農業」(京都大学人文科学研究所『創立二十五周年記念論文集』一九五四)二五―二七頁。
(10) 前掲「中国におけるスキの発達」一四三―一四四頁。
(11) 前掲「技術史」五六八頁。
(12) 天野博士「西山武一氏『中国技術史』に寄せて」(『中国研究』一五、一九五二)四六頁。
(13) 筆者が本篇でスキとクワを仮名書きにしたのは、鋤と鍬が日本と中国では正反対の意味に用いられているため、漢字で書くと誤解が起り易いのを考慮したからである。すなわち『和漢三才図絵』に「按ずるに鍬須木鋤久波二物は和名相反す。今において謬伝するなり」とあるように、日本でスキと称するのは中国の鍬に当り、日本でクワというのは中国の鋤に相当するのである。しかし犂は日本でも中国でも、牛――まれには人――に牽かせる耕具を指しているから、これをとくにカラスキと仮名書きにする必要はない。
(14) 前掲「耒耜考」三三頁。
(15) 同右一七頁。
(16) 徐文鏡『古籀彙編』巻一四下より集字。
(17) 『説文解字』に「必は分極なり。八と弋に从う」とある。
(18) 前掲「耒耜考」三二頁。
(19) 前掲「中国におけるスキの発達」一四四頁。

（20） 同右一〇九頁。

（21） 加藤博士「支那古田制の研究」（『支那経済史考証』巻上、東洋文庫、一九五二、所収）五三二頁。

（22） 推と発の意味については、徐氏が左のように説明されている。（前掲「耒耜考」五三頁）

推の多少は、大概、土に入るの浅深と関する有り。土に入ること深ければ、即ち発する時、土の墳起する者多し。孟子の所謂「深耕」は、此の言を指す。「堅地は直庇を欲す」とは、亦これ土に入ること深くし易しの意なり。発は墢・坺・伐・方の字と同じ。即ち耒耜の土に入りて以後、斜めに其の柄を抑え、土をして墳起せしむ。……「句庇ならば即ち発するに利し」とは、亦、土、墳起し易しの意なり。……古代の耕作は、即ち反復の推発、田中の土を皆墳起せしめて止むと為す。

（23） 中国現用の踏スキ（Wilhelm Wagner ; Chinesische Landwirtschaft. Berlin 1926, Abb. 60 : 3）、日本の弥生式時代の木製踏スキや近世の江州スキ〔八幡一郎氏「日本の古代鋤」（『民族学研究』二一の四、一九五七、第一・四図〕、Hebridean の“caschrom”（後述）、ならびに今日用いられているシャベルなど。

（24） Edward Hahn ; Die Haustiere und ihre Beziehung zur Wirtschaft des Menschen. Leipzig 1896, S. 388.

（25） Alfred Götze ; Pflug und Hacke. (Max Ebert ; Reallexikon der Vorgeschichte, Bd. X) S. 118.

（26） Emil Werth ; Grabstock, Hacke und Pflug, Versuch einer Entstehungsgeschichte des Landbaues. Ludwigsburg 1954, S. 56.

（27） ibid., S. 130.

（28） ibid., Abb. 21, 24 参照。

（29） E. Cencil Curwen & Gudmund hatt ; Plough and Pasture, The Early History of Farming. New York 1953, p. 63. 本書は、一四七頁まで（第一部）を Curwen 氏が、以下（第二部）を Hatt 氏が、それぞれ分担執筆している。

（30） ibid., pp. 172, 194, 231.

（31） この点、八幡一郎が、

耕耘具は掘棒それから発達した鋤の系統のものと、鹿角・樹枝の鉤から発達した鍬の系統のものとに大別できよう。犂（すき）はそのような鋤もしくは鍬を牛にひかせて耕起する第二段の耕耘具である。

と述べておられるのは、まことに簡明な表現と見られよう。八幡氏「農具」（『世界大百科辞典』二二、平凡社、一九五八）四六六頁。

(32) 前掲「中国におけるスキの発達」一四三頁。

(33) W. M. Flinders Petrie ; Tools and Weapons. London 1917, p. 55.

(34) 前掲「耒耜考」三〇頁。

(35) 同右四六頁。

(36) 1・3・11・12は王襄『簠室殷契類纂』正編、2は羅振玉『増訂殷虚書契考釈』巻中、4—9・13・14—16・18は孫海波『甲骨文編』第一四、10・17・19・20は朱芳圃『甲骨学文学編』下冊よりそれぞれ引用。

(37) 第一〇図11—13を参照。

(38) 7・17—19は「台の」の字であるが、「ム」は「㠯」に等しく、これに「ロ」を加えた「台」も「㠯」と同じで、いずれも「似」の意味に用いられている。

(39) 6の虢季子白盤の年代については、西周後期説と春秋初期説が対立している。

(40) 漢代になっても、透視の技法はほとんど進歩していない。たとえば武氏祠の画像石を見ると、料理を二階へ運ぶ人たちが、みな盆をこちら側に向けて持っている。これにくらべれば、縦型の「㠯」の頭部が適当に細長く描かれていたり、横型の「㠯」の柄が斜めに短かく表されていたりするのは、はるかに気のきいた描写と見られよう。

(41) 前掲「耒耜考」三五—四一頁。

(42) 郭沫若・翦伯賛・呂振羽・胡厚宣・范文瀾・李亞農・呉沢・束世澂らの諸氏。

(43) 王国維・王襄・羅振玉・孫海波など。

(44) 胡厚宣氏が牛耕・犬耕の存在を前提として、殷代の農具が青銅製であったと主張されるのは、やはりこのような点を考慮されたからであろう。その理由はもっともであるが、結論のほうは承服しがたい。同氏『甲骨学商史論叢』二集一下（一九四五）七七—八一頁参照。

(45) 拙稿「殷王朝の生産的基盤」（『中国考古学研究』東京大学東洋文化研究所、一九五六、所収）。

(46) たとえば前掲「中国におけるスキの発達」一一五—一一七頁などを参照。

(47) 前掲「耒耜考」五六—五八頁。

(48) 前掲「中国におけるスキの発達」一一七頁。
(49) 同右一四七頁。
(50) 拙稿「中国青銅器文化の一性格——青銅の素材価値を中心として——」(前掲『中国考古学研究』所収) 一四六頁。
(51) 天野博士「春秋・戦国時代の農業とその社会構造——華北農業の展開過程——」一 (『松山商大論集』七の三、一九五六) 七頁。
(52) 前掲「技術史」五六九頁。
(53) E. C. Curwen & G. Hatt ; op. cit., p. 74.
(54) Branimir Bratanić ; Einige Möglichkeiten zur Fortführung der pflugeräteforschung. (Actes de IVe Congrès International des Sciences Antropologiques et Ethnologiques, Vienne 1952, Tome II, Ethnologica I, Wien 1955) Abb. 1.
(55) 漢代の犂館は、河南省洛陽・甘粛省古浪・北京市清河鎮・陝西省宝鶏などから出土している。また山東省滕県宏道院と陝西省綏徳漢王得元墓の画像石には、牛耕の有様が刻まれている。
(56) 中国科学院考古研究所『輝県発掘報告』(科学出版社、一九五六) 八二・九一頁。
(57) E. C. Curwen & G. Hatt ; op. cit., pp. 69–72.
(58) 加茂儀一氏『技術発達史』(東洋書館、一九四八) 四九—五〇頁。
(59) E. Werth ; op. cit., SS. 167–168.
(60) Carl W. Bishop ; The Origin and Early Diffusion of the Traction–Plough (Antiquity X, 1936) p. 261.
(61) E. C. Curwen & G. Hatt ; op. cit., p. 282.
(62) E. Werth ; op. cit., S. 167.
(63) W. Wagner ; op. cit., Abb. 55 : 1, 2, 4, 5.
(64) ibid., Abb. 55 : 9, Rudolf P. Hommel ; China at Work. New York 1937, Figs. 63, 64.
(65) 前掲「技術史」五六八—五六九頁。
(66) これは天野博士も指摘されたように、「論語」微子篇の誤りである。
(67) 前掲「中国におけるスキの発達」一一二頁。前掲「西山武一氏『中国技術史』に寄せて」四六頁。なお第一三図は前者の

第八図を転載したもの。
(68) 前掲「中国におけるスキの発達」一一九頁。
(69) 同右一一二頁。
(70) 前掲「耒耜考」五三頁。
(71) 前掲「西山武一氏『中国技術史』に寄せて」四六―四七頁。
(72) 前掲「耒耜考」五三―五五頁。
(73) スキやクワで耕すような重労働をやっているとき、見なれない人に話しかけられたら、まず手を休めるのが普通であろう。かりに二人が「耕種同時一貫作業」をしていたとすると、耕者の長沮が休めば、相棒の桀溺も用がなくなってしまうではないか。
(74) 史樹青氏「関于『橋形幣』」(『文物参考資料』一九五六・七)六〇―六一頁。
(75) 呉銘生氏「并不是『橋形幣』」(『文物参考資料』一九五六・一〇)七〇頁、唐石父氏「『橋形幣』非銭之我見」(『文物参考資料』一九五七・八)八七頁。
(76) ただ筆者が貨幣理論の上から検討したところによると、布銭は俗に考えられているように青銅製の耕具からではなく、鉄製の耕具から転化したものらしい。前掲「中国青銅器文化の一性格」一三八―一四六頁。
(77) 前掲「布銭の出土地と出土状態について」一一二頁。
(78) 前掲「耒耜考」二八頁。
(79) 前掲「布銭の出土地と出土状態について」一一二―一一四頁。
(80) 同右一〇四・一一二頁、河南文物工作隊第一隊「鄭州崗杜附近古墓葬発掘簡報」(『文物参考資料』一九五五・一〇)一三・一五・一六・一八・二二頁。
(81) 前掲「耒耜考」二四頁。
(82) 梅原末治博士・藤田亮策氏『朝鮮古文化綜鑑』一(養徳社、一九四六)第一図11・12。
(83) R. P. Hommel; ibid., Fig. 91 : A, B.
(84) 戦国時代の例は二、三知られているが、春秋時代まで溯るかどうかは不明である。王仲殊氏「洛陽焼溝附近的戦国墓葬」

『考古学報』八、一九五四）図版八2、湖南省文物工作隊「長沙・衡陽出土戦国時代的鉄器」（『考古通訊』一九五六・一）図版一八1。

(85) 尖肩尖足空首布の標準的なものは、長さが筆者のいわゆる戦国小尺（一八〇粍）の七寸、つまり一二六粍ある〔拙稿「中国古代の尺度について」（前掲『中国考古学研究』所収）三八三頁〕。『観古閣続泉説』（『観古閣叢刻』所収）は、鮑康が清末の同治年間に刊行したものであるが、当時の礼部律尺は二五二粍あったというから〔呉承洛氏『中国度量衡史』（商務印書館、一九三六）二〇図〕、その五寸はちょうど右の一二六粍に等しい。

(86) 駒井和愛博士・筆者「邯鄲——戦国時代趙都城址の発掘——」（『東方考古学叢刊』乙七、東亜考古学会、一九五四）二・三頁。

(87) 註80参照。

(88) 貨幣価値の単位を表す「釿」の字は、戦国中期以後に属する安邑釿布などの円肩方足布や長垣一釿銭などの円銭に見られる。これは「郙釿」の銘を有する空首布の年代を推す上に、一つの有力な手がかりとなるであろう。

(89) 山西方面といっても、智（虞郷）は黄河の北岸近くに位しているので、ここで彎足布が用いられたとしても、べつに不思議はない。しかし祁のほうは、『左伝』襄公二十一年（552 B.C.）条の杜注に「祁奚は邑を祁に食む。因って以て氏と為す」とあるのに当たるとすれば、今日の山西中部の祁県に比定されるから、尖足布流通圏の真中に孤立してしまうことになる。そこでむしろ、これ以外の地名で「祁」と呼ばれていたところ、たとえば『括地志』巻六宋州の条に「故祁城、宋州下邑県の東北四十九里に在り。漢の祁城県なり」と見えるものに比定されるのかも知れない。もしそうだとすれば、その位置は現在の河南省夏邑附近に相当し、彎足布の分布圏に含まれることとなる。この祁城の名が、春秋時代ころまで溯らぬとは、必ずしもいえないであろう。

(90) この『俑廬日札』の記述は、「　」字空首布の場合と同様、この手の空首布が関中から出るという前掲の記事と矛盾する。

(91) 前掲「布銭の出土地と出土状態について」一〇七・一〇八頁。

(92) 郭宝鈞ほか三氏「一九五四年春洛陽西郊発掘報告」（『考古学報』一九五六・二）二一頁・図版六11。

(93) 註80参照。

(94) W. Wagner 氏は中国のクワ耕について、左のようにいっている。〔W・ワグナー著、天野博士閲、高山洋吉氏訳『中国農

書』巻下（生活社、一九四二）三六―三八頁〕

支那の土地耕作に於て、南方の水田に於ても北方の旱地に於ても、重大な役割を演じているのは、第六十図の1に示されている鍬（Haue）、耨頭若しくは鋤頭である。それは、小さな農地を耕すに用いられるばかりではない。大きな農地も支那の農夫によって、彼等が役畜はもたないが人間労働は十二分にもっているという場合には、鍬で耕される。役畜を用いてする耕作などは考えられないような小さいものであることも珍しくない南方の水田に於ても、また稍々大きな田に於ても、鍬耕は実によく普及している。この国の広大な山間部分や都市の近くの小規模農業に於ては、元来ただ鍬耕だけしか考えられないのである。……

これによると、クワ耕だけでも充分間に合う土地のあることが知られるであろう。もっとも、先秦時代の華北に関する限り、水田のほうはほとんど問題にならない。なお文中の「鋤頭」は、ちょっと異様に見えるかも知れないが、これは“Tschu-tou”を音訳したもので、日本流にいうと、「鍬頭」に当たるのである。“Haue”を日本流に「鍬」と訳した以上、これも当然「鍬頭」と意訳すべきであろう。註13参照。

(95)　F. Petrie; op. cit., p. 54.

(96)　Carl Sauer; American Agricultural Origins, A Consideration of Nature and Culture. (Essays in Anthoropology, presented to A. L. Kroeber, 1936) pp. 279–311.

(97)　E. C. Curwen & G. Hatt; op. cit., p. 283.

(98)　多田博士「黄土の分布と成因に関する諸説」（『地学雑誌』五三）に第七図として引用されている。

(99)　太谷と臨県は、それぞれ太原の南方約五〇粁と西方約一四〇粁の地点にある。

(100)　伊藤隆吉ほか三氏訳『ソープ支那土壌地理学』（岩波書店、一九四一）一〇三―一〇六・一二五―一四九頁、支那土壌分布概略図。

(101)　「先秦時代の地方都市」と題する予定。

(102)　以上、「史記」の韓・魏・鄭・宋微子各世家などによる。

(103)　三二・三三頁参照。

(104)　牛が田畑で働くといえば、まず犂を牽くと見るのが自然であろう。『論語』雍也篇の「犂牛」、『史記』巻六七仲尼弟子列伝の

「冉耕、字は伯牛」・「司馬耕、字は子牛」などが犂耕用の牛を意味するかどうかについては、まだ定説がない。『呂氏春秋』巻一二季冬紀・『礼記』月令の「土牛」も、文面による限りでは、農耕と無関係である。註46・47参照。

(105) 二九頁参照。

(106) 西山氏が指摘されたように、『文献通考』巻一に「李悝、文侯の為に、地力を尽くすの教えを作す。以為《おもえらく》。地、方百里にして、提封、九万頃。山沢・邑居を除くに、三分して一を去り、田、六百万畝と為す。……」とあるのによる。西山氏「天野氏の批判を読んで」(『中国研究』一五、一九五二) 五九頁。

(107) 中国科学院考古研究所『長沙発掘報告』(科学出版社、一九五七) 図版八八3。

(108) 拙稿「鉄器の出現と生産の拡大――生産用具――」(『世界考古学大系』六、東アジア二、平凡社、一九五八) 一四三―一四四頁。

(109) 方足布に表された地名を調べてみると、河南中部の地に比定されるものが少なくない。出土地点の南限は、現在のところ、黄河の南方約一五〇粁に当たる郾城の附近である。王濯氏「郾城発現多処古文化遺址」(『文物参考資料』一九五七・九) 八〇頁。

(110) 註80参照。

(111) 註101参照。

[附記]

本紀要の第二十冊に、「秦耒耜考補遺」を発表する予定。その内容は、本稿に関係が深い孫常叙氏『耒耜的起源及其発展』(上海人民出版社、一九五九・六)、于豪亮氏「漢代的生産工具――臿」(『考古』一九五九・八) 鄭家相氏『中国古代貨幣発展史』(三聯書店、一九五八・四) に対する批判などを含む。

t-shaped base—彎足布 'crescent-base *pu*-coins'. Both are modelled on the shapes of digging implements, the two-pronged *pu*-coins being derived from the *lei* while the crescent-base *pu*-coins have developed from the *sŭ*.

6. The area of circulation of the ancestral form of two-pronged *pu*-coins—the sharp-pronged *pu*-coins 尖足布—was limited to territory where the *lei* was the main digging tool, namely, from the shansi Plateau to the eastern and southern foothills of the T'ai-hsing Ranges and centred upon central Shansi with T'ai-yüan as its northernmost limit.

7. The area of circulation of the crescent-base *pu*-coins was that where the *sŭ* formed the main digging implement, namely, from the central to the lower reaches of the Yellow River (the alluvial plain area), especially in the territory south of the River and centred upon central Honan.

8. The soil of the Shansi Plateau comprising accumulations of primary deposits of loess is of a heavy and sticky consistency requiring digging by spade, unlike the Honan Plain with its light and coarse soil of secondary deposits of loess more easily cultivated by hoe. The State of Chin was typically a spade culture while Cheng and Sung were characteristically hoe. Now, if the view that the plough evolved from the *Lei* is correct, there is a considerable possibility that the ox-drawn plough originated in the region of Shansi and probably the rise of the Three Chin (Han, Wei and Chao) was in some way connected with it.

New Researches on the *Lei-sŭ*

by Takeshi SEKINO

1. the *lei* 耒 and *sŭ* 耜 which may both be regarded as representative digging implements of pre-Ch'in times were originally two different digging tools, but from a very early stage the terms became confused and the original nature forgotten. Recent writers investigating ancient Chinese agriculture usually take Hsü Chung-syu's 徐中舒 well known study 'Researches on the *Lei-sŭ*' (*Bulletin Academia Sinca,* vol. 2, no. 1, 1930) as a basis of discussion wherein it is stated that the *lei* and the *sŭ* were both spade-shaped tools, but the head of the *lei* was divided into two prongs, while that of the *sŭ* was a rounded flat blade.

2. As shown by character forms in oracle-bone texts and in bronze inscriptions the *lei* was actually a spade-shaped implement, but whether it was a single-pronged, two or three-pronged, of a rounded flat blade has nothing to do with its original character.

3. From a study of the general development of digging tools throughout the world it may be observed that, until the appearance of the plough, the basic forms comprised the spade and the hoe. Even in China the same pattern holds and in investigationg the relevant character forms in oracle-bone texts and in bronze inscriptions, the *sŭ* was clearly a hoe-shaped implement.

4. It appears that the more primitive type of plough—that drawn by man-power —developed from the *lei.* It is the opinion of the author that the use of the ox-drawn plough dates from the latter half of the ch'un-ch'iu period when an iron plough-share was added to manual ploughing implements and oxen were employed to draw them.

5. *Pu*-coins comprise two main types: those with two pronounced prongs or legs—両足布 'two-pronged *pu*-coins'—and those with a crescen-

新耒耜考余論

本紀要の前号に、「新耒耜考」と題して、先秦時代における耕具の実体、ならびにそれと布銭との関係などにつき、鄙見を述べておいた。ところで、その校正にとりかかった昨年十一月の初め、かねてから待望していた孫常叙氏『耒耜的起源及其発展』（上海人民出版社、一九五九・六）が手に入った。さっそく「後記」を書いて紹介と批判を試みようと思ったが、頁数に余裕がなかったので計画を変え、ここに本号の一隅を借用したような次第である。

孫氏は該博な知識を以て、文献と遺物を駆使し、耒耜の発生から犂鏵の成立にいたるまでの過程を、きわめて明快に論じられている。全体を通じて独創的な見解に富み、教示にあずかるところ多大であったが、また一方では、疑問に思われる点も二、三にとどまらなかった。本書は、⑴耒は先の尖った木棒から発展したものだ（一―一二頁）、⑵耒の二種の発展（一三―三九頁）、⑶耜の二種の発展（三〇―七六頁）、⑷結語（七七―七九頁）の四章から成っている。しかしここでは便宜上、結語を除いた部分を九つに分けて、内容をごく簡単に紹介したうえ、それに対する批判を述べることとした。

以下、番号を冠する二字下げの部分は、孫氏の記述を要約したもの。「本論」とあるのは拙稿「新耒耜考」のことで、「筆者」というのは孫氏でなく関野を指す。

⑴　中国における最古の耕具である耒は、先の尖った木棒から発展した。まず木棒の突端から少し上がったところに、足で踏み込むための短い横棒を加え、ついで土を掘り起すのに便利なように、その部分をやや鈍角に曲げた。

前者を「直尖耒」（古耒）、後者を「斜尖耒」という。（一一―一二頁）

この点は、筆者も全く同感である。耒の前身を、先の尖った木棒と見られたのは、確かに正しい。ことにその論拠として、『左伝』の昭公二十九年の条や『国語』の魯語に出てくる農業の始祖、烈山氏とその子の柱を、火田と尖頭木棒の擬人化と解されたのは、甚だ注目に値する。また、尖頭木棒が単尖の耒に発展する過程も、このように考えるのが自然であろう。

(2)「斜尖耒」は改造されて、二つの方向へ発展した。すなわち「方」と「耜」である。「方」は字形の示すとおり、先が二本に分かれた耒で、「挿地発土」に用いられた。漢代の武梁祠石刻のなかで神農・夏禹などが手にしている耕具や、戦国・秦莽時代の布銭（筆者のいわゆる「両足布」を指す(1)）は、いずれも「方」と密接な関係がある。一方、「留苗去草」の用途を持つ「鎛」も、「方」から発達した。「尖足布」（筆者のいわゆる「彎足布」に当たる(2)）は、「鎛」の形を模したものである。（一二三―一二五頁）

耒が単尖から双尖へ発展したこと、「方」が双尖の耒の象形であること、これらの点については異論がない。また画像石中の耕具や、筆者のいわゆる「両足布」が、「方」の系統を引いていることも事実であろう。ただ、氏が「双尖の耒は、ひと刺しで孔が二つあくから、一人で過去の二人分の仕事がやれるようになり、生産の向上を来たした」といわれているのは、本論一三頁に述べたような理由によって、首肯し難い。つぎに、「鎛」が「方」から発展したと見るのは、どう考えても無理である。なるほど氏が説かれてるように、「方」は「挿地発土」用のスキ型耕具、「鎛」は、「留苗去草」用のクワ型耕具であるが、両者はもともと系統を異にするもので、相互の間に親子関係は成り立たない。この点、氏の説は、本論一九頁に引いておいた Alfred Götze）氏の誤りを踏襲している。ついで、「『布』の原型はそれと同音の『鎛』である」という通説を一歩進めて、布銭のなかでも内彎した足を持つもの、つまり筆者のいわゆる「彎足布」がそれに当たるとされたのは、結果から見ると確かに正しい。しかし、その論拠は甚だ不合理で、「『鎛』には打楽器の意味もあり、かつ楽器の形は生産用具に由来するから、この種の空首布の形によく似た殷代の打楽器の『鎛』（鐘）や鉦は、生産用具の『鎛』に象ったものである」という趣旨の、いかにも奇妙な議論を展開されている。

なお、布銭の発展順序については徐中舒氏の間違った説をそのまま引用したり、「彎足布」・「橋足布」ともいうべきものを誤って「尖足布」と呼んだりしておられるのを見ると、布銭の系統や名称に関する氏の知識には、かなり曖昧なところがあるらしい。したがって、この部分の記述はきわめて難解であるが、全体を総合してみると、「布銭には両足布と彎足布の区別があり、前者はスキ型耕具から、後者はクワ型耕具から転化した」という鄙見に、結果的には一致するようだ。

(3)「斜尖耒」から発展した、もう一つの形式は「耜」である。耜も挿地発土に用いられたが、元来は耒の下部において、随時抽き差しのできる、「鍬」（日本流にいえばスキサキ）にすぎなかった。つまり、短い柄を伴った葉形の耜は、耒の下部に嵌め込み、耒と一体をなしてこそ、はじめて機能を発揮し得たのである。ただし「耜を用いて地を耕す」という場合には、長い柄をなす耒の部分をも包括していると見てよい。（一五―一三三頁）

この辺になると、筆者の説とはかなり違ってくる。氏が「耒耜」を解釈するに当たり、「上耒下耜」説ともいうべきものを採られたのは、従来の伝統的な見解によられたからであろう。だが、本論四頁に述べておいたように、これは耒と耜の本来の姿を伝えたものではなく、後代の変形した見方にすぎない。氏は自説を裏付ける根拠として、左のような意味のことをいわれている。

甲骨文や金文に出てくる「㠯」の字を見ると、この器具の主要部は楕円の葉形に近い。一個の短柄はあるが、足で踏む横棒はなく、肩も平らになっていない。肩がこのように円いと、足がかからないから、スキサキを深く土中に押し込むためには、どうしても足をかける別の装置が必要になる。これを見ても明らかなように、耜は一個の独立した耕具ではなく、踏棒を備えた耒の下部に嵌め込む部品にすぎない。

しかし、こういう解釈は不当である。なるほど「㠯」の字のなかには、柄の短いものが少なくないが、これは筆者のいわゆる「横型」を正面からやや斜めに見たためであって、同じ「横型」のうちでも、より側面から眺めたものは、けっこう柄が長い（本論第一一図2・3）。さらに、筆者のいわゆる「縦型」にいたっては、明らかに独立の耕具と認められるほど、柄の長いものが普通である（本論第一〇図）。したがって、柄が短いから単独では使えない、という議論は成り立たない。また氏は、踏棒のないことと肩の円いことを気にしておられるが、これは耜を通説どおりスキ型耕具と考えられたからで、筆者のようにクワ型耕具と見れば、こうした顧慮は全く無意味となる。「上耒下耜」説を唱える漢儒たちも、耒の下部に氏のいわゆる「耜の短柄」を嵌め込むなどとは、いっていない。嵌め込むとすれば、金属製の刃の部分だけである。

(4)　耜は木製・非板状のものが古く、木製・板状のものがこれにつぎ、先端に金属製の套刃を嵌めたものはさらに晩い。この「木耜」の前身は、「直尖耒」の先端に結びつけられた葉形の石片、すなわち「石耜」であったが、やがてその重さを軽減するため、石片の部分を木で作るようになったのだ。なお一説によると、耜は除草・砕土用の耕具（つまりクワ型耕具）だというが、これは当っていない。（三三二―三九頁）。

ここに「耜」とあるのは、繰り返すまでもなく、短柄を以て耒下に嵌め込むという葉形の部分を指し、筆者流にいえば「スキサキ」に相当する。「木耜」が非板状から板状に発展し、やがて先端に金刃がつくという順序は、もちろん正しい。しかし「直尖耒」に石刃を結びつけたのち、その部分を再び木製に戻す必要があったであろうか。そうするくらいなら、むしろ「直尖耒」の先端を直接板状に改造するほうが自然である。また性能の点でも、「木耜」が「石耜」にまさっているとは限らない。「石耜」の切れ味は、その重さという欠点――これはほとんど問題になるまいと思われるが――を補って余りがあったかも知れない。おそらく「木耜」と「石耜」は、土地の硬軟に応じて使い分けられ、鉄刃が「スキサキ」に採用されるまで、並行的に用いられたのであろう。

なお耜をクワ型耕具と見るのは、筆者の新説かと思っていたところ、氏の記述によって、すでに中国でもこれと同じ見解が発表されていることを知った。すなわち呂振羽氏は

其の形象を視るに、蓋し用いて砕土・鋤草を作すの具なり。後世の「鋤」（クワ）は、或いは即ち其れより脱化したるか。

といい、(3) また呉沢氏は

其の形制を観るに、就ち耒と同じからざるを知る。㠯は長き木柄を有し、柄端に一の寛闊たる、長方形に近き犂器を装う。横撃式と為し、足にて踏むを用いず。手を用て㠯を挙げ、之を以て鋤草し浅土を翻すの用にして、耒の深く入り土を翻すと同じからず。耒は用て鋤草の用を為す能わず。見る可し、㠯は即ち後来の鋤頭（クワ）にして、形制完全に一様なるを。……

といわれている。(4) 両氏が甲骨文と金文に出てくる「㠯」の字から、その原型をクワ型耕具と解されたのは、まことに同感であって、あらかじめこれらの説の存在に気付かなかった不明を恥じる次第である。しかし、中国古代史の耆宿が二人までも、このような見方をされているのは、筆者にとって心強い限りといわなければならない。

(5) 耜は二つの方向に発展して、それぞれ「鍬臿」と「犂鏵」になった。まず耒と耜の嵌め込みを改造して、これを連続した一本のものとなし、踏棒はそのままにしておいて、葉形の木板の先端にV形の套刃を嵌める。こうして臿が形勢された。その後、踏棒を取り除き、葉板を平肩に変え、套刃をU形または凵形にしたのが、すなわち鋤（スキ）である。つまり臿は、耜から鍬にいたる過渡形式で、この変化は戦国から漢にかけて起った。（四〇—五〇頁）

『釈名』の釈用器に「鍤は插なり。地に插して土を起こすなり。……其の板を葉と曰う。木葉を象るなり」といっているように、臿は確かに葉形の板を持つスキ型耕具であった。また『説文』に「鐅は、河内にて臿頭の金を謂うなり」

とあるから、その先に鉄刃が嵌まっていたことも疑いない。しかしそれは、氏のいわゆる「耒」と「耜」を通体化したものではなく、スキ型耕具の原形をなす耒から発展したものなのである。

氏は臿の篆文をその正面形と見なし、踏棒のある「耒」とその下につく「耜」を表したものだといわれるが、これははたして当っているかどうか。(5) むしろ、『説文』に「臼は舂なり。古は地を掘って臼と為す。其の後は木石を穿つ。象形なり。中は米を象るなり。……臿は、麦の皮を舂き去るなり。臼に从い、干声。一に曰く、干は之を臿とする所以」とあり、その段注に「会意と為す。干は猶お杵のごときなり」といっているほうが正しいようだ。つまり臿の篆文は、杵で臼を搗いているさまを写したもので、スキ型耕具の意味は、それから転じたらしい。段注に「引伸して凡そ刺入するの称と為す。農器の地を刺す者を鍫臿と曰うが如し」とあるのは、至当な解釈と見られよう。臿の葉形の部分が切り離されて臼になったのではなく、臼は初めから臼だったのである。したがって、臿に踏棒があったとは限らない。おそらく、どちらでもよかったのであろう。

つぎに、氏は踏棒の有無と套刃の形によって、臿と鍬を区別された。このうち踏棒のほうは問題にならないが、套刃の相違に着目された点は興味をひく。『爾雅』や「方言」などに両者が混同されているのは、のちになってからの現象で、当初はこのような区別があったのかも知れない。

なお氏の説によると、河南輝県の戦国墓から出たV形の鉄刃は、地を耕す犂鏵ではなくて、墓穴を掘る耜や臿などの套刃であろうという。しかし、この鉄刃は幅が二三・五糎もあるので、普通のスキサキとしては大きすぎる。また墓穴の区画を切ったり、表土を剝いだりするのに、犂が使われなかったとも限るまい。したがって、これを犂鏵と見る通説に、まず誤りはないと思われる。

(6)　耜から犂鏵への発展を解明する鍵は、耦耕にある。「耦耕」とは、二人が一組になって対面し、一人が耒の下部にある横棒に足をかけて踏み込むと、他の一人が耜の上部に結びつけた縄を引っ張り上げて土を起こすという耕作法である。『論語』の微子篇に「耰して輟《や》めず」といい、『呂氏春秋』の恃君覧に「協して耰す」とあるのなどは、いずれもこのような発土の動作を指しているのだ。山西省の潞安地区で用いられている鏹犂（搶犂）は、まさに耦耕の名残をとどめたものである。（五〇―六二頁）

(7) 耦耕は、やがてつぎのように改良された。すなわち、二人が対面しないで同じ方向に向い、耜を引き上げる役の者が、縄を肩にかけて輓いて行く。耜は、土を剗って前進し易いように、前部が平面から凸面に変わり、耒とのなす角度は減じて、地面に貼りつくように曲がる。縄は固定した轅に置き換えられ、潞安の鏹犂に似たものが出来あがる。そしてついに、人に代って牛が牽くようになり、牛耕が成立するのである。なお犂の套刃を「鏵」というのは、剗（えぐる）の音と意味を写したものだ。（六二―六六頁）

スキ型耕具から人輓犂を経て、牛犂へと発展する過程については、本論三〇―三三頁に引用したCarl W. Bishop氏や西山武一氏の見解とほぼ同じである。したがって、筆者も原則的にはそれに賛成するが、細かい点になると、二、三の疑問がないわけでもない。まず氏は『論語』の微子篇に「長沮・桀溺、耦して耕す。……」とあるのに注目し、その「耦」を「両人対面」の意味に、「耰」を「発土の動作」の意味に限定された結果、西山氏と同様、二人が向き合って一本の耕具を操作するのこそ耦耕だと考えられた。そして『儀礼』の射礼などにおける「耦」は、二人が対面して射ち合うことではなく、耦耕の「耦」の引伸であって、ただ「対になっている」という意味を取ったにすぎないとされる。氏が「耦」を二通りに解釈されたのは、確かに正しい。だが耦耕の場合は、はたしてそれを「対面」とのみ断定することができるであろうか。氏は「按ずるに、耦耕は耜を用い、鋤（クワ）の類を用いず」という理由から、『詩経』周頌の載芟に「千耦、其れ耘《くさぎ》り」とある「耘」を、「眃」（紛乱の意）の借字とし、「一蹠一墢、紛紛擾擾の場面」を表すと見られた。しかし、これは曲解であって、そのように考える必要は少しもない。なぜならば、『左伝』の昭公十六年の条に「次を庸《もっ》て比耦し、以て此の地を艾殺し、……」といい、『国語』の呉語に「譬えば、農夫の耦をなし、以て四方の蓬蒿を刈殺するが如くにして、……」とあるのなども、決して「対面」の動作ではなく、ただ二人ずつ対になって、クワやカマで雑草や灌木の除去に従事しているさまを、示しているにすぎないからである。

また氏の説によると、考工記の匠人の条に「匠人、溝洫を為る。耜の広さ五寸。二耜、耦を為す。一耦の伐は、広さ尺、深さ尺。之を甽と謂う」とあるのは、計算の単位を表したもので、耦耕とは関係がないという。だが、この文面をすなおに読めば、鄭玄が「古は、耜は一金。両人並んで之を発す。……」と注釈しているほうがよさそうだ。氏は耦耕説を否定する理由として、

> 二人が二個の耜を並べて耕すことは、事実上不可能だ。一尺幅の工具の上では、肩が触れ合って並べないし、かりに交替で耕すとすれば、一人が同時に二個の耜板を踏まなければならない。

という意味のことを述べられた。しかし、すでに賈公彦が疏の中で指摘したように、二人が前後して斜めに並ぶようにすれば、問題は簡単に解決する。考工記は、べつに二人が肩を並べるとは、いっていない。また対面して耕すことだけが、耦耕とは限らない。この一条は、耦耕の一形式を示すものと見て、少しも差支えなさそうである。

つぎに、氏が「耰」を「発土の動作」と解釈された理由のうち、最も重要と思われる部分を、左に摘記してみよう。

> 詩綿に「之を捄することと陾陾」といい、その伝に「捄は虆なり」とある。思うに、「虆」は虆梩の虆、つまり耒耜の耒であろう。したがって、之を捄する」は「之を耒する」であって、発土のことを指しているのだ。説文に「捄は、一に擾なりと曰う」とある。これはまさに、縄を用て耒を拉し、連続急引「耰して輟めず」の意味にほかならない。

ところで、まず虆が耒だという説は、はたして正しいかどうか。『孟子』の滕文公章句上に「虆梩を反して、之を掩えり」とある条の趙注には、「虆梩は籠臿の属、以て土を取る可き者なり」といっている。「虆」を籠と見ることは当っているようだが、「梩」は『説文』に「一に土を徙すの輂なりと曰う」とあるから、むしろ畚《もっこ》とするほうがよいらしい。[6]

つまり、谷に棄てた親の死骸が無残な有様になっているのを哀れみ、「土を盛った籠や畚をひっくりかえして、それを掩った」と解するのが、最も自然であろう。虆梩と耒耜が同音なのは認めるが、意味まで共通であったかどうかは疑わしい。まして同じ滕文公章句に、「耒耜」という語がしばしば出てくる以上、この部分に限って、とくにむつかしい「異文」を使う必要はなかったはずである。したがって詩緜（『詩経』大雅、女王之什、緜）の「捄」も、土を盛ることに関係があったに相違ない。鄭玄はこの「之を捄すること陾陾、之を度すること薨薨」に箋して、「捄は捊なり。度は猶お投ずるがごときなり。牆を築く者、壤土を捊聚して、之を盛るに虆を以てし、諸を版中に投ず」といっているが、これはまさに正解である。詩緜のこの部分は、版築で宮室を造る光景を述べているのだから、耒に縄をつけて連続急引するよりも、土を掻き集めて籠に盛るほうが、ずっと場面にふさわしい。

氏が引いておられるように、なるほど『説文』には「捄は、……一に擾なりと曰う」とある。この「擾」を「捊」の誤りと見る段氏の説も一応の理屈は立つが、(7)同じ『説文』に「撓は擾なり。……一に捄なりと曰う」とあり、「擾」の条の段注に「今、擾に作る。憂に从うは俗字なり」といっているのによると、「捄」に「擾」の意味があったことも一概に否定できない。ところで、『説文』に「擾は煩』なりといい、その段注に「煩は熱頭痛なり。引申して煩乱の称と為す」とあるように、擾（擾）が「煩乱」の意に用いられたことは確かであろう。しかし、問題の「耰」がこの「擾」に通じると仮定しても、それがなぜ「発土の動作」を指すと断定できるのだろうか。

前に引いたように、氏は『詩』の「耘」を「乱」の意に解し、「一蹠一墢、紛紛擾擾の場面」を示すと見られたが、発土に当たる「一蹠一墢」と「紛紛擾擾」との間には、べつに必然的な関係があるわけではない。また氏は、『文選』長楊賦の李注に引かれている晋灼の説『耒を以て塊を推すを耰と曰う』に着目し、「耰は前に向って土壌を推動するの発土動作なり」と解された。だが、『釈名』の釈用器に「椎は推なり。耒も亦椎なり」とあるのによると、右の「塊を推す」は「塊を椎《う》つ」と同じ意味らしい。つまり、耒で土塊を突きほぐす動作を指しているのであろう。『説文』の

「櫌は田を摩するの器なり」の段注に、「高誘『櫌は椎なり』と云い、如淳『塊を椎つの椎なり』と云うが若し」と述べているのも、それを証するものである。したがって、氏が長楊賦に出てくる「耰」を擾乱の「擾」と見られたのは、当っていない。この「塊を椎つ」という動作は、もちろん田の摩平や覆種と密接な関係がある。(8) さらに、氏は『国語』の斉語に「耕に及びては、深く耕して、疾く之を耰し、以て時雨を待ち、……」とあるのを引き、「『耕』は下に向って土を刺す動作を、「耰」は発土の動作を表していること明らかだ」といわれた。しかし、「耕」は刺土と発土を兼ねると解するのが普通であるから、耕しただけでなく、種を播き、土をならした上で、時雨を待つというほうが自然であろう。『管子』の小匡篇に「耕に乃《およ》びては、深く耕し、均しく種まき、疾く耰す。雨に先だちて芸耨し、以て時雨を待つ」とあるのは、その意味を正しく敷衍したものに相違ない。『孟子』の告子章句上に「今、夫れ麰麦は、種を播きて之を耰す」とあるのも、明らかに覆種のことをいっているではないか。播いた種を播き回してしまったら、何にもならない。

　このように考えてくると、はたして「耰」に「発土の動作」の意味があったかどうかは、甚だ疑わしくなる。氏の新説は、「耰」を「覆種」と見る『論語』の鄭注や『呂氏春秋』の高注を否定し去るほど、強力なものとは思われない。要するに、犂の起源に関する氏の推論は、まことにもっともであるが、その傍証として用いられた文献の解釈については、右のような疑問を抱かざるを得ないのである。

(8)　耜から鏵への発展は、四個の段階に分けられ、それらはほぼ春秋時代・戦国時代・漢魏時代・隋唐時代以後に相当する。(六六一—七一頁)

この部分は、本論と直接関係がないので、論評を省く。

(9)　耒耜から犂鏵への発展は、中国の古代農業が耦耕から牛耕へ発展した過程を示す。春秋以前は耦耕の時代、春秋は耦耕と牛耕が互いに消長しながら並存した時期、すなわち耦耕と牛耕の過渡時代、戦国以後は牛耕の時代で

ある。（七一―七六頁）

すでに述べたように、氏は耦耕を「一蹠一墢」の耕作法と限定されたが、ここに「耦耕」とあるのは、その発展形式と見られる「耜を以てする犂耕」をも含んでいるらしい。そこで、少し気になる「耦耕」という語を、こうした意味に翻訳して考えれば、右の所論は大体において正しいようである。さらに、氏が「耜を以てする犂耕は原始犂耕で、その時期はまさに春秋にある」といい、「一蹠一墢」の方式が犂耕に発展した時期を、春秋の初頭に置かれているのも、ほぼ筆者の説に近い。ただこれらの耕作法が、各時代を特徴づけるほど普遍的なものであったかどうかは、なお検討する余地があるであろう。

以上で、孫氏の近著についての紹介と批判を終える。徐中舒氏が有名な「耒耜考」を発表されてから約三〇年を経て、日中両国で再びこの問題が本格的にとりあげられたのは、決して偶然ではない。古代史を正しく理解する上に、生産用具の究明がいかに必要であるかが、深く認識されてきた結果であろう。近頃、とみに注目されだした鉄器の問題なども、また然りである。日中両国の考古学界に、共通の地盤がしだいに形成されていくのは、まことに喜ばしい。蒙評に対する氏の寛恕を願うとともに、その教正が期待できれば幸甚である。

なお本論の「附記」に予告したように、于豪亮氏「漢代的生産工具――臿」（『考古』一九五九・八）、鄭家相氏『中国古代貨幣発展史』（三聯書店、一九五八・四）についても所見を述べるはずであったが、これは時間の関係で割愛せざるを得なくなった。後日、書評の形で他誌に発表したいと思っている。

註

（1）二〇頁に、「方」から「布」への発展が図示されているが、それによると、ここで「布」と称するのは、足がはっきり二本に分かれたものを指していることがわかる。

(2)　二四頁に、「鎛（布）は鐘・鉦の正面形式で、内側に向って凹陥する孤線と、この孤線によって形成される二個の突端を具えた一片、いわゆる尖足布の形式である」といっている。

(3)　呂振羽氏『殷周時代之中国社会』（不二書店、一九三六）四三頁。

(4)　呉沢氏『中国歴史大系「古代史」――殷代奴隷制社会史――』棠棣出版社、一九四九）一三二頁。修訂本（一九五三）一一六―一一七頁。

(5)　徐中舒氏の説によると、臿の篆文は、両手で臿の形を挙げているのに象ったものだというが、これも甚だ疑問であろう。第一、臿が両足布の形をしていたと見ることからして、おかしい。「耒耜考」（『集刊』二の一、一九三〇）二五頁参照。

(6)　趙岐が梩を臿と見たのは、『説文』に「梠は臿なり。……梩、或いは里に従う」とあるのによったのであろうが、この場合、臿では意味をなさない。

(7)　段氏はこの「擾」を「捊」の誤りとし、「各本、擾に作る。今、韵会本に依って正す」といっている。「捊」は『説文』に「引堅なり」とあるから、「引聚」すなわち「掻き集める」というほどの意味らしい。通行の『説文』は「捄は、土を梩の中に盛るなり。手に从い、求声。一に擾なりと曰う。詩に曰く『之を捄すること陾陾』」といい、「陾」については「牆を築くの声なり」といっている。「一に擾なりと曰う」が「詩に曰く」の前にあるところを見ると、この場合は、問題の「擾」を、版築に関連した語、つまり「捊」と置き換えるほうが適当かも知れない。前に引いたように、鄭玄も「捄は捊なり」といっているではないか。

(8)　『説文』の「櫌」の段注は、『斉民要術』の文章を引き、この間の事情を明快に説明している。すなわち、耕してから土塊を突きほぐし、種を播いてから再び土を突きならすというのである。

Some Additional Remarks on the *Lei-sŭ*

by Takeshi SEKINO

I have previously published 'New Researches on the *Lei-sŭ*' (The Memoirs of the Institute for Oriental Culture No. 19, Dec. 1959) dealing with digging implements of pre-Ch'in times and their relationship to *Pu*-coins. The purpose of my present additional remarks is to briefly introduce the recently published research results by Sun Ch'ang-hsü 孫常叙 on the 'Origin and Developmant of the *Lei-sŭ*' (Shangai, June 1959), to analyze his findings and to point out three main areas of question.

1. Sun Ch'ang-hsü contends that the hoe-shaped digging implements *po*鎛have developed from the spade-shaped digging implements *fang* 方, while I assert that the two are of different origins and have no relation to each other.

2. Sun further holds that the *sŭ* refers to leave shaped attachment with a short handle, which is inserted into the lower part of the *Lei* with a foot pedal. However, in my opinion, his idea results from a misinterpretation of the relevant character forms appearing in oracle bone texts and bronze inscriptions. The *sŭ* is obviously an independently developed hoe-shaped implement.

3. In principle I agree with Sun's view concerning the process of development from the spade-shaped digging tool to the ox-drawn plough. But I cannot help thinking that his interpretation of available documents is rather far-fetched. For example *yu* 耰 stands not for the actual work movement of turning over soil but for the action of sowing and covering the seeds with soil afterwards.

臨淄封泥考

序

一九五八年十月、山東省文化局は臨淄考古隊なるものを組織し、斉故城の内部を一箇月に亘って調査し、ボーリングや試掘を行った(1)。その結果、大小二つの城から成る斉故城の城壁の現状、各種遺物の散布状況がかなり明らかになり、「一般保護区」と「重点保護区」が設定されるに至ったという。

採集した各種の土器やそれらに施されている印文、種々の押型文がある塼や半瓦当など、周代の斉国の遺品は、既に筆者が一九四〇・四一年にここで採集または購入したもの(2)と大同小異で、特に珍しいという程のものでもない。ところが、劉家寨なる村落の西南でトレンチの中から出たという前漢時代(3)の封泥三十四個は、それらよりはるかに重要な意義をもつものである。何故なら、封泥が初めて世に知られてからこの時点までに、既に半世紀を超える年月が流れ、数千に上る資料が著録されているにも拘らず、学術的に発掘されたという例は、中国ではこれがそもそも最初だからである(4)。

そこでまず、これら一括の封泥の文字を釈読し、それぞれの意味を明らかにしなければならない。幸いそのほとんどが、既に著録されているものと重複するので、それらを逐一指摘すると共に、何か問題があれば、その解明に努める

こととする。（第一章）

三十四個の封泥のうち、三十三個までは文字を押した普通のものだが、残る一個は文字の代わりに、奇妙な画像を表しているではないか。まさに前代未聞の珍品でその絵解きには興味津々たるものがある。（第二章）

なお、これらの封泥が出土した地点、更に従来、多数の封泥が出たと言われている、より広大な隣接地域には、当時、はたしてどのような施設や建物があったのだろうか。もしそれが分かれば、極めて興味深いことと言えよう。（第三章）

臨淄で発掘されたという右の封泥、特に画像を表しているものに興味を抱いてから、既に三十年近くも経ってしまった。これ以上考えたところで、別に名案が浮かびそうもないので、一応まとめてみることにした。御高評を頂ければ幸いである。

一　封泥文字の考察

まず、臨淄の劉家寨で発掘された封泥三十四個のうち、三十三個に押してある文字について考察しよう。前掲「簡報」の図三「劉家寨 T102（トレンチ一〇二号）出土の封泥」（第一図）を見ると、打ってあるナンバーの示す通り、文字封泥の配列は、向かって左上から始まって、縦七個を四行並べ、五行目の五個で終わって、その下にはただ一個の画像封泥がある。(5) どういう原則で順序を決めたのか、振ってあるナンバーによって銘を調べてみたところ、封泥の並べ方は全く不規則で話にならない。どうもおかしいので、試しに左上から右へ、次はその下の行というように、横に一行ずつたどってみたところ、斉国の官名に始まって、県の官名を経、郷の名称に終わるという、大筋が分かってきた。つまり、ひとりの人がそういう原則で横に並べたところ、別の人がそれを知らず縦にナンバーを打ってしまった、ということになるらしい。

それなら、初めの人の並べ方は全く正しいかというと、必ずしもそうではなく、斉の官名の中に県や郷の官名が混じっていたり、県の官名の中に侯邑の官名が交じっていたりする。そこで、初めの人の意図を尊重し、またその寛恕を請いつつ、最小限の手直しを加えて並べ直したのが、ここに掲げる第二図である。

三十四個の封泥の新しい分類と配列順序は左の通り。

斉国関係（1―7。7だけは斉郡関係かも知れず）、臨淄関係（8―10）、列侯封邑関係（11・12）、県関係（13―25）、郷関係（26―32）、私印（33）、画像（34）。

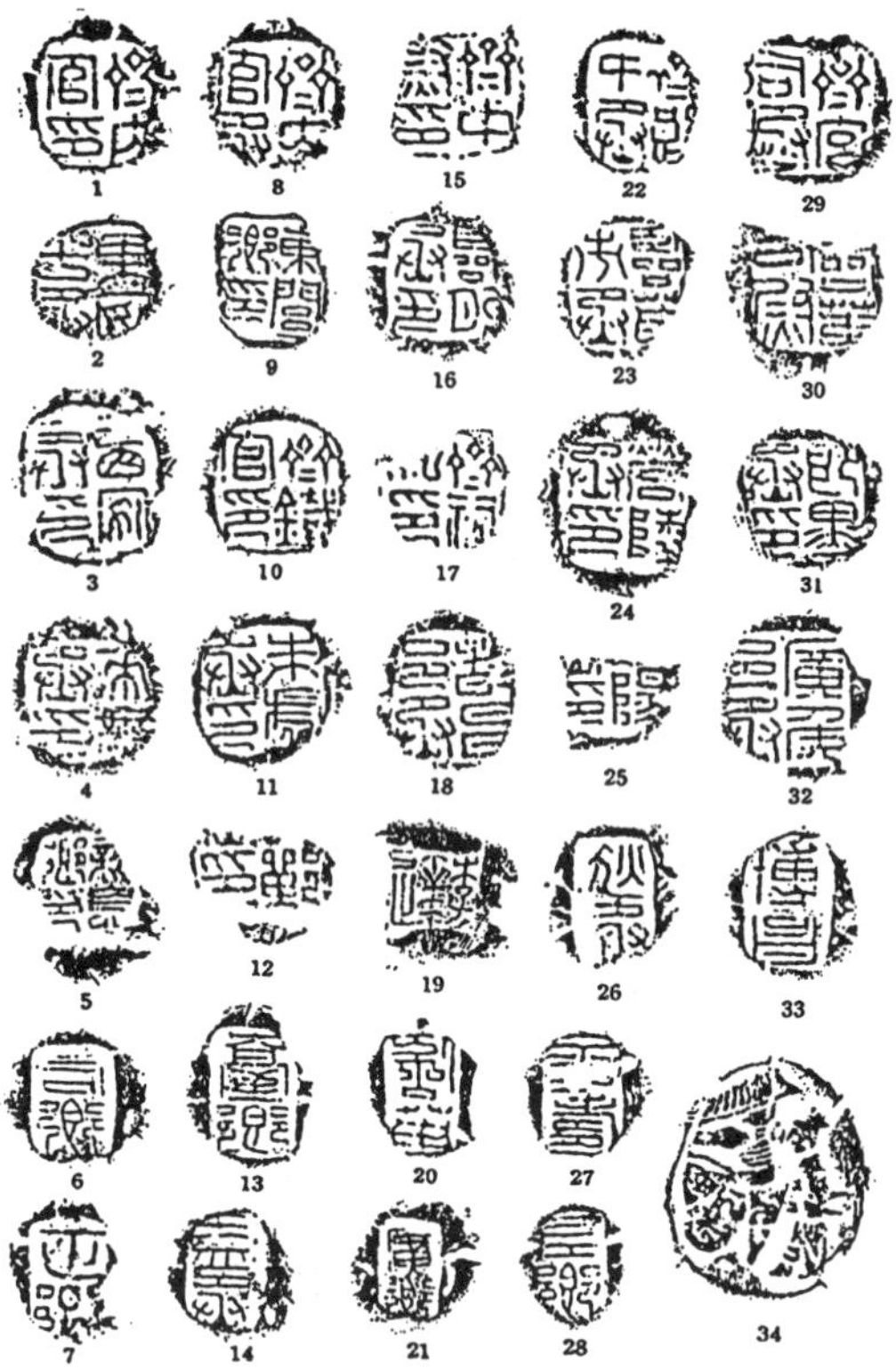

第１図　劉家寨Ｔ102 出土封泥
（実大の原図を 1/2 に縮小）

以下、これらが著録されている典籍[6]、並びにその収載個所は、次に掲げる例のような略号で示す。

『斉』八―一　『斉魯封泥収存一巻』羅振玉撰、民国二年（一九一三）、序上虞羅氏、永慕園影印本。袋綴じで裏面は白。表面は罫で三段二行の六区画に分けられ、向かって右側の三区画、次い

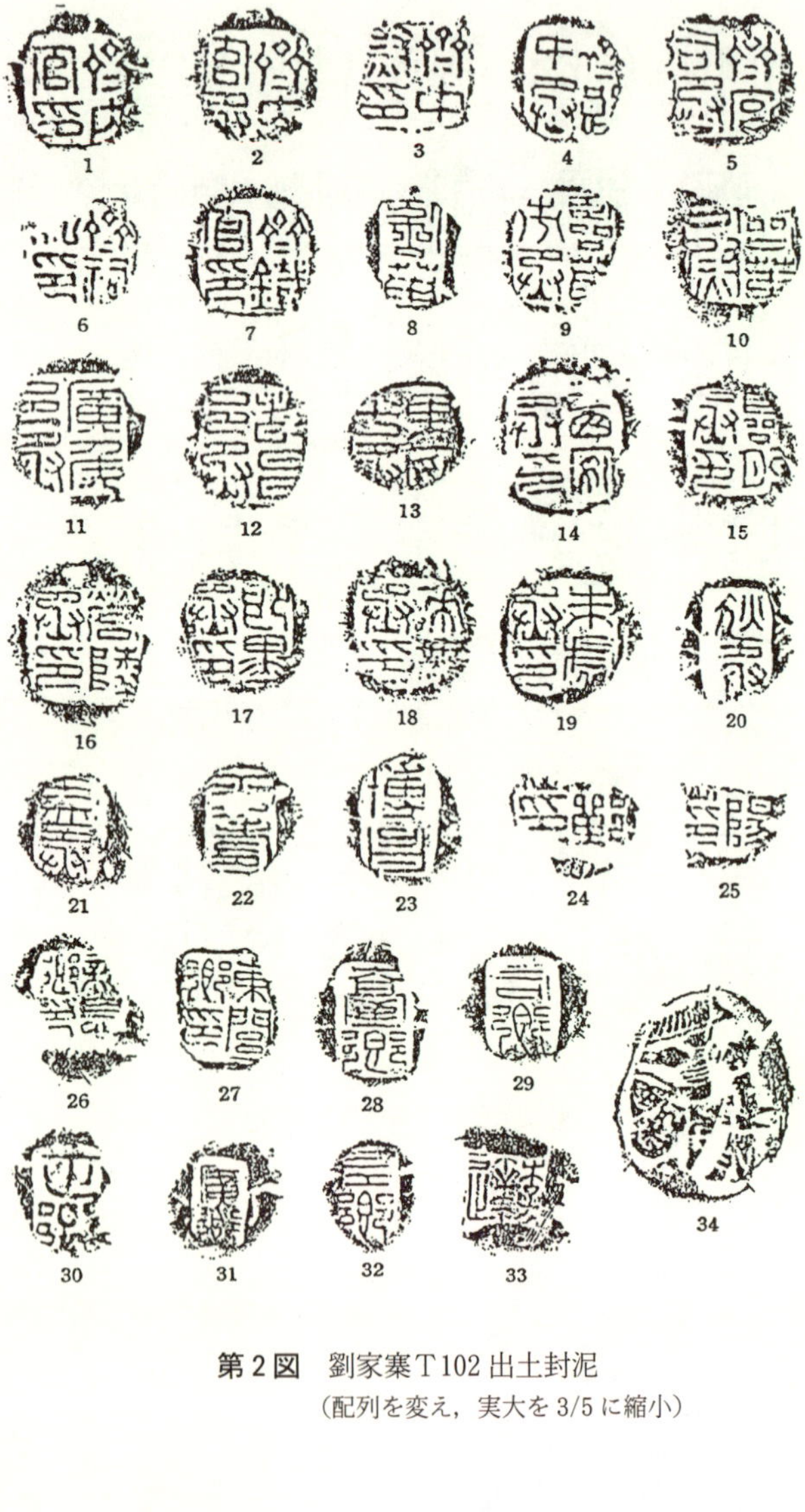

第２図　劉家寨Ｔ102出土封泥
（配列を変え，実大を3/5に縮小）

で左側の三区画に、それぞれ封泥の拓影がある。ここで「八―一」とは、第八丁表の右上第一区画を指す。

『封』二―二四　『封泥攷略十巻』呉式芬・陳介祺同撰、光緒三十年（一九〇四）、滬上（上海）石印本。「二―二四」とは、第二巻（冊数も同じ）二四丁両面を指す。

『続』一―三四Ａ　『続封泥攷略六巻』周明泰撰、民国十七年（一九二八）、排印本（組版印刷本）、「一―三四Ａ」とは、第一巻（冊数も同じ）の三四丁表面を指す。

『再』三―二三Ｂ『再続封泥攷略四巻』周明泰撰、民国十七年（一九二八）、排印本。「三―二三Ｂ」とは、第三巻（冊数も同じ」の二三丁裏面を指す。
『鉄』四―一七Ｂ　『鉄雲蔵陶不分巻』劉鶚集、光緒三十年（一九〇四）、丹徒劉氏石印本、抱残守缺斎所蔵三代文字之二。「四―一七Ｂ」とは、第四冊の一七丁裏面を指す。

さて、これで一応準備が整ったので、劉家寨一〇二号トレンチから出たという三十三個の文字封泥について、その著録状況を調べてみよう。「簡報」は「同類の内容の封泥は『臨淄封泥文字』『斉魯封泥集存』等の書中に等しく著録する有り。参考に供すべし」と言うだけで、簡単に片付けている。しかし、これら両書のうち、参照の機を得なかった前者を除き、後者に『封』『続』『再』『鉄』の分をも加えた合計二千二百八十一個の封泥の中から、ここで問題とする三十三個を同定することは、なかなか手間の掛かる仕事なのである。そこで読者の便宜を考え、その結果を左に逐一記すと共に、何か問題があれば、それを指摘し、その解明に努めることとする。[7]

1　「斉内官印」（『続』一―三四）「内官」は尺度などを掌る官。
2　「斉内官丞」（『斉』八―一、『続』一―三四Ｂ、『鉄』四―一七Ｂ）「丞」は副官ないしは補佐官。
3　「斉中尉印」（『封』二―二四Ａ）『前漢書』巻八六の何武伝に「中尉は盗賊に備う」とあるように、中尉は治安の維持に当たる官。他に「斉中尉丞」（『続』一―四三Ｂ）あり。
4　「斉郎中丞」（『斉』七―三、『続』一―二三Ｂ、二四Ａ・Ｂ、二五Ａ、『鉄』四―一七Ａ）「郎中」は宮中の宿衛を掌る官。
5　「斉司宮丞」（『斉』一一―四）文字の配列が、珍しく右上―左上―右下―左下の順になっている。従って、これを普通に「斉宮司丞」（『続』一―四〇Ｂ・四一Ａ）と読むのは誤り。「司宮」は宗廟を掌る官。
6　「斉祠祀印」（『斉』六―二、『続』一―一九Ｂ）「祠祀」は祭祀を掌る官。

以上六個の封泥に「斉」とあるのは、王国としての斉を指していると見られ、この点については問題ない。

7「斉鉄官印」（『斉』一〇―六、『封』四―四九B）この「斉鉄官」を、『斉』は「斉国の鉄官」とし、『封』は「斉郡の鉄官」と見ているが、これはどちらとも決められない。

8「臨菑*」（『封』七―三八A）斉が国の時はその首都であり、郡の時はその首県であった。「菑」は正字。略して「菑」と書き、また「淄」、略して「淄」とも書く。後世の慣用は「淄」。＊印は、釈読の筆画を示す。なお、斉のことを「臨菑」と呼ぶこともあった[8]。

9「臨菑市*丞」（『斉』四五―二、『続』三―三四A）「市丞」は、「市」つまり都市における商業地区を管理する機構の副官。『続』は「県丞の印」と見ているが、論拠がはっきりしない。

10「臨菑右*尉」（『斉』四六―三）『斉』は、これを郡県官印封泥の中に含めている。時代は少し下るが、『後漢書』巻二八の百官志に「尉は大県に二人、少県に一人。本注に曰く、……尉は盗賊を主る。……」とある。臨菑県に置かれた警察機構であろう。なお、ここに掲げた封泥は普通の配字であるが、これと同じ四字を右上―左上―右下―左下の順に並べた例もある（『斉』四六―四、『続』五―三B、四A・B）。

11「広侯邑丞」（『続』三―三六B）「『漢書』地理志を按ずるに、広県は斉郡に属す。高恵高后文功臣表に広厳侯召欧有り。此れ列侯食する所の邑也。……」とある。その位置は、現在の山東省益都県（『読史方輿紀要』（以下、略して『読史』と呼ぶ）巻三五）。

12「都昌邑丞」（『斉』一六―四、『続』四―五A・B）漢代の都昌城の位置は、山東省昌邑県の西（『読史』巻三六）。他に「都昌侯相」（『続』二―四B・五A）、「都昌左尉」（『斉』四六―五、『続』五―五A）あり。

13「東安平丞」（『斉』四〇―六、四一―一、『封』六―六〇B・六一A、『鉄』四―一一B）東安平は臨淄の東十九里（『史記』巻八二田単列伝、徐広注）。

14「西安丞印」（『斉』三四—四、『続』三—三五Ｂ・三六Ａ、『鉄』四—一二Ａ）この西安は斉郡に属し（『前漢書』巻二八上地理志）、臨淄県の西三十里にあり（『読史』巻三五）。

15「臨朐丞印」（『斉』三四—五、『続』三—三七Ａ・Ｂ、三八Ａ）臨朐は山東省臨朐県。(9)

16「営陵丞印」（『斉』三五—一・二）営陵は山東省昌楽県の東南五十里（『読史』巻三五）。

17「即墨丞印」（『斉』四一—二・三、『封』六—六一Ｂ・六二Ａ）漢代の即墨は、山東省平度県の東南六十里（『読史』巻三六）。他に「即墨太守」（『斉』二一—二、『続』二—一七Ａ・Ｂ）、「即墨」（『斉』五〇—六、『再』三—一三Ｂ）あり。

18「来無丞印」（『斉』三三—六、『続』三—三一Ａ・Ｂ）「来無」は「來蕪」の略で、山東省淄川県の東南六十里（『読史』巻三一）。他に「来無」のみのものあり（『斉』五〇—一、『続』五—二一Ｂ・二二Ａ）。

19「朱虚丞印」（『斉』三七—五、『続』四—九Ｂ）漢代の朱虚は、山東省臨朐県の東六十里（『読史』巻三五）。他に「朱虚石尉」（『続』五—五Ｂ）と、「朱虚」のみのもの（『再』三—二一Ｂ）あり。

20「狄丞」（『斉』三一—四、『続』三—一九Ｂ・二〇Ａ）狄県は千乗郡に続し（『前漢書』巻二八上地理志）、その位置は山東省高苑県付近（『読史』巻三五）。他に「狄城之印」（『再』三—一三Ａ）あり。

21「益丞」（『続』四—二Ｂ・三Ａ）益県は北海郡に属す（『前漢書』巻二八上地理志）。三国の魏、益都県と改む（『読史』巻三五）。現在の山東省益都。

22「平寿」（『斉』五〇—二、『再』三—二〇Ｂ）平寿県は北海郡に属す（『前漢書』巻二八上地理志）。平寿城は山東省濰県の西南三十里（『読史』巻三六）。つまり、現在の濰坊市に当たる。他に「平寿丞印」（『斉』三五—五、『続』四—三Ｂ）あり。

23「博昌」（『斉』四九—六、『続』三—一八Ｂ、『再』三—一九Ｂ）博昌県は千乗郡に続し（『前漢書』巻二八上地理志）、

1

2

第3図 1「邯鄲丞印」封泥,
2「観陽丞印」封泥（各1/1）

現在の山東省博興県に当たる（『読史』巻三五）。他に「博昌丞印」（『斉』三一—一・二、『続』三—一七Ｂ・一八Ａ）と、「博昌之印」（『斉』四八—五、『再』三—一二Ｂ）あり。

24「邯鄲丞印」 下半分だけが残っており、右から左へ「鄲」と「印」の字が並ぶ。「鄲」が二字目の地名としては「邯鄲」だけしか考えられないし、そうと決まれば、三字目は「丞」だったに違いない（『続』四—一五Ａ〈第3図1〉）。邯鄲は前漢の全期を通じて趙国の都であった。現在、河北省邯鄲市の周辺に、その城址あり。

25「観陽丞印」 封泥に見える漢代の二字地名のうち、下が「陽」になっているものは、優に二、三十例もあるので、上の欠字を明らかにすることは容易でない。しかし集めた資料を通観すると、「観陽丞印」（『斉』四一—六〈第3図2〉）の「陽」の字の形、殊に押し潰されて体をなさぬ「勿」の部分が、ここで問題とする封泥文字のそれと、かなり似ていることに気が付く。恐らく、字画が煩瑣で大柄な「観」の字に圧迫された結果であろう。観陽が当時、斉の領域内にあったことも、右の推測を支える。その位置は、山東省萊陽県の東南三十里（『読史』巻三六）。

26「新息郷印」（『続』五—二八Ｂ・二九Ａ） 汝南郡の属県の一に新息が挙げられ（『前漢書』巻二八上地理志）、それは河南省息県の北三十里にあったという（『読史』巻五〇）。この「新息」という特殊な地名は、封泥に見られる「新息」と関連があったのではないか。もしあったとすれば、この封泥は今の河南省の東南隅から山東省の北部の臨淄まで、直線距離にして約六〇〇キロも運ばれて来たことになる。封印されていた本体は、はたして文書だったのか、それとも何か外のものだったのか、あれこれ考えると、津々として興味は尽きない。

27「東閭郷印」（『続』五—四二Ｂ） 拓影と釈読のみで、解説はなし。しかし『左伝』襄公十八年（前五五五）の条に「州綽、東閭を門《せ》む」と言い、杜預の注に「東閭は斉の東門也」とある。時代はかなり下るが、前漢時代の東閭郷の位置を考える上に、参考となるであろう。

28「台郷」（『続』五―二四A）『漢書』地理志を按ずるに、台郷県は斉郡に属す。[10] 又た済南郡に台県有り。此れ或いは其の郷の印ならんか」と言う。封泥の県名は「県」を省くのが普通なので、この「台郷」は「台郷」という県か「台」という郷のいずれかで、「台県」云々というのは問題にならない。

29「司郷」　他に著録されている例はなく、文献上の手掛かりも全くなし。

30「平郷」（『再』三―二三―A）平郷県は広平県に属す（『前漢書』巻二八下地理志）。漢代の広平国は、今の河北省永年県（邯鄲の北二〇キロ）の北にあった（『読史』巻二）。他に「西平郷印」（『続』五―二九B）あるも、この「平郷」との関係は不明。

31「広郷」（『続』五―二七B）『漢書』地理志を按ずるに、広郷県は広平国に属す。但し斉郡にも広県有り。此れ或いは其の郷の印ならんか」と言う。しかし封泥の文字に「広郷」とあれば、それは飽くまでも「広郷」なのであって、「広県の郷」ということにはならない。この「広郷」も広郷県を指していると見るべきである。従って、それは広平国（前出）の属県であった可能性が強い。

32「左郷」（『斉』五七―四、『続』五―四八B・四九A）『封』七―三五に依ると、『三国志』巻一四魏志の劉放伝に、彼が左郷侯に封じられたとあり、この「左郷」という地名は漢代の文献には見えないが、或いは魏以前に溯るのかも知れないという。『読史』巻五一は、この左郷を郡とし、河南省南陽県の南郷城に充てている。他に「左郷之印」（『斉』五六―一）と「左郷厨印」（『斉』六四―五）あり。

33「李達」一見して分かるように私印であるが、著録になし。類似のものもして、「臣達」（『斉』六六―六）・「塩達」（同六七―六）・「田達」（同六九―三）がある。因みに、『斉』は個人名の封泥を「臣名封泥」「妾名封泥」「姓名封泥」に分けている。

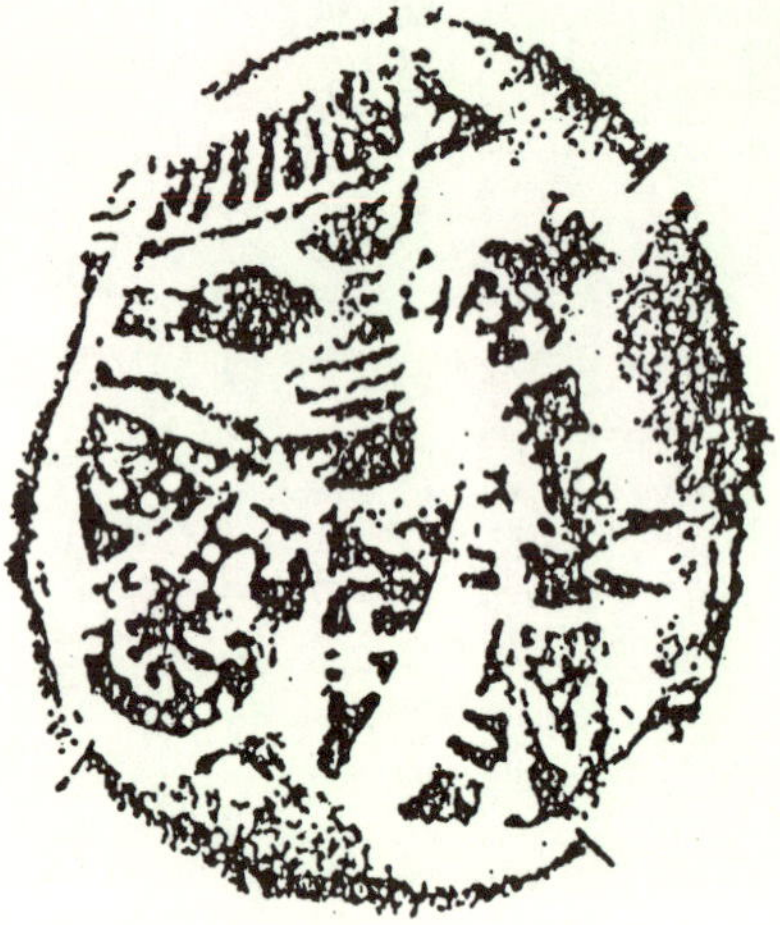

第４図　画像封泥（3/2 に拡大）

以上で、劉家寨 T102 から出た封泥の文字の概観を終える。表示されている地名や官名については、その頻度や組み合わせなどをめぐって、いろいろな問題が考えられよう。しかし、それらの指摘と解明は「出土地点の検討」（第三章）に譲ることとし、ここでは論じないでおく。

二　封泥画像の解明

三十三個続いた文字封泥の次は、最後を飾る三十四番目の画像封泥である（第１・２図34、第４図）。これは縦三・七センチ、横三・三センチを測り、一般の封泥より幾らか大きい。他の文字封泥と共に発掘されたものだし、漢代の画像石や画像塼を想わせるような画像も見られるので、その真実性を疑う余地はない。報告者もはっきり封泥と認めているのだから、その裏面に紐の跡もあるのだろう。封泥の中にこういう形象的なものがあったとは、寡聞にして知らない。とにかく前代未聞の珍品と言えよう。

ところで、この封泥の画像は、いったい何を表現したものであろうか。まず誰が見てもすぐ分かるのは、その一端にある屋根様のもので、これが目安になって画面の上下が決まる。屋根の下には斗栱（組物）らしいものがあり、横に何本か線の入った徳利形の柱がそれを受ける。屋根の下、柱の向かって斜め左上に当たるところに、何やらなかりの量のものが置かれているようだ。

建物があるこの一画は楕円形の敷地で、周囲に牆壁がめぐっており、その五個所に切れ目がある。これが門を表現したものであることは、牆壁の端に直角に短い線が添えてあることで、いっそうはっきりする。この短線は、門の構築物の一部を表したものに相違ない。牆壁の切れ目だけで門を示した、馬王堆三号漢墓出土駐軍図(11)（第5図）より、一歩進んでいる点が興味をひく。

それでは、五個の門が開くこの牆壁の中で、いったい何が行われているのかを、とくと調べてみよう。まず説明の都合上、向かって左下に当たる部分から始めることにする。この辺りは、実に雑然・混然としていて取り留めもないが、よく見ると車輪のようなものがあって、何本かの輻（車の矢）が轂（こしき）に集まっており、更にその辺りから、車台と覚しいものが前方に延び、その先が下に折れ曲がっている様子が窺われる。もし、これが本当に車だとすると、車輪が一つしかないので、漢代に荷物を運ぶのによく使われた「鹿車(12)」、つまり荷物を前に載せて後ろから押す、一輪車ではなかろうか（第6図(13)）。輓いている人が停まって梶棒を下ろした時、車台が水平に保たれるように、轅車では例外なく舵棒の下に、それぞれ短い柱のようなものが付いている。この封泥の画像で、車台の先が下に折れ曲がっているのは、少し大げさだが、或いはそれを表したものかも知れない。

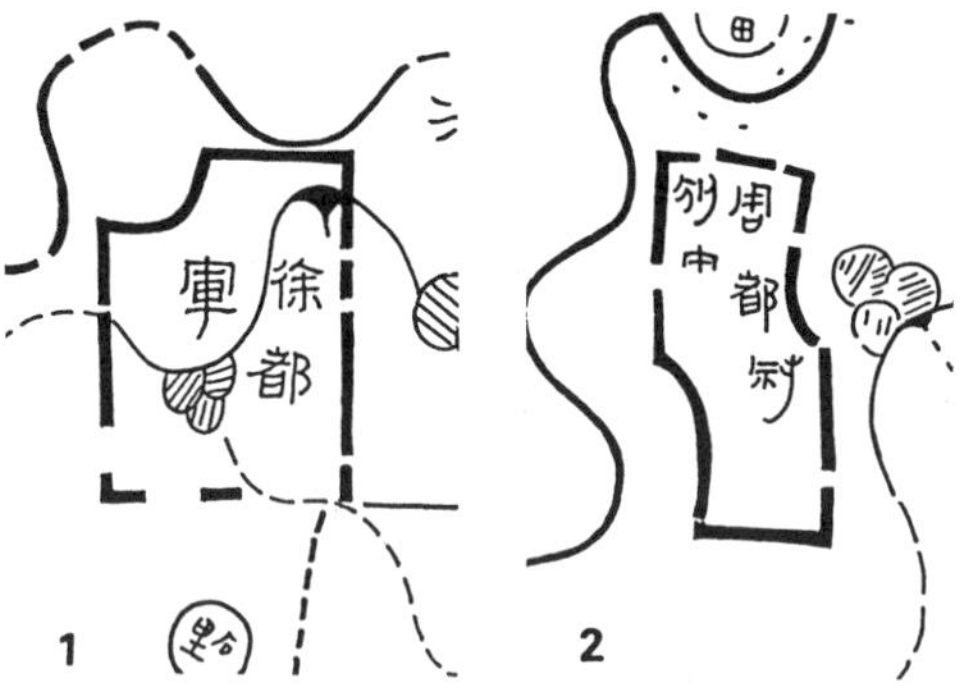

第5図　馬王堆三号漢墓出土駐軍図（復原）
1「徐都軍」城，2「周都尉別軍」城

車台のようなものの水平部分には、円形の透かし孔みたいなものが四個見られる。それらのうち、右端のものは右半分が欠け、左端とその隣にあるものは、一部が重なっている。また、車輪の残存部にも孔が七個程ある。これらの孔状のものの正体は不明だが、何か文様のつもりなのかも知れない。

少し間を置いて車の上に表されている三角形のものは、最も理解に苦しむところだが、よく見ると、斜め横を見上げた人物の上半身のようにも見える。

第6図　漢代の鹿車（註13）

口を開け目を細めた表情は、偶然にしては出来過ぎている。髪の結い方、顎の輪郭、ゆったりと羽織った上衣なども、一応つじつまが合うようだ。胸許から左腕にかけて並ぶ白抜きの円形四個も、衣裳の飾りと見れば説明がつく。妙な影像だが、もしこれが人物だとすれば、車を輓いて来た人にしては出で立ちが凝り過ぎているので、荷に付き添って来た責任者か何かなのであろう。

さて、次は封泥の向かって右半分に表された影像であるが、これはどう見ても横を向いて立つ人の姿だと思う。この人物は異様な冠[14]をかぶり、仕立てのはっきりしない上衣を着、袴《こ》に似たものをはいている。背後に突き出た燕尾状のものは、衣服に関連したものでもなさそうだし、或いは腰に帯びた刀剣の鐺《こじり》の類でもあろうか。しかし、日本の大小のように二本あるのは腑に落ちない。何しろ画面が粗いので、これ以上の究明は無理であろう。

ところで、問題なのはこの人物の動作であるが、私は次のように考えてみた。腹部の前に並ぶ二つの異様なものは、恐らく両手首の先であろう。そして、それは身長の半分以上もある、巻紙状の物の上に置かれているらしい。ここまで来れば、あとは何とか見当が付く。冠に威儀を正したこの人物は、恐らく倉庫を管理する役人のたぐいで、今しも運び込まれた穀類などの財物を、収税台帳と照合しながら、倉庫に収納しているところではなかろうか。この封泥が作られた前漢の前期から中期にかけてのころは、既に紙が発明されていたとしても(16)、まだ非常な貴重品だったと思われるので、特殊な文書以外に使用された可能性は極めて少ない。こう見てくると、この封泥の画像に登場して来る巻紙状の物は、文字を書いた細長い木簡か竹簡を順に並べ、その上下両端を麻や鞣革《なめしがわ》の紐で綴じたものを象っているのであろう。

人物から見て、この簡文書の向う側にあるゴタゴタしたもの、つまり、一部、簡文書の陰に隠れて、短辺を上にする直角三角形の形をしている正体不明の代物は、車から下ろされた積荷を表しているのかも知れない。そういえば、上の建物の中にも、既に収納されたと覚しい荷物が一山ある。これらの荷物はまた同時に、画面の空白を埋める効果をも兼ねているようだ。

前に述べた一輪車らしいものも、またそれと関連のありそうな異様な人物も、僅か一センチ四方程のスペースに、無理やり押し込んだ不自然さというより、むしろ、その発想の奇抜さと構図の巧妙さとに、改めて感嘆せざるを得ない。更に、画面の上中央門と右上門との間、右上門と右下門との間、右下門と左下門との間に、空白を埋める隆起帯があることも、画面全体を引き締める上に効果的だと思われる。

以上の推測を纏めてみると、左のようになるであろう。

五つの門を開く牆壁に囲まれた役所の中では、折しも到着した一輪車の積荷が下ろされている最中で、それを一人の役人が、簡文書の帳簿と引き合わせながら、傍らの建物の中に収納しているところ。

これで一応、画像の絵解きが出来た。

そこで、次に問題となるのは、この役所の名称と、書類を点検しているらしい人物の役柄である。これらの点につき、敢えて憶測を逞しくすれば、次の通り。

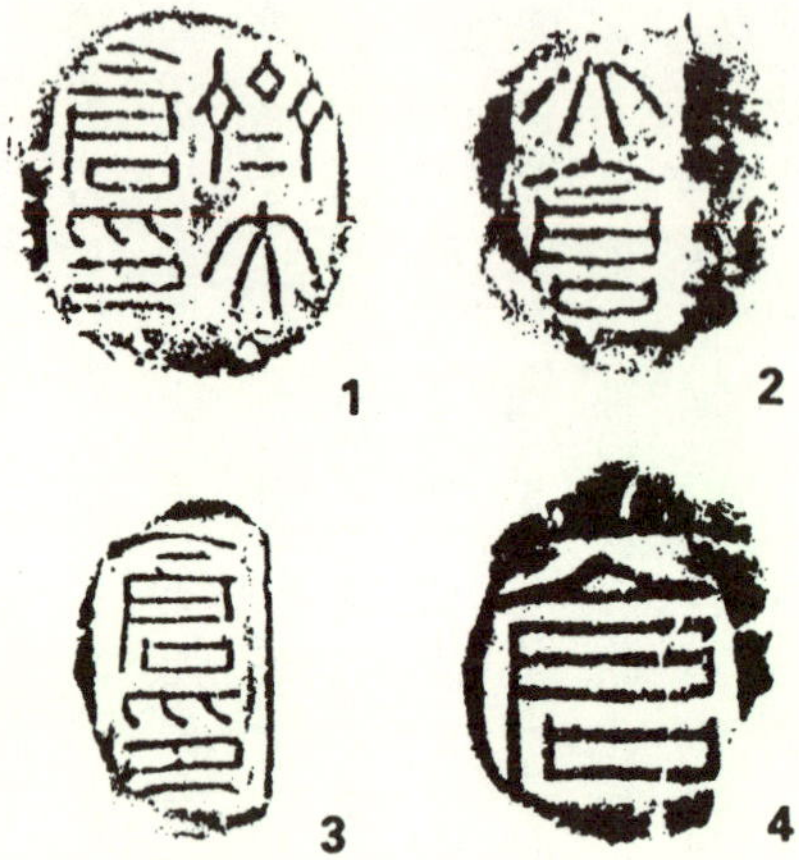

第７図　1「斉大倉印」, 2「大倉」, 3「倉印」, 4「倉」各封泥（1/1）

『斉魯封泥集存』八―二と『続封泥攷略』一―三五Aには、それぞれ「斉大倉印」封泥を載せ（第7図―1。『続』所載）、『続』はこれに解説を加えて「右封泥四字、印文に「斉大倉印」と曰う。『漢書』百官公卿表を按ずるに、「治粟内史は秦官にして穀貨を掌る。属官に大倉令丞有り」（という）とある。更に『続封泥攷略』一―三五Bは、それに続いて「大倉」封泥を載せ（第7図―2）、右の封泥は二字にして、（大きさ）通印に半ばす。文に「大倉」と曰う。大倉は前に詳し。此の封泥は臨淄に出づ。自《お》ら是れ斉国太倉の属吏の印にして、漢朝の太倉（の印）に非ざる也」という。『史記』巻一〇五倉公列伝に「太倉公なる者は、斉の太倉長にして、臨淄の人也。姓は淳于氏、名は意」とあるのも参考になるであろう。このほか『斉魯封泥集存』六四―三と『続封泥攷略』二―二六Aには「倉印」があり、『封泥攷略』二―四四Aには「倉」という簡単なものもある（第7図3は『斉』、同4は『封』所載）。

ところで、こうした憶測が幸いに見当違いでなかったとしても、この封泥に表されている立ち姿の人物らしいものが、斉の太倉長自身だったというわけではない。むしろ、太倉に務めていた収租担当の役人か何かなのだろう。『史記』巻一二九貨殖列伝に「宣曲の任氏の先は督道の倉吏為り」とある。平たく言えば、まずそんなところか。

以上の憶測が、この絵図的な封泥画像の内容にぴったりだとは、断言し難いが、どうやらそれに近いのではなかろうか。「もっとも、既に文字を表す、れっきとした封泥があるのに、どうしてこんな絵図的なものが必要だったのか」と問われると、返す言葉に迷う。

しかし、このように場違いで、極端に言えば漫画的な封泥は、とうてい公の権威あるものとは思われない。万事に規格と形式を重んじる漢代の官界の雰囲気には、いかにも不似合いであり、多分に私的でユーモラスなものさえ感じさせる。

では結論として、そのようにちぐはぐな気分を、どう整理したらよいのか。そこで、一つの見方として「斉国（または斉郡か臨淄県）の倉庫番が、私的な貸借や収支の文書を封印するのに使った、ユーモア溢れる封泥」などというのはどうだろうか。

いろいろ勝手な推測を重ねたが、その当否はさて措き、この封泥が前代未聞の珍物であることだけは確かだ。今後いっそう的確な絵解きが望まれる次第である。

三　出土地点の検討

次に、封泥が出土した地点の性格について検討しよう。まず「簡報」はこの点について、左のように述べている（第8図）[17]。

封泥は劉家寨の西南T101・T102（のトレンチ）の中から出た。曽て臨淄で甚だ多くの封泥が出たことは、王献唐の『臨淄封泥文字』中に著録するところである。其の叙に拠ると、（封泥の）出た地点は「県城北門外の東北、劉家寨村の西南、各々距たること里許り」[18]と言い、更に「劉家寨で出たことの確実な漢代の封泥によって、その地を逆度（溯って推測）すると、当時は殆ど官署の旧址であり、……封泥の印文を証拠に考えると、また国相・郡守・県令が事を治めた所で、王宮ではない。また前漢の庫蔵に属し、後漢には属さず」と言っている。我々はT101・T102に依り、その中に確かに漢代の文化層のあることが分かった。ここに発表する幾つかの封泥は、発掘で得られたもの故、トレンチ内での位置は明確であり、ここが曽て封泥の出土地点であったことを証明し得る。

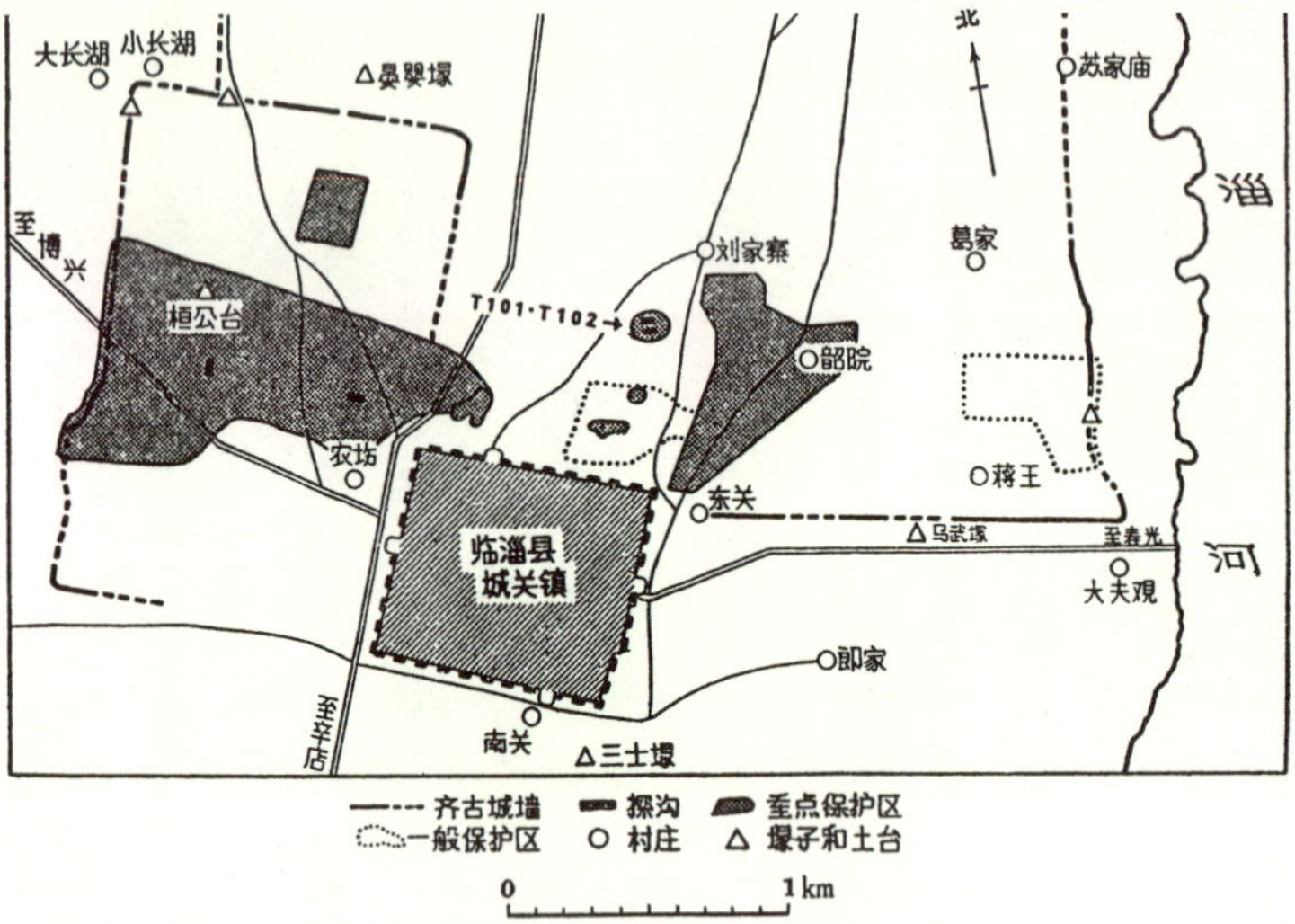

第8図　臨淄斉故城南半部遺跡地図

しかし、劉家寨の西南で封泥が出るという専らの噂だが、その辺を掘ったら封泥が出たから、やはり本当だった、というだけでは物足りない。また、その発掘の結果についても、ただ

劉家寨T102トレンチの東部北壁の深さ一メートルの所から、封泥四十余個[19]が出土した（図三――これは拙稿第一図として転載）。そのほか銅製帯鉤・銅鏃、各種の土器片・瓦片、塼の破片なども出ており、これは漢代の層である。東部の二・八メートル下に、車馬坑が出現したが、掘るのをすぐ止めてしまったので、底に達していない。

とあるだけでは不充分だ。肝心な封泥そのものの色[20]や保存状態を始め、その水平・垂直分布、周囲の土質、灰や炭化物の有無などを詳しく報告すべきではないか。「簡報だから仕方がない」と言うのなら、三十年も経った今日まで、これだけ重要な発掘の本報告が出ていないのもおかしい。

発掘報告に期待できぬとなれば、封泥の文字に手掛かりを求めるより外に仕方がない。既に述べたように、当時ここで出土した三十三個の封泥の文字は、いろいろと変化に富んでいる。『斉魯封泥集存』の目録の分類を借りれば、「漢朝官印封泥」こそないものの、「漢諸侯王属官印封泥」「漢列侯属官印封泥」「郡県官印封泥（郷関係も含む）」「私印封泥」などが、よく揃っているのに驚かされる。また、それらに見られる官名の多彩さもさることながら、邑・県・郷などの名称も確実に斉国・斉郡に属する山東方面のもの十八例の外に、河北方面のもの三例、河南方面のもの二例が含まれていて興味をひく。

ところで、封泥で封印されたものといえば、上は詔書の類から、下は生活物資に至るまで、いろいろある。だが、それらのうちでも特に多いのは、公私の文を認《したた》めた書信の類であろう。その場合、受信者への宛名は、通信文が書いてある牘《とく》（木板）の上に重ねた検（上蓋）に墨書された。(21) ところが封泥に押してある文字は、発信者の所属や官名などを示すのが普通で、こうした点に関する限り、受信者とは無関係とみるべきである。従って、出土した封泥の文字から、そこにそのような官署があったとは、一概に言えない。

原田淑人先生は王献唐氏の説を紹介し、

なお劉家寨付近の漢代封泥の出土地に関して、王氏は自己の考説を述べている。

その大意を摘むと、劉家寨村西南一支里に発見された封泥出土の二窖は、その封泥の印文に拠ってこの地点に県署のあったことが明らかであり、また同じく山東省立図書館に収蔵されている郡守・国相等の印文ある封泥は、付近の別の窖から出土しているもので、郡国の官署は県署と接近して別個に設置されていたものと推定したのである。王氏の資料とされた諸封泥は、たとえ商人の手から購入したもので、しかもその数の限られているにせよ、氏の推定説は傾聴に値する。

と言われている。(22) しかし、王氏の説は「封泥の文字は受信者とは無関係」という一般原則にそぐわぬもので、無条件には承服しかねる。「通信は同列間のケース――つまり郡守から郡守へ、県丞から県丞へなど――が多い」という前提でも証明されない限り、無理というものだろう。

次にこうした点につき、もう少し詳しく調べてみよう。問題のT102から出た三十三個の文字封泥のうち、明らかに臨淄で封印されたものは、1―6の斉国関係、7の斉国または斉郡関係、8―10の臨淄関係の計十個に過ぎない。そして、残る11・12の侯邑関係、13―25の県関係、26―32の郷関係のうち、全く位置が不明の29を除く計二十一個は、遠近の差こそあれ、すべて他の地で封印され、臨淄に運ばれて来たものなのである。この一事を以てしても、「その封泥の印文に拠ってこの地点に県署のあったこと」など、そう簡単に分かるはずはない。

ただ纏った一つの地域内に官署群があり、相互の間に封泥文書のやりとりがあったとすると、封泥の出土地が即、それに捺印されている官署の所在地とは言えないまでも、グローバリーに見た場合、その官署は封泥の出土地と地続きの一郭にあった、という可能性はあるかも知れない。しかし、こうしたことは、ただそれだけの話であって、各官署の具体的な位置を知る手掛かりにはならないのである。

それから、もう一つ断っておかなければならないことがある。封泥の文字が、はっきりその土地なり役柄なりを示すのは、書信だけに限らない。いろいろな物資を発送したり、管理したりする時、それぞれの責任者が、機関名や役職名の印を封泥に押すことがあった。前掲、馬王堆一号漢墓出土の「軑侯家丞」封泥は、その珍しい例として注目される。(15) また、劉家寨村の南にある製鉄遺跡の版築基址で発見されたという、「斉鉄官丞」「斉采鉄印」などの封泥も、(23) 官営の製鉄所で生産された鉄器類の梱包などに用いたのかも知れない。しかし封泥のこうした用法は、書信の封印などに比べると、副次的なものに過ぎなかったと思われる。

では次に、T102から出た多彩を極める封泥は、この遺跡の正体につき、はたして何を語るのだろうか。そこで注目されるのが、左に掲げる原田先生の記述(24)である。

臨淄の封泥はその出土地点が局限されていて、研究資料としてすこぶる重要であるが、ただ私の遺憾とするところは、封泥の出土する窖の性格の明かでないことである。これについて王氏は『封泥攷略』の著者陳介祺の言に、初め獲た封泥の窖には焚け残りの木書の一部が粘着し、次に獲た封泥の場合には窖内に黒土が充満し、その中に存在していた封泥が黒色に染まっていたとあるのを引用し、この窖は官署に溜った木書を焚き棄てた場所で、木書が焚けた後に封泥が残存したものと推測したのである。妥当な推定として傾聴すべきである。

山東濰県の大コレクター陳介祺の言を、王氏のつまり王献唐氏が引用して推測を加え、それを原田先生が紹介し、更に私が孫引きするという、ややこしいことになったが、とにかく陳氏の観察力、王氏の推理力、原田先生の判断力には、改めて敬意を表さざるを得ない。

更に原田先生は、一九三五年に朝鮮平壌大同江南岸の土城里にある楽浪郡遺跡を親しく発掘調査されたが、その際、建築物の漆喰床面や焼け落ちた柱梁などが残存する此処彼処に「楽浪太尹章」以下十一個の封泥が散点していたというので、

臨淄の場合は王氏のいわれるように、不用の木書を不意に焼き捨てた結果であろうが、平壌の場合は木書収蔵の建物が焼失すると共に、木書もこれに伴って焼け、ただ封泥のみ残留したのであろう。

と言われている。(25)

これで、封泥の遺存状況につき、いろいろなことが分かってきた。封泥はもともと泥の塊だから、そのまま土中に埋められれば、溶けて土と区別が付かなくなってしまう。後世まで残るためには、絶対に火で焼かれていなければならない。

そこで、こうした点に主眼を置き、封泥の処置について想像を逞しくしてみよう。紙がまだ普及していない、前漢の前期から中期にかけてのころには、(3)封泥文書が通信などに幅をきかせていたわけだが、それらの文書は、いったいどのように扱われたのだろうか。①開封し目を通しただけで不要とされてしまうもの、②後日の用に備えて一時保管されるもの、③内容の重要性や機密性から永久保存の扱いを受けるか、④逆に焼却処分に付されるものなど、さまざ

までであったろう。だが、それらのうちで最も数が多いのは、県や郷などの中・下級官署でよく見られそうな①のケースに属するもので、そうした廃棄文書の量は莫大なものだったに相違ない。これまで著録されている封泥のうち、県・郷関係のものが他と比べてはるかに多いのも、それを裏付けるものである。

紙に書けば一綴りや一冊で済むものも、封泥文書にすれば何十個にも何百個にもなるだろう。開封された後の封泥文書は、切り刻まれた木っ端と紐の山だから、燃料としては最適だ。こんなに役立つ便利なものを、みすみす捨ててしまう手はない。恰好な燃料として再利用された可能性は充分ある。

一方、特に指定して焼却処分にするのは、かなり特殊で重要な文書に限られていたのであろう。臨淄で発見される封泥のうち最も例の少ない、『斉魯封泥集存』にいわゆる「漢朝官印封泥」などが、それに当たるのかも知れない。

さて、以上のような知識を元に、劉家寨の西南、T102辺りにおける前漢当時の状況を考えてみよう。これら三十四個の封泥が出土した地点、更に従来、多数の封泥が出たと言われている、より広大な地域には、当時、はたしてどのような建物や施設があったのだろうか。もし、それが分かれば、極めて興味深いことと言えよう。

既に引用したように「簡報」では、封泥四十余個の外に、瓦や塼の残片なども出たと述べているから、この辺に何か建物があったのかも知れない。官署の一部か封泥文書の収蔵庫か分からないが、それが火事で焼けて封泥が残った、というのも一つの見方であろう。しかしこれでは、T102から出た封泥の文字が変化に富むわけを、解明する決め手にならない。まるで郵便切手か貨幣のミニコレクションのように、少数ながら一通りよく揃っているという不思議な現象は、一体どうして起こったのだろうか。

ここに、一つの考え方がある。何でも系統的に揃っている大コレクションを丹念に掻き雑ぜて、その一部を取り出せば、それは、やはりヴァリエーションに富むことになろう。トランプを切って試してみれば、容易に分かるはずだ。つまり、前漢時代の斉国や斉郡の各官署で不要になった封泥文書が、無秩序に放置されて混乱を極める中から、アット・ランダムに幾つか抽き出して燃料にでもすれば、こういう多彩な封泥セットの出来る可能性がある。要するに、問題のT102の辺りには、当時あちこちから封泥文書の集まるような、官署の機構があったのであろう。

前に引いた王献唐氏の記述に依ると、封泥の出る所はこの地に限らず、連綿として連なり、その面積は約二十畝にも達するという。(18) 民国時代の一畝は六・一四四アールだから、二十畝で一二、二八八平方メートル（三、七二三・六四坪）に当たることとなり、かなりの広さが想像されよう。王氏は更に、出土した封泥からそのころの状況を推測して、前掲のように、

当時は殆ど官署の旧址であり、……封泥の印文を証拠に考えると、また国相・郡守・県令が事を治めた所で、王宮ではない。また前漢の庫蔵に属し、後漢には属さず。

と言われている。前に繰り返して述べたように、封泥の印文は受信者を表すものではない。従って、右の「封泥の印文を証拠に考えると（原文は「証以印文」）」は些か短絡的で、寧ろ「多彩な封泥の出土より観るに」とでも言い換えた方が無難だろう。その他は誠に卓見と言うべきである。五十年前に私が臨淄の一帯を隈なく踏査した際にも、漢瓦の散布が最も著しいのはこの辺りであった。(26)

終わりに、註18に引いた王献唐氏の記述に再び注目したい。それは、劉家寨村の西南で封泥が続々出土し、「各地聯《つら》なりて一区を為すこと約廿畝左右。……多きは数十・数百、窖を為し、少なきは三、四枚にして等しからず」云々とあるところだ。封泥の出土が広範囲に及び、数も場所によってえらく不定だということは、はたして何を語るのだろうか。数百個も一度に出るのは、大量の封泥文書が火事で焼けたか、焼却処分にされたか、何かの目的で燃料に供された所、僅か数個ずつ出るのは、焼けた大量の封泥が撹乱されて分散したか、不要の封泥文書があちこちで少しずつ燃料にされた所と考えられる。しかし、こうした状況証拠だけでは物足りない。要は、精緻な発掘と的確な観察の結果に俟つ外はなかろう。

王献唐先生から自撰の『臨淄封泥文字序目』を頂戴したのを契機として、封泥に興味を抱くようになった。しかし、それは前後三回に亘る臨淄探訪を終えた後のことである。爾来、『封泥攷略』『斉魯封泥集存』以下の諸書を買い集め、封泥研究の機を窺っていたが、果たせぬまま徒らに歳月を重ねた。そして今回、ようやくこの小篇を纏めるに至った次第である。

結

筆者の寡聞を以てすると、この半世紀の間、封泥を対象とした書籍の刊行を聞かず、論文も殆ど出ていないようだ。封泥の研究を盛んにするためには、従来著録されている全資料を系統的に整理・集成すること、中国を初め諸外国に分散している資料を捜索・登記することが必要であろう。否、寧ろその前に手始めとして、過般の大戦後に発見された新資料を集めなければならない。それらの例としては、筆者がはっきり覚えているだけでも、一九五一—五二年に湖南省長沙市で前漢後期の墓から出た封泥匣[27]、一九七二年に同じく長沙の馬王堆一号漢墓から出た封泥と封泥匣[15]、一九五三年に河南省洛陽市中州路で前漢初期の建築址から出た「雒陽丞印」封泥二個[28]、一九五九—六一年に内蒙古自治区呼和浩特市二十家子で漢代の城址から出た「安陶丞印」「定襄丞印」「西郷」「武進丞印」「東郷」「倉」の六封泥[29]などがある。外にも、まだ幾つかあったと記憶するが、それらについては次回を期することにしたい。

文字の代わりに画像を表すという、封泥の出現には驚かされた。広い中国のことだから、これが唯一の例とも言い切れまい。似たようなものはあったが、文字がないため金にならぬので捨てられてしまった、というケースもなかったとは言えない。図柄の解明には、えらく時間をかけたが、はたしてこれでよいのだろうかという疑念は、最後まで残った。いろいろ御教示が得られれば幸いである。

封泥出土地点の原状をめぐる考察のところでは、些か想像倒れの感がなくもない。しかしそれは、試掘の結果がT102のように曖昧だったり、T101のように全く不明だったりしたためでもある。発掘当時の記録が残っていたら、詳しく発表して貰いたいものだ。しかし、それより寧ろ、近い将来に臨淄斉故城の本格的な発掘調査が行われ、封泥についての疑問も一挙に解明されることを、ここに心から望んでやまない。

最後になったが、一つ忘れていたことがあるので、補足しておこう。臨淄で出土する封泥の年代については、「前漢の前期から中期にかけてのころ」とたびたび断ってきたが、実は秦代までも溯る例も、僅かながらあるようだ。それらの封泥は、文字の周囲に方形の「闌格」（輪郭）があるのを特色とし、盗掘者の言に依れば、県城の東門外の北に偏した一帯から出るという。このことについては『臨淄封泥文字』に述べてあり、それを原田先生が引用しておられる。(30)

註

（1）山東省文物管理処「山東臨淄斉故城試掘簡報」（『考古』一九六一年六期）。以下「簡報」と略称。

（2）拙稿「斉都臨淄の調査」（『中国考古学研究』東京大学東洋文化研究所、一九五六年初版、所収）図版五―七、第三三図など。

（3）高祖の四年（前二〇三）に、先ず韓信を斉に封じたが、五年楚に移した。次いで六年、高祖の長子肥を斉国に封じた。これが悼恵王である。その後、哀王襄・文王則・孝王将閭・懿王寿を経、武帝の元朔二年（前一二七）、厲王次昌が死んで後無く、国が除かれて郡となった。元狩五年（前一一八）、また斉国を置き、武帝の子の懐王閎を封じたが、元封元年（前一一〇）に死んで後無く、国が除かれて郡となった。つまり、斉は漢の建国直後から八十一年間、王国であったことが分かる。これまで著録されている封泥を調べると、斉国のものが斉郡のものより遙かに多い。従って、その年代は、ほぼ前漢の前期から中期にかけてのころと考えられる。

（4）北朝鮮の平壌では一九三五年に、楽浪土城内の一部から「不而左尉」以下十一個の封泥が発掘されている。註25参照。

（5）文字の代わりに、画像石や画像塼に見られるような画像を表したもの。

（6）ここに挙げる五種は、小生座右の書。このほか特に重要なものとして『臨淄封泥文字叙一巻目録一巻』王献唐撰、民国二十五年（一九三六）、山東省立図書館『海岳楼排印（組版印刷）本』がある。撰者の王氏より頂き、愛蔵していたが、原田淑人先生にお貸ししているうち、終戦の年の大空襲で、先生のお宅もろとも灰燼に帰してしまった。現在、日本では京都大学人文科学研究所に一本あるを知るのみである。今回は参照する暇がなかったが、幸い原田淑人「封泥の発見とその研究とについて」（『東亜古文化説苑』座右宝刊行会、一九七三年、三四一—三五四頁所収）の中に、かなり引用があるので、第三章「出土地点の検討」では、それを度々孫引きさせて頂いた。

（7）その内訳は『斉』四百四十九個、『封』八百八十五個、『続』四百五十七個、『再』三百二十四個、『鉄』百六十六個である。

（8）『再』一—二四Aに、

右封泥四字、印文に「臨菑丞相」と曰う。……此れ自《お》ら漢初斉国諸王の丞相の印なるに、然かも「斉の丞相の印」と曰わずして「臨菑丞相（の印）」と曰うは、正に其の何故なるかを解せざるのみ。

とある。しかし、戦国時代に魏の国を「梁（魏の首都の大梁）」と呼んだ例や、楚の威王を「郢（楚の首都）の威王」と呼んだ例もあるし、必ずしも不可解なことではない。

（9）『前漢書』巻二八上地理志の斉郡と東萊郡の条に、それぞれ属県として臨朐が挙げてある。顔師古はこの不可解な記述につき、東莱郡の条で「蓋し各々近き所を以て名と為す也。この類は一に非ず」と言っているが、これは「臨朐県が両郡の境目辺りにあるので、それぞれが自分の方に取り入れてしまったようだ。これに似たことは外にもある」という意味であろう。しかし臨朐県が斉郡の治、臨淄から僅か三五キロ程しか離れていないのに、東萊郡の治、掖県までは一五〇キロ近くもある。従って、臨朐県を東萊郡に属させるのは、極めて不自然と言わざるを得ない。

（10）台郷県の正確な位置については手掛かりなし。

（11）「馬王堆三号漢墓出土駐軍図復原図」（馬王堆漢墓帛書整理小組編『古地図——馬王堆漢墓帛書』文物出版社、一九七七年、所収）。

（12）後漢応劭撰の『風俗通』に「鹿車は窄小にして、裁《わずか》に鹿を容《い》るる也」とある。後漢時代の画像石や画像塼によく見られる一輪車が、それに当たるらしい。劉仙洲氏は前漢末期まで溯ると推測しているが（『我国独輪車的創始時期応上推到西漢晩年」——『文物』一九六四年六期、四頁）、構造が極めて簡単なものだから、もっと溯る可能性もあり得よう。

（13） 第六図1は常任俠主編『中国美術全集』一八（上海美術出版社、一九八八年）画像石画像塼一九六より、2は同二一七より、3は註（12）所引劉氏論文の図版二より。

（14） 進賢冠のようにも見えるが、断定は出来ない。

（15） 穀類のほか、山東の特産としては海塩・塩乾魚・絹・鉄器などが考えられる。湖南方面などの例から類推すると、恐らく山東地方でも、特に高価な財物を梱包した紐は、木製の封泥匣（封泥を入れる枠）の凹みを通し、そこに泥を詰めて、責任者の印を押した可能性がある。長沙馬王堆一号漢墓から出た封印竹笥（竹行李）と封泥匣——挿図——は、その方式を示す珍しい資料として注目されよう。この封泥には「軑侯家丞」の印が押してあり、梱包の中味が軑侯家の家令の管理下にあったことを物語る。湖南省博物館・中国科学院考古研究所編『長沙馬王堆一号漢墓』文物出版社、一九七三年、北京、上集一一二頁、下集図版二一〇・二一一。

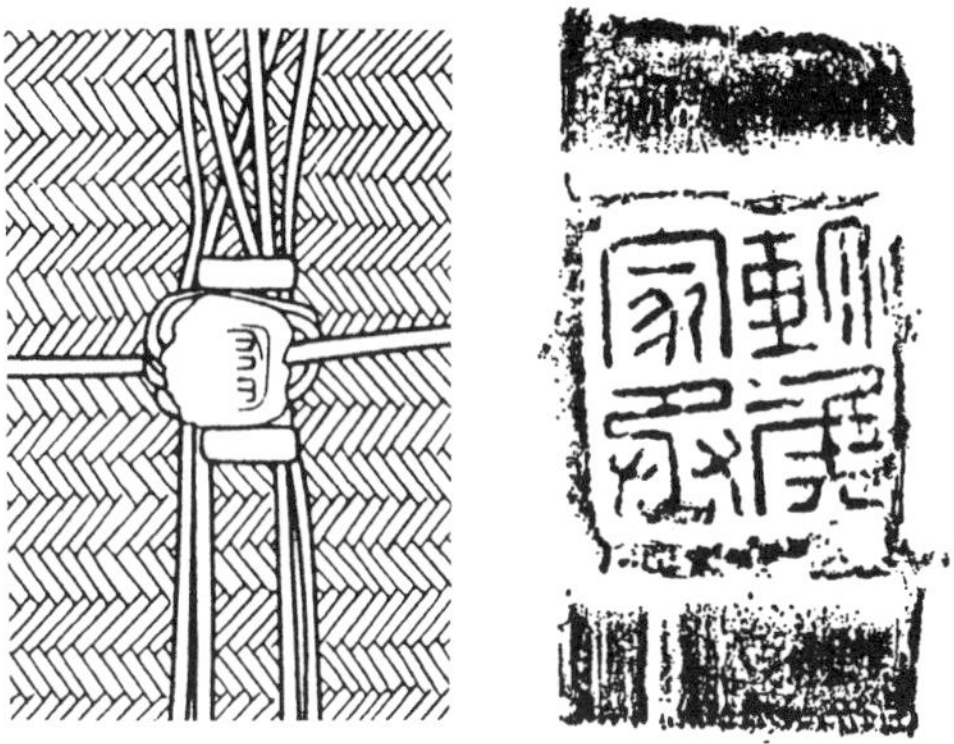

1　2

挿図　1竹笥の封印状態，2封泥匣
（長沙馬王堆一号漢墓出土）

（16） 一時、前漢時代の紙と騒がれた「灞橋紙」は、その後否定され、敦煌の馬圏湾烽燧遺跡から竹簡などと共に出土した、麻の繊維製の紙が、前漢中期のものと判明したという。『光明日報』一九八七年九月・八九年五月十三日号、甘粛省博物館・敦煌県文化館「敦煌馬圏湾漢代烽燧遺址発掘簡報」（『文物』一九八一年一〇期）三—四頁。

（17） この図は「簡報」の「図一　臨淄斉故城探測平面図」の南半部を示す。原図に手を入れさせて貰ったのは、①劉家寨の西南に'T101・T102'を加え、②「淄河」の文字と方位標識を北から南に移し、③縮尺の「公里」を'km'に変えたことである。原図を作成された方の諒承を請う。なお、中国の簡字（略字）は、そのままにしてある。

（18） 封泥の出土地に関する王氏のこの辺の記載は甚だ重要なので、原田先生の『東亜古文化説苑』三四四頁から、全文を孫引きさせて頂く。（読み下しは小生）

余、嘗て身ら臨淄に至り、封泥出土の所在を勘視せしに、地は県城北門外の東北、劉家寨村の西南、各々距《さ》ること里許り（民国の一里は五〇〇メートル）。今、城戸王姓の業産（地所）と為す。前後、共に二窖を発《ほ》り、一は東にして一は西、約数十百歩あり（数十歩から百歩の意。一歩は五尺。一旧尺は三二センチ）。是れより先、清の光緒二十三年（一八九七）、付近の農田亦た一坑を出す。凡そ百余枚、悉く濰県の陳氏（陳介祺）に帰す。爾後、近き処、陸続として出土し、各地聯《つら》なりて一区を為すこと約廿畝左右（一旧畝は六・一四四アール）。土を発《ほ》ること三尺、容《あるい》は之を得べし。多きは数十・数百、窖を為し、少なきは三、四枚にして、等しからず。四十年来、各家収むる所の臨淄漢封泥、数《しばしば》是の郷に出づ。

(19)「簡報」の図三（本稿では第1図）に載っている三十四個の外は、同じT102から出た封泥の残片なのだろうか。「簡報」は、その「三、結語」では「封泥は劉家寨の西南T101・T102の中から出た」と言っているのに、「二、文化遺物」の項では、四十余個の封泥が出たというT102の簡単な説明があるだけで、T101には全く触れていない。そこで、発見された封泥は殆どが完形品であり、右の三十四個以外の幾つかはT101から出たのではないか、という疑問も湧いて来る。T101の発掘結果と併せて、ぜひ真相を知りたいものだ。

(20) 東京国立博物館に収蔵されている、陳介祺旧蔵の封泥六百個余りの一部を見せて貰った。それらは総べて焼かれたもので、黒褐・黄褐・灰褐・赤褐など、さまざまな色を呈していた。こういう色調の違いは、焼かれた時における、酸素の供給量の多少に因るものである。

(21) これらの方式については、改めて言うまでもなく、王国維「簡牘検署攷」（『王忠愨公遺書』第二集所収）に詳しく述べられており、M. A. Stein: Ancient Khotan, Oxford, 1907. の中に、カロシュティー Kharoṣṭhī 文字を書いて封印したままの封泥文書の現物も報告されている。

(22)『東亜古文化説苑』三四五頁。

(23) 群力「臨淄斉国故城勘探紀要」（『文物』一九七二年五期）五〇―五一頁、ならびに五四頁の註四に依ると、これらの封泥は王氏『臨淄封泥文字叙目』に著録されているという。なお「釆」は「採」の古字。

(24)『東亜古文化説苑』三四五―三四六頁。

(25)『東亜古文化説苑』三五二頁。なお、楽浪出土の封泥については、藤田亮策「楽浪封泥考」「楽浪封泥続考」（『朝鮮考古学研究』高桐書院、一九四八年、所収）並びに駒井和愛「楽浪郡治址」（東京大学文学部、一九六五年）に詳しい。

(26) 拙稿「斉都臨淄の調査」(『中国考古学研究』、東京大学東洋文化研究所、一九五六年初版、所収)二五七―二五八頁。
(27) 中国科学院考古研究所編著『長沙発掘報告』(科学出版社、一九五七年)本文一二四頁、図版八五―1。
(28) 中国科学院考古研究所編著『洛陽中州路―西工段』(科学出版社、一九五九年)本文四四頁、図版二五―10。
(29) 内蒙古自治区文物工作隊編『内蒙古出土文物選集』(文物出版社、一九六三年)本文七頁、図版五六頁。
(30) 『東亜古文化説苑』三四四頁参照。

雷文塼から見た漢代の将作機構

はじめに

筆者は予てから、漢代の文物として最も普遍的な雲文（蕨手文）瓦当を、徹底的に調べてみたいと思っていた。嘗ては、専ら漢瓦の象徴と見られていたのに、解放後、洛陽方面から東周時代のものが出たり、秦の雍城（陝西鳳翔）や櫟陽（同臨潼）でも発掘されるなど、意外な発見が相次いだからである。しかし、出土地域が中国全土に亘っており、資料の数が厖大なうえ、雲文の型式も極めて変化に富むので、コンピューター処理でもしない限り、成果は望めそうもない。

一方、かなり前から目を付けていたのが雷文塼である[1]。この方は分布範囲が割と限られており、型式も比較的一定しているので、資料さえ集めれば何とかなると考えた。中央と地方における形式の違いや、建築文化の格差などが分かれば、面白いのではないか。また、それらから歴史の裏側を覗くことが出来ぬとも限るまい。

「雷文塼」とは、雷文と菱文を型で押した煉瓦で[2]、方塼も空塼もある（第1図・第2図）。本来なら「雷文・菱文塼」と呼ぶべきだが、煩雑なので「雷文塼」と略称することにした。

ところで、雷文塼の研究を思い立った目的はもう一つある。この方が、もっと重要かも知れない。題目に示す「将

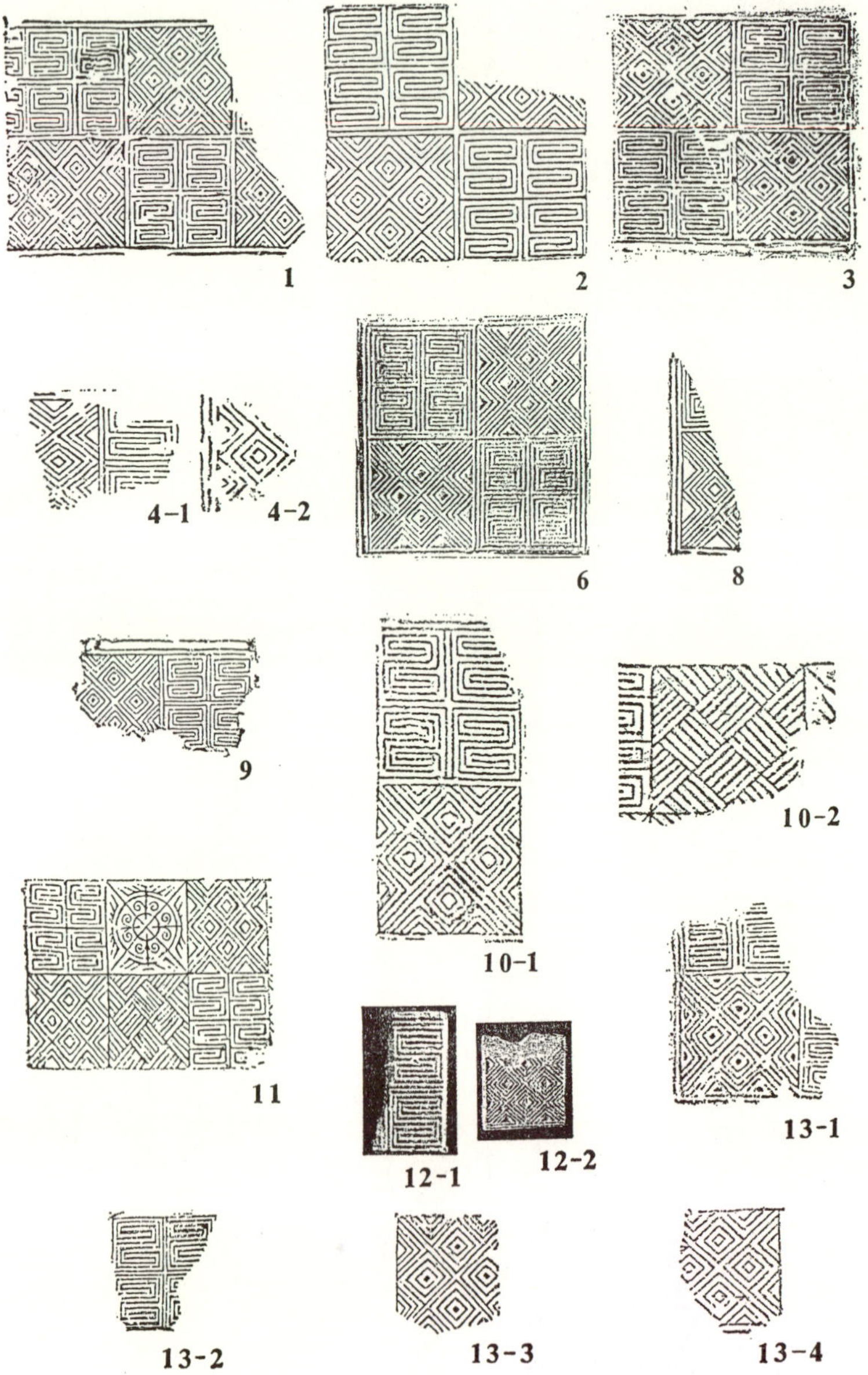

第１図　関内出土の雷文塼

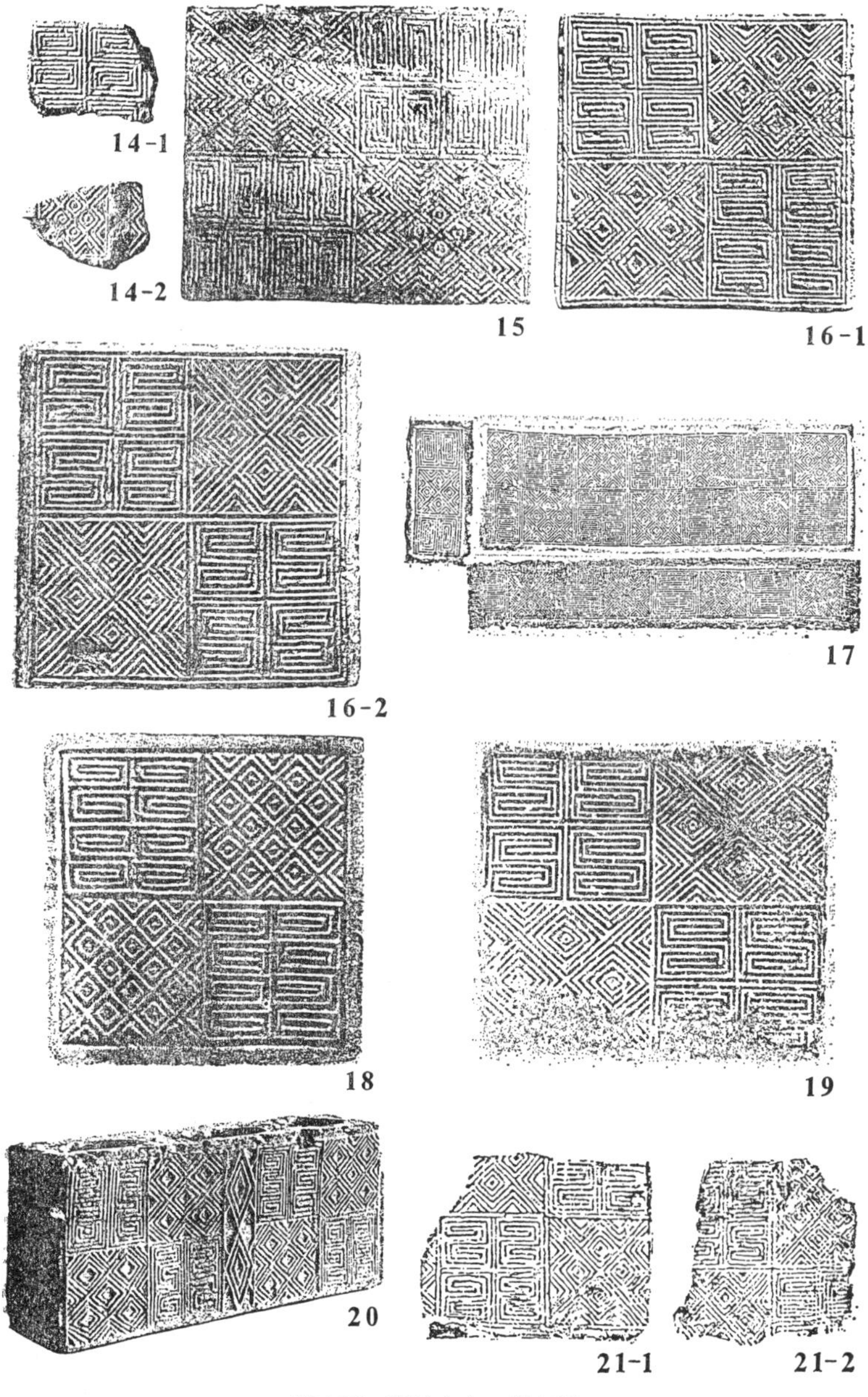

第２図　関外出土の雷文塼

作機構(3)」、即ち秦漢時代に造営関係の仕事を担当していた官署、との関連がそれである。将作機構の中には、木工や石工と並んで、当然瓦工や塼工もいたに相違ない。今の陝西方面つまり秦漢時代の関内（関中）で出土する雷文塼のうちには、将作機構の塼工の手に成ったものが多く含まれている筈である。では、関外（関東）から出る雷文塼の方は、どうであろうか。それらを作った人達は、どのような機構に属していたのか。彼等は中央の将作とどのような関連を持っていたのか。当時の文献はこれらの点につき、果たしてどの程度のことを伝えているのだろうか。近年の考古学的発見は、そうした文献の記載を、どの程度裏付けるだろうか。と、色々疑問と興味は尽きない。それからもう一つ。今は亡びて伝わらない、将作機構の塼工部門のマニュアル、つまり規程便覧といったものの内容が窺えれば、幸いだと思う。そうした盛り沢山の疑問を一つ一つ解明して行く為の準備作業として、先ず雷文塼の出土状況を紹介することから始めよう。

一　雷文塼の出土状況

筆者が雷文塼に興味を懐いたのは、一九四〇年に山東の臨淄にある斉城で、その残片（第2図14—1・2）を採集し、曲阜の魯城にある霊光殿址で、その完形品（同16—1）を購入した時に始まる。新中国の成立後、考古学は目覚ましい発展を遂げ、それに伴って、秦漢時代の遺跡から、この種の雷文塼が少なからず出土した。以上を集計すると、関内で七地区・一三遺跡から一九点、関外で六地区・九遺跡から一二点、合計三一点に達する。

これら雷文塼の出土資料は、関内の分（第1図）と関外の分（第2図）に分けて図示してある。既発表の報告から収集したものだが、印刷が特に不鮮明な二点（第1図・5・7に当たるもの）は、遺憾ながら掲載を諦めた。しかし解説はしてあるし、他との関連を示した図表（第1表）にも載せてある。

出土した雷文塼を資料として生かす為には、それらが出た遺跡について解説しなければならない。そこで、先ず出土遺跡を関内と関外とに分け、その中での排列は、年代順を原則とした。なお遺跡の番号は、第1図・第2図及び第1表に載せた出土資料の番号に揃えてあるので、それらの図表も参照されたい。

(1)　陝西鳳翔雍城秦漢遺跡（『考古与文物』一九八四年、二期、二九頁）鳳翔県は西安市の西北西約一四〇㎞。雍城は秦が徳公元年（前六七七）献公二年（前三八三）まで、二〇代に亘って都した所。城址から、この空塼を初め、雲文や動物文の瓦当、「蘄年宮」「棫陽」等の文字瓦当が出土している。

(2)　陝西臨潼櫟陽秦漢遺跡（『文物』一九六六年一期、一五頁）臨潼県は西安市の北東約二五㎞。櫟陽は、秦の献公二年（前三八三）から孝公十二年（前三五〇）までの都。城址から、塼や雲文瓦当等が発見される。

(3)　陝西咸陽秦第三宮殿址（『考古与文物』一九八〇年二期、三八頁）咸陽は、孝公十二年（前三五〇）から秦の滅亡（前二〇六）までの都。第三宮殿は第一宮殿より多少晩く建てられ、項羽に焼かれたらしい。多くの瓦塼の外、壁画の痕跡も残っている。

(4)　陝西臨潼秦始皇陵園（『考古与文物』一九八〇年三期、三七頁）この塼は、有名な始皇帝陵の附近から出た、文様のある塼を纏めて報告したものの中にある。

(5)　陝西淳化秦林光宮址・漢甘泉宮址（『文物』一九七五年一〇期、四六頁）淳化県は西安市の北西約七五㎞。宮址から、完全無欠な雷文方塼が、「長生未央」の瓦当等と共に出た。但しこの塼は、前述のように転載不能。

(6)　陝西西安漢建築址（『考古学報』一九五九年二期、図版10―1）西安市の西郊で、前漢時代の礼制建築の趾が発掘された。完璧な雷文塼の外、雲文瓦当や五銖銭等も出ている。

(7)　陝西咸陽陽家湾漢塼坑（『文物』一九六六年三期、五頁）墓に付属する竪穴。四方の壁は方形に近い文塼で築き、底には舗装用の塼を二重に敷く。文塼は、これも転載不能。

(8) 陝西咸陽漢景帝（前一五六～一四一）陽陵（『文物』一九七二年七期、五二頁）陵園の範囲から、雷文塼の破片の外、縄文の丸瓦と平瓦、「長楽未央」等の文字瓦当が出ている。

(9) 陝西興平漢武帝（前一四〇～八七）茂陵（『考古』一九六四年二期、八八頁）興平県は西安市の西方約四五㎞。陵の南東二一七ｍに白鶴館の跡があり、その東一〇〇ｍの所で、この雷文塼の残片を採集したという。(4)

(10) 陝西淳化漢昭帝（前八六～七四）母趙氏雲陵（『考古与文物』一九八二年四期、四一頁）雲陵とその北西約五〇〇ｍにある雲陵邑の付近から、雷文・菱文・網代文等を飾った塼、「長生未央」「衛」等の文字瓦当、雲文瓦当の外、土管や銅鏡等も出土した。

(11) 陝西淳化漢甘泉宮址（『考古与文物』一九八〇年二期、五四頁）甘泉宮は武帝の元封二年（前一一〇）、秦の林光宮の傍らに建てられたもの。(5)雷文・菱文・雲文・瓦当文・網代文を組み合わせたこの塼を初め、「千秋万歳」「長毋相忘」等の文字瓦当、各種多彩の雲文瓦当や動物文瓦当が出土している。

(12) 陝西咸陽漢元帝（前四八～三三）渭陵（『考古与文物』一九八〇年創刊号、四一頁）付近一帯には、后妃の陵等も多い。雷文塼の外、雲文瓦当、「長生無極」の文字瓦当、鍍金した銅鼎や銅鐘も出ている。

(13) 陝西華陰漢華倉址（『考古与文物』一九八一年三期、六六頁・同一九八二年六期、二三頁）華陰県は西安市の東方約一一〇㎞にあり、ここで前漢政府の穀物倉庫「華倉」の跡が発掘された。出土した「華倉」「京師倉当」の瓦当は、それを裏付ける。一号倉から出た武帝初年発行の四銖半両はその上限を、王莽の地皇元年（後二〇）発行の貨泉はその下限を示すものと見られる。雷文塼の残片や雲文瓦当の外、鉄製工具等も出土した。

(14) 山東臨淄斉城（拙著『中国考古学研究』東京大学東洋文化研究所、一九五六年、図版7―2・3）臨淄県城の北方に広がる周～漢代の斉城は、一九四〇～四一年に筆者が踏査し、一九五八・六四～六六・七一年に中国の関係機関が調査を行っている。(6)瓦塼類の散布状況から見ると、漢代の斉城の主要部は、県城の北門付近から北にかけての地域であったらしい。

⒂　山東臨淄城関石仏堂（山東省文物管理処他編『山東文物選集』文物出版社、一九五九年、157図）雷文塼の時代を漢とし、大きさを示すに止まる。「城関」とあるのは県城の西関らしく、そこに露天の大石仏があったのを覚えている。

⒃　山東曲阜漢霊光殿址（16―1は前掲『中国考古学研究』第62図―1・16―2は駒井和愛『曲阜魯城の遺蹟』（考古学研究Ⅱ）一九五一年、図版12―1・山東省文物考古研究所他編『曲阜魯国故城』斉魯書社、一九八二年、図版131―2）[7] 曲阜県城の城外北東にある漢代の霊光殿の遺跡は、先ず筆者が一九四〇・四一年に調査し、一九四二・四三年に旧東亜文化協議会が、一九七七～七八年に山東省文物考古研究所が、それぞれ発掘調査を行った。霊光殿は前漢景帝の子、魯の恭王余が建てたもので、後漢時代の前期、光武帝の子、東海王彊がこの地に封ぜられた頃には、まだ厳存していたという。[8] 一九四二年の発掘の際、無文塼を敷き詰めた歩廊の二〇～三〇cm下から、雷文塼を敷き詰めた歩廊が発見され、後者が前漢当初のもの、前者が後漢に改修したものであることが判明した。

⒄　山東曲阜紀荘漢墓（『考古』一九六四年九期、四七七頁）紀荘は曲阜県城の東約一〇km。封土はなく、地下二・五mのところに、一二個の雷文空塼で築いた墓がある。中に人骨の外、灰陶の缶（丸壺）、銅銭・銅剣等があった。

⒅　山東曲阜西大荘（前掲『山東文物選集』156図）雷文塼の時代を漢とし、大きさを示してあるだけで、その他は不明。

⒆　河北邯鄲漢大北城（『考古学集刊』四、一九八四年、一九二頁）一九七〇～七三年、河北省文物管理処他は、趙王城、即ち戦国時代の趙国の王城と、その北東にある漢代の大北城を調査した。雷文塼が出た所は、後者の東壁の内側にある。各種の塼の外に、雲文瓦当・「千秋万歳」瓦当、半両銭・五銖銭等が出土した。

⒇　江蘇泗陽夫子廟漢墓（南京博物院他編『江蘇省出土文物選集』文物出版社、一九六三年、図110）泗陽県は徐州

の東南東約一五〇km。ここで、墓を構築する空塼が出た。上面は無文で、三大孔が開く。他の五面には文様があり、両妻と下面に菱文、他の二面に雷文と菱文を半々に施し、その中央に特大の菱文を加えてある。空塼の数や伴出物等は不明。

(21) 湖北宜城楚皇城（『考古』一九六五年八期、三七九・三八一頁）宜城県は武漢の北西約二二五km。戦国時代から漢代にかけての頃の城といわれるが、雷文塼を初め、銅鏡や半両銭等、出土遺物の多くは漢代のものである。

(22) 山西万泉漢汾陰后土祠（董光忠『山西万泉県閻子疙瘩（即漢汾陰后土祠遺址）之発掘』[9]）万泉県は現在「万栄県」といい、山西省の西南隅に位する。筆者は、一九三〇年一〇月に行われたこの遺跡の発掘の報告書を、一九四〇年に北京で入手した。そして、その中に、筆者が霊光殿址で採集した雷文塼（本稿第2図16―1）にそっくりな文様のある方塼を見出して興味を懐き、そのことを霊光殿址発見の概報に付記しておいた。[10] ところがその後、同書を事故で失ってしまい、今回、同じ版本を極力捜してみたが、徒労に帰し、本稿には間に合わなかった。

二　雷文塼出土資料の整理と分析

以上で、雷文塼が出土する諸般の状況について、一応必要な知識が得られた。そこで今度は、これらの雷文塼の総てにつき、方塼と空塼の別、大きさ、雷文塼と菱文が施されている部位、雷文の巻き方とその疎密度、菱文各部の特色などが一目で分かるように、アルファベットで記号化してみた（第1表）。資料相互間の関連を調べる上にも、集計的な観察を容易にする為にも、そうした操作が必要だと考えたからである。

では、本論に入る前に、雷文塼の諸元、つまり色々な要素を表す記号の設定について、説明して置こう（第3図）。

まず、SはSquare brickの略で方塼を指し、HはHollow brickの略で空塼を指す。

第1表　雷文塼出土資料の相互関連表

(1)　H 40x33 XY-Af-P-M……陝西鳳翔雍城秦漢遺跡
(2)　S 39x36,6 X-Af-Q-M……陝西臨潼櫟陽秦漢遺跡
(3)　H　?　Y-Af-P-M……陝西咸陽秦第三宮殿址
(4-1)　S 16,5x13x2,5 ?-Af-Q-N……陝西臨潼秦始皇陵園 1
(4-2)　S　?　?-N……　2
(5)　S　?　X-Af-P-M……陝西淳化秦林光宮址・漢甘泉宮址
(6)　S 34x34x4,5 X-A(f・b)-P-N……陝西西安漢建築址
(7)　S　?　X-Af-P-M……陝西咸陽陽家湾漢塼坑
(8)　S　?　X-B(11f)-P-N……陝西咸陽漢景帝陽陵
(9)　S 28,5x17,5 Y-Af-P-M……陝西與平漢武帝茂陵
(10-1)　S 49,5x23,5　?-Ab-P-N……陝西淳化漢昭帝母雲陵 1
(10-2)　H 35x25 Cf　2
(11)　H　?　X'-Cf-Q-N……陝西淳化漢甘泉宮址
(12-1)　S　?　Y-B(11f)……陝西咸陽漢元帝渭陵 1
(12-2)　S　?　?-P-N　2
(13-1)　S 24,4x5.3 X-B(12f)-Q-M……陝西華陰漢華倉址　1
(13-2)　H 14x13,2　?-Ab-P　2
(13-3)　H 14,4x13,2　?-P-M　3
(13-4)　H 14,8x12,8　?-P-N　4

(14-1)　S 18x13 X-B(15f)-Q……山東臨淄斉城 1
(14-2)　S 17,5x12 Q-M　2
(15) S 40,3x33,5 X-B(15f)-P-Mt……山東臨淄城関石仏堂
(16-1)　S 35x34x3 X-B(11b)-P-N……山東曲阜漢霊光殿趾 1
(16-2)　S 37x36x6 X-Af-P-M　2
(17)　H 115x40x20 XY-B(＊)-P-M・N……山東曲阜紀荘漢墓
(18)　S 37,3x36x2.,9 X-D(f・b)-Q-M……山東曲阜西大荘
(19)　S 33x23,5 X-Af-P-M……河北邯鄲漢大北城
(20)　H 60x28x16,5 X-Bt-Q-N……江蘇泗陽漢墓
(21-1)　S 18x14x5 Y-Ab-P-M……湖北宜城楚皇城 1
(21-2)　S 14,3x13,9 X-B(11f)-Q-N　2
(22)　S　?　……山西万泉漢汾陰后土祠

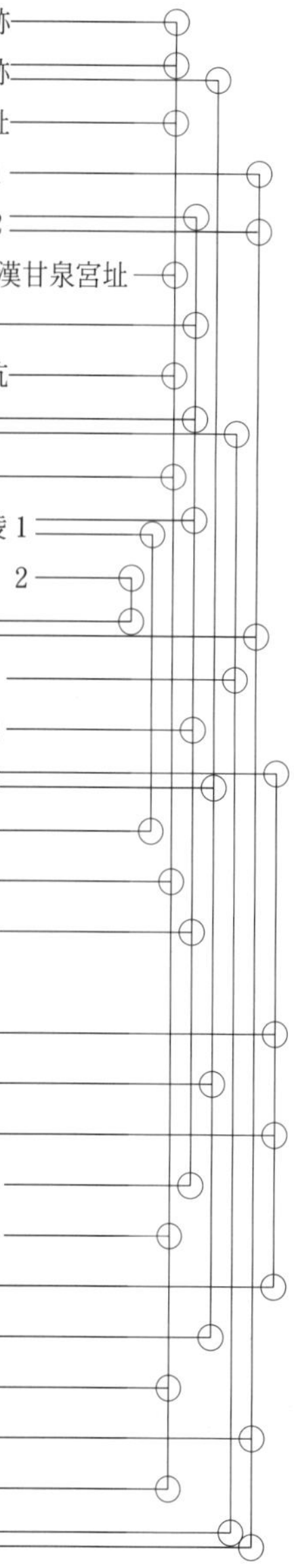

＊ 13b・17b・19f

次に40×30などとあるのは、塼の横と縦の長さを㎝で示したもの。

XとYは、塼に施された文様の部位を示す。Xは雷文が左上と右下にあり、菱文が右上と左下にある。YはXを裏返しにしたもので、菱文が左上と右下にあり、雷文が右上と左下にある。

A～Dは、雷文の巻き方に依る類型を示す。fはface（正）の略で、S字状に巻くもの、bはback（反）の略で、2の字状に巻くものを指す。発見された数からいうと、前者の方がずっと多い。つまり、多い方をf、少ない方をbとしたわけである。また、一つの雷文塼に表されている雷文が、fかbのどちらかに統一されているとは限らず、両者が入り雑っている例も、稀にはある。(11)

Aは、テープ状のものを、角張ったS字状か2の字状に蛇行させたもので、輪郭線上のどこから出発しても、線を辿って行けば、必ず元の所に戻って来る。これに対して、Bの巻き方は大分異なり、一端から出発した線は、S字状（f）または2の字状（b）に蛇行した後、他端で終ってしまって、元に戻ることはない。

Aの場合は、fでもbでも回転数は限られている。ところが、Bの場合は巻き方が複雑で、発見された例だけ見ても、片側二回転半から四回転半まで六類型もある。遺存が悪くて、消えかかっているもの、写真が模糊としていて、線をトレースしにくいもの等、判別にえらく苦労したが、そのうち、これらを見分ける簡単な方法を発見した。それに依ると、本稿の挿図のように雷文をS字状か2の字状に見立てた場合、上下に重なる線が一〇本ならAで、一一本ならB。そしてBには更に一三本・一五本・一七本・一九本の四類型がある外、特例として一二本もあることが分かった。(12) なお特例中の特例として、Btなるものが一例ある。tはtransformationの略で、B型の変型という意味。不規則だが、よく纏っており、並々ならぬ芸術的センスを示している。

雷文の巻き方に依る類型としては、外にCとDがある。図を見れば簡単に分かることなので、説明は省略する。極めて珍しい型で、Cは二例、Dは一例発見されたに過ぎない。

第2表　雷文塼出土資料の時代別集計

諸元 / 時代	S	H	X	Y	A	Af	Ab	B	C	D	P	Q	M	N
秦	2	1		1	2	2					1	1	1	2
秦　漢	2	1	2		3	3					2	1	3	
漢	19	7	13	3	8	4	3	9	2	1	15	7	10	9
計	23	9	15	4	13	9	3	9	2	1	18	9	14	11

次は、文様間の界線と、菱文中心部の状態を表す記号について。第3図の上段に、雷文塼の拓影が二つ並ぶ。左側は第1図—2の左半分、右側は同図10—1である。両方ともかなり似ているが、よく見ると、次のような差異に気が付く。先ず右側のものは、上半の雷文も下半の菱文も、単位文様間の界線が十字路のようになっている。一方、左側では、上下とも一本の界線が交差しているに過ぎない。そこで、この区別を示す為、前者にP、後者にQの記号を付けた。また、左側の菱文は中心に点状の突起があるのに、右側ではその部分が空白になっている。記号のMは前者の、Nは後者の状態を示すものに外ならない。前に述べたfとbの場合と同様、出土例の多い方をPとM、少ない方をQとNにした。なお、Mの中心点を円で囲んだ変型も一例あり、これはMtの記号で示してある。

さて、以上のような記号に置き換えられた雷文塼の諸元を通観すると、色々興味深いことが分かる。先ず、これらを時代別に集計してみると、第2表のようになる。そして、この表から読み取れることは、下記の通りである。

1、SもHも秦からあったが、漢に入るとSが多くなる。

2、XもYも秦からあったが、漢に入るとXが多くなる。

3、Afは秦からあったが、Abは漢になって現れる。

4、Bは総て漢になって現れる。CとDは、それに続く。

5、PもQも秦からあったが、入り雑っていて、系統を辿りにくい。同じ遺跡から、P型のものとQ型のものと、両方出ることがある。例えば、13—1、2・3・4、21—1、2。

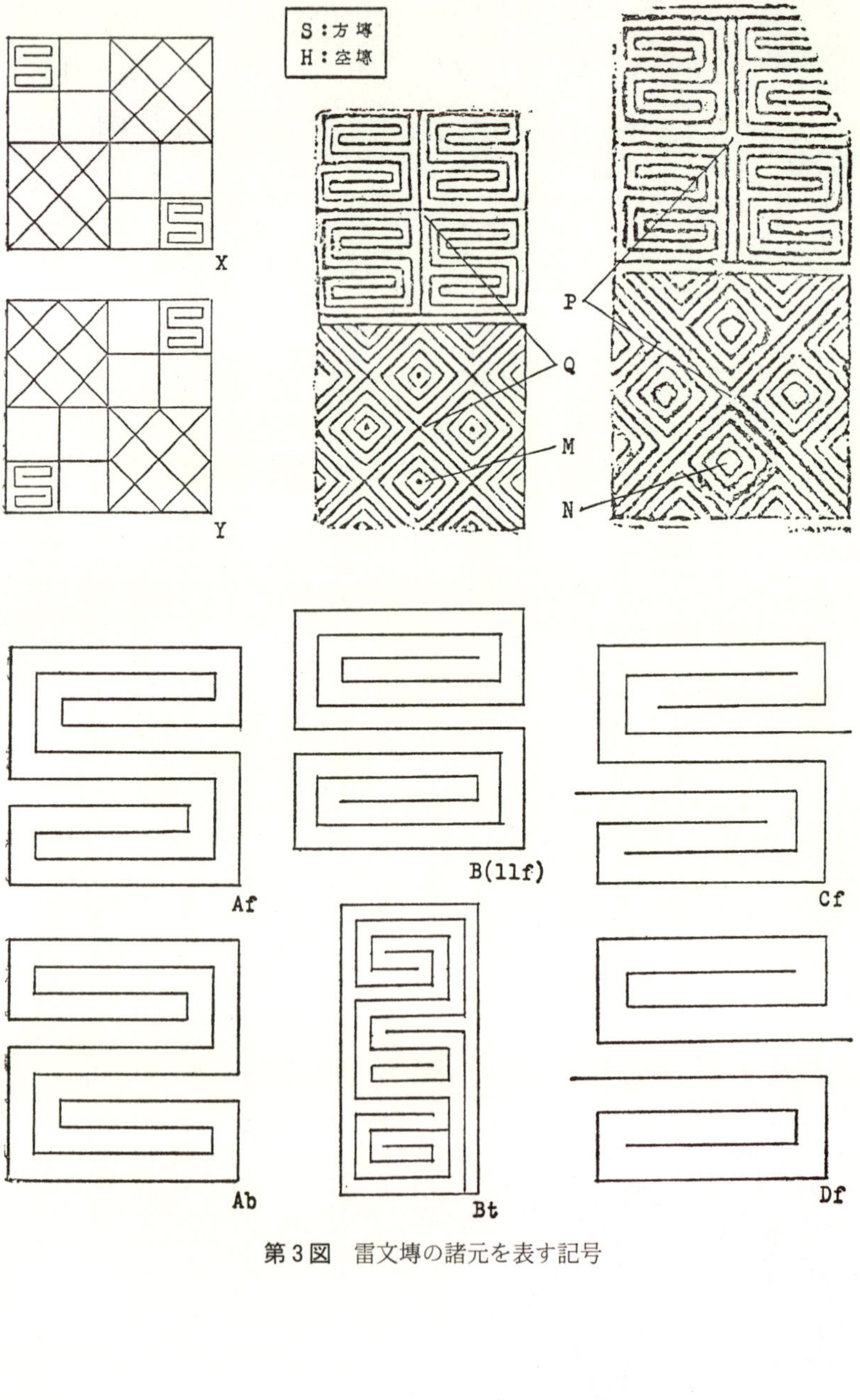

第3図　雷文塼の諸元を表す記号

第3表　雷文塼出土資料の地域別集計

諸元＼地域	S	H	X	Y	A	Af	Ab	B	C	D	P	Q	M	N
関　内	12	7	7	3	10	7	2	3	2		12	4	8	8
関　外	11	2	8	1	3	2	1	6		1	6	5	6	3
計	23	9	15	4	13	9	3	9	2	1	18	9	14	11

6、系統を辿りにくい点は、MとNも同様。同じ遺跡から、M型のものとN型のものと、両方出ることがある。例えば、13—1・3、4、16—1、2、17、21—1、2。

次に関内と関外を比較してみたところ、第3表のような結果になった。それに依ると、下記のことが知られる。

1、関内と関外を通じて、HよりSが多く、関外に於て甚だしい。

2、関内と関外を通じて、YよりXが多く、関外に於て甚だしい。

3、関内ではAが目立って多いが、関外では逆にBが多い。

4、関内ではPがQの三倍もあるが、関外ではQより少し多い程度。

5、関内ではMとNが同数だが、関外ではMがNの倍ある。

更に、以上の観察を総合すると、雷文塼全体の発展過程は、ほぼ下記の如くであったと想像される。

原型はＸ ｏｒ Ｙ—Ａｆ—Ｐ—Ｍ（1）。やがてＱが登場し（2）、Ｎが現れ（4）、Ａｆの一部はその反、Ａｂへと変化する（6）。一方Ｂ群では、Ｂ（11ｆ）（8）辺りが最も古く、それに続いてＢ（12ｆ）（13—1）、Ｂ（15ｆ）（14—1、15）、Ｂ（11ｆ）の反、Ｂ（11ｂ）（16—1）が現れ、更にＢ（13ｂ・17ｂ・19ｆ）（17）、Ｂｔ（20）へと変転して、多彩を極める。またＢ群の一部は、Ｃｆ（10—2、11）を経て、Ｄｆ・Ｄｂ（18）へと変化して行く。

終りに、第1表のうち、雷文塼出土資料の相互の関連を示した部分について、若干の考察を加えて置く。

この表の右端の部分は、関内の一三遺跡から出土した一九点の雷文塼、並びに関外の九遺跡から出土した一二点の雷文塼を詳細に観察し、文様型式の類似したものを線で結び合せたものである。見易いように、線の折れ目には小さな円形を加えて置いた。

縦に数えて八本あるこれ等の線のうち、左から数えて三本目に当たるものは、上から下まで円形が一〇個も並び、正に「幹線」の貫禄を示している。結び合された一〇の資料のうち、特に重要なのはX―Af―P―Mで、関内と関外に二つずつ見られる。外に、XがXYになった（1）、PがQになった（2）、XがYになった（3）と（9）、X―Afに当たる部分が不明な（13―4）、XがYに、AfがAbに代った（21―1）を含むが、これらは程度の差こそあれ、X―Af―P―Mに近く、その同類とみる許容範囲内にあるといえよう。

ところで、X・Af・P・Mのうち、Xに対してはYがあり、Afに対してはAb、色々と変化に富むB、更にC・Dがあり、Pに対してはQ、Mに対してはNがあるという風に、組み合わせの要素は複雑を極める。従って、X・Af・P・Mの四系列が完全に一致するというのは、確率として非常に低く、めったに起ることではない。それは殆ど偶然に近いというより寧ろ、その間に初めから極めて密接な関連があったことを示す。もっとはっきり言えば、「デザインのマニュアルが同じだった」というだけの話であろう。若しそうなら、これは相当重要なことである。

この外、雷文塼出土資料間の関連を示すコードとして、左から順にCf、Ab―P、P―N、Q―N、B（11f）、Q―N、B（12・13・15・17・19）の七本を立ててみた。それらの持つ意味については、後刻、雷文塼の製作地域が問題になる時、改めて指摘するであろう。それは兎に角、この表を見れば明らかなように、関外出土の雷文塼のデザインは、総て関内出土のそれに源流を見出せることが分かる。

三　関外から雷文塼が出土する理由

さて、上に挙げた一三地区・二二箇所の遺跡のうち、七地区・一三遺跡は関内に、六地区・九遺跡は関外にある。関内の七地区は秦漢の将作機構の管下にあった筈なので、それらの地区から揃って雷文塼が出ているのは、将作機構のマニュアルに依っただけのことであろう。問題なのは関外の六地区で、それらから雷文塼が出る訳を明らかにする為には、それぞれの性格、特に中央との関係を調べてみる必要がある。

なお今回挙げた雷文塼の出土資料は、秦乃至前漢と分かるものばかりで、後漢まで下ることが証明されるものはない(13)。そこで、問題となる関外の六地区についても、後漢時代のことを考える必要はまずなさそうである。

本論に入るに先立ち、色々関連することがあるので、漢の国家体制の「郡国制」と呼ばれるものについて、簡単に触れて置く。

全国を郡県に分けた点は秦と同じだが、皇帝の直轄地は全体の三分の一に過ぎず、残りの三分の二には、諸侯王と列侯が封建されていた。諸侯王とは、漢の劉氏の一族か、特に功績のあった者をいい、列侯とは、それに準ずる者をいう。諸侯王や列侯が郡県に封建されると、その地はもはや郡名や県名では呼ばず、総て何々国と称した。諸侯王の国は王国といい、列侯の国は侯国という。

ここで結論を先に言ってしまうと、関外で雷文塼を出す六地区のうち四地区は、こうした王国に属するのである。

次に、その例を順次挙げてみよう。直接手懸りとなる史料は、『史記』巻十一漢興以来諸侯王年表、『前漢書』巻十四諸侯王表、同巻十五上王子侯表、同巻二十八上地理志、同巻三十八高五王伝、同巻五十三景十三王伝等である。

なお関外の各地区から出土した雷文塼が、型式上、関内出土のそれらとどのように関連するかについても、その都度、触れることにする。

1、斉国（山東臨淄）高祖の四年（前二〇三）に、先ず韓信を斉に封じたが、五年、楚に移した。次いで六年、高祖の長子肥を斉国に封じた。これが悼恵王である。その後、哀王襄・文王則・孝王将閭・懿王寿を経、武帝の元朔二年（前一二七）、厲王次昌が死んで後無く、国が除かれて郡となった。元狩五年（前一一八）、また斉国を置き、武帝の子の懐王閎を封じたが、元封元年（前一一〇）に死んで後無く、国が除かれて郡となった。つまり、斉は漢の建国直後から八一年間、王国であったことが分かる。

斉城出土の雷文塼（14―1）と臨淄城関出土の雷文塼（15）は、関内の華倉址出土のそれ（13―1）と関連があり、斉城出土の菱文塼（14―2）は、同じく華倉址出土のそれ（13―1）、更に遡って櫟陽出土のそれ（2）と関連がある。

2、魯国（山東曲阜）高后元年（前一八七）、高后の外孫に当る、故の趙王敖の子趙偃が魯に封ぜられたが、文帝の前元年（前一七九）に廃されて侯となった。景帝の前二年（前一五五）、楚国の一部を割いて、復た魯国を置き、翌三年、淮陽王を魯に移した。これが景帝の子、恭王余である。その後、魯国で安王光・孝王慶忌・頃王封を経、哀帝の建平二年（前五）、文王睃が歿して後が絶え、国が除かれた。翌年、復た睃の弟郚郷侯閔を立てて王としたが、王莽の時に断絶した。つまり、魯は前漢全期を通じて、王国の地位を保った訳である。

曲阜霊光殿址出土の雷文塼（16―1）はP―Nを共通のコードにして、西安漢建築址（6）、景帝陽陵（8）、昭帝母雲陵（10―1）、元帝渭陵（12―2）、漢華倉址（13―4）と結び付く。また、霊光殿址から出た別の雷文塼（16―2）は、秦林光宮址（5）、咸陽漢塼坑（7）出土のものと全く同じである。

3、趙国（河北邯鄲）高祖四年（前二〇三）、功臣の張耳を趙に封じたが、すぐ死んだので、翌年その子の敖を立て、八年（前一九九）に廃した。その後、高祖の子隠王如意・共王恢・幽王友、高后の兄の子胡陵侯呂禄、幽王友の子遂が相継いで趙に封ぜられたが、皆非業の死を遂げている。以後、敬粛王彭祖以下の六代を経、成帝の元延三年（前一〇）に王隠が継いだが、王莽の始建国二年（後一〇）に廃された。このように趙の歴史は波瀾万丈だったが、やはり前漢全期を通じて、王国の体面を保った。

邯鄲漢大北城出土の雷文塼（19）は、曲阜霊光殿址出土のもの（16―2）と全く同じで、さきに述べた主要幹線上にある。これは、趙と魯の両国が中央と強い紐帯で結ばれていたことの一端を示すものかも知れない。

4、泗水国（江蘇泗陽）武帝の元鼎四年（前一一三）、東海郡を泗水国と為し、常山国の憲王（景帝の子）の子、思王商をここに封じた。泗水国は人口二五、〇二五、県は凌（国都）・泗陽・于の三に過ぎなかった。『読史方輿紀要』巻二、歴代州域形勢、両漢の条に「泗水国……今の江南の宿遷県以東北は、是れ其の地にして、県に故凌城有り」と言い、同巻二十二、江南、宿遷県の条に「淩城は県の東南五十里。……」とある。現在、泗陽旧県は泗陽県の南南東六km、宿遷県（徐州の東南東約一〇〇km）の南東四八kmの地点にあるから、歴代州域形勢に「宿遷県以東北」とあるのは、「宿遷県以東南」の誤りとみられる。何れにしろ、問題の雷文塼（20）の出土地点が、泗水国関係の要人の墓であることは疑いない。

なお、この雷文塼は、Q―Nを共通のコードにして、関内の漢甘泉宮址（11）、更に遡って秦始皇陵園（4）出土のものと結び付く。

さて、上に挙げた四地区は、孰れも王国に属することがはっきりした。次の章で詳しく述べる通り、前漢の王国には、中央に準ずる将作機構が設置されていた。従って、これらの四地区から雷文塼が出るのは当然である。では、続いて残りの二地点を調べてみよう。

5、南郡宜城（湖北宜城）『前漢書』地理志に「南郡……県十八」と言い、その四番目に「宜城」とある。郡県から雷文塼が出るのは珍しい。何か訳があるのではと思って調べてみると、『前漢書』景十三王伝に、

趙の敬粛王彭祖は、孝景（景帝）前二年（前一五五）、立って広川王と為るも、趙王遂の反、破れたる後、[14]（敬粛）

王を趙に徙す。……

と言い、『前漢書』王子侯表に、

趙の敬粛王の子尉文節侯丙は、元朔二年（前一二七）甲午、南郡に封ぜられ、五年にして薨ず。……

とある。これで訳がはっきりした。尉文節侯丙が南郡に封ぜられた時、父の国の趙から塼工を連れて行ったのであろう。漢の中央↓王国↓その出先、という系列が辿れる訳だ。

趙国の都、邯鄲の大北城から出た雷文塼（19）と、南郡の宜城から出たもの（21―1）を比べてみると、前者の文様全体をそのまま裏返しにしたのが後者であることが分かる（X―Af―P―MとY―Ab―P―M）。「塼の現物を持って行くのは厄介なので、その図面を持って行った。そして、その図面通りの型を作り、粘土に押し付けたら、文様が左右反対になった」ということだって有り得る。

宜城から出たもう一つの方（12―2）は、B（11f）を共通のコードにして、景帝の陽陵から出たもの（8）や、元帝の渭陵から出たもの（12―1）に結び付き、またQ―Nを共通コードにして、秦始皇陵園出土のもの（4）や、漢甘泉宮址出土のもの（11）に結び付くようだ。趙の都から齎された造塼のマニュアルに、そういうパターンもあったのかも知れない。

6、漢汾陰后土祠（山西万泉）『前漢書』巻六武帝本紀や同巻二五下郊祀志に拠ると、「武帝の時、汾水の畔で宝鼎が出たので、年号を元鼎と改めた。そして、その四年（前一一三）、汾陰の脽（丘の名）の上に后土祠を建てた」という。后土祠とは、地の神「后土」を祀った祠である。武帝を初め、宣帝・元帝・哀帝等も親しくこの地に幸してそれを祀った。

国家的祭典を執り行う后土祠は、漢帝国の祖先を祀った宗廟等と同じく、将作機構の手で建てられたものに違いない。従って、その跡から雷文塼が出るのは当然である。

これで全部、疑問が解けた。

四　瓦塼の製作と将作機構

さて、この章は筆者が最も力を注いだところで、雷文塼以下の瓦塼を作った官署の機構を解明しようというのである。

故浜口重国氏は、その雄篇「漢代の将作大匠と其の役徒」（『史学雑誌』四七編一二号、一九三六年）の冒頭に、将作大匠の職務内容について、

周知の如く両漢に将作大匠なる官が設けられ、主として宗廟とその他の国家的祭典に関する営造物、宮殿離宮、京師の城廓、在京の中央諸官庁舎、帝陵及び之れに付随する殿園等の営修を職とし、特命に依り、王侯以下臣籍に在る者の第宅墳墓を営作することもあった。

と述べておられるが、これは詳細にして且つ要を得ていると言えよう。(15)

将作大匠の構成メンバーについては、『前漢書』巻十九上百官公卿表にその大要を記して、

将作少府は秦官にして、宮室を治むるを掌る。両丞と左右中の侯有り。景帝の中六年（前一四四）、名を将作大匠と更む。属官に石庫・東園主章・左右前後中の校、七令丞、又た主章の長と丞有り。武帝の太初元年（前一〇四）、名を更めて東園主章を木工と為す。成帝の陽朔三年（前二二）、中の侯及び左右前後中の校の五丞を省く。

とある。これらのうち、石庫は文字通り石材の保管と加工を、東園主章(16)は陵園等に使用する木材の調達と加工を行っていたとみられる。すると、石材や木材と並んで相当のウェイトを占める瓦塼類を扱っていた所は、残りの左右前後中の五校署の中に含まれていた筈である。では、その中のどれがそれに当たるのだろうか。この点については、浜口

氏の詳細綿密な研究がある。それに拠ると、南斉の王珪之の撰と伝えられる『斉職儀』に、

漢の将作大匠の属官に、前後中の甄官有り、令・丞各一人。

とあり、此処で「漢」というのは前漢を指し、「甄官」とは瓦塼等を作る陶官を指すところから、『前漢書』百官公卿表に出て来る前後中の三校署が、

正式に前甄官・後甄官・中甄官と呼ばれて居たかどうかは兎も角、三校の職とする所は正に甄官の事であったと断じて殆ど誤なく、……

と言われている。なるほどその通りで、先ず疑う余地はない。

これで、前漢時代に中央政府の将作機構で瓦塼（勿論、問題の雷文塼を含む）を作っていたのは、前後中の三校署であることがはっきりした。では、中央と似たような雷文塼が出ている斉・魯・趙・泗水の各王国の方は、どうだったであろうか。漢の劉氏の一族が封建されていたこれらの王国では、王の持つかなり広範な任命権を下に、中央の官僚機構に準ずるものが存在した。将作少府（大匠）も、例外ではなかったのである。その証拠に、斉国の都、臨淄の斉城から、これまで大匠関係の封泥がかなり出土している。(17) それらは第4図(18)の左上から順に、

1斉大匠丞　2大匠丞印　3左校丞印　4右校丞印　5斉左工丞
6左工室印　7右工室丞　8斉工長印

の八種・一二個で、斉大匠丞と大匠丞印は字形の異なるものが三個ずつあるが、他の六種は一個ずつしかない。「大匠」とは、言うまでもなく「将作大匠」の略で、これらの封泥は、「少府」が「大匠」と改称された景帝中六年（前一四四）以後のものである可能性が大きい。

斉左工丞については、『再続封泥攷略』巻一に、

右封泥の四字、印文に「斉左工丞」と曰う。……或いは『続漢志』に「大匠の属官に左校令一人」と曰い、本注(19)

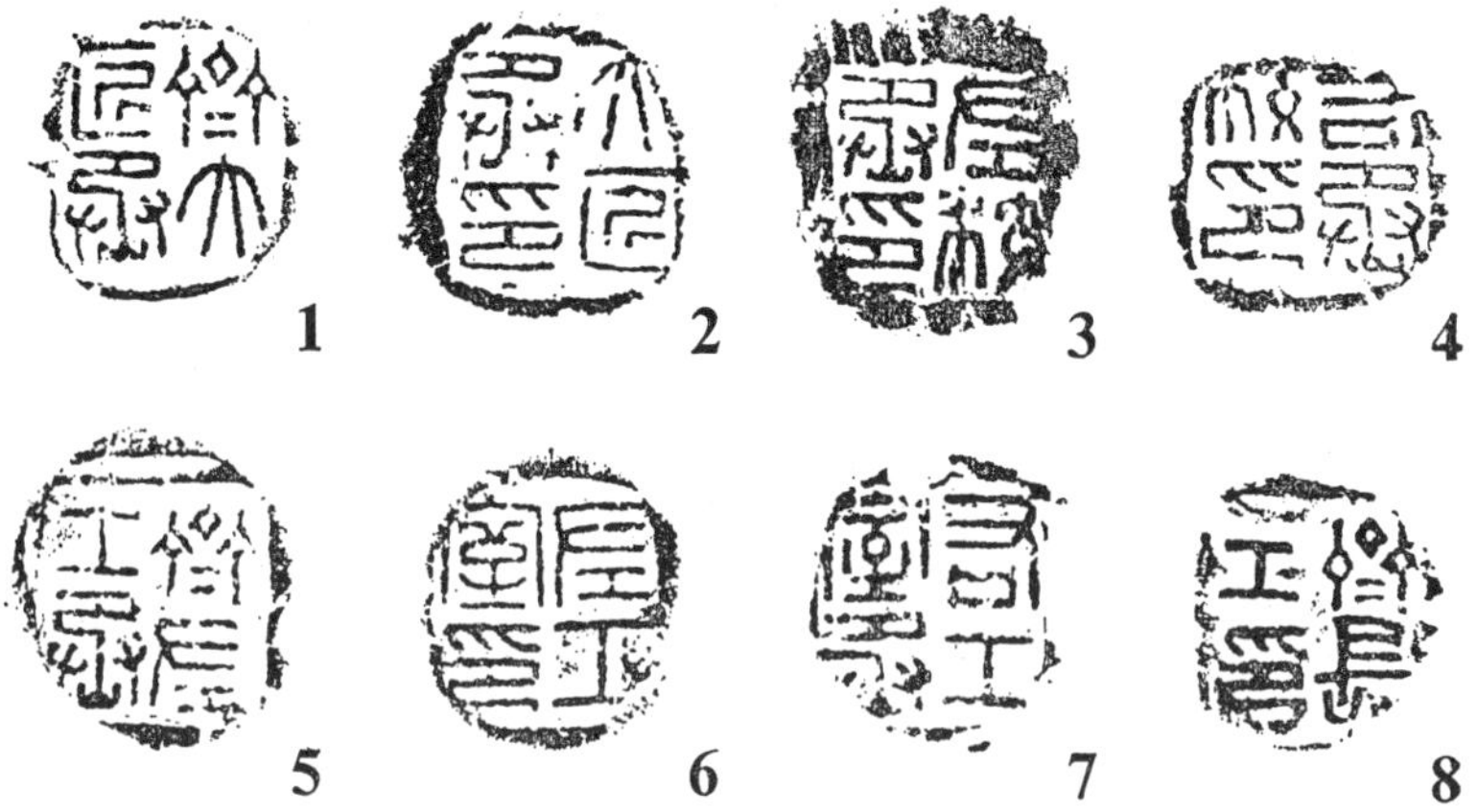

第４図　斉城出土封泥

に「左工の徒を掌る。丞一人」と曰う。左工丞は或いは即ち左校の丞ならん。

とあるのに従う。左工室印についても同書の同巻に、

右封泥の四字、印文に「左工室印」と曰う。『漢書』百官公卿表を按ずるに、少府の属官に考工室令丞有り。注に巨瓚曰く「冬官は考工為りて、器械を作るを主る也。武帝の太初元年（前一〇四）、名を更めて考工室を考工と為す」と。或いは当時、亦た左右有り。即ち是れ武帝が名を更むる前の印ならん。

とあるのに、大筋では同意する。ただこのままだと、左工室が「少府の属官」になってしまうので、具合が悪い。王国の少府は、考工室が考工と改名された武帝の太初元年（前一〇四）よりずっと前、景帝の中三年(20)（前一四七）に廃止されている筈だからである。さきに、東園主章は「将作少府が将作大匠と改称された時、少府から移管されたのであろう(21)」とした筆者の推測が正しいとすれば、左右の工室が大匠の管下に入ったのも、その頃に違いない。左工室印と右工室丞の封泥を大匠関係のものと認めたのは、その為である。以上のような大勢から推すと、残る斉工長印も、大匠関係のものとみて差し支えなかろう。

さて、斉城から出土したこれらの封泥に依り、前漢中期の頃の斉国には、確かに将作大匠が置かれ、その下に左校署と右校署のあったこ

とが分かる。これは、出土資料が齎した、注目すべき成果といえよう。

　では、次の問題に移る。筆者が嘗て斉城で採集した雷文塼（14—1・2）は、斉の将作大匠の管下にある、どの校署で作られたものだろうか。斉の将作機構が中央政府のものと同じだとすれば、既に述べたところで明らかなように、それは前後中の三校署だったことになる。だが、発見されているのは、左校署と右校署の封泥だけだ。[22] この疑問を解く鍵は、どこにあるのだろうか。そこで、調べてみると、既に部分的には触れたことだが、『後漢書』巻三十七百官志に、将作機構の構成メンバーについて、

　将作大匠一人、二千石。本注[23]に曰く「秦を承けて将作少府と曰い、景帝改めて将作大匠と為す。宗廟・路寝・陵園・土木の功、并びに桐梓の類を植え、道側に列するを掌る」と。丞一人、六百石。

　左校令一人、六百石。本注に曰く「左工の徒を掌る」と。丞一人。

　右校令一人、六百石。本注に曰く「右工の徒を掌る」と。丞一人。

　　右、将作大匠に属す。

とあるのが改めて注目される。

　将作大匠の下に左右の両校署を置くという、こうした編成は、後漢一代を通じて変わらなかった。その間の事情については、浜口氏の研究に詳しいので、ここには触れない。兎に角、後漢時代には、石工・木工・瓦塼工の総てが、左右二つの校署で処理されていたらしいのである。

　この場合、筆者が特に興味を覚えるのは、「将作大匠の下に左校と右校のみを置く」という後漢の制度が、前漢の斉国の封泥に見られるものと全く軌を一にしているという点である。これは偶然の一致とは思われない。後漢は、前漢の王国における将作機構（小規模ながら既に実績のある）を、そのまま踏襲したのではなかろうか。この推測が当たっているとすれば、前漢の王国では、やはり左校と右校だけで、石工・木工・瓦塼工の総てを賄っていたことになり、

瓦塼工の所属についての、さきの疑問も解消する。

前漢、殊にその初めは新しい国家の草創期でもあり、中央政府としては、都城・宮殿・官衙・礼制建築等を大量に建造する必要があった。一方、前漢の王国は中央政府に比べると、当然のことながら建設工事がずっと少なかったので、それ程複雑で完備した将作機構を置く必要はなかった。その上、王国は漢帝国と格が違うので、造営の面でも色々と制約を受けていた筈である。中国では元々、諸般の建築は等級に依って、規模・様式・構造・装飾等が細かく規定されて居り、それに違犯することは、礼に悖るものとして糾弾された。[24]こういう建設上の規程は、宋代の『営造法式』のに遙か源流を為すとみられる、漢代の記録の中に明文化されていた筈であるし、将作機構の実態とも、無関係ではあり得なかった。礼に悖り、漢帝国の権威を揺るがすような建設を可能にする、将作機構の設置の王国に認める程、漢の中央政府は甘くなかった筈である。こうした事情の下に生れた王国向けの将作機構は、既にその内容を検討した通り、比較的小規模且つ簡略なものだったのであろう。

一方、後漢の初め頃の造営事情を調べてみると、かなりそれと似たような点があったらしい。中国も秦漢の頃ともなれば、もう木造建築などは、既に或る程度完成の域に達して居り、耐用年限も、三、四百年位は優にあっただろう。兵火に罹って壊滅した秦の阿房宮や前漢の未央宮・建章宮などは仕方がないとして、前漢時代の建物の多くは、少なくとも後漢の末頃までは厳存していたに違いない。こうした状況から、後漢は前漢に比べると建設工事の量が少なかったので、その将作機構も、縮小された簡素なもので事が足りたのだろう。後漢が前漢の王国の将作制度を範としたのではないかというさきの推測も、このように考えることに依り、初めて首肯されると思う。

しかし、筆者が最も知りたいのは、そうした建設機構の実態もさることながら、それより寧ろ、当時における建設の規格や技術を記録したマニュアルの正体である。先ず、何に書いてあったか。これは、木や竹の簡牘、帛書、銅版[25]等、色々考えられよう。だが、そんなことより、内容の方にもっと興味がある。

いったい中国、殊にその古代に於ては、建築・土木関係の技術書等は、一般の書物より低く見られていたらしい。その証拠に、『前漢書』巻三十芸文志あたりを捜しても、それらしいものは何一つない。この手の技術書のうちで最も古いのは、言うまでもなく『周礼』の考工記である。しかし、土建工事を司る者としては、都城の占地と設計や、田間の溝の掘削に当る「匠人」が記されているに過ぎず、その記述も簡単である。これに次ぐものとしては、遙か宋代に下って、喩皓の著した『木経』[26]があり、それに続いて、将作監の李誡が編纂した有名な『営造法式』[27]がある。内容や形式は違うにしろ、この『営造法式』の原型のようなものが、漢代にも当然あったと思われるが、そんなものは勿論残っていない。そこで、当時の建築の跡で発見された瓦塼の類から、その一部を推定復原してみよう。言い換えれば、将作機構で使われていたマニュアルに、どんなことが書いてあったかを、探ってみようというのである。何分、資料が限られている為、その成果としては、目下のところ次のように、塼の関係で一項、瓦の関係で二項が考えられるに過ぎない。

1、「所謂『雷文塼』の製作と使用は、関内は別として、関外では中央の将作機構の所轄地域、諸王国及びその関連地域に限定する」という条文、並びに「雷文塼」の仕様と図面。つまり雷文塼は、漢王朝並びにそれと同姓の諸王国、一口で言えば、劉氏一族の権威と栄光を象徴する紋所のようなものであった。

雷文塼の「仕様と図面」については、かなり細かい所まで想像を逞しくしてみたが、これは紙幅の都合で省略する。その結論的なことだけを極く簡単に述べれば、次の通りである。

マニュアルに規定してあったのは、恐らく原則的なことだけで、塼工達の創造性を或る程度容認していた節もあり、それが徐々に変型を生んで行く元になった。しかし、余りひどい変型が生れぬうちに、恐らく前漢の末頃までに、雷文塼は姿を消したのであろう。

2、「瓦当を文字で飾ることは、関外では罷り成らぬ。王国と雖も例外に非ず」という程、厳しい禁令が記されていたかどうかは分からない。だが、これまで知られている漢の文字瓦当の殆ど全部は、関内から出て居り、関外では例外と言ってよい程少ない。こういうはっきりした区別は、単なる好みの違いでは済まされない。やはり、中央の意向が反映した結果とみる方がよさそうだ。若しそうなら、瓦部門のマニュアルに何か書いてあったのだろう。「王国と雖も、文字瓦当を用いることは好ましからず」位の条文はあったのではないか。

魯国の霊光殿址では、数え切れない程出た雲文瓦当に混じって、文字瓦当は僅か二個あったに過ぎない。しかもそれらは、瓦当面の真中にある小さい円圏の中に、一つは「天與」、もう一つは「秋千」の二字が、如何にも控目に施されているだけで、軒下から見た時、到底文字と判別出来るような代物ではない（第5図—上・中）[28]。殊に、千秋の「秋」の旁の「火」の字が、上下にある雲文の二重界線を結び、それと紛らわしくなるようにデザインされているのは、故意に文字をカモフラージュしたものと見られても仕方がなかろう。「千」の字の横画と「秋」の禾扁の横画も、左右の界線を結ぶのに、一役買っている可能性がある。

第5図　霊光殿址出土瓦当
（上）「天與」と雲文
（中）「秋千」と雲文
（下）朱　雀　文

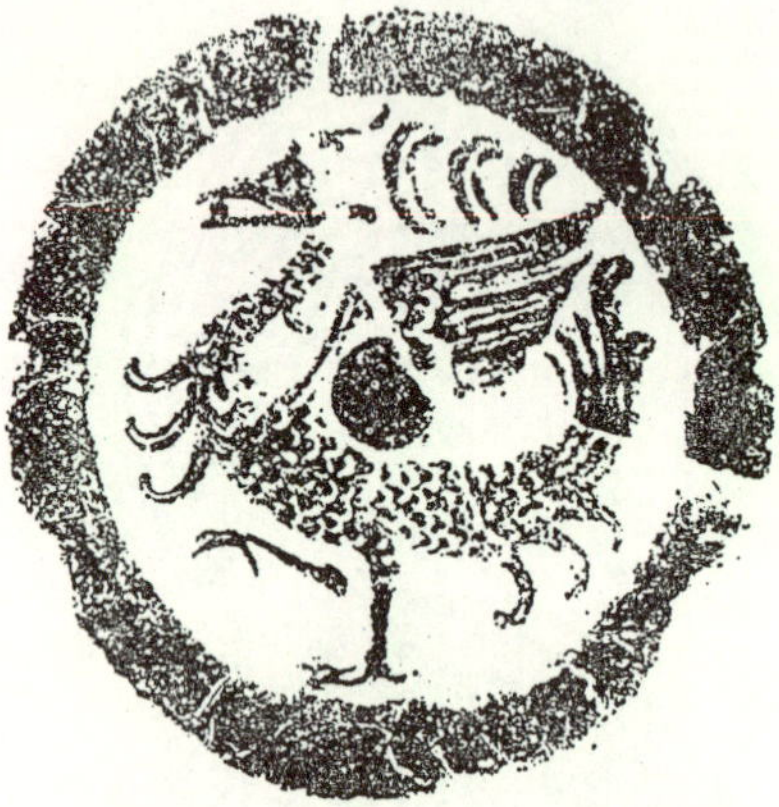

第6図　未央宮址出土朱雀文瓦当

ただ、「千秋萬歳」瓦当だけは不思議に例外で、臨淄の斉城や邯鄲の「梳粧楼」遺址等で出たことがある。(29) だが、どちらかというと、この文字の瓦当は遼東方面等の僻遠の地から出土するものが目に付く。(30) 中央の監査の目が及びにくい所だった為でもあろうか。

3、四神（青龍・白虎・朱雀・玄武）の文様の瓦当は、専ら関内から出るが、元々数が少ない。ところが、この珍しい瓦当が霊光殿址から出ている（第5図―下）。関外としては、恐らく他に例のない発見だろう。筆者が一九四〇年一一月に付近の子供から買ったもので、出土地点は明らかでないが、殿址の範囲内にあることは疑いない。この朱雀文瓦当の外、白虎文瓦当が二個、青龍文か玄武文の瓦当の残片が一個ある。(31) 中でも朱雀は傑作で、関内出土のもの（第6図）(32) より寧ろ優れている。径二〇㎝に近い大型なもので、前に挙げた文字瓦当のようなひ弱さはない。口に珠を含み、両翼と尾を広げ、両脚を踏ん張った力強さは、正に見事の一語に尽きる。四神文瓦当は関内でも稀な位だから、将作機構のマニュアルの中でも、王国に対する禁令の対象にならなかったのであろう。魯国の工人が思いのままに造形的才能を発揮し得たのは、その為と思われる。関内のものと表現も手法も異なるので、特免で関内のものを真似たり、押型を賜わったりというようなことは、絶対にあり得ない。

おわりに

中国で二千年前の建築の名残として遺っているのは、瓦塼と石造物位なものであろう。その材質からして、豊富に遺存し易い瓦塼の類も、一つの遺跡の中にあっては、語るところがそれ程多くない。しかし、広大な地域から出た資料を丹念に集めて比較すれば、遺跡相互の関係が明らかになり、延いては文化の流れも捉えられる。殊に漢代の場合は、かなり遺っている文献資料を援用することに依って、当時、中央政府と地方の王国で瓦塼の製作に当たっていた将作機構の下部組織が、鮮やかに浮彫りにされて来る。筆者が意図したのは、更にそれから一歩進んで、秦漢時代に中央で瓦塼についての規範がどのように定められ、それが地方の王国に、どのように適用されたかを明らかにすることである。何分、資料が断片的なので、臆測の域を出なかったが、それでもささやかながら、雷文塼及び文字瓦当と四神文瓦当について、それぞれ問題の一部を掘り起すことが出来た。

ここで筆者は、長い間ずっと懐き続けて来た疑問を、もう一度振り返ってみたい。一体、前漢景帝の子、魯の恭王余は、中央に比べて遙かに貧弱だったと思われる造営機構の力で、何故、長安の未央宮や建章宮にも匹敵すると言われる(33)霊光殿を建てることが出来たのだろうか。景十三王の一人という地位や、文教の聖地と称される魯の格式もさることながら、製鉄・養蚕・魚塩等に依る経済力が、蔭で物を言ったのかも知れない。だが、事態はもっと複雑だったらしい。劉氏一族全体の繁栄を望む反面、一部の同姓諸侯王の背叛を恐れる、皇帝の矛盾した心境、本音と建前の交錯に揺れる王国対策、そうした愛憎の狭間を潜り抜けて霊光殿は生まれたと考えるが、果たしてどんなものだろうか。さきに指摘した瓦当文のちぐはぐさなども、それを物語っているように思われる。

最後に一言。この小論は着想から完成まで、三十年近い歳月がかかっている。その間、筆者は満を持して、雷文塼の出土を見守って来た。第一章に列挙したその状況を追えば分かるように、こうした立論を可能にする為、最小限必要な資料は、現時点で既に一応出揃ったとみて大過なかろう。そこで今回、発表に踏切った次第である。従って、「こんな僅かの出土資料を時代別や地域別に集計してみても始まらぬ」という批判は当たらないだろう。長期に亘る展望の下に万遺漏なく収集した資料は、その一つ一つが千鈞の重みを持っている筈だからである。

雷文塼から得た教訓を生かして、次は雲文瓦当に取り組もうと思っている。

註

(1)「雷文」とは四角い渦文のこと。近頃、中国では「回文」と呼ぶ。

(2) 秦漢時代の人達は、塼に何故こういう雷文や菱文を好んで用いたのか。その理由としては、次の二つが考えられる。①外との出入りが激しい回廊等の舗装に充てられた方塼は、滑り止めや履物の泥落しに都合がよいように、表面に細かい凹凸が必要だったこと。②文様の隙間をなくすには、殷周以来、銅器の地文等によく用いられていた雷文と、その変型ともいうべき菱文とが、最も向いていると考えられたらしいこと。墓槨等の構築に用いられた空塼は、方塼の文様を採り入れたに過ぎない。

(3)「作」は土木工事のこと。「将」は総べるの意。軍を総べる人を将軍というに同じ。

(4)『前漢書』巻七十五の翼奉伝に「元帝初元三年（前四六）夏四月乙未、孝武園（茂陵）白鶴館災あり」というもの。

(5)『読史方輿紀要』巻五十三、陝西、涇陽県の条に引かれている『括地志』の逸文に拠る。

(6) 一九五八年、山東省文化局が斉城を調査した際、菱文崩れの文様で飾られた塼の残片を多数採集している（『考古』一九六一年六期、二九五頁）。

(7) この図版に示されている雷文塼は、文様の上からというと、筆者が入手した16―1を裏返しにしただけである。写真が黒くかぶっているので、転載は諦めた。

(8)『後漢書』巻七十二光武十王列伝中の東海恭王彊伝に、「初め魯の恭王、宮室を好み、霊光殿を起す事甚だ壮麗。是の時猶お存す」とある。

(9) 太原図書館の発行と記憶するが、その年月は不明。

(10) 前掲『中国考古学研究』二九〇・三三八頁。

(11) 例えば第1図―6では、左上にある四個の雷文のうち、左上と右下のはAf、右上と左下のはAbであり、右下にある四個の雷文についても同様である。ところが第2図―18では、左上にある四個の雷文のうち、上段の二個はDb、下段の二個はDfであり、右下にある四個の雷文は、全部Dbである。Dについては、後文を参照。

(12) 上段が三回転半で下段が二階転半というアンバランスのもの。

(13) 後漢の塼で押型があるのは、所謂画像塼ばかりであって、雷文を押したものなど、ついぞ見たこともない。前に述べたことだが、前漢の雷文塼の上から後漢の無文塼が出た霊光殿址の状況を、ここで想起する必要がある。
(14) 趙国を含む呉楚七国の乱が平定されたのは、景帝の前三年（前一五四）のこと。
(15) ただ、後で引くように、『後漢書』百官志が『続漢書』の註に拠って、将作大匠の職掌を列挙した末尾に、「桐梓の類を植え、道側に列する」ことを挙げているから、こうした緑化事業も加えて置く方がよいのではないか。註23参照。
(16) 「東園」は「東園匠」ともいい、元来は少府（帝室財政の管理に当る）の属僚で、陵墓内に納める器物の製作を司る。「主章」は、木工関係の仕事を任務とする官。将作少府が将作大匠と改称された時、少府から移管されたのであろう。
(17) 斉城から漢の封泥が発見された事情については、前掲『中国考古学研究』二七四〜二七六頁、二九二頁の註（47）に詳しい。
(18) 図4図―1・5・6・8は『斉魯封泥集存』、2・4は『鉄雲蔵陶』、3は『封泥攷略』、7は『再続封泥攷略』から、それぞれ採録した。
(19) 註23参照。
(20) 『史記』巻十一孝景本紀、『前漢書』巻五景帝紀に拠ると中三年、『前漢書』巻十九上百官公卿表に拠ると中五年になるが、これは前者の方が正しい。
(21) 註16参照。
(22) 斉城内で漢の封泥が出る所は、城内南部の一地点に限られている（註17参照）。当時、ここに封泥文書の倉庫か何かがあったのだろう。従って、これまでここで発見された数百に上る封泥は、斉国の封泥を代表するものとみて差し支えあるまい。今後、斉城で前後中三校署関係の封泥が出る可能性は、先ずないとみてよかろう。
(23) 『後漢書』のうち、この百官志を含む八志は、晋の司馬彪の撰にかかる『続漢書』から採ったもので、「本注」とあるのは、南朝の梁の劉昭がそれに加えた註。
(24) これらの点については、村田治郎・田中淡編著『中国の古建築』（講談社、一九八〇年）一九二〜一九三頁を参照のこと。
(25) 帛画には、長沙馬王堆三号漢墓出土の地図、銅版画には、河北省平山県で戦国時代の中山国の王墓から出た墓域図がある。
(26) 原本は亡失したが、『夢渓筆談』の中に逸文がある。

（27）詳しくは、竹島卓一『営造方式の研究』（中央公論美術出版、一九七〇年）を参照。
（28）前掲『曲阜魯城の遺蹟』図版16―1・2。
（29）前掲『中国考古学研究』二五七頁、駒井和愛・関野雄『邯鄲』（東亜考古学会、一九五四年）図版23・24。
（30）例えば、遼陽市鉄西・北園等（駒井和愛『遼陽発見の漢代墳墓』（考古学研究Ⅰ、一九五〇年）四～五頁、図版5―2）、遼陽市鵝房（『文物参考資料』一九五五年三期、一二三頁）、遼陽市三道壕（『考古学報』一九五七年一期、一二一頁）、寧城県黒城（『文物』一九七七年一二期、四〇頁）等。
（31）前掲『中国考古学研究』三三六～三三七頁、図版9、10―1・2。
（32）西安市文物管理委員会編『秦漢瓦当』（陝西人民美術出版社、一九八五年）85図。西安の漢城遺跡から出土したもので、未央宮の南闕の建築に用いられたものと言われる。径一六㎝。
（33）王文考（名は延寿）「魯霊光殿賦」（『文選』巻十一所収）に、「漢の中微（王莽に依る中断）に遭い、盗賊奔突し、西京の未央・建章の殿よりして、皆隳壊せらる。而るに霊光巋然として独り存するは、意うに、豈に神明の支持に意憑し、以て漢室を保つ者に非ずや」とある。

中国歴代の瓦当范

はじめに

まず今回、私が瓦当范つまり瓦当の型を取り上げるようになった、いきさつについて述べよう。

このところ、中国の古瓦に関する書籍が相次いで出版された[1]。数十年来、初めてのことである。中国の瓦に前から興味を持っていたので、早速それらに目を通したところ、瓦当范が十一個見付かった。そこで、もっと資料がないかと思って、発刊以来の『考古』『文物』『考古学報』以下の定期刊行物、並びに関係がありそうな発掘報告などを洗いざらい調べてみた結果、秦の珍しい壺形母范（図8）を初めとして、意外な収穫が相次いだ。それらに、前から知っていた幾つかの資料を加えると、東周六、斉一、秦七、漢十一、唐・宋・明、各一の計二十八例にも上る。中国の各時代を網羅するという程でもないが、とにかく主立ったところは一通りそろっていると見られよう。また、このような試みは、もちろん初めてであること言うまでもない。

中国の瓦当范についての技術史的文献は、もともと少なかったようで、かりに幾らかあったとしても、現在まで残っているものなど、恐らく皆無に近いと思われる。彼の『周礼』の「考工記」はもとより、宋の李誡の『営造方式』、明の宋応星の『天工開物』を初め、清の羅振玉の『古器物範図録[2]』などに至るまで、瓦当范らしいものは載っていない。それ故、現在のところ、瓦当笵のことを調べるには、専ら遺物そのものか、それらを収録した書物に拠らざるを得ないのである。

さて、今回ここに掲げる二十八個の資料から、瓦当笵の変遷や発達の様相につき、果たしてどの程度の解明が期待できるだろうか。先ずは年代順に、個々の資料の紹介と観察を始めることにしよう。それらの資料は、写真か拓本にネームを添えただけのものから、出土地や縮尺を初め、かなり詳しい解説を加えたものまで、いろいろある。ここでは、それらを逐一紹介するだけでなく、必要に応じて、その都度、私見を加えるように努めた。

なお、断っておかなければならぬことが四つある。少し面倒だが、これからの記述全体に関することなので、それらの要点を説明しておこう。

1．「型」を意味する「笵」と「范」の二字のうち、どちらを使用すべきかという点である。中国では「范」を使っていて、例外はほとんどない。一方、日本では「笵」に統一されており、既に人口に膾炙している「同笵鏡」の例もあるので、いまさら草冠に変えるのもどうかと思われる。そこで、本稿では専ら「笵」を使用することにした。『古器物範図録』には「範」を使っているが、この「範」は「笵」の正字に外ならない(3)。

2．笵のほとんど総ては粘土を焼いて作ったものなので、以下それらはただ「笵」と呼び、目下のところ一つしか発見されていない石製の笵（図15）だけは、特に「石笵」と呼ぶことにする。また円形の瓦当笵が圧倒的に多いので、それらは「円」を省略して「瓦当笵」と呼び、数が少ない半円形の瓦当笵は、特に「半瓦当笵」と呼ぶことにする。なお、笵には直接型になる子笵と、それを作るための母笵（中国では祖笵）があるが、発見された瓦当笵のほとんどが子笵であり、母笵と確認されるのは秦のもの三例（図8～10）、母笵ではないかと見られるのは漢のもの一例（図17）にすぎない。そこで、母笵は「母」を省略しないこととし、子笵はただ「笵」と呼ぶことにする。

3．笵の図と、それに関連する瓦当の図は、同じナンバーを打って隣り合わせに並べてあり、瓦当のナンバーにはダッシュの記号が付けてある。初めは、笵は笵、瓦当は瓦当と別々に並べてみたが、関連のあるもの同士を対照するのに不便なので、上記のような並べ方に改めた。

4．もう一つ断りが必要なのは、縮尺の件である。大きさの示されている資料が少ないので、縮尺を統一することは出来なかった。しかし、本稿に載せた全資料は、本誌の版面の都合もあり、およそ1/3〜1/4に縮小されていると見て大過ない。

一　東周の瓦当笵（図1〜6）

——母笵・子笵の別が不明確——

中国が出土した瓦当笵のうち、目下のところ最も古いと見られるのは、戦国時代の東周のもの六個と斉のもの一個である。まず東周の瓦当笵について紹介すると、それらは一九六〇年に、洛陽市の西郊、東周城址の内部西北隅に残っている、当時の窯址から出土したという。報告書の記述[4]は少し長いが、極めて重要なので、下に全文をそのまま訳出しよう。

瓦当・瓦釘笵　窯址付近の灰坑および地層の中から、瓦釘[5]や瓦当を作るための、陶器（素焼のこと）の笵が幾つか出土した。

①瓦当笵：総て円形をなし、裏面は平ら[6]で、表面に文様がある。泥質（きめの細かい）灰陶で、その文様から次の2類に分けられる。

Ⅰ類：「Ｖ」字形文瓦当笵　資料Ｔ401(2)＝拙稿図1[7]　径一六・五㎝。文様は陰文（凹文）であり、これで押した跡は陽文（凸文）になる。その中心にある円周文から見ると、この笵は円形だったに相違なく、これを押し当てて

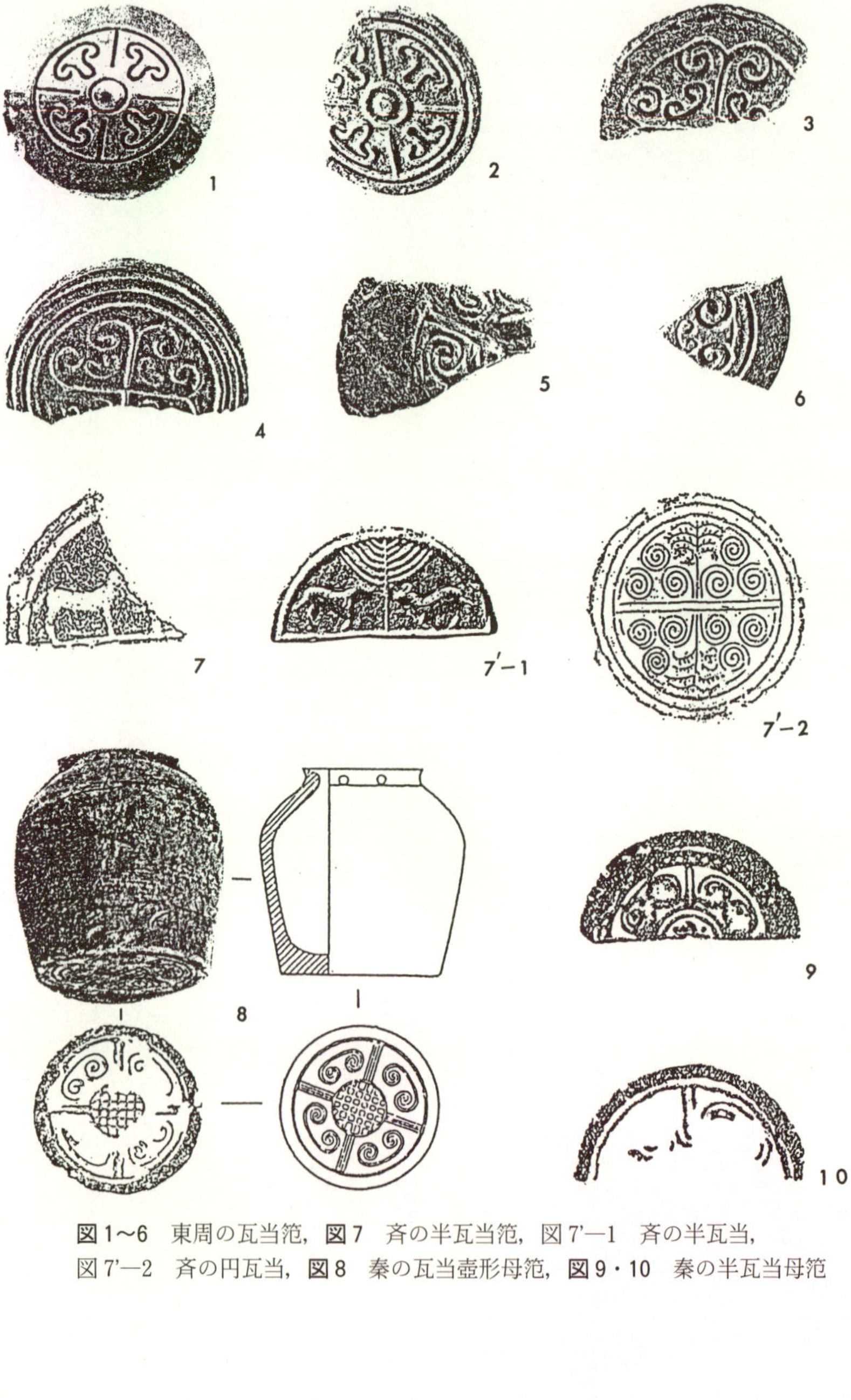

図1～6　東周の瓦当笵，**図7**　斉の半瓦当笵，図7'―1　斉の半瓦当，
図7'―2　斉の円瓦当，**図8**　秦の瓦当壺形母笵，**図9・10**　秦の半瓦当母笵

円瓦当を作り、そのあと半切したものだ。（このように）切り離すかどうかで、円瓦当と半瓦当との型式が生まれた（図版六五、7・9＝拙稿図1・2）。……

Ⅱ類：渦文瓦当范　資料T417(3)　陰文で、既に欠けている（図版六五、1＝拙稿図3）。この文様を押して作った瓦当は、『洛陽中州路（西工段）』の報告中に見えるⅢ式瓦当と同じである(8)（図版六五、2＝拙稿図4）。このほか、T425(3)とH480から出たものも、文様はこれとほぼ同じだが、いずれも欠けている（図版六五、3・4＝拙稿図5・6）。

さて、以上の解説を読んだ後の感想は次の通り。六個ある資料のうち、拙稿の図1と図3に引いた二個は、いずれも「陰文」つまり凹文とのことなので、その面に粘土を押し付けて瓦当を作る型、つまり子范(9)であったことが分かる。だが、残りの四個は、文様の陰陽（凹凸）についての記述がない。

中国の瓦当で文様が凹になっている例は、まずないので、原則として、文様が凹なら瓦当范、それも「子范」と見て然るべきだ。そして一方、瓦当范で文様が凸の場合は、当然、子范を作るための元型、つまり「母范」ということになる。ところが、瓦当范を写真で示すと、撮影した時のライトの当て方により、蔭の具合で文様が初め凹に見えても、その写真を一八〇度回転させると、反対に凸に見えるという具合で、いずれが真であるかを決めかねることになる。また何個か范のかけらを一緒に並べ、一定の方向からライトを当てて撮影しても、図版作製の段階で、個々の資料を切り離して並べ直し、方向関係を狂わせてしまったら、何にもならない。

そこで、こういう不都合を避けるため、この種の資料を発表するに当っては、拓本を添えるか、文様の凹凸を明記しておくか、しなければならない。このようなわけで、拙稿に引用した六個の范のうち、既に子范と分かっている図1・3の二個を除く、図2・4〜6の四個については、目下のところ、母范と子范を区別する手掛かりがない。しかし、それがやがて可能になり、四個の中に母范もあることがはっきりすれば、戦国時代の東周では、早くも母范―子笵―瓦当という工程が確立していたことになる。これは、次に述べる斉の瓦当笵との関連を考える上でも、甚だ興味が深い。

二　斉の半瓦当笵（図7）

――母笵は木製だった？――

中国で出土した瓦当笵のうち、前者と同じく戦国時代に属するものは、近ごろ李発林氏が次のように紹介された、斉国のものである。[10]

この物件はひどく欠けている。一九六五年に（山東省の）臨淄で、斉の故城内にある崖付荘の西H1地点から出土した。半瓦当の図案の向かって左半分に、獣の形が凹んで見えるだけなので、半瓦当の型の残片であることが分かる。これは、当時、瓦当の面の文様が、型で押されたことを証するものである。

この笵面の文様は、斉の半瓦当に最もよく見られるもので、中央の樹木を挟み、その両側に1頭ずつ、獣が繋がれている様を表していたはずである。樹の幹の下端と、獣を繋いだ縄の一部が、わずかに残っているようだ。参考までに、私がかつてこの斉の故城内で拾った同類の半瓦当を、[11]ここに掲げておく（図7'―1）。

なお、李氏はこれらの半瓦当笵の作り方について、次のように述べておられる。[12]

無文の瓦当は別として、文様や文字がある瓦当の作り方は、総て次の通り。まず、木の型（陽紋〔原注〕、つまり凸文の母笵）を彫って作り、この型に粘土を押し付けて、非常に沢山の土の型（陰紋〔原注〕、つまり凹文の子笵のもと）をこしらえ、それら瓦当の型を窯に入れ、よく焼いて取り出せば、（完成した子笵として）使えるようになる。瓦当を作る時は、瓦当の型（つまり子笵）を上向きに平らに置いて、動かないようにし、その上に乾いた灰を幾らか撒いて粘着を防ぎ、それからその上に、大小適当な大きさの粘土の塊を置いて、上から圧力をかけると、窯に入れて焼く前の瓦当（原文は瓦当坯）が一つ出来上がる。これは半瓦当の作り方だが、その型が円形なら（図7′—2）、図案は二個の半円に分割されることになる。

李氏のこの記述のうち、最後の節は特に重要とみられるので、ここに私の考えたことを補っておこう。全円を半円に分割するのは、まだそれが焼かれる前の、軟かいうちでなければならない。つまり、今日まで完全に残ったのは、既に焼き上がった全円瓦当だからだということになる。

ところが事態は更に複雑で、かりにこの全円の物件が「母范」だとすると、半瓦当を作るためには、これに粘土を押し付けて全円の「子范」を作り、これを半分ずつに切り離して半瓦当の子范とし、再び粘土を押し付け、型をとって焼かなければならない、ということになる。

さて、これら二つの見方のうち、いずれを採るべきであろうか。それを解く鍵はただ一つで、「半瓦当を二つ合わせた全円状のものが非常に多い」という点である。李氏の『斉故城瓦当』には、一三五個の半瓦当の拓影が載せてあるのに、その范となると、わずか一個（拙稿に「図7」として引いたもの）しかない。一方、円瓦当のほうは全く逆で、漢式と見られるものを除く、ほとんど全部の十九個（同書の図一三六〜一五四）が、氏のいわゆる「まだ半瓦当に分割されていないもの」に該当する。

ここまで論じて来て、やっと真相がはっきりした。つまり、現在残っている謂わば「二連半瓦当」は、まだ半瓦当に分割されていないものとしてのみ機能したとは限らず、それ自体すでに完成した円瓦当でもあったらしい。つまり、斉の国で本格的な円瓦当が生まれる前の段階として、このような二連半瓦当が謂わば「凝似円瓦当」と見做された一時期があったことも、また確かだろうと思われる。

ところで、私もかねてから憶測していたことだが、斉の半瓦当の図柄の面をよく調べてみると、特に樹木文様の直線的な枝の部分などは、鋭い刃物で一気に削った跡が歴然としており、その型の多くが木製だったことを想わせる。[13]一方、人物や動物などの文様は、曲線や球面を交えた細かい表現が必要なので、適度に水分を含んだ（つまり半乾きの）粘土の面に箆《へら》などで加工する方がよかったのだろう。

三　秦の瓦当范（図8〜14）
――壺形母范の謎に迫る――

巻雲文瓦当壺形母范（図8）

原文では「罐形巻雲紋瓦当祖范」という。[14]「罐」は日本の丸壺ないし無頸壺に当たるが、ここではたびたび出て来るので、「壺」と略称する。図8はその壺形母范を図示したものだが、向かって左上はその写真、右上は縦断図面、左下は外底范面の拓影、右下はその復原図である。范面の文様がかなり磨滅している点については、註18を参照のこと。この壺形母范は口径一一・〇、高さ一九・〇、底径一五・五㎝。口沿の両側に、二個ずつ透かし孔がある。紐か針金を通し、手で下げたのだろう。四個の巻雲文[15]を初めとする凸文は、壺の外底にある。当面の径は一五・五、中心円の径は五・〇㎝。

秦の始皇陵の西西南にある趙背戸村の西側で、秦の刑徒の墓から出土した。前代未聞、珍無類の瓦当母范で、しかも、ほとんど完全無欠ときている。そのうえ、墓中に副葬されていた瓦文[16]の内容から、始皇二十六年（前二二一）から二世二年（前二〇八）の間のものとはっきり分かる。

一見したところ、誠に奇妙な作りだが、恐らく中に水を入れ、上から圧力をかけるためのものだろう。外底面の瓦当文が凸になっているところから、瓦当范（子范）を作るための元型、つまり母范（祖范）であることが分かる。で

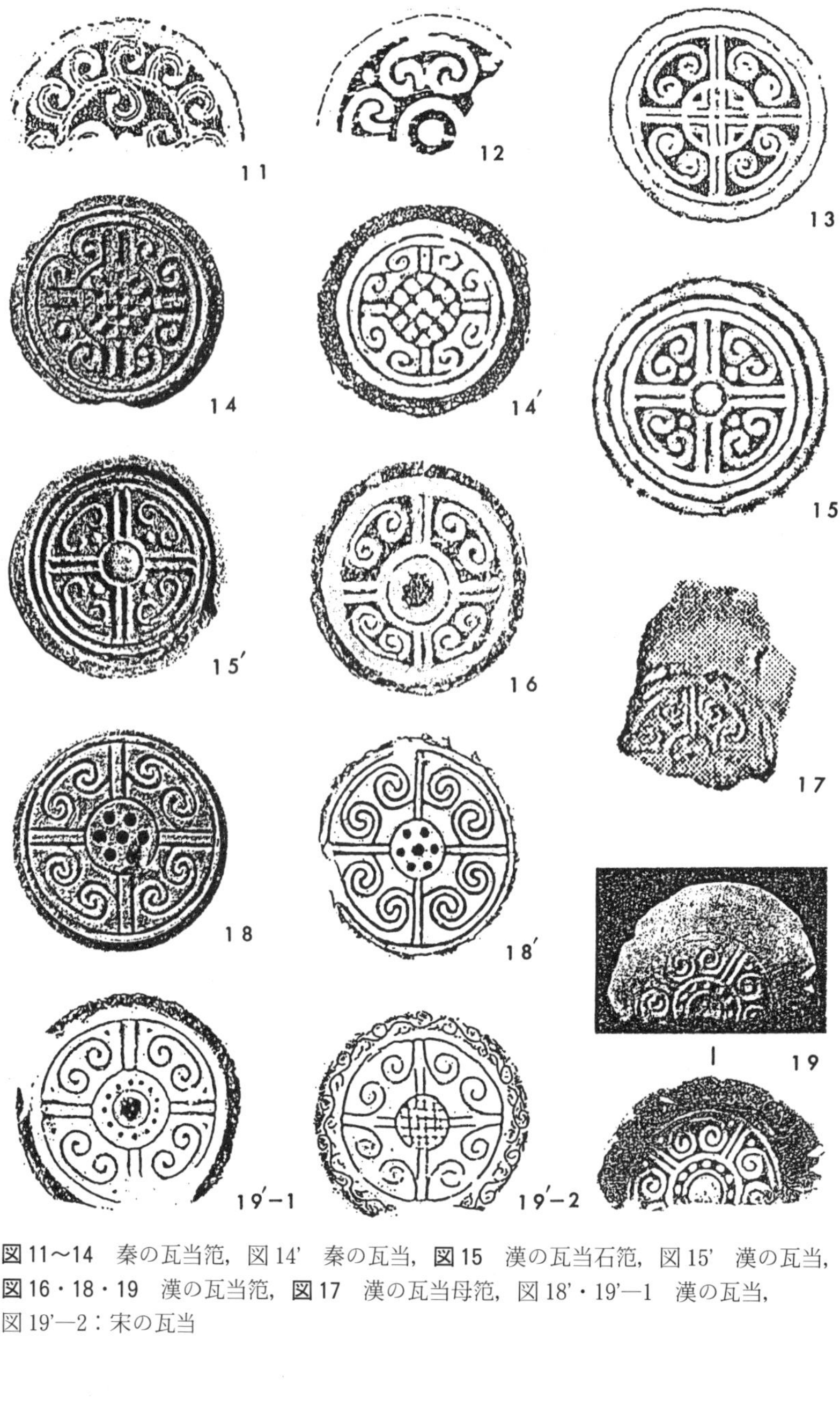

図11～14　秦の瓦当范，図14’　秦の瓦当，**図15**　漢の瓦当石范，図15’　漢の瓦当，
図16・18・19　漢の瓦当范，**図17**　漢の瓦当母范，図18’・19’—1　漢の瓦当，
図19’—2：宋の瓦当

は、どうしてこんな妙なものを考え出したのだろうか。

瓦当を大量に作る必要がある時は、まず文様を押す型をたくさん用意しなければならない。これはかなり面倒なことなので、それを解決するためには、型を作るための型、つまり母笵が幾つかあればよいということに、当然、気が付くはずだ。しかし、その母笵がどうしてこういう妙な形になったのかということは、またおのずから問題が別である。そこで、この点についての私の考えは、およそ次の通り。

まず、壺の容量を概算すると、二、七二〇cc＝二・七二ℓ。つまり、水にして二・七二kg。壺の重さは不明だが、これ目の子算で一・〇kgとすれば、壺プラス水で三・七二kgになる。中身が入ったビール瓶三本分くらいの重さで、これなら、上からかける圧力としては、まずまずといったところか。問題は粘土の質や含水量にも関連するし、重さを加える時間の長さとも無関係ではあるまい。

以上のような関連事項を、実験を重ねながらよく調べ、壺の形や大きさ、中に入れる水の量、加重の時間などを決めたものと思われる。経験と感だけに頼る、それまでのやり方に比べて、いかにも合理的かつ能率的だと言えよう。

このほか、最後に気が付いた重要なことがある。壺の中に水を入れるのは、母笵を水と壺の重さで粘土の面に押し付けるためだと考えたわけだが、この水を熱湯に代えてみたらどうだろう。その高温で、子笵の面をより早く、より堅く固まらせることが出来るはずだ。冷めないように、汲み出して熱湯を補給したり、全部入れ替えたりしたら、いっそう効果的だと思う。こういう方法は、あらかじめ粘土の面に灰か何かを薄く撒いて、ベタツキやハガレを防ぐより、ずっと効果があっただろう。こういう推測が当たっているとすれば、子笵の面に文様などを迅速かつ確実にスタンプできるこの方法は、ここだけに限らず、当時かなり普及していたのかも知れない。

反転雲文半瓦当笵(17)（図9・10）

一九七五年六月、陝西省臨潼県魚池遺跡（秦始皇陵の北々東約二・五km）で二個収集された。それらのうち完全に近い図9の方は、当面の径が一三・〇㎝、周郭の幅が一・〇㎝で、その内側に連珠文帯を回らす。二重の同心円に囲まれた中心部との間を、複線で二分し、それによって生じた扇形の空地に、それぞれ反転雲文を配する。中心部の半円内にある文様は「四葉文」と呼ばれているが、見たところ、はっきりしない。図10の方は、文様がほとんど消えてしまっているが、[18]連珠文帯がないのと、中心部の様子が全く不明なほかは、図9と同じようなものだったのかも知れない。この遺跡から出た遺物は、戦国時代の秦のものも、始皇時代の特色を持つものもあるというから、これらの瓦当母笵も、そのころのものと見られよう。なお前者の連珠文帯は、この時代の瓦当文としては極めて珍しいもので、今のところ他に例がない。

瓦当笵の研究で最も難しい点は、表面上、瓦当に見えても、或いは瓦当の母笵かも知れず、また裏面の様子が分からぬ限り、簡単に瓦当とも断定できないことである。図9と図10は文様が凸になっているので、表面だけ見たら、誰でも瓦当と考えるだろう。では、なぜこれらを笵と断定したのだろうか。報告には、この重要な点を特に指摘していない。普通の瓦当なら、筒瓦の付いていた痕跡が、一部でも必ず残っているはずなのに、この場合はそうではなくて、裏面がきれいに平らだったからであろう。そういう例は、後述する漢の瓦当石笵（図15）に見られる。

太陽文瓦当笵[19]（図11）

この種の瓦当文は、従来「葵文」と呼ばれていたが、これは無意味なこじつけで、本来は太陽を文様化したものに相違ない。秦漢の瓦当文の多くは、日月・星辰・流雲など、天体・天空の諸現象をモティーフにしていたと考えられる。詳しくは、いずれ別稿に発表する予定。

この瓦当笵は、一見したところ半瓦当の笵のようにも見えるが、よく測ってみると、確かに全円の半分以上あるので、円瓦当笵の残片であることが分かる。年代は「戦国秦」とされているが、まず穏当なところだろう。

反転雲文瓦当笵[20]（図12）

陝西の安康地区から出土した。秦のものと見られている。笵面に「単線の雲文」を太めに刻んでいるが、この形は異例のもので、反転した部分が途中で切れてしまっている。外縁には「子母口状」の溝があるという。子母口は子口とも呼ばれ、「蓋の下面の周囲に設ける欠込み」[21]のこと。この瓦当笵に粘土を押し付けると、子母口状の溝は瓦当の辺輪（周郭）になるわけだ。なお、裏面には斜めの格子文が篦で刻まれている。

巻雲文瓦当笵[22]（13）

上下・左右の複線によって、笵面を四つの区画に分け、中心に円を描き、その結果として生まれた扇面形の四つの空地に、それぞれ巻雲文を容れている。見るからに端正な文様配置で、秦漢の頃の作品と思われるが、採集地点が秦の都、咸陽の近くということでもあり、その年代を「秦」とした報告者の見解は、恐らく正しいのであろう。

茸形雲文瓦当笵[23]（図14）

原ネームには「瓦当笵」とあるだけ。その解説に「軒丸瓦の笵。灰陶質。型押しで作る。漢代。径一六・三㎝。一九二五年　購入」とある。格子文を飾った中心の円と、それから四出する複線の、堂々たる風格。茸形の雲文は平たくて、隅に押し付けられた観がある。解説には「漢代」のものとしているが、近ごろこの手の瓦当が陝西方面で、秦に関係のある遺跡から続々出土するようになり、秦のものであることが明らかになった[24]（図14'）。

四　漢の瓦当笵（図15～25）

――類例のない石製瓦当笵――

漢の瓦当笵は、雲文などの文様で飾られた形象瓦当笵と、「千秋萬歳」などの銘を表した文字瓦当笵との二群に大別される。

20

21

22

23

24

25

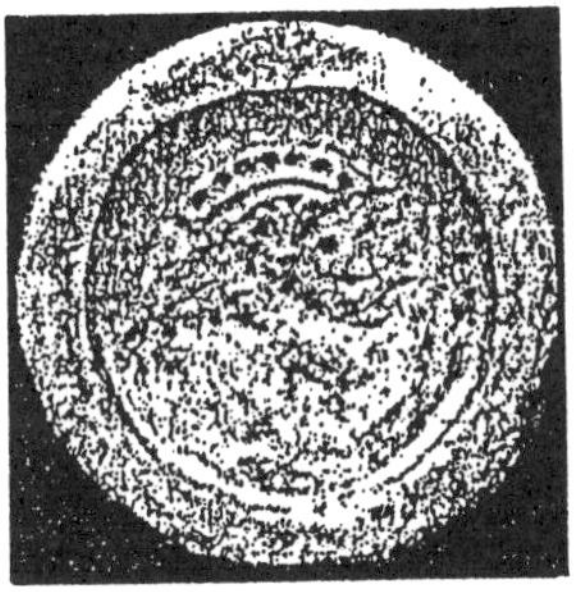
26

26′

27

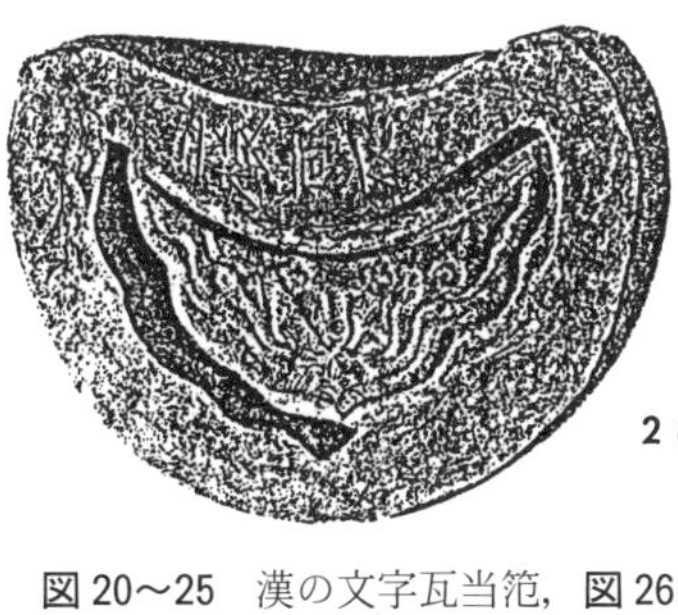
28

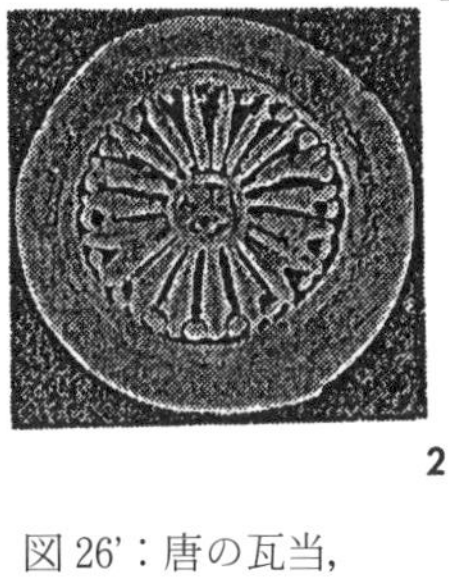
27′

図 20～25　漢の文字瓦当笵，**図 26**：唐の瓦当笵，図 26'：唐の瓦当，
図 27：宋の瓦当笵，図 27'：宋の瓦当，**図 28**：明の瓦当笵

(1)　形象瓦当笵（図15〜19）

巻雲文瓦当石笵[25]（図15）

一九四一年三月、私は山東省の曲阜にある漢代の霊光殿の遺跡に対して、二度目の踏査を行った。これはその際、土地の子供から購入したものである。それから半世紀を経ている今日でも、「石製」の瓦当笵など、中国を始め、他のどこからも発見されていない。まさに無類の珍物と言えよう。文様は漢瓦に典型的なもので、裏面は平坦・無文である。

ところで、駒井和愛氏はこの石笵について、次のように述べられている。

しかも興味あるのは、われわれが村人から譲りうけた直径一六センチメートル、厚さ二・五センチメートルの粘板岩製品に、これに似た文様が陰刻してあり、それから形をぬいてみると、此の形の瓦璫と同じものが出来上がったことである。……

文中に「此の形の瓦璫」とあるのは、ここに図15′として転載した霊光殿址出土のもの[26]であるが、この手の瓦当はここから無数に出ている。それらの中には、この石笵から抜いた同笵の瓦当が、幾つか含まれているかも知れない。粘土を焼いて作った普通の笵に比べると、石笵の耐久力は段違いだったはずであるから、話が出て来たついでに、同笵瓦当についてどんな問題があるのかを、ここで考えておこう。

陳直氏は瓦当の同笵の問題を取り上げて、次のように述べておられる[27]。

……始終（終始）多数を占むる者に、高安萬世・永受嘉福・都司空瓦の如き有り（以上の三瓦は皆同笵にして、未だ第二の笵有るを見ず。長生無極・長生未央・長楽未央・千秋萬歳等の四瓦は、最も普遍の品にして、此の例に在らず）。

少し分かりにくい文章なので、言い換えてみると、「細部に至るまで全く一致する、真に同笵の瓦当もかなりあるが、最もありふれた文字瓦当ほど、『同笵』と呼ばれていながら、第二・第三の笵のあるものが多い」という意味のようだ。一つの笵からとれる瓦当の数は知れたものなので、瓦当を量産するためには、まず子笵の元型である母笵を大量に、しかも幾通りも作らなければならなかった事情が窺われよう。こう考えてくると、一口に「同笵」と言っても、いろいろな段階のもののあったことが分かって、甚だ興味が深い。

巻雲文瓦当笵(28)（図16）

原文に「蕨手文瓦当」とあるもの。筆者の先考、関野　貞は楽浪から出た「蕨手文瓦当」の例として、ここに引用したものを掲げ、「……二条の四出線と蕨手文が陰文となってゐる。是れは極めて稀である」と述べている。しかし、これが瓦当笵であることは、一見して疑いない。ただ、この笵を押して作った瓦当の中心部が凹になってしまうのは、いささか腑に落ちない。だが、もともと漢の瓦当の装飾はいろいろと変化に富んでいるから、中心部の凹んだものがなかったとも言い切れまい。現に、図23の瓦当笵から抜いた瓦当などは、その一例と見られよう。

反転雲文瓦当母笵(29)（図17）

河南省偃師県の「滑城」と呼ばれる古城址で採集された遺物の中に、漢の瓦当笵の残片が一つある。笵面の径が一一cmの小さいもので、しかもその半分強を留めているに過ぎない。もともと原図が非常に小さく、笵面の径が約一・二cmに縮小されているため、詳細な点は不明。参考までに、その図を長さ約二倍に拡大して載せたが、困ったことに目が粗くなるので、精度は原図よりむしろ落ちる。従って、ここでは原図を元にして観察を進めよう。

まず笵面の文様は、次の図18に示すものと同じく、反転型の雲文であるらしいことが分かる。ここで問題になるのは、むしろ笵面の上部に接着している部分が何かという点だ。普通なら簡単に、筒瓦の一部だろうくらいに片付けられてしまうだろうが、そうでない証拠に、原図をよく見ると、この部分には筒瓦や平瓦に通有の縄蓆文がなく、湾曲の具合も筒瓦と異なっており、どう見ても球面のカーヴを示しているのである。

ここまで来れば、もう先は見えた。つまり瓦当笵に接続する問題の部分は、筒瓦ではなく、前に図8として示した秦の壺形瓦当笵のように、熱湯？を入れる壺の底部に接する側壁の部分なのかも知れない。筒瓦説が無意味である以上、それに代わるものとしては、この壺形母笵説があるだけだと思う。写真版の目が粗いので、文様の凹か凸かを決めかねていたが、ここに至って、それが凸であるらしい見当もついた。

以上の推測に大過がないとすれば、この奇妙な資料は、図8に示した秦の例と同じく、壺形の瓦当母笵だろうということになる。

七星心反転雲文瓦当笵(30)（図18）

原ネームは蕨手文軒円瓦当笵。中心部に、漢代の瓦当文の一標式を示す七星（日・月、火・水・木・金・土星）と見られるものがあり、それを回って四個の反転雲文を飾る。「七星心」とは「中心に七星がある」という意味。この表現には困ったが、結局『中国古代瓦当芸術』No.126～178に、瓦当の中心の文様を「幾何心」「任意心」「網心」などと呼んでいるのに倣った。

七星心反転雲文瓦当(31)（図18'）

原ネームは雲紋瓦当。前者と似たような笵で作った瓦当も、このように発見されている。径は一六・八㎝あるという。中心部の七穴は、両者とも黒い点状になっているが、前者は穴が彫ってあるのを上から見たためであり、後者は穴に詰まった粘土が突出しているのを拓本にとったからである。

環珠心巻雲文瓦当笵(32)（図19）

陝西省扶風県の東南に、隋の文帝楊堅の楊陵と文帝祠がある。羅西章氏は一九七〇年から八四年にかけて、この方面を調査し、瓦塼などの遺物を採集された(33)。ここで問題になるのは、それらの中に含まれていたという、ただ一つの「雲文瓦当」で、「径は一二・五㎝あり、当面に雲文を飾っているが、両漢の雲文瓦当の図案とは、全然風格が異なる」

という（図19上）。つまり羅氏は、これが瓦当笵であることに気付かれぬばかりか、その年代を隋と考えておられるようだ。

一方、楊力民氏も、これと同じ物件の拓本を掲げ、それに「隋　雲文　横一二・五cm　隋文帝陵出土」という簡単な説明を付しておられる。(34) また羅氏と同様、瓦当笵であることには、触れられていない。

上に引いたように、羅氏は「両漢の雲文瓦当の図案とは、全然風格が異なる」と言われたが、本当にそうなのだろうか。楊氏は、自ら隋のものと称する問題の物件を掲げられた同じ自著の中に、「漢」と称する雲文瓦当(35)（図19―1）を載せておられるが、両者は中心を回って環珠文があるうえ、各巻雲文の両側に珠文を加えるという細部に至るまで、極めてよく似ているではないか。これが何よりの証拠で、問題の物件が漢のものであることには、いささかの疑点もない。ここに、漢の瓦当笵として採録する所以である。

漢の遺跡が多い扶風県の辺りなら、どこを掘っても漢のものが出るだろう。隋の墓を造るとき、そこが偶々漢の遺跡だったため、問題の瓦当笵が隋の陵の埋土の中に紛れ込んだ可能性もある。

これで問題は解決したと思うが、また一方では「漢代のものだとは言わない。漢式を模倣しているだけだ」という説が出て来るかも知れない。だが、そうした復古趣味が現れるのは、隋代ではまだ無理だろう。周知のように、宋代になってからのことであり、その例は枚挙にいとまもない。(36)

(2) 文字瓦当笵(37)（図20〜25）

「千秋萬歳」瓦当笵（図20）

破損がかなりひどい。当面を太い界線で十文字に仕切り、向かって左上・左下・右上・右下の順に「千秋萬歳」の四字を入れる。太目の力強い字であり、当面に周郭のないことが、かえって全体を引き締めている。「秋」の三分の二は失われ、「萬」も幾らか欠けているが、ここに掲げた瓦笵のうちでは、最も秀逸と認められよう。

「千秋萬歳」瓦当笵（図21）

前者と同じ銘を表すが、字体はそれと異なり、速筆かつ放縦の観がある。界線が二本に増え、その交点に円形のロータリーを設けた点も、前者と趣を異にする。

「萬歳」瓦当笵（図22）

太く複雑な周縁を回らした中に、「萬歳」の二字を左書きに入れる。書体は更に崩した感じで、闊達さを加えている。それにしても、この笵は割れてもいないのに、なぜこのように面が荒れているのだろう。型抜きの回数が多すぎて、字画が磨り減ったためかも知れない。

「萬歳萬歳」瓦当笵（図23）

一見したところ、周郭が太く、文字の端正な瓦当のようだが、よく注意して見ると、編者が註記しているように、確かに「瓦笵」なのである。文字の配列は無秩序で、逆さあり、裏返しありで、留めどないが、とにかく上下に二行、左右に二段、計四個の「萬歳」が表されていることになる。

このように、笵面の文字が太目で、字画が密接していると、字画の輪郭を構成する凸線が細くなるので、型抜の際の頻繁な加圧に耐えきれず、磨耗してしまう度合いが大きい。こうした傾向は、他の五個の文字瓦当笵についても、多かれ少なかれ認められるようだ。

つまり、文様の線が比較的単純で太い形象瓦当笵の方が、加圧の反復に対して強いということになる。これは、瓦当の生産数と関係があるのかも知れない。形象瓦当の方が文字瓦当より、ずっと多く作られたと思われるからである。以前、中国の各地で、かなり漢瓦の破片を拾ったが、文字のあるものはほとんどなかった。

「與天無極」瓦当笵（図24）

周郭ならびに笵面の分割状況は、前掲の図21にほとんど同じ。笵面の向かって左上・左下・右上・右下の順に「與天無極」（天と極まり無し）の四字を容れる。太めで円みを帯びた字である。

「□楽□富」瓦当笵（図25）

笵面を上下に画する界線のところで割れ、下半の部分だけ残っている。向かって左側に「楽」、右側に「富」の字があるが、上の二字は欠けているので不明。少し考えてみて、「安楽富貴」がよさそうなことは、簡単に分かるし、現にそういう銘の瓦当が、羅振玉『秦漢瓦当文字』巻二などに載っている。しかし「安楽貴富」という銘の瓦当は、まだ発見されていない。

以上のほか、「西安の西北大学歴史系文物陳列室に、千秋萬歳銘の瓦当笵が一個収蔵されている。かつて、西安の漢城遺跡から出土したものだ」とあるなど、(38) 図を伴わない資料の紹介も幾つか見られるが、それらは省略することにした。

五　唐の瓦当笵（図26）

――瓦当笵と瓦当がペアで出土（その一）――

一九八三年五月、西安市の南郊で慈恩寺を修理していた時、唐代の瓦塼窯址が発見され、蓮花文瓦当笵と蓮花文瓦当が出土したという。(39) 以下、それらについての解説に、若干の私見を加えて紹介しよう。なにぶん、図版が模糊としていたり、両者の大きさの比率が実際と違っていたりするため、幾らか修正を加えさせてもらった。報告者の寛恕を請う次第である。

蓮花文瓦当笵（図26）

粘土を焼いて作った型は、円い餅の形をしていて、灰黒色を呈する。笵の外径は二〇・〇㎝で、幅二・五㎝の外郭が回り、その内側は凹んでいて、径は一五・〇㎝ある。そして、その周辺には、幅二・〇㎝を測る瓦当の周郭が回る。写真で文様の識別が出来るのは、どうやら連珠文の一部にすぎない。

唐の瓦当笵など、もっと数多く発見されてもよさそうに思われるが、目下のところこれ一つにすぎない。いかにも不思議だが、その理由については、後程「おわりに」で推測することにしよう。

蓮花文瓦当（図26'）

径一四・五、周郭の幅二・〇㎝。複弁の蓮花文を連珠が一周する。中心部には、九個の顆粒から成る子房がある。上記の瓦当笵に重ね合わせてみると、各部がよく一致するという。しかし、真の意味での同笵であるかどうかは、保証の限りでない。

六　宋の瓦当笵（図27）

――瓦当笵と瓦当がペアで出土（その二）――

一九八二年秋から八三年夏にかけ、洛陽市紗廠路で北宋時代の瓦塼窯址を調査した際、大量の瓦塼が発掘されたが、その中に、次に掲げるような注目すべき資料が、二つ含まれていた。(40)

菊花文瓦当笵（図27）

中心に六個の顆粒から成る子房を表し、その周囲に十九枚を数える剣形の花弁が開き、その間に珠文を配する。そして、それら全体を取り囲む周郭は幅広く、菊花文との間に一条の細い凹線を回らしている。

菊花文瓦当（図27'）

この方は、文様の凹凸が逆になっているだけで、前者に似たような作りだが、その笵が即、前者だったとは限らない。両者ともそれぞれ、数多くある瓦当笵と瓦当の一つにすぎないうえ、よく見ると、子房や花弁の様子なども、かなり違うようだ。

しかし、そうした点はとにかく、瓦当笵とそれに似た瓦当が、そろって同じ遺跡から出ているという事実は、前の唐瓦の例に次いで、甚だ興味深いと言えよう。

この瓦当笵や瓦当と同じ層から出た北宋銭を調べると、最も古いのは神宗の時に鋳られた「皇宋通宝」であり、最も新しいのは徽宗の時の「政和通宝」であった。これにより、この窯の開設は北宋を遡らず、廃棄されたのは北宋晩期（一一一一〜一一二六）にあるのだろうという。

なお、このほか宋の瓦当笵としては、東京大学教養学部美術博物館に、浙江省杭州出土の「花文軒丸瓦笵」と称するものがある由だが(41)、まだ現物を見ていない。

七　明の瓦当笵（図28）
――珍しい雨落瓦の笵――

「陶滴水瓦模(42)」

つまり土を焼いて作った雨落瓦《あまおちがわら》の型。長さ三三・五、幅二〇・〇、厚さ六・四㎝。一九五四年、南京市中央門外出土。蓮花の図案を飾りにしているが、この種の瓦は一般に寺や廟の建物の軒先に用いられた。型の上部に「二様荷花」という文字が刻まれている。明代の官制を調べると、琉璃瓦には十の様式があり、それぞれ大きさを異にする。この物件「二様荷花」は、雨落の幅が官制二様瓦の三分の一しかない。

以上が、この瓦当笵についての解説である。明清時代の瓦当笵くらい、どこにでも残っていそうに思われるが、必ずしもそうではないらしい。北京の琉璃廠などは元代以降、宮廷・官衙用の瓦塼類を大量に焼いた所だが、これまでのところ、瓦当笵どころか、瓦片が出たという話さえ、聞いたことがない。そういう点から見ても、極めて珍しい資料と言えよう。

おわりに

さて、これで東周から明に至る計二十八例の瓦当笵について紹介・検討したわけだが、なぜ、戦国から秦・漢にかけての資料が多く残っていて、それより後のものは急に少なくなるのか。[43]その差が余りにも大き過ぎるため、理由を究明してみたい意欲に駆られる。そこで、いろいろ考えてみた末、以下のような結論に到達した。

まず、本篇に資料として挙げた二十八例の瓦当笵のうち、学術的な調査で得られたもの（発掘・採集・購入などに依る）は、図1～13・15～17・19・26～28の計二十例（A）、古玩商らによって売買されたと思われるものは、図14・18・20～25の計八例（B）である。資料の数としては必ずしも多くないが、一応の傾向は、つかむことが出来よう。例えば、文字瓦当笵が専らBに集中しているのは、文字を有する古物が特に珍重されていたことを語ると同時に、学術調査では容易に得られぬほど、数が少なかったことを示しているのかも知れない。

中国で発見されている瓦当のほとんどは、こうした古物を好む人たちの趣味や射幸によって、取捨・選択されてきた公算が大きい。つまり端的に言えば、秦漢の瓦当、それも文字のあるものが最も珍重され、雲文などの文様を飾ったものがそれに次ぎ、その外のものは、ほとんど問題にされなかった。

ところが、瓦当に文字を配することは、漢の命運と共に先細りとなって、魏晋時代を最後に後を断ち、「大晋元康」

「萬歳富貴」などの、ごくわずかな例を最後に姿を消す。そして隋唐以後は、蓮花文や菊花文を主題とする形象瓦当だけが、幅を利かすようになる。もう、そうなれば、瓦当や瓦当范の骨董価値などガタ落ちで、それらを集める人も姿を消す。しかも、その蓮花文瓦当たるや、西安で発掘された唐の宮殿の一つ、大明宮の跡から出た蓮花文瓦当[44]でさえ、度重なる火災で消失と修復を繰り返したためでもあろうが、粗製濫造の誹りを免れぬものが少なくない。こうして、中国の人たちの瓦当に対する興味は、ますます秦漢物に定着し、後の時代の物には、目もくれぬようになってしまったのだ。

ところで、ここに一つ問題がある。「隋唐以後になると蓮花文や菊花文の瓦当が大部分を占めるという趣旨は分かった。それなら、そういう瓦当や瓦当范がかなり沢山発見されてもよさそうなのに、これまで、唐と宋の瓦当范がわずかに一つずつというのは、どうしてか」という素朴な質疑が出て来るかも知れないからだ。そして、これに対する私の答えは次の通り。

かねてから不思議だったのは、中国の田舎—と言っても、実は街《まち》の周辺—を歩いていると、漢の瓦当片はやたらに多いのに、唐の瓦当片など、全くと言ってよいほど無いことである[45]。その時は「かくも盛大な建設力を誇る『漢』は、まさに偉大だ」と考えた。だが、理由は案外ほかのところにあり、一つには、街の繁華の中心が時と共に移動することと、関連がありそうだ。その証拠に、漢代の都城や郡県治などは、現在の街の中心から外れ、郊外の辺鄙な所にあった例が多い[46]。だからこそ、瓦片が多く残っているのだ。一方、唐代のころまで下ると、街の位置はほぼ固定し、その後あまり移動していない。そして当時、建物が沢山あった所は、幾変転を経て、装いも新たな繁華街などになり、唐代の遺跡は堙滅し、分からなくなってしまった所が多いのではないか[47]。当時の瓦当范などを見付けるのが困難だという理由の一つは、そうした点にあるのだろうと思われる。

最後に残る問題として取り上げたいのは、時代による製瓦技術の進歩である。秦の壺形母范（図8）は複雑な構造を示し、非常に進歩したもののように見えるが、はたして本当にそうなのか。そのメリットとして考えられるのは、瓦当子笵の量産をバネとした、瓦当製作の能率化だろう。もしそうであるなら、そういう方式が後世まで存続しそうなものだが、幾らか可能性を残す漢の一例（図17）を除くと、それを裏付ける遺物の発見が全然ない。これは、いったい、どうしたわけだろうか。その理由としては、次の三つのケースが考えられる。

(1)　秦の壺形母笵が完形で残ったのは、全く偶然と言ってよいほど珍しい例であり、その後、似たような資料がかりにあったにしろ、出土したとき破損していたため、人びとの注意をひくに至らなかった。また、こんな妙なものを、骨董として喜ぶ人がいたとも思われない。

(2)　出来のよい瓦当を迅速かつ大量に作るのに必要な技術が、いろいろと開発された結果、壺形母笵のように壊れ易くて扱いにくいものなど、必要としなくなった。さらに前漢時代になると、石炭の使用も開始されており[48]、これが製瓦技術に影響を与えたことも考えられよう。

(3)　また一方では、そういう優れた技術を支える機構や組織[49]が、年を追って整備されたであろうことも、想像するに難くない。

壺形母笵が消滅したであろうことについて、このような推測を重ねてみたが、はたして、どんなものだろうか。いろいろな可能性のうちで、どれが当たっているか特定することは、目下のところ無理と言わざるを得ない。いかに面白そうでも、これ以上のことは分からないのである。――閑話休題。ただ、中国における瓦当笵の使用が、二千年を超える歴史の中で、絶えることなく延々と続いて来たことに、技術の長い伝統を想い、いささか感慨を覚える次第である。

これから先、中国で造られるであろうところの伝統的な建物といえば、まず既存の宮殿・離宮などの修理に伴う復元工事くらいなものだろう。北京の故宮などの建造物を修理する時、琉璃瓦当の製作には、どんな笵がどのように使われるのだろうか。今日の製瓦技術者たちに、二千二百年程前の壺形母笵の話をしたら、いったい何と批評するだろうか。津々として興味は尽きない。

製瓦技術は、中国から直接というよりむしろ、朝鮮半島、特に百済を経て、日本に入って来たと考えられる。従って、日本や朝鮮の瓦当笵に造詣の深い方々は、この小編から何か参考になるものを、汲み取って下さるかも知れない。それをひそかに期待しながら、ひとまず筆をおくことにする。

なお今回、拙稿の本誌掲載については、畏友小田富士雄氏の一方ならぬ御配慮に与った。ここに記して、深甚の謝意を表する次第である。

註

（1）華非編著『中国古代瓦当』（人民美術出版社、一九八三年十月）。四三八個中、笵なし。
西安市文物管理委員会編『秦漢瓦当、陝西古代美術巡礼5』（陝西人民美術出版社、一九八五年七月）。一四〇個中、笵なし。

楊力民編『中国古代瓦当芸術』（上海人民美術出版社、一九八六年二月）。三八六個中、笵一個（No.192（＊））。＊は同書に収録された瓦当と瓦笵の通し番号。他書の場合も同じ。

河南省博物館編『秦漢瓦当』（『中原文物』特刊八期、一九八七年）。一〇〇個中、笵なし。

陝西省考古研究所秦漢研究室編『新編秦漢瓦当図録』（三秦出版社、一九八七年五月）。三九〇個中、笵なし。

銭君匋・他編『瓦当彙編』（上海人民美術出版社、一九八八年六月）。六七二個中、笵五個（No.382・389・392・423・545）、うち389・545のみ「瓦笵」と註記あり。

徐錫台・他編『周秦漢瓦当』（文物出版社、一九八八年十月）。三九六個中、笵五個（No.392〜396）。

以上、総計二、五一一個に上る瓦当のうちには、重複するものも幾らか含まれているが、計一一個の瓦当笵のなかに、重複するものはない。文中にこれらの書物を引用する場合、註には書名だけを記し、編著者以下は省くことにする。なお陝西省考古研究所秦漢研究室編『陝西秦漢瓦当図録』（『考古与文物叢刊』四）は、一九八五年に出版されたようだが、これだけは手に入らなかった。

（2）一九一六年刊。『楚雨楼叢書』初集ならびに『広倉学宭叢書』乙類（『芸術叢編』）所収。

（3）朱駿声『説文通訓定声』に「範は叚借して笵と為す」とある。「叚（仮）借」とは、他の字の音や意味を借りて来て使用すること。

（4）中国社会科学院考古研究所編著『洛陽発掘報告』―一九五五～一九六〇年洛陽澗浜考古発掘資料（北京燕山出版社、一九八九年）一四五頁。

（5）瓦留の釘隠。つまり、軒端の筒瓦を留めた釘の頭を隠すため、その上にかぶせる飾り物。

（6）裏面が平らなのは「笵」である証拠。何でもないような記述だが、極めて重要。他の瓦当笵では、ほとんど触れていない。

（7）この瓦当笵は一見したところ円形のようだが、よく見るとオリジナルの部分はほぼ下半分であり、上半分は文様もろとも復原されていることが分かる。

（8）中国科学院考古研究所編著『洛陽中州路（西工段）』（科学出版社、一九五九年）図版一七、8―10。

（9）直接、粘土を押し当てて瓦当などを作る型を「子笵」と言い、更にこの子笵を作るための元型を「母笵」と呼ぶ。笵については瓦当も銭も同じ原理なので、詳しくは拙稿「先秦貨幣雑考」（『東洋文化研究所紀要』二七、一九六二年）九二～九七頁を参照のこと。

（10）李発林『斉故城瓦当』（文物出版社、一九九〇年）二七～三一頁。

（11）拙著『半瓦当の研究』（岩波書店、一九五二年）図版Ⅸ―26。

（12）李氏前掲書一八八頁。拙稿の図7'―2は、同書の図一四四を引用。

（13）谷豊信氏は「楽浪土城出土の瓦笵には、笵の傷の形状から木笵を用いたことが判るものがある。他の遺跡ではまだ木笵の使用を確認していない」と言われ（「西晋以前の中国の造瓦技法について」『考古学雑誌』六九巻三号、八六頁）、日本における瓦当の木笵の使用状況については、斎木勝氏が詳しく述べておられる（「瓦当笵一例―千葉県栗源町コジヤ遺跡出土資料」『考古学雑誌』七三巻二号、一一一頁）。地域や時代は異なるが、以て参考にすべきであろう。

（14）始皇陵秦俑坑考古発掘隊「秦始皇陵西側趙背戸村秦刑徒墓」（『文物』一九八二年三期）。

（15）秦漢瓦当文の象徴とも言うべき、いわゆる「雲文」の型式を、次の三種に分類・命名してみた。巻雲文（挿図左）、反転雲文（同中）、茸形雲文（同右）。
（16）塼（煉瓦）の面に刻まれた文字で、この場合は、刑徒の身上に関する記録。
（17）始皇陵秦俑坑考古発掘隊「陝西臨潼魚池遺址調査簡報」（『考古与文物』一九八三年四期）。この報告では両者を「瓦当笵祖」と呼ぶ。
（18）母笵の面に、粘土のブロックを押し当ててプレスする。それを幾回か繰り返すと、母笵上の細い凸線が磨滅して来るので、母笵を廃棄してしまうか、暫時、子笵の面に線を彫り凹めるか、そのいずれかの方策をとったものと思われる。
（19）『周秦漢瓦当』「392　S形雲紋円形瓦当笵　戦国秦　当面径一四・二糎　咸陽牛羊村採集」とあるもの。
（20）李啓良「陝西安康地区出土秦漢瓦当」（『考古与文物』一九八五年四期）。
（21）竹島卓一『営造法式の研究』Ⅲ（中央公論美術出版、一九七二年）用語解説二八頁。
（22）『周秦漢瓦当』に「395　巻雲紋円形瓦当笵　秦　当面径一七糎　咸陽窯店採集」とあるもの。
（23）『京都大学文学部博物館考古学資料目録』（京都大学文学部、一九六三年）第三部　中国　五一三。
（24）『周秦漢瓦当』に「181　蘑茹形雲紋円形瓦当　秦　当面径一五糎　秦始皇陵内城西墻出土」とあるのは、その一例。「蘑茹」は茸の一種。
（25）駒井和愛『曲阜魯城の遺蹟』（東京大学文学部考古学研究室、一九五一年）一七頁。
（26）前掲『曲阜魯城の遺蹟』図版18、瓦塼1。
（27）陳直「秦漢瓦当概述」（『文物』一九六三年一一期）三五頁。
（28）関野貞『瓦』（『考古学講座』、雄山閣、一九三二年）二四―二五頁。
（29）中国科学院考古研究所洛陽発掘隊「河南偃師〝滑城〟考古調査簡報」（『考古』一九六四年一期）三二頁、図五―2。
（30）『東亜の古瓦塼』（天理ギャラリー第二回展、一九六二年）57図。

瓦当雲文の3型式

(31)『秦漢瓦当』一九八五年、No.137。解説に「雲文瓦当　漢　面径一六・八糎」とある。
(32) 図19は、同じ瓦当笵の写真（上）と拓本（下）を示すが、文様の凹凸は、後者の方がずっとはっきりしている。
(33) 羅西章「隋文帝陵、祠勘察記」（『考古与文物』一九八五年六期）
(34) 楊力民『中国古代瓦当芸術』No.192
(35) 楊氏前掲書No.120に「漢　雲文　直径一六・五糎」とある。
(36) 一九五五年に、安徽省鳳台県の連城遺跡で、唐・宋・元代に属する各種の遺物が出土したが、その中に宋代の瓦当がある（図19'—2）。一見したところ漢瓦を想わせるが、漢代にこのような雲文はなく、周郭に施された唐草文によって、宋代のものであることが分かる。
(37) ここに掲げた文字瓦当笵六個のうち、図20・22・23・25は、それぞれ『瓦当彙編』No.382・389・392・423から、図21・24は、陳直「秦漢瓦当概述」（『文物』一九六三年一一期）図四、3・4からそれぞれ引用した。
(38) 林剣鳴「漢甘泉宮瓦当文字考釈」（『考古与文物』一九八一年四期）一一〇頁。
(39) 韓保全「西安慈恩寺内的唐代磚瓦窯址」（『考古与文物』一九八六年一期）。
(40) 洛陽市文物工作隊「洛陽紗廠路北宋磚瓦窯場遺址発掘簡報」（『中原文物』一九八四年三期）。
(41) 東京大学教養学部美術博物館「中国の瓦、展示品目録」（一九八五年十—十二月）のNo.81・82に「花文軒丸瓦笵宋時代　浙江省杭州出土」とある。この目録に載っているのは二個だが、これで全部かどうかは不明。米内山庸夫氏の収集品でもあろうか。
(42) 南京博物院他共編『江蘇省出土文物選集』（文物出版社、一九六三年）図217。
(43) ここに挙げた二八個の瓦当笵のうち、戦国・秦漢のものは二五個もあり、全体の約九〇％を占める。
(44) 中国科学院考古研究所編著『唐長安大明宮』（科学出版社、一九五九年）図版五八〜六〇。
(45) 今から半世紀ほど前に、山東・河北・河南の各地を調べ歩いた時の所見に依る。
(46) 清の顧祖禹の『読史方輿紀要』などを見ると、そのような傾向がよく分かる。
(47) 長安城の北郭外に突出していて、後世、撹乱されていない大明宮の場合などは、もちろん話が別である。
(48) 中国科学院考古研究所編『鞏県鉄生溝』（文物出版社、一九六二年）一八頁。
(49) 原料の円滑な供給、労働力の能率的な配分、製品の周到な管理など。

張衡の候風地動儀における都柱の復原

一

張衡が後漢時代のすぐれた科学者であったことは、あらためていうまでもない。また彼が発明したといわれる候風地動儀なるものも、かなり識者の注目を引いている。この地震計は、今から一八四〇年も前の西紀一三二年に造られ、永嘉（307～312）の乱のあと間もなく失われたらしいといわれる。(1) しかし『後漢書』巻八九の張衡伝に、そうとう詳しい記述が残っているので、約一世紀も前から、各国の学者が盛んに復原を試みた。現代の地震学からみても、それほど関心を呼ぶものなのである。たとえば、Emil Wiechert（1861～1928）が独自に開発した地震計も、これと同じ原理によるものであった。

一九六六年の五月、北京の中国歴史博物館を訪れた筆者は、王振鐸氏が三〇年近くもかかって復原された1/2大の模型(2)を見て、それに深い興味を覚えた。その後、折に触れて関係資料を集めているうち、この地震計の部品の中で最も重要な役割を持つ「都柱」の形や大きさについて、いろいろ実験的に調べて結果、基本的な点で従来と異なる見解を抱くに至ったのである。その間、自分でも地震学を初歩から勉強すると共に、専門の学者からも教えを請い、昨今どうやら考えを纏めるところまで漕ぎつけた。地震学には全くの素人ながら、アイディアにいささかでも採るべき点があればと思い、ここに敢えて私見を述べる次第である。

二

本論に入るに先立ち、まず張衡伝の関係記事を左に書き下してみよう。

陽嘉元年（132）、復た候風地動儀を造る。精銅を以ってす。員（圓）径八尺にして、合せ蓋隆起し、形酒尊に似たり。飾るに篆文・山・亀・鳥・獣の形を以ってす。中に都柱有り。傍行の八道、関を施し機を発す。外に八龍有り。首に銅丸を銜《くわ》う。下に蟾蜍（ガマガエル）有り、口を張って之を承く。其の牙機巧制、皆隠れて尊中に在り。覆蓋は周密にして際（隙）無し。如し地動くこと有らば、尊則ち振う。龍機発し、丸を吐きて蟾蜍之を銜う。振声、激しく揚る。伺う者、此れに因って覚知す。一龍、機を発すと雖も、七首は動かず。其の方面を尋ねて、乃ち震の在る所を知る。之を験すに事を以ってするに、契を合すこと神の若し。書典の記す所より、未だ之あらざる也。嘗て一龍の機発するも、地の動くを覚えず。京師（洛陽）の学者、咸《みな》其の徴無きを怪しむ。後数日、駅至る。果して地、隴西（甘粛省臨洮県の西南、洛陽の西方約720km）に震う。是に於いて皆其の妙に服す。此れより以後、乃ち史官をして、地動の方に従って起る所を記さしむ。

いかにも着想の奇抜な地震計である。地面が動くと、都柱の動きで仕掛けが働き、一匹の龍の口が開いて、丸がカエルの口の中に落ちる。つまり、その音を聞いて地震が起ったことを知り、丸が落ちたところを調べて震源地の方角がわかるという仕組みである。

ところで問題なのは、機能の中心をなす「都柱」の動き方であって、機械を作動させるのに充分なエネルギーを持たせるためには、それをどのように仕掛けたらよいか、という点を明らかにする必要がある。かつて二、三の学者は懸垂振子と考えたが、懸垂振子は支点の動きに対して鈍い反応しか示さないので、この場合はまず役に立たない。すでに定説となっているように、問題の都柱は逆立振子とみるべきである。「旁行の八道」というのも、都柱が倒れ込む隙間と考えてこそ、初めて解釈がつくであろう。

「都柱」の語義については、王振鐸氏が詳しい考察を加え、当時の画像石墓や崖墓などに見られる「独柱」に当るものとされた。しかし、これでは「都」の意味がはっきりしない。この柱は容器の中心にあって、八方に道が通じ、あたかも四方八方から人や物資が輻湊する、四通八達の大都会を連想させる。王氏は「当時の建築における一種の柱の名称を借用した可能性もある」とされたが、これはおそらく妥当であろう。八方はとにかく、四方から梁などの横木が集っている柱を、当時「都柱」と呼んだのではなかろうか。しばらく憶説を述べて、識者の教正を待ちたい。

さて、候風地動儀の研究史については、すでに王氏の詳しい紹介がある。したがって、ここでは重複を避けるべきだが、議論を進める都合上、従来の復原例をひと通りあげておこう。(3)（括弧内は復原の年）

1　服部一三（1875）　外形の復原だけで、内部機構には触れていない。
2　John Milne（1883）　懸垂振子を採用したので、問題にならない。
3　呂彦直（1917）　建築家の説であるが、早くいえば前者の亜流。
4　鷲峯地震研究室（1931）　服部一三の模倣。
5　Science Museum, London（1936）　前者の焼直し。
6　王天木（1936）　懸垂振子を考えたので失格。
7　萩原尊礼（1938）　初めて逆立振子を採用した画期的なもの。中心に立てる柱は真鍮製で、上部に先の尖った球形の錘がある。柱の底径は3mm. 重心の重さは170mm. 柱が倒れて、水平板に放射状に穿たれた八本の隙間のどれかに入ると、滑走体（slider）が動いて、丸を外を押し出す仕組みになっている。

王振鐸氏が復原した候風地動儀の外観（高さ 2.72m）
『文物』1963 年 5 期による

8　今村明恒（1939）　丸を落すことは考えずに、もっぱら原理だけを追究したもの。柱の上部に、円筒形の錘が付いている。底径は前者と同じく 3mm であるが、重心の高さが 12.4mm なので、それより感度が低い。立ちにくい柱をいかにして立てるかという点に、独特の工夫がこらされているが、これについては後述する。

9　王振鐸（1936～1962）　一九三六年に造った復原模型は、懸垂振子の方式であったが、五一年に逆立振子を採用し、六二年に改良型を完成した。この問題に注いだ同氏の意欲は、まさに一種の執念ともいうべきものである。全体の形と大きさや、内部の機構については勿論のこと、外装の細部に至るまで、文献と遺物を駆使して博引旁証、まさに地動儀復原の決定版と称しても過言ではない。問題の都柱は、後漢時代の物指で長さ八尺、径二寸と定められているが、これは23.68cmの建初尺で換算すると、それぞれ189.44cm，4.736cmに相当する。

以上九種の復原例のうち、とくに注目されるのは、萩原・今村・王の三氏の労作であろう。つぎにこれらを検討しながら、筆者の新しい見解を述べていくことにする。

三

さて、この地震計を復原するさい、容器の形や文様、外側に取り付ける龍とそれに対応するカエルの形、龍の口が開いて丸が落ちる仕掛けなどは、むしろ副次的なものにすぎない。王氏は精力のほとんどをこうした方面に注ぎ込まれているが、いまそれらの成果について論評することは避けよう。重要なのは、懸垂振子ではなく逆立振子の原理によっているらしいこと、したがって、容器の真中に立てる都柱をどのように設計し、また細長くて立ちにくい柱をどのようにして立てるかという点である。

都柱を逆立振子とみて、その復原を図られた萩原・今村・王の三氏は、いずれもそれを円柱と考えられた。しかし、この見解は果たして当っているかどうか。まずこの点を検討することから始めよう。

およそ地震には、その大小を問わず、すべてP波（Primary wave）とそれに続くS波（Secondary wave）がある。前者は縦波で震源地の方向に揺れるが、後者は横波と呼ばれるものの、それと直角とは限らず、いくらか斜めになったり、上下に揺れたりする。地震が起ると、まずP波が早い速度で周囲に直進し、やや遅れてS波が複雑な地質構造の中を蛇行する。一般に、P波は震幅が小さくて周期が短く、S波は震幅が大きくて周期が長い。そこで前者を初期微動、後者を主要動という。なおP波の第一波（初動）は、「押し」で来るか「引き」で来るかきまっていない。(4)

右のような地震についての基礎知識から、都柱が倒れて震源地の方向をさす可能性があるのは、P波の場合に限られるということがわかる。そこで円柱の性能を調べる方法として、つぎのような実験を思い付いた。

まず机の上にセルロイドの下敷をのせ、その上に円柱状の鉛筆を一本立てる。震源地が前方真正面にあるものと仮定し、下敷に両手を添えて前後に動かす。そのさい第一波がかなり強い「押し」で来れば、鉛筆はいきなり前方に倒れて震源地の方向をさす。反対に、第一波がかなり強い「引き」で来れば、鉛筆は後方に倒れて震源地と正反対の方向をさす。第一波で倒れないとき、鉛筆はしばらく前後動の波に揺られるが、円い底面の周縁に沿って、支点が不規則に移動するので、頭の振り方もきわめて不規則になる。そして、ついにバランスを失って倒れるが、その方向は全く出鱈目で、震源地とは何の関係もない。

つぎに六角柱状の鉛筆を使って、同じ実験をしてみよう。ただし今度は、鉛筆の互いに平行する一対の面を、机の手前の縁と平行に、つまり前方の震源地に正対させるようにする。この場合も、第一波がかなり強ければ、鉛筆が震源地の方向かまたはその正反対の方向に倒れること、前の場合と変りはない。しかし第一波で倒れないときは、少し様子が違ってくる。つまり鉛筆は、震源地に正対する底面の一辺を支点として、安定した姿勢に復元しようとするが、勢い余ってそれと対向する辺に支点が移り、さらにもとの辺に戻るというふうに、頭を前後に振る運動を繰り返す。そしてついに、前後どちらかの方向に倒れる場合、頭が震源地の方向かまたはその正反対の方向をさすことはいうまでもない。

これは六角柱についての実験であるが、八角柱の場合も同様であろう。張衡の地震計は、中心から外に向って八本の溝があったというから、その中に倒れる柱も、八角柱状のものであることが望ましい。右の実験で明らかなように、柱を八角にしてさえおけば、P波の震動が強かろうと弱かろうと、倒れた柱のどちらかの延長上に、必ず震源地があることになるからである。地震の専門家の意見はどうかと思って、東京大学理学部地球物理学教室の浅田敏教授にお尋ねしたところ、「かつて或る人が長短・太細さまざまの柱を立てて揺ってみたが、震動が弱いと、皆まちまちの方向に倒れてしまうので失敗した。柱の底面を多角形にすることに気が付かなかったからだ」という意味の御返事を戴いた。

理論的には柱全体を八角にする必要はなく、円柱の底の部分だけ八角に削っても、その効果に変りはない。後漢時代の技術段階で、どちらをより正確に造り得たかは、容易に判断しかねる。しかし、画像石墓や崖墓にしばしば見られるように、(5) 当時、八角柱の盛行していたことが想像されるので、この都柱が実際の建築の柱を模したとすれば、八角柱であった可能性も少なくない。ここでは一応、八角柱としておく。なお、上にいくほど柱を太くしたり、上部に錘を付けたりして、重心を上げるという方法もあるが、旋盤もないころの技術では、まず無理であったろう。

四

ところで候風地動儀の語義については、王氏が詳しい考証を試みておられるので、左にその大要を紹介しよう。

竺可楨と范文瀾の両氏は、候風と地動儀を二つの物とみて、「候風」とは風の方向を観測する儀器であろうという。一方、張徳鈞氏は、張衡伝では「候風」の下に「儀」の字がなく、また同伝の後文に施された李賢の注に「候風地動儀」とあるところから、候風地動儀は一つの物で、「風」の字は衍文かもしれないとする。以上の両説のうちでは、これを一つの物とみる後説のほうが正しいようだ。「風」は「気」と関係があり、地震の原因は気が動くことにあると考えられていた。したがって、候風地動儀という名称の由来は、八方の気を観測すると同時に、八風の放散現象を観測し、これによって地震の本態を解釈しようとしたことにあるのであろう。

右は確かに一説かもしれないが、また別の見方もないわけではない。無感の地震を見事に観測し得たという張衡伝の一節が、この場合一つの手がかりになる。はるか彼方の隴西で地震が起ったとき、都柱は人体に感じないほど微弱な震動によって倒れたのである。しかし、当時の人々はそれを理解できず、地面が動かないのに都柱が倒れたと思い込んだ。では、都柱を倒したのは何物だろう。目に見えない気のようなものか、風のようなものか。風のようなものといっても、容器は密閉されていたというから、動く風ではない。風格・風説・風味などの語が示すように、そこはかとなく漂う何物かであろう。彼らは、そのように考えたに違いない。もしそうだとすると、この候風地動儀は、「漠とした兆候を敏感に捉えて、無感の地震さえ観測し得る高性能の儀器」ということになる。王氏の解釈より、このほうが合理的なのではあるまいか。

前に述べたように王氏が都柱の長さと径の比を40：1と定められたのは、あくまでも「暫定」の処置で、別に理論的根拠があったわけではない。では、この程度の柱は、無感の地震で倒れるかどうか。これを数式的に解明する方法について、浅田教授にお尋ねしたところ、ほぼ左のような御教示を得た。

1　地震の強さは加速度gal(cm/sec^2)で表される。

2　明治二十四年（1891）に起った濃美大地震のさい、大森房吉博士は墓石や灯籠などが転倒する状況から地震の強さを調べ、径x、長さyの物体が倒れ始めるときの地震の加速度αを算出する公式を$\alpha = gx/y$と定められた。(6)

（gは重力の加速度で980gal)。

そこでこの公式により、長さと径の比が40：1の柱を第一波で倒すための最小の加速度を計算してみると、24.5galになる。いったいこれは、どのくらいの強さの地震であろうか。現在、日本で使われている震度階(7)なるものを見て戴きたい。

無感（0）（0.25～0.8gal）　地震計のみに感じ、人体に感じない。

微震（Ⅰ）（0.8～2.5gal）　静止する人、または、地震にとくに敏感な人だけに感じる。

軽震（Ⅱ）（2.5〜8gal）　一般の人々に感じ、戸や障子がわずかに動く。

弱震（Ⅲ）（8〜25gal）　家屋が動揺し、戸障子が音をたてて動く。電灯のようなつりさげた物や、器中の水面の動きがわかる。

中震（Ⅳ）（25〜80gal）　家屋の動揺がはげしく、すわりの悪い器物は倒れ、八分目くらいはいった水が器からあふれ出る。

強震（Ⅴ）（80〜250gal）　略

烈震（Ⅵ）（250〜800gal）　略

激震（Ⅶ）（800〜gal）　略

この表でわかるように、24.5gal といえば、震度Ⅲの弱震と震度Ⅳとの境目あたりに相当するから、当然、人体に感じてしまう。そうかといって、無感の地震の最大 0.8gal を観測するためには、長さと径の比が実に 1225 : 1 の柱を立てなければならない。このようなことは、現在の技術でも、とうてい不可能である。

意外な結果に驚いているうち、もう一つ厄介な問題が起ってきた。なるほど震動を敏感に捉えるという点では、柱は細長いほどよいにきまっている。しかし、震源地の方向を的確に測定するという別の目的からすれば、その細長さにはおのずから限度があるらしい。というのは、柱が第一波で倒れずに頭を振る場合、あまり細長いと、支点が八角形の相対する辺の上にうまく乗らず、角頂をめぐって不規則に移動するので、結局は円柱と同じことになり、底面を八角形にした意味がなくなってしまうからである。そこで、この点を明らかにするため、左のような実験をしてみた。

まず五ダースの六角鉛筆の中から、真直で歪みがなく、心が正確に中心にあり、しかもその切口ができるだけ平滑なものを二ダース選ぶ。つぎにこれらの鉛筆を、水平に調整したセルロイド板の上に置き、板を前後左右に揺って、倒れたものを端から取り除く。残った六本をさらに何回も揺ってみて、倒れた回数が最も少ないものを一本選ぶ。つまりこの一本は、最も正確な六角柱で、かつ安定度の高いものということになろう。六角鉛筆の規格は、長さが175mm，径――対角線の長さではなく、相対する二辺間の距離――が7mmであるから、その比は25:1で、鉛筆を倒すための最小の加速度は39.2galになる。

そこで今度は、鉛筆の一端を各辺と平行に少しずつ削り落し、切口の六角形をだんだん小さくしていく。径が4.38mmで長さの1/40(24.5gal)，2.92mmで1/60(16.3gal)ぐらいまでは、底面の六角形は有効に作動し、辺と直角に揺るかぎり、鉛筆は震動の方向に沿って倒れる。径が2.2mmで長さの1/80(12.25gal)になると、その確率はやや落ちてきて、鉛筆はときおり頭を不規則に振るようになる。心の径は2mmにすぎないから、径が1.75mm，つまり長さの1/100(9.8gal)の六角形を造るには、心に削り込まなければならない。これは、なかなか大変な仕事である。ルーペでのぞきながら、欠けないように用心深く、カミソリの刃で削っていく。(8)そして何度か失敗を重ね、初めからやり直したあげく、とにかくルーペで見るかぎり、径1.75mmの正確な六角形を作ることに成功した。この長さと径の比が100:1の鉛筆は、立てるのが非常にむずかしい。しかし根気よく実験を繰り返した結果、辺と直角に振動を与えると、三回に二回ぐらいの割で、その方向に倒れることがわかった。毎回とまでいかないのは、工作の精密度に問題があるためと、辺と直角に振動を与えるさい、多少斜めの波がまじるためであろう。

八角は六角に比べて回転し易いという弱点はあるけれども、右の実験から推測して、八角底がP波に対して有効に作動し、支点の不規則な円運動を防ぐためには、長さと径の比がせいぜい100:1ぐらいまでなのではあるまいか。つまりこの辺が限度で、これ以上細長いと、支点の動きに対して保障が持てないことになる。

ところで筆者の実験によると、右の100:1という比率は、柱を造る技術の面から考えても、立てられる一応の限度らしい。この点について、もっと参考になるよい例がある。浅田教授の御紹介で、東京大学地震研究所の嶋悦三教授にお伺いしたところ、同教授が中心となって開発された簡易地震計(9)では、観測し得る最小の地震は10gal程度で、そのさい倒れる柱の比率はやはり100:1であるという。この地震計は、候風地動儀と同じく逆立振子の原理によるもので、真鍮でこしらえた長さ200mm，径10mmの円柱六本の底面を、高さ1mm，径2，3，4，5，6，8mmの高台形に削ってあり、測定し得る最小の地震の加速度は、概算でそれぞれ10，15，20，25，30，40galとなっている。つまり現在の技術を以ってしても、あまり費用をかけないですまそうとすれば、100:1ぐらいの柱を立てるのがせいぜいとのことであるから、これと同じ比率の柱を立てるとなると、後漢時代にはかなり困難であったろう。しかし問題の都柱は、右の真鍮の柱よりはるかに大型だったので、精密度という点からすれば、或る程度加工し易かったとも考えられる。はっきりしたことはいえないが、こうした事情をいろいろ勘案してみると、後漢時代に立てられる柱の比率の限度も、まず100:1ぐらいだったのではなかろうか。そしてこの比率ならば、底面を八角形にする意義も失われないですむわけである。

長さと径の比が100:1なら、柱は9.8galで倒れることになる。しかし、これは柱を第一波で倒すための最小限の加速度であるから、柱が何回目かの波動で倒れる場合は、少し事情が違ってくる。つまり、柱の振動と地震の波動との間に干渉が起れば、柱の振動は加重されたり相殺されたりすることになろう。両者の振動周期がたまたま同じか、一方が他方のn(1/n)倍ならば、柱は第一波で倒れなくても、共振の作用によって、振動を繰り返すうちに振幅が増大し、ついに何波目かには、安定を失って倒れるに違いない。そして、その場合の波動の加速度は、第一波で柱を倒すさいの加速度より、かなり小さくてもよいのではないか。こう考えたので、さっそく地震研究所に赴き、嶋研究室の柳沢馬住助手に、左のような実験をお願いした。

前にあげた簡易地震計に使用する六本の柱のうちで、最も感度の高いもの、つまり長さ200mm，底径2mmの柱（逆立振子）[10]の固有振動周期は、それと長さが等しい懸垂振子の$T=2\pi\sqrt{1/g}$（$\pi=3.146$，$1=20$，$g=980$）なる公式から、約0.9secと計算される。そこで振動台の周期を1.1cycle(1/0.9)にセットし、徐々に振幅を上げていくと、この柱は測定限度とされる10galより、はるかに弱い3galぐらいで倒れることがわかった。さらに、振動台は振幅の等しい整波しか出さないが、地震には複雑な不整波がまじるので、場合によると柱の振幅が加速度的に増大し、1galまたはそれ以下でも倒れる可能性がありそうだ。無感の地震を見事に観測し得たという張衡伝の記載は、たまたまこうして起ったケースを伝えたものであろう。

前に述べたように、萩原・今村両博士が考案された逆立振子は、いずれも径が3mmで、上部に錘を備え、重心の高さはそれぞれ170mmと124mmであるという。(11) そこで、これを3mmの真直な柱に換算すると、その長さは重心の高さの二倍で340mmと248mm，長さと径の比はそれぞれ113.3:1(8.7gal)と82.6:1(11.9gal)になり、筆者の考定した100:1(9.8gal)を挟んで、その前後に位することがわかる。113.3と82.6の平均が、ほとんど100に近い97.95になるのも、あながち偶然とは思われない。要するに都柱の長さと径の比は、まずこれくらいとするのが妥当であろう。

王氏は、張衡の造った霊台儀器が「八」の数を基準にしているところから、都柱の長さを八尺と定められた。縦断面が楕円形とみられる容器の底に床を張り、蓋の高さを差し引くと、中に立てる都柱の長さは、容器の径の八尺とほぼ同じくらいになりそうだ。また「八」という数は、八つの方位と無関係ではあるまい。したがって、この点に関するかぎり、王氏の説は正しいとみられよう。無理に一丈などと考える必要もないし、また根拠もない。長さが八尺なら、径はその1/100で八分ということになる。そして、これを23.68cmの建初尺で換算すると、長さは189.44cm，径は1.8944cmに相当する。

都柱の長さが2m近くもあると、容器の高さは優に2.5mを超えたであろう。(12) このように地動儀を巨大化しなければならなかった原因は、当時の技術レベルに求められるのではなかろうか。おそらく短い柱では、加工も大変だし、立てることも困難なので、いろいろ実験を重ねているうち、このように長くなってしまったものと思われる。

五

最後に問題になるのは、都柱の立て方である。王氏の設計による長さと径の比が40：1ぐらいのものなら、ただの一回で立つであろう。これは、簡易地震計の柱のうちで五番目に感度が高い、長さ200mm，底径5mmのものを立ててみた経験からもいえる。しかし100：1ともなると、そう簡単にはいかない。底径2mmの柱を手ぎわよく立てるには、相当の修練を必要とする。つまり一回で立てられるような柱では、無感の地震は測れないのである。では、立ちにくい柱をうまく立てるには、どうすればよいか。

今村博士は、つぎのような装置を考案された。[13]

逆立振子の頂部に細い紐を結び、その一端に輪を取り付ける。木の台の上に、水平にするためのネジ（levelling screw）を隅に備えた三角形の真鍮板を置く。振子を垂直に跨ぎ、上部が水平になっている金属の枠を、木の台に固定する。枠の上部中央に測微計（micrometer）をセットし、その下に細い紐を垂らして、端に鉤を付ける。この鉤を右の輪にひっかけて、振子を吊す。測微計のネジを回して振子を静かに降ろし、真鍮板に届いたところで、水平にするためのネジを操作しながら、振子を安定させる。最後に鉤を輪から外す。震動で振子が倒れると、上部の錘が木の台を打って音を立てる。

いかにもオーソドックスな方法であるが、張衡の原理にもとづく現代版の地震計ともいうべきもので、後漢時代にこのように複雑な装置が作れたとは考えられない。では、どんな方法があるのか。

もちろん、精密機械的に正確な八角柱をこしらえ、その底面と台——これもおそらく銅製——の面を鏡のように磨きあげ、かつ台を厳密に水平に固定することができれば、完全な無風状態のとき、柱は必ず立つはずである。しかし当時の技術段階では、このような条件を満たすことは、おそらく困難であったろう。そこで、不安定な柱を立てるためには、八角の面を溝に正対させるという原則を崩さずに、何回でも根気よく立て直すより仕方がない。重心から降ろした垂線が、たまたま底面の範囲内に落ちるのは、柱がよほど精密にできていないかぎり、まず偶然といってよかった。さればこそ、無感の地震でも倒れるほどの感度を持ち得たのであろう。だが、こういう面倒な手間を省き、立ちにくい柱をただの一回で立てることはできないものだろうか。この点についていろいろ考えてみたところ、左のようなうまい方法を発見した。

まず柱の頂部のあたりに、柱が辛うじて通るくらいの銅環を固定する。つぎに柱の頂面の中心に吊環を取り付け、紐の付いた鉤をそれにひっかけて、柱全体を、銅環を通しながら徐々に吊り下げていく。一方、その真下に当る台の面に、硬めの粘土を1mmほどの厚さに塗る。柱が粘土を潰して台上に落ち着いたら、紐の鉤を吊環から外し、はみ出た粘土をきれいに取り除く(14)。銅環で頂部が支えられているから、柱は倒れることはない。そのままの状態でしばらく放置し、柱と台の間に僅かながら挟った粘土が完全に乾いたところで、慎重に銅環を取り外す。こうすれば、支えはなくても、柱は垂直に立つことになる。ただそのさい、柱に与えるショックをできるだけ小さくするため、銅環は柱の頂部ほとんどすれすれのところに固定し、垂直の方向に取り外せるようにすることが望ましい。

都柱は銅製であったと思われるから、かなり重かったに相違ない。後漢尺で長さが八尺、径がその1/100の八分とすれば、6.2kgほどになる。そこで粘土は、柱の底面と台の上面が直接触れる部分からは完全に排除され、触れない個所に僅かばかり残るにすぎない。しかし間隙を全然つくらないという点で、柱を安定させる効果は絶大である。そのうえ、乾ききった粘土は接着力を持たないから、柱が倒れるのを防げることもない。さらに、こういう方法をとれば、柱の精度が多少落ちようと、台がいくらか傾いていようと、まず柱を立てる障害にはならない。うまくいけば、長さと径の比が1/100以下でも立つのではなかろうか。

もっとも、張衡が実際に右のような方法を採用したかどうかは、また話が別である。ここではただ、当時の技術でも可能な方法を考えてみたにすぎない。

六

張衡伝の地動儀に関する記事の中に「其の方面を尋ねて、乃ち震の在る所を知る」といい、「乃ち史官をして、地動の方に従って起る所を記さしむ」とあるのは、きわめて注目に値する。「震の在る所」というのは、震央すなわち震源地をさしているに違いない。地震が起ったとき、最も激しく揺れた地を調べて、それを知ったのであろう。つまり彼は、地震の波動が伝播することに、早くも気付いていたらしい。「十九世紀のはじめごろ以前の人達は、地震動の伝わることはあまり考えなかったようで、各地ほとんど同時にゆれると思っていた[15]」というのからみれば、まさに驚くべき発見である。

張衡は、震動で都柱が倒れる状態を仔細に観察し、丸が落ちた方向に強い地震があったかどうかを入念に確かめたのであろう。彼の伝に「之を験すに事を以ってするに、契を合すこと神の若し」とあるほど的中率が高かったというのも、都柱が単なる円柱ではなく、八角に加工してあったからこそと考えられる。地震に関する彼の知識を以ってすれば、これくらいの工夫をなし得たとしても、別に不思議はない。

都柱の長さと径の比については、最後まで頭を悩ましたが、八角底がP波に対して有効に作動する限度、ならびに当時の技術でも立てられそうな限度からみて、それを100:1ぐらいと推定した。そしてこの程度の柱でも、地震との共振作用で振幅が増大すれば、無感の地震でも倒れる可能性があることを指摘した。また都柱の長さについては、これを当時の八尺とする王氏の説に従った。

なお、この地動儀は、いかに性能がよかったといっても、おのずから限界がある。つまり、都柱が倒れて震源地の方向をさす見込があるのは、Ｐ波の場合に限られているし、無感の地震を観測できるのは、共振が幸いするときだけであったらしい。

これで一応の結論を得たが、まだ問題点はいろいろある。たとえば、八角底がＰ波に対して完全に有効に作動するためには、柱の重心から降ろした垂線が、八角底の相対する二辺の両端同士を結び四対の平行線で囲まれた小さい八角形の中に落ちなければならない。もしこの垂線がそれから外れると、Ｐ波の第一波がとくに強い場合は別として、柱がＰ波の方向に倒れる確率は半分に減ってしまう。的中度がきわめて高いという張衡伝の記事が誇張でなかったとすれば、都柱の精度も意外に高かった可能性がある。そしてそれを立てるのに、あまり苦労しないですんだのかもしれない。この辺のことについては、もっと詳しく調べてみる必要がありそうだ。

いずれにしても、今から一八四〇年も前に、このような地震計が考案されたことは、世界の科学史の上で特筆に値する偉業といえよう。

御教示にあずかった浅田教授に心から感謝し、この小篇を座右に捧げる。

註

（1）王振鐸「張衡候風地動儀的復原研究」（『文物』一九六三年二期）一頁。
（2）「同右」、「同右（続）」（『文物』一九六三年四期）、「同右（続完）」（『文物』同五期）に詳しい解説がある。
（3）6以外の出典については「同右」七頁に譲るが、7と8は重要なので、とくに出典を掲げておく。Akitsune IMAMURA；Tyoko and His Seismoscope. (Japanese Journal of Astronomy and Geophysics, Vol. XVI, Tokyo, 1938～1939) pp. 37～41. 6については李光璧・頼家度「漢代的偉大科学家――張衡」〔李光璧・銭君曄編『中国科学技術発明和科学技術人物論集』（三聯書店、一九五七）所収〕二六六―二六七頁を参照のこと。

（4）この一節は東大理学部浅田敏教授の御教示、ならびに松沢武雄「地震」「地震波」（『世界大百科事典』一三巻、平凡社、一九五七）、坪井忠二『新・地震の話』（『岩波新書』六四二、一九六八）、藤井陽一郎『日本の地震学』（『紀伊国屋新書』C―一九、一九六七）などによった。
（5）「張衡候風地動儀的復原研究（続）」図一七―二三（八―九頁）参照。
（6）『日本の地震学』九二―九三頁。この文献も浅田教授の御教示による。
（7）「地震」一〇八頁、『新・地震の話』一四二頁。
（8）心が軟いと、削るとき欠け易いし、立てたとき減り易いので、最も硬い6Hを使った。
（9）川崎市防災会議地震専門部会「簡易地震計について」（一九七二）。
（10）柳沢助手は「底径が2mmあるので、これよりやや短いのではないか」といわれたが、そこまで確かめる暇はなかった。
（11）A. IMAMURA ; ibid., p. 39.
（12）王氏の復原では、2.72mになっている。
（13）註（11）参照。
（14）硬めの粘土を用いるのは、乾いたときの収縮率をできるだけ少なくするためであり、はみ出た粘土を取り除くのは、地震で柱が倒れるさい、少しでも邪魔にならないようにするためである。
（15）「地震」一〇七頁。

華表考

序

中国では古くから、建物や墓の前に「闕」とか「華表」とか呼ばれる構築物ないし標識を、装飾を兼ねて立てることが流行した。このうち闕のほうは、陳明達氏の優れた研究(1)などもあって、かなりよく人に知られているのに、華表のほうは、纏まった紹介もほとんどみられず、その全貌を知ることは容易でない。例えば考古学の辞典などを調べてみても、華表を項目として取り上げているものは一つもない。

しかし、華表は中国文化の一側面を物語る貴重な存在で、調べてみればみるほど興味の尽きない代物なのである。遺構そのものが残っていることもあり、断片的ながら関連する文献もかなりあるほか、当時の画像に刻まれたり絵画に描かれたりしている例も少なくない。中国の古今東西にわたるこれらの資料を遺漏なく拾うのは、もとより容易ならぬことである。今回筆者が集めた資料は、それらのうちの極く一部にすぎないかも知れぬが、華表に関する世上の認識を幾らかでも深めさせることに役立てば、まことに喜びに堪えない。なお「華表」の原名は「桓表」であるが、それから転訛した「華表」のほうがより広く用いられているので、ここではそれを題名に採用することとした。

華表は、立てられた目的により、場所により、木か石かの材質により、さまざまに分類することができる。しかし、ここでは記述が煩瑣になるのを避けるため、まず華表の概念を文献によって整理したのち、華表のなかで特に重要と思われるうえ、資料も比較的豊富な「橋表」と「神道石柱」、つまり橋に伴う木柱と石柱、並びに墓の参道を挟んで立てられた石柱、この二群を中心に考察を進めることにする。

一　華表の概念

まず「華表（桓表）」とは、どのようなものを指すのか、それを調べることから始めよう。

『前漢書』巻九〇 酷吏伝、尹賞伝の「寺門の垣の東に瘞《う》（埋）む」の条に対する顔師古の注に、如淳曰く「旧《ふる》く亭伝（宿場）は、四角の面百歩（建物の四隅の前方六百尺のところ）に、土を四方に築き（土を方形に突き固めて基壇を造り）、上に屋（建物）有り。屋上に柱有りて出づること高さ丈余。大板有り、柱を貫きて四（方に突）出す。名づけて桓表と曰う。県の治する所、両辺を夾（挟）みて各々一桓。陳・宋の俗に、桓と言う声は和の如く、今猶《なお》之を和表と謂う」と。師古曰く「即ち華表なり」と。

とある。沂南画像石墓の一画像のなかに、双屋の上に柱が立ち、大きな板がそれを貫いて四方に突出したさまが刻まれている（第1図）[2]。報告者の一人、蔣宝庚氏は「闕の頂上に風車状のものが取り付けてある」といわれているだけだ[3]が、林巳奈夫氏が「それ（桓表——関野注）であることは疑ひない」とされているのは[4]、さすがである。

第1図
屋上の桓表（注2）

『礼記』檀弓篇下の「三家、桓楹を視る」[5]の条に施された鄭玄の注に「四植（直線上ではなく、四辺形の角の位置に」四つ並び立つ）之を桓と謂う」といい、『周礼』春官、大宗伯の「公、桓圭を執る」(6)の鄭玄注に「双植（二つ並び立つ）之を桓と謂う」とある。また『説文』巻一一に「桓は亭郵（宿駅）の表なり。木に从《したが》い亘の声」といい、右に引いた『礼記』の鄭玄注に加えられた孔穎達の疏に「『説文』に「桓は亭郵の表なり」と。謂《おも》えらく、亭郵の所に表木を立つる、之を桓と謂う。即ち今の橋旁の表柱なり」とある。表柱は表木と同じで、『史記』巻二夏本紀の「山に行きて木を表《ひょう》す」の索隠に「木を表すとは、木を刊《けず》り、立てて表記と為すを謂う」とあるように、木製の標識ないし目印にほかならない。

もう一つ重要な文献がある。『古今注』巻三の問答釈義に、

程雅、問いて曰く「堯、誹謗の木を設くるは何ぞや」と。答えて曰く「今の華表木なり。横木を以て柱頭に交わらしめ、状は花の如く、形は桔槔《けつこう》に似たり。大路・交衢（十字路）、悉く焉《これ》を施す。或は之を表木と謂う。以て王者の諫を納《い》るるを表し、亦《また》衢路を表識す。秦は乃ち之を除き、漢は始めて復焉《またこれ》を修む。今、西京、之を交午柱と謂うなり」

とある。「桔槔」とは「はねつるべ」のことで、立柱の上に横木が丁字状に載っている形を指す。「以て王者の諫を納るるを表し」とあるのは、『淮南子』巻九主術訓の「舜は誹謗の木を立つ」に対する高誘の注に「其の善悪を（民をして舜の施政の善し悪しを）華表木に書す（書せしむ）なり」という意味であろう。桓と和と華が音通なので、桓表が和表・華表とも呼ばれたことについては、前に述べた。

なお『捜神記』巻一八に、

張華曰く「……千年の老精は復《また》別つ能わず。惟《ただ》千年の枯木を得て之を照さば、則ち形立ちどころに見《あらわ》れん」と。孔章曰く「千年の神木、何に由りてか得可き」と。華曰く「世に伝う、燕の昭王（311～278B. C. 在位）の墓前の華表木、已に千年を経たり」

とあるのは、華表が墓前に立てられたことを伝えている点で注目される。

さて、以上述べたところを簡単に纏めてみると、ほぼ左のようになるであろう。

華表（桓表）とは、官衙・宿駅・橋梁・大路・十字路・墳墓などの傍らに立てられた、木製の標識ないし立て札の類で、四本並び立つことも、二本並び立つこともあり、その形には、柱上十字形と柱上丁字形の二種があった。

二　橋に伴う木・石柱の沿革

次に、右のような一般論から進んで、特定された華表の例を探してみると、まず『洛陽伽藍記』巻三の城南篇に、

宣陽門外四里、洛水の上《ほとり》に至りて浮橋を作る。所謂永橋なり。……南北両岸に華表有り。高く挙がること二十丈。華表上に鳳凰を作る。天に沖せんと欲する勢いに似たり。

とある。これは「二十丈」という高さからしても、木製のものであったにちがいない。しかし石造のものもあったようで、同書巻二の城東篇には、左のように記されている。

建春門外に石楼（石橋）(7)在り。南は穀水周廻し、城を逶りて建春門外に至り、東して陽渠の石橋に入る。橋に四柱(8)有り。道南に在るものの銘に云う「漢、陽嘉四年（135）、将作大匠、馬憲造」と。我が（北魏）の孝昌三年（527）に逮《およ》び、大いに雨ふりて橋を頽《こわ》し、柱始めて埋没するも、道北の二柱は今猶《なお》存す。……

一方、『水経注』を見ると、次章で触れるとおり、墓前に残っている華表は、石造の神道柱に限られている。橋に伴う華表、いわゆる「橋表」の類も、同じく石造のものばかりで、木製のものは見当たらない。左に幾つか、その例を挙げてみよう。

(1)　洹水……又、北して（鄴城の）建春門を逕（経）。石の（橋）梁は高大ならざるも、治石は工（巧）密なり。旧《もと》

橋首を夾（挟）みて、両石柱を建つ。螭矩趺勒（みずちを刻んだ台座）甚だ佳《よ》し。

(2) 其の水（灤水）又、寧先宮の東を逕。……宮の東次下（東の詰所の下）に両石柱有り。是、石虎の鄴城の東門の石橋の柱なり。按ずるに、柱は勒趙（後趙）の建武（335〜348）中に造られ、其の石作工妙なるを以て、之を此《ここ》に徙す。……柱側に悉く雲矩（雲の彫刻）を鏤《ちりば》め、上に蟠螭（わだかまるみずち）を作り、甚だ形勢有りて、信《まこと》に工巧と為す。

(3) 穀水、又東して南に屈し、建春門の石橋の下を逕。即ち上東門なり。……橋首に両石柱を建つ。橋の右の柱の銘に云う「陽嘉四年（135）乙酉壬申、……」と。……又東して馬市の石橋を逕。橋の南に二石柱有るも、並びに文刻無し。

(4)（渭）水上に（橋）梁有りて、之を渭橋と謂う。秦の制なり。……橋の南北に堤有りて、石柱を激（邀《むか》）え立たしむ。柱の南は京兆（長安）之を主《つかさど》り、柱の北は馮翊之を主る。……之を石柱橋と謂う。

(3)は前に引いた『洛陽伽藍記』巻二所載の例と同じものだが、記述の内容に微妙な出入がある。木製の柱は腐朽し易く、墨書した字も消え易いので、北魏時代に酈道元が見たのは、漢以来の石造のものがほとんどだったのであろう。また次章で取り上げる神道石柱と同様、それらはもっぱら「石柱」と記されていて、「華表」と呼ばれている例はない。柱は側面に雲が刻まれていたり、上部や下部に螭（みずち）が飾ってあったりしたというが、いったい具体的にはどんな形をしていたのだろうか。なにぶん実物が一つも残っていない以上、ほかに手掛かりを求めなければならない。そこで注目されるのが、後漢時代（少し下るものもある）の画像石に見られる橋表の画像である。左に掲げるのは、手持ちの資料から集めた数例にすぎず、もとより充分なものとは言えないが、その形の一端を窺う手掛かりにはなるであろう。

(1) 頂にスペード形のものを載せた柱が、橋の両端に一本ずつ立っている（第2図—1）[9]。このスペード形のものは、

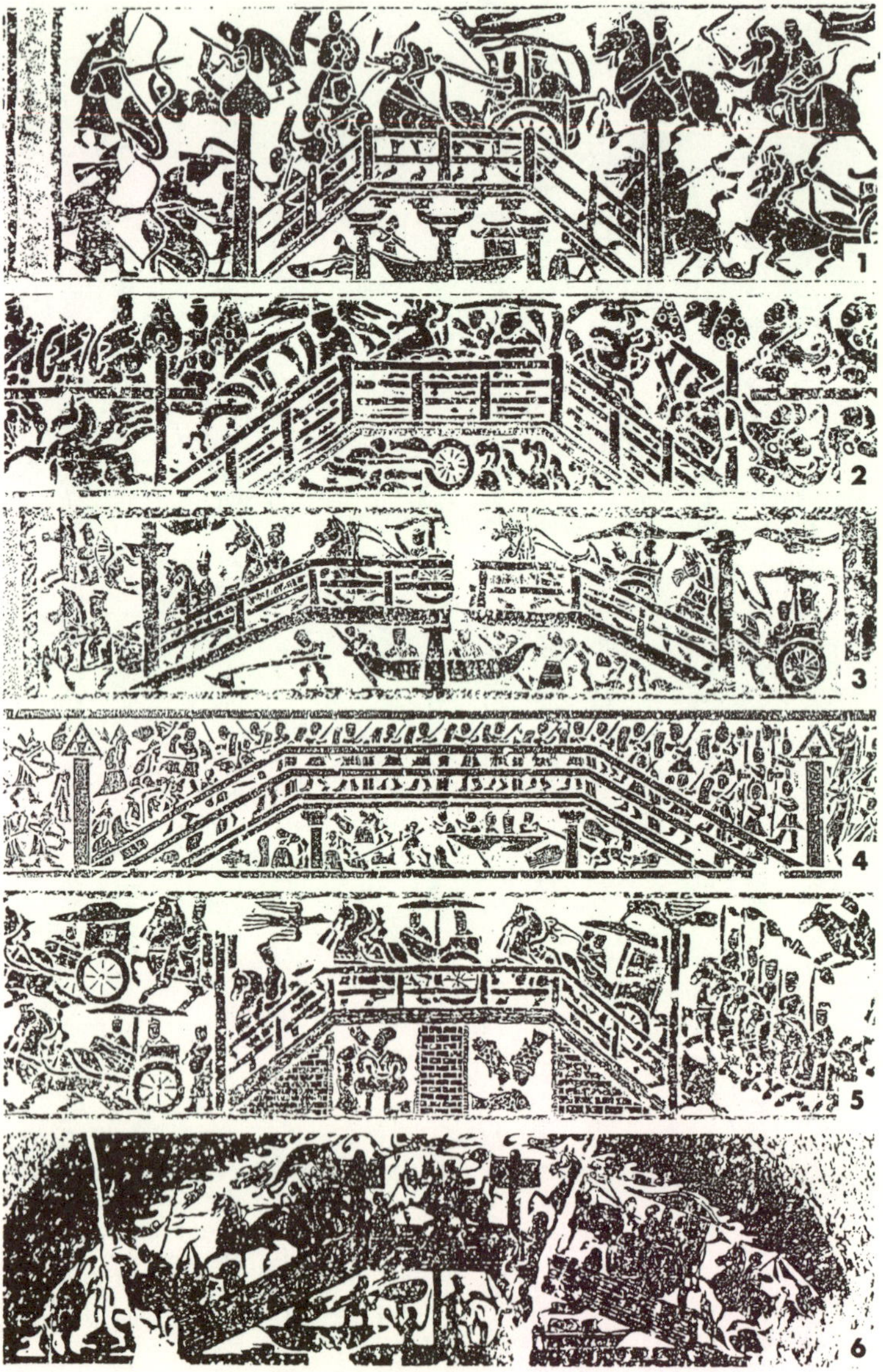

第2図　画像石に見られる橋表
1（注9）　2（注11）　3（注12）　4（注13）　5（注15）　6（注16）

恐らく樹木を象徴化しているのであろう。他の画像石に刻まれた、明らかに樹木と見られるもの（第3図[10]）に、よく似ているからである。山東省蒼山県前姚村出土。後漢時代。

(2) 橋の両端の左右に、それぞれ柱が立っている（第2図—2[11]）。柱上にある異様なものは、輪郭が(1)の樹形に近いので、なかに見られる六個の圏点は、あるいは樹に咲く花を表したものかも知れない。山東省臨沂県白荘出土。後漢時代。

(3) 橋の両端に、柱が一本ずつ立っている（第2図—3[12]）。柱の頂上から少し下がったところに、左右に突出した横板状のものがあり、その両翼は内側へ向かって斜めに切り落とされたような形をしている。さらによく見ると、その突出部にはそれぞれ三角形の文様がある。この横板状のものは、左右を指しているようにも見えるので、道路標識の類のものと考えられぬこともない。山東省蒼山県城前村出土。墓室の石材に、劉宋の元嘉元年（424）の刻銘がある。

第3図　画像石に見られる樹形（注10）

(4) 橋の両端に、柱が一本ずつ立っている（第2図—4[13]）。いずれも両縁に極く近いところに、縦に細い刻線が通っているから、四角柱の稜角に面取りしたものをかたどっているのであろう。柱上には三角形の大きな枠があり、なかに鉢のようなものが見られる。解説者は「この柱は牌楼の側面を表現しているのかも知れない」と言っている[14]が、その論拠は不明。山東省沂南県北寨村出土。後漢末年。

(5) これも橋の両端に、柱が一本ずつ立っている（第2図—5[15]）。その細長さからみると、木製のものらしい。向かって右側の柱に止まっているのは、生きている鳥であろう。両柱とも頂端近くに、四角い板状のものを向う側に取り付けてあるさまが、巧みに表現されている。その面には恐らく、橋を渡る人たちに示すために、何かが書いてあったのだろう。山東省蒼山県蘭陵出土。後漢時代。

(6)　珍しく、橋の袂ではなく橋上平坦部の両端に、一本ずつ柱が立っている（第2図—6）[16]。前者より丈が低く、板状のものが横に長い。木の柱に木の板を打ち付けたのか、石の柱に石の板を嵌め込んだのか、どちらも可能なようであり、モデルになったものの素材は不明。いずれにしろ、前に触れた「柱上丁字形」華表の変形であろう。江蘇省睢寧県九女墩出土。後漢末年。

さて、画像石に刻まれているこれらの橋表は、前に掲げた文献資料との対比を通じて、次のようなことを想像させる。橋畔や橋上に木や石の華表を立てる目的は、(a)橋の架設を記念するため、(b)橋の名称を記すため、(c)橋を装飾するため、(d)何かの標識とするため、以上の四つに大別できそうだ。そして(d)はさらに、(i)遠くから渡河地点がわかるようにするため、(ii)橋のあるところ一帯がどこかを知らせるため、(iii)指示の方向に進めばどこへ行けるかを示すため、などに分けられよう。

ところで、前に引いた『古今注』巻三に「華表木は大路や十字路に悉く設けられている道標だ」という意味のことが述べられているが、これは、橋の場合にも、ほとんどそのまま当て嵌まるとみられる。だいたい、行き来が激しい橋の袂や橋の上に立ち止まって細かい字などを読んでいる暇はなさそうだし、文字を読める人がそれほど沢山いたはずもない。したがって、橋に伴う木や石の柱には、いわゆる「誹謗の木」や上意下達的な立て札の類より、むしろ字数を抑えて形や記号を主なメディアとする道路標識的なものが多かったのではあるまいか。「誹謗の木」などは、恐らく儒家一流の考えから出たもので、現実を反映しているとは認め難い。

なお、すでに引いたことだが、『礼記』と『周礼』との鄭玄の注にそれぞれ「四植、之を桓と謂う」「双植、之を桓と謂う」とあるのは、ともに事実を伝えているようだ。右に掲げた橋表六例のうち、(2)が四植に当たり、他は双植に当たるとみられるからである。また(1)と(2)の柱頭が、筆者の推測どおり樹木をかたどっているとすれば、あるいはそれぞれの地域集団を代表する「社」の樹の形と関連があったのかも知れない。その当否はともかく、一目で識別がつく数多くの柱頭が、道路や橋梁の標識になっていたであろうことは、可能性として充分考えられよう。

以上、漢から南北朝のころまで、橋の袂や橋の上に立てられた木や石の華表、つまり橋表について、その概要を述べた。ところで、この種の柱は、その後どうなったであろうか。まず木製の柱についていろいろ調べてみたが、こうしたものの遺構が残っている可能性はまずない。そこで、前に間接資料としてけっこう役に立った画像石のように、その形を写したものはないかと思って捜してみたところ、幸い宋元の絵画のなかに、左の四例を発見することができた。

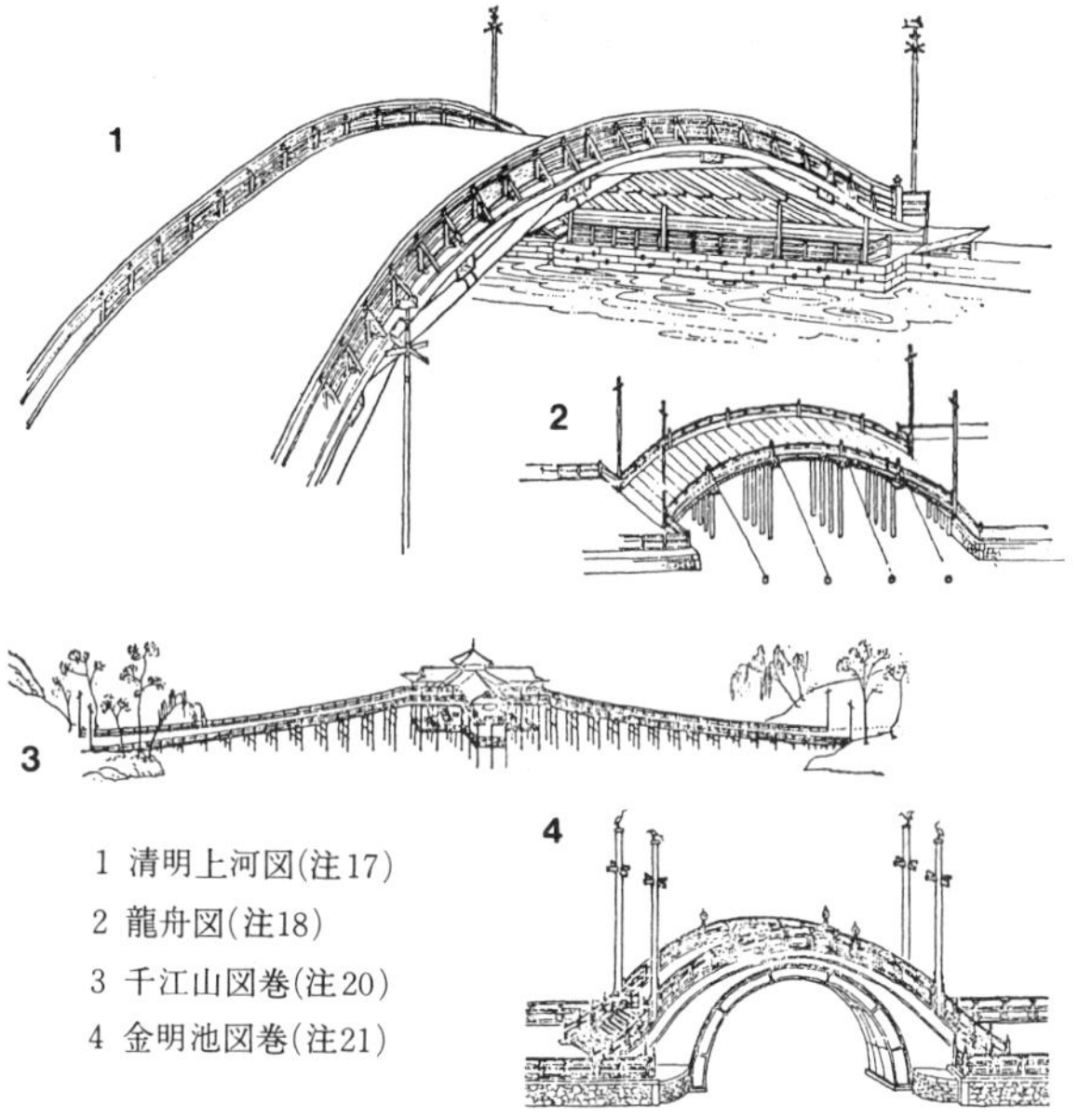

第4図 宋元画に見られる橋畔の華表木

(1) 北宋の張択端の作「清明上河図」(第4図—1)[17]。大きな虹橋（アーチ橋）の両端に、木の柱が二本ずつ（一本省略）立っている。それぞれ頂上に一羽の鳥が止まった形を飾り、その少し下を十字形の横木が水平に貫く。

(2) 宋の「竜舟図」(第4図—2)[18]。「金明池争標図」とも呼び、(1)と同じく張択端の作とみる説もある[19]。四列の橋脚に支えられた虹橋の両端に、二本ずつ木柱が立っており、いずれも頂上から少し下がったところに、一本の横木が付く。

(3)　北宋の王希孟の作「千江山図巻」（第4図—3）[20]。多くの橋脚に支えられた長い橋の両端に、(2)と同じく横木を加えた柱が二本ずつ立っている。

(4)　元の王振鵬の作「金明池図巻」（第4図—4）[21]。太鼓橋のような形をした橋の両端に二本ずつ、(1)と同じく鳥形と十字形を飾った柱が立つ。

これらのうち、(1)と(4)に見られる華表木の十字形飾りが、沂南画像石墓の画像に刻まれている屋上の十字形飾り（挿図一）に由来すること、また鳥形の飾りが、『洛陽伽藍記』巻三の一節「華表上に鳳凰を作る」とあるのに遡源することは、いずれも疑いない。さらに(2)と(3)に描かれている、上部に一本の横木を備えた華表木も、沂南画像石墓の刻画に見られる同形式の華表木[22]、並びに『古今注』巻三に「横木を以て柱頭に交わらしめ」たという華表木に、その源流を見いだすことができよう。つまり、宋元画に描かれている木製橋表の形は、すべて漢代ころまで遡るとみて差し支えあるまい。

ところで、柱上の鳥形はとにかく、十字形や一本棒の横木まで、単なる装飾と片付けてしまってよいものだろうか。これらの横木の向きを見ると、次のような推測も不可能ではない。まず横木が十字形の場合（(1)・(4)）は、四本の柱から四方に突き出た横木が、それぞれ同じ方角を向いているが、これは東・西・南・北の方位を示しているのではなかろうか。一方、横木が一本棒の場合（(2)・(3)）は、川を隔てて向き合う柱の横木がそれぞれ平行し、橋の袂で隣合う柱の横木の延長が直交するように見えるので、橋の片側にある二本の柱の横木が東西（または南北）を指すとすれば、反対側にある二本の柱の横木は南北（または東西）を指すことになる。華表木が道路・橋梁・宿駅など交通関係のところに多いのは、一つには、そうした便利さが買われたためかも知れない。

なお宋や金の絵画を見ると、鳥頭門の望柱[23]の上部を、一本の短い横木が貫いている。これなどは、橋に伴う華表木からの影響であろうが、横木の向きに法則性はない。

目下のところ隋唐と五代については、橋表の存在を示す証拠が見いだされない。だが上述のとおり、これらの時代を挟む南北朝と北宋に、この種の華表木のあったことが知られる以上、その伝統が中途で切れたとは考えられない。それを証する資料の発見を、将来に期待しよう。

一方、漢から南北朝にかけて、あれほど盛んに立てられた、橋に伴う石造の華表は、その後どうなったであろうか。この点について調べてみると、金の明昌三年（1192）に竣工し、マルコ・ポーロの『東方見聞録』にも載っている、かの有名な盧溝橋の華表（第5図[24]）が、目下のところ唯一の例として挙げられる。橋の東西両端に一対ずつある石の華表は、下に八角形の須弥座を備えた八角柱の上部を雲版が貫き、その上に花弁が上と下に向く円形の蓮座を載せ、さらにその上に一頭の獅子を置く。ところが、元代に無名の画家が描いた「盧溝運筏図[25]」に見られる同橋の華表は、全体がずっと細長いうえ、雲版も蓮座もなく、上に載っているのも、獅子ではなくて一羽の鳥である。この絵は繊細を極めたものだから、華表の描写も真に近いのではなかろうか。そうだとすれば、現在の華表は後に重建されたものということになる。

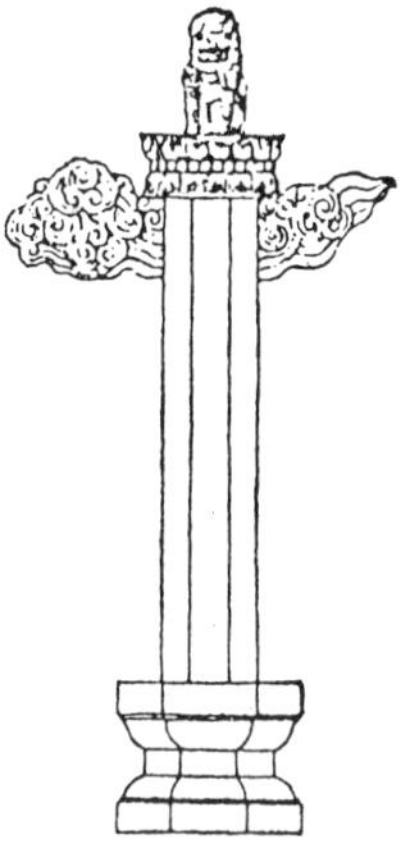

第5図
盧溝橋の華表（注24）

三　神道石柱の形態をめぐって

右の橋表に劣らず盛んに立てられ、しかも今日その遺構がかなり残っている点で、神道石柱のもつ意義は大きい。『後漢書』巻七二の中山簡王伝に「大いに為に冢塋（墳墓）を修め、神道を開く」とある条に施された李賢の注に「墓前に道を開き、石柱を建てて以て標と為す、之を神道と謂う」と述べているとおり、神道石柱とは、墓の参道の傍らに標識として立てた石の柱のことである。後述のようにほぼ一定の形式をもつこの種の石柱は、漢から南北朝にかけて流行し、普通「神道石柱」と呼ばれている。

ところで、この神道石柱なるものは、後漢時代に墓などの前によく置かれた、例の「闕」と、はたしてどのような関係があったのか。朱偰氏は江蘇省丹陽付近にある六朝陵墓の石柱を「石闕」と呼んでおられる[26]。しかし『水経注』巻二二溱水の条に、後漢の張伯雅と尹倹の墓には石闕も石柱もあったと記されているし、幽州書佐秦君の墓でも、石闕と石柱との破片が発見されている（後述）。したがって、両者はもともと別物であり、同一視することは許されない。

また管玉春氏は「六朝陵墓には石闕がなく、多くは石柱上の題額に『某々之闕』とある。このように、石柱は石闕と神道石柱の二役を兼ねたものだ」という意味のことを言われている[27]。だが、六朝陵墓の石柱上の題額には、すべて「某々之神道」とあり、「某々之闕」と刻んだ例はない。

『南史』巻一〇の陳宣帝紀に「大建九年（577）七月庚辰、大いに雨ふり、万安陵の華表に震（落雷）す」とあるのによると、現在、南朝の陵墓に多数残っている神道石柱は、当時「華表」と呼ばれたこともあるようだ。その上、前述のように『捜神記』巻一八には「燕の昭王の墓前の華表木」が出てくるし、後述のとおり唐代以降、陵墓の前の石柱は「華表」または「望柱」と呼ばれてきた。したがって、漢代から六朝時代の神道石柱が華表の類であったことは疑いなかろう。

なお『水経注』には、右に触れた漢の張伯雅と尹倹の墓のほか、漢の桂陽太守趙越（巻九、清水）・白馬令李雲（巻九、淇水）・太尉橋玄（巻二四、睢水）、晋の譙定王司馬士会（巻二三、陰溝水）、時代不詳の文将軍（巻六、汾水）の墓の前にも、それぞれ石柱が石虎や石羊などとともに並んでいたことを述べている。しかし、その形や装飾については説明がない。

では次に、こうした神道石柱のうち、今日まで遺存しているものを、左に幾つか挙げてみよう。

(1) 漢琅玡相劉君墓石柱（第6図―1）[28]。一八九六年に山東省歴城県で出土し、のち山東省立博物館に収蔵された。高さ二・一三メートルの円柱状をなす。細い木を束ねたような筋が縦に通り、二個所を辮髪状の箍《たが》で締めた形に凸文がめぐる。中程に、犠牲とみられる動物が一対、半肉彫りで表されている。上部に嵌め込まれていた額石の残片に、「漢故琅玡相劉君□□」の九字が刻んである。蓋石と礎石は亡失。

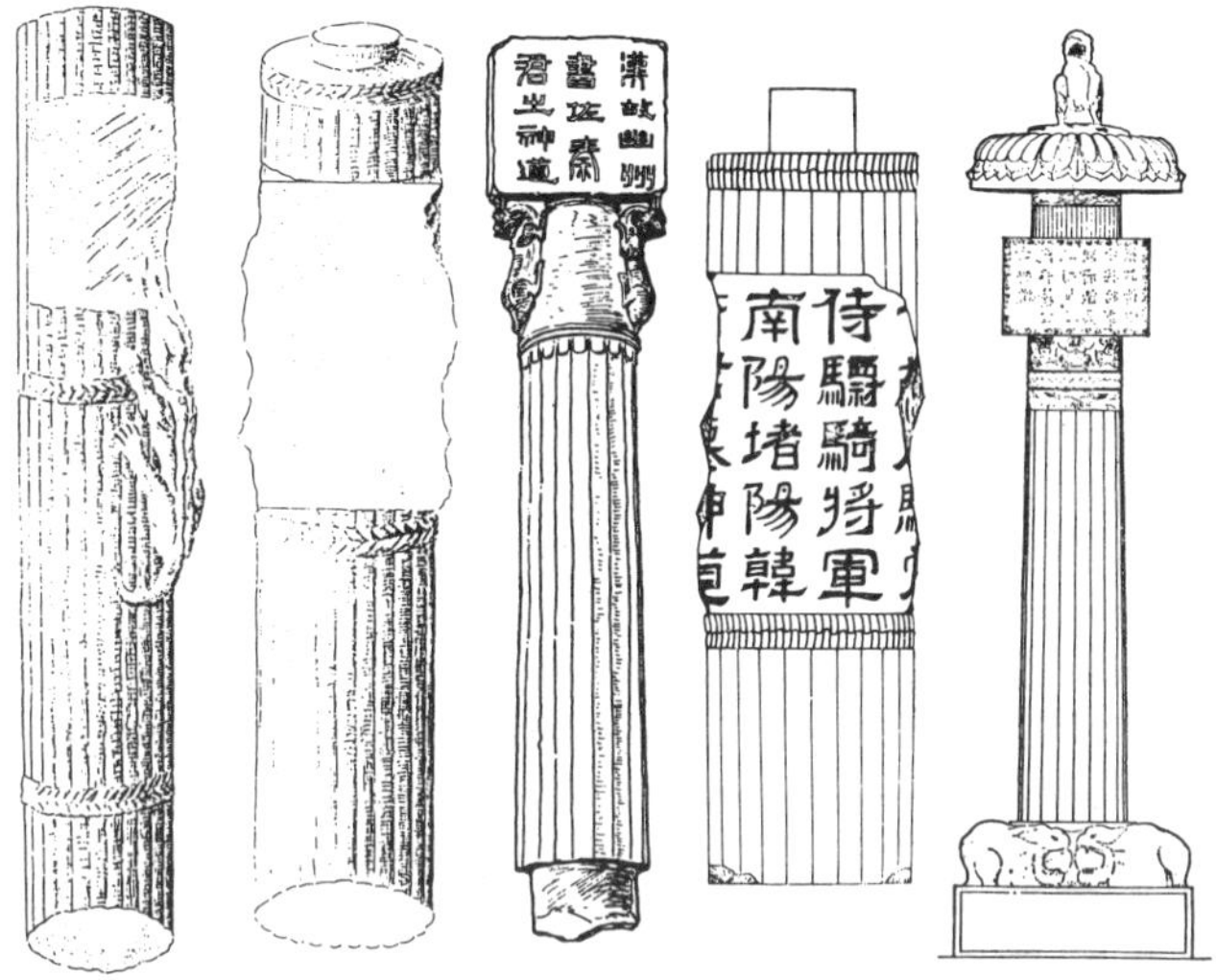

1　2　3　4　5

第6図　神道石柱の遺存例

1　漢琅玡相劉君墓石柱（注28）　2　驃騎将軍墓石柱（注29）
3　漢幽州書佐秦君墓石柱（注30）　4　西晋散騎常侍韓寿墓石柱（注31）
5　梁呉平忠侯蕭景墓石柱（注32）

(2) 驃騎将軍墓石柱（第6図―2）[29]。一九三〇年代には洛陽河洛図書館にあった由。漢または晋のものといわれるが、(1)とほとんど同大・同形なので、漢の可能性が強い。柱の上面に、蓋石に嵌め込む枘がある。

(3) 漢幽州書佐秦君墓石柱（第6図―3）[30]。一九六四年に北京市西郊の石景山で、石闕の破片とともに、石の円柱のほとんど完全なものが二本と、その蓋石と礎石らしいものが一個ずつ発見された。円柱の頂部にある額石は、面に「漢故幽州書佐秦君之神道」の十一字が刻み出されており、それを二匹の獣が下から支えるさまにかたどる。その下部に下向きの蓮弁が一周し、柱体の面には丸鑿で抉ったような溝が並ぶ。伴出した石の角柱に、「元興元年（105）」の紀年を含む二十四字の銘が刻まれている。

(4)　西晋散騎常侍韓寿墓石柱（第6図―4）[31]。洛陽付近で出土したらしく、洛陽博物館に収蔵されている。残っているのは石柱の中段の部分だけで、高さは一・一三メートル。(3)と同じような溝が縦に通り、その上下に箍で締めたような凸文を刻む。額石は左右の部分が欠けているが、銘の全体は「晋故散騎常侍、驃騎将軍、南陽堵陽韓府君墓神道」と復原できるという。

(5)　梁呉平忠侯蕭景墓石柱（第6図―5）[32]。獣形と蓮弁で飾られた蓋石を頂く、横断面が隅丸の石柱の下に、双螭を刻んだ礎石があり、全体の高さは六メートル半にも達する。柱の上部・正面にある額石に「梁故侍中、中撫将軍、開府儀同三司、呉平忠侯蕭公之神道」の二十三字を反書（裏返し）に刻む。柱の上部約三分の一は束木形につくり、その中部と下部を箍で締めたさまにかたどる。柱の下部約三分の二には、丸鑿で抉ったような太い溝が並ぶ。額石の下方にも、下段の箍を挟んで彫飾がある。南京・丹陽・江寧の付近で調査された六朝陵墓の神道石柱は、計十七本に上っているが[33]、それらの形状は右と似たようなものである。

以上で、漢から六朝にかけて流行した、いわゆる「神道石柱」の形態が、ほぼ明らかになった。その第一の特色は、石柱の上部・正面に、神道銘を刻んだ方形の額石を備えていることである。これは一つの石材から彫り出したものではなく、石柱に凹みをつくり、額石を嵌め込んであるらしい。この形を見てすぐ気が付くのは、前に挙げた後漢の画像に刻まれている橋表の二例(5)・(6)（第2図―5・6）との類似である。どちらが先に現れたかはわからないが、互いに密接な関連があったであろうことは、想像するに難くない。

第二の特色は「束木形式」ともいうべきもので、辮髪状の箍で細い木を束ねたさまに模しているのが注目される。一九四〇年三月、たまたま山東省立図書館で前掲(1)の劉君墓石柱を見た筆者は、その異様な形態に興味を覚えるとと

もに、『晏子春秋』巻二問上に、

景公、晏子に問いて曰く「国を治むるに何をか患う」と。晏子対えて曰く「夫《か》の社鼠を患う」と。公曰く「何の謂ぞや」と。対えて曰く「夫れ社は木を束ねて之を塗る。‥‥」

とあるのを連想した。そして、この異様な物件が神道石柱であることに思い至らぬまま、それを「社を表したらしい石柱」と呼び、「社の束木を象ったものであること疑いない」と考えた[34]。しかしその後、それが神道石柱であることを知るに及んで、神道石柱がなぜ社の形をとるようになったのか、疑問を抱くに至ったのである。この疑問については、しばらく頭を悩ますことになったが、幸い左に記すような珍しい資料の出現により、はじめて解決の糸口が見いだされた。

山東省博物館は一九五九―六〇年に、安邱（丘）県の董家荘で後漢の大型な画像石墓を発掘した。この墓は前・中・後の三室から成り、二百二十四個に上る石材のうち、百三個に六十余りの画面が刻まれているという。ここで注目されるのは、後室の柱の南面に施された異様な彫刻（第7図―上）[35]で、神道石柱と非常によく似ている。この柱の彫刻は上・中・下の三段から成り、上段と中段、中段と下段の境に、それぞれ例の箍状のものがめぐる。上段では、立ち姿の二人の前に三人が坐り、一人が中腰になっているらしい。中段は最も興味をひくところで、箍で束ねられた細い材を、二人ないし三人のコケシ形人物が重なって構成する。そして下段は、丸鑿で抉ったような、例の溝が縦に並ぶ。つまり、この柱は神道石柱と同じ発想に基づくもので、人をごっそり束ねたさまをかたどっているところに、その発生の謎を解く鍵が隠されているようだ。

一方、「社」は樹木に対する信仰から起こったものらしく、最初は林叢、ついで、よく茂った大木が崇拝の対象になった。ところが、やがて土地崇拝などの要素が加わって、社の性格が揺れ動くうち、戦国以降は濫伐のせいもあって、大木の入手が困難になった。そこで生木から単木へ、さらに束木へと変化していくなかで、地域住民の各自が一本ずつ細木を持ち寄り、それらを束ねて大木に擬したことから、個々の細木が個人を代表するものと認識され、社に地域集団の標識としての意義が生じるようになったのではないかと思われる。[36] つまり、その段階の社は、地域住民の和と団結の象徴として機能していたのであろう。

　ここまでわかってくれば、答えは簡単だ。右の地域住民を墓主の一家眷属に置き換えて考えればよいわけである。山東省博物館は、安邱画像石墓の前室の柱の南面に施された彫刻（第7図—下）[37]について、

　墓の中軸線に沿って、非常に精緻な彫刻を施した柱が三本ある。それらのうち、前室と中室の境にある角柱は、正面と左右両側に、沢山の神話人物が彫刻してある。そのなかには、大人もいれば子供もいる。皆はだかで、跪いたり、立ったり、抱き合ったり、ほほえんだり、舌を出したりしており、姿態はさまざまで、それらが層々と

第7図　山東安邱石刻漢墓の彫刻
上（注35）　下（注37）

して重なり合っている。

と述べているが、[38] これは「神話（中の）人物」ではなく、墓主の一族があの世で和気藹々と戯れているさまを表しているのであろう。箍できちんと束ねられた問題の人物像は、一族の団結と和合をさらに強調したものに相違あるまい。社の束木形式は、たまたま目的の類似から、こうして神道石柱に取り入れられたのであろう。

ちなみに中国では、この種の束木形式の柱は、別に珍しいものではなかったらしい。前に触れたが『水経注』巻二三陰溝水の条に「(晋の) 譙定王司馬士会の冢…両石柱有り。高さ丈余。半下（下半部）に束竹交文[39]を為り、作制極めて工（巧）みなり」とあるのは、竹を束ねた柱の存在を示す点で注目される。これは今の安徽省北部地方の話だが、竹の産地の四川では束竹柱も多かったようで、四川出土の画像石や画像塼には、この手の束竹柱がよく見受けられる（第8図[40]）。細木を鎹《かすがい》で留めたり箍で留めたりして大木の代用にすることも、中国では古くから行われていたのであろう。時代は下るが、北京の故宮太和殿の主柱[41]などは、そのよい例である。

最後に残ったのは、神道石柱のその後における消息であるが、すでに紙幅も尽きようとしているので、極く簡単に触れるに止めておく。漢・六朝の神道石柱に当たるものを、唐では「華表」といい、宋と明では「望柱」と呼び、清では華表も望柱もあった。唐の華表は八角柱で、全面に唐草文が施され、宋の望柱は、ほぼその制に倣っている。明の望柱は初め八角であったが、やがて六角になり、装飾も唐草文から巻雲文に変わった。清の華表は六角で、蟠龍文と雲文が刻まれ、上方を雲版が貫いている。清ではほかに望柱もあったが、こ

第8図
束竹柱の画像（注40）

のほうは雲版がなく、形も装飾も華表とはかなり異なる。

要　約

華表（桓表）とは、中国の古代に、官衙・宿駅・橋梁・大路・十字路・墳墓などの傍らに立てられた、木製または石造の標柱である。これらのうち、橋梁と墳墓に伴うものは、資料が比較的豊富なこともあり、形のはっきりわかる例が多い。

橋梁に伴う華表つまり橋表が、漢から六朝にかけてのころ、橋の両端に一本ずつまたは二本ずつ立てられたことは、『洛陽伽藍記』や『水経注』の記事、並びに画像石の彫刻などによって知られる。それらは木製か石造か判別しにくいが、柱の上部に樹形・花木形・逆台形・三角形・方板形などいろいろなものを加えており、その主な機能は現在の道路標識のそれに近かったのではないかと思われる。

ところで、はるかに下った宋元時代の絵画を見ると、橋の両端に二本ずつ木柱が立っており、それぞれ上端から少し下がったところを水平に、十字形または一本棒の横木が貫いている。この種の木製橋表は、漢代の画像や魏晋時代の文献に現れる華表木と形が一致するので、そのころまで遡る可能性がありそうだ。

なお、現存するほとんど唯一の橋表は、有名な盧溝橋の袂に立っている石造の華表である。

次に、華表のうち橋表と並んで重要な神道石柱は、現在その遺構がかなり残っている点で、いっそう注目に値する。漢から南北朝にかけて、墓の参道の両側に、他の石造物と並んで立てられたものだが、もともと華表の類であり、闕とは区別して扱わなければならない。現存する神道石柱には、漢代のものとして琅玡相劉君墓石柱以下の四例、西晋時代のものとして散騎常侍韓寿墓石柱、六朝時代のものとして梁呉平忠侯蕭景墓石柱以下の十七例がある。

これらの石柱の特色としてまず挙げられるのは、神道銘を刻んだ方形の額石を石柱の上部・正面に嵌め込んであることだが、この形は漢代の画像に刻まれている橋表の一形式に近い。次に第二の特色として、辮髪状の箍で細木を束ねたさまに模しているのが注目される。筆者の推測によると、これは墓主の一族の結束を象徴したもののようで、そのもとになったのは、地域住民の結束を象徴した、束木形式の社であるらしい。

漢―六朝の神道石柱に当たるものを、唐では華表といい、宋と明では望柱と呼び、清では華表と望柱の両方があった。

註

（1）陳明達「漢代的石闕」（『文物』一九六一年一二期）。
（2）曾昭燏・蔣宝庚・黎忠義『沂南古画像石墓発掘報告』（文化部文物出版局、一九五六年）図版五〇下。
（3）同右、二二頁。
（4）林巳奈夫編『漢代の文物』（京都大学人文科学研究所、一九七六年）一七六頁。
（5）棺を下ろすため、墓穴の四隅に立てた柱。
（6）周代に公爵の象徴とされた一種の瑞玉。
（7）次の頁に引く『水経注』巻一六の穀水の条には、「建春門の石橋の下を逕（経）」とある。
（8）右の後文に「橋首に両石柱を建つ」とある。
（9）蔣英炬・呉文祺・関天相『山東漢画像石選集』（斉魯書社、一九八二年）図版一八二上（図四一八）。
（10）第三図の上・下は、それぞれ同右の図版八一左（図一八四）と図版四八上（図一〇四）による。
（11）同右の図版一六五下（図三六九）。
（12）山東省博物館・蒼山県文化館「山東蒼山元嘉元年画像石墓」（『考古』一九七五年二期）図七―1。
（13）『沂南古画像石墓発掘報告』図版二四。

(14) 同右、一二頁。
(15) 『山東漢画像石選集』図版一八三上（図四二〇）。
(16) 江蘇省文物管理委員会『江蘇徐州漢画像石』（『考古学専刊』乙種一〇号、科学出版社、一九五九年）図版二一上（図二三）。
(17) 劉敦楨主編『中国古代建築史』（中国建築工業出版社、一九八〇年）図四、拱橋。
(18) 同右、図四、弧形梁式橋。向かって右側後方にある橋表は、横棒の方向が間違っているので、原画の写真版（注19）により、この個所だけ修正した。
(19) 村田治郎・田中淡編『中国の古建築』（講談社、一九八〇年）五五　金明池争標図。
(20) 傅熹年「論幾幅伝為李思訓画派金碧山水的絵制時代」（『文物』一九八三年一一期）図五—1。
(21) 同右、図五—4。
(22) 『沂南古画像石墓発掘報告』図版四九上。本文二二頁には、「一本の十字形の柱」とあるだけで、華表木とは言っていない。
(23) 「烏頭門」は廟や街路に建てられた一種の門。「望柱」は親柱。「論幾幅伝為李思訓画派金碧山水的絵制時代」図六参照。
(24) 羅哲文・于杰他「略談盧溝橋的歴史与建築」（『文物』一九七五年一〇期）図六。
(25) 『中国歴史博物館』（『中国の博物館』五、講談社、一九八二年）図版一六〇、解説二三五—二三六頁。
(26) 朱偰「丹陽六朝陵墓的石刻」（『文物参考資料』一九五六年三期）五四頁など。
(27) 管玉春「試論南京六朝陵墓石刻芸術」（『文物』一九八一年八期）六三頁。
(28) 滕固「六朝陵墓石蹟述略」（中央古物保管委員会編輯『六朝陵墓調査報告』一九三五年、所収）石蹟挿図一右。
(29) 同右、同図左。
(30) 北京市文物工作隊「北京西郊発現漢代石闕清理簡報」（『文物』一九六四年一一期）図三。
(31) 黄明蘭「西晋散騎常侍韓寿墓墓表跋」（『文物』一九八二年一期）図四。
(32) 『中国古代建築史』図六八—2。
(33) 羅宗真「六朝陵墓埋葬制度綜述」（『中国考古学会第一次年会論文集』、文物出版社、一九七九年）表一。
(34) 拙稿「中国古代の樹木思想」（『中国考古学研究』、東京大学東洋文化研究所、一九五六年）五五一頁。
(35) 殷汝章「山東安邱牟山水庫発現大型石刻漢墓」（『文物』一九六〇年五期）五八頁、図左下。

（36）束木形式の社の発生に関する部分は、守屋美都雄氏の高説によるところが多い。「中国古代の樹木思想」の付記を参照。
（37）「山東安邱牟山水庫発現大型石刻漢墓」五五頁、図右上。
（38）山東省博物館「山東安邱漢画象石墓発掘簡報」（『文物』一九六四年四期）三一頁。
（39）「交文」とは、互い違いに編んだ「おさげ」のような文様のことで、ここでは箍に似た凸文を指す。
（40）第八図の上は四川柿子湾漢墓出土画像石刻画中の束竹柱（『中国古代建築史』七三頁、図五二）、下は四川成都揚子山二号漢墓出土画像塼印画中の束竹柱（『重慶市博物館蔵四川漢画像磚選集』一八頁、七　庭院画象磚）。
（41）「中国古代の樹木思想」五五二頁。

華南出土の異型勺

一　中原の勺と華南の勺

勺とは普通、酒や汁などの飲み物を汲んだり、固形ないし半流動の食べ物を盛ったりするもので、日本流に言えば、ヒシャク、大型のチリレンゲ、やや凹みの深いシャモジなどに相当する。(1) 使ってみて便利な形は、いつでもどこでも考え付くらしく、黄河中原の地方では、これらの言わば普通型の勺が、すでに新石器時代もかなり古い段階から見られる。(2)

ここで扱うのは、こうした普通型の勺ではなく、いかにも奇妙な形をした勺である。これまで、研究の対象となったことはほとんどなく、具体的な用法なども解明されていない。ただ、出土地は雲南・広東・湖南・湖北南部(3)の華南方面に限られており、年代も、戦国時代から後漢時代までの六世紀余りを出ない。そのころ黄河中原の地方では、横型―縦型のヒシャク（第1図―1・2）と、大型チリレンゲ風のもの（同―3）が使用されていた。(4) これら普通型の勺は、華南方面にも波及しており、異型勺と同じ墓や同じ墓群の墓から出ることもあるが、数はそれほど多くない。

華南出土の勺は、大きく三つに分けられる。第一は右に挙げた中原式の普通型、第二は中国で現在「鍋鏟」と呼んでいるものに近い型式、そして第三がここで問題にする異型勺である。鍋鏟とは、鍋用のスコップ型勺という意味で、

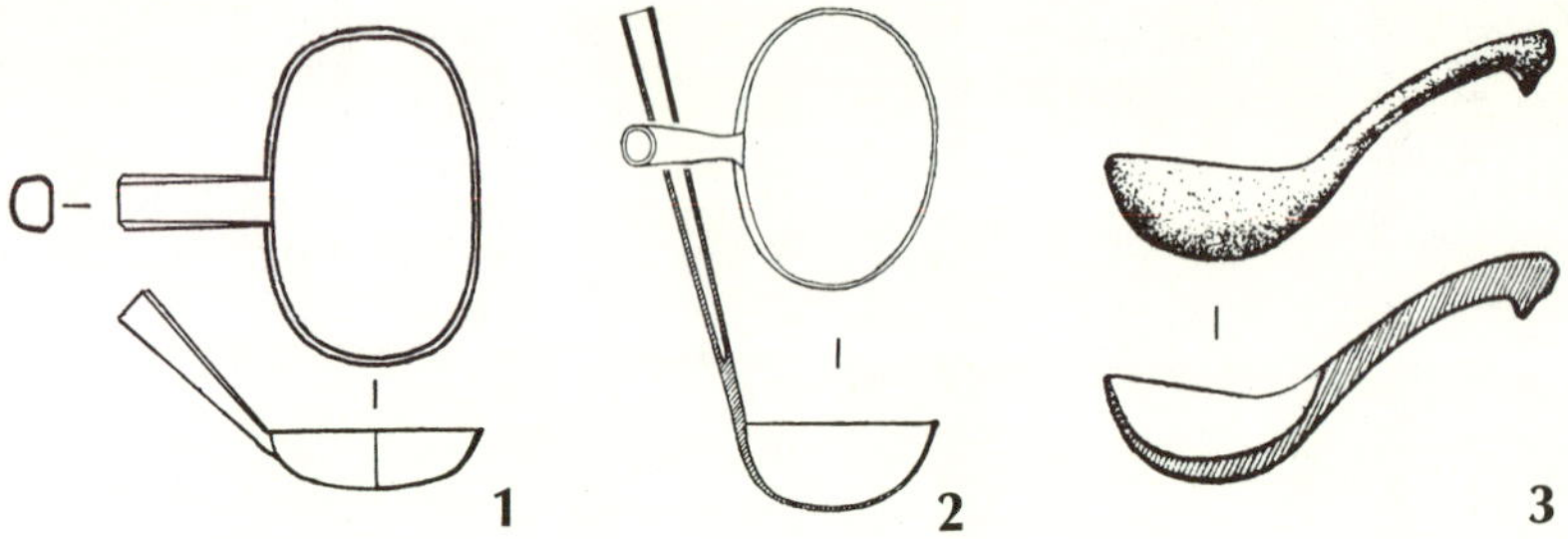

第1図 普通型の勺

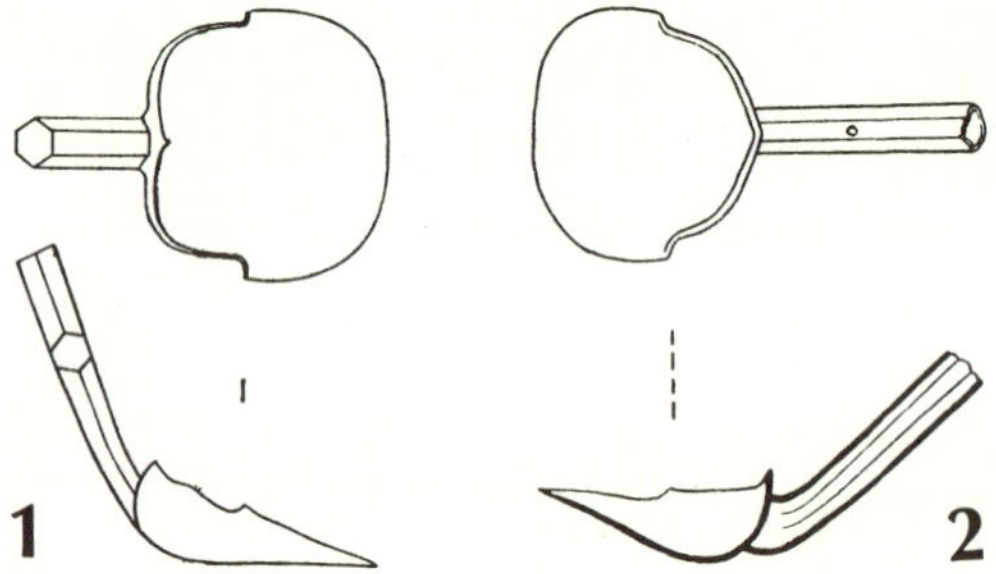

第2図 鍋 鏟

第3図 A－Ⅰ型勺

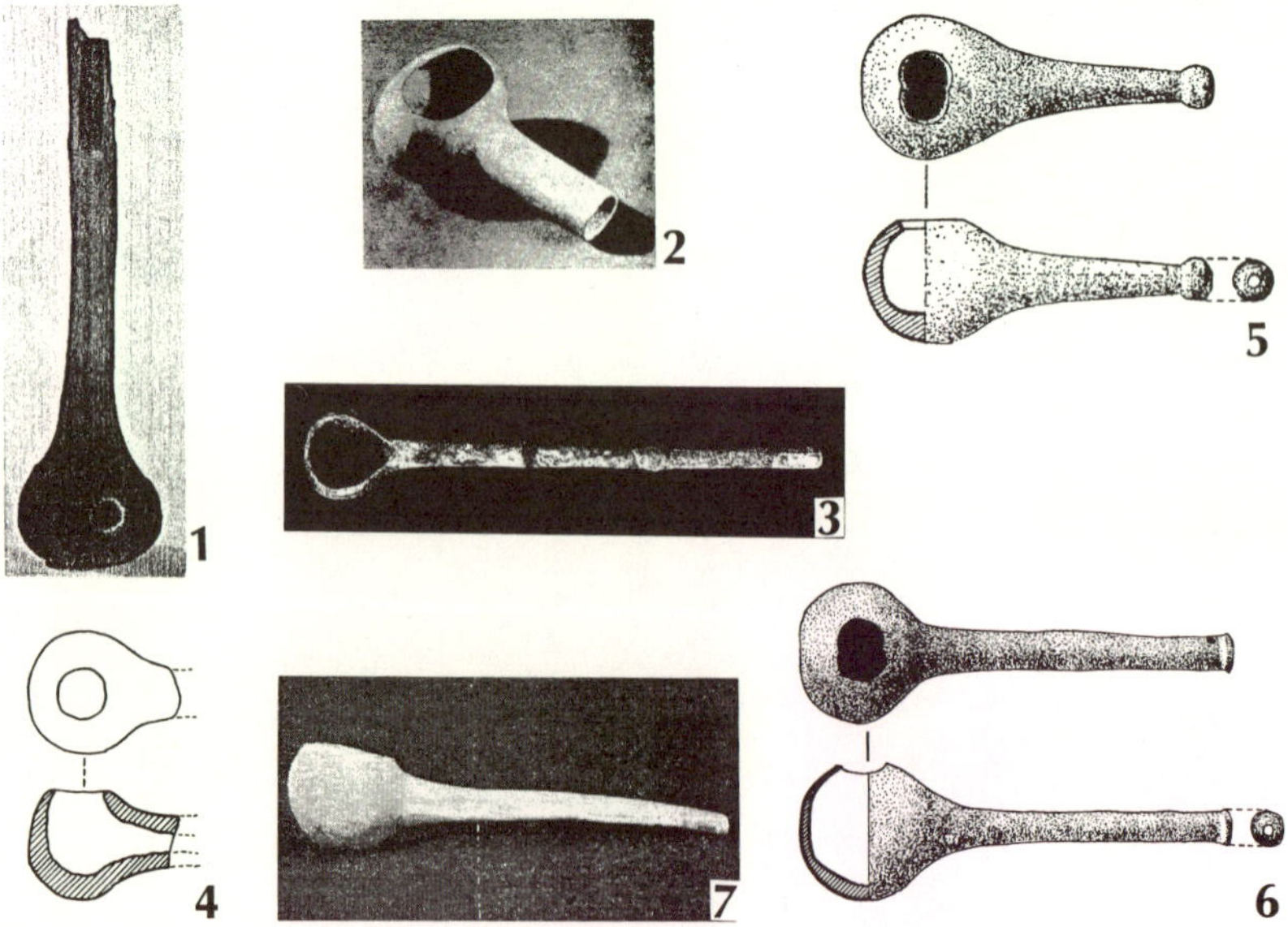

料理を鍋の中で掻き混ぜたりひっくり返したりしてつくり、それを容器に移す道具である（第2図）[5]。湖北方面から最も多く出土し、湖南がこれに次ぐ。中原方面には、不思議に全く波及していない。

問題の異型勺は、口がすぼまっているのを特色とする。まず柄が付く角度によって、A型とB型に分け、更にA型のうち、柄が中空なのをⅠ型とし、中実なのをⅡ型とする。B型は、柄が付く角度によって、Ⅰ型とⅡ型に分ける。C型は、B―Ⅱ型から変化したものらしい。

では、各型式の異型勺について、その形態を観察し、用法を推測してみよう。

二　A型勺の形態と用法

A型勺に共通な点は、柄が口の面と平行に付いていることである。これは後で分かるように、この手の勺の機能と密接な関連をもつことになる。マドロスパイプにも似た異様な形態は、いったいどうして生まれたのか。そういう穿鑿は後回しにして、まず、柄の中が空で最もマドロスパイプの形に近い、A―Ⅰ型の紹介から始めよう（第3図）。

(1)　陶勺[6]。長さ二〇・八センチ。湖南常徳。戦国前期。「ヒョウタン形をなし[7]、柄は中空で、体部に通じる」という。『考古』一九六三年九期、四六七頁、図版三―3。

(2)　銅勺。長さ一一・八センチ。湖北江陵。戦国中期。「柄は円筒形で、体部に通じる」という。『考古学報』一九八二年一期、八四頁、図版一四―6。

(3)　銅勺。長さ三六センチ。雲南昆明。戦国中期。「柄は円管状をなす」という。『考古学報』一九八五年四期、五二二頁、図版一四―6。

(4)　陶勺。残長五・四センチ。湖北松滋。戦国後半期。『考古』一九六六年三期、一二八―一二九頁。

(5) 陶勺。長さ一六・七センチ。広東広州。前漢中期。「形はマドロスパイプに似ている。体部は球形で、口の形は、二つの円が交叉するようだ。柄は中空で、体部の空洞に通じる」という。広州市文物管理委員会・広州市博物館『広州漢墓』（文物出版社、一九八一年）上、二二九・二三二頁。

(6) 陶勺。長さ二四・九センチ。広東広州。前漢後期。「前者とよく似ていて、体部は球状をなす[8]」という。前掲『広州漢墓』上、二七五・二七六頁。下、図版八〇―1。

(7) 陶勺。長さ二二・五センチ。広東広州。後漢時代。柄は前の二例と同じく、中空になっているのであろう。『文物参考資料』一九五八年四期、五八―五九頁。

さて、これらの奇妙な器具は、いったい何に使ったものだろうか。報告者は(5)について「出土した位置からみると、楽器ではなくて、飲食用の器具だ」と言い、(6)について「この手の陶勺五点は、いずれも耳杯・碗・鼎・壺などの食器と一緒に出たので、飲食用の器具とみられる」と述べている。なるほど、その通りで、ほかに考えようもない。飲食の対象となったのは、もちろん飲み物で、それを体部に汲んで、柄の先から吸ったものと思われる。しかし、その飲み物は何であったのか。なぜ、こんなに手の込んだ器具で飲む必要があったのか。マドロスパイプさながらの、この奇妙な代物の正体を明らかにするのは、当初、まことに容易ならぬことと思われた。

ところが、問題の器具は酒に関係があるのではないか、という見当で探索の眼を広げたとき、右の疑問を一挙に解決する素晴らしい資料が出現した。それは、現在ブータンでツブ酒チャン[9]を飲むときに使う、チャン・クーというヒョウタン製のヒシャクである。一九八一年秋に現地を調査された佐々木高明氏は、チャンの造り方とその飲み方について、左のように述べておられる[10]（第4図）。

……チャンをつくるには、まずハダカオオムギあるいはコムギをよく煮たあと、竹製のムシロの上にそれをひろげて放冷する。そのときポーとよばれる麴（通常はシコクビエを発酵させてつくる）の固まりをもってきて、それをよくほぐして炊きあがった粒のままのムギとよくまぜ合わす。それからこのムギと麹をまぜ合わせたものを竹製の籠に入れ、その上を布でおおって二、三日おいておく。すると発酵がはじまり強い臭いがしてくるので、今度はそれを土製のカメにうつす。……

このツブ酒チャンの飲み方は、それをもういちど蒸留しアラー（蒸留酒）に加工して飲む場合とツブ酒をそのまま飲む場合とがある。面白いのはそのまま飲むときで、まず発酵したツブをトーチュウとよぶ小型の銅製のツボに入れ、その上に湯を注ぐ。その湯の中へチャン・ショウという竹製の小籠を押し込むと、漉《こ》されて籠の中へ酒（浸出液）が入ってくる。それをチャン・クーというヒョウタン製のヒシャクですくって飲むのである。ところが傑作なのはその次で、酒がなくなるともういちど発酵したツブに湯を注ぎ、今度はヒシャクの先の丸くなった部分をスリコギのように使って、発酵したツブをつぶして液をつくり、これをまたチャン・ショウ（小籠）で漉《こ》して飲む。これもなくなると、もういちど湯を入れて、またすりつぶして浸出液（酒）をとるのである。前後三回ほど浸出液をとると発酵したツブはもう粕になって終りだというのである。……

第４図

ツブ酒を飲むための三点セット。左よりトーチュウ（ツボ），チャン・クー（ヒシャク），チャン・ショウ（小籠）（原図をネームとも転載）

「チャン・クーはヒョウタン製」というから、天然のヒョウタンの膨れた部分に孔をあけて中身をさらい、上の細長い部分を柄にしたものにちがいない。だから、柄の中身も簡単に抜けるはずだ。柄は先端にキャップがはめてあるが、鋳型の合わせ目が見えるから、たぶん真鍮の鋳物だろう。キセルの吸い口によく似ているので、先端には孔があ

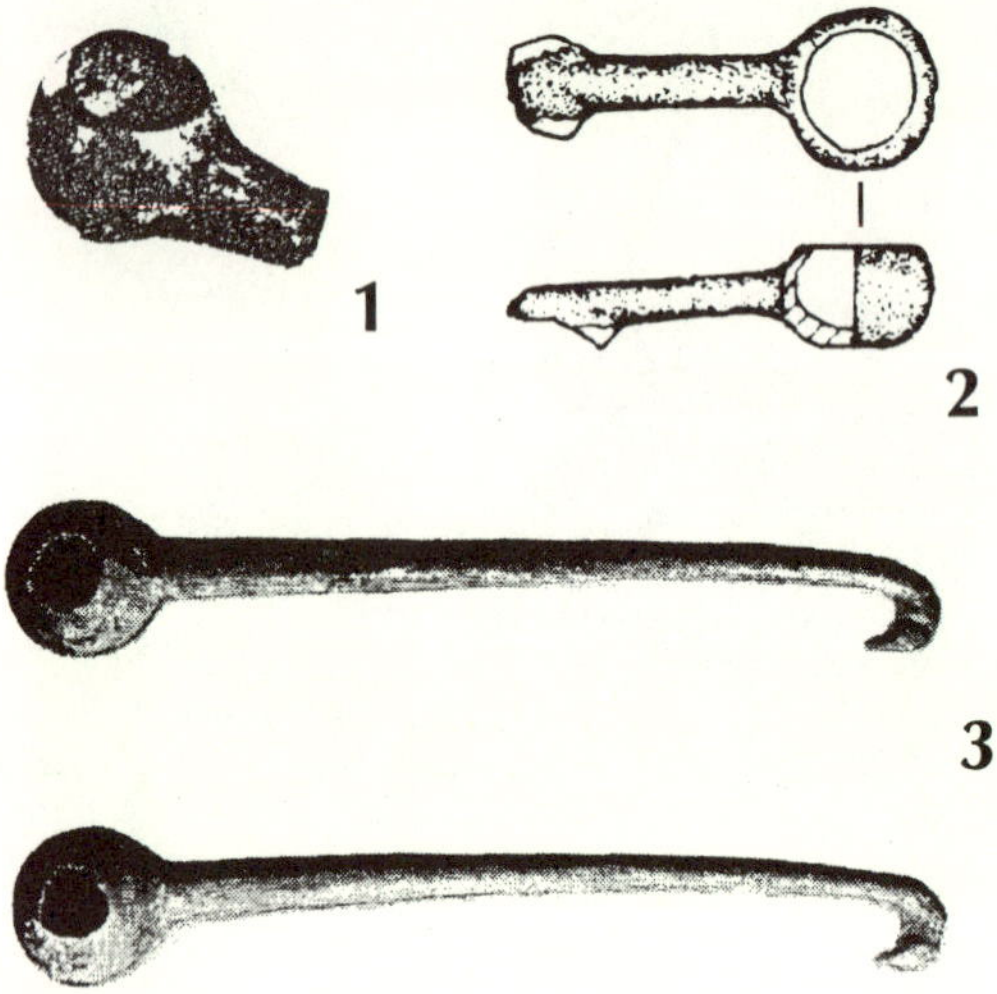

第5図　A—II型勺

りそうだ。つまり、孔があることで、酒を汲むときここから中の空気を逃がし、酒を飲むときここから吸い出すことが可能になるわけだ。

なお、柄が勺体にまっすぐ付いていることは、力学的にみても、ツブをすりつぶすのに都合がよい。柄と勺体のなす角度が大きいほど、力がかけにくくなるはずだからである。

ブータン現用のこのチャン・クーが、華南出土のA—I型勺と極めてよく似ており、殊に(6)と瓜二つであることは、偶然の一致とは思われない。形や構造がこれほど似ていれば、機能や用法も近かったとみるのが自然であろう。両者を隔てる二千年の歳月も二千キロの距離も、文化の持続性と伝播力を考慮すれば、そうした推測を否定し去るほど決定的な理由にはなるまい。まして、A—I型勺の出土した地点が、ブータンと同じく照葉樹林帯(11)や、その周辺に位置するにおいておやである。また、ツブ酒チャンの原料になるというシコクビエなども、照葉樹林帯に普遍的な雑穀にほかならない(12)。

ところで、右のA—I型勺によく似ているが多少趣を異にする一群があるので、これをA—II型勺として独立させることにした。それは左の三例である（第5図）。

(1)　銅勺。長さ八・八センチ。湖北江陵。戦国中期。「柄は中空だが、勺体との間は通じていない。柄の末端に、木柄を固定するための目釘孔が一つある」という。前掲『江陵雨台山楚墓』七五頁、図版四八—5。

⑵　陶勺。長さ一五センチ。湖北黄坡。戦国後半期。「口はすぼまり、体部は球状。柄の先端は、下面が内側に凹む」という。『江漢考古』一九八二年二期、五二・五五頁。

⑶　銅勺。同大・同形。長さ二九・五センチ。雲南祥雲。前漢後半期。「体部は球状。柄端は彎曲して鳥頭形をなす」という。『考古』一九六四年一二期、六一一頁、図版三—11。

これらの勺は、体部が球状で中が空になっていること、柄が勺口の上面と平行に付いていることでは、A—I型勺と変わらない。しかし、柄が中実であること⑵・⑶、柄は中空だが体部の空洞に通じていないこと⑴により、使い方の違いを示している。つまり、ツブをすりつぶすまでは同じだが、柄を通して飲むことはできない。出土例も少なく、A型のうちでは傍系とみられる。

三　B型勺の形態と用法　付　C型勺

次に、上述のA型勺に対して、B型勺という一群が設定される。すぼまった口をもつ勺体に柄が付いていることは、A型勺と変わらない。違うのは柄の付き方で、A型勺では口の面と平行に付いているのに、このB型勺では口の面といろいろな角度をなしているのである。この角度は、以下頻繁に出てくるので、便宜上「柄角」と呼ぶことにしたい。

B型勺は柄角によって、I型とII型に分けられる。前者はだいたい四五度以下、後者はそれ以上九〇度前後までのものである。B型の中での柄角の大小は、勺の用法の基本にかかわることではないらしいが、外観ではえらい違いがある。では、まずB—I型の資料の紹介から始めよう（第6図）。

⑴　銅勺。残長八センチ。柄角は不明。湖北隨州。戦国中期。「口は楕円形。柄は中空で、すでに欠けている」という。

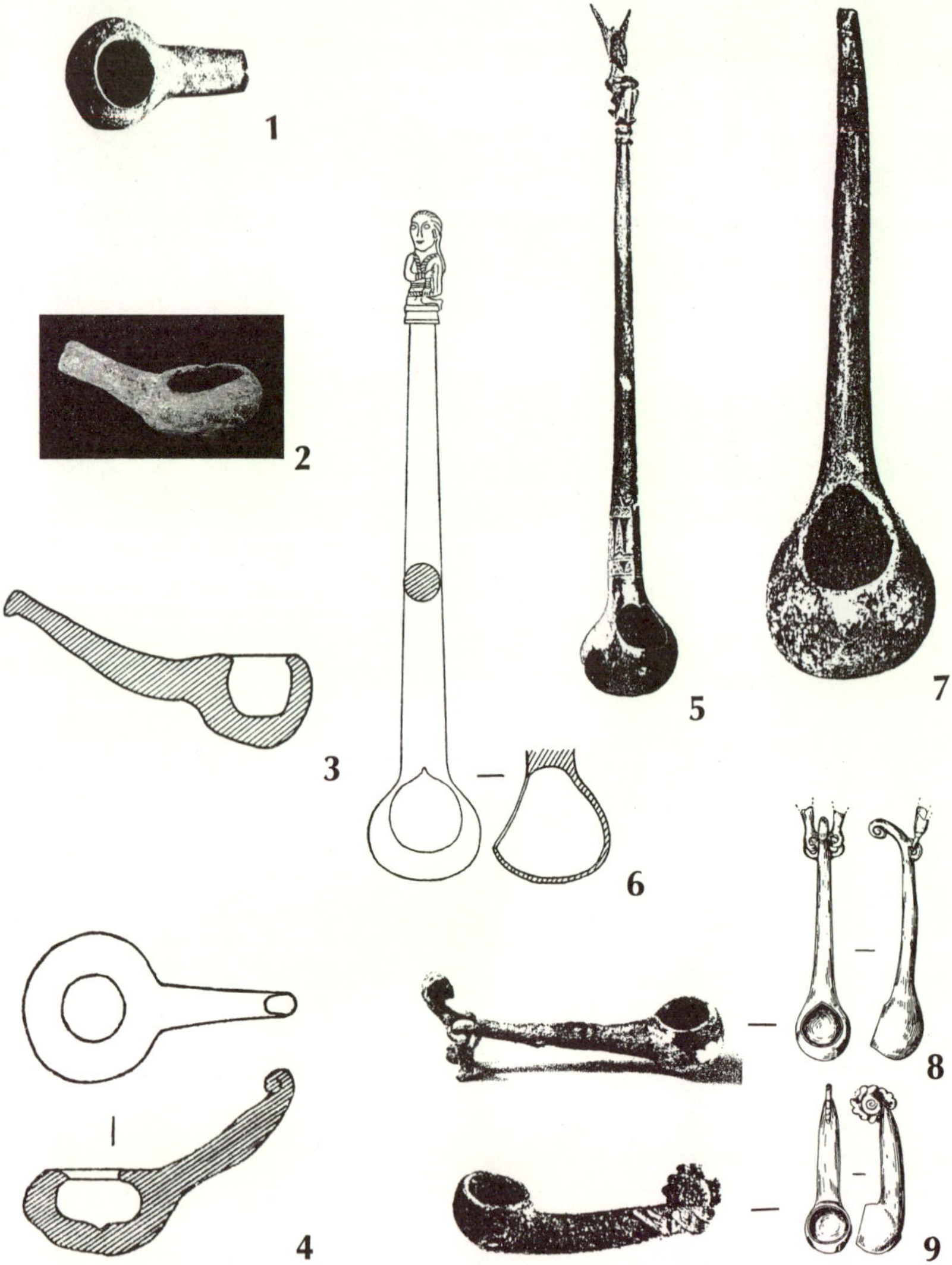

第6図　B－Ⅰ型勺

『文物』一九八五年一期、二五・三四頁。

(2) 陶勺。長さ約一四センチ。柄角は約三五度。湖南長沙。戦国後期。柄は中空か中実か不明。『文物』一九八三年六期、三八―三九頁。

(3) 陶勺。長さ一三センチ。柄角は三〇度。湖南益陽。戦国中期。『考古学報』一九八五年一期、一〇〇・一〇一頁。

(4) 陶勺。長さ一一・五センチ。柄角は三二度。湖南資興。戦国後期。「柄の先が内側に巻いている」という。『考古学報』一九八三年一期、一〇二―一〇三頁。

(5) 銅勺。長さ三九・五センチ。柄角は二五度強。雲南江川李家山。戦国後期―前漢前期。「柄は中実で、両端に文様帯を鋳出し、先端に裸体の人物を丸彫りしてある」という。柄が体部にまっすぐ付いている点に注目。『考古学報』一九七五年二期、一三〇頁、図版一二―1。

(6) 銅勺。長さ三五・六センチ。柄角は二六度。雲南江川李家山。戦国後期―前漢前期。柄はやはり中実で体部にまっすぐに付き、先端に丸彫りの着衣の人物を飾る。『考古学報』同前、同頁。図版はなし。

(7) 銅勺。長さ三四センチ。柄角は不明。雲南晋寧。前漢前期。柄は先端の様子から中実と推測される。柄の付き方は(5)・(6)と同じらしい。報告者は本器を「直管葫蘆笙（管がまっすぐな、ヒョウタン形の笙）」と呼ぶ。しかし、柄に吹く孔がないうえ、銅尊と伴出したというから、勺にちがいない。雲南省博物館『雲南晋寧石寨山古墓群発掘報告』（文物出版社、一九五九年）七九―八〇頁。図版六二―2。

(8) 銅勺。長さ一一・五センチ。柄角は二〇度。広東広州。前漢前期。「勺体はヒョウタンのようで、口は桃形をなす。柄端の両側に半環形の耳があり、それに鎖が付いていたらしい」という。前掲『広州漢墓』上、一三八・一三八頁。下、図版三〇―1。

(9) 銅勺。長さ八・二センチ。柄角は一〇度。広東広州。前漢前期。「柄の先端は鶏冠状に巻き、そのあたりに絹のリボンの残痕がある」という。前掲『広州漢墓』上、同前。下、図版三〇―2。

さて、右に挙げたB―Ⅰ型勺を見て不思議に思われるのは、いずれも口がすぼんでいるうえ、ほとんど柄が中実になっていることである。口がすぼんでいれば、あけるとき「よぼう」[13]ので始末が悪いし、柄が中実になっていれば、中の空気の逃げ道がないので、口の小さいものほど汲みにくい。口が外開きになっている普通型の勺の方が、もちろんはるかに便利だ。しかも、こういう勺が普通型の勺と一緒に使われている例[14]を見るとき、いっそう疑問は深まるばかりである。ここまで考えてきて、解決のヒントになりそうなことが、ふと頭に浮かんだ。一九四〇年の秋、河南省の開封に行ったとき、油屋の店先で見た光景である。

大きい鉄鍋状の容器の中に、黄褐色のゴマ油が満々とたたえられている。もっとも、透明な油は深さ一センチほど溜まっているだけで、その下は全部ダボダボした滓だという。白ゴマを磨臼で磨り、油と滓の混合物を右の容器に入れて暫く置くと、油が滓から分離して上層に浮く。それを奇妙な勺で汲み取るのである[15]。面白いのは、油の層を汲み尽くして暫くすると、また油が浮いて層をつくる、それをまた汲むというふうに、最後の一滴まで全部汲み取れるのだそうだ。

その勺は銅板でつくられており、やや扁平な球形をなす勺体の一隅に、二〇度くらいの傾斜で柄が付いている[16]。勺体の上面中心には、柄と直角の位置に、二つの円を少しずらせた形8の、長さ四センチほどの孔があいている。この孔の形は、勺体を少し傾けて一方から油を入れ、他方から中の空気を逃がすように設計されたものらしい。渦流を起こして下の滓を巻き上げることなく、油の層だけを掬い取ってしまうためには、口が大きく開いている普通型の勺よりも、ずっと効果的だったのであろう。その間の事情は、粘性流体の力学でうまく説明できそうだが、ここでは紙幅の都合で割愛する。

開封所見の油勺から得たヒントは、右のB―Ⅰ型勺の解明に役立つことが分かった。これらの勺は、体部にあけられた内すぼまりの口を、水平に保ちながら徐々に沈下させることによって、混濁したある種の液の上澄みを汲み取るためのものではなかったかと推測される。だが、その液はゴマ油のようなものではなかろう。植物性の油がまだ普及していない漢以前のこと[17]だから、可能性があるのは、たぶん酒だろう。B—I型の(5)・(6)・(9)のように、柄にいろいろ飾りが付いているのは、酒のもつ儀礼的な側面と無関係ではあるまい。

どんな酒だったかは、はっきりしないが、ツブ酒系の濁酒だったのではなかろうか。[18]もっとも、日本のドブロク[19]のようにドロッとしたものではなさそうだ。上澄みを掬い上げるのに慎重さを要する酒は、もっと全体がサラッとしていて、上澄みはより透明であり、滓は塵のように細かくなければならないと思う。

そこで、こうした点について調べてみると、篠田統氏は、

> 古くは雑穀を作って雑穀の酒を造る、中頃は稲を作って雑穀の酒をつくる、そして終には稲を作って稲の酒をつくる、……

と述べておられ、[20]また佐々木高明氏は、

> ……ヒマラヤから華南に至る照葉樹林帯において……もっとも古い酒造原料は、おそらくアワやキビ、シコクビエ、モロコシ、ハトムギのような雑穀《ミレット》類であり、後になってそれがコメに変ったとみて差し支えないと考えられるのである。

と言っておられる。[21]濁酒の上澄みを汲み取ったと推定されるB型勺が、篠田氏の説かれた三つの段階のうち「稲を作って雑穀の酒をつくる」に相当するであろうことについては、恐らく異論はあるまい。雑穀の種類は、佐々木氏の説かれたようなものであろうが、B型勺を特に必要とした濁酒の原料を特定することは、極めて困難と言わなければならない。

秦漢以前の中原における酒造法に関しては、『周礼』『礼記』『説文』『釈名』などに注目すべき記載があり、我が国

でも林巳奈夫氏らの精細な研究がある。[22] しかし、それらを調べてみても、上澄みのことが幾らか出て来るだけで、それを掬い取る方法について述べたものはない。中原は華南と比べて植生に差があり、酒造法もかなり異なっていためと思われるが、とにかくこの場合、問題解決の糸口になるような文献はないのである。

ところで、右のB—Ⅰ型に対して、やや趣を異にする一群があるので、それらをB—Ⅱ型と呼ぶことにした。繰返しになるが、前者は柄角がだいたい四五度以下、後者はそれが四五度以上九〇度前後までのものである。では、B—Ⅱ型の資料を紹介しよう（第7図）。

(1) 陶勺。長さ七・八センチ。柄角は六三度。湖南益陽。戦国中期。『考古学報』一九八五年一期、一〇一頁。
(2) 陶勺。体部の深さ二・八センチ。柄角は五七度。湖北江陵。戦国後期。前掲『江陵雨台山楚墓』七一頁、図版三〇—5。
(3) 陶勺。高さ一二・六センチ。柄角は八〇度。湖南長沙。戦国後期。『湖南考古輯刊』一集、一九八二年、三三—三四頁。
(4) 陶勺。大きさ不明。柄角は九〇度。湖南常徳。戦国後期。『考古』一九五九年一二期、六六〇—六六一頁。
(5) 陶勺と陶匜（片口）のセット。勺は高さ一二・五センチ。柄角は九八度。湖北黄州。戦国後期。『江漢考古』一九八三年三期、二一頁、図版五—10。
(6) 陶勺。高さ五・八センチ。柄角は九〇度。湖南長沙。前漢前期。『考古学報』一九八六年一期、七九頁、図版一〇—3。

柄角が零度と直角の中間、四五度前後のものは、BのⅠ型からⅡ型への過渡型式ともみられよう。この柄角の変化、言いかえれば、勺の横型から縦型への移行はどうして起こったのか。あるいは、柄をフォークのように上から持つか、箸のように下から支えるかの、便利さないし好みと関係するようにも思える。しかし、口が内側にすぼまっている点は、前のI型と同じだから、上澄みを汲み取るとみられる機能に、変わりはなかったであろう。

最後はC型勺である。まず資料を見よう（第8図）。

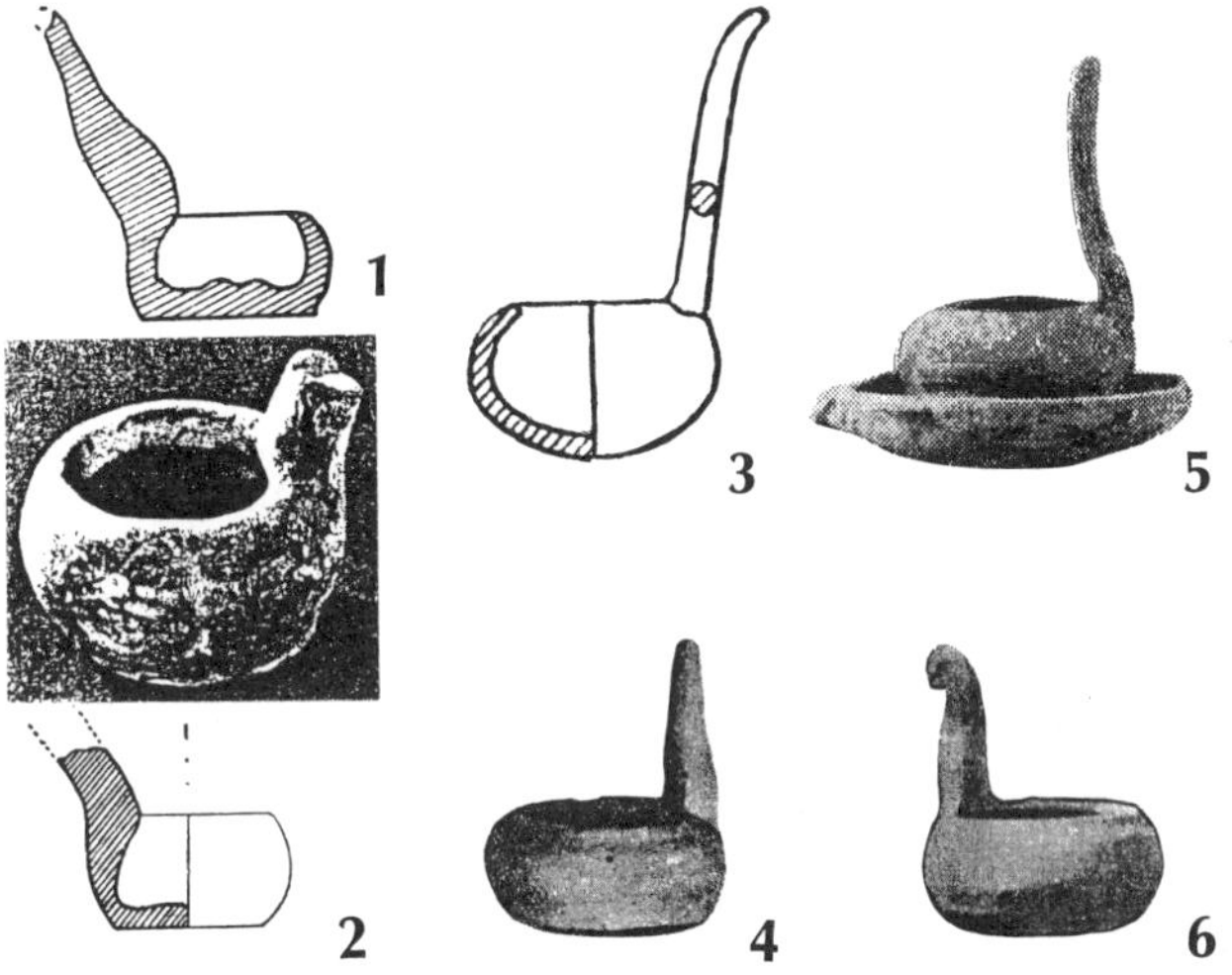

第7図　B－II型勺

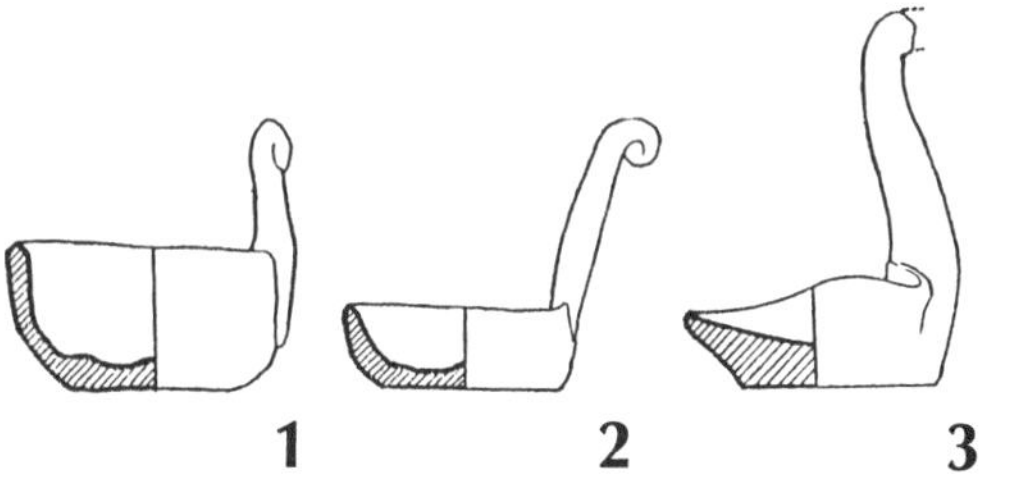

第8図　C型勺

みな陶勺で、(1)から順に、高さ五・一、五・三、七・三センチ。柄角は九二、七四、九八度。湖南長沙出土で、年代は前漢前期。出典は中国科学院考古研究所『長沙発掘報告』（科学出版社、一九五七年）七七・七八頁、図版四一―8・2・1。

このC型はB―II型から変化したものらしく、同じく縦型であり、柄の先端も巻いている。だが、口のすぼまりはなくなり、反対に外側へ開いてきている。こうなれば、上澄みを汲み取ると考えられる本来の機能も、当然失われてしまい、中原起源の縦型勺と択ぶところがない。こうして、B―Ⅱ型はC型へと変化し、やがて消滅していくのである。

四　全体の系統観

A型とB型は、年代的にほぼ平行する。発見されている資料から見れば、A型はB型より多少早く現れ、多少晩くまで続いた。両者の間には、型式の上でも用法の上でも、関連があったらしい。左に二、三その例を示そう。

(1)　B―Ⅰ型の(5)と(6)は、A―Ⅱ型の(3)によく似ている。体部にまっすぐ柄が付いているので、すりつぶす機能はあったものと思われる。(7)は側面図がないので、はっきりしないが、やはりそうだったのかもしれない。(5)と(6)――恐らく(7)も――は、柄が中実になっている点でも、A―Ⅱ型に近い。つまりB―Ⅰ型のうち、これらはA―Ⅱ型と特に関係が深いとみてよかろう。

(2)　A―Ⅰ型の(5)は、前に引いた通り、報告書に「口の形は二つの円が交叉するようだ」という。報告書には指摘してないが、これは(6)についても同様である。開封所見のゴマ油汲み取り器に見られる同形の口の効用については、すでに詳しく述べた。そこで、もしこれらA―Ⅰ型(5)・(6)の柄が体部に斜めに付き、また柄が中実になっていたとすれば、この口の形は上澄みを汲み取るのに有効である。ところが、(5)も(6)も柄が口の面と平行に付いているから、口の面を水平に保ちながら沈下させていけば、当然、柄はそれを握っている手の先もろとも、上澄みの中に没入してしまう。それに、そんな面倒なことをするまでもなく、もともと柄は中空になっていて空気を通すではないか。つまり(5)と(6)の場合、口をこのような形につくる必要は、全くなかったはずである。では、なぜこんな余計なことをしたのか。あるいは、上澄み汲み取り用のB―Ⅰ型勺に、こういう形の口があいているのを知っていた人が、A―Ⅰ型(5)・(6)の勺をつくるさいに、漫然とそれをまねたのではなかろうか。残念ながら今日までのところ、B―Ⅰ

型にこういう形の口は見られない。しかし、B—Ⅰ型の(5)のハート形、(6)—(8)の桃形などは、口を左右に分けて使う目安として、デザインされたものかもしれない。そうだとすれば、まだ発見された例がないとはいえ、二円交叉形の口がB—Ⅰ型にあっても、よさそうな気がする。

右のように、A型とB型の型式上の関連はなかなか複雑で、そう簡単には割り切れない。

次に、A型とB型の用法上の関連はどうであろうか。勺の用法を四つに分類して、それぞれに当たる型式を示すと、左のようになる。

(1) ツブをすりつぶして浸出液を汲み、柄端の孔から吸う（A—Ⅰ型）。
(2) ツブをすりつぶして浸出液を汲み、勺口から吸うか、ほかの器にあけて飲む（A—Ⅱ型）。
(3) ツブをすりつぶして、浸出液の上澄みを汲み、勺口から吸うか、ほかの器にあけて飲む（B—Ⅰ型の(5)—(7)）。
(4) 上澄みを汲み、勺口から吸うか、ほかの器にあけて飲む（B—Ⅰ型の(1)—(4)・(8)・(9)、B—Ⅱ型）。

問題として残るのは、B—Ⅰ型(5)—(7)の所属である。上澄みを汲み取ることより、ツブをすりつぶす方に重点を置けば、A—Ⅱ型の変形とみることも可能であろう。

はっきりした比較民族資料で用法が裏付けられるA型の場合と異なり、B型の用法については、ほとんど推測の域を出なかった。これは深く遺憾とするところであるが、そうかといって、B型で汲んだものがスープやタレの類だったとは、どうしても思われない。筆者の試案に納得しない方がおられたら、是非ともその代案を聞かせて頂きたいものだ。

終わりに臨み、御高著を引用させて頂いた諸氏をはじめ、種々御高配に与った秋山裕一・加藤百一・新城猪之吉・別府輝彦（五十音順）の四氏に、深甚の謝意を表する次第である。

註

(1) 形や用途が勺に近いものに、匜・料・魁などがあるが、ここでは触れない。

(2) 例えば、河南新鄭裴李崗や山東滕県北辛から出た陶勺＊。河南省開封地区文物管理委員会『裴李崗文化』一九七九年、五頁、図八―14、『考古学報』一九八四年二期、一八三頁、図一七―28。＊註(6)参照。

(3) 湖北は華中に含ませるのが普通だが、省内で異型勺を出す五遺跡のうち、四つまでが省南部の揚子江流域に集中しているので、便宜上、華南に入れることとした。

(4) 第一図(1)は、長さ一三・五センチ、陝西咸陽、戦国後半期、『考古与文物』一九八二年六期、一一頁。同(2)は、長さ二三・五センチ、山東鉅野、前漢中期、『考古学報』一九八三年四期、四七九頁。同(3)は、長さ二一・四センチ、洛陽焼溝、後漢後半期、中国科学院考古研究所『洛陽焼溝漢墓』（科学出版社、一九五九年）一三九頁。

(5) 第二図(1)は、長さ二〇センチ、湖北江陵、戦国中期、湖北省荊州地区博物館『江陵雨台山楚墓』（文物出版社、一九八四年）図版四八―1。同(2)は、長さ一八・六センチ、湖北松滋、戦国後半期、『考古』一九六六年三期、図版四―6。

(6) 素焼きの勺のこと。中国では、釉が掛けてなくても「陶」という。

(7) 異型勺は天然のヒョウタンに加工した葫蘆勺まで遡る。『楚文物展覧図録』（北京歴史博物館、一九五四年）一八図参照。

(8) きれいな球形をしているので、内径を六・五センチとみて試算したところ、容量は一四三・七九ミリリットルと出た。ビール大瓶の約五分の一に当たる。

(9) 炊いた穀物をさまし、麹を混ぜて、粒のまま発酵させた酒。

(10) 佐々木高明『照葉樹林文化の道――ブータン・雲南から日本へ』（日本放送出版協会、一九八五年）一三四―一三五頁。

(11) 「揚子江のデルタ付近から揚子江の中・下流、江南、華南の地をへて、貴州・雲南の高地に至り、北ビルマ、アッサムをへてヒマラヤの南麓に至る、いわゆる照葉樹林帯」とあるのによる。佐々木高明『雲南の照葉樹のもとで』（日本放送出版協会、一九八四年）三頁。

(12) 佐々木高明氏によると「シコクビエに象徴される雑穀栽培の文化が照葉樹林帯をずーっと通過している」という。上山春平他『続・照葉樹林文化――東アジア文化の源流』（中央公論社、一九八五年）一〇一頁。

(13) 例えば、出来の悪い醤油注ぎを使うとき、注ぎ口の下側を伝って醤油が流れ下ること。築島裕氏の御教示によると、岡山・

山口・高知方面の方言のよし。
(14) 例えば、前掲『広州漢墓』下を見ると、図版三〇―1・2の異型勺と5の普通型勺は、同じ一〇二六号墓から出ている。
(15) この辺の手順は、馮午・張陸徳『中国的植物油』(上海商務印書館、一九五二年)一八―一九頁に、かなり詳しく述べてある。
(16) この柄も銅板を丸めてつくり、一端を勺体にハンダ付けしてあったようだ。
(17) 篠田統『中国食物史の研究』(八坂書房一九七三年)六一頁、林巳奈夫「漢代の飲食」(『東方学報』四八、一九七五年)八〇頁を参照。
(18) この場合、果実酒や蒸留酒は論外である。
(19) ドブロクも「発酵後放置すると米粒が下方に沈み、上方が一部半透明になる。これをくんで中ぐみと称し」た。住江金之「どぶろく」(『世界大百科事典』二一、平凡社、一九五八年、三四六頁)。
(20) 篠田統「日本酒の源流」(金関丈夫博士古稀記念委員会編『日本民族と南方文化』、平凡社、一九六八年、五六一頁)。
(21) 前掲『照葉樹林文化の道』一三九頁。
(22) 前掲「漢代の飲食」七一―七九頁。

期待される始皇帝陵の発掘

去る三月二十九日付の『光明日報』に、始皇帝陵の「地下宮殿」についての一文が掲載された。その中で特に注目されるのは「地下宮殿は長方形で、長さ約四百六十メートル幅約四百メートルあり、現存の墳丘の底面より大きい。東・北・西の三面に、地下宮殿の深い部分に通じる地下道がある」という一節で、「地下宮殿」の途方もない巨大さと、その入口の発見に驚かされた。

始皇帝陵は一九六一年に国の重要史跡に指定され、七四年以来、ボーリングと試掘を繰り返す地道な調査が続けられている。七四―七七年には東側で一―三号の兵馬俑坑が、七七年には北側で陵に付属する一―四号の建築址が、七九年には西側で中国最古の墓誌を伴う工事犠牲者の墓十八墓が、八〇年には同じく西側で大型の彩絵銅馬車二台が、それぞれ発掘された。また八一―八二年には墳丘上の一万二千平方メートルの範囲にわたって、濃度の高い水銀の分布が確認され、文献の記載（後述）の正しいことが裏付けられたという。

それではこの機会に、『史記』秦始皇本紀の関連記事をもとにして、陵の内部の様子を探ってみよう。左記の十項のうち、参考に追加した末尾の二項のほかは、文頭に秦始皇本紀の原文の読み下しを掲げてある。

①「三泉を穿ち、銅を下にして椁《かく》（槨《かく》）を致す」

三層になっている地下水を掘り抜き、銅をとかして地固めした上に槨（この場合は墓室）を造ったという意味らしい。『前漢書』賈山伝や『水経注』渭《い》水の条にも、これと似たような記述があるが、内容はそれぞれ幾らか異なる。前漢の中山靖王夫妻を葬った「満城漢墓」に、墓道の入口をふさぐ煉瓦積みを鉄をとかして固めた例があるだけで、墓の構築に金属を使うことは極めて珍しい。その実態の解明される日が待たれる。

②「宮観・百官」

地下に宮殿を築き、百官を配したという意味だが、実大の宮殿はまず無理だろうから、模型と考えざるを得ない。腐朽し易い木造の模型より、むしろ漢代の瓦製明器の家屋を豪華にしたようなものではなかったか。『史記』正義は「百官」を「百官の位次（位階に応じた席）」と解しているが、兵馬俑の例もあることだし、百官そのものの瓦俑を並べたのかも知れないと思う。もしそうなら、そのほうがずっと面白い。

③「奇器・珍怪、藏《ぞう》（蔵）を徙《うつ》して之に満たす」

奇々怪々の珍物を宮中の蔵から運んで、陵の中を一杯にしたという意味。もともと秦の工芸が最高の段階にあったとは思われない。だが、滅び去った六国の工芸を集大成し、新しい芸術の分野を開拓したとみられる点で、秦の果した役割は極めて大きい。陵の中には、想像を絶する素晴らしい工芸品が山と積まれているにちがいない。

④「匠をして機弩矢《きどし》を作らしめ、穿ち近づく所の者有らば、輒《すなわ》ち之を射る」

盗掘防止装置の一つとして、機械仕掛けで矢を発射する弩を作らせたとの意。当時すでに「連弩」つまり連続発射の弩のあったことが、秦始皇本紀の後文などに見えており、この種のいわば「からくり」の解明にも、大きな期待が寄せられる。

⑤「水銀を以て百川・江河・大海を為《つく》り、機もて相灌輸す」

水銀を墓の中に溜めるのは、その蒸気の猛毒性を利用した一種の盗掘防止策にほかならない。ところで、問題なのは「機械仕掛けで水銀を循環させた」という点である。筆者はかねてから「燃料の補給なしに動き続けるエンジンなずである。

⑥「上には天文を具え」

墓室の天井には日月・星辰が描いてあったという。目下のところ、中国で最も古い星象図は、一九五七年に洛陽市の西北郊で発掘された、前漢の元帝―成帝の間（前四八―前七）のものと推定されている墓の壁画である。つまり星象図の歴史は、これで二百年ほどさかのぼることになり、その調査の結果が期待される。

⑦「下には地理を具う」

この「地理」が架空のものでなかったことは、『水経注』渭水の条に「下には水銀を以て四瀆《とく》（四つの大河）・百川・五岳・九州を為り」とあるのによってわかる。それ故、現在最古の中国全図とみられている、南宋の元符三年（一一〇〇）銘の「禹跡図」（江蘇省鎮江博物館蔵）より実に千三百十年も古いわけで、当時の地理観をうかがわせる貴重な資料として注目される。

⑧　殉死者の群れ

秦始皇本紀の原文は長いので省くが、その要旨は次のとおり。「後宮にいる女性たちのうち、始皇帝の子を産まなかった者は、みな殉死させた。また墓中の工事に携わった人たちは、財宝の在りかを知っているというので、生きながら中に閉じ込めてしまった」。この伝えが真実なら、内部にはかなりの殉死者がいるはずである。彼らのうち、身分の比較的高い女性などには、服飾品の類が伴っていることだろう。

⑨　遺体の防腐処置

中国では戦国時代のころから、遺体の腐敗を防ぐため、玉《ぎょく》の小片を針金で綴り、それで全身を包むことが行われた。

漢代に入ると、この風習はいっそう盛んになり、皇帝は金縷《きんる》玉衣を、諸侯王は銀縷玉衣を、その他の貴族は銅縷玉衣をまとった。したがって、始皇帝は当然金縷玉衣、それも飛び切り豪華なものを身につけているはずである。ただし防腐の効果は皆無だから、骨が幾らか残っていればいいほうだろう。

⑩　文字資料への期待

先秦時代には、墓中に副葬される銅器の銘文が、一国の歴史を伝えるのに役立っていた。だが秦の統一時代ともなれば、もはやそのようなものはない。では、それに代わるものは何か。始皇帝は自分の徳をたたえる石碑を立てるのが好きだったし、また毎日、奏請文が書いてある木簡や竹簡を一石（約三十キログラム）も決裁したという。だから、石に刻んだり木や竹の札に書いたりした記録が、陵の中から出てもおかしくはない。『史記』の秦本紀や秦始皇本紀のもとになった『秦紀』（亡失）でも出て来ようものなら、それこそまさにえらいことだ。

さて、始皇帝陵の完成は、また同時に、中国で皇帝陵の原型が完成したことを意味する。そして、間接の影響を考慮すれば、わが国の巨大な古墳の原点も、この辺にあるといえよう。われわれが始皇帝陵に格別の関心と親近感を抱くゆえんである。

『光明日報』の報道、ならびに中国から来日した専門家たちの談によると、項羽が荒らしたと伝えられているのは、陵に付属する地上の建物だけであるし、漢の初めに牧童の失火で内部が大火事になったというのも、虚構にすぎないという。さらに、墳丘の西部で発見された二つの盗掘坑も、浅くて内部に達していないとのことだ。つまり、巨大な「地下宮殿」は完全に残っている模様で、本格的な発掘に、いっそうの期待を抱かせる。内外の情勢との関連や、発掘後における諸般の処置など、いろいろ問題もあろうが、できればわれわれの目の黒いうちに、世紀の大発掘が行われることを、ここに心から望んでやまない。

中国における文物の伝世

一

五、六年前のこと、たまたま『文物参考資料』を読んでいたとき、漢代の墓から殷代の銅器が出た[1]とあるのに興味をひかれた。銅器が千年も伝世することが、はたしてあり得るだろうか。あるいはそうでなく、副葬されたものが盗掘に遭い、もういちど墓に入れられたのだろうか。いずれにしろ、調べてみる価値がありそうだと考えた。

改めていうまでもないが、「伝世」とは、文物（文化財）が土中に埋められることなく、そのまま地上に伝えられることをいう。「日本には勅封の正倉院があったため、奈良時代の文物がよくのこった。そのなかには、大陸から将来されたものも少なくない。中国では、そういう施設がなかったうえ、相次ぐ戦火に災いされて、地上の文物はほとんどなくなってしまった」というような意味のことを、私たちは幼いころからよく聞かされたものだ。そして私自身も、一九七一年に西安南郊の何家村で、金銀器を初めとする唐代の文物が大量に発掘されたとき[2]、それを「地下の正倉院」といって紹介したことがある。

いったい中国では、文物はあまり伝世しなかったのだろうか。出土品のうちに、伝世品はほとんど含まれていないのだろうか。かりに含まれていた場合は、どうやってそれらを見分けるのだろうか。こうした点がはっきりしないと、遺跡の年代を判定するうえに、いろいろ支障が起こってくるかも知れない。

あれこれ考えているだけでは始まらないので、「中国における文物の伝世」の実態をつかむため、とにかく資料を集めてみることにした。ところが、これが意外に大変なのである。中国の古今東西のあらゆる文物にわたるため、あらかじめ見当をつけて捜すわけにもいかない。結局、「平素の心掛けが大切」ということになり、時に臨み折に触れ、長いことかかって、それでも幾つかの資料を集めた。不充分なことは百も承知だが、この辺がまとめてみる一つの潮時かと考え、それらを私なりに分類・整理したうえ、問題点を指摘してみたい。

なお、昨年の七月から本年の二月まで、わが国で開催された『北京　故宮博物院展』(3)、ならびに一昨年の九月からわが国で刊行中の『中国の博物館』(4)が、私を本稿の執筆に踏み切らせる直接の動機となったことを、ひとこと申し添えておく。

二

(1)　過去の一時点から現在までの伝世

ここで「過去の一時点」というのは、伝世がスタートした時期をさす。いったい、中国で最も古くからの伝世品というと、はたして何だろうか。現在知られている限り、それは恐らく新嘉量(5)ではないかと思う。新（王莽の建てた王朝）のとき、度量衡の基準を示すためにつくった青銅製の枡で、「嘉」は美称である。古くから諸書に伝えられている有名なものだが、長らく所在不明だったところ、一九二四年の冬、北京の故宮の坤寧宮で、たまたま厚い埃の下から発見された(6)。側面に刻まれている八十一字の銘の一節によると、この器は王莽の始建国元年（9 A. D.）につくられたことがわかる。錆一つ留めない完全な保存状態からみて、実に千九百七十四年間の伝世品であること、まず疑いなさそうだ。伝世の経路は不明だが、新の滅亡後、後漢を初めとする歴代の王朝の府庫を、転々としてきたのではなかろうか。

つぎも同じく王莽時代の文物だが、「国宝金匱・直万」銅銭とその陶笵（土を焼いてつくった鋳型）が、北京の中国歴史博物館に収蔵されている。(7)漢代、もちろん王莽時代も、黄金一斤は一万銭に値したから、この銭は一斤の重さを基準とする金餅(8)一個と同じ価値があったのだろう。博物館の当局者は、

この銭は鋳造が精巧で、文字も力強くて優れているうえ、保存が完全で、いちめん緑青に覆われており、古銭中の得難い珍品である。（この銅銭とその鋳型は）いずれも伝世品であり、銭と鋳型がそろっているという点で、まことに両方とも絶品と称するに足りる。

といっている。(9)

このほか、天津市芸術博物館蔵の漢「燕枝女印」銅印について、解説者が「……この印は伝世の名印で、鋳造が精巧である。……」と述べているの(10)も注目される。

これらは、いずれも伝世品だという確証はないが、諸般の情勢からみて、その可能性はかなり強いといえよう。

右の推測に大過がなければ、中国では約二千年も前の文物が伝世していることになって、甚だ興味が深い。そのあとに続くはずの三国から隋代の伝世品については、まだ実例を見いだすまでに至っていない。しかし唐代以降ともなれば、幾つかそれらしい資料がある。北京の故宮博物院に収蔵されている唐代の黒釉白斑文鼓胴(11)は、解説者から直接聴いた話によると、保存の完璧さなどからみて、伝世品だろうとのことだった。同博物院の所蔵品で、つい最近まで日本に展示されていた南宋時代の青磁大瓶（官窯）について、長谷部楽爾氏は「官窯の青磁は……一般に小品が多いが、これは稀にみる大形の作品で、保存状態もよい。古くから大切に伝えられたものであろう」といわれる。(12)また中国歴史博物館の館員某氏によると、同館に収蔵されている「哥窯の青磁輪花皿は伝世品で、陶磁研究家はこれを『伝

世哥窯』と称する」という。[13] 前の官窯の大瓶といい、この哥窯の皿といい、いずれも釉面の貫入（細かいひび割れ）を特色とするが、これは偶然の一致ではあるまい。陶磁器は金属器（黄金製品を除く）などと違って、水や土のなかで浸蝕されにくいが、貫入の部分に泥水が染み込んでいるかどうかを子細に観察すると、伝世品か出土品かがわかるのではないか。いちど専門家の話を聞きたいものである。

つぎに、伝世の事情がはっきりしている例を、二つ挙げてみよう。その一つは、中国歴史博物館所蔵の銭鏐鉄券なるものである。乾寧四年（897）、唐の昭宗が権臣の銭鏐に賜った鉄地金象嵌の証文だが、同館の解説によると、「千年余りの長期間、鉄券は銭氏の子孫によって保存され、一九五一年、国家に献納された」という。[14] 他の一つは、同じく中国歴史博物館所蔵の「謝昌元座右辞」である。南宋の咸淳九年（1273）六月に文天祥が書いたもので、同館の解説には「以後その子孫によって伝世したものである。……明末清初に梁清標の収蔵を経、乾隆のとき（1736—1795）、清の宮廷に入った」という。[15] なお明清時代ともなれば、書画などの伝世するものは数知れず、鑑蔵印・題跋・款記などによって、伝世の経緯が明らかなものも少なくない。

つぎは、銅器の伝世について考えてみる。現在地上でみられるおびただしい数の銅器のうち、出土事情が判明しているものはとにかく、それ以外のものは、いったいいつごろから伝世しているのだろうか。殷周時代から一度も地中に入ったことがないという特例さえ、必ずしもあり得ぬとはいわれまい。出土品とはとてもみられないほど保存状態のよいもの……例えば北京故宮博物院所蔵の師趛鬲[16]など——を眺めているとき、そうした思いに駆られるのは、はたして私だけだろうか。だが、そういうものがかりにあったとしても、それは例外中の例外であって、若干の学術的発掘品を除くと、現存の銅器のほとんどが解放前の盗掘品であることは、まず疑いなかろう。

盗掘は歴史とともに始まったが、とくに盛んになるのは漢代からである。墓から掘り出された銅器などの古器物は、やがて好事家たちの注意をひき、次第に値打ちが出てくるようになった。例えば、前漢の文帝の子、梁の孝王が持っていた銅器の尊は、千金（黄金千斤）に値したといわれる。武帝のときには、山西の汾水のほとりから宝鼎が出たというので、年号を「元鼎」と改めた。漢代以後、銅器が出土することは一種の祥瑞とみられ、それについての記録は枚挙にいとまもない。下って宋代になると、政府は民間から集めた銅器を稽古・尚古・博古の三閣に収蔵したが、北宋の徽宗の政和年間（1111〜1118）、その数は実に六千数百器に達したという。(17) 現在、故宮博物院に収蔵されている銅器のうちに、それらの幾つが含まれているのだろうか。さらにそのなかには、漢代ごろまで遡る伝世品もあるのではないか。こう考えてくると、津々として興味が尽きない。

ところで、こういう問題に関連して、近ごろ重要な発見があった。一九七八年十二月、北京市の通県で、壊れた銅簠一個分の残片が徴集され、修理・復原後、作器者の名によって「伯梡盧簠」と名付けられた。本器は形も大きさも銘文も、北宋の王黼の『宣和博古図』巻一〇に著録されている「周剌公敦」之二と符合するので、それとセットをなすものか、またはそのものズバリの可能性もあるという。こうして、北宋以後八百余年にわたる伝世が認められたわけである。『宣和博古図』著録の銅器中、今日まで確実に伝世しているのは、兮甲盤と厚趠方鼎の二点にすぎないといわれるから、本器の発見は甚だ注目に値しよう。(18) 諸書に著録されている銅器のすべてと、現存する銅器のすべてとの対照が進めば、伝世についてさらにいろいろと面白いことがわかるかも知れない。

(2)　過去の一時点から一時点までの伝世

ある文物がある期間伝世したのち、副葬品などとして地中に埋められ、最近になって掘り出されたケースをさす。発掘報告を渉猟して集めた資料は、期せずして銅銭一（青銅の円体方孔銭）・銅鏡（青銅鏡）・銅器（青銅容器）の三種に、ほぼ限定されることとなった。思うに、これは決して偶然ではあるまい。銅銭は鋳出された文字によって、ほとんど年代がわかるし、銅鏡と銅器もほぼ時代区分ができているので、出土した遺跡とのあいだに年代の食い違いがあれば、容易に目につくからだろう。これら三種のうち、最も伝世しやすいのは銅銭、比較的伝世しにくいのは銅器で、両者が中間が銅鏡と考えられるが、その理由についてはあとで述べることにし、まず集めた資料の紹介から始めよう。

(2)—Ⅰ　銅　銭

a　墓中からの出土例

1　一九七〇年、甘粛省敦煌県の晋墓から、前漢の半両、王莽の大泉五十・貨泉・布泉、呉の太平百銭など千四百三十枚が出土。(19)

2　一九六四年、江西省南昌市の六朝早期墓から、後漢晩期の五銖銭が三百余枚出土。(20)

3　一九七二年、吉林省哲里木盟庫倫旗一号遼墓から、唐の開元通宝十一枚、北宋の祥符元宝・至道元宝各一枚が出土。大康六年（1080）の紀年銘を鋳出した銭形のものは、埋葬の年に関係があるらしいという。(21)

4　一九七五年、山東省鄒県で元代の李裕庵墓から、唐の開元通宝を初め、北宋の淳化元宝、南宋の建炎通宝などが六十九枚出土。(22)

b　銭窖（地下の銭蔵）からの出土例

1　一九七三年、江蘇省丹徒県で東晋時代の銭窖から、前漢の半両、両漢の五銖、王莽の大泉五十・貨泉、蜀漢の直百五銖、東晋の豊貨・漢興など、約百四十キログラムの古銭が出土。(23)

2　一九六四年、河北省邯鄲市で唐代の銭窖から、漢の半両・五銖、王莽の大泉五十・貨泉、北魏の永安五銖、北斉の常平五銖、隋の五銖、唐の開元通宝などが、約八十三キログラム出土。(24)

3　一九六七年、湖北省黄石市で南宋時代の銭窖から、実に百十トンの古銭が出土。平均一枚二・五グラムとすれば、約四千万枚はあるはず。前漢の半両から南宋の淳祐元宝まで千四百年間にわたり、前漢・新莽・後漢・隋・

唐・五代十国・北宋・南宋・遼・金・西夏、各王朝の銅銭をすべて含むという(25)。

4　一九六三年、河北省盧竜県で南宋時代の銭窖から、銅銭が六百五十キログラムほど出土。秦半両以降、南宋銭にわたるもので、北宋銭が最も多いという(26)。秦半両が含まれているのは珍しい。

5　一九六三年、河南省澠池県で、金代の二つの銭窖から、漢の半両・五銖、王莽の大泉五十・貨泉、唐の開元通宝、五代・北宋・南宋の各銭、金の大定通宝などが、計六百五十キログラムほど出土(27)。

さて、墓と銭窖とに分けて挙げた右の出土資料は、私が集めたもののほんの一部にすぎない。しかしこれだけみても、銅銭がいかによく伝世するかがわかるだろう。同じ形の円体方孔銭が二千年以上も続いた中国では(28)、文盲の多かったであろう一般民衆にとって、銭の文字などはどうでもよかった。形が同じなら、いつの銭であろうと、そんなことは一向かまわなかったのだろう。こうして、古い時代の銭が、はるか後代の墓や銭窖から、そのころの銭と一緒に発見されることとなるのである。なお、宋銭や明銭が中国周辺の諸国に輸出され、一時、東アジア共通の貨幣となった事実も見逃せない。

右のような次第なので、出土した銅銭の全貌を見極めずに、その一部から遺跡の年代を判定することは、いささか危険である。出土した銅銭群のうち、最も新しいものが遺跡の年代――遺跡に年代の幅があるときはその下限――を示すだけだという、平凡な事実を忘れてはなるまい。考古学上、伝世が問題になるとすれば、これが第一のケースといえるだろう。

(2)―Ⅱ　銅　鏡

1　一九七三年、山東省臨沂県銀雀山三号墓と四号墓（いずれも前漢）から、それぞれ戦国式の渦文地蟠螭連弧文鏡と渦文地鳳雲文鏡が出土(29)。

2　一九五三―六〇年、広東省広州市周辺の前漢前期墓から、山字文鏡を初めとする戦国鏡が多数出土(30)。

3　一九六五年、湖北省漢陽県蔡甸一号墓（西晋？）から、後漢の十二辰規矩文禽獣鏡が出土。(31)

4　一九七七年、陝西省漢中市崔家営の西魏墓から、後漢の四乳四鳥文鏡が出土。(32)

5　一九六五年、江蘇省句容県陳家村一号墓（南朝早期）から、前漢の昭明鏡が出土。(33)

6　一九六四年、湖南省長沙市近郊の隋墓から、前漢の日光鏡が出土。(34)

7　一九五六年、陝西省丹鳳県商雒鎮の北宋墓から、前漢（式）の草葉文鏡が出土。(35)

8　一九五四年、熱河省（現在の河北省北部）赤峰県大営子の遼墓から、唐（式）の鳥獣流雲文八稜鏡が出土。(36)

9　一九七二年、遼寧省朝陽県前窗戸村の遼墓から、唐の海獣葡萄鏡が出土。(37)

10　一九七四年、遼寧省法庫県葉茂台の遼墓から、唐の海獣葡萄鏡が出土。(38)

銅鏡の伝世をうかがわせる資料は、まだほかに幾らでもある。こうした情況からみると、つくられてからしばらく伝世したのち、墓に入れられるというケースは、意外に多いのかも知れない。ほかの手掛かりから年代がわかる墓などの遺跡で、それより古い型式の鏡が出れば、まず伝世を考えるのが普通だろう。だが、そう簡単に決められない場合もある。紀年鏡ならとにかく、二つの型式の境目あたりにある鏡など、はたして伝世したかどうかを判断することは容易でない。例えば、いわゆる戦国鏡のうちには、漢初まで引き続いてつくられたものもあり得るからである。いいかえれば、ある時代のある文物が、しばらく伝世したあと墓などに埋められ、またしばらくして掘り出された場合、埋められた時代の文物と型式上の違いはあっても、年代上の差はつかみにくいということだ。そこで当然、文物そのものが伝世したと考えるか、型式だけが継続したとみるか、判断に迫られることになる。(2)—Ⅱ—1に掲げた二面のいわゆる戦国鏡について、報告者は「いずれも戦国鏡の様式を備えているが、あるいは戦国鏡が遺存したのかも知れない」といって、(39)断定を避けている。こうした点をはっきりさせるため、『伝世』という面から、既成の型式観の一部を見直す必要があるのではないか。考古学上、伝世が問題になるとすれば、これが第二のケースといえるだろう。

一方、「踏み返し」という問題もある。とくに宋代以後は、漢鏡や唐鏡の複製品がかなりつくられたから、伝世を論じる場合には、こうした点にも配慮しなければならない。右に挙げた出土資料(2)―Ⅱの9と10の海獣葡萄鏡は、いずれも精巧にできているので、オリジナルのものであること疑いない。しかし、7の草葉文鏡と8の八稜鏡は図が不鮮明で、その点がはっきりしない。「前漢」と「唐」のあとにそれぞれ「(式)」を加えておいたのは、そのためである。

(2)―Ⅲ　銅　器

1　一九五三年、湖南省衡陽市苗圃蔣家山四号後漢墓から、殷代の銅爵と銅觶が出土。(40)
2　一九六四年、江西省南昌市老福山の前漢墓から、西周時代の銅瓿が出土。(41)
3　一九六五年、江蘇省漣水県の前漢墓から、金銀象嵌を施した戦国式の銅鼎と銅犠尊が出土。(42)
4　一九五七年、河南省陝県后川にある前漢初期の墓から、「戦国中期」の蟠螭文鼎など、戦国式の銅器が多数出土。(43)

銅器はその本質からして、ことに古い時代には、伝世する可能性は少なかったと思われる。つぎつぎと副葬されて地下に消えていくほか、国の滅亡や家の断絶とともに、鋳潰されてほかのものに姿を変えていったのではないか。そこで、殷代の銅器が漢代の墓から出たというような場合は、特別の例外を除き、長期の伝世よりむしろ、盗掘――収蔵――副葬という線を考えるほうが自然だろう。右の(2)―Ⅲ―1に掲げた殷代の銅器二点について、夏鼐氏は「昔の人のうちにも骨董を喜ぶ者がおり、死後、当時の古物を副葬したのだ」といわれているが、(44)恐らくそのとおりだと思う。Ⅲ―2の西周時代の銅器も、やはり同じような経過をたどったとみられる。

しかし、Ⅲ―3の戦国式の銅器二点になると、出土したのが戦国時代に近い前漢の墓だというから、伝世の可能性もかなり強い。同じ墓で刀銭が三百本ほども出ているのは、この推測を支えるものだ。報告では「これらの戦国式銅器は前漢時代につくられたものらしいが、また一方、戦国時代の器物が前漢の貴族に掠奪され、死後その副葬品となった可能性も否定できない」という意味のことを述べている。(45)またⅢ―4の資料について、報告者は「古い器物を副葬するのが、当時珍しくなかったことがわかる」とさえいっている。

なお、いわゆる銅器ではないが、広東省広州市近郊で、前漢の前期—中期墓から、れっきとした戦国式の銅剣「桃氏剣」が出ている。(46)これなどは、伝世以外の理由は考えられない。

三

以上、中国における文物の伝世について、幾つかの例を挙げ、それらに若干の考察を加えた。つぎは、こうした考古・美術資料の伝世が「文物の保護」とどのような関係にあるかを検討し、併せてその現代的な意義にも触れてみたい。

大きく分けて、伝世には二つの型があると思う。その一つは王朝から王朝へというケースで、恐らくこれが主流をなし、今日まで伝世してきた文物のかなり大きな部分を占めているようだ。かつて私は、戦国諸侯の保有していた黄金が、秦の始皇を経て西楚の覇王項羽へ、項羽からさらに漢の高祖劉邦へ流れたであろうところの経過を、文献の上から追ってみたことがある。(47)そして、そのとき感じたのは、単に黄金だけでなく、各王朝の府庫に蔵されていた美術工芸品なども、ずっと後代まで、同じような方式で伝世したのではないかということだ。この間の事情を解明するのは、今日ではほとんど不可能に近いかも知れない。だが、明清王朝が保有していたであろう歴史的文物の厖大なコレクションが、それぞれ一王朝で築き上げられたとは、とても思われないのである。これまで、こうした方面についての議論は、およそ聞いたことがない。詳細な検討は将来に譲ることとし、ひとまず右のような憶説を述べるに止めておく。

文物伝世のもう一つの型は、民間で好事家や文人墨客の間を転々とするケースである。このほうは盗掘者や古玩商が介在するので、かなり複雑なものになりそうだが、実際は、やはり文人墨客相互間の流れが本筋となる。盗掘や古玩商は、結局のところ、文人墨客あってのものにすぎない。鑑蔵印がたくさん並んだ書画を手に入れると、余白に自分の鑑蔵印を押したり、自作の題跋や題詩を書いたりする。そうすることによって、その書画を鑑賞・収蔵した先人たちの仲間に入ることができる。書画の流伝が形成する「歴史」のなかに溶け込むことができる。こうなれば、とても惜しくて、もったいなくて、墓のなかなどに入れられるものではない(48)。清の康熙帝や乾隆帝のように(49)、鑑蔵印を押しまくった皇帝たちも、もちろん例外ではなかった。

日本では、神社や仏閣が文物の献納を受け、それらを民衆に公開して、初歩的な博物館の機能をはたしてきた。中国でそれにあたるものは、ちょっとはっきりしない。だが右のように、王朝と文人が文物の保護に一役買っていたことは、まず疑いのないところだろう。

最後に現代的な意味から、伝世と「文物の保護」との関係を考えてみたい。現在中国で地上にのこっている文物は、すべて伝世しつつあるといえよう。ただ問題なのは、それらがどのように保護されているかという点である。文物を愛蔵する風習が古くから盛んな中国のことだ。民間に伝世している文物は、まだかなりあるのではないか。それらを自発的に差し出させるためには、「廃銅」の回収(50)ぐらいでは間に合わず、報償金の程度にしろ、代価を払って買い取るほかに道はなかろう。政府が各地に国営の骨董屋ともいうべき「文物商店」を設け、民間から有償で買い上げた文物を博物館に収蔵させたり、近百年以内のものに限って、一般の人や外国人に売るのを許しているのは、その具体策として注目される。

ただ、近百年以内のものなら売買が許されるというところに、どうも問題がありそうだ。この手の新しい文物は、買い上げるなり指定するなりして海外流失を防止しないと、やがてはなくなってしまう恐れがあるからである。今から四半世紀ほど前のころは、北京の栄宝斎などで、斉白石・徐悲鴻・蔣兆和などの絵が安く売られていて、私たち金の乏しい外国人でも、それらを手に入れることができた。今にして思えば、すでにあの時点で、というよりもっと前から、そうしたものの輸出を規制しておくべきではなかったか。(51) 昨年の四月に北京へ行ったとき、琉璃廠の骨董屋などで、「大清光緒年製」の銘がある、なかなかよい磁器が幾つか売られていた。今でこそ珍しくないこういう文物も、行く行くは姿を消すことだろう。伝世品の保護は、いつ始めても早すぎることはないのである。

四

以上、「中国における文物の伝世」というテーマをめぐって、初歩的な検討を試みた。

まず関係資料を集めてみたところ、はるか二千年前の王莽時代の文物が伝世しているらしいこと、また予想に反して、銅銭を初めとするさまざまの文物に、伝世のみられることがわかった。つぎに、伝世の法則というか、方式というか、これまであまり問題にされていなかった点について、いろいろ考えてみた。その結果、銅銭のように伝世しやすいものは、遺跡の年代を決めるに際して、取り扱いを慎重にすべきこと、また過去の一時点から一時点まで伝世したかどうかが、その文物の型式を論じ年代を判定するうえに、大きくかかわることがわかった。

このほか、伝世が考古学だけの問題でないことに気がつき、文物の保護との関係について、私見の一端を述べておいた。さらに「伝世」ということを通じて、芸術の各ジャンルに対する中国人の考え方を、かなり突っ込んで分析してみたが、その結果については、紙幅の関係もあるので、別の機会に譲る。

「伝世学」という学問があるとすれば、本小篇はその序説の序くらいにあたるかも知れない。これを機会に、この方面に興味をもたれる方が増えることを、心から願う次第である。

註

（1）註40参照。
（2）陝西省博物館・文管会革委会写作小組「西安南郊何家村発現唐代窖蔵文物」（『文物』一九七二年一期）。
（3）『日中国交正常化十周年記念　北京　故宮博物院展図録』（西武美術館・朝日新聞社、一九八二年）。
（4）講談社版『中国の博物館』（全八巻、一九八一―一九八三年）。
（5）劉復「新嘉量之校量及推算」（『考古学論叢』二、東亜考古学会・東方考古学協会、一九三〇年）。
（6）『同右』五頁に、馬衡の談として載っている。
（7）『中国歴史博物館』（『中国の博物館』五、一九八二年）一一二図。
（8）拙稿「金餅考――戦国・秦漢の金貨に関する一考察」（『東洋文化研究所紀要』五三、一九七一年）。
（9）註7参照。
（10）『天津市芸術博物館』（『中国の博物館』六、一九八二年）一三九・一四〇図。
（11）講談社版『故宮博物院』（一九七五年）八四図。
（12）『北京　故宮博物院展図録』四四図。
（13）『中国歴史博物館』一五四図。
（14）『同右』一四三図。
（15）『同右』一七二―一七四図。
（16）『故宮博物院』二一八図。
（17）この段落については、拙稿「考古学史・東アジア」（平凡社版『世界考古学大系』一六、一九六三年）に詳しい。
（18）この段落の記述は、つぎの報文によるところが多い。程長新・張先得「伯椃盧簋之再発現」（『文物』一九八〇年五期）六一―六二頁。
（19）敦煌文物研究所考古組「敦煌晋墓」（『考古』一九七四年三期）一九七頁。
（20）江西省文物管理委員会「江西南昌徐家坊六朝墓清理簡報」（『考古』一九六五年九期）四六一頁。
（21）吉林省博物館・哲里木盟文化局「吉林哲里木盟庫倫旗一号遼墓発掘簡報」（『文物』一九七三年八期）七―八頁。

(22) 山東鄒県文物保管所「鄒県元代李裕庵墓清理簡報」(『文物』一九七八年四期) 一五―一六頁。
(23) 鎮江市博物館「江蘇丹徒東晋窖蔵銅銭」(『考古』一九七八年二期)。
(24) 李常雲・陳光唐「邯鄲地区発現一批古銭」(『考古』一九六五年一一期)。
(25) 湖北省博物館「黄石市発現的宋代窖蔵銅銭」(『考古』一九七三年四期)。
(26) 馮秉其・林洪「蘆龍県下寨公社賈荘出土大批古銅銭」(『文物』一九六三年一一期)。
(27) 趙新来「河南澠池宜陽両県発現大批古銭」(『考古』一九六五年四期)。
(28) 拙稿「円体方孔銭について」(『中国考古学研究』東京大学出版会、一九七二年三版、所収) 四六三―四六四頁。
(29) 山東省博物館・臨沂文物組「臨沂銀雀山四座西漢墓葬」(『考古』一九七五年六期) 三六九―三七〇頁。
(30) 広州市文物管理委員会・広州市博物館『広州漢墓』上 (文物出版社、一九八一年) 一四九―一五六頁。
(31) 湖北省博物館「湖北漢陽蔡甸一号墓清理」(『考古』一九六六年四期) 一九五―一九六頁。
(32) 漢中市博物館「漢中市崔家営西魏墓清理記」(『考古与文物』一九八一年二期) 二二・二四頁。
(33) 江蘇省文物管理委員会「江蘇句容陳家村西晋南朝墓」(『考古』一九六六年三期)。
(34) 湖南省博物館「湖南長沙近郊隋唐墓清理」(『考古』一九六六年四期) 二〇五―二〇六頁。
(35) 陝西省文物管理委員会「陝西丹鳳県商雒鎮宋墓清理簡報」(『文物参考資料』一九五六年一二期) 三九頁、表紙裏。
(36) 前熱河省博物館籌備組「赤峰県大営子遼墓発掘報告」(『考古学報』一九五六年三期) 一八頁、図版四―6。
(37) 靳楓毅「遼寧朝陽前窗戸村遼墓」(『文物』一九八〇年一二期) 二四頁、図版四―3。
(38) 遼寧省博物館発掘小組・遼寧鉄嶺地区文物組発掘小組「法庫葉茂台遼墓記略」(『文物』一九七五年一二期) 三二頁。
(39) 註29参照。
(40) 「衡陽苗圃蔣家山古墓清理簡報」(『文物参考資料』一九五四年六期) 五四―五五頁。夏鼐「清理発掘和考古研究――全国基建中出土文物展覧会参観記」(『文物参考資料』一九五四年九期) 五九頁。
(41) 江西省文物管理委員会「江西南昌老福山西漢木槨墓」(『考古』一九六五年六期) 二七〇―二七一頁、図版三―2。
(42) 南京博物院「江蘇漣水三里墩西漢墓」(『考古』一九七三年二期)。
(43) 黄河水庫考古工作隊「一九五七年河南陝県発掘簡報」(『考古通訊』一九五八年一一期) 七七頁。

(44)　註40参照。
(45)　註42参照。
(46)　『広州漢墓』上、図一三七―1。
(47)　「金餅考――戦国・秦漢の金貨に関する一考察」五九―六〇頁。
(48)　一九七四年、遼寧省法庫県葉茂台の遼墓から、山水画と花鳥画の軸物が出土したが、こういう例は極めて珍しい。いずれも落款がないのは、副葬することを予定していたからだろう。註38参照。
(49)　「康熙賞玩」「乾隆御覧之宝」など。
(50)　回収された廃銅（銅屑）のなかから、かなりの数の銅器が出ている。
(51)　近現代の文化財をどう保護すべきかについては、拙稿「中国における文化財の買い取り」（『文化庁月報』一二九号、昭和五十四年六月）のなかに詳しい。

付編

関野　雄　年譜

大正四年六月一四日生まれ。〔本籍〕東京都北区西ケ原町一〇八。
昭和三年四月　東京府立第五中学校入学。
昭和八年三月　同上卒業。
昭和八年四月　浦和高等学校文科乙類入学。
昭和一一年三月　同上卒業。
昭和一一年四月　東京帝国大学文学部東洋史学科入学。
昭和一四年三月　　同上卒業。
昭和一四年四月二〇日　外務省在支第三種補給生として北京に留学。主として華北方面で遺跡と遺物の考古学的調査と研究に従事。
昭和一六年四月二七日　帰朝。
昭和一六年五月三日　東京帝国大学文学部助手。助手在任中も三回にわたり中国に出張、考古学的調査を行う。
昭和一八年八月二三日　応召。近衛歩兵第三連隊補充隊。
昭和一八年九月一五日　独立歩兵第四七大隊に編入。
昭和一九年二月二五日　独立歩兵第五二四大隊に転属。
昭和二〇年四月三〇日　依願免官［東京帝国大学］。
昭和二一年一月二四日　召集解除（陸軍上等兵）。
昭和二一年二月一日　東亜考古学会研究員。
昭和二一年五月三一日　文部教官助手、東京帝国大学文学部勤務。
昭和二二年一〇月一日　東京帝国大学は東京大学となる。
昭和二四年三月三一日　東京大学助手退職。
昭和二四年三月三一日　法政大学文学部助教授に就任。

（昭和二四年四月以降二五年三月まで東京大学文学部非常勤講師）。
昭和二五年五月一日　法政大学文学部教授に昇任。
昭和二六年一一月一六日　東京大学東洋文化研究所助教授に就任。
昭和三二年四月二七日　文学博士の学位授与（東京大学）。
昭和三九年一一月一五日　東京大学東洋文化研究所教授に昇任。
昭和四二年四月一日　東京大学文学部に配置換。考古学講座担当。
昭和四二年四月一日　東京大学大学院人文科学研究科考古学課程主任。
昭和四八年四月一日　東京大学総合資料館館長を併任。
昭和五一年四月一日　東京大学停年。
昭和五一年四月一日　お茶の水女子大学文教育学部教授に配置換。
昭和五一年五月一八日　東京大学名誉教授の称号を授与される。
昭和五六年三月三一日　お茶の水女子大学停年退官。
昭和五六年一〇月　お茶の水女子大学客員教授就任（〜昭和五七年三月）。
昭和六〇年六月　関野雄先生古稀記念パーティ。著作目録［第一次草稿］作成。
昭和六二年五月　日本考古学会副会長（〜昭和六三年五月）。
昭和六三年五月　日本考古学会会長就任（〜平成一〇年一二月）。
平成一五年七月二三日　肺炎のため死去。

学位
昭和三二年四月　東京大学より文学博士の学位を授与される。

叙勲
昭和六三年一一月　勲三等瑞宝章。

学外での主な活動。

日本考古学会評議員　昭和二四年〜昭和六二年五月。
日本考古学会副会長　昭和六二年五月〜昭和六三年五月。
日本考古学会会長　昭和六三年五月〜平成一〇年一二月。
日本考古学会名誉会長　平成一二年二月〜平成一五年七月逝去まで。

そのほかに、学術審議会専門委員、東亜考古学会委員、財団法人史学会理事、財団法人東洋文庫研究員、日本考古学協会委員、日本人類学会評議員などを歴任。

非常勤講師

金沢大学、熊本大学、高知大学、慶應義塾大学、國學院大學、駒澤大学、東京都立大学、東京教育大学、法政大学等。

関野 雄 著作目録

著書

昭和二六年一二月 『黒陶明器』 美術出版社
昭和二六年一月 『東亜考古学概説』 1 法政大学通信教育部
昭和二七年一〇月 『東亜考古学概説』 2 法政大学通信教育部
昭和二七年一一月 『半瓦当の研究』 岩波書店
昭和三一年三月 『中国考古学研究』 初版 東京大学東洋文化研究所
昭和三八年八月 『中国考古学研究』 再版 東京大学出版会
昭和四七年三月 『中国考古学研究』 三版 東京大学出版会
昭和五六年一二月 『中国古代青銅器』 集古房

共編著

昭和二九年三月 『邯鄲―戦国時代趙城址の発掘』（駒井和愛と共著） 東亜考古学会 座右宝刊行会
昭和三三年三月 『館址―東北地方における集落址の研究』（江上波夫・桜井清彦と共編） 東京大学東洋文化研究所
昭和四三年 Arts of China, Neolithic Cultures to the T'ang Dynasty, Kodansha International Ltd., Tokyo.
昭和五一年七月 『上海博物館』（林巳奈夫・長谷部楽爾と共著） 講談社
昭和五三年五月 『中国の美術（1）』（長谷部楽爾と共編） 講談社
昭和五三年八月 『中国文明の原像上・下』（宮川寅雄・長広敏夫と共編） 日本放送出版協会

訳書（監訳・一部翻訳）

昭和五一年四月　『長沙馬王堆一号漢墓』（林巳奈夫・秋山進午・土居淑子・鄧健吾と共訳）平凡社
昭和五六年一〇月　『中国考古学三十年』平凡社
昭和五六年九月　『陝西省博物館』（『中国の博物館』Ⅰ―1）講談社
昭和五六年一二月　『湖南省博物館』（『中国の博物館』Ⅰ―2）講談社
昭和五七年三月　『遼寧省博物館』（『中国の博物館』Ⅰ―3）講談社
昭和五七年六月　『南京博物院』（『中国の博物館』Ⅰ―4）講談社
昭和五七年九月　『中国歴史博物館』（『中国の博物館』Ⅰ―5）講談社
昭和五七年一二月　『天津芸術博物館』（『中国の博物館』一―6）講談社
昭和五八年三月　『河南省博物館』（『中国の博物館』Ⅰ―7）講談社
昭和五八年六月　『上海博物館』（『中国の博物館』Ⅰ―8）講談社
昭和六一年三月　『故宮博物院名宝百選』　講談社
昭和六二年一一月　『新疆ウイグル自治区博物館』（『中国の博物館』Ⅱ―1）講談社
昭和六三年二月　『雲南省博物館』（『中国の博物館』Ⅱ―2）講談社
昭和六三年二月　『新中国の考古学』平凡社

編著

昭和三五年九月　『世界考古学大系5』（東アジア1、先史時代）平凡社
昭和四一年二月　『世界美術18』（中国1、先史～唐）講談社

共編

昭和三七年一二月　『日本考古学辞典』東京堂
昭和五〇年四月　『故宮博物院』講談社

昭和五三年八月　『中国文明の原像』日本放送出版協会
昭和五四年二月　『世界考古学事典』平凡社

監修
昭和四八年五月　『明十三陵定陵出土文物複製品図録』定陵展全国開催準備委員会
昭和四八年六月　『北京原人から大都まで』朝日新聞社

論文ほか
昭和一三年一〇月　「済州島に於ける遺蹟」『考古学雑誌』28―10、六九六―六九九頁
昭和一六年九月　「前漢魯国霊光殿の遺跡」『考古学雑誌』31―9、五五七―五六九頁
昭和一七年四月　「齊都臨淄の調査（1）」『考古学雑誌』32―4、一七三―一九一頁
昭和一七年六月　「齊都臨淄の調査（2）」『考古学雑誌』32―6、二八一―三〇七頁
昭和一七年一一月　「齊都臨淄の調査（3）」『考古学雑誌』32―11、五七二―五八三頁
昭和一八年三月　「山東省滕県廃龍泉寺塼塔」『考古学雑誌』33―3、一三九―一四〇頁
昭和一八年六月　「滕城と薛城の遺跡について」『考古学雑誌』33―6、二六六―二八八頁
昭和二二年四月　「臺榭考」『建築史論叢』高桐書院、五七―七七頁
昭和二三年五月　「中国芸術の一側面」八学会連合編『人文科学の諸問題』、五八―六三頁
昭和二三年一〇月　「日比野丈夫・小野勝年共著『蒙疆考古記』〈書評〉」『考古学雑誌』34―10、五八一―五八二頁
△昭和二三年四月　「北平の四季」『大学』2―4
昭和二四年一一月　「華北先史土器の一考察―特に灰陶と黒陶について―」『史学雑誌』58―5、四七五―四九九頁
昭和二四年一二月　「中国古代の樹木思想」『民族学研究』14―2、四二―四九頁
昭和二五年三月　「白陶の系譜」『考古学雑誌』36―1、一四―二五頁
昭和二六年　「中国科学院の考古学活動」『中国研究』14、五六―六〇頁

昭和二六年四月　「圓體方孔銭について」『上代文化』20、二一二頁
昭和二六年八月　「中国青銅器文化の一性格—青銅の素材価値を中心として—」『東方学』2、八八—九六頁
昭和二六年一〇月　「中国初期鉄器時代文化の一考察—銅鉄過渡期の解明に寄せて—」『史学雑誌』60—10、八六七—九〇七頁
昭和二六年一一月　「漢初の文化における戦国的要素について」『和田博士還暦記念東洋史論叢』、三七五—三九〇頁
昭和二六年八月　「最近における殷墟の調査」『民族学研究』16—1、四九—五四頁
昭和二六年六月　『考古学概説』世界社、「旧石器時代と中石器時代の概観」九一—一二三頁、「新石器時代と金石併用時代とはどのような時代か」同上、一二四—一二六頁、「東亜の新石器時代と金石併用時代」同上、一二六—一三七頁
昭和二六年一二月　「黒陶と黒陶明器について」『三彩』56、一—一九頁
昭和二七年一月　「最近の中国考古学界」『中国研究』15、六一—六六頁
昭和二七年一〇月　「河南省輝県における殷墓と戦国墓の発掘」『考古学雑誌』38—3、二〇五—二一四頁
昭和二七年一一月　『半瓦當の研究』一五五頁
昭和二八年六月　Recent Archaeological investigations in China, Archaeology VI-1, p. 49-52
昭和二八年三月　「中国古代の尺度について」『東洋学報』35—3・4、一—三〇頁
昭和二八年四月　「「重一両十四一珠」銭について」『駒沢史学』2、一〇—一三頁
昭和二九年二月　「殷王朝の生産的基盤」『東洋文化研究所紀要』5、一三六—一八三頁
昭和二九年三月　駒井和愛編『邯鄲—戦国時代趙都城址の発掘—』東方考古学叢刊乙七、一—一二頁
昭和二九年一〇月　「各国における東洋学術研究の現状一　日本及び中国（考古学）」『学術月報』7—7、三九六—三九八頁
昭和二九年一一月　「中国文化の黎明」鈴木俊編『中国史』（世界各国史9）、二一—四五頁
昭和二九年一一月　「中国考古学の現状」（夏鼐原著　翻訳）『歴史学研究』一七七、三四—四〇頁
昭和三〇年三月　「新建設に伴う考古学上の発見」（鄭振鐸原著　翻訳）『考古学雑誌』40—4、三四—四三頁
昭和三〇年　On the black pottery of ancient China, Mem. Research Dpt. Toyo Bunko No. 14, p. 139-154
昭和三〇年二月　「三上次男・栗原朋信編『中国古代史の諸問題』書評」『史学雑誌』64—2、一七二—一七五頁（七九—八二頁）
昭和三〇年三月　「先秦貨幣の重量単位」『東洋文化研究所紀要』7、一—三五頁

昭和三〇年六月　「漢代の無紬陶」『世界陶磁全集8　中国上代編』二〇四―二一二頁
昭和三一年三月　「先秦の国家と地方都市」『東洋文化研究所紀要』9、八―九頁
昭和三一年三月　The states and local cities of the pre-Ch'in Periods 東洋学報 XXXVIII-4 p. 023-024
昭和三一年七月　『中国考古学研究』東京大学出版会
「華北先史土器の一考察」、三―四六頁
「華北先史土器の一考察補遺」、四七―六一頁、初出
「臼陶の系譜」、六三―七六頁
「漢代の無紬陶」、七九―一三六頁付記アリ
「殷王朝の生産的基盤」、一三七―一五七頁、付記アリ
「中国青銅器文化の一性格」、一五九―二一一頁、加筆アリ
「中国初期鉄器時代文化の一考察」、八六七―九〇七頁、加筆アリ
「中国初期鉄器の新資料」、二一三―二二八頁、初出
「漢式鏃について」、二二九―二三七頁、初出
「斉都臨淄の調査」、二四一―二九四頁、少補アリ
「邯鄲遺跡発見記」、二九五―三〇二頁
「滕城と薛城の遺跡について」、三〇三―三二五頁、少補アリ
「前漢魯国霊光殿の遺跡」、三二七―三三九頁
「臺榭考」、三二七―三六八頁、少補
「山東省藤県廃龍泉寺塼塔」、三六九―三七二頁
「中国古代の尺度について」、三七五―四〇八頁
「『重一両十四一珠』銭について」、四〇九―四一七頁
「先秦貨幣の重量単位」、四一九―四五九頁、付記アリ
「圓體方孔銭について」、四六一―四六四頁、少補アリ

昭和三二年一月　「黒陶と黒陶明器について」、四六七―五〇〇頁
「半瓦當略説」、五〇一―五二五頁
「中国古代の樹木思想」、五二七―五五二頁、少改アリ
「中国芸術の一側面」、五五三―五六〇頁、注補アリ
「中国における墳丘の生成」、五六三―五九一頁
「河南省輝県における殷墓と戦国墓の発掘」、五九三―六〇八頁、追記アリ
「漢初の文化における戦国的要素について」、六〇九―六二五頁
「中国文化の黎明」、六二七―六五二頁、少補アリ
「東亜考古学界の現状」、六五三―六六四頁、改補アリ
駒井和愛編『考古学概説』日本評論新社（昭和二六年世界社版と同じ）「旧石器時代と中石器時代」、六二―九〇頁、「新石器時代・金石併用時代とはどのような時代か」同上、九一―九三頁、「東亜の新石器時代と金石併用時代」同上、九四―一〇二頁
昭和三二年三月　「中国古代の金属文化」『歴史教育』5―3、一五―二二頁
Chou bronzes before the conquest of Yin, Toyo Gakuho vol. XI no. 1 6-7
昭和三二年六月　「中国における新出土品の管理」『弥生』5、一―三頁
昭和三二年九月　「濟南・西安・武漢」原田淑人編『中国考古学の旅』毎日新聞社、一一九―一四二頁
昭和三二年一〇月　「文化の地方差」『大安』一九五七―一二、一―二頁
昭和三二年一二月　「中国の考古学界」『法政』7―3
△昭和三三年三月　「殷周王朝の文化・春秋戦国時代の文化」『世界史大系2』誠文堂新光社、二二〇―二三三頁
昭和三四年四月　「見てきた中国の考古学界」『世界史大系月報6』誠文堂新光社、二―三頁
昭和三三年四月　「中国の博物館」『上代文化』28、一八―二五頁
昭和三三年六月　「鉄器の出現と生産の拡大―生産用具―」『世界考古学大系6』平凡社、一三五―一四八頁
昭和三三年九月　「布銭の出土地と出土状態について」『東洋学報』41―2、一〇一―一二七頁
＊昭和三三年九月

昭和三三年一一月　「春秋戦国」『図説世界文化史大系』15　角川書店、一〇五―一一四頁
昭和三四年八月　「墳墓の構造―墳丘・槨棺・石闕・石人・石獣―」『世界考古学大系7』平凡社、二一―四三頁
＊昭和三四年一二月　「新耒耜考」『東京大学東洋文化研究所紀要』19、一―七七頁
＊昭和三五年三月　「新耒耜考餘論」『東京大学東洋文化研究所紀要』20、二六一―二七四頁
昭和三五年九月　「東アジアの先史文化」『世界考古学大系5』平凡社、一―一六頁
昭和三五年九月　「東南地区の印文陶文化」『世界考古学大系5』平凡社、一〇九―一一八頁
昭和三五年九月　「饕餮文異形盃」『国華』八二二、三六九―三七二頁
＊昭和三六年二月　「盧氏涅金考」『和田博士古稀記念東洋史論叢』講談社、三四八―三六九頁
＊昭和三六年三月　「龍山文化の解明」駿台史学11、一―一二頁
昭和三六年三月　「東亜考古学」『日本考古学年報』9、六―一〇頁
＊昭和三七年三月　「先秦貨幣雑考」『東京大学東洋文化研究所紀要』27、五三―一〇五頁
昭和三七年七月　「黄河文明はどのように発展したか」『季刊歴史教育研究』24、四〇―五三頁
昭和三七年一一月　「土の芸術」『世界美術全集12「中国1」』角川書店、一九一―一九七頁
昭和三七年一一月　「考古学史・東アジア」『世界考古学大系16』平凡社、二二〇―二三八頁
昭和三七年八月　「再版後記」『中国考古学研究〈再版〉』東京大学出版会、六六七―六七八頁
昭和三七年一一月　「中国の古代貨幣」『古代史講座9』学生社、三四八―三六九頁
昭和三八年三月　「東亜考古学」『日本考古学年報』10、三四八―三六九頁
△昭和三八年一一月　「安陽紀行―殷の都の廃墟を探る―」『海外事情』11―11
昭和三八年一二月　「先史と殷周の美術」『世界美術大系8中国美術1』講談社、七―二二頁
昭和三八年六月　「十年来中国考古学関係文献提要」『岩井博士古稀記念典籍論集』、三一四―三一九頁
昭和三九年二月　「《新中国的考古収穫》とその邦訳」『大安』一九六四―二、一―三頁
昭和三九年五月　「中国文化の黎明」鈴木俊編『中国史』改訂版　山川出版社、三〇―五六頁
＊昭和三九年八月　「鈃字考」『石田博士頌寿記念東洋史論叢』、二九七―三〇九頁

*昭和三九年一一月　「貨幣からみた中国古代の生活」『風俗』4—3、一—一二頁
*昭和四〇年二月　「刀銭考」『東洋文化研究所紀要』35、一七—七五頁
*昭和四一年三月　「刀銭考補正」『東洋文化研究所紀要』40、八九—一〇〇頁
昭和四二年一月　「中国の博物館」『考古学ジャーナル』4、一七—二〇頁
昭和四二年　New research on the Lei-ssu Mem. Research Dpt. Toyo Bunko No. 25　P. 59-120
昭和四二年三月　「中国の人民公社と工場［昭四二年五月～六月訪中］」『東洋文化』43東大・東文研、一—一二一頁
昭和四三年六月　「「考古学」と「発掘」」『言語生活』二〇一、五六—五七頁
*昭和四三年三月　「三孔布釈疑」『東京大学東洋文化研究所紀要』45、一—三五頁
*昭和四三年三月　「楽浪王氏の富」『法政史学』20、一〇—三五頁
昭和四四年二月　「新中国考古学関係文献提要」『史学雑誌』78—2、七三—七九頁
昭和四四年九月　「中国の文化財保護」『月刊文化財』72、四—一二頁
昭和四五年五月　「黄河文明の形成」『岩波講座世界歴史4古代4［東アジア世界の形成］』、二一—四七頁
*昭和四六年二月　「金餅考—戦国・秦漢の金貨に関する一考察—」『東洋文化研究所紀要』53、一—八八頁
昭和四六年七月　「［研究室便り第10回］東京大学考古学研究室」『東方学会報』20、六—七頁
昭和四六年一〇月　「研究者交流の復活を—期待される中国考古学の発展」『北日本新聞』一九七一年一〇月一日夕刊
昭和四六年一二月　「中国考古学　20年の歩み」『史学雑誌』80—12、七三—七五頁
昭和四七年二月　「長沙瀏城橋の楚墓—中国考古学界の新収穫」『日中文化交流一七六、一三—一五頁
昭和四七年四月　「五銖銭」「古銭（古泉）学」「原田淑人」『世界大百科事典』平凡社
昭和四七年四月　諸項目　『現代世界百科事典』講談社
昭和四七年五月　「一九七一年の動向（7）中国」『月刊考古学ジャーナル』No. 68. 五三—五五頁
*昭和四七年一二月　「張衡の候風地動儀における都柱の復原」『東方学会創立二十五周年記念東方学論集』、四三三—四四九頁
昭和四八年三月　「中国考古学界の現状」『日本の考古学4　付録1』、一—四頁
昭和四八年五月　「考古学：中国」『ブリタニカ国際大百科事典7』、一二五—一二九頁

昭和四九年六月　「中国における王墓と帝陵の発掘」『中国の歴史〔講談社〕月報2』、一―三頁
昭和五〇年二月　「原田淑人博士の訃」『史学雑誌』84―2、八六―八七頁
昭和五〇年三月　「原田先生との旅の思い出」『考古学雑誌』60―3、四〇六―四〇八頁
昭和五一年九月　「終戦直後の思い出」『弥生』9、五―七頁
昭和五一年一一月　「秦漢古墳の発掘」（福永光司と共著）『展望』二一五、一三九―一六四頁
昭和五二年三月　「新中国における考古学の成果」『法政史学』29、一―一〇頁
昭和五二年三月　「中国考古学の現状―元謀人から万暦帝まで―」『東洋学報』58―3・4、三五五―三七四頁
昭和五二年三月　『新中国考古紀行―昭和五十年度足利学校釈奠記念講演筆記』足利学校遺跡図書館
昭和五三年六月　「困った日本語」『人間発達研究』3、三四―三六頁
昭和五三年七月　「花と考古学」『月刊考古学ジャーナル』7月号 No. 151. 一頁
昭和五三年八月　「秦の始皇帝の墓の謎」『エピステーメー』4―7、一六二―一六八頁
昭和五四年二月　「概説中国」『世界考古学事典』平凡社、一二五二―一二八三頁
昭和五四年三月　「講演要旨　北京―ウルムチ紀行」『東洋文庫書報』10、一〇―一八頁
昭和五四年六月　「中国における文化財の買い取り」『文化庁月報』一二九、九―一一頁
昭和五四年七月　「日本語の言い回し」『月刊ことば』3―7、二〇―二三頁
昭和五四年七月　「中国の古代美術とユーモア」『産経新聞』一九七九年七月七日夕刊
昭和五五年六月　「中国の古代美術と雲」『産経新聞』一九七九年六月一三日夕刊
昭和五五年九月　「アナのトチリを科学する」『言語』9―9　No. 103、二―五頁
昭和五六年一〇月　「史学科育ての親」『おもいで―丸山忠綱追想集』東京印書館、六三―六六頁
昭和五七年一月　「釈繳弾」『弾談義』六興出版、一二五―一三四頁
昭和五七年七月　「五〇〇〇年の流れを辿る」『新美術新聞』三〇二
昭和五七年　「殷と西周銅器」「図版（青銅器）・図版解説」『北京故宮博物院展図録』西武美術館・朝日新聞社、六一―六七頁
＊昭和五八年三月　「中国における文物の伝世」『法政史学』35、一―一三頁

昭和五九年九月　「日中学術交流の問題点と展望」（小林義雄ほかと共著）『交流簡報』45、二一―七頁
昭和六〇年二月　「宮川先生をしのぶ」『日中文化交流』No. 380、三八〇頁
＊昭和六〇年三月　「華表考」『東洋学報』66―1・2・3・4、三九七―四二一頁
昭和六〇年五月　「中文和訳雑感」『交流簡報』53、二一―三頁
昭和六〇年五月　「父・関野貞を語る」『美術博物館ニュース』1―21、二―四頁
昭和六〇年六月　「反核宣言をたたえる」『考古学研究』32―1、一―二頁
＊昭和六〇年六月　「期待される始皇帝陵の発掘」『文化庁月報』二〇一、八―九頁
昭和六〇年二月　「夏鼐氏を悼む」『古代文化』38―2、四五―四六頁
昭和六二年三月　「秦漢時代における造営機構の一側面」『東洋文庫書報』18、一〇八―一〇九頁
＊昭和六二年六月　「華南出土の異型勺」『東方学会創立四十周年記念東方学論集』、四二九―四四五頁
昭和六三年一月　「すばらしい人類に未来を」『戦争と平和と考古学』反核考古学研究者の会、九六―一〇三頁
＊昭和六三年一〇月　「雷文塼から見た漢代の将作機構」『考古学叢考』上巻、吉川弘文館、一―二八頁
＊平成二年一二月　「臨淄封泥考」『東洋学報』72―1・2、五三―八五頁
平成三年一一月　「前方後円墳の起源を探る」『日本中国考古学会報創刊号』、五五―五九頁
＊平成三年一二月　「中国歴代の瓦当笵」『古文化談叢』26、七三―九〇頁
平成四年七月　「玩物喪志」『弥生』21、一―四頁
平成五年一二月　「校正満誤」『弥生』22、一―四頁
平成八年一〇月　「座談会　日本考古学会の百年」『考古学雑誌』82―1、二〇―四五頁

註　本書収録論文に＊を付した。△を付し、頁がないものは未確認。

編集にあたって

ご逝去後しばらくしての、二〇〇三年一〇月一八日にかつての同僚や教え子が集まり、偲ぶ会が開かれました。その際に、参会者の中から、先生の論文集を出してはいかがという発案があったことから、この本の出版計画が始まりました。そして、東大の考古学研究室に現在在籍する中で、関野先生の教えを受け、かつ今でも中国考古学に関わっているということから、私がその編集作業を引き受けることになりました。

関野先生の論文集としては名著として有名な『中国考古学研究』（東京大学出版会、昭和三一年初版）がすでにあり、そのときまでに書かれた主要な論文は先生自らの選択でこの中に納められています。それゆえ、単行本未収録の多数の論著のうち、今回の論文集にはそれ以後に発表された諸論文を収録することにしました。ただし、それでも多数の論著があることから、おもに雑誌に掲載された学術論文の収録を基本とするという方針をたてました。

その結果集まった中に、古代貨幣に関する論考が多いことから、それらを集めて章を立て、そのほかの論考を別章にまとめることとしました。そして章の中では、おおむね発表年次順に並べました。また古い時期に書かれた論文では旧字体が使われ、新しい時期に書かれた論文では新字体が使われていますが、本書では理解に困難を来すおそれのある場合を除き、基本的に新字体に統一しています。

序文は量博満先生にお願いしましたが、ご多忙にもかかわらず、関野学の精髄を短文に凝縮した玉稿をいただくことができました。

著作目録、年譜については、生前、古稀記念パーティーが開かれた際に、重松和男氏を中心として作成された「著作目録［第一次草稿］」がありました。この作成には関野先生ご自身も関わっていたということで信頼すべきものであり、まずこれを基礎として、偲ぶ会にあわせて急遽、逝去までの追加をおこない、第二次草稿を偲ぶ会で配布しました。その後、研究室の角美弥子さん、飯牟礼洋子さんおよび学生諸君に、文献収集のお手伝いをお願いしながら、手直しをおこないました。その際に、松丸道雄先生、渡辺貞幸、鷹野光行、谷豊信らの諸氏より、遺漏を教示され、また文献の提供を受けました。ご遺族よりも年譜作成資料の提供を受けました。それ以外にも多くの方々のご協力をえて作成することができたのが、本書収録の目録、年譜です。一部未確認の文献があるのは私の怠慢によりますし、遺漏、錯誤があるかと危惧しますが、お許しを願う次第です。

当初、出版にあたっては、かつての教え子らに賛助金をつのりつつも、版元の同成社に相当の負担をおかけすることも止むなしということでしたが、幸いにもご遺族から多大な寄付金の提供を受けることとなり、感謝とともにいささか安堵した次第です。

以上、様々な方々のご協力の下、出版の運びとなったことをご報告し、各位に厚く御礼申し上げます。

最後に、出版のお願いを快く引き受けてくださった、本研究室のOBでもある山脇洋亮社長、そして編集に当たられた加治恵さんに御礼の言葉を述べておきたいと思います。

二〇〇五年六月

大貫　静夫

中国考古学論攷《ちゅうごくこうこがくろんこう》

2005年7月17日発行

著　者　関《せき》野《の》　雄《たけし》
発行者　山脇洋亮
印刷者　㈱熊谷印刷

発行所　東京都千代田区飯田橋
4-4-8 東京中央ビル内　(株)同成社
TEL 03-3239-1467 振替00140-0-20618

ISBN4-88621-327-8　C3022